世界万国の平和を期して

安達峰一郎著作選

安達峰一郎——［著］
柳原　正治——［編］

東京大学出版会

本書は公益財団法人安達峰一郎記念財団の
助成・協力を得て刊行された

Peace Among All Nations:
A Collection of Mineitciro Adatci's Writings
Mineitciro Adatci, Author
Masaharu Yanagihara, Editor
University of Tokyo Press, 2019
ISBN978-4-13-036270-2

はしがき

安達峰一郎が二〇世紀前半の国際社会において大活躍した日本人の一人であったことは間違いない。かれの活躍は、同時代を生きた新渡戸稲造や石井菊次郎らと比較しても遜色ない。一九〇五年のポーツマス講和会議においては、通訳や条約起草委員会委員として多大な貢献をした。それとともに、日露戦争中に拿捕された外国の船舶や貨物の審査を行った捕獲審検所において、担任評定官として詳細な調査書を執筆している。また、安達はこれ以外の各種の国際会議や国際委員会にも枢要な役割を担って出席した。そのなかでも際立っているのは、一九二〇年の常設国際司法裁判所規程起草のための法律家諮問委員会と、一九二四年のジュネーヴ議定書採択のための国際連盟総会である。これらの委員会や総会において安達は、日本の国益を考慮しながら、妥協を認めない毅然とした発言を貫いた。また、一九一七年から一九二七年までの一〇年間はベルギー公使・大使、その後一九三〇年まではフランス大使を務めた。そして一九三一年には、アジア人で初めて常設国際司法裁判所所長に就任した。その後アジア人で常設国際司法裁判所・国際司法裁判所の所長となったのは、一九七〇年のカーン（Sir Muhammad Zafrulla Khan）であるが、四〇年も経ってからのことである。

さらに、共同報告書を提出するなど万国国際法学会会員としての存在感は際立っており、内外の多くの国際法学者との学術的交流も盛んに行っていた。たとえば、フィオレ（Pasquale Fiore）、パテルノストロ（Alessandro Paternostro）、オーケ・ハマーショルド（ハンマルシェルド）（Åke Hammarskjöld）、ドゥ・ヴィシャー（Charles de Visscher）、アイジンガ（Willem Jan Mari van Eysinga）、アンツィロッティ（Dionisio Anzilotti）、スコット（James Brown Scott）、ハドソン（Manley O. Hudson）などであり、日本人では立作太郎を筆頭として、山田三良、寺田四郎、大澤章、山川端夫などである。

しかしながら、現在安達はその業績はおろか、名前すらも、日本の外務官僚・外交官や国際法の専門家の間においてさえそれほど知られていないのが実情である。その理由の一つとしては、かれにはいくつかの学術論文、随筆、それに大量の書簡などはあるが、まとまった著作は一冊もないということが挙げられよう。常設国際司法裁判所裁判官の任期は九年間であるが、四年間務めただけで任期途中で病没してしまった。任期を無事全うできていれば、その後には、とくに生涯を通じて関心を持ち続けた国際裁判についての学術書を執筆したり、外交官としての活躍や連盟での活動についての回想録を執筆したりできたかもしれない。

本書は、公刊された学術論文や随筆のみならず、外交官として書き記した口上書や調書や報告書、捕獲審検所評定官としての調査書や判決、国際連盟や万国国際法学会での報告書、常設国際司法裁判所所長としての報告書や命令・勧告的意見に対する反対意見などをも収録した著作集である。さらには、特定のテーマについてはとくに重要とみなされる書簡も参考資料として収録した。各章の始めには各資料の簡単な解説を付した。また巻末には、国際法の観点および国際政治・外交史の観点からの解題論文二本を掲載した。

安達はとくに大学生の時代にかなりの数の論文（主としてフランス文）を日本語訳して雑誌に掲載しているが、それらは一部の例外を除き本書には掲載していない。また、外務省外交史料館には安達関連の文書が多数所蔵されており、国際連盟文書館、ベルギーの外交史料館や王宮史料館、フランスの外交史料館、さらにはスウェーデン国立図書館など海外の資料館にも多数の文書が所蔵されているが、本書にはそれらを網羅的に収録することはできなかった。『安達峰一郎著作選』という副題を付けた理由である。しかしながら、この著作選によっても、外交官、国際法学者、そして裁判官としての安達の全体像を浮かび上がらせることができるであろうと確信している。

一九九〇年以降、湾岸戦争、コソヴォ紛争、九・一一米国同時多発テロ、アフガニスタン問題、リビア内戦、シリア内戦などの事件が続発している。これら一連の事象は、国際連合の集団安全保障体制、ひいては、国際法の権威そのものについて、専門家の間だけではなく一般市民の間にも重大な疑義をもたらしている。国際社会においては、法による支配ではなく、力による支配が行われているのではないかという疑義である。

さらにこの数年とくに注目されるのは、既存の国際法そのものに対する「挑戦」とも呼ぶべき動きがみられることである。とりわけ、ロシア、中国、アメリカ合衆国といった、世界の主要国の中にそうした動きがみられるのではないかという点が、深刻である。ウクライナ危機（クリミア編入）、南シナ海問題（二〇一六年七月一二日の南シナ海比中仲裁判断）、「トランプ・リスク」（二〇一八年四月のシリア空爆、イラン核合意からの離脱、安全保障問題とリンケージさせた「貿易戦争（高関税攻勢）」、中距離核戦力〔ＩＮＦ〕廃棄条約からの離脱等々）などである。国際社会における法の支配そのものが真っ正面から否定されているのではないかとの懸念すら存在している。こうした状況の中で、専門家も一般市民の方々も、それぞれの国家の国益との相克の可能性を踏まえつつ、国際平和がどのようにして実現できるかという課題に真摯に向き合うことが求められている。

一九三〇年に一時帰国した安達は、約三ヶ月の滞在期間中渋谷常磐松の自宅に居住した。その自宅で揮毫した、いくつかの書が残されているが、そのうちの一つが「先憂後楽依仁持正　以期萬邦之平和　昭和五年四月　於常磐松　安達峰一郎」である。ここには、仁を成して正義を実現し、それによって「萬邦」（世界万国）の平和を達成するという、安達が一生涯持ち続けた理念が明瞭に表されている。安達が目指したのは、一国全般の利益とその国の労働階級の利益との間の完全なる調和という社会正義に基礎を置いた国内的平和を各国において実現し、そのうえに国家間関係においても正義の基礎の上に立つ国際平和の実現をもたらすということであった。安達がとくに強調したのは、専門家の間で国際法の研究を充実させることだけではなく、一般国民、なかでも若者たちが国際法の知識を充分に持つことの重要性・必要性であった。国際法の力を信じ、戦争と平和の問題に正面から真摯に取り組んだ安達の姿は、二一世紀における国際法のあり方、あるいは、国際社会のあり方を問う作業にとっての大きな指針となるに違いない。

目次

細目次

第一章　法学・国際法学の研究……1

［1］父・久宛書簡　一八八四年四月九日　3

［2］「志を書シテ清鑒ヲ仰ク」（穂積陳重宛書簡）　一八八九年〔九〕月　5

［3］「日本法学の欠点」　一八九二年一一月　6

［4］「世界近代ノ三大『国際法典草案』」　一八九三年一月　9

［5］安藤正楽宛書簡　一八九三年三月三一日　11

［6］「結論」（パテルノストロ）、「あとがき」（安達峰一郎）　一八九六年一二月　12

［7］「国際法研究に就て」　一九一二年一二月六日　16

［8］「序文」（仏文）　一九三〇年　巻末2

第二章　外務官僚・外交官……23

第一節　駐伊臨時代理公使　26

［9］「イタリア外務大臣ブラン宛口上書」　一八九六年二月一七日　巻末3

［10］「安達法学士の書簡」　一八九三年一〇月一〇日　26

第二節　アジアの諸地域を含む植民地をめぐる状況　27

〔11〕鏡子宛書簡　一八九三年七月三一日〜一〇月九日　27
〔12〕「東弗伊国殖民地戦争ノ件」　一八九六年三月四日　45
〔13〕「仏領印度支那に関する報告書」　一九一〇年五月一五日　46
〔14〕「仏領印度支那ニ関スル件」　一九一二年三月二六日　52
〔15〕「一九一一年一一月四日調印仏独協約成立ニ関スル調査報告書」　一九一一年一二月三〇日　56
〔16〕「『モロッコ』保護条約成立ノ件」　一九一二年四月一二日　72
〔17〕「摩絡哥保護条約ニ関スル件」　一九一二年七月六日　77
第三節　ポーツマス講和会議　79
〔18〕父・久宛書簡　一九〇五年九月　79
〔19〕「ポーツマス講和会議の逸話」　一九〇五年一二月　80
〔20〕「小村男爵談話筆記」〔一九〇六年〕五月三一日　82
第四節　横須賀捕獲審検所評定官　83
〔21〕「露国汽船『コチック』号拿捕事件調査書」　一九〇四年三月二八日、「検定書」　同年五月一八日　83
〔22〕「独逸国汽船『パロス』号拿捕事件調査書」　一九〇五年二月二七日、「検定書」　同年五月一〇日　91
〔23〕「英国汽船『イースビーアベー』号拿捕事件調査書」　一九〇五年三月八日、「検定書」　同年五月四日　102
第五節　ロシア接伴報告書　109
〔24〕「ロシア皇族ジョルジュ・ミハイロヴィチ大公接伴に関する手記」　一九一六年一月六日〜一月三〇日　109
〔25〕「閑院宮殿下ロシア訪問接伴報告書」　一九一六年一〇月二日　121
〔26〕「訪露雑感」　一九一六年一一月　126

第六節　メキシコ革命　135
[27]「墨国現下ノ一般形勢ニ関シ報告ノ件」一九一四年二月二四日　135
[28]「心に懸る墨西哥の空」一九一五年一一月　140
[29]「前任国墨西哥の事情」一九一六年六月二〇日　142
[30]「墨西哥の近情」一九一七年二月　162
[31]「墨国革命遭難記」一九一八年一一月　167
第七節　ベルギー国の状況　172
[32]「フラマン問題ニ関スル最近ノ騒擾」一九一八年二月一六日　172
[33]「白国皇帝比律悉凱旋式ニ関スル件」一九一八年一一月三〇日　174
[34]「白貨法安定に関する勅令発布」一九二六年一〇月二七日　177
[35]「白貨安定後の経済施設に関する同国通商局長の講演」一九二六年一一月二四日　178
第八節　フランス国の状況　188
[36]「フランスの石油政策」一九二九年五月　188
第三章　国際連盟と世界情勢……193
第一節　パリ講和会議　196
[37]寺内正毅宛書簡　一九一八年一二月二〇日　196
[38]「開戦責任及制裁調査委員会報告書への留保」（英文）一九一九年四月四日　巻末4
第二節　国際連盟での報告　199
[39]「航行路問題に関する報告」（仏文）一九二一年三月二二日　巻末5

［40］「リトアニアのロシア系住民問題」（仏文）　一九二九年一二月二七日　巻末12
第三節　戦争損害賠償　199
［41］「大戦被害工業並実業家団ノ組織及運行ニ干スル件」　一九二六年二月一七日　199
第四節　ジュネーヴ議定書　203
［42］（1）「ジュネーヴ議定書と余の修正」　一九二六年六月　203
（2）「ジュネーヴ議定書と余の修正」（仏文）　一九二四年一一月　巻末27
［43］「ジュネーヴ議定書に対する日本の修正」（仏文）　一九二四年　巻末31
［44］スコット宛書簡　一九二四年一一月一二日　巻末34
第五節　万国国際法学会　207
［45］「万国々際法協会議々決」　一八九二年九月　207
［46］「外国人の居留及追放に関する件」　一八九三年五月　209
［47］「連盟規約第一〇条及び第一八条に関する報告書」（仏文）　一九二三年　巻末35
［48］「国際法協会第三三回総会ニ関スル報告」　一九二四年八月二一日～八月二七日　214
［49］「国際法学会幹部会ニ関スル件」　一九二五年一〇月三〇日　218
第六節　戦争違法化への流れ　219
［50］「平和と正義」（日本文・仏文）　一九二六年一〇月　日本文219／仏文　巻末65
［51］アヴラモヴィチ宛書簡　一九二九年七月五日　巻末66
［52］斎藤実宛書簡　一九三〇年五月一一日　219
第七節　大戦後の外交と国際連盟の役割――一九三〇年帰国時の講演　220
［53］「欧州の近情並に世界当面の重要諸問題」　一九三〇年五月八日　220

[54]「国際聯盟の発達は健全なりや」 一九三〇年五月九日 240
[55]「安達大使の演説」 一九三〇年五月一六日 250
[56]「国際聯盟の現状と常設国際裁判所判事の来秋総選挙」 一九三〇年五月一七日 258
[57]「世界大戦後の外交と二箇の重要事件」 一九三〇年五月二〇日 275

第四章 常設国際司法裁判所……291
第一節 常設国際司法裁判所の創設 296
[58] 内田康哉外務大臣宛公電 一九二〇年四月一六日 296
[59] 松井慶四郎大使より内田康哉外務大臣宛公電 一九二〇年六月五日 297
[60] 内田康哉外務大臣宛公電 一九二〇年六月一五日 299
[61] 落合謙太郎公使より内田康哉外務大臣宛公電 一九二〇年七月一八日 300
第二節 常設国際司法裁判所への期待 301
[62] ルート宛書簡 一九二一年一月二五日 巻末66
[63] 山川端夫宛書簡 一九二九年八月二日 巻末69
第三節 常設国際司法裁判所裁判官選挙 301
[64] 山川端夫からの書簡 一九二九年一二月二八日 301
[65] 黒澤二郎宛書簡 一九三〇年一月二八日 巻末70
[66] ハイマンス宛書簡 一九三〇年二月一一日 巻末72
[67] 徳富蘇峰宛書簡 一九三〇年六月二四日 303
第四節 常設国際司法裁判所所長として 304

[68]「一九三一年一月二〇日公式会議での挨拶」(仏文)　一九三一年一月二〇日　巻末73
[69] 徳富蘇峰宛書簡　一九三一年六月三〇日　304
[70] (1)「序文」　一九三二年一月一五日　305
(2)「序文」(仏文)　一九三二年一月一五日　巻末74
[71] ケロッグ宛書簡　一九三二年七月九日　巻末75
[72]「ハマーショルド宛覚書」(仏文)　一九三二年八月三日　巻末76
[73]「ポーランド農業改革事件に関する所見」(仏文)　一九三三年七月二七日　巻末77
[74] 小川平吉宛書簡　一九三三年一二月一八日　306
[75] ハマーショルド宛書簡　一九三四年七月一四日　巻末79
第五節　常設国際司法裁判所命令・勧告的意見に対する反対意見　307
[76]「ドイツ・オーストリア関税同盟事件命令に対する共同反対意見」(仏文)　一九三一年七月二〇日　巻末79
[77]「ドイツ・オーストリア関税同盟事件勧告的意見に対する共同反対意見」(仏文)　一九三一年九月五日　巻末80
第六節　満州事変　307
[78] 松永直吉公使より幣原喜重郎外務大臣宛公電　一九三一年一〇月一二日　307
[79] 斎藤実宛書簡　一九三二年五月二七日　308
[80] ハマーショルド宛書簡　一九三二年一〇月一日　巻末92
第七節　日本の連盟脱退と常設国際司法裁判所　309
[81]「聯盟脱退ニ依リ帝国ガ常設国際司法裁判所関係ニ於テ受クル影響竝ニ之ガ対策ニ関シ裁判所側ノ内意照会ノ件」
一九三三年四月六日、五月一八日　309
[82] ハマーショルド宛書簡　一九三三年四月一五日　巻末93

[83] 小川平吉宛書簡　一九三三年八月二三日　316
[84] ケロッグ宛書簡　一九三三年一二月二〇日　巻末93
第八節　常設国際司法裁判所改革　317
[85] 水野錬太郎宛書簡　一九三四年六月七日（未投函）　317
[86] ハマーショルド宛書簡　一九三四年六月八日　巻末95
[87] 鏡子からハマーショルド夫妻宛書簡　一九三七年一月一日　巻末95
第五章　随筆・小論など……319
[88] 「警世談林」　一八八九年二月　321
[89] 「山形日報の発刊を祝して」　一八九〇年五月一三日　323
[90] 「安達峯一郎氏の手簡」　一八九〇年五月一三日　325
[91] 「宮城浩蔵君（衆議院議員）」　一八九一年七月　325
[92] 「ラブレー略伝」　一八九二年四月　327
[93] 「瑞西国『ジュ子ーブ』州ニ於ケル比較代表制」　一八九二年一一月　329
[94] 「白耳義国ノ憲法改正事業」　一八九二年一二月　330
[95] 「希臘ルーマニー両国交際絶止事件（相続事件）」　一八九三年一月　333
[96] 「仏国巴里市私立政治学科大学校に就て」　一八九三年二月　335
[97] 「布哇国革命ニ付テ（為和仏明治両法律学校学生臨時講演）」　一八九三年二月　339
[98] 「吊宮城浩蔵先生文」　一八九三年二月　343
[99] 「欧州三国同盟条約ノ件」　一八九三年三月　344

［100］「白耳義国憲法改正ノ件」 一八九三年三月 346
［101］「独逸国会ニ於ケル国際裁判論」 一八九三年四月 348
［102］「安達学士の懸賞論文」 一八九三年四月 348
［103］「直接国際談判に付て（在朝鮮大石公使謁見問題）」 一八九三年五月 349
［104］「序文」（仏文・フラマン語訳） 一九二五年一月三〇日 巻末97
［105］「日本と国際条約」（仏文） 一九三三年 巻末100
［106］「序文」（仏文） 一九三四年五月 巻末107

凡例

1. 文中の〔　〕内は編者の注記である。また、必要に応じて注を付した。
2. 漢字は原則として新字体を用い、旧字体や異体字は最小限にとどめた。
3. 変体仮名は普通の仮名に改めた。ふりがなは基本的に原文のままである。
4. 必要に応じて句読点を付した。また、適宜改行や字下げを行った。
5. 誤字等は原則として原文のままとし、適宜その傍らにママを付したが、〔　〕で正しいものを示した箇所もある。なお、二字熟語で現在一般に使用される漢字とは異なるものを使用している場合には、何も注記することはしなかった（たとえば、当録、否難、非決）。
6. 欧文のつづりの過ちについては、〔　〕で正しいものを示した。単純な誤りは、特段の断り無く訂正したものもある。
7. 原文書で印字不鮮明等の理由により判読不能な文字は□とした。
8. 欧文の場合、翻訳は付さず巻末にまとめて掲載した。ただし、公表された日本語訳がある場合にはそれも掲載した。

第一章　法学・国際法学の研究

安達峰一郎が、そもそもどのようにして法学に、さらには法学の中で国際法学に関心を持つようになっていったのかについて、安達自身が説明している資料がいくつか残されている。最初の資料は、一八八四年四月九日付けの、父親の久に宛てた書簡である（**資料**［1］）。安達は、一八八一年四月に一二歳で山形法律学社に入塾し、法律の勉強を始めた。そして翌年九月に入学した山形県中学師範学予備科が廃校となることが決定したために、進路に迷った末、同級生の加藤幹雄から司法省法学校についての情報を得て、同校で「天下ノ大経」である法律を勉強したいという熱意を伝えたのが、同資料である。

司法省法学校での五年間の猛勉強の末に、一八八九年七月に無事卒業して（同校は何回かの改称の末、当時は第一高等中学校となっていた）、同年九月に帝国法科大学に入学する直前に同大学の看板教授とも呼んで良い穂積陳重に宛てた書簡が「志を書シテ清鑿（鑑）ヲ仰ク」である。安達が残していた書簡の草稿を妻の鏡子《かねこ》が清書したものが**資料**［2］である。また、ほぼ同一の内容のものが、**資料**［7］の中にも掲載されている。この書簡では、法学の中でもとくに国際法を勉強したいという、強い決意が述べられている。国際法の研究が重要であるにもかかわらず、日本においては未発達であり、早急にそうした日本法学の欠点を正すべきと主張しているのが、大学卒業後外務省試補となった直後に『日本之法律』に公表した論文である（**資料**［3］）。

安達が大学生であった時に、最も体系的に、そして網羅的に国際法の講義を行ったのは、司法省法律顧問のパテルノストロ（Alessandro Paternostro）であった。一八八九年から一八九二年まで明治法律学校でフランス語で行った講義は、安達が通訳し、講義録として出版された。一八九二年六月一四日の最終講義でパテルノストロは、国際法の原則が実際に適用されるよう尽力するように、日本の若者たちを鼓舞した。安達は同書のあとがきの中で、国際法学に従事して「日本国民の真地位真利福を暢達せしめん」との決意を語っている（**資料**［6］）。

当時の国際法学者として安達がだれを重んじていたかがわかるのが、**資料**［4］と［5］である。第一に挙げているのはイタリアのフィオレ（Pasquale Fiore）である。それ以外には、ブルンチュリー（Johann Caspar Bluntschli）、フィールド（David Dudley Field）、プラディエ・フォデレ（Paul Pradier-Fodéré）、ヘフター（August Wilhelm Heffter）、マルテンス（Friedrich Fromhold von Martens）、フィリモア（Robert Phillimore）などである。

駐仏臨時代理公使を終えて帰国していた安達が、一九一二年一二月六日に国際法学会で講演した記録が**資料**［7］である。そこには大学生のころの一八八八、一八八九年から二〇年少し経った時点で、日本が国際法の適用範囲となり、「強大なる国」として国際法上尊重すべき地位を占めるようになったということが語られている。

安達は生涯を通じて内外の国際法学者との交流を幅広く行ったが、日本人の中で最も親密であったのは、立作太郎《たちさくたろう》（東京帝国大学教授）である。立が一九三〇年に出版した、国家主権に関する著作に安達は序文を寄せている。そのなかで安達は、自分の生涯のすべてを国際法研究に捧げることが最も大事な夢であったと記している（資料［8］）。

［1］父・久宛書簡　一八八四年四月九日

前文御免被成下度候。如常無事消光御安心アラレタシ。陳者当中学之儀ハ先日モ申上候通リ、遅クモ今月末或ハ来月二十日頃（春季試験済後）退散ニ相成候ハ必然ノ事ニテ、其後ノ中学ニ入学セントスルモノハ何級何人ニ限ラズ、悉皆自費生ナルコト是又校中ノ定論。且野尻校長ヨリモ実際其ノ話シ有之候。故ニ永ク中学ニテ修業セントスル〔ハ〕、少クモ今後三ヶ年間ノ学費ヲ支弁セザルヲ得ズ。仮令三ヶ年ノ学費ヲ支弁シテ中学ヲ卒業スルモ、大学ニ入ラズンバ何ニカハセン。況ンヤ吾家ノ資格ヲ按ズルニ、三ヶ年ノ学費ハ辛フシテ送リ得ルトハイフモ、容易ニ支弁スルコト能ハザルベシ。三ヶ年ノ学費已ニ容易ノ事ニアラズ。況ンヤ敢テ大学ノ費用ヲ望ミウベキ。然ラバ到底之ヲ極言スルトキハ、中学ニ修業スルヲ得ズシテ、小学師範校ニ転セザルヲ得ズトイフニアリ。小子固ヨリ教員ヲ好マザルニアラズ。啻々社会ノ稍完全ナル所ニ生レテ自由ノ空気ヲ吸ヒ、且ツ身ハ幸ニ男ニ生レ、且ツヤ強健ノ身体精神等ヲ賦与セラレテ碌々小学教員ニテ朽ルハ、小子ノ屑トセザルモノナリ。然ラバ則小学ニ転学セズシテ中学ニ留ランカ、学費僅少ニテ中学ヲ卒業シ専門校及ビ大学校ニ入ルヲ得ズ。已ニ中学ヲ恋フテ中学ニ留マルコト能ハズ。小学ヲ嫌フテ小学ニ転学セザルトキハ、則空ク郷里ニ帰リ悠々不断以テ童少ノ年ヲ過サンカ。（盛年不再来、一日難再晨）又（功名世上露、飄如陌上塵、分散逐時転、此已非吾身）トカヤ、カノ毛唐人ノ誦シケルモ、理ナキニ非ラズ。日月逝去白霜在鬢ノ際ニ当リ、又感慨奮発シテ已ノ学問ヲ発達シテ世人ノ名誉ヲ博セントスルモ、此身已ニ衰ヒ此神已ニ弱ナリ。豈ニ又昔日壮年ノ気象ヲ発シ必至勉強センコトヲ得ンヤ。嗚呼、小子ハ何如ナル方法ヲ以テ吾身ニ処置シテ可ナルヤ。悲歎流涕窓上ノ檐雀天辺ノ明月ニ向テ其情ヲ演ズルノミ。嗚呼、校中与ニ計ルニ足ルモノ無キ、一ニ何ゾ之ニ至ルヤ。古人有曰、膝尚足謀ト。況ンヤ此ノ百有余ノ校生ニ於テヲヤ。豈ニ計ルニ足ルモノアラザランヤ。

時モ時折モ折、喜ハシイ哉、吾ガ旧友ナル加藤幹雄（鶴岡ノ人ニシテ今東京ニ留学ス）ヨリキシ書翰ニ曰ク、今年九月上旬司法省学校ノ召募試験（之レハ今迄ハ四ヶ年ニ一次召募スルモノニシテ官費生ナリ。其ノ召募試験ハ、四書五経ノ弁書及ヒ支那日本高等ノ歴史等ニテ有之由。其卒業年限ハ七ヶ年ニシテ、前四年ハ仏蘭西語ニシテ後三ヶ年ハ法律及ヒ経済ノ二科ナリ）有之候ニ付、御入学ハ如何ニ御坐候哉。小生ハ此校ニ入ラントシテ日、漢籍勉強罷在候トアリシ。於是テ、コレゾ吾身ヲ置クベキ処ナレト思ハレシ。夫、法律ハ天下ノ大経ナリ。若シ法律以テ人心ヲ経緯スルコト無クンバ、朝秦暮漢ノ離乱アルモ知ルベカ〔ラ〕ズ。況ンヤ明治二十三年ニ至リ、国会開設ノ勅詔アリ。之カ臣子タルモノ、一日モ早ク法律ヲ完全ニシ、社会ヲ安寧幸福ニ進捗セシメズシテ可ナランヤ。之ヲ以テ、小子之ニ入学セント欲ス。此校ハ優等ニテ卒業セバ、仏蘭西ニ五年間留学セシメ博士ノ免状ヲ与ヘ、稍優等ノモノハ同国ニ二三年留学セシメ学士ノ免状ヲ与ヘ、平常ノモノハ判事検事ノ職ニ置キ、天下ノ罪人ヲ判決セシムルモノナリト、司法省生徒ヨリノ来翰。

此度ノ召募試験ハ、召募ニ応スルモノ二千五六百人モ有之由（之レハ徴令逃レノ為メナルベシト雖トモ、法律博士ト為ランコトヲ望ムヨリシテモ、カク多数ナルベシ）。故ニ小子カ足ヲ東京ニ運バセ試験ヲ受クルトモ、合格ハ覚束ナシ。然レトモ、精神一到何事不成、陽気発処金石亦透トカヤ。今ヨリ必至勉強セハ、合格スルヤ疑ヒナシ。乍併、万一不合格ノ時ハ空ク郷関ニカヘルモ男児ノ大恥ナレバ、如何様ニスルカ、之カ方略ヲ画セザルベカラズ。其ノ方略ノ如キハ、此後日曜帰宅ノ節、御相談可申上候。因テ小子帰宅ノ時迄、充分相考有之度候。頓首。委細ハ面晤ヲ要ス。

十七年4《ママ》〔月〕九〔日〕朝　走筆　　安達峰二郎[1]拝

御父上様閣下

二伸　当地景況別ニ無変、故ニ別ニ報知不申候。

［2］「志を書シテ清鑒ヲ仰ク」（穂積陳重宛書簡）　一八八九年〔九〕月

明治廿一年(2)ノ秋

志を書シテ清鑒ヲ仰ク

生倩、当今の国勢ヲ観ルニ、法律学生ノ数日ニ多キヲ加ヘ、遂ニ有識ノ士ヲシテ無職不平の徒ヲ生ジ、他日国家ノ害ヲ為サムコトヲ恐レシムルニ至レリ。国家全局ノ上ヨリ利害得失ヲ論ズルコトハ姑ク置キ、日本法律学ノ為ニハ大ニ賀スベキコトナリト謂ハザルベカラズ。然レドモ、都下数千ノ法学生ヲ観ルニ、大抵其志望偏少ニシテ民刑商法等ヲ暗誦シ、或ハ判事ノ職ヲ得或ハ代言ノ業ニ従事セントスルモノニ非ザルハ無シ。其ノ万国公法国際法等ヲ精究シテ大ニ国家ノ為ニ力ヲ致サントスルモノニ至リテハ、其数寥々トシテ晨星モ啻ナラズ。夫レ我邦ハ当時疑ヒモ無ク弱小ノ国ナリ。小弱ノ国ヲ以テ列国ノ間ニ介立シ、帝国ノ尊厳ヲ損スルコト無ク内治外交ノ完全ヲ求メメント欲セバ、深ク国際ノ理法ニ通ジ機変ニ処スル秀才アルモノ外交ノ衝ニ当リ、満腔ノ熱心ヲ以テ之ニ従事セザルベカラズ。外交法学家ノ必要ナル此ノ如クナルニ、学生ノ進ミテ此学ニ従事セントスルモノ、少キハ、蓋シ此学ノ他諸科ニ比シテ更ニ困難多キト、金銭上ノ利益少キトニ由ルナラン。嘆ズベキニ非ズヤ。生ヤ固ヨリ菲才ニシテ、聖世ノ贅物タルニ過ギズト雖モ、夙ニ国事ノ為ニ身ヲ致スノ志アリ。外交法学ノ国家ニ必要ナルコト彼ノ如クナルニ、此ヲ修ムルモノ太ダ少キヲ慨シ、奮ッテ此学ヲ修メント欲ス。然レドモ事ニ当ルモノハ事理ヲ見ルコト明ナラズシテ、傍観者八目ヲ具フトイヘル事、太ダ理リアルヤウニ覚フルニ由リ、茲ニ生ノ修学ノ順序方法ヲ略記シ、清鑒ヲ仰クコトトセリ。先生一タビ瀏覧セラレタラン後、一言ノ鑒評ヲ賜ハラバ真ニ望外ノ幸トヤ云ハマシ。

（1）　峯治郎、峯次郎という表記もある。安達鏡子の歌によれば、鳳鳴館という寺子屋で教えていた石川尚伯の提案により、峰一郎にしたとのことである。安達鏡子『歌集　夫　安達峰一郎』（光和出版社、一九六〇年）一〇頁。

（2）　明治二二年の誤り。

右ハ、明治廿一年（西暦千八百八十八年）〔明治二二年〕秋　高等学校卒業直後ノ御書。明治三年（西暦千八百七十年）〔明治二年〕の御誕生故、十八〔二十〕歳ノ時ノ御考慮ヲ陳ベラレタル御筆ナリ。

武府〔ブリュッセル〕占領中、昭和十五年（西暦千九百四十年）七月廿九日　安達鏡子写

［3］「日本法学の欠点」一八九二年一一月

日本法学の欠点

法学士　安達峯一郎

壱　日本に於ける法学の発達

利口善く弁して天賦の説を設け、以て天下の衆を鼓するは則ち日本法学の発達とする乎、曰く否。高談異論して人権の論を立て、以て四海の勢を成すは則ち日本法学の発達とする乎、曰く否。然らは則ち、日本法学の発達と題せし所以のもの果して安くに在るや。

曰く、邇きは我が帝国伝来万世不易の情に基き、遐きは彼の泰西諸州生存競争の効に照し、万千折衷窮めざる所なし。此れ日本法学の発達する所以なり。

論者或は現行法律の成れる跡を見て、以て悉く仏法より変化し来れりと為し、甚たしきは則ち自ら大言して曰く、彼れは仏法学派なり、我れは英法学派なりと。而して我が日本法学の発達、また自然二法学派の間に折衷するあるを顧みざるなり。之を要するに、泰西法学の初めて我が日本に入り来るや、恐らくは英法学派先づ世に行はれたるなるべし。是に於て、欧米各国の諸法学も亦た源々として来れるなり。然り而して、現行法律の成れる跡を見て、以て偏に仏法の流となすは過てりと謂ふべし。

弐　商法民法等の研究の発達

今や民商二法已に並布けり。其研究都鄙倶に勤む。夫れ人事の関係必然に権利義務を生す。特に商売の道は多端止むなし。幕府の際士農工商の四民なりき。而して独り其武士たるものは天下に横行して、三民は寥々として権利なかりき。今は乃ち商人大に天下に跨り、一大変遷を成せり。加之、一私人と一私人との間には則ち私法理亦盛に行はれ、苟も一言を吐けば則ち曰く我は云々の権利を有すと。則ち其研究の発達推して知るべきなり。

参　国際法に関する研究の欠乏

日本法学も亦既に発達せり。其民法商法皆研究大に発達せり。独り其欠乏するところのものは国際法に関すること是れなり。今五大州の大勢を観るに、其国際法を講する極めて盛なり。他なし、是れ宇内の大則なればなり。蓋聞く、英吉利、葡萄牙一旦葛藤したるとき、国際法会に因て能く之を平和せりと。由是観之、国際公法は四海万国、一日も以て無かるべからざるものなり。是れ法能く行はるれば、帯甲十万、地方千里なるも、以て他の小国を威すに足らざるなり。小国と雖とも道徳仁義を持し、飽まで礼を以て対せば、何ぞ大国に畏る、所あらんや。

一千八百六十七年、則ち我明治元〔慶応三〕年ベルジユム国のガント府に於て、当時最大強国の第一流学士相会し、国際法会を創立せり[3]。曰くマンチニー、曰くブルンチユリー、倶に相次きて会長たり。其後会運益盛にして、世界の学説頼て以て定まり、坤輿の政略為めに動くに至れり。真に近代の偉観なりとす。

本年、瑞西ツーリヒ府に於て是会を開くや、我金子堅太郎君、亜細亜民族の代表となり、其私貲を捐し、以て其の席に列せり。亦盛事と謂つべし。則ち金子君の為には之を賀すべしと雖も、天下後世の為に之を賀せんと欲せば、猶ほ欠乏する所あるなり。何ぞや。

曰く国際法の研究我国に幼稚にして、金子君の雄弁宏辞を以てすると雖も、未た以て我国の地位を世界に高むること

（3）万国国際法学会（Institut de Droit International）を指すとみられる。明治六（一八七三）年にベルギーのヘントで設立され、翌年第一会期がジュネーヴにおいて開催された。本書第三章第五節参照。

能はざる恐あること是なり。先づ試みに、欧米学者の国際法に関する著書と、我国の同種の著書とを把りて之を比較せよ。其造詣する所の深浅、何人と雖も之を知るを得む。

肆　其原因を補ふの必要

滔々たるものは是大洋なり。孑々たるものは是れ小島なり。此に国あり、而して孤立す。是れ即ち神州の地脈なり。人之を目するに環海を以てするも、吾は虚語と為さず。

夫れ四面は環海と雖も、其領する所は則ち春秋二分の潮汐の及ぶ処、是れ我が領地なり。可の水中の領する所は則ち其岸より砲丸の達する処、是れ我領海なり。而して西方には英、仏、伊、自餘数国の文明国これあり、左右に露、清の富強国あり。若し夫れ東海に事あるときは、必す先つ之が憂を受けん。然りと雖とも、我れ対外法に依り、且実力を以て之れを待たば、其れ無道の患を免れん乎。之れを以て、五大州に国際法会あるときは、必ず其席に列れ。マンチニー、ブルンチユリー二氏が所謂弱肉強食の弊を矯むるの大論是れ張らざるべからさるなり。

夫れ国家に実力の必要なるは固より言ふ迄もなし。然れとも、智力の以て巧みに之を運用するなくんば益なきのみ。競争に敗る、は固より明なり。国際法の論、決して空論に非さるなり。

五　其治療策

夫れ国際公法は十六世紀の頃より起れり。其法未だ全く一定せさるなり。此の時に当て、一び名士偉人の世に出るありて、確乎不抜の国際法を講するあらば、是れ五大州の大典を立つるなり。今や我国には則ち仏法学者あり、また英法学者あり、又独乙法学者ありて之に次ぐ。是れ法学者已に天下に満つ。甚しい哉、法学者の続々輩出するや。然りと雖とも、其歯牙には果して国際公法を置くや否やは吾れは知らさるなり。側に聞く、帝国大学は夙に此法を講ずと、近比私立五大法律黌も之を講ずと云ふ。

余以為らく、啻に之を講ずるのみならず、其有力者、必ず国際法なるものは果して何物たるを国民に知らしめ、国民一般も亦之を務め、国際法会には数多の会員を出し、東洋に大日本帝国あることを輝かさずんば、日本法学の欠点遂に

補充すべからさるなり。是れ豈に識者の猛省すべき一大緊要事件に非や。（以上未定稿）

［4］「世界近代ノ三大『国際法典草案』」　一八九三年一月

●世界近代ノ三大「国際法典草案」

明法会員　法学士　安達峯一郎　未定稿

「新時代ニハ新人物ヲ要ス」"À la situation nouvelle, il faut des hommes nouveaux." トハ千古ノ金言ナリ。而シテ余輩ハ今又将ニ言ハントス。「新時代ニハ新科学ヲ要ス」ト。

想フニ社会ノ交通未タ開ケス、離群索居、地方割拠ノ風習普ク行ハレタリシ中古以上ノ時代ニ於テハ、人類ノ思想凡テ局部的ナルヲ免レズ。従ヒテ法ノ観念モ亦一地方、一国家ノ内ニ止マリシコト固ヨリ当然ナリ。然ルニ今世紀物質的文明ノ勢力ノ至大ナルヤ各国ノ封境ヲ滅シテ人類一般ノ大団体ヲ形成スルニ至ルノ傾向ナキニ非ズ。正ニ是レ前古希見ノ一大偉観ナリ。宜ナル哉、封建制度ノ下地方精神ニ依リテ発達シタル絶対的境土主権ノ学説ハ其極メテ論理的ナルニ拘ハラズ、今日ニ至リテハ事実上（学理上トイハズ）其基礎ニ一大動擾ヲ来スヲ免レザルコト（我国法ガ将来属地主権主義ヲ棄テ、属人主権主義ヲ取ルベキヤ否ハ全ク別論也。卑見後日公明ノ批判ヲ仰カント欲ス）。

「新時代ニハ新科学ヲ要ス」。十九世紀ノ末路タル今日ニ於テ、国際法学研究ノ益々盛ナルニ至レルコト豈怪ムニ足ランヤ。国際法万国協会ノ事業其他種々ノ学会アリテ斯学ノ進歩ニ尽力シツヽアルコト、余輩ガ屢日本語世界ニ陳述シタル所ナリ。

抑モ国際法学上ノ仏〔偉?〕人各国其数ニ乏シカラズ。英国ノフィリモール、ト井ス、ウェストレーキ、オランドノ如キ、仏国ノフォデレ、マッセ、ブランタノノ如キ、独国ノホルセンドルフ、ギフケン、ブルメリンクノ如キ、魯国ノマルテンス、カマロースキーノ如キ、伊国ノエスペルソン、ピエラントーニ、アマーリ、パテルノストロノ如キ、葡国ノテスタノ如キ皆各一家ヲ成シ一方ノ将星タリ。然レドモ国際法ノ全部ヲ編成シ以テ簡明ナル規定トナシ、一面ニ於テハ学者ノ研究ニ便シ、一面ニ於テハ各国外交家ニ則トラシムル所ヲ知ラシメタルノ功ニ至リテハ、余輩之レヲ三大家ニ推サヽルベカラザルモノアリ。三大家トハ誰ゾ。曰ク独国ブルンチュリー、曰ク米国フィルド、曰ク伊国フィヲーレ、是也。

想フニ三氏ハ皆学問界ノ優絶ナル天才ナリ。其学問界ニ勢力アルヤ実ニ無冠ノ帝王ナリ。見ヨ三氏ノ国際法典草案ノ如何ニ国際法学ノ前途ヲ光照スルカヲ。ヒューゴー、グロシウスノ近代国際法学ノ鼻祖タルハ皆人ノ知ル所ナリ。而シテグ氏ノ功業ハ今ヤ三氏ヲ待チテ殆ンド大成セントス（噫、此功業、此大典、欧西人種ノ独就ニ任ズ。是レ亜人千古ノ恨事ナリ。未ㇾ知帝国臣民ノ自奮自励、以テ世界ノ文化ヲ翼賛スル者アリヤナシヤヲ）。

第一、ブルンチュリー氏「編成国際法」（Le Droit international codifié）。一千八百六十三年（文久元〔三〕年）北米合衆国学者リーバー氏ハ「合衆国軍隊ニ対スル訓令[4]」ヲ公ニシ戦時国際法ノ規定ヲ明カニシタリシト雖モ、是レ国際法ノ全部ヲ包括セルモノニ非ザリシガ故ニ国際法典ノ一種ト見倣スコト能ハザルガ如シ。越テ数年ブルンチュリー氏ハ始メテ国際法ノ全部ヲ包括スル法典草案ヲ公ニセリ。此著書ハ国際法規侵犯ニ対スル制裁ニ関スル思想頗ル欠缺セル所アレドモ、其勢力ハ莫大ニシテ各国学者大抵其国語ヲ以テ之ヲ反訳シ、学校ノ教科書トナリ、学者ノ参考書トナレリ。

第二、フィールド氏「国際法草案」（Outlines of an international law〔code〕）ハ千八百七十三年（明治六年）ニ世ニ公ニシタル所ニシテ其国際公法ニ関スル問題ノミナラズ、各国法律抵触則チ所謂国際私法ノ問題ヲモ決定シタルハ最モ貴重スベキナリ。然レドモ其国際法規侵反ニ対スル制裁ハ、国際的《インタナシヨナル、》高等《スープリム、》法院《コート》ヲ設ケ以テ其判決ニ任スベシト云フカ如キハ（同氏著「国際法草案」第五百三十五条）、今日殆ント実行シ難キノ憾ミアルヲ如何ニセム。

第三、フィヲーレ氏「編成国際法」（Fl〔Il〕diritto internazunale〔internazionale〕codificato）ハ千八百八十九〔一千八百九十〕年（明治二十一〔二十三〕年）伊国ナポリ府ニ於テ出版セルモノニシテ、前二著ニ勝ルコト頗ル遠キガ如シ。全典三巻、毎巻章ニ分チ章又節及条ニ分チ条数千五百四十条ヨリ成リ、国際法ノ諸問題ヲ決定セルコト明快最モ喜ブベシ。殊ニ其総則ノ如キ又其制裁章ノ如キ、識見卓越、真ニ新時代ノ需要ヲ充タスニ足ル新科学ノ先駆タルニ恥チザルガ如シ。

余輩ノ知ル所ヲ以テスレバ此書今已ニ仏亜〔西〕二国語ニ反訳セラレタリ。仏国ナンシー大学教授クレチアン氏訳[5]及西班牙国マドリッド大学教授グラチア〔ガルシア〕氏訳[6]則チ是也。

フィヲレ氏先月一書ヲ致シテ其法典草案ヲ日本語世界ニ紹介スベキヲ勧告セラレタリ。フィヲレ氏ハ我師パテルノストロ氏ノ親友ニシテ今マ年紀正ニ四十五六、無妻寡独ニシテナポリ府立大学ニ教授タリ。其精力ノ人ニ絶スルハ仏国学者フォデレ氏カ同氏著「国際私法」ヲ訳セル時ノ序文ニ徴スルコトヲ得ベク、其理想ノ高遠ナルハ其法典草案ニ題シテ「各国家社会ノ法律的組織」トイヘルヲ以テ察スベキナリ。

国家ノ対等ハ条約ノ対等ヲ以テ博シ得ベキニ非ズ。国家ヲ成ス種族、文物等ノ精力相匹敵スルニ非ズンバ、交際ノ対等却テ国家ヲ蠹害スルノ具タラムノミ。対等条約論詢トニ善シ。然レドモ東亜ノ極隅ヨリ文化ノ光明ヲ反照スルニ非ズンバ其邦国ノ前途ヲ奈何ニセム。余輩平昔法学ニ志ス者、世界近代ノ三大国際法典草案ニ対シテ忸怩タルコト無キ能ハザルナリ。

（完了）

右、師兄梅〔謙次郎〕博士ノ急嘱ニ従ヒ倉皇起草ス。然レドモ言論ノ責任ハ余輩ノ少シモ回翅セザル所ナリ。　峰一郎シルス。

［5］安藤正楽宛書簡　一八九三年三月二一日

拝啓　過日は御丁寧なる御手紙御恵み被下奉拝納候。先日中ハ御不快の御容子ニ御坐候ひしも、唯今ニ相成候ひてハ風物も一更致候得ば、早已ニ御全快之御事と奉察候。何卒、是上万事ニ御注意被遊、斯国斯学の為め御尽瘁被下度奉遠望

（4）Doctor Francis Lieber's Instructions for the Government of Armies in the Field.

（5）Pasquale Fiore, *Le droit international codifié et sa sanction juridique*, traduit par Alfred Chrétien（Paris : Chevalier-Marescq, 1890）.

（6）Pasquale Fiore, *El derecho internacional codificado y su sanción jurídica*, trad. por D. Alejo García Moreno（Madrid: Centro editorial de Góngora, 1891）.

申候。

其後早速御返信申上度山々ニも考居候得共、公私彼是ニ取纏れ、其義ニ及兼候ひしこと、偏ニ御容赦相成度候。

国際法を研究するニハ、Fiore の国際公法など頼て可然存候。同書の仏国博士 Chrétien の仏訳もあり、小生も我国学問の為め、訳註の労をとらんと存居候位ニ御坐候。其他ニハ仏の Pradier-Fodéré の著書、独の Heffter の書、魯の Martens の書、英の Philimore〔Robert Phillimore〕の書、米の Field の書、尤も可然存候。呉々も遺懐の御志御廃止無之候様奉祈上候。尚、高木先生よりも御聞取被下度候。

三月卅一日　安達生

安藤学兄　貴下

[6]「結論」（パテルノストロ）、「あとがき」（安達峰一郎）　一八九六年一二月

○結論

諸君、国際法ノ原則ハ今日未タ全ク実際ニ行ハレス。然レトモ此原則ヲ将来全ク実際ニ行ハレシムルコトニ尽力ス可キハ、吾々法学者ノ責任タルコトヲ忘ル可カラス』《ママ》。本校ニ於テ曩キニ諸君ノ為メニ国際公法ノ講義ヲ始メ、殆ント二年ヲ経タル今日ニ至リ、漸ク簡単ニ之ヲ講了スルヲ得タリ。蓋シ国際法ノ進歩ハ大ニ将来ニ望ミヲ属ス可キモノニシテ、正義及ヒ経済ノ発達ハ此法ノ進歩セルト否トニ大関係ヲ有スルヲ以テ、早ク諸君ニ之ヲ知ラシメント欲シ、主トシテ此法ノ大原則ヲ講述シタルナリ。

今日迄諸君ノ為メニ余ノ為シタル講義ハ甚タ不完全ナレトモ、諸君カ唯其大原則ノミナリトモ之ヲ了解セラル丶トキハ、諸君カ他日本法ノ著書ニ就テ研究セラル丶ノ手続階梯ト為ル可キハ、余ノ信シテ疑ヲ容レサル所ナリ。且又余ノ不完全ナル講義ヲ為シタルコトニ付テハ諸君ノ深ク余ヲ譴責セサルヲ信ス。如何トナレハ余ハ他ノ事務アリテ専ラ諸君ノ為メニノミ講義ヲ為スコトヲ得サリシハ、諸君ノ能ク了知セラル丶所ナレハナリ。

余ノ不完全ナル講義ガ諸君ノ充分ナル研究ト精細ナル講究トニ扶助セラレテ、若シ将来貴国ノ為メニ良好ナル結果ヲ生出スルアラハ余ノ幸福ハ誠ニ大ナリ。噫諸君、今日ハ此講義ヲ終了シ、而シテ諸君ニ別ヲ告クルノ時トハ為レリ。今日諸君ニ別ヲ告クルハ誠ニ苦痛ニ堪ヘサルモノアリ。蓋シ此告別タルヤ一生再ヒ諸君ト相見ユルコトヲ得サル可シトノ感情ヲ生スレハナリ。而シテ親友一別終生不相見、是レ亦事実上屢〻アルコトナレハナリ。

然レトモ余ハ貴国ヲ去リ本国ニ帰ルニ臨ミテハ諸君ト貴国トヲ代表スルノ思想ヲ抱持シテ帰国ス可キナリ。

余ハ本国ノ学生ニシテ余ヲ待ツ者ニ告クルニ左ノ如キ言ヲ以テセント欲ス。

曰ク「余ノ日本ニ在ルコト茲ニ四年ノ星霜ヲ閲シタリ。而シテ何レノ土地タルニモセヨ何レノ社会タルニモセヨ、苟モ一個人ノ一個人タルコトヲ認ムル迄ニ社会ノ程度ノ進ミタルトキハ、公義及ヒ学理ノ発達ヲ為シ得ルモノナルコトヲ悟了セリ」ト。而シテ又場所ノ異ナリ時代ノ異ナリ、将タ種族ノ異ナル等ハ決シテ人類相助クル感情ノ発達ヲ妨害スルニ足ラサルコトヲ附言セン。

又本国ノ学生ニ諸君ノ余ニ対シテ親切ナル感情ヲ発表セラレタルコトモ亦之ヲ告ケント欲ス。

今日諸君ト別ヲ告クル前ニ諸君ノ為メニ、且余ノ為メニ安達峯一郎君ニ謝ス可キコトアリ。即チ安達君ノ通訳ニ依リ諸君ト余トノ間ニ於ケル思想感情ノ交通ヲ全フシタルコト是ナリ。

余ノ諸君ニ言ハント欲スル所ハ甚タ多シ。然レトモ其主トスルモノハ諸君ト余ト永ク相忘レスシテ吾々ノ心胸ヲ充分ニ開ヒテ、而シテ貴国及ヒ伊国ノ将来良好ナル運命ヲ有センコトヲ企望スルコト是ナリ。

○国際公法ノ研究ヲ完全ナラシメンニハ、此研究ニ次クニ国際私法ノ研究ヲ為サヽル可カラス。故ニ余ハ来学期ニ於テ国際私法ヲ講ス可キノ順序ニ在リ。然レトモ余ハ帰国ノ期近キニ在リテ到底此講義ヲ為スコトヲ得ス。若シ将来安達君カ本校ニ於テ此講義ヲ負担セラル、コトト為ラハ充分ニ其材料ヲ送ラン。然ルトキハ尚ホ今日迄ノ如ク、諸君ト余トノ間ニ於テ思想感情ノ交通ヲ為スコト得ヘケン歟。

諸君ト余トハ大ニ年齢ヲ異ニスルカ故、余ノ言ハント欲スル所ヲ充分ニ言フコトヲ得ス。茲ニ余ノ出発ニ先立チ一ノ諸君ニ予告ス可キコトアリ。即チ日本ニ於テハ将来国際法ヲ熱心ニ研究スル者ハ啻ニ大学ニ於テ増加ス可キノミナラス、其他ノ学校ニ於テモ増加ス可シト言フコト是ナリ。蓋シ日本ノ如キ大国ニ於テハ将来益〻国際法ヲ研究スルノ必要アリテ存スレハナリ。

日本ニ於テ国際法ヲ研究スルノ必要ナルコトハ、既ニ三年間諸君ニ講述シタル所ニ依リテ明白ナリト信ス。然ルニ日本ノ如キ世界中第一等国タラントスル国家ニ於テハ専ラ法律学ヲ教授スル学校ノミナラス、其他高尚ナル学科ヲ教授スル学校ハ総テ此法ヲ研究スルノ必要アルニモ拘ハラス、若シ之ヲ忽諸ニ附シ去リ為メニ欧米人ノ驚愕スル所ノ日本ノ大進歩ヲシテ将来一朝退歩セシムルコトアランカ、誠ニ痛心ス可キ一大事ト言ハサル可カラス。凡ソ世界ノ事物ハ日々歳々ニ進歩スルモノナリ。而シテ一国ノ事物ハ啻ニ内部ノ事ヲ研究ス可キノミナラス、外部ノ事モ亦併セテ研究セサル可カラス。若シ然ラサルトキハ大ニ進歩ノ遅延スルコトアラン。故ニ世界万国ノ事物ニ注意セサルトキハ、或ハ日本ノ進歩ハ今日ノ如ク継続スル能ハサルヤ必然ナリ。

今日一国カ世界ニ於テ優等ナル地位ヲ占メントスルニ固ヨリ物質的ノ進歩ヲ必要トスルモ、之ヲ用井ントスルニハ道理正義ノ存スル所ニ付テ用井サル可カラス。又現ニ今日世界ニ於テ優等ナル地位ヲ占ムルモノハ、之ヲ一見スレハ単ニ物質的暴力ニノミ依ルカ如シト雖、其実ハ之ヲ利用スル人ノ智力ニ依リテ存スルモノナリ。

抑〻今日世界ノ国家ニ二個ノ進行アリ。即チ一ハ自動的ノ進行ニシテ二ハ他動的ノ進行是ナリ。

貴国ノ如キハ四千万ノ人口ヲ有スル大邦ニシテ世界万国ノ認ムル所ノ国民ナリ。若シ貴国カ自動的ニ自ラ進ミテ他国ノ智識ヲ利用スルコトヲ務メス、即チ他動的ニ進行シテ専ラ物質的ニ働クトキハ、余ハ断言セン、「世界全体ノ智識ヲ相集メテ之ヲ利用スル国家民族ト遂ニ氷炭相容レサルニ至ラン」ト。

又余ハ諸君ノ朋友トシテ一言ヲ呈ス可キコトアリ。即チ凡ソ人ハ一個人ノ上ヨリ観察スルモ又国民全体ノ上ヨリ観察スルモ、自己ノ力ニ信任ヲ置カサルトキハ活発ナル行動ヲ為ス能ハサルモノナリ。

然レトモ自己ノ力ニ信任ヲ置カンニハ須ラク深キ注意ヲ為サヽル可カラス。若シ一個人若クハ一国家ニシテ自己ノ信任力ヲ過渡ニ拡張シ、以テ充分ニ行動ヲ為スコトヲ得ルモノト妄断シ敢テ他ヲ顧ミサルトキハ、其人其国ノ不幸ハ極メテ大ナリト言ハサル可カラス。蓋シ一個人若クハ一国家ノ好地位ニ到達スルコトヲ得ルハ人類共同ノ力ニ依ルモノニシテ、決シテ一個人若クハ一国家ノ力以テ之ヲ成シ遂クルモノニ非サレハナリ。

諸君、世界ノ文明ハ決シテ一朝一夕ノ能ク作出シ得ルモノニ非ス。又将来モ益々進歩シテ止マサルモノナリ。然ラハ則チ将来非常ノ熱心ヲ以テ学術技芸ヲ研究シ以テ此文明ノ進歩ニ助力ヲ与フ可キハ、日本現在青年諸君ノ責任タルコトヲ記憶セサル可カラス。若シ今日迄ノ文明ヲ以テ充分ナリト信シ、世界ノ共同文明ニ助力ヲ与ヘサルトキハ啻ニ諸君ノ責任ヲ空クスルノミナラス、日本将来ノ為メニ憂フ可キ一大事ナリト言ハサルヲ得ス。這ハ余ノ四年間日本ニ在留シタル公平ナル親切ナル朋友トシテ、特ニ諸君ノ注意ヲ喚起スルノ要点ナリ。

尚ホ諸君ニ一言ス可キコトアリ。即チ諸君ノ本校ニ於テ修学セラレタルハ年月既ニ久シク、其間諸君ハ余ヲシテ日本ノ将来ハ誠ニ確固ナリトノ信向ヲ抱カシメタリ。是レ他ニ非ス、諸君カ余ニ対スル時々ノ質問ハ他ニ模倣スルコトヲ習ヒトセスシテ研究的精神ノ存スルコトヲ充分ニ余ニ知ラシメタルニ因ルナリ。而シテ一国ノ進歩ハ須ラク世界ノ文明ト相伴ハサル可カラスト言フ思想ヲ有シテ、諸君ハ此研究的精神ヲ振起セサル可カラス。将来ノ時代ハ智識ヲ以テ支配ス可キノ時代ナリ。故ニ余ハ此言ヲ遺シテ日本ヲ出発セント欲スルナリ。

余ノ所見ニ依レハ日本三十年間ノ政治学術等ノ進歩ハ皮想的ノ進歩ナリト言フ説アルモ、此説ノ全ク虚妄ノ甚タシキモノナルコトヲ信ス。抑々日本最近三十年間ノ進歩ハ独リ日本ノミニ特種ノ状況ニ非ス。此ノ如キ進歩ハ何レノ国家ニ於テモ又何レノ社会ニ於テモ、一旦ハ必ス経過シタルモノナリ。蓋シ進歩ノ原素カ内部ニ存シテ而シテ外部ノ誘発ニ逢フトキハ、俄ニ其進歩力ヲ外部ニ逞フスルモノナリ。日本ニ於テモ内部ニ潜伏シタル進歩ノ原素カ、開港以来外部ノ誘発ニ逢フテ発達シタルモノナリ。決シテ皮相的ノ進歩ニハ非ス。故ニ余ハ日本ノ進歩ハ堅確ニシテ其倒レサルモノナルコトヲ信ス。只其急進ノ反動ニ依リ或ハ其進歩ヲ止ムルアランコトヲ恐ルヽノミ。故ニ日本ノ既ニ得タル進歩ノ程度、即チ戦勝ノ結果ヲ維持シテ将来如何ナル反動力ノ為メニモ決シテ之ヲ止メシメサルコトニ尽力ス可キコトハ、余ノ三年間ノ国際公法ノ講義ニ依リ諸君ハ定メテ下ノ如キコトヲ悟了セラレタルヲ信ス。即チ諸君ハ啻ニ国際公法ニ関スル智識ヲ取得セラレタルノミナラス、日本ノ青年諸君ハ将来如何ナル責任ヲ有スルヤト言フコトヲ間接ニ悟了セラレタルコト是ナリ。

噫諸君、余ノ三年間ノ不完全ナル講義ニ依リ間接ニ日本青年諸君ノ重大ナル責任ヲ悟了セラレタランニハ、余ノ労力モ充分ニ酬井ラレタリト言フヘキナリ。安ンソ終生ノ最紀念タラサランヤ。

明治二十五年六月十四日終講

法学士　安達峯一郎

余ヤ浅学不肖ヲ顧ミス、乏ヲ受ケテ名家ノ講義ヲ通訳スルノ任ニ当レリ。其孟浪ニシテ誤謬多カルヘキハ、余ノ自ラ省ミテ深ク天下ニ謝スル所ナリ。

唯夕学生諸君ノ厚意ト筆記者校友中村〔藤之進〕弁護士ノ親情トニ依リ、今漸ク通訳ノ業ヲ完結スルヲ得タルハ喜ニ堪ヘサル所ナリ。

顧フニ、国際法ノ後来日本ニ発達スルヲ要スルヤ誠ニ師ノ意ノ如シ。余ヤ不肖ト雖、請フ、諸君ト共ニ此学ニ従事シテ日本国民ノ真地位真利福ヲ暢達セシメン。

謹テ茲ニ署名シテ責任ヲ明ニシ、且志懐ヲ述フ。

［7］「国際法研究に就て」一九一二年一二月六日

国際法研究に就て

法学博士　安達峯一郎

諸君、満四年間日本祖国の明媚なる此の風光に接せざりし小生が、今日此処に参りまして、斯の如き多数の諸君に御目に懸るのは、大に愉快に感ずる次第であります。是は国際法学会幹事諸君の賜ではありますが、其最大原因の一は亦後藤〔新平〕男爵の今夕御臨席下さる事が、前以て分つて居つたに在るに違ひないと確信致しますので、後藤男爵閣下に深厚なる謝辞を呈します。

　諸君、国際法と云ふものに考へ到る度毎に、私は日本の進歩を驚嘆致し実に愉快の念に堪へませぬ。明治二十一二年頃、私共が高等中学の学生時代に在つては、明白に日本は国際法の適用範囲外でありました。国際法は日本国に適用すべからざるものである。是は欧米専有の経典であると定めて居つたのであります。それ故に其当時私共の先輩で、最も尊重すべき井上毅先生などは、「国会」と云ふ新聞に投書して、如何にして日本政府は日本帝国をして国際法の適用範囲内に入れしめる事を得べきや、と云ふ其の問題を大変に論じました。国際法を日本に適用する事は、日本人種、大和民族の希望である。又実現せしめねばならぬ問題であるが、之に就ては其当時司法省の顧問たりし伊太利人のパテルノストロ先生に意見を徴した事があります。其の意見は国際法を日本に明かに適用しなければならぬ道理立派に存在するとのことにて、白耳義国刊行の Revue du droit internatwnal(7) にも正正堂堂と公に致したる次第にて、憂国の先輩諸君が如何計り此の大問題に腐心せられたかは実に想像以外に在るのであります。昨今引越に付旧書整頓の際不図私が思ひ起しました事は、私の学生時代即ち今夕の座長寺尾〔亨〕先生其他の諸先生に教を受けて居ります時代に、何を以て専門の学問としやうかと云ふことの意見を書きまして、穂積陳重先生に御尋ねを致した事があります。其原稿が此処にございますが、其の意味たる今より考ふれば実に不思議な事で、今日此処で御話をするのは小児のやうな言ひ草でありますが、御懇意の諸君の前ですから宜しいでせう、斯う云ふのであります。

（7） Alessandro Paternostro, “La revision des traités avec le Japon au point de vue du droit international,” *Revue de droit international et de legislation comparée*, tome 23（1891）, pp. 176-200 を指すと推測される。

志ヲ書シテ清鑑ヲ仰ク（二十一年秋）

生倩々当今ノ国勢ヲ観ルニ、法律学生ノ数日ニ多キヲ加ヘ、遂ニ有識ノ士ヲシテ無職不平ノ徒ヲ生シ、他日国家ノ害ヲ為サムコトヲ恐レシムルニ至レリ。国家全局ノ上ヨリ利害得失ヲ論スルコトハ姑ク置キ、日本法律学ノ為ニハ大ニ賀スヘキコトナリト謂ハサルヘカラス。然レトモ、都下数千ノ法学生ヲ観ルニ、大抵其ノ志望偏少ニシテ民刑商法等ノ諳誦シ、或ハ判事ノ職ヲ得或ハ代言ノ業ニ従事セントスルモノニ非サルハ無シ。其万国公法国際法等ヲ精究シテ大ニ国家ノ為メニ力ヲ致サントスルモノニ至リテハ、其ノ数寥々トシテ晨星モ啻ナラス。

夫レ我邦ハ当時疑モナク小弱ノ国ナリ。小弱ノ国ヲ以テ列国ノ間ニ介在シ、帝国ノ尊厳ヲ損スルコトナク内治外交ノ完全ヲ求メント欲セバ、深ク国際ノ理法ニ通シ機変ニ処スル秀才アルモノ外交ノ衝ニ当リ、満腔ノ熱心ヲ以テ之ニ従事セサルヘカラス。外交法学家ノ必要ナル此ノ如クナルニ、学生ノ進ミテ此ノ学ニ従事セントスルモノノ少キハ、蓋シ此ノ学ノ他諸科ニ比シテ更ニ困難多キト、金銭上ノ利益少キトニ由ルナラン。嘆スヘキニ非スヤ。生ヤ固ヨリ菲才ニシテ、聖世ノ贅物タルニ過キスト雖トモ、夙ニ国事ノ為メニ身ヲ致スノ志アリ。外交法学ノ国家ニ必要ナルコト彼ノ如クナルニ、此レヲ修ムルモノ太タ少キヲ慨シ、奮テ此ノ学ヲ修メント欲ス。然レトモ事ニ当ルモノハ事理ヲ見ルコト明ナラスシテ、傍観者八目ヲ具フト云ヘルコト、太タ理リアルヤウニ覚フルニ由リ、茲ニ生ノ修学ノ順序方法ヲ略記シ、清鑑ヲ仰クコトトセリ。先生一タヒ瀏覧セラレタラン後、一言ノ評ヲ賜ハラハ真ニ望外ノ幸トヤ云ハマシ（順序方法書ハ略ス）。

とある。それでありますから国際法を講究して、御用に立つやうに致したらどうか、但し国際法の研究が他の法律に比して更に困難なるは、種種の理由の外金銭上の利益が無いのでありますが、之をやつて宜しうございませうかと云ふ事を伺ひましたる所、穂積先生は宜しい、大に遣れと云ふ事でありました。それで其当時国際法学をやらうと云ふ事を発意したので当時の形勢如何に哀れなりしかを御了解に相成るべき次第であります。

然るに今日は如何でございませうか。今日は先輩諸君の力、又申す迄もなく御崩れになりました　明治天皇の御稜威の最も偉大なる事に依て、日本国は国際法上尊重すべき地位を占め居るのである。第二平和会議に於ても又倫敦の海法会議に於ても日本の優越なる位置を認めたのでございますが、此事実に於て日本が今日国際法上世界に占むる高等なる位地が知れて居ると云ふことは明かなる訳であります。諸君、明治二十二年頃に於ては日本に国際法を適用すべきやと云ふことが、世界の大問題であつたのであります。それが日本は先輩諸君の力に依て今日は正反対になりて日本と云ふ強大なる国が国際法を適用して呉れるだらうと云ふことが、世界の大問題と為つて居るのであります。此事を考へて見ても此の国際法と云ふものを考へる度毎に、吾々少壮の者は斯＝う見えても少壮の積りですが、大に愉快に感じて益〻国運の発展を助けなければならぬと思ふのでございます。

さて日本の国情は今申す通りでございますが、何れの国に於ても民法でも、商法でも其の研究の方法は一帯の国勢並に対外関係に依て岐れるのであらうと思ひますが、殊に国際法は対外関係の如何に依て、世界に対する位置に依て其の研究の態度が変るものと思ひます。日本の独立を維持する為に国際法を研究する態度と、今日其の範囲を脱して高等なる見地より、国際法を研究する態度とは大変に違う筈なのである。茲に其の一例とも思ふのは諸君の御承知の南米のアルコルタと云ふ人が、南米諸国の一般関係の特殊なるに基き欧州の夫れより更に特別なる国際法が在ると云ふことを或る物に書いてある。(8) 之に依りても右の理法の真正なることが分るのであります。

そこで高橋〔作衛〕博士からの御依頼で仏蘭西の国際法研究の態度は、どう云ふものであるかと云ふ御話でありましたが、仏蘭西も亦右歴史の理法の範囲を脱せずして、国際法研究の態度も十数年前とは大に変つて居ると思ひます。それは過去数世紀、殊に最近約百年間、明治三十八年前約百年間は英吉利と仏蘭西との競争の結果、何れの処に於ても英仏の衝突が世界の問題でありましたが、三十八〔三十七〕年の四月八日英仏協商が出来ましたから大変に変つて、仏蘭西は海上に於ても陸上に於ても、其外交は誠心誠意平和の外交であつて、昔の如く専権を制せずんば已まぬと云ふ方針

（8）Amancio Alcorta, *Curso de derecho internacional publico* (Buenos Aires: F. Lajouane, 1886) を指すと推測される。

を改め全く拠なき場合の外は剣を抜かぬことになつたのでありますから、国際法の研究も極端なる武断主義即ち力を頼むと云ふ、法律の思想に反対なことには大に遠ざかり居りますが、併し弱小なる白耳義とか葡萄牙とか和蘭とか国際法を以て独立を維持しようと云ふが如きことはなく、歴史と法律思想との調和宜しきを得て居るので、実際にも理論にも適応するやうな傾きの研究になつて居ります。是は私の専門外でありまして毎日俗務に鞅掌して居る私共には充分分りませぬが、仏蘭西学界の先輩諸君の考へも段々推移つて、海にも陸にも空中にも又水中にも専権即ち hegemony と云ふことを言はないで、国際関係は平等であると云ふ考へを本にして居ると思はれます。前に私が仏蘭西に居つた時よりも尚公平に成つたと思ひます。又其事は宮岡〔恒次郎〕君の御存じのルノール博士抔の近来の所説を見ても明白なることと存じます。御承知のカサブランカ事件、其要領は当時日本の雑誌にも新聞にも見えましたが、其時に仏蘭西からハルノールとワイスと云ふ外務省の法律家が参りますし、独逸の方からは御承知のクリーゲ其他一人、是等の人が海牙〔ハーグ〕で仲裁裁判をした。所が全く仏国が勝利を制した。独逸大宰相は在伯林仏国大使カンボンに対して、右仏蘭西の国際法学者を称揚し独逸と仏蘭西以外の国と交渉を生じて紛争があつたならば、お前の国の法律家に頼むと申した。尤も此事はお世辞も大分ありませうが、是等の人が其国の外務省と始終交通して居つて、一旦事あると国裁判廷《ママ》に出て、能く国際法の原理を楯とし国の事情を明かにして勝を制することになつて居ります。それが今日の仏蘭西の国際法の研究の態度であります。

さて斯の如く仏国は詰り近頃研究の態度が以前よりは餘程穏当に成り、又実行的に成つて来たのであります。それと共に征服と云ふ考へを脱したから、東洋に於ても日本の位地を大変能く了解するやうに成りました。元と仏蘭西の東洋に就ての考へは、日本などを誤解して居つたのでありますが、今日は段段本統に了解することになつて仏蘭西の公使として日本に十一年間計り居つて、日本に居つた時には殆ど日本の位地を了解しなかつたと思はれた人、其人が近頃仏蘭西の最も有力なる雑誌に論説を掲げて居る。其論説は日本の真正の長所は何であるか、と云ふことを能く了解して掲げて居りますが、元と日本郵船会社が始めて創立された時、日本人は無謀である、全く狂暴であると云ふ考へを以て、明かに意見を発表して居つたのでありますが、今日は全く日本人の真価を了解することゝ為りたるアルマン大使の意見抔は最も善く仏国人士の日本に関する思想の変遷を表はすものと考へられます。それから又近頃世界の耳目を驚かした乃木大将殉死の如き、今や日本人の特性は何であるかと云ふことを研究するに当つて、殉死と云ふことも研究されたのであります。明治二十六年より法科大学の教師として東京に居つたルヴオンと云ふ人が英国「フォートナイト、レヴィウ」の嘱託に応じて殉死と云ふ論を書いた。而して研究して居つて将に原稿を発せんとする時に、九月十四日の新聞に乃木大将の殉死が出た。其事が仏蘭西の方にも深甚なる印象を与えたのである。右二論説の趣旨は畢竟同一の思想に基き日本の真の国力は有形的にあらず、軍隊にあらず、金銭にあらず、日本国民の気性だ、此の気性は二千何百年間養成した気性でありますから、今日一朝一夕に失せるものではない。段段薄らぐ傾があるかも知れぬが、是れより一層盛んにすることも出来るから、此気性は日本の将来に関する絶好の「ガランチー」である。鉄道港湾を抵当とするよりも何よりも尚更確かな抵当であるから此点より考へて見れば、日本の財政当局者の巧拙抔は少しも顧みるに足らぬ。一旦契約をした以上は必ず殉死的の気性を以つて遂行するに違ひない。日本の財政は此点のみを見ても最も鞏固なる財政であると云ふことを書きまして、それを彼の国の人が普く翫味して読んで居るのであります。兎に角斯の如き点までも研究して之を以て財政の「ガランチー」とするに至つたのは、日本人を能く了解し来つたのでありますから、今日以後日仏の関係は一層鞏固を加ふることと思ひます。是れは国際法に関係は無いやうでありますが、必ずしも無いとは言はれませぬ。斯の如き仏国人でありますから、国際法に関する日本国民の主張を随時陳述し、仏蘭西の学者が常に之を読むようにしたならば宜からうと思ひます。幸ひ今日は石井〔菊次郎〕大使も巴里に駐在して居られまして全く御同感と思ひますから、何か仏蘭西の国際学会と日本の国際学会とが特種の関係を付けることの最も機宜に適中するものなることは、私が今日仏蘭西の国際法研究の態度に関し高橋君に御答をすると同時に、最も希望するのであります。此希望は若し実行方法宜しきを得たならば、実現し得べきものであると云ふことを同時に信ずるのであります。甚だ拙劣な弁を弄して清聴を汚しました。

〔8〕「序文」（仏文）　一九三〇年

↓欧文著作（巻末）2頁

第二章　外務官僚・外交官

一八九二年九月から一九三〇年一二月までの三八年間に及ぶ、外務官僚・外交官としての安達の活動は、実に多様である。本章にはそれらのうちのいくつかの側面を明らかにしてくれる資料を収録した。第一節には、最初の赴任地であるローマにおいて執筆した、最初の口上書を掲載した（**資料**［9］）。姉小路公義一等書記官が日本へ帰国することをイタリア外務大臣に伝えたものである。手書きの綺麗な文字で執筆されており、当時から署名は Adatci と綴っていたことが確認できる。

また、イタリアに赴任して一ヶ月弱経った状況を記した書簡として、『法学協会雑誌』に掲載されたのが**資料**［10］である。安達が敬愛するフィオレ教授と交流できた様子も描かれている。

ローマへの赴任は、約一年前に結婚していた鏡子が妊娠中であったため、単身であった。一八九三年七月三〇日に横浜港を出港した後、九月九日にマルセイユ港に到着し、パリを訪問した後に、ローマに到着したのは九月一八日であった。安達は途中寄港するたびに、書簡を鏡子に送り続けた。そこには妊娠中の妻に対する、きめ細やかな愛情が示されていると同時に、アジアやエジプトなどの諸地域で見た、現地人たちの奴隷に近い悲惨な状況が綴られている（**資料**［11］）。第二節には、この書簡群のほかに、アジアなどの諸地域の植民地としての状況を分析している資料を収録した。**資料**［12］は第一次エチオピア戦争、**資料**［13］と［14］は仏領インドシナ（ベトナム）、**資料**［15］から［17］はモロッコとコンゴについて、外務省本省に送った報告である。

安達が外交官のキャリアの前半において最も華々しい活躍をしたのは、ポーツマス講和会議の際である。全権委員随員として参加し、会議の際にはフランス語での発言の通訳のメモを小村寿太郎に渡すという役割を果たしたほか、条約起草委員会の委員として条約案起草の難しい交渉にも参画した。**資料**［18］は、交渉の生々しい状況を父に書き送った書簡である。父が「久左衛門家過去帳」に書き写したものが残されている。**資料**［19］は、講和会議の裏話を国際法学会の場で語った記録である。また、**資料**［20］は、本省の取調課長の時に執筆した、講和条約上の漁業権について小村寿太郎に聞き取り調査をした報告書である。

日露戦争との関連で安達が直接かかわった、もう一つの仕事が、捕獲審検所評定官である。海上で拿捕された外国の船舶や貨物を捕獲すべきかを評定する裁判所が佐世保と横須賀に設置され、安達は、一九〇四年二月から佐世保捕獲審検所、三月からは横須賀捕獲審検所で評定官としての任務を遂行した。**資料**［21］から［23］は、担任評定官として携わった、露船コチック号、独船パロス号、そして英船イースビーアベー号の三つの事件についての調査書および検定書である。

日露戦争後、日露関係は急速に好転した。一九〇七、一九一〇、一九一二、そして一九一六年と、立て続けに日露協約が締結された。安達は、一九一五年一二月にロシア皇族ジョルジュ・ミハイロヴィチ（George Mikhaillovich）大公が来航した際に、接伴員としての役割を果たした。その接伴の詳細な報告書が**資料**［24］である。翌年八月には、閑院宮載仁親王のロシア差遣随行を仰せつかり、ロシアへの出張を行っている。この随行の報告書が**資料**［25］である。また、**資料**［26］は、ロシアを訪問した印象を『外交時報』に掲載したものである。

外交官として安達は、二度死の危険に直面した。特命全権公使として革命最中のメキシコに赴任中の一九一四年六月に、安達は列車襲撃事件に遭遇し一〇日間行方不明となり、この間に重症の急性肝臓病に罹り、結局一九一五年一〇月には帰国した。二度目は、第一次世界大戦中の一九一七年九月駐ベルギー公使に任命されて任地に向かう際の事件である。最初のメキシコ革命の様子、そして自身の「遭難」を取り上げた資料を第六節に収録した。**資料**［27］と［28］は、革命の状況、日本人の様子、貨幣制度などについて分析・解説したものである。また、革命と遭難事件について詳細に語っているのが、一九一六年六月二〇日の横浜市教育会での講演である（**資料**［29］）。ほかにも、『農業世界』に掲載した論文（**資料**［30］）や『冒険世界』に掲載した論文（**資料**［31］）がある。なお、『日本外交文書　大正三年第一冊』（外務省、一九六五年）七九九–九〇三頁には「『メキシコ』革命動乱関係一件」として、関連資料（安達の電報も含めて）が収録されている。

安達は外交官として、イタリア、フランス、メキシコ、そしてベルギーの在外公館に勤務した。在外公館勤務は通算で約三〇年間に及ぶ。そのうち最も長い期間に及ぶのが、一九一七年から一九二七年まで一〇年間に及ぶ、ベルギーである。一九二四年の日白通商航海条約の締結、ルーヴェン・カトリック大学図書館の再興、皇太子裕仁親王の接伴など、実に多様な活動を行っている。**資料**［32］は、当時ベルギー外務省が置かれていた、フランスのル・アーヴルに在ベルギー公使として滞在していた安達が、本省に送った、フランデレン地域の独立運動とドイツの画策についての報告書である。**資料**［33］は、休戦条約の成立により、当時ベルギー最西端の町ドゥ・パンヌ近郊に居住しドイツ軍と対峙していた国王アルベールがブリュッセルに凱旋した様子を、同行した安達が臨場感あふれるタッチで本省に送った報告である。また、**資料**［34］と［35］は、一九二六年一〇月のベルギー通貨安定のための勅令、その後のベルギーでの通貨安定や経済状況について、『日刊海外商報』に掲載したものである。このほかに、同誌一〇六二号（一九二八年）には「白領公果の経済事情」という論文も安達の名前で掲載されている（一四二四—

一四二六頁）。ただし、末尾に（井上外交官補調査）と記されているので、本書には収録しなかった。

駐仏特命全権大使として安達がパリに赴任したのは一九二八年二月である。一九三〇年六月にはフランス駐在を免じられているので、大使として二年余り務めたことになる。この間の資料としてここに収録したのは、**資料**［36］のみである。『石油時報』に掲載した、フランスの石油政策を分析する論文である。

第一節　駐伊臨時代理公使

［9］「イタリア外務大臣ブラン宛口上書」一八九六年二月一七日　→欧文著作（巻末）3頁

［10］「安達法学士の書簡」一八九三年一〇月一〇日

○安達法学士の書簡。曩に羅馬府へ赴任せられたる安達法学士より左の報導ありたり。
法学協会委員各位　足下時下秋冷日に加はり灯火益可親之候、筆硯愈御清穆之段為斯国幷斯学不堪欣賀候。小生儀七月小石川の総会に於て各位と分袂以来、数旬の遠旅常に無恙巴里府を経て此頃当府着任、交務に鞅掌罷在候間御降慮祈候。当府大学は来十月より開講の定めなれば、教授達も在府のもの少く未た款晤の機を得ず。従ひて有益なる通信をも致兼遺憾に存し、唯曽て協会と関係を有せし博士パテルノストロ氏は公務の為めに家族一同と当府に住ひ居り万事好都合。殊に同氏の紹介にて当国下院図書室に自由出入の権をも得、大に進修の助と相成申候。又伊国新法学の翹楚として其名世に隠れなき博士フイオレ氏は、頃日欧州大陸の夏旅を卒へ、ナポリ大学へ帰任するの途次小生を訪問せられ数時閑唔の末種々法学上面白き事なども知得致候。氏は先頃希臘ルーメニヤ両国の紛争問題たるザッパ《ママ》事件（曽て小生の協会に寄せたる海外記事(1)御参照相成度候）に付意見を吐露することを右両国より依頼せられたるにより、目下は右問題研究中なりとの事。其後には国際私法の第三巻を卒へ更に民法に関する大部の著述を為すの企なりとの事に候。其剛健学に志し教に務むるの厚きは、彼外人なれども感入申候（明法誌叢所載拙論世界三大国際法典参照）[2]。何に致せ右等種々の繋紹により大に進修の効を致し、一は聖明の厚恩万一に酬ゐ、一は在国諸友の好意を空しうせず、徒らに国庫を糜するの虫とならずんば幸甚と存候。十月十日在羅馬会員安達峯一郎

第二節　アジアの諸地域を含む植民地をめぐる状況

［11］鏡子宛書簡　一八九三年七月三一日～一〇月九日

安達峯一郎殿伊国羅馬ニ赴任の途明治廿六年1904年八月〔一八九三年七月〕卅一日より羅馬着同十月九日迄の来信

右連束ハ永久保存の鉛筆がきあ〔な〕れば、保存の為め紙片貼用す

在白国武府にて

占領中　昭和十五年1940六月廿八日

安達鏡子

〔七月〕三十一日午前七時

粛啓

昨日横浜出発後好天気且つ海上平穏ニテ、愉快ニ少シモ舩暈ヲ感スルコトナク、唯今ハ已ニ神戸近傍ニ着シ申候。今

（1）本書資料［95］。

（2）本書資料［4］。

日も天気晴好、朝の食事ヲ已ニ畢リ、上陸ノ支度ヲ為し居り申候。仏語ヲ解スルガ故ニ、万事都合ヨク何も差支無之候。又此邦舩の万事ニ行届き居ルコトハ、驚キ入ル計リニ御坐候。但し、仏語ヲ解スルコトガ必要ニ御坐候（殊ニ舩中の語ガ必要ナル故、其心懸けにて御学び被下度候）。仏人と口語し支那人と筆談し居候故、少しも退屈すること無之候。部屋ハ四人分ニ御坐候得共乗客少き故、上山のみニテ却テ都合ヨク御坐候（乍去、御身御出の時ハ連れの如何ニよりてハ一等とすべし）。高橋篤行様ニハ、先ニ手紙（永滝分も）遣ハシ置き、好き席きニ行きなさるべし。八月分凡テ受取ルコトナレバ、ユックリ取計ひて少しも差支無之候と存候。身体ニのみ注意し、心配スルコトナク暮サルベシ。是のみ奉願上候。羅馬着の電報永滝様ヨリ御受取の折ハ、明治和仏両校ハ勿論、山形山辺の両家其他御身適当と信ズル人のみ報知可有之候。殊ニ国元の両新聞ニは、御身の名ニテ広告文掲載可有之候。国民新聞及日本新聞ニハ私ヨリの依頼ありとして、徳富猪一郎及陸実〔陸羯南〕宛ニテ報知可有之候（サスレバ雑報ニノスルコト無）。昨夜ハ三度計リ覚め、常ニ御身のことのみ思ひ出され候。其度毎ニ気ヲ鼓して己れを励まし申候。気ヲ快活にして体ヲ強くし長き航海ヲ容易ニスルコト、専一ニ御坐候（殊ニ胃の強きを要す）。

本所小泉町六番地町田重備氏、此手紙周囲ニ贈り被下たることを謝する葉書御贈被下度奉願上候。坦蔵〔高澤坦蔵。鏡子の弟〕ニ対してハ、呉々も申上たる如き御心掛ニ御取扱被成下度奉願上候。右九時ニ認メタリ。Salazie 号上明朝又一書ヲ発セン。

八月一日午後九時卅分　於安芸国沖

今朝八時出発後海上至りて静穏ニ須磨明石の好景ヲ眺メツヽ、非常ニ愉快ニ唯今は当処迄参リ申候。昼の中ハ常ニPont 甲板ノ上ニ出テ、或ハ散歩し、或ハ読書し一日ノ長ヲ忘レ申候。舩上寒暖計ハ御昼八十二度、涼風肌ヲ洗フガ如ク両岸の山川村落ヲ眺ムルハ、言フニ言ハレヌ心地被致候。曽禰〔荒助〕公使ともいろ〳〵の事相談し、宮城〔浩蔵〕夫人の素性なども聞き驚き入り申候。多分未亡人の地位などハ、永く守り難かるべしとのこと。さもありなん。御身も其心して御交際可有之候。又私一年位羅馬ニ駐在せる後ハ、巴里ニ来られたしなどゝも被申候。葡萄牙人にて世界渡遊の人などゝも偶然知合ニ相成、いろ〳〵研究したること有之候。又三十年前ヨリ日本ニ来たる墺国人の上海迄帰る人などニも、いろ〳〵面白き咄致申候。要するニ、今日の如き快適なる海上なりせバ、箱根或ハ須磨等ニテ暑中休暇をするニ勝ること万々なりと一同相笑ひ申候。暹羅〔シャム〕の形勢視察ニ行く処士岩本千綱氏あり。福島中佐の後任となりて伯林ニ行く森本少佐あり。又香港ヨリ支那内地ニ探検せんとする士官あり。又仏人の妻と横浜ニてなり居りし上海支那女ニて、今般其夫ヲ失ひ帰国するもの等あり。人種の共進会の如クにて御坐候。明日の天気ハ如何ならん。〔九時廿五分〕

八月二日　（以下八月三日午後八時半　於上海沖）

天気快晴なりと雖も、舩玄海灘ニ至り且つ風起りたる為め舩体の動揺頗ル甚だしく、朝 Café 少々と pain 少々を食し Pont ニ出てたる処、嘔吐の気を催し候ニ付き Cabine に帰り申候。此日ハ食卓ニ就かざりしもの少なからざりし由。私ハ始から Cabine の床上ニあり、何も不存候。此日ハ曽禰公使も其他の人も酔ひたることニ御坐候。唯陸軍士官上原〔勇作〕中佐ハ、晩の食事ヲ廃したるのミニて御坐候。中佐ハ暹羅ニ行く人ニて、出発前ハ一月計前より非常ニ養生したりとのこと。然し、西洋人ニハ舩ニ酔ひたる者の割合ニ少きニハ不快を感じ候。祖先伝来の教育と幼少よりの体育ニよることと被存候。

八月三日

朝少しく快なりし故便処ニ行きし処、忽ち吐気を催ふし直ちに Cabine に入り申候。弁当共ニ牛乳と Café のミを用ゐ申候。且ツ仏国製の bière 一本相用ゐ申候。葡萄酒ハ実ニ坦蔵君の言の如く、常ニ食卓ニ備付有之。且つ brandy モ同様ニ御坐候。其両酒共絶紘を成す恐れ有之候ニ付、麦酒ハ尤も当為と存候。午後二時頃、強ゐて衣物を着改め甲板ニ上り候処、曽禰公使等も已ニ在り昨日以来のことなど話しつゝある間ニ、海水も静かニ且つ黄色ニ相成（黄河の下流なり）心気も快爽ニ相成申候。昨日来食事せざりしこと故大ニ食気を催ふし、今夜ハ十分ニ甘く快く食事致申候。（船ニ酔いたるときハ牛乳よりも寧ろ bouillon gras 宜敷候。此れハ腹ニたまらぬものニ候。又吐気を催ふしたるときハ、宝丹よりもクエンサン宜敷御坐候。）

六時頃より支那の陸地相見え申候。日本の詩類的なる海岸ニ反して、殺風景極りたる所ニ御坐候。七時十分に碇泊いたし候。小蒸気船来りて客を迎へ申候。明朝又来ること故本夜ハ船ニ宿し、明朝陸ニ行き上海領事林権助ニ遇ひ日本風呂に浴し日本食ヲ喫し半日の快を取り、又明後五時早朝新船 Oxus 号ニ乗込み香港ニ向ハんと欲し候（本船 Salazie の名ハ米国の河の名より来る。Oxus ハ印度の河名ニ候）。

以上八月三日午後八時五十分書了。

Attention

坦蔵君の身の上を大事ニすること。

御身の身体を十分大事ニし、重大なる責任あるを忘れ玉ハぬこと。此手紙到着次第、山形山辺及び北海道丈ニでも御報知有之度候。

八月四日午後六時　於上海日本ホテル（一名、東和洋行③）

午前十一時新船 Oxus ニテ食事ヲ了へ、十一時半 Whanpoo といふ小蒸気船ニテ黄河ヲ遡り、午後二時上海波止場ニ到着致候。

Oxus 号ハ此後四十日も生命ヲ托すべき船ニ御坐候。Salazie ヨリハ少々小ニ御坐候得共、新しき様ニ御坐候。黄河ハ名詮自称実ニ濁水ニテ、両岸の風景も実に見るニ足るものなし。日本ハ実ニ好国ニ御坐候。上海ニ上り申候処、不潔極まる支那人群を為し人力車を持ち来り候。其様実ニ東京横浜の比ニ無之候。人力車ハ日本のよりハ改良したるものなれども、支那人の性質として不潔ニ致置候。私支那語ハ分らず、凡て broken English にて威勢よく使ひ回すより外無之候。此瞬間ニ生じたる感想ハいろ〳〵有之候得共、此ハ兎角腕力と金力と知力と被思候。私用事ありて仏租界警察署ニ参り、大ニ面白き事有之候。ソレヨリ日本領事館ニ到り林権助領事ニ面し当家ニ来り。

△日本間ニ浴衣を衣、ビールを飲み此手紙ヲ草し申候。一寸 Compagnie des Messageries Maritimes〔メサジュリ・マリティム社〕ニ用談ニ参り。

△当家の主人ハ日本人ニテ boys モ亦然り。日本ニ在るの思して大ニ快然ニ御坐候。

今夜ハ当家ニ熟睡せん。明日ハ午後三時発ニテ香港ニ向ふ。海上凡ソ五日台湾島の近傍の波如何ニ也。

御身の身体と快気ハ何より大切ニ御坐候。牛乳ハ毎日弐合、鶏卵モ必ズ一個以上御用被下度候。産婆ニハ度々来り診察する様御言付被下度候。

明日出発前ハ別ニ書面不相出、更ニ香港ヨリ可差出候。

末広鐵腸居士戯著（唖之旅行）全三冊[4]

同　著　鴻雪録　全壱冊[5]

右ニ著旅行の為めニ必要ニ御坐候間、御購読可相成候。

八月七日夜　於香港近海認

上海ハ一昨五日午後三時ニ発候。上海ハ大概見物致候。

一昨日及昨日ハ天気モ晴快ニテ、舟行も穏かニ愉快ニ暮し申候。

今日ニ相成候ひてハ支那南方ニ来り候故、空気も湿り居リ不快ニ御坐候。去レトモ今夜か明朝ニ香港ニ着可申候。舩

（3）一八八六年に吉島徳三夫婦が開業したホテル。

（4）鐵膓末廣戯（末廣鐵膓）『唖之旅行［正編］、後編、続編』（嵩山堂、一八八九―一八九一年）。

（5）末廣重恭（末廣鐵膓）『鴻雪録』（博文堂書店、一八八九年）。

中別ニ変りたることなし。唯暑気の強からざるハ思の外ニ御坐候。乍去、此行先ハ如何。香港ハ明後十日正午発ニ御坐候。

仏文ノ西洋礼式書 Madame de Bassanville著⑥

家ニ遺リ候。蓋し御研究アリテ有益と存候。

別紙鈴木まつ子へ御遣ハし被下度候。折角御身の上の事御大事ニ奉願上候。

郵便締切時間到来ニ付、閉筆致候。餘は明後日出発の際発可申上候。　峯一郎ヨリ

敬愛お鏡様御許

八月十一日　於安南海上

香港ニ上陸して日本領事館ニ至り、朝昼夕の三食いたし申候。香港ハ一小島ニアル英領地ニて、英国ノ東洋ニ雄視スルハ此島ニ根拠スルコトニテ候。島の中央ニ高キ山アリ。汽車ニテ之ニ上ル。天ニ上ルノ心地被致候。乍去、香港の婦人などにても山上ニ家ヲ構へ、毎日下の市街ニ来るもの有之候。此島のことニ付てハ十分御研究有之度候。

其日ハ船ニ帰り泊り、翌正午発ニテ Saigon ニ向ひ申候。已ニ船ニ〔以下十三日〕慣れたると天気の快晴なるとニテ、何の苦もなく当地ニ着し申候。当地ニハ雨の名物ニテ熱帯地方のもの多く御坐候。方々見物いたし来り疲労勝の時期ニ相成り候故、閉筆いたし度。餘は新嘉坡〔シンガポール〕ヨリ委曲可申上候。

八月十三日　午後四時　於柴棍〔サイゴン〕沖

本日朝の船出ハ誠ニ簡単ナルモノニテ御坐候ヒキ。柴棍府ハ柴棍河ヲ遡ルコト十四五里の処ニあって、仏人ノ□建セル都府ニテ御坐候。当府ニハ仏領印度支那の総督庁有之、Lanessau といふ人知事ニ相成居候。此人ハモト仏国の国会議員ニテ、当地漫遊の折軍人行政の弊太だしきを極論セルニ由り、仏政府挙げて当官に任じたるにて御坐候由、評判も

当今大ニ宜敷御坐候。当府ハ湿地のミ多く、船舶の便ハ想像外ニ御坐候得共、気候も煩熱なるのみならず、大ニ雨多く実ニ健康ニ害ある処ニ候。日本ヨリハ未ダ何等の官吏ヲモ派遣し居らず。乍去、政府ヨリ私ニ当地の領事など任命セラルヽコトハ大閉口ニ御坐候。昨日当港碇泊以来雨降り雨晴と実ニ不定の天気ニ御坐候。昨日午後一度本日朝一度、馬車ニ曽禰公使と散歩致し候。

一・Compagnie des Messageries Maritimes ノ所持船ハ、当船の如きもの六十八艘有之候由、誠ニ盛ナルモノニ御坐候。

一・当地ニハ三人種アリ。仏人（主権者）、支那人（其下）、土人則チ安南人ハ殆ント禽獣同様ニ御坐候。優勝劣敗とハ言ヒ乍ラ誠ニ憫レナルコトニ候。

一・横浜ヨリ仏国宣教師 Macery といふ人乗船致居候。好都合ニ候。此人ハ箱館ニ居る人にして、今般保養の為め帰国致すにて候。Marie Olier などを能く知り居候。

一・二等の部に三四歳の小児を連れて居る仏国婦人二名有之候。全く独身の旅行ニ候。乍去、別ニ不都合の様子ニも無之候。二等ニテモ婦人の寝室ハ別ニ Salon des Dames とありて、大きく且ツ美ナル様ニ御坐候。

一・仏和翰林と言ふ字引若し家ニ無ければ、入江〔良之〕か浅見〔倫太郎〕かの家ニ有之候。取戻して御用立可然候。

昨夜ハ熱甚たしく十一時頃迄甲板ニ居り部屋ニ帰り候後、安眠するを得ず非常ニ困り候得共、今朝ニ至りて見レバ気色至りて爽然たり。中等の日本人三人ヨリ、給仕の二人取締一人へ五円与へて礼となせり。曽禰公使ハ一人にて五円与へたり。是れより上陸せんと欲す。右〔十〕四日午前七時二十分書。

八月十五日　午後三時

（6）La comtesse de Bassanville, *Code du cérémonial : guide des gens du monde dans toutes les circonstances de la vie* (Paris : Lebigre-Duquesne, 1867).

本日五時ニハ新坡〔シンガポール〕ニ着し可申候。赤道直下ニ来り候得共、左程熱気ヲ感セズ。毎日新聞などを読み又ハ音楽などを聞き、楽しく暮し居候。新坡の後ハコロンボニ着し可申。其間ハ六日の連続航海、随分厄介ニ御坐候半ト存候。中島〔信行〕公使ニハ是迄未だ遇ハズ(7)。コロンボニテ遇ふべき歟。〔中島〕久万吉氏ニ遇ひたらん折ハ、公使ニ遇ひて後委曲の手書差上度旨申伝へられ度。別紙三通ハ其々郵便ニて早速御発し被下、且ツ封皮おかり候旨一寸御申添被下度候。其後御身の宝体ハ如何ニ御坐候哉。折角〱御大事ニ被成下度候。坦蔵ニモ呉々モ宜敷。私の手紙をも御示しあらバよからんと存候。幸治郎〔峰一郎の弟〕ニハ此方ヨリ一度も通知セズ。何卒御身ヨリ其都度御報知被下度候。

以上旅行のことハ伊藤等ニ問合シタラバ、幾分か有益のことも可有之。

必要の住所ハ〔Marie〕(8) Olier 能知之。Gazier の Dictionnaire 家に在ラバ、来年羅馬ニ御持参被下度候。

八月十六日　午後四時　　於新嘉坡海上

昨日午後五時新坡に着し申候。遠くヨリ見ルモ随分壮大なる港に御坐候。舩ハ波止場ニ直ちニ相付申候。領事斉藤幹氏舩迄向ひニ来り候故、万事好都合ニ御坐候ひき。当地ハ其場所柄ありて種々の人種入込み、支那人尤も多く御坐候。不相変欧米人ハ上流を占め、支那人ハ給仕位の地位ニあり。馬来〔マレー〕人及印度人等ハ力役の最下位ニ居り申候。日本人ハ三百人程あるが、二百八十人ハ長崎辺の賤女ニて毎度領事ニ厄介を懸け候由。今ニ始めぬ難題ニ御坐候。領事等と共ニ当夜ハ Hotel del Europe ニ泊リ申候。当処の給仕など黒奴ニて、夜具の懸物なきなど実ニ奇に御坐候。ソレデモ是が当地第一等の旅店ニ御座候。当地ハ英語なら通用致居候。

十七日　午後三時

昨日ハ午前十一時ニ新嘉坡を出発し、漸々ニ北ニ向ひ申候。昨夜ハ殆んど寒気を感し東京の九月の末の如くニ被思候。

本日晴天と相成候。此れよりハ熱気頓ニ増し如何ニ熱くなるや思ひやられ申候。仏京巴里発行有名の新聞 Figaro を読み居候。中々有益ニ御坐候。一週一度付録を増行致し、別紙ハ其一ニテ御坐候。ナポレヲンのことを記したるニて候。其中ニ皇后 Josephine のことを記しある一条ニは驚居候。后は貞操堅きものと思へるハ、中々の御転婆ニ御坐候。公使と一読して一驚を発し申候。御一読可相成候。

二十一日　夜九時

十八日後ハ印度洋の大面に出て折悪く時候のムーソン〔mousson 季節風〕も吹き、雨も降り冷気ハ難有けれども、船の動揺烈敷船客大低大困難致候。従て、今日コロンボニ可相着筈の処、一日相後れ申候。私も十八日ニハ困リタレトモ十九日ヨリハ大ニ健康ニ相成、他人の困ルヲ見テ快く思居候程ニ御坐候。今ニ至モ同行落合少佐及上山ハ部屋ニ入リキリニ御坐候。私の身体元来強き故、之ニ堪ヘタルニ御坐候。両三日前ヨリ Zola の小説ヲ読み日ヲ暮し居り候。何卒御身ヨリ一書ヲ山辺ニ発し、私の身体を強く生れしめられたるを謝し被下度候。又高等中学の赤谷達郎（中学協同会幹事）ニ発し、私の近況を御報被下度候。曽禰公使ハ海辺の人ニテ元来軍人丈アリテ可なり強く御坐候得共、頗ル困り居候。私より見レバ可笑キ位ニ御坐候。別紙ニ船ニ酔ハザル方剤書アリ（曽テ御身と咄せしと覚ユ）。オリエ姉ニデモ習ヒ可見候。此手紙着のときハ、東京ハ少々冷気ヲ感ズル位ニ御坐候半。御身ヲ此場合何卒心神身体を御大事ニ被成下度。是のミ奉祈上候。明日ハ正午ニ Colombo 着なるべし。ソレヨリ Aden 迄ハ又長ク一週間ヲ要ス。乍去、今ハ船旅ニ慣レタリ。強ちニ体屈ニモ可無之と存候。兼て和仏校ニ托して仏国ニ書物ヲ注文シアル様ニ覚ユ。已ニ注文済ナラバ着次第代払シテ御受取の上、来年御持参被下度奉願上候。能く船便御問合せの上、二週間位ニ御手紙被下度候。

（7）　駐伊特命全権公使に任命された中島は、一八九二年一一月一五日に日本を発ち、翌年一月二一日に国書を捧呈している。

（8）　A. Gazier, *Nouveau dictionnaire classique illustré* (Paris : A. Colin, 16e éd. [1887]).

八月二十二日朝

昨日来海晴渡り至極快適ニ御坐候。舩中の郵便締結時間も差迫り候ニ付、これにて閉筆いたし候。呉々も御大事ニ被成下度候。アデンよりの手紙ハ着電報の後なるべし。

八月廿五日　於印度洋

此手紙の届く時は已ニ九月廿四日頃と存候。旧暦の満月前後と存候。コロンボ出航の後は連日快晴にて少しも異状無之。身体益爽健ニ相成候様被覚候。殊ニ昨今八月の満つる前後にて、夜ニ至りてハ印度洋上一面の金波を布き、無極の涼風頗る快く存候。何ニ付ても御身の事のミ思はれ候得共、将来の希望前途の此印度洋の如く広き故、別に心を傷めず只管御身の健全と快心とのミ願居候。此手紙御覧の折ハ已ニ秋風の吹き渡ることならん。折角御大事ニ奉願候。

八月廿九日　於ソコトラ島北辺

両三日ハ風浪荒く少しく航海の難を被感候得共、本日ニ至りては海面畳の如く平かニ相成、少しモ舩の動揺を不感相成申候。但し、阿布利加風の暑さニは閉口致居候。本日阿田着の予定なきとか。明日午前十時ならでハ相着不申候半と存候。御身の容体ハ如何ニ御坐候哉。折角御注意被成下度奉願上候。

入江良之氏ニ葉書ヲ以て出発前願上候筋書反訳の件、可然御取計被成下度伝旨被下度候。坦蔵殿ニも折角御勉学被成下、且つ姉を助け被下べき事伝旨可被下候。

同日午後五時　於阿田近海

本日朝来天気好きが為め舟行早く明日早朝着と可相成歟と存候ニ付、取急き再び書き始め申候。何も別ニ可申上事無之候ニ付舩中郵便のこと可申上候。M. K. 会社の舩ニも各郵便局の設けあり。舩の港ニ着する一時間前ニ書状ヲ頼めバ、世話致呉候事ニ御坐候。勿論各港ニ郵便局有之事ニハ候得共、其処ニ行くハ甚だ面倒なることニ御坐候故、前述の如き仕組を設けたるものに御坐候。曽禰夫人ニは已ニ御出ニ相成候哉。公使は夫人の健康弱きが故ニ永き航海ニは可不堪と被言居候折も御坐候はゞ、辻新次様を訪問し其洋行のことなど御聞合可相成候。乍去、右は皆御身健康の許す限りニ於てすることニ御坐候。阿田港よりハ別ニ国元ニ書状不差出候ニ付、其御積りニ願度候。呉々も身体の益健康ニ相成様御勉め被下度奉願上候。出産迄は出産のためニ、其後は永き航海の為めニ呉々も奉願候。航海の心得等ハ羅馬府より緩々可申送候。村山会のことなども注意して、御聞遣被下度奉願上候。唯今の家不都合ニ御坐候ハゞ、御持宅可相成候。月々の費用などは何程相増候とも、御身の玉重なる健康ニは決して換へ難き義ニ御坐候。宮城令夫人ハ其後如何ニ被遊候哉。

先ハ右のミ申上候也。

九月三日夜　於紅海北端

阿田より発したる書面は已ニ御落掌ニ御坐候半。阿田港は英領中の要地ニは御坐候得共、気候とも土地とも実に仕方のなき所ニ御坐候故、別ニ見物不致候。各港ともニ感候ハ、欧州人種の外は殆んど奴隷の壇界にあることニ御坐候。責めては日本丈ニテも一等国ニ致すハ御互の務と存候。此書面は十月初旬ニ御落掌ニ御坐候半。気候も追々締り可申候得共、御身初産の朝も追々相迫り可申ニ付、何卒〳〵十分ニ御注意の程奉願上候。前便の御趣意ハ実ニ最もニ御坐候得共、有益なる丈ハ必ず御行被下度奉願上候。三十一日阿田発の後はバベルマンデル海峡ニ入り炎威太だ敷大ニ困却致候得共、唯一日丈ニテ其後今日ニ至るまで迄《ママ》は差したること無之候。唯今は蘇士〔スエズ〕地峡ニも近く相成、少しく冷気を感ずる程ニ相成申候。今夜中ニは右地峡ニ達することニ可相成候。抑も此海を紅海と称し申候は、古へ珊瑚の盛んニ産出したる時ありて全海紅ニ見えたる故なりと、基督聖経の語ニ相見候より起りたることに御坐候。

両大陸の何れより風来るも皆砂漠風なる故熱ニ不堪由ニ御坐候得共、今回は折善く北風のミ吹きしきり候故、此厄を免れたる義ニ御坐候。時々両岸の山を見得る時も御坐候得共、皆赬山にて一本の草木だニ無之候。古への開化の迹は何れニあるやら、少しも尋ぬるニ由なく候。

九月四日夕方　於 Suez 蘇士堀割内

今日朝四時頃紅海の北端なる蘇士港ニ着し、石炭積入の為め三時間計を費し七時半頃出発。愈よ堀割ニ入り申候。私の室を出で甲板ニ上りし頃は、蘇士の港を後ニ見て已ニ狭き処を北ニ〳〵と進み居候。御承知の如く、当 Canal は有名なる仏人 Ferdinand des Lesseps の起案ニして、平時も戦時も局外中立の地位にあるものに御坐候。広き処は十町も可有之、狭き処は僅かニ舩を容る丶ニ足るのミニて、飛びて陸ニ下るを得る位ニ御坐候。其広き処は古へよりの湖を利用したるニて候。両岸は皆砂漠ニして駱駝の群を為して居るなど、頗る目新しく御坐候。両岸ニ住む人々は、彼のアラビヤ人種ニ属する土耳古〔トルコ〕の黒奴ニ御坐候。両岸近き故ニ暑さも中々ニ甚だしく候。今夜十二時ニ Port Said に着し可申候。何卒御身は御身の大事を反省せられ、快活ニ健康ニ御暮し被遊様奉祈上候。

九月五日夜九時　於地中海

前記の如く深夜ニ P.S. に相着申候。同行三人皆出でざりしかども、折角の機会を失ふは残念ニ付、独人一人荷〔オランダ〕人と相伴ひて市街に出て申候。深夜別に見るものも御坐無く候得共、名物の埃及〔エジプト〕の烟草など相求め音楽会並びニ Café 店ニ行き、一時半ニ帰舩致し申候。当地ニは最早一人も無之、主ニ仏語通行致候。三時頃寝ニ就き申候。本日午後三時 Alexandrie [Alexandrie] 港ニ着申候。当港ハ Paternostro 師の生まれたる処ニも有之候故、前の二人と共ニ又々見物致候。餘の三人は矢張困難覚居候。是れも一つニは、言語の十分ニ通せざる地カ等ノ故ニ御坐候。此処ニは伊太利人も頗る多く有之候。主権は名義上土人ニ帰し居候得共、実際の主権者ハ英人ニ御坐候。且ツ当地の人達ハ実ニ無気力ニして、到底自治の力無之候。是れも皆累代の結果なるべけれども、烟草と酒と女とニ耽るニ因ると申居候。

土人等の婦人達が常ニ覆面致居候ハ殊勝の様なれども、Ministres 等の夫人にても金銭ニて直ちニ自由ニするを得べしと、仏人等ハ笑ひ居候位ニ候。実ニ驚き入りたる次第。亡国の末路是非なき事ニ候。五時半ニ発船。地中海ニ出テ申候。欧州人は「家ニ帰りたると同じ」と喜び居候得共、私共ハ益々異郷の客と相成候のミ。冷気も頗る烈しく相成、夜は甲板ニ出づるニは外套を着くべき程ニ相成候。何ニ致せ三四日ニて長き旅も終り可申候。御身の御身体と御心神のミ何卒御大事ニ奉願上候。

九月六日夜　於地中海中央之辺

本日は朝来晴天ニは御坐候得共、風波少々烈しきが亜歴山得〔アレキサンドリア〕ヨリ乗船せるものは、大低船ニ酔ひ平臥の有様ニ御坐候。私共は已ニ長途の航海ニ慣れたることニ御坐候故、他の同伴者も異常無之候。私は勿論第壱等ニ強くして、此の如く立派に書面を認むるを得る位ニ御坐候。呉々も身体の達者なると心神の快活なるとが何よりの宝と存候（前書は御身ニテ御判じ被下、「至急親展書」として和仏校ニ御宛置被下度奉願上候）。本日は未ダ陸を見ず。明日ニ至り候ハヾ伊国南端 Messine 海峡を通り、有名なる Ethna［Etna］の火山をも見可申候。何卒御身の上のミ御大事ニと存居、且つ坦蔵ニ対する考の誤まらぬ様ニ奉祈上候。

七日朝

本朝は昨日ニ引換へ伊太利風の晴天、海一面ニ輝き渡り海さへもいと静かニ相成、昨日来の病人も平癒したらんと存候。此頃は東京も冷気相催ふし候半と存候（附書。横浜ニて御身より貰受たる細帯は極めて重宝にて御坐候故、彼の釣帯を廃し常ニこれのミを用居候。御身発航の折は壱二本御持参被下度、思出し等し、右申上候）。

八日　正午

七日は終日陸地を見ず。水天浩蕩の間を航し申候。夜ニ至り同船伊太利人 Maestro Rosomio ノ為めニ、慈善音楽会の催ふし有之。私モ五 francs 寄付させられ申候。総計二百十 francs の寄付たりし由、一人五 francs 宛故四十二人の参客ありし訳と存候。本朝ニ至り睡を覚せば窓間山を見る。喜びて給仕の男ニ問ふ。曰く是れ伊太利なりと。倉皇支度して甲板ニ登り、メッシナの海峡の双方を見申候。山の模様他の東洋地方ニ比すれバ固より勝れりと言フ共、御存知の如く火山脈故樹木の繁茂頗る少く御坐候。有名なる Etna の火山をも眺め申候。又有名なる燈台をも見申候。唯今ニ至りては右を通り過して、又々水天渺々の間ニ入り申候。明日は Corse 島を見可申候。

九日　午後四時

本日は不相変好き航海ニ候。本夜は馬耳塞〔マルセイユ〕港に着すること二御坐候故、大ニ人気立ち可申候。正午頃 Sardègne と Corse との間を通りナポレオンの生地を見、面白く存候。上陸準備ニ急しく是ニて閉筆候。餘は羅馬より申上度。折角御大事ニ。

九月十三日　於巴里　Rue Cassette, Hotel Cassette

馬耳塞発の手紙は已ニ御読被下候半。愈御達者ニ御変無之事と拝察候。私事馬港より羅馬へ直ちニ出発する積りに存居候処（御咄申置候通り）、曽禰公使の達ての勧めも有之、羅馬ニ於て万事便利も有之べしと存し、九月十日夜六時三十八分の汽車にて翌十一日九時巴里府ニ相着し申候。藤波〔元雄〕君ニも逢ひたる後、当家ニは旧友大鳥富士太郎（公使長男）も宿し居ること故、既ニ来りし方々一生懸命ニ勉強して見物致居候。頗る利益多き様ニ被感候。馬耳塞往復の旅費は曽禰公使より立替へ貰ひ居、私の旅費の餘にて払ひ居ることニ御坐候。且ツ是羅馬着の後も被案候故、公使の好意ニ任せ拝借致居候。返却の期限などハ一向ニ無之候。当府も尚四五日も相止り伊国ニ行き可申候。巴里よりハ別ニ電報不相発候得共、公使の電報有之候故御安神の御事なりしならんと存候。羅馬着の時は可成発電せんと存候。当府ニ来り候ひても朝夕御身の上のミ被案、心寂しく相成事のミ多く困り居り候。乍去、目前の痛苦は後来の為なり。況んや来年好時節春に馬港にて御目ニ懸るを可得義故、心を励まし居候。今日は処々散策し大ニ疲れ候得共、時を空しくするの恐有之候故、是より又当府の寄席見物ニ可参心算ニ候。先は折角御自重被下度是のみ奉願上候。　夜七時

峯一郎より

至愛　鏡子殿へ

九月廿五日夜

暦を開けバ本日は八月十五日〔九月廿五日?〕なり。実にや幾多古英雄の顔を照し無数真美人の涙に映ぜしテベル河の月ハ、羅馬の野一面ニ冴へ渡り、転だ天涯遊子の感を催ふす。此時ニ際し燈下筆を執りて、最愛最親の妻に一片相思の情を寄せんとす。青年豈に多少の涙なからんや。去十八日当府着の次第は電報ニて已ニ御了知ならん。又巴里より発した一書モ已ニ御開読ならん。当府ニ着せし時には、已ニ公館に御身の初ニ書相達し居れり。又一昨日も第三便相着申候。着早々手紙相発度存候得共、何事モ未だ相定まらざりしニより延引致し今日ハ壱週間モ相立候事ニ御坐候ニ付、種々のこと取纏め一書まいらせ申候。

御身よりの三便(9)何れも細々の御心情逐一御知らせ被下、誠に嬉しく楽しく又勇ましく幾度モ繰返申候。私巴里ニ一週間程在留し朝より深更まで駆足にて見物いたし申候故、略仏国の事情も相分り当国の事柄と比較するに大ニ便益を感し申候。まして旅費の大半ハ曽禰氏より出したること故、巴里行ニ付てハ別に後悔致さず候。巴里を去りてより三日汽車中ニ暮し所謂汽車の旅行を為し、仏国の北部より当地まで早速ニ見物致申候。其委細ハ他日御覧ニ相成事ニモ有之、且

(9)　八月一三日執筆の鏡子夫人の書簡を九月二〇日に受領したと記しているのが、一〇月二七日付けの書簡。「安達文書（書簡）」三〇―六。同書簡には、九月二二日の書簡は一〇月二六日に到着したとも記されており、さらに一〇月三一日付けの峰一郎の書簡には、九月一八日付けの鏡子の書簡が一〇月三一日に到着したと記されている。峰一郎と同様、鏡子もこの当時多くの書簡を送っていた。

つくだ〳〵敷ニより茲ニ省き申候。当地ニ来りてより後モ、パ〔パテルノストロ〕氏の家族モあり姉小路〔公義〕伯モあり、何れも親切ニ世話し呉れ候故万事好都合ニ候。加之、身体の点ニ至りては御身と相別れてより益々強く相成り私の体力の増加せしことなどハ、御身ニ見せ度存候。其中写真致し候ハヾ早速に進上可致候。日本ニ於ては御身ハ固より非常に達者ニ御暮し被成、坦蔵モ幾分かよく相成其他一同健在の由誠ニ喜ハしく存候。

妊娠中の経過モ大ニ宜しき由、何より珍重ニ存候。山形の母上ニは誠ニ恐入りたることなれども、御都合出来候事ならバ御上京相願候方可然存候。又十二月十日頃より入院することも可然候。凡て母子の為めニ宜敷様一切臨機の処分御身にて御取計可有之候。又命名の件已ニ両家ニ申送候得共、イサヲ[10]の本字誤り居り候ニ付更ニ正誤して可申送候。又乳母のことも同断可申送候。〔以下欠落〕

□月□日

〔前文欠落〕ニなるものなり。此事の世話ハ十分ニ致サレ」云々と申居候。又夫人ハ来年ハ小児を連れて来られたし、小児も二ツか三ツか相成候得ば、面倒なれども極く小なるときは大低眠り居ること故厄介にてなし云々と頻りニ被申候得共、それにてハ御身の身体及び万事ニ不都合なるべし。故ニ、私の先ニ極めたる如く連れ来らざる方可然と存候《ママ》。其中ニは私の俸給も増加可相成ニより、来春ハ御出被下度奉願候。唯旅中のこと頗る案じられ候。遠き長き旅なるニより、女一人にてなどハ決して渡航致すべからず。必ず可然連モ其中に御坐候半。辻新次氏の洋行談ハ如何。私ハ辻氏に書面を送りて頻りに洋行を勧め居り候。今同氏の意向ハ如何ニ御坐候哉。同氏欧州ニ来らるゝことならバ、同氏に同行を願ひて最も可然事と存候。中島公使モ多分来るまじ。左すれバ新公使某にでモ願ふか。曽禰夫人も迚も来るまじ。何ニ致セ、好き連のあるを方々ニ御問合せ置可然存候。

外交官補の妻モ従者一人を召連るゝを得る現今の官制なり。新官制にては如何ニや。

舩の用意のことなどは来春ニ申上んと存候。〔フランス〕語を知ること及び身体の強きこと、第一ニ必要なり。尚ほ度々其途ニ経験ある人ニ御問合相成度候。

水天宮様のこと難有存候。腰帯のことモ至極同意ニ候。タバコの御注意モ難有存候。幸二郎〔弟の幸治郎〕モ直りたる由安心ニ御坐候。私の写真ハ追て差上可申候。唯今ハ何も作らず何も買ハざる主義を執り居候。貯金のこと安心致候。当地の気候ニ付きいろ〳〵云ふ人あれども、無謀のものならざらんニは強ち病気ニ成り間敷存候。別紙ハそれぞれ添書して御発送被下度候。新官制ハ未だ発布不相成候哉。御身の歌ハ誠ニ面白く読居申候。先ハ右のミ申上度、餘は次便ニ可申上候。折角御心身ニ注意し、眼前の大事を誤まらざる様祈居候。

最愛の妻　鏡子殿　　　峯一郎より

（付）雑件　金ニ関スル事モ至極御同意ニ候。指環のこと誠ニ小説の如し。如何なる天幸の人なるよ（御互ハ）

十月九日夜　於自室

当地は尚ほ夏模様未だ不相去候。御地ハ秋の景色ニ御坐候半。殊ニ此手紙到着の頃などは無論と存候。然処、益御達者にて殊勝ニ御暮ニ相成り殊ニ其後の経過モよろしき由、私ニ取りて実ニ無此上事ニ御坐候。我提携保愛せねバならぬ御身を天涯万里の故国ニ残し置き候は、常の時にてさへ殊ニ情を為難き次第なるに、殊ニ今や御身ハ初産の大任あることなれバ、御身の容子如何と常ニ案じ御身ニ対し寔に気の毒ニ存し、唯御身の無事達者にて気高き賢女の行操あるを察し、僅かニ旅情を慰め居り申候。当地ハ実に晴天打続きて、実ニ伊国の青天ハ如此もの歟と感入位ニ御坐候。其後は益〳〵土地気候ニモ言語ニモ慣れ羅馬モ我都の如くニ相成、何時御身来るモ差支無之様相成申候。公使館とてモ別ニ仕事無之、月ニ二回位郵便物を外務省ニ発する用位ニて（目下）有之候故、午後一時より五時頃毎日新聞読みニ参居候。されど追々交際季節と相成り且本官の願意モ相違し候ハヾ、謁見訪問等ニ随分忙ハしく面白きことと存し、当時は静か

（10）「功子」。一八九三年一二月九日に生まれた。

に当国の形勢を観察致居候。姉伯モ随分好人物なり。小原氏モ大ニ助けニ相成申候。又パ氏一家ハ申す迄もなく万事好都合。御安神被下度候。本省よりは未だ回金無之、去れど尚ほ三百五十リラ（九十円位）計懐中致し居り、且ツ公使館ニモ備金あり。且ツパ氏も差支あらバ何時なりとも可被申出と言居る故、私ニは別ニ差支無之候。乍去、御身への回金ハ本省より着金の時ニ致す方適当と存候故、少々御待被下度奉願上候。巴里ニ行きたることモ公使随行といふことニ相成、公務出張と同じき取扱を受くべしと察居り、是亦好都合ニ御坐候。曽禰公使へ御身が同夫人を訪問せること申送候処、別紙返書参リ候ニ付相添申候。仏語御始めの由奉賀候。他の学校ニなど御出無之専意ニ御学び被下度、五円位ハ何でモなきことゝ存候。随て、月々の費用相増候モ、生産的の費用、大ニ賛成ニ候。えつ義善く勤め居候故、大ニ満足ニ御坐候。是れモ御身の率ふる行ニよる歟とモ被察候。舩中申上候字引及礼式書等ハ皆、大荷の中ニ有て候ひき。ソレヲ忘れて御持来り願ひたるにて御坐候ニ付、此願ハ取消申候。永滝氏ニは私よりモ今便にて謝礼可申送候得共、御身よりも可然御伝被下度候。坦三（坦蔵）事一寸油断の由可然事と存候。其後別ニ変りたること無之候哉。手紙など見れバ頗る宜敷様ニ御坐候。坦三ニは手紙の趣委細承知致したる旨御伝被下度候。尚、此後モ引続き姉上と一処ニ常ニ手紙被下度旨モ。今便ニハ山形へモ山辺へモ手紙不出。何卒御身より葉書にて一枚。山形渡辺弥太郎隆次郎養子一件其後如何。子供ハ山辺の家ニ置きたること一番得策と存じ候ニ付、尚篤と山形の母上などとモ御相談有之度候。先ハ今便右のミ申上度。呉々モ、爽快活発ニ御暮被成来年嬉敷当地ニ於て対顔致度存候。

汝の夫　峯一郎ヨリ

最愛鏡子殿御許

別紙大学の宛所へ御郵送被下度候。

［欄外に記入］

山形日報ハ内ニ参り居候哉。若然ラズンバ、従来の次第を言ひ私ヨリの命なりとて御取寄被下度候。

雑誌等有之候ハゞ可成郵税の少き様ニし御送被下度候。

幸二郎へ　姉上在日本中ハ拙処ニて兄上宛の通信姉上の処ニ送り置き取計を願ふべき旨御申送被下度候（私の発

意トシテ）

[12]「東弗伊国殖民地戦争ノ件」　一八九六年三月四日

公第十八号

東弗〔東アフリカ〕伊国殖民地戦争ノ件

本件ニ就テハ前号ニ於テ客月十五日迄ノ事情具報申進置候処、其後総督バラチエリ中将ハ依然其本陣ヲ「アヂグラ」ニ据ヘ以テ援兵ノ到着ヲ俟チ居リ。伊政府ニ於テハ今般戦争ニ全力ヲ傾注シ、来ル四月中旬ヨリ東弗地方ニ開始スル霖雨ノ候ニ先チ、是非共一大勝利ヲ博取スルノ覚悟ニ相見エ、続々援兵ヲ発遣シ且ツ現総督ニ作戦ノ全権ヲ委任スルノ危険ヲ感シ、亜非利加〔アフリカ〕戦争ニ経験アリ且威望最モ高キ「バルヂセラ」中将ヲ戦地総司令官トシ、且ツ「エウスク」中将ヲシテ更ニ一軍ノ長トシ、共ニ先日出発セシメタルニ付、右ニ将到着ノ上ハ戦地ニ於ケル伊軍隊ハ三団ニ区別セラレ、一ハ現総督ノ従来指揮セルモノ、一ハ「エウスク」中将ノ指揮スルモノ及ヒ其他総司令官ノ直轄ニ係ルモノニ有之。略々「アビシニヤ」軍ニ匹敵スルノ兵数ヲ以テ大戦ヲ試ムルノ計画ニテ、去土曜日（二月廿九日）ニハ右諸兵員ノ当国ナポリ港ヨリ出発ノ筈ナリシニ付、当国皇帝陛下ニハ特ニ同港ニ行幸相成、将校兵士ニ対セラレ親ラ送別ノ勅語ヲ賜ハリ、其後両三日同港御駐輦ノ上本日ヲ以テ御帰羅可相成御予定ニ有之候処、殖民地戦争敗北ニ関スル公報一昨夜ヲ以テ当政府ニ着シ、政府ハ急速之ヲ在港陛下ノ許ニ転電セルニ付、陛下ニハ昨日未明ニ同港御出発ニ相成、同日正午ヲ以テ御還御相成候。而シテ、フロランス府ニ於テ軍団長トシテ御駐在ノ皇太子殿下モ、今朝ヲ以テ御着羅相成候。

右敗軍ニ関シ政府ノ機関タル中央通信社ノ昨朝配布セル電報ハ、別紙ノ如クニ有之。無数ノ援兵不日到着ノ筈ナルニ拘ハラス、現総督ガ総数僅カニ一万八千ノ兵員ヲ以テ地勢ノ大利ヲ占メ居ル所ノ八万ノ敵軍ヲ進撃スルコトニ決定シ、以テ大敗衄ノ恥辱ヲ受ケ、大砲六十門将校兵士合算一万有余ヲ失ヒタルハ、其ノ何ノ故ニ出テタルヤ何人モ了解セサル所ニ有之。内閣総理クリスピー氏ノ如キモ、最初ハ右戦報ニ信ヲ措カサリシ趣ニ有之程ニテ、右ノ如キ無謀ナル決意ヲ起シタル原因ニ付テハ種々ノ想像説有之候得共、明五日ヲ以テ新ニ開集スヘキ議院ニ於ケル政府ノ報告ヲ俟ツニ非サレハ、確知スルコト能ハサル次第ニ有之候。

内閣ハ現総督ニ対シ新援ノ到着スル迄ハ決シテ進軍スルコト无之様度々電訓致置候趣ニ有之候得共、今般ノ大敗衂ハ実ニ陛下ノ叡慮ヲ悩マシ奉ルコト不一方次第ニ付、昨日ノ会議ニ於テ一同責ヲ引テ辞職スル方適当ナリト議決シ、同午後ヲ以テ総理大臣ヨリ閣員一同ノ辞表ヲ皇帝陛下ニ捧呈セル趣ニ有之候処、陛下ニハ之ヲ受ケ給ハズ。先ツ議院ニ於テ十分ノ弁明ヲ為シ其公議ノ定マルヲ俟テ、可然処置セヨトノ勅意ニ有之趣ニ有之候。明日以後ノ議会ハ実ニ現内閣死活ノ場処タルハ勿論（当外務次官ノ如キモ明日ニ予定セル外交官近接ハ之ヲ見合スル旨、唯今電報ヲ以テ通知有之候）、当国民ノ一統的生命ニモ影響可有之歟ト被感候。

当国民ハ昨日以来痛ク悲歎ニ沈ミ居リ候得共、未タ失望ノ域ニ達セス。ミラン、パ井ー〔パヴィーア〕両府ニ於テハ多少ノデモンストラシヨン有之候得共、他ハ皆静粛ニ有之候。

右具報申進候。敬具

明治廿九年三月四日

在伊臨時代理公使安達峰一郎

外務大臣臨時代理文部大臣侯西園寺公望殿

[13]「仏領印度支那に関する報告書」一九一〇年五月一五日

別紙

明治四十三年五月十五日

安達参事官

栗野〔慎一郎〕大使閣下

報告書

当国ニ於ケル極東経営論者ノ団体タル「アジー、フランセーズ」協会ハ、不日帰任ノ途ニ上ルヘキ仏領印度支那総督「クロブコウスキ」氏ノ為メニ、去四日ヲ以テ送別的午餐会ヲ開キタリシニ付、小官モ全ク私人的資格ヲ以テ之ニ参列シタルニ、来会者二百名ノ多キニ上リ、亜細亜州殊ニ極東諸国ニ直接又ハ間接ニ関係ヲ有スル朝野ノ名士ヲ網羅セリ。宴正ニ酣ナルヤ会長「セナール」氏ハ総督ノ為ニ乾杯ノ辞ヲ述ヘ、総督ハ之ニ答ヘテ凡ソ一時間ニ亘ル演説ヲ為シ、其ノ施政方針ヲ詳細ニ説明セリ。総督ハ先ツ内政ニ関シ教育普及並ニ特許専売廃止等ニ関スル方針ヲ陳述シタル後、暹羅及清国ニ対スル外交関係ノ良好ナルヲ説キ、終リニ本邦ニ関シ左ノ如ク陳弁セリ。

日本国ニ関シテハ敢エテ他言ヲ要セス。在巴里同国大使館ニ於ケル最モ優逸ナル一員カ特ニ本会ニ臨ミタル一事ハ、如何ニ彼我関係ノ良好ナルヤヲ示スモノナリ。乍去尚ホ本官ノ真摯ナル内心ヲ茲ニ披瀝スル事ヲ許容セラレヨ。彼ノ偉大、聡明ニシテ且ツ勤勉ナル日本国民ハ近来驚嘆スヘキ進歩ヲ為シ、欧州カ数世紀ヲ径テ漸ク完成シタル文明ノ事業ヲ数十年ヲ出テスシテ遂行シ、巨大ナル光輝ヲ東洋ニ放チ、亜細亜州各方面ノ民族ハ皆見テ以テ先導的模型トナシ、日本国民モ亦亜細亜ノ覚醒者ヲ以テ自ラ任スルニ至レリ。是レ事理ノ当然ニシテ、本官ノ如キ先年長ラク同国ニ在勤シ其ノ長所ヲ研究シタル者ノ、殊ニ同情感嘆ニ堪ヘサル所ナリ。日本国ハ現時誠意ニ平和的政策ヲ遂行シ、我カ印度支那ニ関スル事件ニ関シ常ニ好意ヲ表彰セラルヽハ、本官ノ最モ欣幸トスル所ナリ。又仏国ノ印度支那ニ対スル平和的経営及ヒ仏国カ日本国ト関係ノ発達ヲ熱望スルコトハ、日本国ノ夙ニ熟知セラルヽ所ナルヘク、本官ハ同国カ同情ノ眼ヲ以テ我カ印度支那ニ於ケル平和的経営ヲ看察セラレ、其ノ文明ノ餘光ヲ我カ殖民地ニ輝カシ、以テ相共ニ其ノ徳沢ニ浴セン事ヲ祈望ス。

右ノ一節ハ会衆ノ最モ熱心ニ喝采シタル所ナリキ。宴後小官ハ知人トノ談話ニ取紛レ居タルニ、総督ハ当国名誉大使「アルマン」氏ノ紹介ヲ以テ小官ニ談話ヲ試ミ、出発前再会ヲ希望スル旨ヲ陳ヘテ立別レタリ。

越ヘテ一週日去十一日ニ至リ、殖民派及之ト交際アル学者等ヨリ成レル水曜会ノ各週午餐会ニ臨ミタルニ、折善ク印度支那総督モ来会シ居リ。小官恰モ其ノ隣ニ席シ、一同退散ノ後尚ホ長時間ノ雑話ヲ交ヘタリ。一問一答細説断片ニシテ別ニ順序ナシト雖モ、総督陳弁ノ要領ハ概ネ左ノ如クナリシト記臆ス。

仏領印度支那ノ住民ハ天性順良ニシテ、単純統治シ易キ気象ヲ有スル者ナリ。乍去日露大戦争ニ於テ日本国カ偉大ナル成効ヲ博シタルヨリ、亜細亜州ニ於ケル一般ノ人心ハ著ルシク日本国ニ傾キ、日本人ヲ目スルニ黄色人種ノ救済者《リベラトール》ヲ以テスルニ至リ、又自己ニ対スル信念ヲ高メタルハ争フヘカラサル事実ナリ。殊ニ印度支那ニ於テハ此ノ傾向顕著ニシテ、爾来施政上ノ困難増加シタルハ事実ナリ。右ノ如ク日本崇拝心ノ発達ヨリ施政ノ困難ヲ感セシムル者ハ極メテ少数ノ物知連《レットレ》ニ止マリ、其他ハ渾沌タル感念ヲ以テ生活スル者ナレトモ、印度支那従来ノ弊政ハ一般ノ人心ヲ仏国官憲ヨリ乖離セシムルニ至リタリ。其ノ幣《ママ》政トハ、仏国殖民家カ此迄印度支那ヲ以テ射利的殖民地（Colonie d'exploitation）ト心得、住民ヲ聚斂虐待シテ可成之ヲ愚蒙ニシ、以テ単ニ自己ノ口腹ヲ肥サントシタルニ基キ、彼酒精専売ノ如キ、塩専売ノ如キ、又一般徴税法ノ如キ、毫モ住民ノ利福ヲ目的トスルコトナク、専ラ仏国官憲並ニ少数殖民家ノ都合上ヨリ打算シタルモノナリ。是迄印度支那撰出ノ議員タリシ「ドロンクル」氏ノ如キモ、此等射利的殖民家ノ手先トナリ、其ノ本国ニ於ケル根拠モ牢乎タルモノアリシガ、余ハ此ノ如キ状況ハ一日モ早ク之ヲ杜絶セシムルヲ要スルヲ信シ、一昨年以来中央政府ト協同シテ改革事業ニ鋭意従事中ナリ。幸ニ政府ハ勿論当国政治社会ニ於テモ余ト全然同意見ナル者益多ク、一般ノ輿論モ亦断乎タル弊政改革ノ必要ヲ唱道シ、余ノ政策ヲ支持スルニ至リタリ。殊ニ「ドロンクル」氏ノ落選シタル後ハ、弊政弁護者中有力ナル者殆ント一人モ無キ実際ト相成タレハ、余ハ以前ニ倍スル鋭気ヲ以テ改革事業ニ従ハントスル決心ナリ。余ノ方針ハ之ヲ大別シテ三トナスヲ得ヘシ。即チ衛生、教育及通商ノ三要目ナリ。故ニ余ノ同僚ハ、第一医師、第二教師、第三商人即チ是ナリ。是レ飽マテ平和的ノ政策ニシテ、諸外国ノ同情ヲ博スヘキモノト信ス。

日本ト印度支那トノ通商関係ノ発達ハ余ノ最モ熱望スル所ナリ。元来日本ノ製品ハ印度支那住民ノ需要ニ適スルコト遥カニ仏国製品ノ上ニ在リ。是印度支那幼稚ナル文明ノ程度上当然ナルコトニシテ、一昨年物故シタル在神戸旧仏国領事「リユシフォサリユー」氏等モ頻リニ該関係ノ発達ニ尽力シタリシカ、日仏通商条約モ未タ印度支那ニ適用セラレサルカ故ニ、通商上不便ノ廉少カラサレトモ近々両国間ニ開始スヘキ条約改正談判ノ際ニハ、日本ト印度支那トノ関係ヲモ研究シテ之ヲ条約適用ノ範囲内ニ入ルヘキカ故ニ、両者ノ通商関係大ニ発達スルニ至ルヘシト信ス〔但シ印度支那ニ於ケル沿海漁業権ハ、住民専属ノモノト為シ置カサルヘカラサルヘシ〕。先般余ノ尚ホ印度支那ニ在リタル時、新嘉坡駐在日本領事鈴木〔栄作〕氏柴棍ニ来訪シタル際ニモ、余ハ通商関係発達ノ希望ヲ陳ヘ、同氏ノ請求ニ係ル日本郵船会社汽船柴棍寄港ノ件ニモ直チニ欣然同意ヲ表シタリ。

次ニ談話ハ印度支那維持ノ大方針ニ移リタリ。総督曰ク、印度支那ノ維持ハ到底外交関係ニ依ルノ他ナシ。清国近来大ニ兵備ヲ整フノ方針ヲ執ルニ依リ、遠カラスシテ一廉ノ実力ヲ有スルコト、ナルヘク、又日本海陸軍ノ威力ヲ以テ印度支那ヲ圧服スルノ易々タル事固ヨリ言ヲ俟タス。然ルニ仏国ハ其ノ欧州ニ於ケル軍事的位置ヲ維持スルサヘ困難ノ業ナルニ依リ、此上大ニ印度支那ノ兵備ヲ拡張スルコト能ハサルハ勿論、仮令現在ノ兵力、即チ仏国兵及土民兵併セテ一万二千ノ軍隊ヲ増シテ三四万ト為スモ、日本軍ノ一蹴ニ斃ル、ハ至明ノ理ニ属スルカ故ニ、余ノ政友中印度支那軍備拡張論者モアレトモ、余ハ常ニ之ニ反対セリ。原来殖民地維持ノ能不能ハ殖民地自身兵力ノ強弱ニ依ルニ非スシテ、本国ノ外交的関係ノ適否ニ依ルコトナレハ、此ノ外交関係コソ全力ヲ注キテ改善スヘキモノナレ。仏国ノ外交関係タニ優良ナランニハ、列強ノ利害錯綜ヲ極ムル今日ニ当リ何ノ愚国ト雖モ、仏国ノ殖民地ニ指ヲ染メント欲スル者アランヤ。矧ンヤ仏国ノ数年間熱望シタル日仏協約モ三年以前幸ニ完成シ、仏国ハ勿論日本国モ該協約ヲ守リ之ヲ実行スルコト極メテ誠実ナルニ於テヲヤ。又仮令該協約不幸ニシテ成立セサリシモノト想像スルモ、日本国ハ此後長ク極東洋北方ノ経営ニ専心従事セサルヘカラサル真箇ノ理由アリ。従テ単ニ其ノ利己心ノミニヨリ打算スルモ、東亜ノ南方ニ手ヲ出スカ如キ失策ヲ敢テスルコト無シト信ス。又仏国ハ現時日仏協約ノ外尚ホ日本ノ同盟国タル英国ヲ通シテ、及自己ノ同盟国タル露国ヲ通シテ日本国ト親善ノ関係ヲ維持発達セシムルノ便益ヲ有ス。而シテ日露ノ関係ハ日ヲ逐ヒテ融和親善ニ赴ク由ナレハ、余ハ欣喜ニ堪ヘス。此ノ如ク仏国ノ国際関係良好ナル今日ナレハ、余ハ万難ヲ排シテ印度支那内政ノ改革ヲ断行スルニ逸スヘカラサル好機ナリト思考ス。即チ専売ノ悪制ヲ改メ、土民ニ優等ノ教育ヲ授ケ、且ツ行政ノ一部ニ参与セシメ、及産業ヲ起シ通商ヲ盛ンニシ衛生規則ヲ善行シ以テ土民自身ノ利福ヲ増進シ、仏国ノ統治ハ彼等ノ為メニ行ハル、モノニシテ、決シテ彼等ニ反シテ存在スルモノニ非サルコトヲ事実ニ依リテ悟得セシメ、之ヲ懐柔シ以テ長ク仏国ノ政沢ニ浴セシメントスル精神ナリ（註、印度支那ノ維持ハ本国ノ外交関係ニ依ルノ外ナシ云々ハ、初耳ナレトモ仏国政治家ノ真意ノ茲ニ在ルヘキハ従来忖度シ難カラサリシ所ナリ。例ヘハ「ロベール、ド、ケー」子爵ノ如キモ其論説及談話中夫レトハ明言セサレトモ、左モアルヘシト想像セラル、節少カラス。又三国同盟殊ニ独墺ノ結合ニ対スル考量ヨリ、露国カ極東ニ於テ日本ト事ヲ構ヘス、其ノ力ヲ欧州政局ニ集中センコトヲ希望スルノ情ハ当国人ニ普通ナルモノニシテ、総督カ日露ノ接近ニ談及シタルトキハ殊ニ満悦ノ容子ナリキ）。

会話ハ橿抵《クーンデ》公(11)ノ事ニ及ヒテ其ノ局ヲ結ヘリ。総督曰ク、此事ニ関シ日本政府ノ表彰シタル好意及ヒ執リタル措置ハ、余ノ頗ル感謝スルトコロニシテ、又大ニ余ノ任務ヲ容易ナラシメタルモノナリ。同公ハ二十数歳ノ柔弱ナル少年ニシテ有為ノ人物ナラサレトモ、流石ニ大門閥家ニシテ土民仰望ノ目標タリ。其ノ書記ハ（其名ヲ逸ス）之ニ反シ非常ノ文章家ニシテ、殊ニ奇矯激越ナル文字ニ長シ其ノ檄文等ハ土人ノ大ニ愛好スルモノ、如シ。偖土人ノ日本ニ渡航シタル者一時ハ非常ノ多数ニ及ヒ、一小軍隊ノ如ク余等ニハ感セラレ、印度支那ノ人心ニモ尠カラサル影響ヲ及ホシタルカ如ク、幸ニ日本政府ノ断乎トシテ而カモ機宜ニ適セル措置ニ依リ、其ノ党与ノ最大部分ハ既ニ帰来シ、「クーンデ」公ハ尚ホ香港附近ニ潜ミ居ルモノ、如クナルモ、遠カラス帰国スルナラント希望ス。彼等ハ概ネ文字アル者ナレトモ、大勢ニ通セスシテ妄想ヲ抱ク彼等ハ、日本ハ仁義ノ師（guerre de justice）ヲ起シテ印度支那ヨリ仏人ヲ放逐シ、土民ニ全ク独立ノ地位ヲ与フルナルヘク、其ノ暁ニハ日本人ノ如ク勉強シテ日本国ノ如キ立派ナル国家ヲ作ラントスル思想ヲ有シ、之ニ対シ余ハ毎々其ノ誤謬ナルヲ説諭シ居レリ。余ハ彼等ニ対シ日本ト印度支那ト歴史上全ク異ルコトヲ示シ、日本ハ余ノ七年半モ滞留シテ其ノ真相ヲ研究シタル国ナルカ、其ノ十数世紀ニ亘ル修練ノ牢固ナルコト及ヒ一度モ外国ヨリ征服セラレタルコトナキ国ニシテ、印度支那ノ歴史トハ霄壌ノ差アルコト、又日本カ「ドン、キショット〔キホーテ〕」的ノ軍ヲ動シテ印度支那ヲ独立セシムル様ノコトハ決シテ之レナカルヘキ事ヲ説明シ、彼等ハ現状ヲ漸次ニ改善シテ可成速ニ自治的殖民地タルニ至ルコトニ尽力スヘキ旨ヲ熱心ニ勧告シ居リ。中心之ニ承服スル者追々増加シタルニ付、今次帰任ノ上仁政ヲ断行実施シタランニハ、益々人心ノ帰服ヲ得ヘシト信ス。又外国新聞ノ煽動的筆調ニ乗セラル、者アルハ遺憾ノ次第ニシテ、先年大隈〔重信〕伯ノ印度論(12)又ハ竹越氏ノ南洋論(13)ノ如キモ、日本版図拡張論ノ如ク考ヘタル者アリテ少シク迷惑シタリシカ、余ハ幸ニ伯トハ日本ニ於テ、又氏トハ柴棍ニ於テ知合ノ間柄ニテ其ノ持論ヲ承知シ居リタルニ依リ、当時直チニ其ノ新聞ノ誤報ニ過キサル旨ヲ弁明シ置キタルニ、間モナク両氏ヨリノ正誤モ新聞紙上ニ表ハレ疑団氷解シタリキ。

　余ハ今般満腔ノ希望ヲ以テ帰任ノ途ニ上ル。今日図ラスモ君ト交ヘタル雑話ハ皆余ノ真衷ヨリ吐出シタル次第ナルニ付、此旨幸ニ君ヨリ栗野男閣下ニ伝言セラレヨ。

別レニ臨ミ小官ハ去九日締切ノ本邦公債募集ノ大成効ニ終リタル旨ヲ告ケタルニ、総督ハ之レ両国ノ親善的関係ニ対スル何ヨリノ善キ証拠ナリト喜ヒ、印度支那ニ帰リタル後何ナリトモ日本人ニ関スル用向アラハ之ヲ務ムヘシ云々陳述セラレタリ。

　右依命記臆ノ儘及上申候也。

---

(11)　Prince Cuong De（彊柢、クォン・デ）(1882-1951)。

(12)　たとえば、「印度人の自省を促す」江森泰吉編『大隈伯百話』（実業之日本社、一九〇九年）三九六―四〇五頁。

(13)　竹越與三郎『南国記』（二酉社、一九一〇年）。

〔14〕「仏領印度支那ニ関スル件」一九一二年三月二六日

明治四十五年四月十五日接受
機密第七号　秘受一七五二号
明治四五年三月廿六日
在仏国
臨時代理大使安達峰一郎
外務大臣子爵内田康哉殿

仏領印度支那ニ関スル件

先般愈実施ト相成候日仏新通商航海条約ニ印度支那ノ加入ヲ見ル能ハサリシハ、両国通商関係ニ於テノミナラス、一般国交ノ上ニ於テ本官ノ最モ遺憾トシタル事ノ如ク有之候。

客年本条約締結慣例ノ際本件ニ関スル彼我交渉ノ曲折ハ、同殖民地ニ於ケル特別関税率ノ問題等多少非公式交渉ノ緒ヲ開キタルモノ有リシ義ニ候ヘ共、御承知ノ通最モ困難ヲ極メタルハ、米ニ対スル本邦関税率ノ軽減若ハ据置ノ問題ニ有之。而シテ此点ニ関シ帝国政府ニ於テ到底譲歩ノ餘地ナキコトヲ確言固守セラルルニ於テ、印度支那総督府ノ本条約談判委員ハ中途ヨリ交渉ニ参加スルヲ辞シ、其後談判ノ終末迠〔迄〕遂ニ同総督府ノ意見ヲ翻サシムルヲ得サリシ義ニ有之候。

右様ノ次第ニテ新条約締結印度支那加入ノ件ニツキ遂ニ両国間ニ妥結ヲ見ルニ至ラサリシモ、本官ハ終始本件ニ関シ帝国政府御趣意ノアル所ヲ体シ、其後ニ於テモ最近適当ノ機会ニ於テ再ヒ開談ノ運ニ至ルヘキ場合ヲ切望シ、予メ館員ヲ督励シテ客年談判中着手シタル印度支那ニ関スル諸般ノ研究ヲ継続セシメ、同殖民地ノ税率ニ付テハ一応細査ノ結果已ニ栗野大使ヨリ御査定ヲ供シタル次第ニ有之。尚目下引続キ亜細亜人及其他外国人ノ地位待遇ニ付各般ノ法規及著書ヲ蒐集シテ講究中ニ有之候。

同時ニ本官ハ本件ニ関スル仏国政府当局者ノ態度ニ注目シ、印度支那加入ノ行ハレサル真因ノ存スル処ヲ討究シテ本官微力ノ許ス限リ、一切妥結ヲ阻害スル支障ヲ除キ、両国間ニ意思ノ疎通ヲ図リテ出来得ヘクンハ可成速ニ円満ナル妥協ヲ得テ、以テ新条約ノ缺欠ヲ充タサント努力怠ラサル義ニ有之候処、今日迄本官カ或ル政府当局者ノ所見ヲ叩キ、或ハ朝野有力者ト意見ヲ交換シ直接間接探知シタル範囲内ニ於テ、仏国側本件ニ関スル態度ノ真相ニ付キ左ニ鄙見開陳致度ト存候。

実ハ客年印度支那加入ニ関スル談判不成功ノ表面ノ原因タリシ米ノ問題ニ付テハ、其後機会アル毎ニ当国政府当局者ニ対シ出来得ル限リ闡明ヲ反覆致居候処、漸次当局者ノ真意ヲ探知スルヲ得ルニ及テ米ニ対スル本件税率ニ軽減ヲ見サルモ、印度支那米ノ貿易上何等不利ノ影響ヲ来タスモノニアラサルコトハ、本官ヨリ累次説明スル点モアリ、当局者ノ当初ヨリ認識シ居リタル事明瞭ニ有之。又同殖民地ノ有力ナル某商業会議所ノ如キモ、此点ニ付テハ全然同一ノ意見ヲ有スル旨兼テ聞及ヒタル次第ニ有之。将又印度支那ニ於ケル特別税率及外国人ノ最恵国待遇等ノ問題ハ、要スルニ第二条ノ問題ニ属シ別ニ同殖民地加入ノ可否ヲ決スル程重要ナルモノトモ認メラレス候ニ付、然ラハ当局者ニ於テ日仏条約ニ印度支那ノ参加ヲ欲セサル真因何処ニアルヤ、直接間接当国政府当局者ニ追窮居在候処、初メハ殖民大臣其他該当局者モ言ヲ左右ニ託シテ容易ニ満足ナル説明ヲ与フルニ躊躇致候ヒシモ、従来本邦ニ対シ多大ノ同情ヲ有シ殊ニ困難ヲ極メタル客年中ノ談判以来、本官ト一如ノ懇親ヲ厚フスルニ至リタル亜細亜部長ベルトロー氏ハ、近来支那ノ時局然共四国団[14]体本邦加入ノ問題等ニ付、已ニ累次電稟ノ通仏国政府カ本邦ニ対シ一貫シテ渝ラサル好意的態度ヲ採リタルニ鑑ミ、

（14）英仏米独の四国借款団を指すとみられる。三月一八日に参加の旨を申入れ、六月一八日に日本のほかに、露も参加し、六国借款団が成立した。

仏本国政府カ印度支那問題ニ関シテモ、等シク帝国政府ニ対シテ仏国政府ノ採リタル真摯誠実ノ態度ニ付、何等疑惑ノ餘地ヲ存スルコトヲ避ケントノ趣意ニ出テタルモノカ、三月廿二日同部長ト会見ノ際本官ヨリ又候印度支那加入ノ問題ニ話及シタルニ対シ、実ハ仏本国政府ハ初メヨリ同殖民地ノ新条約加入ヲ希望シ、客年談判中米ノ問題ニ付妥結ヲ見ルニ至ラサリシヲ最モ遺憾トスル次第ナレトモ、本件ハ専ラ印度支那総督府ノ意見ニ依テ決セラルヘキ問題ニシテ、同総督府カ一見談判ニ参加ヲ辞シタル上ハ、中央政府ニ於テ如何トモ致方ナキ次第ナリ。尤モ同総督府ニ於テモ、米ニ対スル本邦輸入税ノ軽減ト否トカ印度支那米ノ輸出貿易ニ差シタル影響ナキコトヲ承知シ居ルニ係ラス、今日迄ノ態度ヲ固持シタルハ畢竟同殖民地上下ノ本邦ニ対スル猜疑ノ念尚熾ニシテ（前総督クロブコウスキ氏等モ大ニ此疑念ヲ抱キ居ル由ナルニハ、本官モ不尠一驚ヲ喫シ申候）、同総督府モ強テ此輿論ノ反対ヲ排シテ同殖民地ノ日仏条約ニ加入ヲ決行スル能ハサル次第ニシテ、要スルニ米ノ問題ハ表面上本件妥結ヲ避クル為メノ口実ニ外ナラサル旨ヲ打チ明テ長歎致申候。

御承知ノ通曩ニ仏領印度支那ニ対シ本邦ニ於テ何等カノ企画アルヤヲ疑ヒ、同殖民地ニ於テハ勿論仏本国ニ於テモ等シク熾ナリシ対本邦悪感情モ、其後当国有眼者等カ親シク本邦ヲ遊歴シテ帝国ニ異図ナキヲ伝ヘ、又仏領印度支那ニ於ケル治績ノ挙ラサルハ専ラ外ニ原因アルコトヲ認メ、同殖民地ニ於ケル事実ノ真状ヲ明ニスルニ於テ殖民党派ノ謬見モ漸ク其勢ヲ失ヒ、殊ニ先年安南旧王族一派ニ対シ帝国政府ノ採ラレタル公的ノ態度ハ、深ク仏本国ニ於ケル当局者ヲ動カシタルモノノ如ク、爾来当館ニ於テ引続キ直接間接同殖民地ニ関連シ本邦ニ対シテ上下ノ懐ケル悪感情ノ融和ニ努メ居候次第ニ有之今日ト雖モ、当国一部ノ間ニ尚本邦ニ対シ猜疑ノ念ヲ懐クモノアルハ遺憾ナカラ本官ニ於テモ認メサルヲ得サル事実ニ有之。然共明治四十年締結ノ日仏協商ノ下ニ在ル仏領印度支那カ、両国通商航海条約ニ加入スルヤ否ヤノ問題[15]カ、前記一部輿論ノ反対アルカ為ニ決定ヲ妨ケラレ、総督府モ本国政府モ之ニ拘束セラルヘシトハ、聊カ本官ノ意外トスル処ニ有之候。然レトモ已ニ亜細亜部長トシテ極東通ヲ以テ省ノ内外ニ認メラレ、殊ニ年来本邦ニ対シ真摯公的ノ態度ヲ採リテ渝ラサル「ベルトロー」氏ノ口ヨリ前記ノ内話アリ。只昨夏談判ノ当時モ「カムレル」領事ヨリ隠語ヲ以テ右ニ似寄リタルコトヲ口ニ外シタルコトアリ。且ツ大勢上左モアルヘシト思ヒ当ル節モ有之候ヘハ、兎角一応同氏等ノ言ヲ信シ通商条約ニ印度支那加入ノ目的ヲ達スル為ニハ、徒ニ米ニ対スル本邦輸入税等ノ問題ニ付重ネテ議論ヲ上下スルニ先チ、本件妥結ヲ障害スル根本的原因ヲ除去スルニ努ムルコト必要ト存候。

将又現下日仏両国親善ノ関係ハ一般政事上及財政上善之ヲ維持発達セシムルノ必要アルハ勿論ノ義ト存セラレ候ヘ共、抑モ極東洋ニ於ケル両国間ノ関係コソ日仏両国和親ノ骨子ヲ有シ、随テ今日仏本国政府ノ本邦ニ対スル意向極メテ喜フヘキモノアルモ、若シ印度支那カ引続キ本邦ニ対シ猜疑ト反感トヲ有スル限リ、更ニ両国間ノ国交ヲ緊接増進セシムル上ニ於テ常ニ障碍ヲ存スル次第ニ付、帝国政府ニ於テ今後適当ノ措置ヲ以テ仏領印度支那ノ上下ヲシテ本邦ニ対スル猜疑ノ謬見ヲ氷解セシメ、殖民党一派ノ意見ヲ粉砕スルヲ得ルニ於テハ、啻々同殖民地ノ条約加入問題ニ関シ根本的解決ノ策タルノミナラス、進テ両国々交ノ発達ニ資スルトコロ大ナル。殊ニ仏領印度支那ニ於ケル対本邦猜疑反感ノ根因ハ其根源遠ク日露戦役前後ニ遡リ、仮令有眼者ノ間ニ於テ本邦南図ノ計画直ニ仏領殖民地ヲ目的トスルカ如キハ本邦ノ政策トシテ想像スヘカラサル理由ヲ諒得シ、更ニ進テ極東洋ニ於ケル日仏両国ノ誠意提携タル仏国殖民政策上必須ノ方針タルコトヲ唱道スルモノヲ生シタリト雖モ、一旦疑心暗鬼ヲ生シタル在印度支那ノ仏官民ハ急転シテ迷夢ヲ破ルコト能ハス。或ハ同殖民地在住本邦臣民ハ表面上其数少ナキモ、実際ハ支那人ニ扮装シテ密ニ地形ヲ調査シ一朝有事ノ日ニ備フルモノアリト誣ヒ、或ハ同殖民地往訪遊歴ノ本邦官民カ多クハ仏語ニ通暁セス。其結果免レサル細末ノ誤解アルモ之ヲ針小棒大シテ帝国政府ノ趣意ノアル処ヲ曲解シ、又故ラニ本邦遊客ノ監視ヲ厳ニシテ強テ無中ニ有ヲ生セシメ、従来同殖民地施政ノ方針ニ快カラサル土民一部ノ行動ト関連シテ無稽ノ流説ヲ起シ、一犬虚ヲ吠ヘ万犬之ニ和シ、今日当年来ノ謬見ヲ棄ツル能ハサル次第ニ可有之。随テ印度支那ニ関連セル当国上下ノ誤解ヲ除ク為メ徒ラニ本国政府ニ対シ帝国政府ノ御方針ヲ説明シ、若クハ本国ノ輿論ニ対シテ恰当ノ弁明ヲ与フルモ、此等誤解ノ根源タル印度支那ニ於テ人心

(15) 明治四〇（一九〇七）年六月一〇日に日仏両国間明治四十年協約および仏領印度支那ニ関スル日仏宣言書、明治四四（一九一一）年八月一九日に日仏通商航海条約および仏領印度支那ニ関スル日仏宣言書が署名されている。

ノ融和ヲ図ラサル限リ、決シテ其効ヲ全フスルヲ得サル義ト存候。

以上本官ノ鄙見ヲシテ幸ニ閣下ノ御嘉納ヲ得ルノ光栄ヲ有スルニ於テハ進ンテ印度支那ニ於ケル上下ノ本邦ニ対スル感情ヲ融和スルノ策トシテハ、同殖民地内、例ヘハ河内ニ正式帝国領事館ヲ設置セラレ、親シク同殖民地ニ於ケル輿論ノ趨勢ヲ注視シ、必要ニ応シ適当ノ方法ヲ以テ直接間接本邦ノ対印度支那政策ノ真相ヲ紹介シ、苟クモ殖民党一派ノ乗スルヲ得ヘキ誤解ハ些細ノ微ト雖モ、其ノ発端ニ於テ之ヲ氷解シ、漸ヲ以テ年来ノ悪感情ヲ除去スノ外ニ名策ナシト思考致候。

蓋シ帝国政府ハ我貿易ノ発展及移民政策上、夙ニ仏領印度支那ニ注目、特ニ鈴木領事ヲシテ実地ニ能キ各般ノ調査ヲナサシメラレタル次第ニ有之。早晩同殖民地ニ正式領事館設置ノ必要ハ、独リ通商殖民ノ関係ニ止ラス、能ク日仏両国ノ一般政事財政上ノ関係ニ亘リ深ク之ヲ考量スヘキ問題ニ有之候ニ付、此際帝国政府ニ於テ篤ト御談議ノ上至急正式領事館ノ設立ヲ見ルニ至ランコト切望ニ不堪候。

尤モ同領事館ハ其設立ノ目的啻々一般領事館ノ職務ニ止ラス、重要ナル政治的任務ヲ与フヘキ次第ニ候ヘハ、館長ノ御人撰モ亦特ニ慎重ナル詮衡ヲ加ヘラレ候事可然、本官ノ鄙見ニ依レハ少壮活潑ヨリハ専ラ温厚老功ヲ主トシ、最モ任地ニ於ケル官民ノ感情ヲ融和スルニ長シ、兼テ彼我通商ノ発展ニ尽瘁シ、要スルニ帝国政府御趣意ノアル処ヲ体シテ、能ク誤リナキヲ得ルノ経綸ト技能トヲ有スル好領事ヲ得ラルルコト、同館設置ニ伴フテ欠クヘカラサルノ条件ト思考致候ニ付併セテ茲ニ申係候。

右及稟申候。　敬具

[15]「一九一一年一一月四日調印仏独協約成立ニ関スル調査報告書」一九一一年一二月三〇日

公第一三九号

明治四十四年十二月三十日

在仏

臨時代理大使安達峰一郎

外務大臣子爵内田康哉殿

一九一一年十一月四日仏独協約ニ関スル報告ノ件

本年中欧州ノ大問題タリシ「モロッコ」問題ハ数ヶ月ニ亘ル難交渉ノ後、十一月四日ヲ以テ「モロッコ」及「コンゴー」ニ関スル両条約ノ調印ヲ見ルニ至リタル処、其後一面ニ於テ当国議会ノ協賛ヲ要シ、他ノ一面ニ於テ西班牙トノ交渉ヲ要スル次第ニ有之。而シテ当国下院ハ年末ニ迫リテ漸ク通過シタルモ、上院ノ議事ニ付セラルルハ明年一月ノコトニ有之。且西国トノ交渉ハ已ニ開始セラレタルモ、未ダ何ラ進捗ヲ見ズ。右成行ハ追テ及報告候得共、不取敢右仏独協約調印前後ノ事情別冊ヲ以テ報告差進度此段申進候。敬具

千九百十一年十一月四日調印仏独協約成立ニ関スル調査報告書

一　仏独談判ノ経過

明治四十四年五月廿一日摩路哥国首府「フエズ」ノ囲漸ク解ケテ、囲城外人ノ生死ヲ憂慮セル愁雲茲ニ去リ、仏国政府ハ首府附近ノ秩序恢復ヲ俟テ直ニ撤兵ヲ公約シ、列国ノ猜疑ヲ避ケントスルニ当リ、六月七日突然西軍「ラ、ラシユ」ニ上陸シテ「エルクサール」ヲ占領シ、仏国ノ輿論遮ニ西国ノ暴横ヲ責メ、同時ニ仏国政府ハ独政府ニ接近シ「キツシンゲン」ニ於テ独外相ト「カンボン」大使トノ間ニ交渉開カレ、而カモ六月末一時中止シタルノ際青天ノ霹靂、独艦「パンテール」忽然トシテ摩国西岸不開港アガジールニ現ハレ、同時ニ在仏独大使ハ七月一日外務大臣ヲ往訪シ、独政府ハ同地ニ於ケル独人及独逸保護民ノ要求ヲ容レ右独艦ヲ派遣スルニ至リタル次第ヲ通告セリ。当時「カイヨー」内

閣僅カニ成リ、新外相ド、セルヴ氏ハ右独大使ノ通告ニ対シ仏国上下驚愕ノ意ヲ回答シタルト伝ヘラル。而カモ仏国政府ハ遂ニ独政府ト交渉ノ必要ヲ認メ、七月六日在独仏大使政府ノ訓令ヲ携ヘテ任地ニ向ヒ、同九日独外相ト会見シタルヲ以テ今次独仏談判ノ開始トス。

以来交渉ヲ重ヌルコト四ヶ月、遂ニ十一月四日ヲ以テ調印ヲ了スルニ至ル迄談判頗ル困難ヲ極メ、両国輿論ノ激昂モ亦甚シキモノアリ。殊ニ談判ノ基礎ニ付最初ヨリ両国意志ノ合致ヲ見ルニ困難ナリシモノカ、若クハ中途ヨリ談判ノ基礎ニ変更ヲ生シタルモノカ何レニモセヨ、数回ノ曲折アリタルハ疑フヘカラス。其間独逸宰相及外務大臣ハ七月二十八日皇帝ノ北海周遊ノ帰途ヲ要シテ謁見シ、再ヒ八月十九日ヲ以テ皇帝ニ謁見セリ。而シテ談判ハ一旦中絶シテ「カンボン」氏ハ八月廿一日巴里ニ帰着シ、「キーダーレン」氏ハ漂然トシテ瑞西ニ遊フコト旬日ニ至リ、此間仏国政府ハ親シク在独大使ノ報告ニ基キ、殊ニ在英、在西、在伊大使ヲ召シテ内閣ノ議ヲ定メ、「カンボン」氏再ヒ訓令ヲ携ヘテ八月三十一日巴里ヲ発シテ帰任シ、九月四日ヲ以テ仏国政府ノ提案ヲ独逸外相ニ交付シ、同七日「キーダーレン」氏独ノ対案ヲ提出シ、更ニ同十五日ヲ以テ提出セラレタル巴里政府ノ修正対案ニ付、両国全権委員ノ間ニ会見ヲ重ヌルコト数回、巴里独逸間ニ往復ヲ重ヌルコト亦数回ニシテ、「モロッコ」ニ関スル協約ハ十月十一日ヲ以テ双方全権委員ノ仮記名(paraphé) ヲ了シ、次テ「コンゴー」ニ関スル協約ハ十一月二日ヲ以テ等シク仮記名ヲ了シ、翌々十一月四日午後五時全協約ニ両国全権委員ノ調印ヲ了スルニ至レリ。

二、協約ノ大要

右独仏協約ハ翌々十一月六日ヲ以テ「アジヤンス、アヴィス」紙上ニ発表セラレ、ソノ大要左ノ如シ。

協約ハ「モ」国ニ関スル協約ト「コンゴー」ニ関スル協約トニ分レ、前者ハ十五ヶ条ヨリ成リ、後者ハ十七ヶ条ヨリ成ル。

「モ」国ニ関スル協約

「モ」国ニ関スル協約ハ其前文ニ於テ、仏独両国政府ハ「モ」国ニ発生シタル事変ニ鑑ミ、一般ノ利益ノ為メニ「アルジエヂラス」条約ニ規定セル平和及進歩ノ事業ヲ遂行スルノ必要アルニ至リタルヲ以テ、一九〇九年二月九日ノ仏独取極ヲ補足スルノ必要ヲ認メタル旨ヲ記載シ、次テ政治上仏国ノ権利ニ関シ第一条ニ於テ、独逸政府ハ仏国政府ガ「モ」国ノ善政ニ必要ナル行政、司法、経済、財政及軍事上一切ノ改革ヲ行フ為メ「モ」国政府ニ援助ヲ与フルコトニ付仏国ノ行動ヲ妨害セサルコトヲ約シ、随テ仏国政府カ「モ」国政府ト同意ノ上、之カ為ニ採ルヘキ改革管理及財政上保障ノ一切ノ措置ニ付、各国経済上均等ノ留保ノ下ニ之ニ同意シ、又仏国ガ其管理及保護ヲ確定シ且拡張スルニ至ル場合ニ於テモ、独逸政府ハ仏国行動ノ完全ナル自由ヲ認識シ、従来条約ノ規定セル商業上ノ自由ヲ維持スヘキコトヲ留保シテ何等之ニ異議ヲ唱ヘス。尤モ「モ」国々立銀行ノ権利及行動ニ関シテハ、「アルジエシ《ママ》ラス」条約規定ノ通何等妨害ヲ加ヘサルヘシト規定シ、進ンテ第二条ニ於テ独逸ハ仏国カ「モ」国政府ト同意ノ上、秩序及商業取引ノ安固ヲ維持スル為メ必要ト認ムル軍事的占領ヲ行ヒ、並「モ」国領土及領海ニ於ケル一切ノ警察行為ヲ為スニ反対セス。第三条ニ於テ外国ニ於ケル「モ」国臣民及利益ノ代表及保護ヲ仏国ノ外交及領事官憲ニ委任シ、若クハ「モ」国カ「モ」国駐箚外国使臣ニ対シ「モ」国駐箚仏国代表者ヲ以テ中介者ト為スコトニ反対セスト規定シ、最モ広義ニ仏国ノ政治的権利ヲ認メタリ。同時ニ仏国政府ハ第四条前段ニ於テ「モ」国ニ於ケル商業自由ノ主義ヲ宣言シ、同条ニ於テ関税、租税其他ノ負課並鉄道河川其他ノ運賃率及通過ニ関スル一切ノ問題ニ付均等取扱ヲ保障シ、且「モ」国政府カ採ルコトアルヘキ各国民ノ区別取扱、就中度量衡、船舶噸数計算、金銀評価等ニ関シ一国ノ商品ヲシテ不利ノ地ニ立タシムヘキ行政命令ノ交付ニ反対シ、尚国立銀行ヲ動カシテ「タンヂエー」重役会議ノ会員ヲシテ順番ヲ以テ、関税価格委員会及関税常設委員会ニ代表委員タラシムルコトニ尽力スルコトヲ約シ、第五条ニ於テ「モ」国ヨリ輸出スル鉄鉱ニ対シ輸出税ヲ課セサルコト、鉄鉱採掘業ハ其生産又ハ労働ノ手段ニ対シ何等特種ノ税ヲ課セラレス、一般課税ノ外面積割年額ノ賦課金及採掘総額ニ比例ノ賦課金ノミヲ負担スルモノニシテ、右ハ一切ノ鉱山事業モ一様ニ負担スルコト、及仏国政府ハ鉱業税負課ノ均等ヲ監視シ、何等ノ口実ヲ以テスルモ箇人的ニ右課税ノ払戻ヲナササルコトヲ規定シ、第六条ニ於テ仏国政府ハ将来鉄道、道路、港湾、電信等ノ建設ニ必要ナル工事及材料ノ供給ハ、競争入札ノ制ニ依リ且競争入札ノ条件、就中材料ノ供給及入札期間ニ関シ孰レノ国ノ臣民ヲモ不利ノ位置ニ立タシメサルコトヲ監視シ、以上大工事ノ経営ハ「モ」国々家ノ手ニ存シ、若クハ自由ニ第三者ニ譲渡セラルルモ、仏国政府ハ鉄道其他運輸機関ノ経営及之ニ関スル規則ノ適用ニ関シ、各国臣民ノ間ニ区別取扱ヲ為ササルコトヲ監視シ、且仏国政府ハ国立銀行ヲ動カシテ同銀行タンジエー重役会議ノ会員ヲシテ順番ヲ以テ入札購買委員会ニ代表者タラシムルコトニ尽力シ、尚「アルジエシラス」条約第六十六条ノ有効ナル間土木工事特別委員会ニ出スヘキ「モ」国代表者三名中一名ハ、「モ」国ニ外交代表者ヲ有スル諸国中一国ノ臣民ヲシテ之ニ当ラシムルコトニ付、「モ」国政府ニ対シ尽力スルコトヲ規定シ、更ニ第七条ニ於テ仏国政府ハ鉱山及農工業ノ企業主ハ国籍ノ別ナク仏国法制ニ倣テ追テ規定セラルヘキ規則ニ遵拠シ、其生産地ヨリ幹線鉄道及海口ニ連絡スヘキ鉄道ヲ敷設スルノ許可ヲ得ルコトニ付、「モ」国政府ニ対シ尽力スヘキコトヲ規定シ、進テ第八条ニ於テ「モ」国ニ於ケル鉄道営業ノ報告ハ、仏国鉄道会社カ株主総会ニ提出スルト同様ノ形式及条件ノ下ニ作製セラルルコト、及仏国政府ハ国立銀行取締役ノ一人ヲシテ右報告ヲ作製セシメ、監査役ニ通告シタル後其意見ヲ付シテ公表セシムヘキコトヲ規定シ、経済商業上各国民均等ノ取扱ニ関シテハ、頗ル精密ノ規定タルヲ知ルヘシ。次ニ「モ」国ニ於ケル司法権ノ問題ニ関シテハ第九条ニ於テ、仏国政府ハ外国臣民ヨリ「モ」国官憲ニ対スル訴訟ニシテ仏国領事及関係国領事ノ斡旋ニヨリ解決セラレサル事件ヲ、仏国領事及関係国領事同意ノ上選定スル仲裁官ノ判決ニ付シ、若シ両領事間ニ合意ナキトキハ両領事所属国ノ選定スル仲裁官ノ判決ニ付スルコトニ付、「モ」国政府ニ対シ尽力スルコト、但シ右ハ関係国ノ司法規定ニ倣ヒ関係諸国協議ノ上、領事裁判制ニ代ハルヘキ司法制度確立スルニ至ル迄ノ間有効ナルモノトスト附言シ、又外国保護民ニ関シ第十二条ニ於テ仏独両国政府ハ、各国ト協議ノ上「マドリッド」協約ヲ基礎トシ、同協約第八条及第十六条ニ規定セル外国保護民及農事組合員ノ人名簿及此等ノモノノ地位ニ関シ修正ヲ提議スルコトヲ約ス。尤モ右保護民及農事組合員ノ制度ヲ変更シタル為メ「マドリッド」協約ニ修正ヲ加フヘキモノアラハ、同時ニ締約諸国ニ対シ修正ヲ提議スヘシト規定シタリ。

其他第十条ニ於テ「モ」国領海及港湾内ニ於テ外国臣民ハ、引続キ漁業権ヲ有スルコトニ付仏国政府ノ監視ヲ規定シ、

第十一条ニ於テ仏国政府ハ「モ」国政府ヲシテ商業ノ必要ニ応シ、新ニ外国貿易ノ為ニ港湾ヲ開カシムルコトニ尽力スルコトヲ規定シ、第十三条ニ於テ本協定ノ規定ニ反スル一切ノ合意、協約、条約及ビ規則ハ之ヲ無効トスル旨ヲ規定シ、第十五条ニ於テ可成速ニ巴里ニ於テ本協定ノ批准ヲ交換スヘシト規定セリ。

「コンゴー」ニ関スル協約

「コンゴー」ニ関スル協約ハ其ノ前文ニ於テ、独仏両国ハ同日附「モロッコ」ニ関スル協約ノ結果之カ補足トシテ、仏国ガ「モ」国ニ於テ承認セラレタル保護権ニ鑑ミ、赤道西亜弗利加ニ於ケル両国ノ領土ヲ交換スルコトニ同意シタル旨ヲ規定シ、第一条ニ於テ独ニ譲渡スル仏国領土ノ新境界ヲ明記シ（附属地図ノ通）、「リクアラ」川口ヨリ「サンガ」河口ニ至ル地点ニ於テ「コンゴー」川右岸ニ及ビ、「ロバイ」川口ニ於テ「ウバンギ」河右岸ニ各六基米突（キロメートル）乃至十二基米突ニ達スル河岸ヲ包含スルコトヲ規定シ、第二条ニ於テ仏ニ譲渡スル独国領土ノ地域ヲ規定シ、第三条及第四条ニ於テ境界劃定委員ノ事業ヲ規定シ、第五条ニ於テ右領土ノ交換ハ本協約締結当時ニ於ケル条件ノ下ニ行ハレ、即チ締約国一方ノ承諾セル公私ノ特許ハ両国政府ニ於テ之ヲ尊重スヘク、右特許ノ結果特許会社ニ対シテ両国政府カ有スル一切ノ利益、権利及義務ニ関シ、両国政府ノ一方ハ他ノ一方ニ代位シ、此等会社ハ其主権、官憲及法権ノ下ニ移ルヘキ旨ヲ規定シ、次テ第六条ニ於テ「ウバンギー」河ニ沿ツテ現ニ存在スル仏国電信線ハ、独逸ノ領土ヲ通過スル部分ニ於テモ仏国電信線トシテ存続シ、独逸ハ其経営維持並修繕改築ノ工事ヲ阻害セサルヘク、但シ独逸官憲ハ将来定ムル条件ニ依リ、右電信線ニ依リ通信ヲ送達スルコトヲ得ト規定シ、第七条ニ於テ仏国ガ「ガボン」「中流コンゴー」間及「中流コンゴー」「ラバンギー、チャッド」間鉄道ヲシテ独逸領土ヲ通過セシムルコトヲ希望シ、若クハ独国ガ「カメルーン」ニ於ケル鉄道ヲシテ仏国領土ニ延長セシムルコトヲ希望スルトキハ、相互ニ之ヲ障害セサルコトヲ約シ、第八条ニ於テ独逸政府ハ「ベノエ」河及「マヨ」、「ケビ」河沿岸ニ運送仲継所ヲ建設スル為メ、追テ定ムヘキ条件ノ下ニ沿河線延長五百米突以内面積五十「エクタール」以内ノ土地租借ヲ仏国ニ許スヘク、又将来仏国政府ニ於テ「ベノエ」河ト「ロゴネ」河トヲ連絡スル道路若ハ鉄道ヲ布設セント欲スルトキハ、独逸政府ハ之ヲ阻害セス。右工事ニ付両国政府間ニ協議スヘシト規定シ、第九条ニ於テ仏独両国ハ中央亜弗利加ニ於テ、両国共同ノ航行ニ供スル河流ニ沿ツテ堡塞ヲ設ケサルコトヲ約シ、第十条ニ於テ右航行ノ便ヲ図ル為メニ起スヘキ工事ニ付、両国政府ノ間ニ協議スヘキコトヲ規定シ、第十一条ニ於テ「コンゴー」「ウバンギ」両河ノ航行停止スル場合ニ於テ、両国互ニ沿河地点ニ於テ領土上通行ノ自由ヲ保障シ、第十二条ニ於テ両国政府ハ「コンゴー」「ニージエール」両河本支流ニ於ケル商業航行ノ自由ヲ保障セル一八八五年二月十八日ノ伯林条約ノ宣言ニ基キ、「ウバンギ」河以西ノ仏国領土ヲ通過スル独逸貨物及独逸ニ割譲セル領土ヲ通過シ、又ハ第八条ノ規定ニ依リ「カメルーン」ヲ通過スル仏国貨物ハ一切ノ課税ヲ免カルヘク、右通過ノ条件及到達地点ニ関シテハ追テ両国間ニ協定スベシト規定シ、第十三条ニ於テ両国政府ハ互ニ「コンゴー」「ウバンギ」「ベヌエ《ママ》」「マヨ、ケビ」諸河川及将来建設スヘキ「カメルーン」北部鉄道若クハ海岸ヨリ「ブラッザヴ井ル」ニ至ル鉄道ニ依リ、軍隊、武器、弾薬及輜重材料ノ運搬ヲ阻害セサルコトヲ規定シ、右輸送ノ条件ハ地方官憲ニ於テ協議決定スルモノト附記シ、第十四条ニ於テ両国臣民ニ対シ「コンゴー」及「カメルン」ニ於ケル鉄道ニ依ル旅客及貨物ノ運搬ニ関スル均等ノ取扱ヲ保障シ、第十五条ニ於テ両国政府ハ割譲地内ニ於テ土民ニ対スル保護及官権ヲ行使セサルコトヲ約シ、尚第十六条ニ於テ伯林条約ニ依テ決定セラレタル「コンゴー」河渓ノ条約地帯内ノ領土上ノ状態ガ、独仏両締約国一方ノ行為ニ依テ変更セラルルニ至ラバ、両締約国ハ両締約国及伯林条約締約諸国ノ間ニ協議スヘキコトヲ約シ、第十七条ニ於テ可成速ニ巴里ニ於テ批准ヲ交換スヘキコトヲ規定セリ。

三、仏国ニ於ケル輿論ノ反響

以上七月ヨリ十一月初旬ニ亘ル仏独間ノ協商ハ多大ナル困難ヲ極メ幾多ノ曲折ヲ経タルハ勿論ナレトモ、此間両国政府ハ極メテ秘密ヲ主トシ、屢々談判ノ進捗順潮ニシテ何等破裂ノ危険ナキヲ公言シタリト雖モ、輿論ハ初メヨリ仏国当路者ノ難局ニ立テルヲ知リ、談判ノ永引クニ従テ益危虞ノ念ヲ増シ、或ハ独逸ハ初メヨリ「モ」国ノ一部ヲ獲得セントスルノ意有リト伝ヘ、或ハ独逸ノ中部亜弗利加ニ於テ割譲ヲ要求スル領土ハ中部「コンゴー」ヨリ海岸ニ亘リ、「ガボン」地方ヲ包含スルモノニシテ、仮令カメルーン東北部ノ一角及ビ「トーゴー」ヲ以テ対償トナストモ、到底仏国ノ承諾スヘキ限ニアラスト為シ、或ハ独逸ノ真意ハ別処ニ存シテ、故意ニ要求ヲ過大ニシ初メヨリ談判ノ破裂ヲ期待スルモノナリト推測シ、当国輿論ノ激昂甚シク或ハ「アガジール」港ニ英仏軍艦ノ派遣ヲ迫リ、或ハ列国会議ノ召集ヲ慫慂シ、談判最モ困難ヲ極メタル当時ニ在リテハ当国政府モ亦、東方国境地帯ニ於ケル軍備ヲ怠ラス。中央銀行ハ硬貨ヲ吸収シテ万一ニ備フル処アリタリト伝ヘラレ、殊ニ十月中新旧徴兵ノ交代期ニ先チ、両国恰カモ陸軍演習ヲ終リ帰休兵ヲ帰還セシムルノ時機ニ関シ、両国何レモ先チテ熟練ナル兵力ヲ減スルノ危険ナルヲ指摘シ、甚シキハ開戦ノ場合ヲ予測シテ作戦ノ計画ヲ議シ、或ハ英国ノ態度ニ論及シ或ハ白耳義ノ中立侵害ノ場合ヲ研究スルモノアルニ至リ、人心動揺シテ形勢頗ル穏カナラサルモノアリ。而シテ両国商議ノ内容幾分カ世間ニ漏洩スルニ及ヒ、「モ」国ニ於ケル経済上仏国保護権ノ受クヘキ制限、若クハ独ノ要求セル「コンゴー」河畔ノ割譲等ハ何レモ、殖民派ガ政府ヲ攻撃スルニ好箇ノ材料ヲ与ヘ、或ハ仏国カ「モ」国ニ於テ得ル所ハ空権ナリト叫ヒ、或ハ独ハ「コンゴー」河畔ニ出テ、自領「コンゴー」ヲ脅シ、中央亜弗利加ニ於ケル仏殖民地ノ雄図ハ茲ニ画餅ニ帰スヘシト嘆ジ、進テ割譲地域内ニ存スル各特許会社ノ権利義務ニ論及シ、政府ハ此等特許会社ヲシテ補償ヲ受ケシムルカ為ニ、此等特許地帯ノ譲歩ヲ敢テシテ顧ミサルモノナリト纔絶叫スルモノアルニ至レリ。

此間独逸ニ在リテモ輿論ハ常ニ静平ナラズ。殊ニ七月廿一日英国蔵相ロイド、ジョージ氏ノ「マンシヨン、ハウス」ニ於ケル演説ハ忽ニシテ英国ニ対スル反感ヲ誘起シ、英国ヲ以テ仏国ノ背後ニ在リテ独ヲ脅迫スルモノト為シ、対仏協商ノ困難ハ一転シテ対英関係ヲ危殆ナラシムルニ至リタリ。加フルニ九月末伯林市場ハ季末取引ノ決算ヲ為スニ必要ナル資金ヲ欠キ、株式暴落シテ損害ヲ蒙ルモノ少ナカラス。其怨嗟ノ声ハ直ニ独外相ノ対仏外交ヲ攻撃スルノ声トナリ、而シテ談判ノ週末ニ至リテ前「カメルーン」知事「ピュトカンメル」氏以下、独ノ「コンゴー」河畔領有ニ反対スル一派ヲ生シ、徒ニ障烟不耗ノ地ニ領土ヲ拡張センヨリハ、寧ロ他ノ有望ナル仏国殖民地ニ於テ経済商業上有利ノ譲歩ヲ得ルニ如カストノ説又独国ノ一部ニ行ハレ、仏国側ニ於テ仏人ノ骨ヲ埋メタル中部「コンゴー」ヲ失ヒ、中央亜弗利加ニ於ケル仏帝国ノ大圏ヲ抛タンヨリハ、寧ロ他ノ遠隔ノ殖民地ヲ独ニ与フルニ如カストノ一部ノ議論ト相俟テ、益々問題ヲ複雑ナラシメタリ。

此ノ如ク両国ノ輿論各方面ニ亘リテ囂〻[16]行ク所ヲ知ラサルニ当リ、仏国首相カイヨー氏カ断トシテ仏独ノ協商ヲ進メ、一面ニハ交渉ノ順潮ナルヲ公言シテ輿論ヲ静メ、一面ニハ倦マス撓マス独ト折衝ヲ重ネ、当国議会開会期ノ如キモ例年ノ慣行ヲ破リ独仏協定ノ成立迄之ヲ延期シ、遂ニ前記ノ通リ十一月四日ヲ以テ数月来ノ難問題ヲ解決シ、概シテ当国輿論ノ満足スル迄ニ至リタル迄、首相及ビ外務大臣ノ苦心又察スルニ餘アリ。

四、首相ノ演説

仏独条約公表ノ前夜、首相「カイヨー」氏其選挙区「サンカレー」ニ於ケル演説ニ於テ仏独協商ノ精神ニ論及シテ曰ク、

「吾等ハ先ツ如何ナル場合ニ於テ如何ナル形式ノ下ニ於テモ、欧州大国ノ一ガ「モ」国ニ存在スルコトハ仏国ノ許ス能ハサル処ナルヲ認メ、随テ今日経済上ノ問題ガ各国民ノ行動ニ重大ナル任務ヲ有シ、其結果早晩更ニ完全ナル優越権ヲ誘起スヘキ際ニ当リ、吾人ニシテ「モ」国ノ全部若ハ一部ニ於テ此等一大国ニ対シテ、経済上ノ特殊ノ地位ヲ与フルカ如キハ最モ重大ナル過失ニシテ、其罪反逆ニ当ルヘキヲ認メタリ。仏国カ「モ」国ニ於テ行動ノ完全ナル自由ヲ得ンコトハ、吾等ノ希望セシ所ナリ。蓋シ吾輩及吾輩ノ先任者ニ対シ国際的「モ」国ヲ維持スルニ留意セス。『「モ」国ハ「モ」国人ニ属ス』ナル主義ヲ保持セザリシコトヲ責ムルモノハ、此主義タル実際ニ於テ何等ノ意味ヲ有セス、野蛮停止ノ状態ニ対スル文明進化ノ権利ノ存在ヲ否ム能ハサル事実ヲ知ラサルモノナリ。実ニ地中海岸ニ於テ仏本国ト殆ント同化セル「アルゼリー」ノ接境地ニ一国アリテ、終始文明ノ外ニ立ツヘシトハ、吾人ノ想像スル能ハサル処ニシテ、又歴史的進化ノ原則ヲ否認スル処ナリ。仏国カ亜弗利加ヲ主宰シ其領土ヲ「チユニス」ニ拡張シタル如ク、早晩「モ」国ノ組織ヲ改良シ北部亜弗利加ニ於テ一切他ノ競争的企画ヲ除外シ、一大回教国ノ優勝権ヲ確立スルハ、右歴史的原則ノ命スル所ナリ。

然レトモ此ノ如キ永久ノ結果ニ達シ、仏国ノ努力ヲ増大センガ為メ仏国カ独舞台ノ如ク行動スル能ハサルノ事実ハ、

世人稍モスレハ之ヲ忘却セルモノアルカ如シ。然リ仏国ハ他国ト協議シ他国ノ同意ヲ得サルヘカラス。予ハ此目的ニ向テ前任政府ノ採リタル所置ヲ詳説セントスルニアラサルモ、就中英国ヲシテ其権利ヲ放棄セシメ、而カモ同時ニ英仏ノ密接ヲ期スル為メニハ仏国モ亦、其年来ノ権利ヲ放棄セサルヲ得サリシナリ。今ヤ独逸ハ我ニ許スニ「モ」国ニ於ケル行動ノ自由ヲ以テシ、自ラ主張スルノ権利アリト信スル利益ヲ放棄セントスルニ当リ、仏国ハ或種ノ補償ヲ為シタリ。右ノ補償タル、予固ヨリ其ノ価値ヲ軽視スルモノニアラサレトモ、同時ニ何等仏国ノ重要ナル事業ヲ阻害シ、其緊接ナル利益ニ抵触スルモノニアラサルヲ明言スルヲ得ヘシ。

予ハ進ンテ今次談判中ノ指針タリシ他ノ根本的観念ニ言及セントス。曰ク、中央亜弗利加ニ於ケル状態ハ確定的ニ定ムルモノト見ルベカラス。随テ欧州各国ノ多クハ得喪交換ニ依リ、締約国各々其利益ヲ占ムルヲ得ヘキ解決方法ヲ準備スルヲ以テ、先見有眼ノ政策ナリトス。而シテ茲ニ調印ヲ了シテ幸ニ平和ヲ維持スルヲ得タル合意ノ性質タル、何等関係両国ヲ害セズ、双方ノ為ニ充分満足スヘキモノナルカ如シ。即チ仏国ヨリ之ヲ見レバ、「モ」国ニ対スル苛重ナル抵当権ヲ免レ、従来吾ニ反対シタル障害ヲ除キ、茲ニ「アルゼリー」及「チユニス」ヲ併セタルモノヨリモ更ニ広ク豊饒ニシテ人口稠密ナルノミナラズ、将来我殖民地帝国ノ精華タルヘキ一国ニ対シ、単ニ経済上均等ノ条件ノ下ニ我行動ヲ進ムルヲ得ルニ至リ、独逸ヨリ之ヲ見レバ熱帯亜弗利加ニ於テ其ノ領土ヲ拡張シ、頗ル商工業発展ニ利スル所アリ。而カモ独逸ヲシテ「モ」国ニ於テ立脚地ヲ得セシムルカ如キハ、如何ナル場合ニ於テモ吾ニ於テ之ヲ認諾スル能ハサル所ナリ。

尚又単ニ授受交換ノ問題ヲ超越シテ着眼シタル一点アリ。即チ吾人ハ茲ニ仏独両国間ニ於テ「モ」国問題ヲ根本的ニ消滅セシメ、我友邦ノ一大臣ノ言ヲ籍リテ之ヲ云ヘハ、人道ノ為ニ無量ノ貢献ヲ為シ又為スヘキ両国ヲシテ、互ニ相尊重シテ両立セシムルニ足ルノ解決ニ到達シ、進歩ト一般文明ノ為ニ有利ニ尽サンコトヲ考量シタルコト之ナリ。

---

(16) 原文では、囂の左に、くちへんが記されている。これは、囂の字を誤って記したものと推測される。

予ハ又進テ大勢已ニ清算解決ノ止ムナキニ至リタル本問題ニ関シ、仏国ガ今次ノ結果ヨリモ更ニ光栄アリ、更ニ有利ナル解決ヲ期スルコトノ困難ヲ指摘スルモ、敢テ過言ノ謗ヲ蒙ラサルヘシ。兎ニ角予ハ輿論ノ大多数ハ能ク大国民タルニ恥チサル平静ト威信トヲ以テ期待シタリシ解決ニ付、今日之ヲ賞賛スルモノナルコトヲ確言シテ憚ラサルナリ。政府ハ一切ノ外交問題ヲ解決スルニ当リ、今次ト同一ノ平静威信ヲ支持シ、確固ニシテ而カモ過激ニ亘ラサル精神ヲ持続スヘシ。予ハ挙国吾輩ヲ支持シ、我輩カ国家的事業ヲ遂行シ又遂行セントスルモノナルコトヲ認識スヘキヲ信シテ疑ハズト。〔二〕

五、新聞ノ論調

果シテ本協約公表前後ニ於テ健全ナル当国ノ輿論ハ、首相ノ言明セル如ク概シテ今次協商ノ避クルヲ得サリシ所以ヲ諒得シ、独ニ与ヘタル譲歩ノ止ムヲ得サリシ所以ヲ認メ、寧ロ本協約ノ成立ニ依テ仏独間危機ノ遠カリシヲ喜ビ、国民ハ進テ本協約ヲ批准セサルヘカラサルノ意志ヲ発表シタルガ如シ。

若夫レ各新聞ノ論調ニ至リテハ固ヨリ賛否相半バシ、各其見地ニ依テ判断シ各一部ノ意ヲ代表スルモノナリ。

六日附「ルタン」ハ曰ク、

仏国ハ「モ」国ニ於テ欧州ノ一強国ノ存在ヲ承認スルコト能ハス。而シテ此危険ハ今次ノ協定ニ依テ除カレタリ。之レ今次協約ノ成立ヲ喜ブ所以ノ一ナリ。

仏国ハ「モ」国ノ何レノ部分ニ於テモ、他ノ強国ヲシテ経済的特権ヲ獲得セシムル能ハス。而シテ仏国ハ断然此特権ノ許与ヲ拒ミタリ。之レ協約ノ成立ヲ喜ブ所以ノ二ナリ。

「モ」国ハ之ヲ其単独ノ行動ニ移シテ、自ラ国家ノ存在ヲ確保スル能ハス。之ヲ国際的管理ノ下ニ置クモ、欧州ノ一国ノ力ニ依テ其秩序ヲ維持スルニ妨害アリ。而シテ本協約ハ「モ」国ヲ保護国タラシムル迠ノ手段ヲ定メ、全然行動ノ自由ヲ仏国ニ与フ。之レ協約ノ成立ヲ喜ブ所以ノ三ナリ。

若シ夫レ一九〇四年我ヲシテ埃及ヲ失ハシメタル英仏協約ヲ承認シタルモノハ亦、当然仏独協約ヲ承認セサルヘカラス。而シテ協商ノ好時機ヲ失シ、無用ノ悪傾向ヲ該協約ニ与ヘタルコトアリトスルモ、協約其物ハ固ヨリ必要ナリシモノナラズニバアラズ。但シ仏国カ「モ」国ニ於ケル行動ノ自由ニ対シ支払ヒタル対価ノ当不当ニ至リテハ、自ラ異議アルベシ。

又首相ハ更ニ一歩ヲ進メテ、中央亜弗利加ニ於ケル列国ノ位置ハ確定的ニアラズ、締約国相互ノ利益ノ為メニ更ニ授受交換ヲ行フノ得策ナルヲ論シタルモ、凡ソ此種ノ問題ハ専ラ実行ノ如何ニ関係シ、一般的ニ可否ヲトスヘカラス。

首相ガ本協約ヲ以テ仏独双方ニ充分ナル満足ヲ与フルモノト為セルモ、此点ニ関シテハ異議アルヘシ。但シ本協約ニ関スル輿論ノ冷静ナル批評ハ、一九〇九年ノ仏独協約ニ対スルカ如ク、徒ニ楽観的ナリシニ比シ寧ロ優ルモノアリト云フヘシ。

若シ夫レ両国間ノ紛議ヲ仲裁々判ニ付スルノ主義ヲ決シタルハ、要スルニ此等小問題ヲ以テ欧州ノ政界ヲ乱スノ原因タラシムルヲ避クルモノニシテ価値ナシトセス。

終リニ議会ハ本問題ヲ決スルニ当リ、徒ニ党派ノ為ニ左右セラレス、専ラ「カイヨー」内閣ノ折衝ヲ諒シ其成効ヲ認メサルヘカラス云々。

同日「デバ」ハ首相ノ演説中外交ニ関スル部分ニ付論シテ曰ク、

首相ノ所謂北部亜弗利加ニ於テ、大回教国トシテ仏国ノ有スル優秀ノ位置ヲ保チ文明ヲ普及セシムルノ必要ニ関シテハ異議ナシト雖モ、要スルニ問題ハ之ヲ実行スル時ト方法トニアリ。仏国本国ハ欧州ニ存在スルモノニシテ、又基督教国トシテ文明ヲ普及スルノ位置ニアルヲ忘ルヘカラズ。

若シ夫レ中央亜弗利加改造論ニ至リテハ、白耳義トノ関係上今ニ於テ之ヲ口ニスヘキノ時機ニアラサルカ如シ。

又新協定ノ結果永久平和ノ維持ヲ欲スルコト勿論ナリト雖モ、独逸各新聞ノ云フ如クンバ、独逸ハ尚「モ」国ニ干渉スルノ余地アリト云ヒ、独仏両国紛議ノ原因減少シタリト云フヘカラスト云ヒ、若クハ進ンテ両国間ノ紛争ハ茲ニ終リタルニアラスシテ、将ニ始マリタルモノナリト云フモノアルニ徴シ、首相ノ保障トハ頗ル相矛盾スルモノアルニアラズヤ云々。

同日「シエークル」紙上「ドラネッサン」氏ハ曰ク、

本協定ハ仏独両国ニ於テ幾多論難ノ目的タルヘシ。蓋シ幾多ノ機微複雑且往々不確的ノ問題ニ亘リ、更ニ締結者ガ其思想ヲ全部表白スルノ利益ヲ有セサル各条項ヲ批評スルハ、常ニ容易ナレハナリ。

独逸殖民派ハ已ニ激烈ナル反対ノ態度ニ出デ、且独殖民大臣「フオン、リンデキスト」氏ガ外務大臣ノ政策ニ反対シテ辞職スルニ至リタルノ事実ハ、此等ノ不平反対ヲシテ更ニ激甚ナラシムルモノナラズンバアラズ。

仏国ニ於テハ殖民派及政客ノ一部ハ固ヨリ内閣攻撃ノ目的ノミヲ以テスルモ、類似ノ非難ヲ加フルコトアルヘシ。或ハ得ル処ニ比シテ与フル処遇大ナリト為シ、或ハ「コンゴー」沿河地帯ハ永ク紛争ノ基ナリト云ヒ、或ハ吾ハ「モ」国ニ将来費ス所多クシテ利益ハ列国ノ占ムル処ナリト為シ、或ハ外面上ノ利益ニ対シテ殖民地ヲ割譲センヨリハ、寧ロ初メヨリ協商ニ応セス。「アルジエシラス」条約ノ結果タル虚偽ノ状態ニ付、欧州各国ノ倦怠スルニ至ルノ日ヲ待ツニ如カスト云ヒ、首相ハ此等攻撃ノ焼点タルヘシト雖モ、此等ノ非難タル、苟クモ問題ノ性質ヲ研究スル者ヲ動カス能ハザルノミナラス、一般輿論ノ同意ヲ得ル能ハサルヘシ。蓋シ両国輿論ノ帰スル処ハ、「モ」国若クハ「コンゴー」ハ以テ戦争ヲ惹起スルニ足ラサルヲ知レハナリ。之ヲ要スルニ両国民ノ大多数ハ等シク平和的解決ニ満足シ、独皇帝及「カイヨー」「ド、セルヴ」両氏ニ謝意ヲ表セリ。若シ夫レ日常ノ事件ニ付キ深ク将来ヲ思フ両国有識者ニ在リテハ、茲ニ「モ」国ニ於ケル仏独両国ノ大望ニ基ク欧州紛争ハ原因消滅セルヲ喜フモノナリ。蓋シ本協定ニ因テ利スルモノハ独リ仏国ニ止ラス、英国亦然リ。独国ノ「モ」国ニ立脚点ヲ得ルコトハ英国ノ久シク怖レタル処ニシテ、英国ハ之レガ為メニ干戈ニ訴フルヲ辞セサリシモ、今ヤ英独紛争ノ恐レナキニ至レリ。

終リニ仏国ハ談判中世界ニ示シタル冷静ノ態度ト、亜弗利加ニ於ケル大帝国ノ拡張トニヨリ、最モ国家的自重心ヲ満足スルヲ得タリ。

本協約ハ自由愛国ノ共和党員ノ期待スヘキ共和国ノ平和的大事業トシテ、議会ト仏国トノ完全ナル承認ヲ得ヘシ。

同日「アクシヨン」紙上 Henri Béranger 氏ハ曰ク、

「カイヨー」氏ハ「サンカレー」ニ於ケル演説ニ於テ、内治外交共ニ国家的政策ヲ実行スト宣言シタルガ、氏ハ単ニ言語ノ上ニ於テ将来ノ方針ヲ声明シタルニ止ラス、現実ニ仏国ヲシテ平和ノ裡ニ「モ」国獲得ヲ規定セル本協約ヲ提供シタリ。

此獲得タル何等一民族ノ習慣若クハ信仰ヲ侵スモノニアラス。之レ実ニ野蛮ニ対スル文明ノ勝利ニシテ、北亜弗利加ニ於ケル一大回教国ノ優秀権ヲ樹立スルモノナリ。

之レ実ニ共和国ノ慣行ニ応スル理想ニシテ、国民ハ「カイヨー」氏ガ二十世紀ニ於テ第二ノ仏国タルヘキ北部亜弗利加ニ対シテ、此理想ヲ遂行シタルヲ賞賛スベシ云々。

七日ニ至リ「ルタン」ハ曰ク、

仏独協約ニ付テ之ヲ見ルニ案文ニ頗ル困難ヲ極メタルモノ、如ク、行文往々明確ヲ欠クモノアルモ、「モ」国ニ於ケル行動ノ自由ニ関シ其形式ノ錯綜セルニ係ラス、仏国ハ能ク其権利ノ保証ヲ得タルモノト云フヲ得ヘシ。即チ軍事的行動ニ関シテハ一九〇九年四月ノ協定ノ如ク、解釈上相違ヲ来タスコトナキニ至リ、公共役務及一般公益ノ事業ニ関シ「モ」国ノ保有スル権利モ亦、充分ニ保全セラレタルモノニシテ、更ニ法権ニ関シテハ埃及ノ例ニ倣ヘル混合裁判所ノ提案ヲ撤廃シタルモ亦喜ブヘシ。又保護民及農事組合員ニ関シテ名簿改修ヲ予見シタルカ如キ。要スルニ独逸ハ他締盟国ノ同意ヲ留保シテ、一八八〇年馬徳里〔マドリード〕協約ノ廃棄ヲ今日ヨリ認ムルモノト云フヘシ。尤モ「アルジエシラス」条約ノ規定中本協定ニ依リ廃棄セラレタルモノト、其効力ヲ持続スルモノトヲ区別スルコト困難ナルヘク、又経済的均等取扱ヲ規定スルコト詳細ニ亘レリト雖モ、要スルニ之ヲ埃及ニ於ケル英国ノ前例ニ徴スルニ、今次仏独協約ノ規定ハ敢テ、仏国ノ「モ」国ニ於ケル今後ノ行動ニ付何等憂慮スルニ足ラサルヘシ。若シ夫レ経済的均等取扱ノ保障ニ至リテハ、之レ怠慢ナル保護主義者ニ対シテノミ阻害タルヘシ。終リニ「モ」国ニ於ケル仏国政策ノ六年以来ノ発達ニ鑑ミ、曩ニ英ニ対シテ之ヲ与ヘタル如ク、今日独ニ対シテ相当ノ補償ヲ忍ブノ止ムヲ得サル所以ヲ諒トスヘシ云々。

同日「ゴーロア」紙上「ルネ、ダラル」氏ハ曰ク、

仏独協約ノ正文ニ就テ之ヲ見ルニ、一般ニ巧妙ニ文意ヲ不明ニシ機微ノ間ニ不安ノ種子ヲ存スル外交文書ノ文言ハ、更ニ本協約ニ於テ仏語案文ニ欠クル所アリ。四ヶ月ノ折衝ノ後得タル所ハ、独語ヨリノ訳文ナリ。

予ハ今文言ニ就テ闡明スルヲ欲セス。又已ニ試ミタル協約ノ分解ヲナササルヘシト雖モ、予輩ノ云ハントスル処ハ他ナシ。曰ク、協約ノ真価ハ之ガ適用如何ニ依テ定マルベシト。

今本協約ニ依リ仏国ノ負フヘキ負担ト義務トニ付テ之ヲ見レハ、之ヲ以テ独ガ利害関係ヲ放棄シタルモノト云フヲ得ヘキカ。然レトモ暫ク形式ヲ離レテ、本協約ヨリ得タル一般ノ感念ニ於テ之ヲ見ルニ、之レ又極メテ複雑ナリ。「モ」国ニ於ケル我政事的行動ハ精確ニ之ヲ認メラレタルモ、同時ニ経済的均衡モ亦同様精確ニ規定セラレ、殊ニ法制及財制ニ関シテハ我対手ノ欲スルガ儘ニ無数ノ紛議ノ口実ヲ生ジ得ヘシ。

今若シ本協約ノ初ニ当リ独ノ提出セル要求ニ鑑ミレバ、本協約ノ進歩ヤ大ナリト雖モ、然レトモ今回ノ解決ハ之ヲ以テ完全ナリト云フベカラス。何トナレバ「モ」国問題ハ茲ニ終了セサレハナリ。

而シテ仏国ニ於テ得タル権利ハ要スルニ、「監視附保護国」ヲ建設スルノ権利ノミト云ハント欲ス。

即チ吾人ハ能ク我主張ヲ持シ、堅忍此制限的義務ヲ免レサルヘカラス。此事タル固ヨリ困難ナリト雖モ、已ニ最難関ヲ経過シ来レル今日決シテ不能ニアラサルベシ云々。

同日附デバ紙ハ曰ク、

仏独協約文言ノ渋滞分明ヲ欠クハ、俣以テ協商ノ困難ヲ反響スルモノナリ。

本協約ハ「モ」国ニ於ケル仏国行動ノ自由ヲ以テ基礎トナサズ。「アルジエシラス」条約ノ規定セル事業ヲ遂行シ、一九〇九年ノ協約ヲ補足スルコトヲ宣言シ、予輩ノ予観シタルカ如ク、一切誤解ノ虞ナキ新協定ヲ正面ヨリ得ル能ハサリシハ遺憾ナリ。即チ実際協商ノ目的ヲ獲得シ得タルヤ否ヤヲ知ランカ為ニハ、各条ノ規定ヲ審議セサルヘカラズ。

第一条第二条ノ規定セル「モ」国ニ於ケル仏国行動ノ自由ニハ、予メ「モ」王トノ合意ヲ必要トセルハ、単ニ形式上ノ文言ニ過キスシテ、附属往復文書ノ保障ヲ以テ其意味ヲ廃シタリト云フト雖モ、如何ナル保障アルニ拘ラズ、此文言ノ挿入ハ避クベカリシモノナルベシ。若シ夫レ海牙仲裁々判ニ付スルノ規定ノ如キ、之ヲ以テ充分ナル保障ト云フベカラズ。或ハ曰ク、「モ」王及其継承者ガ仏国ノ意見ニ従ハサルカ如キコトナカルベシト。然レトモ一朝悪意ノ「モ」王ナシトセズ。苟クモ一面ニ於テ我領土ヲ譲歩シテ補償トナス限リ、此種ノ規定ハ断乎トシテ之ヲ排斥セサルヘカラサリシモノナリ。故ニ我ハ政事上一切ノ関係ニ於テ保護ヲ行フヲ得ヘシト雖モ、之レ永久被保護者ノ承諾ノ留保ノ下ニ於テナリ。

経済的均等取扱ノ保障ニ至リテハ、第四条乃至第八条及第十、第十一条ヲ以テ之ヲ規定スルコト詳細ナリ。而シテ「モ」国政府、換言スレバ保護国ハ単ニ道路鉄道電信郵便等公共事業ノ経営及監督権ヲ有スルノミニシテ、之カ経営ニ当リ如何ナル関係ニ於テモ、各国民ノ間ニ区別取扱ヲナス能ハズ。此制限タル固ヨリ予見セラレタル所ナリト雖モ、而カモ極メテ苛重ナリト云ハサルヘカラズ。鉄鉱ノ輸出問題ニ付、一般課税並一九一〇年六月巴里会議会議録第三十五条及第四十条ノ規定ニ従テ特別賦課金ヲ課シタルハ、仏国政府執拗ノ態度遂ニ独国政府ヲ屈服シタルモノト云フベシ。

領事裁判権ノ撤退並外国保護民及農事組合員ニ関スル困難ノ二問題ハ相互交譲ニ依テ妥協シ、列国ト協議ノ上領事裁判制ヲ廃スル迄仲裁々判制ヲ施行スルコトトシ、保護民ニ関スル「マドリッド」条約ハ之ヲ修正スルコトトナレリ。「コンゴー」ニ関スル協約中割譲地帯ニ在ル特許会社ハ、一般法律ノ規定ノ下ニ立ツコトトナレルハ喜ブベシ。新国境ノ劃定ハ甚ダ悲シムベク、仏領熱帯亜弗利加ハ之カ為ニ分裂孤立スルニ至レリ。予輩ヲ以テ之ヲ見レバ、独逸政府ハ毫モ自国ノ利益ヲ無視セズ、新ニ獲得セル領土ノ価値ヲ減セズ、尚自国ニ何等大ナル利益ナク、而カモ仏国ニ於テ難シトスル此犠牲ヲ要求セサルヲ得タリシカ如シ。

之ヲ要スルニ吾人ハ将来不測ノ事件ニ付、何等充分ノ保障ナキ制限的権利ニ対シテ高価ノ保障ヲ支払ヘタルモノニシテ、外交上苦闘ノ結果ハ即チ此不満足ナル協定ナリ。若シ新ニ協商ヲ開始スルカ如キコトアラバ、平和ヲ破ルノ虞アルカ故ニ此苦闘ハ繰返スヘキモノニアラズ。

故ニ議会ハ敢テ躊躇セズ。敢テ熱狂セズ。十一月四日ノ協約ヲ批准セサルべカラズ。而カモ国家ノ威信ニ対シ黙々裏ニ之カ批准ヲ可センコトヲ切望スルモノナリ。

同日フ井ガロー紙上「ガストン、アルメット」氏ハ曰ク、

アガジール事件ノ後ヲ享ケテ交渉困難ヲ極メ、其結果トシテ生シタル本協約ハ固ヨリ和親ヲ厚フスル所以ニアラズ。独ハ戦争ヲ欲シテ難問ヲ生シタルモ、皇帝ノ意見ニ依テ遂ニ纏リタルモノナレバ、之ヲ以テ最終ノ協定ト認ムベク仏国議会ハ速ニ之ヲ批准セサルべカラズ。顧フニ「デルカッセ」氏ハ所謂独逸ヲ孤立セシムル政策ノ結果、今日高価ノ補償ヲ必要トスルニ至リタルモノナレトモ、本協定ニテモ一時的平和ヲ支持スルモノナルヲ信セントス。喪中ニアル議会ハ多言スべカラズ云々。

越テ八日「ル、タン」ハ再ヒ論ジテ曰ク、

「コンゴー」割譲ニ関シニケ処ニ於テ接河点ヲ譲渡シタルモ、之カ為ニ何等同河ノ航行ニ障害ヲ加フルモノニアラズ。又新国境ノ錯雑ナルハ両国主張ヲ纏ムル為止ヲ得サリシモノナリ。而シテ本協約ハ已ニ実現セラレタル価値ニアラズシテ、今後ニ実現スヘキ価値ナリ。而シテ「コンゴー」河渓ニ於ケル領土上ノ現状ニ変更ヲ見ルニ至ルトキハ、仏独両国ニ於テ一八八五年条約締結国ト協議スヘシトノ規定ハ、之レ白耳義葡萄牙等小国ノ利益ナラズンバアラズ。若シ夫レ首相ノ演説中中央亜弗利加ニ於ケル領土交換論ニ至リテハ、必竟十年以来懸案タル英仏間ノ関係ヲ指示シタルモノニシテ、国内一部ノ領土割譲反対論者ニ答ヘタルニ外ナラズ。之ヲ要スルニ「コンゴー」割譲ノ真価ヲ論セントスルモノハ、「モ」国ニ於ケル仏国行動ノ結果ニ俟タザルべカラズ云々。

[16]「『モロッコ』保護条約成立ノ件」　一九一二年四月一二日

公第三四号

明治四十五年四月十二日

在仏

臨時代理大使安達峰一郎

外務大臣子爵内田康哉殿

「モロッコ」保護条約成立ノ件

客月中旬当国議会ニ於ケル外交問題ノ質問討議未ダ終ラズ。内ニハ連合社会党一派ノ政府ヲ攻撃シテ熄マサルアリ。外ニハ馬徳里ニ於ケル仏西間ノ交渉容易ニ妥協ノ曙光ヲ認メサルニ当リ、予テ任地ヲ去テ巴里ニ滞在中ナリシ在タンジエー仏国公使レニヨー氏ハ、急ニ「フエヅ」ニ向ケ出発ノ命ヲ受ケ、馬耳塞ヨリ海路「タンジエー」ニ赴キ新任「モ」国宰相「エル、モクリ」ト前後シテ陸路首府ニ向ヘタリシガ、右レニヨー氏ノ使命ガ「モ」国保護条約ノ締結ニアリタルハ何人モ疑ハズ。当国輿論ハ切ニ同氏ノ手腕ニ俟テ、「モ」王ヲシテ仏国政府ノ提出セル保護条約ニ調印ヲ諾セシメンコトヲ希望シ、而カモ一面ニ於テハ右調印ノ難易ニ関シ、他ノ一面ニ於テハ保護条約ノ内容ニ付、多少憂慮ノ念ヲ禁スル能ハサルモノノ如クニ見受ケラレ候。

以来「フエヅ」来電ハ「レニヨール《ママ》」公使ガ「モ」王ノ歓迎ヲ受ケ、屢親懇ナル会見ヲ為シタル旨ヲ報ジ、保護条約ニ関スル交渉モ蓋シ順潮ニ進行シ居ルモノノ如ク感セラレタル処、客月三十一日ヨリ本月一日ニ亘リテ、保護条約調印ノ新聞電報「タンジエー」ヨリ伝ヘラレ、間モナク三月三十日調印済ノ公電外務省ニ着到シ、茲ニ客年十一月四日ノ仏独条約ノ後ヲ受ケ、「モ」国ニ於ケル仏国ノ政策ニ一段落ヲ劃スルニ至リタル義ニ有之候。

右保護条約ハ初メ専ラ「チユニス」保護条約ノ第一歩タリシ「バルド」条約ニ倣ヘタルモノナリト伝ヘラレ、次テ新条約ノ内容ニ付キ左ノ意味ヲ以テ各新聞ニ公ニセラレ候。即チ、仏「モ」両国政府ハ、仏国政府ガ「モ」国ニ施行スルヲ有益ト認ムル改革ヲ行フコトニ一致セリ。右ハ「モ」王ノ宗教上ノ地位、其慣行上ノ威信、回教ノ行使、及宗教的組織ヲ保持シ「モ」王政府ノ維持及改革ヲ含ムベシ。

西国ノ権利及「タンジエー」市特殊ノ地位ハ之ヲ留保ス。

仏国政府ハ秩序ヲ維持スル為ニ必要ト認ムル軍事的占領ヲ行フノ権能ヲ有シ、且「モ」国ノ領土及領水ニ於テ一切ノ警察行使ヲ行フノ権利ヲ有スベシ。

仏国政府ハ「モ」王ヲ支持スルコトヲ約ス。

施政ノ措置ハ仏国ヨリ提議シ、「モ」王之ヲ発布スベシ。

仏国ハ統監ニ依テ代表セラレ、統監ハ「モ」国ニ於ケル共和国ノ一切ノ権限ヲ有シ、「モ」国政府ト外国代表者トノ間ニ存スル唯一ノ中介者ニシテ、「モ」王ノ発スル法令ヲ承認シ之ヲ公布スベシ。

仏国ハ外国ニ於テ「モ」国臣民及利益ヲ代表スベシ。

「モ」王ハ仏国ノ同意ヲ得ズシテ国際条約ヲ締結シ、負債ヲ起シ若クハ利権譲与《コンセッション》ヲ為サヾルコトヲ約ス。

両国政府ハ協議ノ上財政上ノ改革ヲ行フヘキコトヲ留保ス。

而シテ別添切抜ノ保護条約全文ハ、四日ヨリ五日ニ亘リテ各新聞ニ登載セラレ候[17]。

右保護条約ノ調印ニ際シ当国輿論ハフエヅ交渉ノ極メテ急速ニ纏リタルコトヲ喜ビ、且該条約ノ内容ヲ知ルニ及テ曩ニ憂慮シタルガ如ク、保護条約ノ第一階梯ニ止ラズ、直ニ保護制度ヲ確立シ、殊ニ文言簡明ニシテ毫モ疑ヲ容ルルノ余地ヲ存セサリシヲ賀シ、而カモ保護制ヲ完成スル為ニ尚幾多ノ施設ヲ要シ、困難ヲ排セサルベカラサルヲ予期シ、専ラ統監其人ノ撰択ヲ誤ラズ、其手腕ニ俟テ保護制度ヲ確立シ、目下尚馬徳里ニ於テ交渉中ノ西仏間妥協ト相俟テ、北亜非利加ニ於ケル仏国殖民政策ノ成功ヲ期セントスルモノノ如ク認メラレ候。

御参考ノ為左ニ各新聞ノ論調大要ヲ附記シテ御査閲ニ供シ候。

ル・タン紙ハ四月二日附社説ニ於テ、「モ」国保護条約ノ調印ニ際シ従来仏国ノ踏襲シタル政策ヲ攻撃シタル反対派ノ短見ヲ責メ、而カモ「モ」国ハ尚将来ニ起スヘキ価格ナリト認メ、国民ノ尽力ヲ求メ専ラ首相アンカレ及陸相ミルラン両氏ノ手腕ニ信頼シテ保護制度ノ大成ヲ切望シ、次テ四日附紙上ニ於テ「モ」王ノ仏公使招待ニ言及シ、要スルニ「モ」王ハ仏ノ兵力ニ反抗スルコト能ハズ、又仏ノ兵力ニ倚頼セサルヲ得サル位置ニ在ルモノニシテ、喜テ保護条約ニ調印シタルハ怪シムニ足ルモノナシ。若シ夫レ「モ」国土人ニ至リテハ必スシモ外国人ヲ排斥スルモノニアラズ。苟クモ先ヅ兵力ヲ示シテ威圧シ、而カモ兵力ヲ用井ズ、専ラ秩序ヲ維持シテ通商ヲ振起シ土民ノ利益ヲ図リテ懐柔ノ策ヲ取ルコト、実ニ「モ」国経営ノ大方針ナリト論ジ、更ニ「フリツシユ」大佐ノ長文ノ「モ」国経営策ヲ載セ、一定ノ方針ヲ定メ一旦兵力ヲ以テ平定シタル上ハ、専ラ利益ヲ以テ土民ヲシテ新政体ニ帰依セシメ、且其習慣制度ヲ尊重スルノ必要ヲ反覆セリ。

ジュールナール、デ、デバ紙ハ未ダ条約ノ内容ヲ知ルニ先チ、四月二日附紙上ニ於テ保護条約ノ調印ニ手間取ラサリシコトヲ喜ビ、而シテ該条約ハチユニス保護ノ第一歩タルニ過ギザリシ「バルド」条約ト其内容ヲ同シセズ、進テ保護ノ実ヲ明ニシタルモノナルヘキヲ切望シ、更ニ該条約ニ於テ西国ノ権利ヲ留保シタル点ニ付キ、首相兼外相ポアンカレ氏ガ西国ニ許スニ復貸《スーロカシヨン》〔sous-location〕主義ヲ棄テ、、仏西両国分立主義ヲ採リタルヲ諒トシ、次テ該条約ノ内容ヲ知ルニ及テ、三日附紙上ニ於テ新条約ガ只ニ「バルド」条約ノ規程ニ止ラズ、其後「チユニス」ノ保護ヲ確立シタル各条約及法令ノ規定ヲ併合規定シタルヲ諒トシ、進テ統監ノ人選ニ重ヲ置キ徒ラニ旧慣ヲ襲ハズ、新事態ニ伴フヘキ機宜ノ措置ヲ採ラサルベカラズト警鐘シ、更ニ条約ノ文言ヲ明ニスルニ及デ、五日附紙上ニ於テ条約各条ノ文言ヲ審理シ、第一条中両国政府ハ新制ヲ設クルニ同意スト云ヘ、第二条中「モ」王ハ仏国政府ガ「モ」王政府ニ予告シタル後、軍事占領ヲ為スコトヲ認ムト云ヘルヲ指摘シ、要スルニ此等文案ハ客年十一月四日ノ仏独条約ノ規定ニ合応セシメントセル

(17) この一文については「切抜ハ省クヘキカ？ 省ク」「如何」との下ゲ札が付けられている。

ニ過ギズト為シ、而シテ「モ」国ノ経営ニ関シ実際「モ」国ニ於ケル「モ」王ノ権力及バズ、寧ロ各部族ハ現「モ」王政府ノ羈絆ヲ脱センコトヲ欲スルモノナルカ故ニ、仏国政府ガ現存「モ」王政府ヲ支持シ、以テ現政府ノ横暴誅求ニ対スル土民ノ怨ヲ分ツヲ以テ得策ニアラズト論ジ、終リニ西仏間ノ関係ニ関シテハ条約ニ於テ多少ノ留保ヲ存スルモ、苟クモ仏国ガ「モ」国ノ為ニ代リテ交渉ノ任ニ当ル上ハ差支ナク、「ポアンカレー」氏ノ採リタル政策其当ヲ得テ、遂ニ「モ」国ノ国際的関係ヲ解決スルヲ得ベシト。

　ボルドー市刊行プチト、ジロンド紙三日附ハ、十二ヶ年以来仏国ノ外交ヲ支配シタル難問茲ニ仏国ノ利益ニ解決セラレタルヲ賀シ、統監ノ人選其当ヲ得テ仏国ノ威信ヲ普及セシメンコトヲ切望シタル後、今日吾人ガ仏国ニ「アルゼリー」ヲ与ヘタル祖先ニ感謝スルガ如ク、吾人ノ子孫ハ「チユニス」及「モロッコ」ヲ獲得シタル吾人ニ感謝スベシト。

　ツールーヅ市刊行デペーシュ紙ハ四月一日附ヲ以テ、C・V氏ノ巴里三月三十一日附通信ヲ載セ、仏独条約ノ後ヲ受ケタル「モ」国ニ於テ要スルニ仏国ハ一切ノ負担ト責任トヲ有スルモ、其利益ハ之ヲ国際的トナセルモノナリトノ「ジョーレス」氏ノ言ヲ引用シ、「カサブランカ」港孚〔艀〕艇繋留場工事ニ関シ競争入札ニ付英国ノ抗議ヲ来シタル事実ヲ指摘シ、英、独、各其条約上ノ利権ヲ監視シ、「モ」国ニ於ケル仏国ノ位置ハ今日寧ロ往日ニ劣レリト論ジ、更ニ「アルゼリー」「モロッコ」国境貿易ニ関シ両国間免税通過ヲ許セル一八六七年ノ法律ノ存続スルニ於テハ、英独商品ハ「モ」国ヲ経テ「アルゼリー」市場ニ流注セラルベク、之ヲ防圧スル為ニ両国間ニ関税ノ障壁ヲ設クルニ至ラバ、仏殖民地ガ地中海ヨリ大西洋ニ達スル夢想ハ茲ニ一変シテ、反テ両領土ノ分離ヲ見ルニ至ルベク、而カモ之レ国際的「モ」国ノ当然ノ結果ナリト嘆ジ、次テ四月十一日紙上ニ於テ同紙ノ巴里十日附通信ハ、「モ」国保護条約調印ノ報、土民ノ間ニ伝播スルニ従テ対仏国反感ノ傾向一般ノ勢ヲ増シ、其間ニ処シテ仏国ハ初メヨリ土民ノ間ニ威信ナキ「モ」王ヲ支持シテ、国内ヲ平定シ秩序ヲ維持スルノ労多大ナルヘキヲ予期シ、而カモ莫大ノ犠牲ヲ払フテ「モ」国ノ平和ヲ見ルニ至リ、利益ハ英独ノ占ムル処トナルベシト云ヘリ。

　ラ、プチト、レピュブリック紙ハ十二日紙上ニ代議士ポール、ブル井ザン氏ノ論説ヲ掲ゲ、氏ハ専ラ議会ニ於ケル

「フェヅ」条約ニ関スル質問ニ関シ、耶蘇昇天祭後議会ニ於テ首相兼外相ノ充分ナル答弁アランコトヲ希望シ、次テ三月三十日調印ノ条約ノ各条ニ関シ仏国政府ハ現「モ」国政府ヲ改革シテ之ヲ存続支持スルヲ否難シ、要スルニ之レ公然掠奪誅求ヲ事トセル政府ヲ助クルモノナリト為シ、又内政ノ改革ニ関シテ行政、司法、教育ノ改革ト云フハ「マダガスガール」保護条約ノ如ク、明カニ保護制度ノ実行ニ有益ナル改革ト云フニ如カズト論ジ、更ニ「タンジエー」港ニ関スル留保及条約面ニ表ハレザル「モ」王ニ対スル歳費ノ如キ、凡テ之レ政府ノ説明ヲ要スト説キタリ。

ユーマニテイ紙上四月十二日、ジャン、ジョーレス氏ハ最近「モ」国ニ於ケル土民トノ衝突ニ当リ仏国側ニ多大ノ死傷アリタルヲ指摘シ、土民反感ノ昂上ハ未ダ保護条約ノ調印ヲ公然土民ニ布告スルヲ敢テセサルニ徴スルモ明カナリト説キ、更ニ一面ニハ仏国ガ回教国民一般ノ怨嗟ノ中心トナリタルヲ説キ、他ノ一面ニハ「モ」国経営ニ要スル費用ノ大ナルヘキヲ警鐘シ、而カモ之レカ為ニ世界的戦争ノ危機ヲ増シ、弱肉強食ノ政策ノ例ヲ示シタル仏国ハ其威信ヲ墜落シ、一朝国際的紛争ノ発生スルニ当リ仏国ニ反対シ叛乱ヲ欲スル「モ」国ヲ如何ニ処理セントスルヤト説キタリ。

右報告申進候。敬具

[17]「摩絡哥保護条約ニ関スル件」一九一二年七月六日

公第六二号

明治四十五年七月六日

在仏国

臨時代理大使安達峯一郎

外務大臣

子爵内田康哉殿

摩洛哥保護条約ニ関スル件

一、月餘前ニ仏国代議院ニ提出サレタル三月三十日締結摩絡哥保護条約批准法案ハ、之ニ関連シテ四月十七日ノ「フェズ」ノ暴動、並ニ統監「リオテー」将軍ノ統督スル鎮圧隊ノ行動ニ対スル質問等続出シタル為メ、日ヲ隔テヽ数回討議ヲ重ネタル末、遂ニ七月二日ノ代議院会議ニ於テ八十五票ニ対スル四百三十三票ノ多数ヲ以テ之ヲ可決シ、既ニ元老院ニ回付セラレ、同院外交部委員会ハ七月五日同案ノ審査ヲ遂ゲ之ヲ可決シタリ。来ル七月九日ヲ以テ其ノ調査報告書ヲ元老院ニ提出シ、本月十一日本会議ニ附スル筈ニシテ、同案ノ通過確定ヲ見ルニ至ルベキコト最早疑ヲ容レズ。

一、代議院ニテ同案討議中ノ賛否両派ノ論旨ヲ摘記セシニ、首相兼外相「ポアンカレー」氏ノ意見ニ依レバ、㈠摩絡哥保護条約ハ客年十一月四日ノ仏独協約ヨリ来レル当然ノ結果ナリ、㈡摩絡哥保護条約ハ簡単ナレドモ必要ノ諸点ヲ網羅シ、而カモ事情ノ変化ニ適応シ易カラシムル様伸縮ノ餘地ヲ存セリ、㈢摩絡哥ニ最大利害ヲ有スル仏国ニ於テ同国ヲ放棄スルトモ、他国ハ決シテ我ト共ニ不関焉ノ態度ヲ守ルモノニアラズ。我ニ代リテ之ニ占拠スベキヤ必セリ、㈣チュニス、アルジェリーニ於ケル如ク北部亜弗利加ノ蛮地ニ文明ヲ扶殖スルハ、仏国ノ天職ナリ、㈤摩国ヲ鎮撫シ同国ニ於ケル内外人ノ生命財産ノ安固ヲ保持シ、道路鉄道等ヲ布設シテ拓殖ノ端ヲ啓クノ事業ハ、時日ヲ要シ、又忍耐ヲ要ス、㈥一面ニ於テハ摩国ノ風俗習慣及宗教ニ干渉スルコトヲ避ケテ、摩国人ノ人心ヲ収攬スルニ努メザルベカラズ、㈦政府ハ経験ニ富ミ且ツ謹慎ニシテ堪能ナル統監「リオテー」将軍ヲ信任シ、曩ニ同将軍ガ首相ニ電稟セル施政方針十ケ条ハ全然之ヲ承認ス。蓋シ同将軍ノ方針ハ摩絡哥ヲ三種ノ地域ニ分ケ、第一着ニ兵力ヲ以テ鎮圧スベキ区域、其ノ鎮撫ノ為メニ警戒ヲ要スル周囲ノ中立地帯、並ニ全ク後廻ハシトナスベキ区域トナシ、成ルベク血ヲ流スコトナクシテ経済的ニ漸次鎮撫ノ実ヲ挙ゲンコトヲ期スルモノナリ。他ノ賛成論者ノ所述モ弁口ノ優劣ハ別トシ、帰スル所ハ前記諸点ノ外ヲ出デズ。反対側ノ統一社会党首領「ジョーレス」氏ノ意見ノ要ニ曰ク、予ハ仏独協約ニハ賛成シタレトモ摩絡哥ヲ取ルコトヲ顧セズ。仏国ハ摩国ヲ保護国抔ニスルヨリハ、須ラク「ムライ、ハフィッド」ト同盟ヲ締結スベシ云々。他ノ反対論者ハ曰ク、仏国ノ摩絡哥ニ対スル現在ノ方針ハ平和的侵入《ペネトラシヨン、パシフイツク》ニアラズシテ征服政略《ポリチツク、ド、コンケート》ナリ。斯ノ如ク征服政略ヲ執ルニ於テハ仮令拾万ノ兵ヲ動カスモ、以テ摩国ヲ鎮定スルニ至ラザルベシ云々。
一、討議中首相ノ言明セル所ニ依レバ、自ラ摩国ニ於ケル兵数ハ西部摩絡哥ニ仏国兵三万五十人、土人兵五千六百五十一人、アルジェリーノ境界ニ仏国兵一万一千二百六十六人、土人兵五百六十人ニシテ、総計四万七千五百二十七人ナリ。尤モ統監ヨリ請求アレバ、政府ハ直チニ増援隊ヲ派遣スル筈ナレドモ、注意深キ「リオテー」将軍ハ右請求ヲ為スニ当リテハ、欧州ニ於ケル仏国ノ勢力ニ影響ヲ及ボスガ如キコトナキ様考慮ヲ加フルナラント信ズト附言セリ。
一、元老院ノ委員会ニ於テ摩国時今ノ状態ハ尚危殆《グラーブ》ナリト云フ。果シテ然ルヤトノ問ニ対シ首相ハ答ヘテ曰ク、危殆ト云フヨリハ不安《セリユース》ナリト云フヲ適当トスト。
右及報告候。敬具

第三節　ポーツマス講和会議

[18] 父・久宛書簡　一九〇五年九月

明治三十八年八月二十六日ノ会議ニテ二十八日（月曜日）午后迨延期ヲ発言シ（小村〔寿太郎〕委員）、終ニ延期トナレリ。各国人皆之ヲ以テ魯ニ反省ノ時日ヲ与ヘシ者ト見做シ、日本武士ノ如何ニ悠揚ナルカヲ見ヨト喝采セラレタリ。豈図ランヤ、小村委員ハ日本政府ノ反省ヲ促サン為メナリキ。而シテ再三再四東京ニ打電シ、捲旗帰朝センコトヲ致電セルモ、其返電ハ悉ク屈譲セヨトノコト。終ニハ桂〔太郎〕首相ノ名ヲ以テ来ラズシテ、首相ガ畏クモ勅命ヲ奉宣セル最重ノ訓電ナリキ。其旨ニ曰ク

否宜シク露国ノ主張スル総ベテヲ譲歩シテ平和ヲ克復スルニ努メヨ

事此ニ至テ万事休ス。軟弱ナル元老会議ノ結果ハ、今ヤ実ニ此恐悚ニ堪ヘザル訓電ヲ奏請セリ。強硬ナル小村大使モ拝伏シテ之ニ服シ、豪宕ナル山坐〔円次郎〕局長モ訓電ヲ捧ケテ泣ケリ。高平〔小五郎〕大使ノ顔色ハ土ノ如クナレリ。佐

藤〔愛麿〕公使ハ長太息ヲ洩セリ。立花〔小一郎〕大佐ヤ竹下〔勇〕中佐ヤ皆扼腕憤激セリ。サレド彼等ハ皆忠良ナル日本臣民也。誰カ之ヲ奉行セザル者アラン。於是乎断然決意。之ニ従ツテ一行一同切腹ノ覚悟ヲナセリ。列国環視ノ「ポーツマス」ニ於テ、露国大使ノ前ニ降服ノ恥辱ヲ甘受スベク決意シタリ。是実ニ八月二八日（月曜日）午后ナリキ。如何ニ屑キ勇士ノ覚悟ナラズヤ。

[19]「ポーツマス講和会議の逸話」一九〇五年一二月

ポーツマス講和会議の逸話

法学士　安達峰一郎

先刻より先輩諸君から是非一言せよとの御訓命なれども、私は今夕何も国際法学に貢献するやうな材料を御話することが出来ない理由を説明しても御免役になることと思ひ、チヨット其次第だけを申上げます。御承知の通り対露講和全権一行は七月八日横浜解纜以来処処方方引き廻はされて、八月八日を以てポーツマスなる目的地に到達し翌九日を以て講和予備会議開始せられ、本会議は直ちに八月十日に始つて八月二十九日に終つた。其晩より条約起草委員会と云ふものが開かれ数回会合の後九月三日に終つて、三日の晩から浄書が始まり五日の昼に終り同日の午後三時五十分に日露講和条約は調印された。

予備会議は名前の示す如くで、どう云ふ規則を以て講和会議を開かうか又之を進行せしめやうかと云ふ手続等に関する会議である。会議が済んで本会議が始つた。我我講和会議書記官は先づ第一に其会議の模様を充分に記録する所の事務を担当し、又両国全権の用語が相異なれるに因り十分に双方の意思を疎通する役をも務めました。会議が終りますると両国の書記官相集り会議の顚末を書き取て両国全権の承認を経、其次の会議の始めに其署名を得るの任務を持て居りました。又翌日の会議の予備の為め種種の研究やら整理やらを旅館に於てしなければなりませぬ。御承知の通り会議は毎日午前九時より正午半、午後三時より五時半、これだけの間日露全権に於て必死となつて弁論するのでありますからそれを書き取ること丈けも大仕事です。之を要するに今度の会議の如きは古来の講和会議の歴史を見ても例のないことで、今度の会議ほど書記官に対して残酷なる会議はなかつた。夫の米西戦争の終を告けた巴里会議、千八百七十八年の伯林会議の如きも一週間に二遍である。さうして午前の会議、午後の会議と云ふ様に二度あるのでなく唯一度のみであつた。其時の書記は楽であつたらうと羨しく存じます。右申す通り今度の談判は毎日二回である。しかも酷暑の真最中である。さうして継続したのでございますから私共は非常に天を怨んだ。又非常に苦みました。夫で講和会議録を調製する間はありませぬから十九日から二十二日の間まで休会を願ひ、二十三日会議の後更に二日間の休憩を願つた。又二十六日会議の後も又一日の休会を願つた。それでも困難であつた。で十九日以後は事実上一週間に二遍と云ふことになりました。それが終つて愈ゝ八月二十九日になると条約の精神に関する打合が両国使節の間に済みましたから此からは愈ゝ講和条約を書くと云ふ段になつて、此条を何条にしやうとか文字を何としやうとか、英吉利文と仏蘭西文とを以て条約を作るのですから色色面倒なこともあつた。之に就ては日本でも三名の委員を作り、露国に於ても三名の委員を作りて私共は十回ばかりの会合をしてやつと出来たのは三日の夜、之を浄書すると云ふ段になると、日本の方には外国文字を書くことの上手な御役人が居る。此人の筆で洵に見事に出来た講和条約は九月五日に愛出度署名せられた。此人は恐らく西洋の字を書くことで世界一であらうと思ふ。之れに就て面白い逸話がある。話しが前に戻りますが会が議事録を造ることは中中むづかしいので、双方共に其の主張を充分書いて置きたい。国の利益を保護する上から見ても自分の主張したことを明白に述べたいと云ふことは勿論である。それで右の草稿に付打合せの条ウヰッテ氏は我等起草の案に不満足にて容易に同意せざること度度あつた。殊に或問題に関する会議録草案に関しては同氏の反対殊に甚しく中中署名しやうと言はぬ。我我も殆むど持て餘した。時に或人一計を案じ世界一であらうと云ふ先刻御咄しの西洋学の能書家の手でずつと綺麗に書いて仕舞つた。さうして露国全権に見せた所が、ウヰッテ氏も其見事なのに非常に惚れ込んで、感嘆の声を発し乍ら直ぐに署名した。是は其能書家に対しては非常な名誉であらうと思ひます。此回の講和条約は右の如き有様で出来たもので、国際法の議論などは流石のマルテンス先生などよりも別段御出しになりませんでした。此れが私が今夕国際法学に貢献する材料を持ちませぬと云ふ理由であつて、決して中心何も包蔵する所はありませんからこれで御免役になることを願ひます。（拍手）

土方〔寧〕博士

（「能書家の名は何んと云ひますか」と問ふ）

平田鉚太郎と云ふ人です。

[20]「小村男爵談話筆記」〔一九〇六年〕五月三一日

参考書第四号

日露戦争前「デンビー」「セメノフ」外二名カ露国政府ヨリ取得シタル漁業権ハ、如何ニ之ヲ処分スヘキヤノ問題ニ関スル両国全権委員ノ意志ハ、日露講和談判筆記附録非正式会見要録（之ハ両国全権ノ記名シタルモノニ非ス。単ニ我ノ備忘ノ為メ作成シタルモノナリ）第二百六十頁及二百六十一頁（参考書第三号）所載ノ記事ニ依リ、稍々之ヲ想像スルヲ得ヘキカ如クナルモ、尚ホ明晰ヲ欠ク所アルヲ以テ、去二十六日午前小村男爵ヲ訪問シ其所見ヲ叩キタルニ、同男爵ハ大要左ノ如キ意見ヲ呈示セラレタリ。

小村男爵ハ講和談判ニ際シ満韓、償金、割地等戦争ニ直接ノ関係ヲ有スル重要問題ノ外ハ、尚ホ戦争ニ直接ノ関係ナキ沿海州漁権問題ヲ解決セムコトヲ努メタリ。而シテ講和談判ノ機ニ乗シ完全ナル漁権ヲ確保セムカ為メ考慮ヲ旋ラシタルニ拘ラス、遂ニ露国政府ヲシテ単ニ我臣民ニ漁業権ヲ許与セムカ為メニ協定ヲ為スヘキコトヲ約セシメタルニ過キサルハ遺憾ナレトモ、我ノ目指スル所ハ終始重大ナル沿海州ノ漁業権ニアリタルニ由リ、露国全権ヨリ其割譲地ニ於ケル露人ノ漁業権ヲ確認セムコトヲ請求スル場合ニ於テハ、我ハ直ニ之ニ応スルノ覚悟ナリキ。但シ万一露国全権ニ於テ南樺太漁業権ニ気付カサリシナランニハ、我ニ取リ最モ幸ナルヘカリシカ故ニ、我ハ熱心ニ彼等カ該漁業権ニ話及セサラムコトヲ祈望セリ。然レトモ一旦彼等此事ニ思到リ其確認ヲ請求シタル以上ハ、之ニ応スルノ外ナシト信シ断然同意ヲ表明シタルナリ。蓋シ我若シ之ヲ拒ムニ於テハ、彼ハ其ノ辛ウシテ我ニ為シタル漁業協約締結ノ約束ヲモ撤回スルニ至ルノ虞アリタレハナリ。此ノ如ク条約文言ノ解釈論トシテハイサ知ラス、全権当時ノ意思ハ明白ナリトス。尤モ漁業権ハ財産権ニ非ストノ理由若クハ特許契約ノ一部我公益ニ反シ無効ナルカ故ニ、該契約全部無効ナリトノ理由等ヲ以テ南樺太露人漁業権確認ヲ拒絶スルコトハ、法律論トシテハ夫レ或ハ為シ得ヘキコトナラム。乍去沿海州漁業権確保ノ大問題ヲ眼前ニ控ヘ居ル今日、斯ル法律論ヲ以テ本件ヲ解決スルハ得策ニ非ス。依テ前記露人漁業権ニ関スル特許契約ハ其ノ我公益ニ反スル条件ヲ削去リ、其残部ヲ承認スヘキモノナルヘシ。尤モ「デンビー」ノ特許契約ハ戦局大ニ発展シタル後、更ニ其期限ヲ延長シタル由ナレトモ、此延長ハ悪意ヲ以テ為サレタルモノナリトノ理由ヲ以テ、之ヲ承認スルヲ要セサルヘシ云々。

五月卅一日　安達峯一郎記

第四節　横須賀捕獲審検所評定官

[21]「露国汽船『コチック』号拿捕事件調査書」一九〇四年三月二八日、「検定書」同年五月一八日

露国汽船「コチック」号拿捕事件調査書

本官今般露国汽船「コチック」号拿捕事件取調ノ担任ヲ命セラレ、本月十日横須賀捕獲審検所ニ出頭シ、帝国軍艦天城艦長代理海軍大尉鎌倉義喜及ヒ前掲「コチック」号船長代理一等運転手ペテル、ウフマンノ面前ニ於テ、同大尉ノ提出ニ係ル書類ヲ開封シテ提出書類目録（別紙第一号）ヲ作成シタル後、「コチック」号ニ出張シ前掲船長代理ヲ立会ハシメ、物件目録（別紙第二号）ヲ作成シ、且ツ捕拿ノ当時帝国海軍士官カ船長代理ヨリ受領スヘキ筈ナリシ書類及ヒ海図等ヲ船内ニ於テ発見シタルヲ以テ、同代理ノ注意ヲ惹起シタル所、同人ヨリ右書類ヲ本官ニ提出シタルニ付（別紙第二号ノ二）、之ヲ携帯シテ審検所ニ立帰リ直チニ尋問ニ着手セリ。

尋問ハ第一着ニ、拿捕ヲ行ヒタル帝国軍艦天城艦長代理鎌倉海軍大尉ニ対シテ之ヲ為シ（別紙第三号）、次ニ右拿捕ヲ行ヒタル当時、則チ去二月十日前掲天城艦長タリシ南海軍中佐（現時横須賀海兵団副長）ニ対シ之ヲ為シ、拿捕ヲ行ヒタル当時ノ事情及ヒ其拿捕ニ決シタル理由等ヲ聴取シ（別紙第四号）、第三ニ、昨年五月以来「コチツク」号ニ機関師タル本邦人門司宗太郎ニ対シ、同号従来ノ性質及ヒ行動等ニ付詳細ノ尋問ヲ為シ（別紙第五号）、第四ニ、同号カ客月十五日横須賀ニ繋留以来食料其他ノ日用品ヲ同号ニ供給スル同港食料品商深井新八郎ニ対シ、其同号ニ就テ知ル所ヲ尋問シ（別紙第六号）、第五ニ、横浜水上警察署長湯浅秀富ニ対シ其従来同号ニ就テ見聞シタル所ヲ尋問シ（別紙第七号）、第六ニ、清水庄吉ニ対シ同号ノ北海ニ於ケル従来ノ行動ニ関シ其見聞シタル所、殊ニ其清正丸乗組中同舩ガ「コチツク」号ニ差押ヘラレタル顚末ヲ尋問シ（別紙第七号ノ一）、第七ニ、前掲清正丸ノ所有者タル齋藤寅吉ニ対シ、同船ガ「コチツク」号ニ差押ヘラレタル際ニ同人ガ執リタル処置、並ニ其制裁トシテ在浦塩（ウラジオストック）港露国裁判所ノ下シタル判決ニ就テ尋問シ、且ツ同判決文謄本及ヒ訳文写ノ提供ヲ受ケ（別紙第八号）、第八ニ、青木孝ノ持船懐遠丸ガ去明治三十四年九月北海ニ於テ「コチツク」号ニ差押ヘラレタル際、同船ニ乗組中ナリシ竹本真助ノ手書ヲ受領シ（別紙第九号）、第九ニ、「コチツク」号船長代理一等運転手ウフマンニ対シ諸般ノ尋問ヲ為シ（別紙第十号）、其結果トシテ同号ノ性質及ヒ従来ノ行動ニ関シ出来得ル丈ノ調査材料ヲ得タリト信シ、且ツ他乗組員ハ何レモ近来ノ雇人ニシテ、到底有益ナル陳述ヲ為シ得サル者ナルカ故ニ、之レニ対スル正式ノ尋問ヲ為スコトナクシテ一先ツ尋問ヲ中止シタリ。

別紙南中佐ノ供述書ニモ明記シアルカ如ク、船舶書類ノ大部分則チ船舶国籍証明書、通航券、航海券、海員雇傭契約書及ヒ其他ノ書類ハ、拿捕ノ当時ニ於テモ又本官臨検ノ際ニモ「コチツク」号内ニ存在セサリシニ付、本官ヨリ同号船長代理ノ注意ヲ惹起シ、同人ヨリ在横浜同号所属会社ノ代理店米人スミス、ベーカーニ、電報若クハ書信ヲ以テ再三督促シタルモ之ヲ提出セス。依テ不得已該書類ヲ閲覧セスシテ調査ヲ結了スルコトニ決シタリシカ、去十三日ニ至リ前掲船長代理ヨリ右書類ノ提出ヲ受ケタルニ付（別紙第十号ノ二）、更ニ其調査ニ従事シ、明治三十五年五月「コチツク」号ノ所有主ニ変更ノアリタルコト、則チ同船ハ其時迄露国海豹毛皮会社（ロシヤン、シールスキン、コンパニー）ノ所有船ナリシガ、其後ハ常ニカムサツカ商工会社ノ所有船ナルコトヲ発見シタルニ依リ、更ニ同船長代理ニ対シ本月十九日横須賀ニ於テ第二回ノ尋問ヲ為シ（別紙第十一号）、且ツ同人ヨリ其自筆ノ申供書二通（別紙第十二号及第十三号）ヲ受領シ、次ニ最近数年間浦塩港帝国貿易事務官タリシ川上公使館二等書記官ニ就キ、其「コチック」号及ヒ其ノ所属会社ノ性質等ニ関シ見聞スル所、及ヒ其竹内諭治ヨリ聞取リタル所等ヲ尋問シ（別紙第十四号）、最後ニ去明治三十四年中我大蔵省ヨリカムサツカ半島首府ペトロパウロウスク港ニ実況視察ノ為メニ派遣シタル倉岡義三ニ対シ、〔「〕コチック〔」〕号及ヒ其所属会社等ニ就キ其知ル所ヲ尋問シ（別紙第十五号）、茲ニ於テ事実調査ノ方便全ク絶ヘタルヲ以テ尋問ヲ終結セリ。

第二《ママ》節　「コチック」号ノ性質

露国汽船「コチック」号（Kotik）ハ現時横浜山下町居住米人スミス、ベーカーヲ代理人トスル聖彼得堡（サンクトペテルブルク）府カムサツカ商工会社（カムシヤツコエ、トルゴー、プロミユーシユレンノエ、オヴスチエスヴオー）ニ属シ、登簿噸数弐百七十一噸七六、露国商船旗ヲ掲ケ、本邦横浜長崎箱館及ヒカムサツカ諸港ヨリ浦塩港間ヲ航行スル船舶ニシテ、客歳十二月二五日以来、横浜港ニ碇泊中去二月十日帝国軍艦天城ニ拿捕セラレタルモノナリ（別紙天城艦長供述書、別紙第十号等）。

同号ハ一昨年五月迠ハ露国海豹毛皮会社（ロシヤン、シールスキン、コンパニー）ニ属シ、其后今日ニ至ル迠ハ前項所陳ノカムサツカ商工会社ニ属ス。右両会社ノ定款及ヒ露国政府トノ契約ニ付テハ、今日之ヲ詳知スルコト能ハスト雖トモ、重ニ露国ノ資本ヨリ成リ、有名ナル「プロゾロフ」氏常ニ其実権ヲ握リ、現会社ニハ二名ノ米国資本家加入シ居ル由ナリ。右両会社ハ其外面ノ名コソ異ナレ、実体ハ同一物ノ連続スルモノト言フヘキ（別紙書類殊ニ第十一号参照）ガ如クナルモ、此点ハ明白ナラズ（別紙第十四号）。露国海豹毛皮会社ノ純然タル漁猟会社タリシハ固ヨリ論ナク、カムシヤ《ママ》ツカ商工会社モ亦タ、其獲得若クハ製作シタル魚獣及ヒ物品ヲ販売スルコトアルモ、会社ノ本質ハ漁猟及ヒ肥料製造会社ナルコト明白ナリ。而シテ汽船「コチック」号ハ、自ラ網ヲ下シ又ハ銃ヲ発シテ漁猟ニ従事スルモノナリトノ確証ハ之ヲ得ズト雖モ、会社所属ノ諸支店及ヒ各漁船等ニ食料及ヒ漁猟具ヲ供給シ、且ツ会社ノ獲得若クハ製作シタル魚獣及ヒ物品ヲ運搬スル特別ノ船舶ニシテ、其都合善キ時ニハ稀レニ其所属会社以外ノ注文ニ係ル小物品ヲ運搬シ、且ツ極メテ少数ノ乗客ヲ収容スルコトアリタレトモ、其主タル目的ガ専ラ会社ノ漁猟及ヒ製造ニ関スル原材料若クハ獲物ヲ運搬スルニ在ルヤハ極メテ明白ナリ。則チ其営ム処ノ業務ヨリ観察スレハ、同号ハ通商貿易ニ従事スル船ニハ非スシテ、同会社所属ノ遠洋漁業船ト其目的ヲ同フシ、則チ之レヲ遠洋漁猟業補助船ト称スルノ最モ穏当ナルヲ信ス。

且ツ露国海豹毛皮会社及ヒカムサツカ商工会社ハ共ニ、露国政府ニ対シ特別ノ関係ヲ有スルモノニ相違ナク、毎年数回露国官吏之ニ乗リテ北海諸島間ヲ巡視シ海面ヲ警察スルノミナラス（別紙第十号、第十四号、第十五号、第二十四号、第九号、第七号ノ一等）、密猟船ヲ発見シ之ヲ追跡差押ヘタル例数多アリ。此例ハ独リ一昨年五月以前則チ旧会社ノ時代ニ多キノミナラス、同年月以后則チ現会社時代ニ至リテモ亦同シ（別紙第十号等）。而シテ右密猟船差押等ノコトハ、露国官憲ノ便乗ナキ時ニ於テハ「コチツク」号船長自身ノ専断ヲ以テ行ヒタルノ例モアリ（別紙第十四号附録第十五号第十九号等）。且ツ同船ヲ裁判審問用ニ供シ（別紙第十四号附録第二）、若クハ刑事被告人護送ノ用ニ供スルコトアリ（別紙第十四号附録第二）。勿論「コチツク」号所有者ニ於テハ右等ノ場合ニハ常ニ便乗官吏ヲ乗客トシテ取扱ヒタルモノナルカ故ニ、其乗客ノ行動ニ付テハ船舶其責ニ任セスト主張スルナラント雖モ、「コチツク」号ニシテ露国政府ト一種特別ナル関係アリテ普通ノ私船ニ無キ一種特別ノ性質ヲ具有スルニ非サルヨリハ、前掲ノ如キ諸行動ヲ為スヘキ道理ナシ。則チ同号旧来ノ実際ニ於ケル行動ヨリ観察スレハ、之ヲ以テ全ク官権ヲ執行スル所ノ官船ト見倣スコトハ酷ニ失スヘキヤモ知レスト雖モ、其ノ決シテ普通ニ所謂私船ト同一視スヘカラサルモノナルヤ明瞭ナリト云フヘシ。畢竟「コチツク」号ハ官権ヲ執行スル所ノ官船ニ近キ特質ヲ有スル遠洋漁猟補助船ニシテ、普通ニ所謂私船ノ部類ニ入ルヘキモノニ非スト断定スルノ極メテ穏当ナルヲ信ス。

第三節　日本法制ノ適用

二月九日公布ノ拿捕免除ニ関スル勅令第二十号ハ免除ヲ恵与スル特別ノ法令ナルカ故ニ、之ヲ狭義的ニ解釈スヘキヤ固ヨリ論ナシ。故ニ仮令ヒ露船「コチツク」号ノ性質商船タルヤ否ヤニ付疑アリトスルモ、同号ニ対シテハ右免除ノ規定ヲ適用スヘカラサルモノトス。日本法制上ノ問題トシテハ、本件毫モ疑義ノ存スヘキ餘地ナシ。

第四節　国際公法ノ適用

元来捕獲ノ問題ハ内国法上ノ問題タルヨリハ寧ロ国際公法上ノ問題ニシテ、仮令ヒ審検所ノ検定ニシテ内国法上毫モ間然スル所ナシトスルモ、国際公法ノ原則ニ背馳スルニ於テハ、国家ハ時トシテ損害賠償等ノ義務ヲ免カレサルヘシ。
故ニ「コチツク」号拿捕事件ハ、重ニ之ヲ国際公法上ヨリ研究スルヲ要ス。

案スルニ千八百五十四年以前ニ於ケル国際公法ノ原則ニ依レハ、交戦ノ状態開始スルト同時ニ、敵船ハ凡テ之ヲ拿捕シ得ルモノトナリタリシカ、英仏両国カ同年露国ニ対シ「クリミヤ」戦争ヲ宣スルニ際シ、全ク平和的ノ通商貿易ニノミ従事スル露国船舶ニシテ英仏両国港湾内ニ繋留スルモノ、及ヒ交戦ノ状態ヲ知ラスシテ之レニ入リ来ルモノニ対シ、戦争ノ開始ト同時ニ拿捕ノ処分ヲ開始スルハ、一方ニ於テハ残酷ニ過クルノ嫌アリ。他ノ一方ニ於テハ、敵我両国殊ニ自国ノ商業ニ損害ヲ与フルモノト認メ（別紙第廿一号第廿二号）、一定ノ期間ニ英仏港湾内ヲ去ルモノハ之ヲ捕拿セサルコトニ決シ、両国政府共ニ右ノ趣旨ヲ勅令トシテ公布シタルヨリ、爾来交戦アル毎ニ各国交戦ノ状態ニ入ルニ際シ皆此先例ニ倣フノ習慣ヲ養成シ来リタルナリ。則チ敵船ハ戦争開始ト同時ニ凡テ拿捕シ得ヘキヲ以テ原則トナスヘキコトハ、毫モ従前ト異ナラサレトモ、一定ノ期間ニ限リ敵国ノ商船ヲ拿捕セスト云フ、全ク例外的ナル慣例ヲ生シタルナリ（別紙第廿一号第廿二号）。故ニ此例外的慣例ニ関シ疑点アルトキハ、之ヲ狭義ニ解釈スヘキモノタルヤ国際公法ノ原則上極メテ明瞭ナル事項トス。一千八百九十八年米西戦争中米国海軍ノ拿捕シタル西船「ペドロ」号捕獲事件ニ際シ、米国高等法院長ガ捕獲説ヲ主張セル一節ニ、該号ハ米国ノ財富ヲ増進スヘキ貨物ヲ搭載セズ云々トアリ（別紙第二十三号）。以テ商船拿捕免除例ノ、如何ニ狭義的ニ解釈スヘキヤヲ知ルヘシ。

或ハ米西戦争ノ際ニ於ケル「ブオナ、ウエンテユーラ」号拿捕事件ニ関スル米国高等法院ノ判決（別紙第二十号）ヲ援引シテ、該慣例ハ広義ニ解釈スヘキモノナリトノ議論ヲ主張スルモノアルヤモ知レサレトモ、該判決ハ単ニ期日ノ問題ノミニ関シ、毫モ船舶ノ性質ニ論及セサルノミナラス、船舶ノ全ク平和的私業ナルヘキヲ想像シテ立論シ（別紙第二十号第二頁)、加之該判決ニ関シテハ米国高等法院長及判事二名ノ不同意ナリシハ、別紙第二十号末項所掲ノ如クナルニ於テハ、該判決ハ従来確立セル狭義的解釈ノ原則ヲ破ルニ足ル先例ニ非サルナリ。故ニ例ヘハ茲ニ「コチック」号ノ商船タルヤ否ヤニ付疑義アリト仮定スルモ、右狭義的解釈法ヲ適用シテ之レヲ商舩ニ非スト見做シ、之レヲ勅令第二十号ノ適用外ニ置クヘキモノトス。

或ハ日独領事職務条約第十六条等ヲ援引シテ、商船ナル文字ハ軍艦以外ノ諸船舶ヲ包括ス、故ニ勅令第二十号ニ於ケル商船ナル文字モ亦、同意義ニ解釈セサルヘカラズト解釈スル者モアルヘキモ、原来独語ニテ「ハンデルシフエ」則チ前掲条約中商船ト邦訳シタル文字ハ、必スシモ常ニ軍艦以外ノ諸船舶ヲ包括スルモノニ非ス。前掲条約文ノ場合ニハ、軍艦以外ノ諸船舶ニ包含スルモノト解釈スルコト適当ナルヘシト雖モ、又之レト同一ナラサル意義ニモ用フルコトアリ。例ヘハ一千八百六十七年十月廿五日附独逸帝国法第一条ニハ、「ハンデルシフエ」トハ航海ニ依テ営利ヲ目的トスル船舶ナリトアリテ、決シテ軍艦以外ノ諸船舶ヲ包括シタルニ非ス。則チ同語ハ場合ニ依リ其意義ニ多少ノ広狭ヲ有シ得ル文字ナルヘシ。故ニ、前掲日独条約中ニ於ケル「ハンデルシフエ」則チ商船ナル文字ガ軍艦以外ノ諸舩舶ヲ包含スルヲ理由トシテ、自餘一切ノ場合ニ於テモ必ズ同意義ヲ有スルモノト結論スヘキモノニ非ス。要スルニ商船ナル文字ハ其使用ノ場合ニ於ケル事情ヲ斟酌シ、適切ナル解釈ヲ執ルヲ正当ナリトス。

又国際法学者ニシテ海上捕獲法ヲ論シタル者ノ中ニハ、「商船則チ私船」ト記シタル者アルガ故ニ、拿捕免除規定中商船トアルハ軍艦以外一切ノ私船ヲ包含スルモノナラントノ懸念モアレトモ、拿捕免除ノ先例ノ淵源ハ前陳ノ如ク数十年以来益々発達セル国際貿易ニ可成損害ヲ与ヘス、殊ニ自国ノ商利ヲ保護セントスル精神ニ基クヲ思ヒ、且ツ前記ノ学者輩ハ国際法ノ急進理想派ニ属シ、捕獲審検所ハ国際的組織タラサルヘカラスト迄論スル人々ナルコトヲ顧ミレハ、前陳懸念ハ畢竟杞憂タルヘシ。

故ニ露船「コチツク」号ヲシテ単ニ遠洋漁業補助船タルニ止マラシムルモ、勿論国際法上ノ観察トシテ我勅令第二十号ノ免除ヲ受クヘカラサルモノトス。況ンヤ同号ハ既ニ第二節ニ於テ陳述セル如ク、官権ヲ執行スル所ノ官船ニ近キ特質ヲ有スル船舶ナル以上ハ、其拿捕免除ノ適用ヲ受クヘキモノニ非サルヤ最早一点ノ疑義ヲ生スヘキニ非サルナリ。

前陳ノ理由ニ依リ、露国汽船「コチック」号ノ拿捕ハ正当ニシテ、同号自体、附属物件及ヒ其搭載貨物ノ全部ヲ捕獲ト検定スルニ必要ナル事実ノ調査ハ、今ヤ結了シタルモノト認メタルニ依リ、茲ニ本調査書ヲ作成ス。

明治三十七年三月二十八日

横須賀捕獲審検所評定官安達峯一郎㊞

○高等捕獲審検所及横須賀捕獲審検所検定　露国汽船「コチック」号捕獲事件ニ付キ昨三十七年五月十八日横須賀捕獲審検所ニ於テ左ノ如ク検定セリ

第三号

検定書

明治三十七年二月十日横浜港ニ於テ帝国軍艦天城ノ為メ拿捕セラレタル汽船「コチック」ノ捕獲事件ニ付、審検ヲ遂ケ決定スルコト左ノ如シ。

主文

汽船「コチック」ヲ捕獲ト検定ス。

事実及理由

汽船「コチック」ハ露西亜帝国東塞〔寨〕加〔カムチヤッカ〕ニ於テ漁猟業ニ従事スル在聖彼得堡府東塞加商工会社ノ所有ニ係リ、浦潮斯徳港ニ船籍ヲ有シ、露西亜帝国商船旗ヲ掲揚スル允許ヲ受ケ、所属会社ノ為メ其漁獲物漁業地需用品及ヒ漁業者ノ運搬ニ従事スル漁船ニシテ、兼テ東塞加近海ニ於ケル密猟船取締等ノ為メ、露国官権ノ一部ヲ執行スルヲ以テ常慣トスルモノナリ。而シテ該船ハ明治三十六年十二月二十五日以来横浜港ニ碇泊中、日露両国間ニ戦争ノ状態成立シタルニ因リ、明治三十七年二月十日同港ニ於テ帝国軍艦天城ノ為メ拿捕セラレタルモノナリ。

以上ノ事実ハ、帝国軍艦天城艦長代理海軍大尉鎌倉義喜、前天城艦長海軍中佐南義親、横浜水上警察署長湯淺秀富、汽船「コチック」船長代理一等運転士「ウフマン」、同機関士門司宗太郎、公使館二等書記官川上俊彦、税関監視倉岡義三、及ヒ深井新八郎、清水庄吉、竝齋藤寅吉ニ対スル各尋問調書、海軍中佐南義親ノ供述書、前掲船長代理ヨリ提出シタル船舶書類、其中供書及ヒ帆船清正丸ニ対スル浦潮斯徳地方裁判所ノ判決書訳本等ニ依リ明瞭ナリ。

東塞加商工会社ノ訴願ノ要旨ハ、「コチック」ハ純然タル商業ヲ目的トシテ航海スル船舶ニシテ法律上単純ナル商船ナルカ故ニ、明治三十七年勅令第二十号ニ依リ同年二月十六日迄ハ帝国港湾ヲ出帆スヘキ自由ヲ得タルモノナルニ拘ハラス、其期間満了前拿捕セラレタルモノナレハ、其拿捕ハ違法ナリ。抑モ拿捕ノ当否ヲ決スルニハ「コチック」カ純然タル露国ノ商船ナルヤ、将タ其公船ナルヤ、若シ又公船ニ非サルモ、国家ヨリ警察権ヲ行フ可キ委任ヲ受ケ居ルモノナルヤ否ヤヲ定ムルヲ要ス。凡ソ公船トハ其船舶カ政府直接ノ監督権ノ下ニ在ルコト、即チ監督官吏ノ乗組メルコト及ヒ国家ノ目的ノ為メニ使用セラルヽコト、即チ公権ノ行動ヲ為ス為メ使用セラルヽコトノ二条件ヲ具備スルコトヲ要スルハ、何人モ疑ハサル所ナリ。而シテ「コチック」ハ仮ニ露国ノ警察権ヲ行ヒタル事実アリトスルモ、其場合ハ常ニ露国官吏ノ乗組ミタル時ニ限レルハ門司宗太郎ノ証言スル所ナリ。蓋国家ノ目的ノ為メニ使用セラルル船舶ナルモ、之カ監督官吏ナキ場合ニ於テハ、之ヲ公船ト謂フヲ得ス。即チ一旦公用ニ供セラレタルモ、其廃止ニ依リ直ニ公船タル資格ナキニ至リタルモノナリ。而シテ「コチック」ノ拿捕セラレタルハ海産物運搬ノ為メ日本ニ来リタル場合ニシテ、毫モ公船タル性質ヲ有セス。又「コチック」カ行ヒタリトセル警察権ハ、該船長カ露国ノ委任ニ依リテ行ヒシニ非スシテ、露国官吏カ警察権ヲ行フニ当リ雇使セラレタルニ過キス。之ヲ要スルニ、「コチック」ハ露国政府ノ為メニ雇ハレテ警察権ヲ行ヒシ間ノ外ハ、其所有主タル営利会社ノ目的ノ為メニ使用セラルヽ商船ナルカ故ニ、宜シク解放セラルヘキモノナリト云フニ在リ。然レトモ汽船「コチック」ハ前掲ノ如ク漁獲物等ノ運搬ニ従事スル漁船ニシテ、且倉岡義三、川上俊彦ノ供述等ニ依レハ、該船ハ官吏ノ乗組マサル場合ニ於テモ官権ノ一部ヲ執行シタル事跡アルヲ認メ得ヘキカ故ニ、門司宗太郎ノ証言ノミヲ以テ所謂官権ノ一部ヲ執行スルヲ以テ常慣トスルノ事実ヲ覆ヘスニ足ラス。則チ「コチック」ノ性質ニシテ如上説明ノ如クナル以上ハ、其拿捕セラレタルハ海産物運搬ノ為メ日本帝国ニ来リタル場合ニシテ、偶々公権ヲ執行セサル時ナリトスルモ、之カ為メ純然タル商船ナリト云フヲ得ス。

以上ノ理由ナルニ依リ、汽船「コチック」ハ敵船ニシテ明治三十七年勅令第二十号ノ恩典ヲ受クヘキ商船ノ範囲内ニ在ラサルモノトス。故ニ帝国軍艦天城艦長カ之ヲ拿捕シタルハ、適法ニシテ且解放スヘキモノニ非ストス。依テ主文ノ如ク決定ス。

明治三十七年五月十八日横須賀捕獲審検所ニ於テ、横須賀捕獲審検所検察官小林芳耶立会ノ上宣告ス。

横須賀捕獲審検所長官　長谷川　喬
横須賀捕獲審検所評定官　渡邊　暢
横須賀捕獲審検所評定官　安達　峯一郎
横須賀捕獲審検所評定官　下岡　忠治
横須賀捕獲審検所評定官　鈴木　喜三郎
横須賀捕獲審検所評定官　徳田　道蔵
横須賀捕獲審検所評定官　山川　端夫
横須賀捕獲審検所書記　大木　高甫

[22]「独逸国汽船『パロス』号拿捕事件調査書」一九〇五年二月二七日、「検定書」同年五月一〇日

独逸国汽船「パロス」号拿捕事件調査書

一　明治三十八年二月十五日横須賀捕獲審検所長官ハ独逸国汽舩「パロス」号拿捕事件ニ関スル書類一括ヲ受領セラレ、本官ニ担任評定官ヲ命セラレタルニ付、本官ハ同日直チニ同号ノ拿捕ヲ行ヒタル帝国軍艦香港丸指揮官代理士官海軍大

尉阿部三平、及ヒ同号船長独国臣民「パウル、ニーマン」ヲ当審検所ニ召喚シ、其ノ面前ニ於テ提出書類目録ヲ調成シ（本件第一号書類）、次ニ「パロス」号ニ赴キ船舶及其搭載物件ヲ臨検シタルニ、物件ノ個数大計四万ニ上リ、容易ニ其目録ヲ調整スルコト能ハサルヲ認メタルヲ以テ、一方ニ於テハ横須賀鎮守府ニ右点検事務ノ準備ヲ為サレムコトヲ依頼シ、他ノ一方ニ於テハ同号船長以下関係人ニ対シ遅延ナク尋問ヲ開始スルコトニ決シ、翌十六日先ヅ船長「ニーマン」ニ就キ尋問ヲ為シテ其ノ調書ヲ作成シ（本件第二号書類）、同十七日香港丸艦長代理士官海軍大尉阿部三平ニ対スル尋問調書ヲ作成シ（本件第三号書類）、且ツ前掲船長ニ就キ再度ノ尋問ヲ為シテ其調書ヲ作成シ（本件第四号書類）、次ニ同号乗組一等運転手独国臣民「エルンスト、ユンゲー」ニ対スル尋問調書ヲ作成シ（本件第五号書類）、同十八日同号乗組一等機関士独国臣民「ハインリヒ、フォース」、幷ニ同号乗組水夫丁抹（デンマーク）国臣民「オラフェール、ギユドナーゾン」ニ対スル尋問調書ヲ作成シ（本件第六号幷ニ第七号書類）、越ヘテ二日則チ本月二十日ニ至リ、同号搭載物件点検事務ノ準備追々進捗シタルヲ以テ本官ハ同号ニ赴キ、船長ノ面前ニ於テ物件目録ヲ調製シ（本件第八号書類）、且ツ同船長ニ対シ第三回ノ尋問ヲ為シテ其調書ヲ作成シタリ（本件第九号書類）。其後二十四日ニ至リ、更ニ同船長ニ対シ第四回ノ尋問ヲ為シテ其調書ヲ作成シ（本件第十号書類）、終リニ同号傭船者タル「クンスト、アルベルス」商会長嵜支店代人カ同号船長ニ面会ノ為メ横須賀ニ来着シタルノ機ニ乗シ、同人ニ対シ尋問ヲ為シテ其調書ヲ作成シ（本件第十一号書類）、以テ本件ノ調査ヲ完結セリ。

二　汽船「パロス」号所持ノ書類ニ依レハ、同号ハ千八百七十九年英国「ズンデルランド」ニ於テ製造シタル鉄製螺旋汽船ナリ。其ノ総容積六千七百九十四立方米突一、総噸数二千三百九十八噸三三ニシテ、純容積四千二百九十立方米突四、□[18]数千五百十四噸五十ナリ。而シテ千八百九十六年八月二十二日独逸国籍ヲ有スル漢堡（ハンブルク）港「ドイッチェー、レファンテ、リニヱ」株式会社ノ所有ニ帰シ、爾来常ニ同港ト希臘多島海トノ間ニ於ケル運輸業ノ機関トナリタリシガ、明治三十七年十一月同港ヲ始メトシテ長崎及浦塩斯徳等ニ営業所ヲ有スル独逸国「クンスト、アルベルス」商会ノ傭船トナリ（表面ハ同港「ピンケル子リー」商会ト傭船契約ヲ締結シ）、在浦塩斯徳港「クンスト、アルベルス」商会支店宛ノ貨物（表面ハ在香港「メルチャヤス」商会宛ノ貨物）ヲ満載シテ同月二十四日前掲漢堡港ヲ抜錨シ翌十二月十一日「ポート・サイド」ニ到リ、本年一月十五日「ボル子ヲ」島英領「ラブアン」港ニ着シ、同十九日同港ヲ出テ、「スリゴー（スリガオ）」海峡ヲ通過シ帝国ノ南東ヲ経テ択捉水道ヨリ宗谷海峡ヲ横キリ、敵地浦塩斯徳港ニ密航セントシテ本月十日択捉水道附近ヲ航行中、帝国軍艦香港丸ニ発見セラレ、同日午後遂ニ同軍艦ノ拿捕スル所トナリ、代理士官海軍大尉阿部三平乗込ノ上、同十五日之レヲ当軍港ニ引致シ、供述書ヲ添ヘ当審検所ニ引渡シタルモノナリ。

三　「パロス」号ノ載貨ニハ三個ノ種類アリ。（第一）所謂絶対的戦時禁制品、（第二）条件的戦時禁制品、及ヒ（第三）通常貨物、則チ是レナリ。而シテ莫大ナル同号載貨ニ関シ、右ノ表示ニ基キ一々精確ニシテ寸毫ノ誤謬ナキ区別ヲ為スコトハ、今直チニ之ヲ為スヲ得サル所ナリト雖モ、大体上別紙物件目録写中〇印ヲ付シタル物件ハ、前掲第一種則チ我捕獲規程第十三条規定ノ範囲内ニ属スヘク、△印ヲ付シタル物件ハ第二種則チ同規程第十四条規定ノ範囲内ニ属スヘク、其他ハ第三種則チ通常貨物ト認ムヘキモノナリ。

在浦塩斯徳「クンスト、アルベルス」商会ハ漢堡「クンスト、アルベルス」商会本店ト全ク独立シタル別個ノ法人ナルコトハ、同商会在長崎支店代人「ゲーセ《ママ》」ノ申供ニ依リ明白ニシテ、平素露国政府ノ用達ヲ務ムル商会ナリ。従テ、今般漢堡「クンスト、アルベルス」商会本店ガ「パロス」号ニ依リテ浦塩斯徳同商会支店ニ運送中ナル諸貨物ハ、露国官衙ニ納メラルヘキ性質ヲ有スルモノト認ムヘシ。

四　「パロス」号カ虚偽ノ方法ヲ用井テ戦時禁制品ヲ搭載シ、浦塩斯徳ニ密航スルモノナルコトハ、同号所有者ノ代人タル同号船長ガ「ボル子オ」島英領「ラブアン」港諸官庁ニ対シ、其行先ヲ香港ト偽ハリテ同官庁ヨリ得タル出港証書及ヒ健康証書、幷ニ去一月十九日同港抜錨以来拿捕ノ当日迄、二十三日間常ニ航海日誌及ヒ航内日誌ニ於テ香港行ト詐記シタル事実ヲ始メトシテ、船長及一等運転手カ本官ニ対シ此等ノ事柄ハ日本軍艦ノ拿捕ヲ免カレントスルノ目的ヨリ

（18）糸偏に頓という漢字。「純頓」の書き間違いであると推測される。

出テタルモノナリト申供シタル事実、若シ無事ニ択捉海峡ヲ脱シ太平洋ニ出ツルコトヲ得タリシナランニハ、遠ク陸岸ヲ迂回シ月没後暗夜ニ乗シテ津軽海峡ヲ無燈ニテ通過セントスルノ計画ナリシ由、回航中之ヲ代理士官ニ陳述シ、且ツ当所ニ於テ之ヲ本官ニ確認シタル事実、及ヒ出来得ル限リノ方法ヲ以テ拿捕ヲ免カレントシタルモ、択捉附近ニ於テ咽喉ニ刀ヲ付ケラレタル以上ハ万事休矣ト信シ、直チニ浦塩行キタルコトヲ香港丸ニ信号シタルコトヲ本官ニ陳述シタル事実等ニ依リテ明ナリ。而シテ該「パロス」号ハ、漢堡出航ノ当初ヨリ同港「クンスト、アルベルス」商会本店ノ所有ニ係ル戦時禁制品ヲ搭載シテ浦塩斯徳港ニ赴キ、之レヲ同港「クンスト、アルベルス」商会支店ニ交付スルノ目的ヲ以テ、同港「クンスト、アルベルス」商会本店ガ漢堡港「ドイツチェー、レファンテ、リニヱ」会社ヨリ雇傭シタルモノナルコトハ、在長崎「クンスト、アルベル《ママ》」商会支店代人「ア、ゲーゼ」ガ本官ニ提示シタル同商会本店来信写（本件第十一号書類附属）ノ首文ニ依リテ明ナリ。然ルニ同号船長ヨリ拿捕士官ニ提出セル傭船契約書、載貨目録、積荷証券及積荷箱表面ノ記載等ニ於テ皆ナ行先ヲ香港ト記載シアリ。且ツ同号船長カ本官ニ対シ、同号ハ最初香港ニ行クコトニ確定シタリシモ、「ラブアン」港ニ到リ此目的ヲ変更シタルモノナリト申供シタルハ、則チ是レ同号ハ漢堡出港ノ当初ヨリ虚偽ノ方法ヲ用ヰ、以テ戦時禁制品ヲ搭載シ且ツ虚偽ノ陳述ヲ本官ニ為シタルモノタルヤ明ナリ。且ツ海員名簿ニ貼紙シテ「東洋ノミナラス、何処ニテモ行ケル」ト云フ意味ヲ記載シタルコト、及ヒ同名簿上ニ「露国港ニ行クコトハ取除ケラレテアラス」ト附記シアルハ、是レ船員ニ対シテモ亦タ同号真正ノ行先ヲ隠蔽シタルモノニシテ、亦タ一種虚偽ノ方法ナリト謂フヘシ。

之ヲ要スルニ、「パロス」号ハ虚偽ノ方法ヲ用ヰ戦時禁制品ヲ搭載シ、之ヲ浦塩斯徳ニ密輸スル為メニ、漢堡「クンスト、アルベルス」商会ガ同地「ドイツチェー、レファンテ、リニヱ」会社ヨリ雇傭シタル船舶ニシテ、其ノ全然絶望ノ境遇ニ陥ラサル限ハ、飽迄虚偽ノ方法ヲ用ヰテ、以テ拿捕及捕獲ヲ免カレムトシタルモノナリ。

五　「パロス」号載貨ノ所有者ニ関シテハ、同号船長ヨリ拿捕士官ニ提出シタル書類中毫モ之ヲ明知スルニ足ルモノナシト雖モ、同号船長カ本官ニ対シ「私ノ考デハ「クンスト、アルベルス」ノ所有ト存ジマス」ト申供シ、其ノ在長崎

「クンスト、アルベルス」商会代人ニ宛テタル電報ニ於テ、「浦塩斯徳ノ「クンスト、アルベルス」ガ荷物ノ所有主ナリ」ト陳ヘ、右代人カ本官ニ対シ「載貨ハ「パロス」ガ未タ浦港ニ到着セサルヲ以テ、漢堡ノ「クンスト、アルベルス」商会ノ所有ナリ。航海中ハ未タ浦塩ノ同商会ノ所有ニナリマセン」ト申供シ、又タ同船一等運転手ガ本官ニ対シ「載貨ノ所有主ハ「クンスト、アルベルス」デ御座イマシヨウト思ヒ升」ト申供シ、且ツ同商会漢堡本店ヨリ同長崎支店ニ宛テタル書信（同支店代人「ゲーゼ」ノ本官ニ提出セルモノ）首文中、「本社ハ「パロス」号ニ諸貨物ヲ搭載シ、当地ヨリ諸港ヲ経テ浦港ニ向フ航海ノ為メ同号ヲ賃借致候」トアル事実等ヨリ判断スルニ、同号載貨ハ、漢堡「クンスト、アルベルス」本店ヨリ在浦港同支店ニ輸送中ノモノニシテ、其所有権ノ尚ホ本店ニ存スル乎、又ハ既ニ支店ニ移リタル乎ハ未タ之ヲ知ラスト雖モ、総テ同一所有者則チ漢堡「クンスト、アルベルス」商会若クハ浦港同商会支店ニ属スルモノタルヤ明白ナリトス。

六　之ヲ要スルニ、「パロス」号ハ虚偽ノ方法ヲ用ヰ戦時禁制品ヲ搭載シタル船舶ニシテ、該戦時禁制品ノ所有者ハ同時ニ該船舶ノ雇傭者ナリ。而シテ該船舶ノ載貨中ニハ戦時禁制品ナラサルモノモ無キニ非サルモ、是レ皆均シク該戦時禁制品ノ所有者ニ属スルモノナリ。将又タ本船所有主タル「ドイツチェー、レファンテ、リニヱ」会社カ、最初ヨリ本船カ戦時禁制品ヲ搭載シテ浦港ニ航行スルモノナルコトノ情ヲ知リタリシハ、前段所掲「クンスト、アルベルス」本店ヨリ長崎支店宛書信ノ首文ヨリ之ヲ推知スルヲ得ヘシ。而シテ傭船契約書其他ノ書類ニ於テ行先ヲ香港ト記示シタルハ、同会社モ亦タ「クンスト、アルベルス」商会ノ用井タル虚偽ノ方法ニ関与シタル証拠ナリ。

右報告申進候也。

明治三十八年二月廿七日

横須賀捕獲審検所評定官安達峯一郎

横須賀捕獲審検所長官長谷川喬殿

別紙物件目録ハ之ヲ省略ス。

第拾号

検定書

在独逸国漢堡
訴願人　「ドイッチエー、レファンテ、リニエ」株式会社
取締役
右代表者　「チヤーレス、エドワード、ジヨン、カムペル」
取締役
同上「ゼオルグ、クリスチヤン、ドレッセン」
在独逸国漢堡
訴願人　「クンスト、アンド、アルベルス」商会
東京市京橋区築地三丁目十四番地
弁護士
右代理人　長島鷲太郎

独逸国汽船「パロス」及ヒ搭載貨物捕獲審件ニ付キ審検ヲ遂ケ決定スルコト左ノ如シ。

主文

独逸国汽船「パロス」及同船舶ニ搭載セル左ノ物件ハ之ヲ捕獲ト検定ス。

一鉄栓止用細ク曲リタル鉄（割釘）　参百八拾七箱　一リノロイム　弐拾五箱
一結ヒ糸　四拾参箱　一窓硝子　六百箱
一鉄線　弐百参拾樽　内壱箱ハ内容多少破損セリ
一鋼鉄線縄　五百八拾巻　一秤器（露国プート秤器）　弐百五拾箱

一鑞付錫　八拾壱器
一鉄製品　拾箱
一護謨製品　六拾箱
一製造品　弐拾九包
一喞筒　参拾七箱
一屋外用鍛工具　五拾壱箱
一銅　五千八百四拾弐塊
一亜鉛葉　九拾弐樽
一同上　百参拾弐箱
一錫鍍金葉鋼　拾六箱
一蒸汽気圧計　壱箱
一錠前　拾参箱
一鋸　百弐箱
一ゾック製管　百箱
一螺旋圧搾器（万力）　参百個
一鉄釘　五千参箱
一鉄製螺旋　参拾四箱
一掃除用羊毛　七百参拾九包
一鶴嘴鋤、鎚　五拾参樽
一鎚　拾樽

一硫酸銅　弐拾参樽
一金物製軸受座（ホワイトメタル）　六百六拾箱
一曹達　五百罐
一ターポーリン（帆布製防水布蔽ヒ）　拾七包
一銅管　拾弐箱
一葉銅　拾五箱
一同上　五拾弐個
一葉銅及真鍮葉　四拾九個
一真鍮葉　拾八個
一牛乳　参百箱
一チョコレット　壱箱
一小児用食粉　弐拾箱
一バタ　四拾箱
一チース　四拾壱箱
一鰯　百箱
一ゼラチン　五箱
一葉巻煙草　五箱
一百部根《キシカクシ》　拾箱
一漬物　弐百弐拾六箱
一シヤンパン　五百八拾参箱

一リキユウ酒　百弐拾箱
一ブランデー（コグナツク〔コニャック〕酒）　百五拾箱
一ラム酒　参拾箱
一艙口運搬機械　壱箱
一支柱　弐個
一階段及階梯手摺欄干　参拾参梱
一回転戸扉　五箱
一陶器　八箱
一写真薬　壱箱
一咖琲挽臼　壱箱
一掃除用羊毛標本　壱箱
一標本及目録　弐箱
一毛皮及標本　壱箱
一雑品（バイパツクワーレ）　壱箱
一リノロイム標本　壱箱
一牛乳粉　参箱
一鉱泉　五箱
一菓子　壱罐
一燕麦粉　五箱
一麦粒　弐拾五箱
一梅　拾参箱
一馬鈴薯粉　拾参箱
一桜実　参箱
一縮毛（馬ノ）　拾包
一植物線毛　百包
一梨　五拾梱
一乾燥林檎　五拾箱
一揉皮　六拾五包
一山塩　六千百袋
一空袋　壱包
一結ヒ糸及針　壱包
一鉄葉　八百七拾梱
一機械塡充用粉付布　弐百九拾壱包
一石綿板　弐拾五箱
一ヲレーフ油　弐拾五箱
一染料　百箱
一鉄管　四千五百六拾壱束
一同上　七千七百六拾七個
一酒精　五百樽
一セメント　百九拾五箱

一咖琲　　弐拾箱

事実及理由

本件汽船「パロス」ハ訴願人「ドイツチエー、レフアンテ、リニエ」株式会社ノ所有ニ係リ、独逸国漢堡港ニ船籍ヲ有シ独逸国ノ国旗ヲ掲揚スル商船ニシテ、西暦一千九百四年十月二十六日漢堡港ニ於テ訴願人「ドイツチエー、レフアンテ、リニエ」株式会社ト訴願人「クンスト、アンド、アルベルス」商会ノ代理者「ビンケルネレー」商会トノ間ニ締結シタル傭船契約ニ基キ、露国浦塩斯徳ニ輸送スル目的ヲ以テ漢堡港ニ於テ前項主文中ニ掲ケタル訴願人「クンスト、アンド、アルベルス」商会ノ貨物及ヒ其他ノ物件ヲ搭載シ、傭船契約書、載貨目録、船荷証券及多数ノ積荷箱、表面ニハ皆其行先ヲ香港ト表示シ、且船荷証券ニハ荷受人ヲ右香港「メルチヤース」商会ト記載シ、同年十一月二十四日同港ヲ出港シ、明治三十八年一月十五日「ボルネヲ」島英領「ラブアン」港ニ到リ、同地官憲ニ対シ其行先地ヲ香港ト詐ハリテ出港証書及健康証書ヲ受ケ、同十九日同港ヲ出発スルヤ、故サラニ迂回シタル航路ヲ取リ「スリゴー」海峡ヲ通過シ、船内日誌及航海日誌ニハ常ニ香港行ト詐記シ、宗谷海峡ヲ横キリ浦塩斯徳港ニ密航セントシテ、同年二月十日早朝択捉水道附近ヲ航行中帝国軍艦香港丸ニ発見セラレ、同日午後遂ニ同艦ノ為ニ拿捕セラレタルモノナリ。

以上ノ事実ハ、香港丸艦長代理士官海軍大尉阿部三平ノ供述書、同人、本船船長「パウル、ニーマン」、同一等運転士「エルンスト、エンゲー」及ヒ「クンスト、アンド、アルベルス」商会長崎支店代人「アウグスト、ゲーゼ」ニ対スル各尋問調書、「クンスト、アンド、アルベルス」商会ヨリ右「ゲーゼ」ニ送リタル信書ノ謄本、船舶国籍証書、船内日誌、航海日誌、傭船契約書、船員雇用契約書、船荷証券、「ラブアン」港出港証書、健康証書等ニ徴シテ明瞭ナリ。

訴願ノ要領ハ、本件汽船ハ独逸国漢堡「ドイツチエー、レフアンテ、リニエ」株式会社ノ所有ニシテ、又本件貨物ハ同港「クンスト、アンド、アルベルス」商会ノ所有ニ係リ、其荷受人ハ在浦塩斯徳同商会支店ナリ。然レトモ、同商会ハ各地ニ二十有餘ノ支店ヲ有シ、露領ハ勿論日清諸国ニ商品ヲ輸入スルモノニシテ、本船搭載貨物ノ如キ商品ハ、同商会ノ年々各地ニ輸入スルモノナレハ、故サラニ敵国ノ戦闘力ヲ助長セシムルヲ目的トシタルモノニ非スシテ、且ツ概ネ戦時禁制品ニ非ス。仮ニ一二戦時禁制品ト見做スヘキモノアリトスルモ、輸入ノ目的尋常一般ノ商業ヲ営ム為ナリトセハ、之ヲ拿捕スヘキ理由ナク、一千八百五十六年巴里宣言第二条及ヒ第三条ノ明文ニ依リ、之ヲ解放スルヲ当然トス。且ツ浦塩斯徳ハ一千八百六十五年自由港ノ制ヲ布キタル以来、軍港及商港ノ二様ノ性質ヲ有スルモノナルニ依リ、同港ニ輸送中ナル本件貨物ニハ条件的戦時禁制品ノ規定ヲ適用シ拿捕ヲ免カレシムルヲ以テ、国際公法上ノ先例ニ適合スルモノトス。又本船ノ所有者ハ本件貨物ノ所有者ト異ニシテ、本船ハ若シ出来得ヘクンハ浦塩斯徳ニ本件貨物ヲ輸送スヘク、万一同港ノ封鎖宣言セラレタル暁ニハ、香港ニ向テ進航スヘシトノ命令ヲ訴願人タル船主ヨリ漢堡出発ノ当時受ケタリシニ因リ、傭船契約書、載貨目録、船荷証券及積荷箱表面ニ香港行ト記載シタルモノニシテ、決シテ漢堡出航ノ当時ヨリ悪意又ハ故意ヲ以テ虚偽ノ方法ヲ用ヰタルモノニ非ス。又「ラブアン」港ニ於テ本船々長カ本船ノ行先地ヲ香港ト称シテ出港証書及健康証書ヲ得、且ツ同港出発後拿捕ノ当日迄ニ二十一日間船内日誌及航海日誌ニ香港行ト記シタル諸事実ノ如キハ、是レ皆畢竟浦塩斯徳ノ封鎖セラレタル場合ヲ予想シタルヨリ起リタルコトニシテ、本船ノ捕獲ヲ正当トスルニ足ルヘキ虚偽ノ行為アルモノト謂フヘカラス。之ヲ要スルニ、本船載貨ノ大部分ハ戦時禁制品ニ非スシテ、本船ノ所有者ハ本船載貨ノ所有者ト異ナレリ。且ツ本船ニハ捕獲ヲ正当トスルニ足ル虚偽ノ行為ナシ。故ニ本件汽船及載貨ハ何レモ之ヲ解放ストノ検定ヲ求ムト謂フニ在リ。

案スルニ、本件貨物ハ浦塩斯徳ニ輸送セラル、モノナレハ、其中「セメント」、兵器タル屋外用鍛工具、艦船製造及艤装材料タル鉄葉（鉄板厚サ一「ミリメートル」乃至四「ミリメートル」）、鉄釘、石綿板、金物製軸受座（ホワイト、メタル）、機械塡充用粉付布及護謨製品（パッキング）、鑞付錫、鋼鉄線縄、「リノロイム」、銅管、鉄管并造兵材料タル硫酸銅、亜鉛葉、銅、葉銅及真鍮葉等ノ如キハ所謂絶対的戦時禁制品ナルヲ以テ、国際法上正当ナル捕獲ノ目的物タルコト固ヨリ論ヲ俟タス。而シテ鉄線（電話線）、山塩、牛乳、「バタ」、「チース」、麦粒等ノ如キハ事情ノ如何ニ依リ、戦時禁制品タルヘキ貨物ナルカ故ニ、浦塩斯徳ノ如ク露国ノ東洋ニ於ケル枢要ノ軍港ニシテ現ニ同国艦隊ノ根拠地タリ、且日露交戦以来同国兵站ノ一基地ニシテ軍需品聚集ノ中心点トナリ、普通ノ貿易ハ殆ムト杜絶セラレタル処ニ輸送セラル場合ニ在テハ、明白ナル反証ナキ限リハ之ヲ軍用ニ供スルモノト認定セサルヲ得ス。殊ニ浦塩斯徳ニ於ケル本件貨物ノ荷受人「クンスト、アンド、アルベルス」商会ハ平素露国政府ノ用達ヲ為スモノナルカ故ニ、本件貨物ニシテ一旦同地ニ到達シタル上ハ同政府ニ納メラルヘキモノト認定スルハ固ヨリ当然ニシテ、従テ之ヲ戦時禁制品ナリト看做サヽルヲ得ス。又訴願代理人ハ軍港及商港ノ二様ノ資格ヲ有スル浦塩斯徳ニ輸送中ナル本件貨物ニハ、条件的戦時禁制品ノ規定ヲ適用シ拿捕ヲ免レシムルヲ以テ国際法上ノ先例ニ適合スト陳述セリト雖モ、此陳述ハ何等信憑スヘキ根拠ヲ有スルモノニ非ス。却テ国際法上ノ学説先例ニ依レハ現時ノ浦塩斯徳ノ状況ニ在ル地点ニ向テ条件的戦時禁制品タルヘキ貨物ヲ輸送スル時ハ、常ニ之ヲ戦時禁制品トシテ没収スルヲ得ヘキコトヲ承認セリ。又秤器、菓子等ノ如キハ其性質戦時禁制品ニ非サルモ、前ニ記載セル戦時禁制品所有者タル訴願人ノ所有ニ属スルモノナリ。凡ソ戦時禁制品ヲ搭載シタル船舶中戦時禁制品ニ非サル貨物アル場合ニ於テ、其所有者カ戦時禁制品ノ所有者ト同一ナルトキハ、其船舶カ仮令ヒ局外中立国ノ旗章ヲ掲クル場合ト雖トモ、其貨物ノ全部ヲ没収スルヲ得ヘキハ国際公法上学説及先例ノ承認スル所ナリ。而シテ訴願代理人ノ援用スル一千八百五十六年巴里宣言ハ本件ノ場合ニ適合セス。次ニ訴願代理人ハ本船傭船契約書、載貨目録、船荷証券及積荷箱表面ニ香港行ト記載シタルハ、浦塩斯徳ノ封鎖セラレタル場合ニハ香港ニ進航スヘキ命令ヲ漢堡出発前予メ船主ヨリ受ケタリシニ因リタルモノニシテ、決シテ漢堡出航ノ当初ヨリ悪意又ハ故意ヲ以テ虚偽ノ方法ヲ用キタルモノニ非スト陳述スト雖モ、本船カ当初ヨリ浦塩斯徳行ノ目的ヲ有シタリシコトハ、本船ノ漢堡出港前訴願人「クンスト、アンド、アルベルス」商会ヨリ其代人タル在長崎「アウグスト、ゲーゼ」ニ送リタル信書ノ謄本ニ徴シ明瞭ニシテ、且訴願代理人ノ陳述ニ依ルモ浦塩斯徳ノ封鎖セラレサル限ハ、本船ハ同港ニ航行セントスル目的ヲ有シタルモノナリトノコトナルカ故ニ、前掲諸文書等ニ於テハ海商普通ノ慣行ニ従ヒ本船真正ノ行先地タル浦塩斯徳ヲ表示スヘキモノタルニ拘ハラス、何レモ皆香港行ト表示シタルハ是レ故意ニ本船真正ノ行先地ヲ隠蔽シタルモノト認定セサルヲ得ス。又訴願代理人ハ本船々長カ「ラブアン」港ニ於テ香港行ト称シテ、出港証書及健康証書ヲ得、且ツ同港出発後拿捕ノ当時マデ三週間ノ久シキ船内日誌及航海日誌ニ於テ香港行ト記載シタルハ、浦塩斯徳ノ封鎖セラレタル場合ヲ予想シタルヨリ起リタルコトニシテ、決シテ本船ノ捕獲ヲ正当トスルニ足ルヘキ虚偽ノ方法ニ非スト陳述スト雖モ、本船々長カ担任評定官ニ対シ此等ノ事柄ハ皆日本巡洋艦ヲ始メ、一般ノ公衆ヲシテ本船ノ香港行ナルヲ信セシメ、以テ拿捕ヲ免カレムトスル目的ニ出テタル旨ヲ申供シ且ツ「若シ無事ニ択捉海峡ヲ脱シ大《ママ》平洋ニ出ツルコトヲ得タリシナランニハ、遠ク陸岸ヲ離レテ迂回シタル航路ヲ執リ、日没後暗夜ニ乗シ津軽海峡ヲ無燈ニテ通過セントスル計画ナレシ」云々、及ヒ「出来得ル限ノ方法ヲ以テ拿捕ヲ免カレムトシタルトモ、択捉附近ニ於テ刀ヲ喉ニ付ケラレタル以上ハ万事休セリト信シ、直ニ浦塩斯徳行ナルコトヲ香港丸ニ信号シタリ」云々ト陳述シタル諸事実ニ依リ、右等虚偽ノ諸方法ハ皆戦時禁制品密輸ノ目的ヲ達セントスル熟慮ニ出テタル結果ナルコトヲ認定シ得ヘシ。而シテ斯ノ如キ虚偽ノ行為アリタル船舶ハ其行為ニ船主ノ関与シタルト否ト、又戦時禁制品タル載貨カ船主ニ属スルト否トヲ問ハス、之ヲ没収スヘキコトハ亦国際公法上学説慣例ノ共ニ承認スル所ナリ。如上ノ理由ニ依リ本汽船及主文中ニ掲ケタル載貨ハ之ヲ没収スヘキモノナルヲ以テ主文ノ如ク検定ス。

明治三十八年五月十日横須賀捕獲審検所ニ於テ横須賀捕獲審検所検察官柳田国男立会宣告ス。

横須賀捕獲審検所長官　長谷川　喬
横須賀捕獲審検所評定官　安達　峯一郎
横須賀捕獲審検所評定官　鈴木　喜三郎
横須賀捕獲審検所評定官　徳田　道蔵
横須賀捕獲審検所評定官　山川　端夫
横須賀捕獲審検所書記　諸橋　一義

[23]「英国汽船『イースビーアベー』号拿捕事件調査書」一九〇五年三月八日、「検定書」同年五月四日

第十五号
調査書
一　閣下ハ一昨六日帝国軍艦日本丸艦長代理士官海軍少佐田中英太郎ヨリ英国汽船「イースビー、アベー」号、其搭載貨物幷ニ同号捕獲事件ニ関スル書類一括ヲ受領セラレ、同事件ニ関スル担任評定官ヲ本官ニ命セラレ候ニ付、本官ハ直チニ前掲田中少佐及同号船長「ロバート、プリドー」ノ面前ニ於テ提出書類目録ヲ調製シ、次ニ同号ニ臨検シテ物件目録ヲ調製シタル上、前掲田中少佐ヲ当所ニ召喚シテ第一回ノ尋問ヲ為シテ其調書ヲ作成シ、又夕昨七日ニ至リ更ニ第二回ノ尋問ヲ為シテ其調書ヲ作成シ、次ニ同号船長「ロバート、プリドー」ヲ当所ニ召喚尋問ノ上其調書ヲ作成シ、以テ本件ノ調査ヲ完結セリ。
二　本件汽船「イースビー、アベー」号ハ英国国籍ヲ有シ、英国「カーヂフ」港「パイマン、ワトソン」有限責任会社ノ所有ニ属シ、総噸数二千九百六十三噸〇六、登簿噸数千九百噸五五ヲ有スル「スクーナー」形ノ船舶ニシテ、ソノ一千八百九十二年ニ竣功以来常ニ前掲「カーヂフ」港ト南米若クハ東印度トノ間ノ石炭及穀物運送業ニ使用セラレタルモノナリ。而シテ該船今回ノ航海ニ関スル真正雇船者ノ何人ナルヤハ之ヲ書類ニ徴スルモ、又之ヲ船長ノ申供ニ照スモ明知スルヲ得サレトモ、傭船契約書ニ於テハ傭船者ノ代人トシテ、「ロンドン」府「マン、ジョーヂ」会社之レニ署名シ居レリ。尤モ本官ノ認定ニ依レハ、該船所有者名「パイマン、ワトソン」会社ハ船長申供ノ如ク「カーヂフ」港ニ於ケル大名炭坑ノ所有者ニシテ且ツ汽船会社ナルカ故ニ、今回該船ニ搭載セル「カーヂフ」炭ハ実際同会社ノ所有ニ属シ、則チ船舶ノ所有者ト載貨ノ所有者トハ実際同一ナルヘシト雖トモ、其ノ明証ヲ発見スル能ハサリシハ本官ノ遺憾トスル所ナリ。
　該船ハ昨年十二月七日英国「タルボット」港ヲ抜錨シ、本年二月十日香港ヲ出テ同二十六日択捉島南方海面ニ到リ流氷ニ囲マレ船体ヲ傷ケ航進ヲ止メ漂泊シテ修理中、翌二十七日午前帝国軍艦日本丸ニ拿捕セラレ、直ニ当港ニ向ヒ回航ヲ始メタレトモ、天候非常ニ険悪ナリシニ因リ、一昨六日ニ至リ漸ク当港ニ到着シ、当審検所ニ引渡サレタルモノナリ。

三　本船載貨「カーヂフ」石炭約四千五噸ハ極メテ優秀ナル品質ヲ有シ、軍艦用トシテ最モ適当ナルモノナルコトハ、田中少佐竝ニ「プリドー」船長ノ申供ニ依テ明白ナリ。而シテ該石炭カ浦塩斯徳港ニ到着シタル上ハ敵国陸海軍ニ交付セラルヘキモノナリトノ一点ニ関シテハ、直接ノ確証ヲ得スト雖トモ、「プリドー」船長カ田中少佐ニ対シ「浦塩ニ於テ露政府ニ納ムヘキモノト信スレトモ、断言スル能ハス」ト陳述シタル事実、及ビ該石炭ノ極メテ優秀ナル品質等ヨリ判断スレハ、該石炭ハ敵国陸海軍ノ用ニ供スルカ為メニ運搬セラレツ、アリシモノト認定スルヲ以テ最モ正当ナリトス。而シテ該船長ニ於テ該石炭カ戦時禁制品ナルノ事実ヲ熟知シタリシコトハ、同船長ニ対スル尋問調書ニ照シ明瞭ナリトス。
四　本船今回ノ行先カ其英国出発以前ヨリ浦塩斯徳ト確定シ居リタリシコトハ、同船長「ロバート、プリドー」カ本官ニ対シ「浦塩ニ行ケト云フコトハ「パイマン、ワトソン」会社ヨリ英国出発前口頭ヲ以テ命セラレマシタ」ト申供シ、且ツ「浦塩行ニ関スル賞金ノ予約ハ書面ニテ作成セサリシモ、口頭ニテ之ヲ為シタリシ」ト申供シタル事実ニ照シ明白ナリトス。然ルニ傭船契約書、海員雇傭契約書、及船荷証券ニ於テ何レモ該船ノ行先ヲ上海若クハ膠州ト記載シタルハ、英国出発前ヨリ虚偽ノ方法ヲ用井テ今回ノ航海運送ヲ計画シタルノ明証ニシテ、香港々長ヨリ得タル出港証書ニ於テ該船ノ行先ヲ上海ト記載シタルハ、同港ニ於テ尚ホ虚偽ノ方法ヲ続用シタルモノナリ。終リニ船長カ船内日誌ニ於テ、香港出発後択捉島附近ニ到ル迄十八日間ノ航海ニ対シ常ニ上海行ト記入シ、且ツ客月二十七日田中少佐同船臨検ノ際モ、該船長カ傭船契約書及其他ノ書類ヲ出シ上海行ナリト抗弁シタルハ、是則チ拿捕ノ瞬間迄絶ヘス虚偽ノ方法ヲ用井居リタルノ確証ナリ。而シテ右虚偽ノ諸方法タルヤ皆、日本軍艦ノ拿捕ヲ免レムトスルノ目的ヲ有シタリシモノナルコトハ、該船長ノ申供ニ依テ明白ナリ。本船今回ノ航海ニ関スル虚偽ノ方法カ、表面上ノ載貨所有者タル「マン、ジョーヂ」会社ト本船所有者タル「パイマン、ワトソン」会社トノ共謀ヨリ成レルモノナルコトハ、傭船契約書ニ於テ右両会社共ニ署名ヲ為シ、船荷証券及船員雇傭契約書ニ於テ本船所有者ノ代人タル「プリドー」船長署名シアル事実、及ヒ同船長カ本官ニ対シ「浦塩斯徳ニ行ケトノ命令ハ「パイマン、ワトソン」(本船ノ所有者)ヨリ受ケマシタ」ト陳述シタル事実ニ依テ明白ナリトス。

五　本船カ択捉島南方ノ海面ニ於テ流氷ノ為メニ船体ヲ傷ケラレタリシモ、船長ハ之レカ為メニ毫モ其ノ浦塩斯徳行ノ素志ヲ枉ケサリシハ、同人ノ本官ニ対シ明白ニ申供シタル所ナリ。

右報告申進候。　敬具

明治三十八年三月八日

横須賀捕獲審検所評定官安達峯一郎

横須賀捕獲審検所長官長谷川喬殿

○高等捕獲審検所及横須賀捕獲審検所検定　英国汽船「イースビー、アベー」号、同「ヴェナス」号、同「アフロダイト」号、米国汽船「タコマ」号、英国汽船「ハーバートン」号竝ニ其搭載貨物捕獲事件ニ付キ、本年五月四日、同六月一日及同七日横須賀捕獲審検所ニ於テ左ノ如ク検定セリ。

第十五号ノ一

検定書

英国「カーヂフ」港

訴願人　「パイマン、ワトソン」有限責任会社

汽船「イースビー、アベー」船長

右代表者　「ロバート、プリドー」

東京市京橋区釆女街十五番地

右代理人　弁護士　秋山　源蔵

英国汽船「イースビー、アベー」捕獲事件ニ付審検ヲ遂ケ決定スルコト左ノ如シ。

主文

英国汽船「イースビー、アベー」ハ之ヲ捕獲ト検定ス。

事実及理由

本件汽船「イースビー、アベー」ハ、訴願人ノ所有ニ係リ英国「カーヂフ」港ニ船籍ヲ有シ英国ノ国旗ヲ掲揚スル商船ニシテ、西暦一千九百四年十一月二十四日英国倫敦ニ於テ訴願人ト「マン、ジョージ」商会トノ間ニ締結シタル傭船契約ニ基キ、露国浦潮斯徳ニ輸送スル目的ヲ以テ、「カーヂフ」港ニ於テ二重飾「カーヂフ」石炭約四千五噸ヲ搭載シ、傭船契約書、船員雇傭契約書、及船荷証券ニハ香港上海若クハ膠州湾ヲ到達地ト為シ、且船荷証券ニハ荷受人ヲ指図ニ依ルト記載シ、同年十二月七日英国「タルボット」港ヲ出発シ、明治三十八年二月十日香港ニテハ行キ先地ヲ膠州湾ト称シテ出港証書ヲ受ケ、同港ヲ出発スルヤ故サラニ迂回シタル航路ヲ取リ、宗谷海峡ヲ通過セントシテ同月二十六日択捉島南方海面ニ達シタルニ、該処ニ於テ流氷ニ囲マレ船体ヲ傷ケタルニ付暫ク航進ヲ止メ漂泊シテ損所修理中、翌二十七日午前帝国軍艦日本丸ニ発見セラレ、同艦長代理士官海軍少佐田中英太郎ノ臨検ヲ受ケタル際本船船長「ロバート、プリドー」ハ、本船ノ行先ハ上海ナリト抗弁シタレトモ、後ニ至リ真正ノ到達地ハ浦潮斯徳ナル旨ヲ自白シ、遂ニ同艦ノ為ニ拿捕セラレタルモノナリ。

以上ノ事実ハ、日本丸艦長代理士官海軍少佐田中英太郎ノ供述書及同人竝ニ本船船長「ロバート、プリドー」ニ対スル各尋問調書、船舶国籍証書、航海日誌、傭船契約書、船員雇傭契約書、船荷証券、香港出港証書等ニ徴シ明瞭ナリ。

訴願ノ要領ハ、本件汽船ハ西暦一千九百四年十一月二十四日英国倫敦ニ於テ、訴願人ト英国「グラスゴー」市「グラボウスキー」ノ代理人タル倫敦「マン、ジョージ」商会トノ間ニ締結セラレタル傭船契約ニ基キ、英国「カーヂフ」港ニ於テ石炭ヲ搭載シテ浦潮斯徳ニ向ケ航行中、帝国軍艦ノ為ニ拿捕セラレタルモノナレトモ、該石炭ハ訴願人ノ所有ニ非サルヲ以テ、仮令戦時禁制品ト認メラルルトモ、本船ハ其載貨ト共ニ没収ノ製裁ヲ被ムルヘキモノニ非ス。又本船載貨ハ絶対的ノ禁制品ニ非サルカ故ニ、仮令船主ニ於テ該載貨ハ浦潮斯徳ニ輸送セラルルモノナルコトヲ了知シ居タリトスルモ、船主ハ禁制品ノ輸送ニ関与シタル責罰ヲ負フヘキモノニ非ス。加之傭船契約ニ指定シタル仕向地、則チ上海若クハ膠州湾以外ニ本船ノ航行スヘキコトハ毫モ船主ノ予知セサル所ニシテ、船長「ロバート、プリドー」ニ対スル尋問調書中、同人ノ為シタル「浦潮斯徳ニ行ケトノ命令ハ「パイマン、ワトソン」（本船所有者）ヨリ受ケマシタ」トノ陳述ハ全ク同人ノ誤解ニ出テタルモノニ過キス。又本船船舶書類及出港証書等ニ於テ一モ真正ノ行先地ヲ記載スルモノナキハ、畢竟本船カ英国官憲ヨリ受クルコトアルヘキ航海上ノ煩累ヲ避クル為メニ出テタルモノニシテ、直チニ之ヲ以テ拿捕ヲ免カレントスル手段ナリト云フヲ得ス。従テ前掲船長ニ対スル尋問調書中、同人カ此等ノ諸方法ヲ以テ何レモ日本軍艦ノ拿捕ヲ免カレムトスルモノナリト明言シタルハ、是亦同人ノ思違ナリ。又臨検士官海軍少佐田中英太郎カ本船臨検ノ際、船長ニ於テ上海行ナリト抗弁シタルカ如キハ児戯ニ均シキ事ニシテ、毫モ顧ミルニ足ラサルモノナリ。加之石炭ハ絶対的戦時禁制品ニアラサルカ故ニ、浦潮斯徳ノ如キ商港及軍港ノ二様ノ資格ヲ有スル港湾ニ之ヲ輸送スル場合ニ於テハ、反証ナキ限ハ商事港タル資格ニ於ケル浦潮斯徳ニ輸送スルモノト認メ、軍用ニ供スルモノト見做サヽルヲ以テ正当トナスヘキコトハ、一千七百九十八年英国対和蘭国ノ交戦中拿捕セラレタル「ネプチュナス」事件ノ判例ニ依リ明ナリ。況ンヤ本件汽船ノ載貨ノ如キハ、其用途ニ於テ独リ軍用ニ限ラレタルモノニアラス、広ク工業用ニモ消費セラルモノナルニ於テヲヤ。畢竟本船載貨ハ戦時禁制品ニアラス。又本船ニハ捕獲ヲ正当トスヘキ虚偽ノ行為アリタルニ非ス。且ツ本船所有者ハ載貨ノ所有者ト異ナレリ。故ニ、本件汽船ハ之ヲ解放ストノ検定ヲ求ムト謂フニ在リ。

按スルニ浦潮斯徳ハ東洋ニ於ケル露国枢要ノ軍港ニシテ、現ニ同国艦隊ノ根拠地タルノミナラス、日露交戦以来露国政府ハ該地ヲ兵站基地ノ一トナシ、全力ヲ傾注シテ軍需品ヲ聚集スルコトヲ努メ、普通ノ貿易ハ殆ント杜絶セラレタルコトハ顕著ナル事実ナリ。故ニ石炭糧食等ノ如キ事情ノ如何ニ依リ戦時禁制品タルヘキ貨物ニシテ、浦潮斯徳ニ輸送セラルルモノハ、明白ナル反証ナキニ於テハ之ヲ軍用ニ供スルモノト認定セサルヲ得ス。殊ニ本件汽船ノ載貨ハ東洋ニ於テハ海軍専用ト称スヘキ精選ノ「カーヂフ」石炭ニシテ、実際上軍用ニ供セラルヘキコト疑ナキヲ以テ之ヲ戦時禁制品ト認ムヘキハ当然ナリトス。而シテ訴願代理人ノ援用スル「ネプチュナス」事件ノ先例ハ、「アムステルダム」ニ向ツテ獣脂ヲ輸送セントシタル場合ニ係ルモノニシテ、本件ノ場合ニ適合セサルノミナラス、其判決理由ハ却テ本件汽船ノ載貨ヲ戦時禁制品ト認定スル理由ト為スヲ得ヘシ。何トナレハ当時「アムステルダム」ハ主トシテ商港ノ性質ヲ有シ、前掲浦潮斯徳ノ現状ト大ニ其趣ヲ異ニスルノミナラス、該判決理由中ニ謂フ所ノ「ブレスト」ハ寧ロ浦潮斯徳ノ現場ニ酷似スルヲ以テナリ。又本件汽船カ浦潮斯徳ヲ到達地トスルコトハ「カーヂフ」出港前ニ於テ決定セラレタルニモ拘ハラス、傭船契約書、船員雇傭契約書及船荷証券ニハ中立港ナル香港上海若クハ膠州湾ヲ仕向地トシテ記載シ、香港出港ニ際シテモ尚ホ上海ニ赴クト詐ハリテ出港証書ヲ受ケ、同港ヲ出発スルヤ故サラニ迂回シテ宗谷海峡ヲ通過シ浦潮斯徳ニ向ハントシ、且日本丸艦長代理士官海軍少佐田中英太郎カ本船臨検ノ際「ロバート、プリドー」カ上海行ナリト抗弁シタルカ如キハ、何レモ訴願代理人ノ主張スルカ如ク、本船カ英国官憲ヨリ受クルコトアルヘキ航海上ノ煩累ヲ避クル目的ヲ有シ、若クハ児戯ニ等シキモノト云フヲ得ス。是レ皆故意ニ到達地ヲ隠蔽シ日本軍艦ノ拿捕ヲ免カレントスル偽計ニ出タルモノニシテ、船長「プリドー」カ担任評定官ニ対シテ為シタル供述、即チ此等ノ方法ハ何レモ日本軍艦ノ拿捕ヲ免ルル手段ナリトノコトハ真ノ事実ヲ吐露シタルモノト認ムルニ十分ナリトス。之ヲ要スルニ汽船「イースビー、アベー」ハ虚偽ノ行為ヲ以テ戦時禁制品ヲ輸送シタルモノナリ。而シテ斯ノ如キ虚偽ノ行為アリタル船舶ハ其行為ニ船主カ関与シタルト否トヲ問ハス、禁制品タル載貨ト共ニ没収セラルヘキコトハ国際法上学説慣例ノ共ニ承認スル所ナリ。況ンヤ本件汽船ニ関シテハ同船所有者自身ニ於テ浦潮斯徳航行ノ命令ヲ発シタルモノナルコトハ、同船長ノ自白ニ依リテ明白ナル事実ニシテ、之ヲ以テ同船長ノ誤解ニ出テタルモノトスル訴願代理人ノ主張ノ如キハ、毫モ其謂レナキニ於テヲヤ。如上ノ理由ニ依リ本汽船ハ没収スヘキモノナルヲ以テ、訴願人ノ他ノ論旨ニ対シテハ別ニ説明ヲ与フル要ナシ。依テ主文ノ如ク検定ス。

明治三十八年五月四日横須賀捕獲審検所ニ於テ横須賀捕獲審検所検察官内田重成立会宣告ス。

横須賀捕獲審検所長官　長谷川　喬
横須賀捕獲審検所評定官　渡邊　暢
横須賀捕獲審検所評定官　安達　峯一郎

横須賀捕獲審検所評定官　榊原　忠三郎
横須賀捕獲審検所評定官　山川　端夫
横須賀捕獲審検所書記　大木　高甫

第五節　ロシア接伴報告書

［24］「ロシア皇族ジョルジュ・ミハイロヴィチ大公接伴に関する手記」　一九一六年一月六日～一月三〇日

第一号　大正五（一九一六）年一月六日～一月七日

一月六日本使京城ヨリ寺内〔正毅〕総督一行ニ合シ、同七日露国太公殿下ヲ安東ニ迎ヘ特別列車ニ搭乗シ釜山ニ向フ。露国外務省極東局長「コザコフ〔二〕氏ハ旧知ノ人ナルヲ以テ、殿下御一行ニ関スル諸般ノ用件ヲ打合セタル後、尚ホ会談数刻ニ亘リタリ。彼ハ本使ヲ以テ政府ヨリ何等外交上ノ特別任務ヲ帯ヒタル者ト認メタルニヤ、再度マデモ日露間案件ニ通暁セリヤト問ヒタルニ付、本使ハ墨国ヨリ帰朝シテ日未ダ浅ク何等右様ノ案件ヲ知ラサレトモ、露国関税問題ニ関シテハ日本国民ノ熱心ニ露国政府ノ好意的措置ヲ執ラムコトヲ希望シツヽ、アルコト、新聞紙其他ニテ承知シ居レリト述ベタルニ、彼ハ〔一〕否々右ノ如キ小事件ニ非ズ。両国運命ノ将来ニ関スル大問題ナリ。貴公使ニ於テ今何等此種ノ問題ヲ承知シ居ラズトノコトハ、極メテ了解シ易シキコトナリ。寺内伯ハ日本国ノ元勲ニシテ、其ノ朝ニ在ルト野ニ在ルトヲ問ハズ其判断ハ必ズ日本国皇帝ノ重ンセラル、所ナルベケレバ、同伯ニ於テ能ク露国ノ意志ヲ了解セラレンコト、予ノ熱望スル所ナリ。「サザノフ」氏ハ殊ニ本問題ニ重キヲ置キ、今般特ニ予ヲ簡派シ殿下ノ御任務ヲ補佐スルト同時ニ、本件ニ関シ日本政治家ト充分意見ヲ交換スルノ内命ヲ授ケタリ」ト陳ベタルニ付、本使ハ其ノ意ヲ諒シ寺内伯ニ伝フベキ旨ヲ約シタル際、汽車平壌ニ著シ松永〔武吉・平安南道〕長官ノ本使ノ室ニ入リ来ルアリ。談話ハ之ニテ中断セリ。

其後寺内伯ニ右ノ趣ヲ伝ヘタルニ、同伯ニ於テハ好機アラバ兎ニ角「コザコフ」氏ノ談話ヲ聞クコト可然トノ意見ヲ示サレタリ。

一月十日

安達特命全権公使手記

第二号　大正五（一九一六）年一月十日

一月十日午后五時。軍艦鹿島及敷島小豆嶋沖ニ仮泊シタル際、本使露国極東局長「コザコフ」氏ヲ鹿島ニ訪問シタルニ、同氏ハ感冒発熱臥床中ナリシガ病ヲ力メテ諸事ノ打合ヲ為セリ。

右畢リタル後氏ハ、寺内伯ハ日露間ノ高等政策ニ興味ヲ有スベキヤト問ヒタル上、極秘トシテ大要次ノ如ク内話セリ。

欧州大戦開始ノ少前独帝ハ「レヴァル」沖ニ露帝ヲ訪問シ、軍艦内ニ於テ数次長時間ニ亘ル会談アリ。其ノ主要ナル話題ノ一ハ、日露ノ関係ナリキ。独帝ハ日本ヲ以テ露国ノ到底和解シ得サル仇敵ナリト説クコトニ努力シ、露国ハ須ク支那ト連合シテ日本ヲ排撃スベシト極論シ、露帝モ稍々其ノ意ヲ動カスニ至リタルモノヽ如クナリシガ、其後独帝ノ支那ニ対スル行動ヲ注視シツヽアリシニ、独帝ハ袁（世凱）ニ向テ頻リニ日露両国ヲ以テ支那ノ敵ナリト説キ、支那ノ独立ヲ計ルハ独国ト結ビ日露両国ヲ牽制排撃スルノ外ナシト論ジ、恰カモ土耳古ニ対スルト同一ノ筆法ヲ以テ、実質上支那ヲ独逸ノ一属邦タラシメントスルノ底意ヲ有スルコトヲ発見シタルヲ以テ、露帝モ独帝行動ノ矛盾ニ驚カレ、遂ニ独帝ノ勧告ヲ排斥スルニ至リタリ。

其後間モナク欧州ノ大戦トナリ、支那ニ於ケル独国ノ行動益々辛辣ナルニ至リタルヲ以テ露国政府ハ、英国外相ヲ通シテ支那国ニ関シ日露間ニ協議ヲ整フコトニ関シ、寧ロ茫漠タル言辞ヲ以テ日本国政府ノ意向ヲ叩キタリシモ、毫モ要領ヲ得ス。尚ホ客歳ノ夏頃「サザノフ」氏ハ、直接ニ本野（一郎）男ニ対シ明白ニ本件ニ関スル露国ノ意思ヲ披歴シ、或ル特定ノ条件ノ下ニ両国間ニ協約《アンタント》ヲ締結シタキ希望ヲ陳ベタレトモ、日本国当時ノ外相加藤（高明）男ハ大戦終局マデハ厳ニ現状ヲ維持スベシトノ意見ナリシ由ニテ、本件ニ関シ何等ノ進捗ヲ見ルコトナカリキ。

然ルニ今ヤ独墺軍ハ「バルカン」方面ヲ圧シ君府ニ迫ラントシ、露英仏伊四国ハ内議ヲ遂ケ来ル四月ヲ期シ、大挙シテ攻勢ヲ取リ独墺軍ヲ撃退スベキコトニ決定シタルガ、露軍ノ任務ハ一方ニ於テ君府ノ独墺側ノ手ニ落ルコトヲ防キ、他方ニ於テ伯林方面ヲ脅カスニ在リテ、甚ダ重大且ツ困難ナリト云フベシ。開戦当初ヨリ日本国ノ露国ニ与ヘタル物質其他ノ援助ハ、露国官民ノ感謝ニ堪ヘサル所ナルガ、右四月ノ総攻撃ハ大戦ノ運命ヲ決スベキ大事業ナレバ、之ニ対スル準備ニ付テハ日本国ニ於テ、旧ニ倍シ露国ニ援助ヲ与ヘラレンコトヲ熱望ス。

扨、右ノ如ク四月総攻撃ノ期モ目前ニ迫リ、露国ハ専心之ニ従ハムガ為メニ日本国ト或ル協約ヲ結ビ、以テ一ハ支那ニ於ケル独国ノ行動ヲモ拘束シ以テ背後ノ憂ヲ除クノ甚ダ緊要ニシテ、且ツ日本国ニモ極メテ有要ナルヲ信ジ、「サザノフ」氏ハ今回、拙者ニ特命シ本件ニ関シ日本政治家ノ意見ヲ叩カシムルコト、為シタル次第ナレバ、幸ニ目的ヲ達センコトヲ期待シツ、アリ云々。

安達特命全権公使手記

第三号　大正五（一九一六）年一月十一日

一月十一日汽車進行中露国外務省極東局長コザコフ氏ハ、寺内伯ヲ其ノ居室ニ訪問シ会談数刻ニ亘ル。後ニ寺内伯並ニコザコフ氏ヨリ聞ク所ニ依レバ、話題ハ支那問題、日英同盟及ビ日露協商ニシテコザコフ氏ハ、㈠先般露英仏諸国ガ支那ヲ協商側ニ引入レ、以テ支那ニ於ケル独逸国ノ辛辣ナル所業ヲ挫折セントシタル際日本国同意セザリシハ、露国政府ノ了解スル能ハサル所ナルコト㈡日本国ハ袁氏ニ対シ率先シテ帝政延期ノ勧告ヲ為シタルガ為メ、支那ノ同情ヲ減シ、偶々独乙国ノ乗ズル所トナリタルハ遺感ナルコト㈢支那ヲ餘リ虐待スベカラサルコト㈣現在ノ日露協商ヲ一層進捗セシメ、双方重大ナル利益ノ交換ヲ為シ一ノ新協約ヲ締結スルハ時宜ニ適シ、且ツ決シテ日英同盟ト抵触スルモノニ非サルコト等ヲ陳ベタル。伯爵ハ之ニ対シ㈠独逸国ノ支那ニ於ケル行動ヲ牽制スルハ必要ナルモ、協商国ヨリ餘リニ要請ノ態度ニ出ツルハ、支那ノ倨傲心ヲ増長セシムル所以ニシテ不可ナルコト㈡日本国ガ支那ニ対シ帝政延期ノ勧告ヲ為シタルハ失策ナレトモ、今後遣リ様ニ依リテハ袁ノ日本ニ対スル思想ヲ変更セシムルコト不可能ニ非サルベキコト㈢全ク同感ナルコト㈣日露協商ヲ発達セシムルコトハ決シテ日英同盟ト抵触セザルノミナラズ、却テ之ヲ助クルノ効果アルベキコト等ヲ陳ヘラレ、コザコフ氏ハ新協約ノ基礎中満州鉄道中ノ一部ヲ日本ニ譲渡スルコト、日本国ハ露国政府ニ欧州大戦ニ必要ナル兵器、軍需品等ヲ売却スルコト等ヲ包含セシメテ然ルベシトノ意見ヲ吐露シタル趣ナリ。同日晩餐後安達ノ「コザコフ」氏ト会談シタル際ニハ、同氏ハ前記ノ諸点ヲ敷衍シテ説明シ、新協約締結ノ場合ニハ東亜ニ関スル日露間ノ諸問題ヲ一括シテ、一個ノ協約 Un bloc d'arrangements d'entente 中ニ規定シ、第一ニ支那ニ於ケル日露両国ノ態度ヲ明定シ、互ニ外交上ノ援助ヲ与フルコト、為シ、次ニ日本国ハ露国ノ欧州戦争ニ必要ナル兵器、軍需品類ヲ成ルベク充分ニ売却スルコトトシ、露国ハ之ニ酬ユルガ為メニ、満州鉄道ノ一部分（日本ノ勢力範囲内ニ在ルモノ、即チ松花江以南ノ部分）ヲ売却ノ名義ヲ以テ日本国ニ譲渡シ、代価ハ兵器、軍需品等ノ価格ト差引スルノ体裁ニスルコト（松花江以北哈爾賓（ハルビン）附近マデ及ボスヲ得サルヤノ問ニ対シテハ、否ト答ヘザルモ、然リトモ明言セザリキ）、尚ホ関税ノ問題等モ同時ニ解決セラレ、協約中ノ一条ト為ルコトモ有リ得ベシ云々ノ内話アリタリ。

安達特命全権公使手記

第四号　大正五（一九一六）年一月　日

汽車進行中コザコフ氏ト諸件打合ノ序ニ、彼レガ露国ヨリ譲渡ノ意アリト称スル満州鉄道ニ関シ、前回会談ノ際不明ナリシ要点ニ話及シ、右ハ哈爾賓マデ意味シタリシヤト問ヒタルニ、彼ハ「哈爾賓マデニ非ズ。哈爾賓ニ近キ……停車場マデナリ（Non pas jusqu'à Harbin, mais très près : la Station de......）」（筆者註　右停車場ノ名ハ能ク聞キ取レサリシモ、従来全ク聞慣レサル露国風ノ長キ綴リノ名ナル様感シタリ）ト言ヒ、松花江（スンガリ）ニ非スヤト問ヒタルニ否（Non）ト答ヘ、尚ホ日本ノ勢力範囲ニ属スル松花江（スンガリ）マデノ鉄道ヲ日本ニ譲渡スルコトニ関シテハ、先般サザノフ氏ヨリ本野氏ニ承諾ス（Oui）ト答ヘタルコトアリト附言セリ。更ニ進ンデ㈠長春松花江間㈡及松花江、哈爾賓間ノ距離ヲ問ヒタルニ、彼レハ地図ヲ見ザレバ確ト記憶セザレトモ、㈠ハ約百七八十「キロメートル」ニシテ㈡ハ約八十九若シクハ九十何「キロメートル」ナラント記憶スト言ヒツ、アリシ際、停車シ地方官民ノ出迎アリ。会談ハ之ニテ中止セリ。

安達特命全権公使手記

第五号　大正五（一九一六）年一月十三日

一月十三日午后五時半露国太公ジョルジエ《ママ》・ミハイロヴィチ殿下、山縣〔有朋〕公爵ヲ目白ノ邸ニ訪ハル。同行者ハ安達公使、白井少将及露国外務省極東局長コザコフ氏ナリ。

公爵ハ親シク殿下ヲ玄関ニ迎ヘラレ、接客室ニ請セラル。殿下ハ一旦著座ノ後、起立シテ金剛石入神聖亜歴山ネヴスキー大綬章ヲ公爵ニ手交セラルヽニ先タチ、安達公使ノ通訳ニ依リ大要左ノ如キ御詞アラセラル。

予ハ茲ニ我皇帝陛下ノ特命ヲ奉シ閣下ヲ自邸ニ訪問シ、此ノ特殊ナル高貴ノ勲章ヲ手ツカラ我皇帝ノ御名ヲ以テ閣下ニ贈呈スルハ、予ノ最モ欣幸トスル所ナリ。該勲章ハ我皇帝ノ平素閣下ニ対セラルヽ尊敬ト同情トノ表彰ニシテ、又我国ノ為メ尽サレタルコトニ対セラルヽ感謝ノ聖意ノ発揚ニ外ナラズ。願ハク閣下ニ於テ之ヲ受納セラレンコトヲ。

公爵ハ該勲章ヲ受領セラレタル後殿下ノ御訪問ヲ謝シ、露国皇帝陛下ニ深厚ナル謝意ト尊敬ノ至情トヲ伝奏セラレンコトヲ、殿下ニ御依頼相成リタリ。殿下ハ之ヲ快諾セラレタル後、概ネ左ノ如ク露国皇帝陛下ノ御伝言ヲ陳ベラレタリ。

昨夜日本皇帝陛下ノ御乾盃辞ニ対スル予ノ答詞ニ陳ベタル通リ、先年露国ハ独国ノ教唆ニ誤ラレ日本国ト衝突シタル事アリシガ、其後幸ニ両国ノ関係旧ニ復シタルノミナラズ、尚ホ一層親善ノ程度ヲ増シツヽアリシ所、一昨年ノ夏季突然欧州ノ大戦トナリタルニ、独国ハ十数年前ヨリ蔭蜜ニ此戦争ヲ準備シタリシニ由リ、戦闘意外ニ永引キ開戦当時露国ノ所有シタリシ四百万挺ノ小銃モ久シカラズシテ、露国ノ需要ヲ充タス能ハザルニ至リ、露国諸工廠ニ於テ昼夜兼行（機関掃除ノ為メ二時間ノミ休業）兵器及軍需品ノ製造ヲ急キツヽアルニ不拘、大戦ニ対シ欠乏ヲ感スルコト甚シカリシニ、日本国ハ右ノ事情ヲ諒解セラレ出来得ル丈力ヲ尽シテ兵器及軍需品ヲ露国ニ供給セラレ、露軍ノ行動ニ至大ノ援助ヲ与ヘラレタルハ、露帝及官民一般ノ感謝ニ堪ヘサル所ニシテ、露帝ハ予ニ特命シ日本国皇帝陛下ノ外尚ホ閣下ニモ深厚ナル謝意ヲ伝ヘシメラルヽ次第ナリ。露帝ハ尚ホ日本国ガ将来ニ於テモ、過去及現在ノ如ク露国ニ援助ヲ与ヘラレムコトヲ熱望セラルヽニ依リ、幸ニ閣下其他ノ御尽力ヲ以テ右ノ目的ヲ達シ、速ニ連合軍最終ノ勝利ヲ博セムコト希望ニ堪ヘサル所ナリ。

尚ホ殿下ハ微笑セラレ事ノ成否ハ別トシテ、兎ニ角右ノ如キ愉快ナル希望ヲ有スル丈ケニテモ宜シキニ非スヤト附言セラレタリ。之レニ対シ元帥ハ深ク露帝御伝言ノ御趣旨ヲ謝セラレ、且ツ兵器関係ノコトハ平素能ク承知シ居ル所ナルニ依リ、将来ニ於テモ尽力ヲ吝マサルベク、尚ホ当局ニモ充分話シ置クベキ旨ヲ答ヘラレ、殿下ハ深ク其厚意ヲ諒トセラレタリ。

右畢リテ殿下ハ、公爵ノ健康、生活情態等ヲ詳細ニ御尋相成リ、露帝ノ御事共語リ出テラレ且ツ東京市ノ情況、目白ノ歴史等ニ関シ歓談ヲ交換セラレ、三十数分ノ後辞去セラレ、公爵ハ殿下ノ御辞退ニモ拘ラズ、玄関ニ於テ殿下自働車ノ前進スルマデ見送ラレタリ。車中殿下ハ安達ニ対シ深ク公爵トノ会見ヲ喜ハレ、殿下ノ趣旨ノ能ク公爵ノ脳裡ニ貫徹シタル様感ジタルガ、之レ偏ニ安達通訳ノ結果ナリトテ堅キ御握手ノ礼ヲ賜ハリ、且ツ公爵ノ如キ卓越セル顧問ヲ有セラルヽ日本国皇帝ハ、至幸ノ君主ニシテ羨望措ク能ハサル所ナリ抔、感興濃カナル御話ヲ続ケラレタリ。

安達特命全権公使手記

第六号　大正五（一九一六）年一月十八日

一月十八日午后四時半松方〔正義〕侯爵、露国皇族ジョルジュ・ミハイロヴィチ太公殿下ヲ霞ヶ関離宮ニ訪ハル。殿下直ニ侯爵ヲ慇懃ニ接客室ニ請シ、椅子ヲ並べ膝ヲ交ヘテ懇談セラル、コト約三十分。安達公使通訳ノ任ニ当ル。

殿下　今日、閣下態々遠方ヨリ御出京相成リ、御来訪被下タル御厚意感謝ニ堪ヘス。又閣下ノ御高名ハ兼テヨリ能ク承リ居リタル所、今般図ラズモ御面識ノ間柄ト為リタルハ、洵ニ満悦ノ至リナリ。

侯爵　殿下ノ御来朝ニ際シ早速出京シテ目ノアタリ敬意ヲ表シタク存シ居リタルモ、不本意乍ラ今日マデ延引シタルハ実ニ遺憾ノ至リニシテ、偏ヘニ殿下ノ御高恕ヲ仰クノ外ナシ。又殿下カ此ノ厳寒ノ砌ニモ拘ラズ、西比利亜〔シベリア」ヲ横断セラレ御来朝相成リタルニ付テハ、日本皇帝陛下ヲ始メ奉リ我々共ニ至ルマデ、感謝措ク能ハサル所ナリ。皇帝陛下ハ固ヨリ政府、人民共ニ斉シク殿下ノ本邦御滞在ノ御快適ナラムコトヲ祈望シ居ル次第ナレトモ、外国トノ交際日尚浅ク接伴等ノ事柄ニ慣レザル我国ノ事ナレバ、殿下ニ於セラレテハ万事御不便勝ノコト恐察ス。

殿下　否々。先ニ御話致セシ通リ、閣下ノ御出京ハ予ノ深謝スル所ニシテ、又厳寒云々ノ事ニ関シテハ、成程西比利亜ハ零度以下四十分ノ寒気ナレトモ、今般ノ如キ重要ナル任務ヲ我皇帝ヨリ授ケラレ、兼テ憧憬シ居タル日本国ニ来ル次第ナレバ、数多キ露国皇族中ヨリ特ニ予ヲ簡派セラレタル皇帝ノ叡旨ニハ、当初ヨリ感佩至シ居リタリ。長春到着以来日本国官民ノ実ニ立派ニシテ、且ツ熱誠ニ満チタル歓待ヲ受ケ、且ツ著京以後日本皇帝陛下ノ御優遇ヲ辱フシツヽアルニ至リテハ、右感謝ノ念更ニ切ナルニ至レリ。本日モ寸暇ヲ以テ右ノ趣ヲ我皇帝並ニ予ノ妃ニモ書報センガ為メ、筆ヲ執リツヽアリタリシ次第ナリ。扨、露国ハ十年前誤テ日本ト開戦シタルガ、其ノ後幸ニシテ両国ノ意思全ク疎通シ今ヤ此上ナキ親密ナル交情アルニ至リ、戦後ニ於テモ維持セラル、ノミナラズ、尚一層鞏固ナルニ至ルヤトモ察シ且ツ熱望ス。日露戦争後暫時ハ露人中日本ニ対シ不快ノ念ヲ有スル者アリタレトモ今ヤ全ク之レ無キニ至リ、恐ルベク敬スベキ敵ハ尊ブベク頼ムベキ親友ト変シタリ。予ハ露国皇帝ノ大本営ニ在リ常ニ陛下ニ扈従シ、且ツ御名代トシテ露国ノ各方面ニ旅行シ無数ノ代表的人物ニ面談シ極東ノコトヲ談セルガ、何レモ右ノ感覚ヲ有セサル者ナシ。殊ニ今般ノ任務ヲ受ケタル後ハ、日本国ニ関スル露国人ノ意向ヲ知ラントシ百方其方法ヲ講シタルガ、愈々右ノ判断ノ誤ラサル事ヲ信スルニ至リタリ。対島《ママ》海戦ニ於テ露軍艦沈没シタル後、八ヶ月間捕虜トシテ日本国ニ滞留セル「ボチシェフ」大佐ノ談ヲ傾聴シタルガ、「日本人ハ敵ニ対シテモ友情ニ厚ク、殊ニ露国捕虜ニ対シ赤心ヲ吐露シ厚遇到ラサル所ナク、戦争中ト雖モ友人ノ感アルニ依リ、殿下一度日本ニ入ラバ必ズヤ兄弟ノ郷ニ入リタルノ感アラン」ト言ヒタルガ、事実全ク右ノ予言ニ適中シ、行ク所トシテ朝夕我家ニ在リテ団欒スルガ如キ感アリ。是レ学生児童等ノ予ニ対スル態度ヲ見ルモ、明白ナルコトニシテ快感措ク能ハズ。

侯爵　殿下ノ御真率ナル優渥ノ御詞ヲ拝シ、感激ニ堪ヘズ。日露両国ノ交誼益々親密ナランコトハ拙者ノ熱望スル所ニシテ、今殿下ノ御厚遇ヲ受ケ覚ヘズ回顧スレバ、今ヲ距ル十四年ノ春露国首府ニ到リ、皇帝陛下ニ拝謁シテ御優遇ヲ辱フシタルコトアリ。爾来感銘ニ堪ヘザル次第ニシテ、此機ニ際シ重ネテ深厚ナル謝意ヲ申上ク。

殿下　閣下ノ如キ日本国ノ元勲ヲ引見セラレタル際、我皇帝殿下ノ満足察スルニ餘リアリ。願クハ閣下御健康ニ日夕留意セラレ、永ク貴国皇帝陛下ニ奉仕セラレ、且ツ両国親善ノ為メ努力アランコトヲ。

是レヨリ侯爵ノ避寒地、気候其他殿下ノ毎日見聞視察セラル丶次第ニ関シ極メテ打寛ロギタル雑話数刻ニ亘リ、侯爵ハ椅子ヲ離レ辞シ去ラントシタルニ、殿下ハ立チテ自ラ戸ヲ開キ懇ロニ侯爵ヲ見送ラレタリ。

安達特命全権公使手記

第七号　大正五（一九一六）年一月三十日

一月卅日、寺内朝鮮総督ハ露国太公殿下ヲ招請シ、龍山ノ官邸ニ於テ午餐会ヲ催サル。殿下随員接伴員並ニ総督府文武官憲等、重立チタル者七拾餘名之ニ列セリ。宴後総督ハ殿下随員ニシテ露国外務省極東局長タル「コザコフ」氏ト、別室ニ於テ懇談スルコト約一時間。安達公使之ニ列シ、随時通訳ノ労ヲ執レリ。

総督　兵器ノ事ニ関シ汽車中一言太公殿下ニ申上ケタルコトアリシガ、貴殿ニ於テモ或ハ承知シ居ラル丶ヤモ測リ難ケレトモ、茲ニ本件ノ詳細ヲ少シモ隔意ナク申述ヘン。小生東京出発ノ前日特ニ陸軍大臣ヲ訪問シタルニ不在ナリシニ依リ、陸軍次官大島中将ニ面会シ篤ト本件ニ関シ懇談シタルニ、我陸軍省ニ於テハ極力露国政府ノ希望ニ副ハムコトニ努メ、各工廠ヲシテ昼夜兼行セシメ居ル実際ナレトモ、露国政府ノ請求ニ係ル弾薬五千万発ハ到底一時ニ交附スルコト能ハズ。依テ差当リ弐千万発丈ハ、三週間以内ニ交附スベク特ニ取計フコトニ致セリ。残餘三千万発ニ関シテハ、小生固ヨリ何等確タルコトヲ御話スルコト能ハサレトモ、諸種ノ事情ヨリ之ヲ察スルニ或ハ今後約三ヶ月内ニ漸次御交附相叶フコト丶察セラル。

局長　日本政府ノ厚意ハ従来露国政府ノ常ニ感佩シ居ル次第ナルガ、今般貴総督ノ特殊ノ斡旋ニ依リ弾薬二千万発交附実行相成タルニ付キテハ、太公ニ於テモ深ク感激シ居ラレ、又露国皇帝及政府ニ於テモ嘸カシ満足セラレ居ルナラント察セラル。又残餘三千万発ニ関シテハ、露国政府ニ於テハ日本政府ニ於テ出来得ル丈ノ力ヲ尽サレ可成速カニ交付相成候様、貴総督今後ノ御配慮ヲ仰キタシ。御承知ノ如ク、今年夏季ノ始メニハ連合諸軍大挙シテ攻勢ニ出ツベク、露軍ノ任務最モ重大ナルニ依リ、其ノ兵器ノ補充ハ露軍ニ取リテハ実ニ死活問題ナルコト、貴総督ニ於テ常ニ念頭ニ置カル、様熱望ニ堪ヘズ。

総督　小生ハ力ノ及ブ限リ本件ニ配慮スベキニ依リ、此点ハ御省慮相成タシ。日本諸工廠ノ製造力ニハ遺憾乍ラ今尚限度アルコト故、例ヘハ貴政府ノ請求ニ係ル小銃四千万挺ノ如キモ、勿論即座ニ悉皆ヲ交附スルコト固ヨリ出来難キコトナレトモ、其中十五万乃至二十万挺ヲ漸次ニ今後六ヶ月又ハ八ヶ月乃至今年末以内ニハ、御交附出来ルナラント想像セラル。勿論小生ハ現今我陸軍当局ニ非サルヲ以テ、右ノ事柄ニ関シテモ何等確タルコトヲ申上クルコト能ハザルモ、我諸工廠ノ満一ヵ年間ニ製造シ得ル小銃ノ数ハ約三十余万挺ナルベキニ付、仮リニ右以上ノ小銃ヲ貴国政府ニ交附セントスレバ、我軍隊ノ所持シ居ル小銃ヲ取上ケザルヲ得サル訳ニシテ、所詮行ハレサル次第ナルコト御承諒相成タシ。

局長　前ニ申上ゲタル通リ、露国政府ハ日本政府ノ好情ニ感激シ居リ且ツ其ノ誠意ニ信頼シ居ル次第ニシテ、偏ヘニ貴国ニ於テ出来得ル丈ノ力ヲ吝マズシテ、兵器及軍需品ニ関スル援助ヲ与ヘラレンコトヲ熱望スル次第ナリ。尚貴総督特別ノ厚意ノ御配慮ハ、帰任次第「サソノフ〔サザノフ〕」氏ニ委細内申スベシ。

総督　本件ニ関シテハ独リ我政府当局者ノミナラズ、諸元老ニ於テモ意思全ク一致シ居リ、松方侯ノ如キモ大ニ進テ之ヲ為スベシトノ意見ヲ有セラル。又東京出発ノ朝大隈首相ニ面会シテ約一時間ニ亘ル懇談中ニモ、同首相ハ全然同様ノ意向ヲ洩サレタリ。

局長、是レ実ニ愉快ナル事柄ニシテ、小生帰リテ之ヲ露外相其ノ他ニ告クルノ日、彼等ノ喜悦如何ニ大ナルカ今ヨリ想像ニ餘リアリ。

総督　是レ大ニ可ナリ。扨、次ニ石井〔菊次郎〕外相ト最後ノ会談ニ関シテハ、如何ナル感覚ヲ抱カル丶ヤ。満足セラレタルヤ。

局長　石井男ノ談話中新協約締結ニ関スルコトハ、要スルニ日本ニ取リテ日英同盟条約ハ充分ニ其ノ利権ヲ防護スルニ足リ、此際日露関係ニ更ニ一歩ヲ進メ新協約ヲ締結スルガ如キ必要ナク、此等ノ問題ハ大戦収局ノ後ニ譲ルベシト云フニ在リテ、小生ノ聊カ失望シタル所ナリ。独逸国ノ欧州ニ跋扈スルヲ防クコトノ露国及連合諸国ニ取リテ必要ナルト同ジク、独逸国ガ東亜殊ニ支那ニ於テ超梁スルコトヲ防クハ、日露両国ニ取リテ必要ナルコトハ甚ダ明白ナルニ依リ、此等ノ事柄及ビ其ノ他ニ関シ此際総括的ニ一ノ新協約ヲ締結スルコトハ、日露両国ノ為メ機宜ノ措置ナリト露国政府ニ於テ信ジタリシ次第ナリ。然ルニ石井男ノ談話ノ右ノ如クナリシハ、同外相ガ日本政府ヲ代表セラル丶立場ヨリ考ヘ諒察シ得ラル丶点ナキニ非ザレトモ、実ハ小生ノ聊カ失望シタル次第ナリ。

総督　御話ノ如ク多少御失望相成リタルモ強チ無理ナラヌ事ニシテ、又御想像ノ如ク、石井男ガ日本政府ヲ代表セラル丶立場ヨリ考ヘ了解シ得ラル丶次第ナラン。

此際日露両国互ニ一歩ヲ進メ新協約ヲ結ビ、両国ノ関係ニ一段ノ強固ヲ加フルコトニ関シテハ（其ノ協定ノ基礎又ハ条件ハ固ヨリ小生ノ知ル所ニ非サレトモ）、小生先日在京中我ガ三元老トモ会談スルノ機会アリタルガ、何レモ其ノ機宜ノ措置タルコトヲ認メラレ、又東京出発ノ朝大隈首相ニ会談シタルニ、是レ亦全ク同一ノ意向アルヲ知レリ。唯右ハ何レモ個人トシテノ意見ナルガ故ニ、我外交当局タル石井男ニ於テハ、勿論我政府ノ意見トシテ述ベサリシ所ナラン。

局長　貴総督ノ全ク隔意ナキ御話ヲ謝ス。帰国早々「サソノフ」氏ニ話サバ、大ニ其ノ参考トナルベキヲ疑ハズ。

支那問題ハ露国政府ノ年来深甚ナル注意ヲ以テ研究スル所ナルガ、露国ハ先年独国ノ使嗾ニ誤ラレ日本ト衝突シタル事アリシガ、近来欧州ニ於ケル独国ノ跋扈忍ヒ難キニ至リ、墺塞〔セルビア〕事件ヨリ遂ニ端ナク今回ノ大戦ト為リ、露国ハ連合諸国と共ニ力ヲ極メテ独国勢力ノ撃破ニ当ルコト丶為リタルニ付、支那国ニ関シ何等後顧ノ憂ナキ様、一切ノ方法ヲ尽スヲ以テ露国外交ノ方針ト為ス。従テ、支那ニ大動乱起リ、露国軍隊ノ一部ヲ割キテ送ラサルヲ得サル如キ事ナキ様熱望スルト同時ニ、支那ノ秩序全ク恢復シ諸般ノ組織完成シテ一強国ト為ルコトモ亦、露国ノ大ニ嫌フ所ナリ。殊ニ現時ノ大戦中支那ガ独逸国ノ使嗾ニ依リ、露国ノ背後ニ於ケル妨害ト為ルコトヲ防カサルベカラザル所ナリトハ露国外相ノ確信ニシテ、此事ニ関シテ日本国ノ利害モ亦全ク露国ノ利害ト一致スルコト、存セラル。

総督　露国ノ極東政策ニ関スル御話ハ、成程然カアラント思ハル。

日本国モ欧州大戦開始後連合軍側ニ立チ独墺両国ニ対シ宣戦シ、已ニ膠州湾及独領南洋諸島ヲ占領シタル次第ナレバ、軍隊ヲ欧州大戦地ニ派遣スルガ如キ問題ハ全ク別トシテ、軍需品ノ供給其ノ他ノ事柄ニ於テ出来得ル丈ノ力ヲ尽シテ、連合軍殊ニ露軍ヲ有利ノ位地ニ立タシメサルベカラズ。支那ニ関スル我政策ハ、大体ニ於テ御話ノ如ク連合諸国側ノ利益ヲ防護シ、且ツ独国及米国ノ勢力ノ支那ニ浸潤セサル様工夫スルコト肝要ニシテ、連合諸国中我国ト露国ハ支那ト境界ヲ接スルコト最モ多キガ故ニ、殊ニ此点ニ留意スルヲ要スベシ。

局長　露国外相ノ所見ハ全ク貴意ノ通リナリ。依テ、此等ニ関シ一歩ヲ進メ支那ニ於テ最モ日本ノ位地ヲ重ンズル思想ニ基キタル協約ヲ為スコト、然ルベシト思惟スル次第ナリ。扨、袁ニ対シ独米諸国ガ頻リニ媚ヲ呈シ其ノ意ヲ迎ヘ其ノ好意ヲ博セントシツヽアル際、露国ハ連合諸国ト共ニ日本ノ発意ニ応シ、袁ニ帝政延期ノ勧告ヲ為シ其ノ好意ヲ喪失スルニ傾ケルハ露外相ノ了解スルコト能ハサリシ次第ナルモ、一度其ノ措置ヲ執リタル以上ハ、其ノ方向ニ進ムノ外ナク、今回支那ノ内乱ニ関シテハ露国ニ於テモ多少陰ニ之ヲ激成シタル実際ナルガ、右内乱ノ将来ニ関スル貴総督ノ所見内示セラルヽヲ得ベキ乎。

総督　袁ニ帝政延期ノ勧告ヲ為シタルハ機宜ノ措置ニ非ラザリシナラントハ、小生ノ所感ナルコト兼テ述ベタル通リナルガ、一度之ヲ為シタル上ハ所謂騎虎ノ勢之ニ向テ進ムベキノミナラン。

歴史ノ示スガ如ク、隣邦殊ニ弱国ニ内乱アル際ニ個人中之ニ関係スルコトアルハ避ケ得ベカラサル事柄ニシテ、今般ノ内乱ニ関シテモ日本人中之ニ関係スル者絶無ナリト保証シ得ベカラザルニ似タリ。乍去小生ノ感スル所ニ依レバ、袁ノ力ハ遂ニ之ヲ鎮圧スルニ至ルベシ。仍テ、右平定事業ノ終リヲ告クルヤ否ヤ、日露両国ハ卒先シテ連合諸国ト共ニ袁ノ帝政ヲ承認シ、以テ支那帝国ノ好意ヲ我方ニ引付クルコトヲ努ムヲ要スルコトト信セラル。

局長　小生モ全ク同感ナリ。帰任早々露国外相ニモ話サントス。同外相ニモ必ズヤ同感ナラン。扨、欧州大戦収局ニ関シテハ、如何ニ御考相成リ居ラル丶ヤ。

総督　毫モ腹蔵ナク御話センニ、従来小生ノ知リ得タリシ所ニ依レバ、独国ノ戦争準備殊ニ参謀本部ノ計画ハ、連合諸国ニ比シ大ニ勝ル所アルヲ以テ開戦劈頭、独国軍隊ノ白耳義国ヲ犯シタル際ニハ、小生ハ果セル哉、此ノ大戦ハ独逸国ノ勝利タルベシト思ヒタリシモ、其ノ後一年有半ニ亘ル成績ニ徴スルニ、独墺軍ハ到底連合軍ヲ撃破シテ其ノ死命ヲ制スルノ力ナキモノノ如ク、又連合国ト雖モ独墺軍ヲ圧伏シテ極力和ヲ乞ハシムルコトヲ得サルべク、双方疲弊、互ニ交綏スルニ終リ、曲リナリノ平和ヲ回復スルノ条約ヲ締結シテ一旦局ヲ収ムルナラン乎ト察セラル。従テ、戦後ト雖モ列強対峙ノ勢ハ大体今日ノ如クナルベキガ故ニ、連合国側、殊ニ地理上最モ関係厚キ日露両国ハ、益々其ノ親交ヲ深クシ、以テ対手国ニ乗セラレザル様措置セザルベカラズ。

局長　貴見全ク我意ヲ得タリ。大戦ノ結果ハ乍遺憾十中八九多分貴見ノ如クナルベキニ依リ、一層連合国側ノ連鎖ヲ固メ、独国ヲシテ近キ将来ニ於テ今回ヨリモ尚ホ一層有利ナル境遇ノ下ニ挑戦スルノ機会ヲ発見セシメサランガ為メ、大ニ協同努力セザルベカラズトハ露国外務省辺ノ考ナリ。

扨、今日ハ図ラズモ長時間貴総督ノ少シモ隔意ナク詳細ニシテ、極メテ有益ナル御内話ヲ拝聴シ感謝ノ至リニ堪ヘズ。又小生ヨリ露国側ノ希望ヲ忌憚ナク披瀝シタルニ関シテハ、幸ニ貴総督ノ宥恕アランコトヲ祈ル。

安達特命全権公使手記

附記

同日夜汽車京城ヲ発シ安東ニ向ヒツヽアリシ際、十時ヨリ「コザコフ」氏ト諸般ノ事務ニ関シ最後ノ打合ヲ為シタルガ、同氏ハ本使ガ終始接伴事務ニ関シ最善ノ努力ヲ為シタルヲ深謝ストテ堅キ握手ヲ為シタル後、同日午后寺内総督ト為シタル会談ニ話及シ、深ク総督ノ好意ヲ喜ハレ已ニ太公殿下ニモ大体口申シタル旨ヲ告ゲ、中夜ヲ過クルマデ其ノ感想ヲ述ベタリ。右会話中本使ノ認メ得タル所ハ、㈠兵器問題ニ関シテハ、彼大ニ日本政府ニ信頼シ感謝ノ念ヲ抱キ、将来ニ対シテモ其ノ希望ノ実現ヲ期待シ居ルコト㈡新協約ニ関シテハ露国政府ヨリ更メテ条件等ヲ提示シ、開談セバ必ズシモ成効セザルモノニモ非サルベシトノ感想ヲ抱ケルモノヽ如キコト㈢近キ将来ニ於テ、本邦ニ政変起ルベシトノ評判ニ関シ配慮シ居ルコト㈣本邦ニ於テ兼テ彼ノ談話シタル満州鉄道支線ノ境界点ニ関シテハ、別段ノ明示ナカリシコト等ナリキ。（終）

［25］「閑院宮殿下ロシア訪問接伴報告書」　一九一六年一〇月二日

露都六日滞在中コザコフ氏ト談話スルノ機ヲ得タルコト幾回ナルヲ知ラサリシモ、常ニ倉皇相別レタルヲ以テ、十月二日殿下ノ御許可ヲ得タル上特ニ同氏ノ招待ニ応ジ、Restaurant Donon ニ到リ午餐ヲ共ニシ、約四時間談話ヲ交ヘタリ。彼ノ内談ノ要領左ノ如シ。

一．閑院宮殿下御接待案作成ニ関シテ、コザコフ氏ハ大ニ尽力シタルヲ以テ、今般露国上下ノ歓迎熱誠ナルコト実ニ意想外ナルハ、其深ク喜フ所ナリ。又今般殿下ヨリ日本天皇陛下ノ御名ヲ以テ金杯一組ヲ拝領シタルハ、其ノ光栄無上トスル所ニシテ、欣喜ニ堪ヘサル所ナリ。

閑院宮殿下露国人民歓迎ニ関シ仏大使パレヲローグ氏カ、小生ニ対シ“L'arrivée du Prince Kan-In en Russie constitue une page mémorable non seulement de l'histoire de Russie, mais de celle de l'Europe entière. Le jour de votre arrivée, frappé de la grandeur de la démonstration populaire, je me changais en veston et me mêlais dans la foule pendant des heures, et j'étais étonné de la profondeur et de l'intensité de leur sympathie pour vous.”

ト云ヒタルコトヲ告ケタルニ、コザコフ氏ハ実ニサモアルヘシト言ヒタリ。

二．欧州大戦将ニ開始セントスルヤ、露帝ハ如何ニモシテ平和ヲ維持セントシ、其ノ信任スル「タチシエフ」中将ニ御親筆ノ密書ヲ托シ、七月廿五日露京ヲ発シ伯林ナル独帝ノ許ニ派遣セラル、為メ、已ニ同中将ニ内勅アリタレトモ、其旅行準備中交通不可能ト為リ、遂ニ沙汰止ミト為リタリ。戦後ノ遣独国露大使ノ任ハ洵ニ重キコトナルガ、同中将ガ独帝ト親交アル関係上、或ハ同中将ガ其位ニ当ルコト、為ルヤモ知レズ。

三．開戦当時親独派ガ一時不平ノ声ヲ揚ケタルコトアリ。元来親独派ノ意見ハ勿論人種、親族関係等ニ基キタルモノモ少カラサレトモ、其ノ強味ハ「ポーランド」問題ニ存ス。現時大戦ノ結果如何ニ拘ラズ、該問題ハ常ニ露国ニ取リテ重大ノ意義ヲ有ス。「ポーランド」ヲ善ク治ムルニハ独国ト親交ヲ保ツノ必要アリトハ該一派ノ主張ニシテ、大ニ理由アルコトナリ。「ポーランド」ガ其ノ半主権ヲ収得シテ露国ノ半属国ト為ルト仮定スルモ、露国ニシテ独国ノ好意ヲ博シ置カサルニ於テハ、独国ハ必ズ「ポーランド」人ヲ煽動シテ、常ニ内乱ヲ醸スニ相違ナキニ付、餘リニ深ク英仏側ノ所言ニ耳ヲ傾ケサルヲ要スト云フニ在リ。彼等ハ今コソ声ヲ潜メ居ルモ其ノ実際ノ勢力ハ、常ニ注意ニ価ス。彼等ハ固ヨリサザノフ氏ノ親日政策ニ餘リ賛成セズ。

四．「サザノフ」氏ハ「コザコフ」氏ノ最モ尊敬シ信服シタル長官ナリキ。彼レハ内実純然タル帝政主義又所謂官僚主義ノ実行者ナレトモ、其ノ多年英仏ノ自由ナル空気中ニ棲息シ、其応酬振リ頗ル快活ナルヨリ、露国人一般ハ全ク自由主義平民主義ノ人ノ如ク思ヒ、其ノ声望頗ル驚クヘキモノアリ。殊ニ其ノ新聞記者操縦ニ妙ヲ得タリシヲ以テ、其ノ言論社会ニ於ケル人気甚タ妙ナリ。若シ輿論ノ示ス所則チ政府ノ意見ト為スモノトセハ、同氏ノ如キハ何時カハ開カルヘキ講和会議ニ於ケル露国ノ好代表者タルヘキ乎。

五．サザノフ氏ノ在職中コザコフ氏ノ執務ハ、愉快ニシテ且ツ頗ル敏速ナリキ。「サ」氏ハ外交官出身ナルノミナラス、外務次官タリシコトモアリ。外交問題ニ通暁スルヲ以テ、「コ」氏所管事務ノ説明ノ如キモ一言半句ニシテ直ニ了解シタリ。且ツ真実ノ親日主義者タルニ依リ、日本ノ提案トサヘアレハ一モ二モナク之ヲ容認スルニ傾キ、「コ」

氏ノ却テ常ニ内ヨリ抑制スルノ態度ニ出テタリシ程ナリ。

六、現首相スチユルメル氏ハ全ク之ニ異レリ。因ト式部官出身ニシテ宮中ノ慣例典故ニ通シ、皇后陛下ノ信任最モ深シ。先年内務省官吏ト為リ一二ノ県ニ知事ト為リ、ストリピン氏暗殺セラレタル後内相ト為リ、ココヴソフ伯ノ後ヲ受ケテ首相ニ任セラレ、開戦以来其職ニ在リタルガ、閣議ニ於テササノフ《ママ》氏ト衝突シタルコト少カラズ。然ルニ「サザノフ」氏ハ開戦以来身心ヲ労スルコト甚タシク、神経甚シク過敏ト為リ、閣議ニ於テ勘忍袋ヲ破ルコト度重リ、首相ハ到底「サ」氏ト国事ヲ論スルコト能ハズト称シテ、其辞職ヲ促シタルヨリ、遂ニ「サ」氏ノ桂冠ヲ見ルニ至レリ。是ニ於テ首相ハ外相後任者ヲ発見スルコト能ハサルガ故ニ、全然職ヲ去ルノ止ムヲ得サルニ至ルヘキ旨ヲ諷奏シタリ。皇帝ハ大ニ困惑シ之ヲ皇后ニ謀リタルニ、皇后ハ首相ヲシテ外相ヲ兼任セシムヘキ旨ヲ勧奨セラレタルニ依リ、遂ニ現今ノ位地ヲ得ルニ至レリ。首相ハ由来外国ノ事情ニ通セス。而モ「バルカン」事件、瑞典事件殊ニ欧州大戦直接事件ニ関シ、主任官ノ説明ヲ聞キ決裁ヲ与フルコトニ腐心スルヲ以テ、極東事件ニ関シ「コ」氏ノ面会ヲ求ムル際ニモ、兎角跡廻ハシト為リ常ニ後レ勝ナルノミナラス、面会説明ヲ為スモ本来外国ノ事情ニ通セサルガ故ニ、了解極メテ遅ク遺憾甚タ大ナリ。

　日露協約発表ノ当時露国ニ於ケル親独派及親米派ノ輩ハ、一時反対ノ声ヲ揚ケ露国ノ日本ニ譲ルコト甚タ大ナリ。吟爾賓以南ノ鉄道ハ勿論、シベリヤニ於ケル日本殖民ノ権、鉱山採堀ノ権等ヲ含ミ、支那ニ於ケル日本ノ優先権ヲモ認メタル杯〔抔〕相伝ヘ、人心多少激昂シタルコト故、一刻モ早ク日本トノ北満鉄道一部譲渡ノ問題ヲ解決シ之ヲ公表シテ、一般ノ誤解ヲ一掃スルヲ要ストノ理由ヲ以テ首相兼外相ヲ説キ、以テ本件ノ速決ヲ促シツヽアリ。首相モ近来其気ニ為リ、閑院宮殿下御出発後専門家ウエンツエル及ホルワツト氏等ノ意見ヲ徴シタル上、閣議ヲ一定シ「コザコフ」氏ニ於テ「クルーペンスキー」大使ニ対スル訓令ヲ起草スヘキ手筈ニ為リ居レリ。露国政府ハ主義トシテ日本ニ北満鉄道ノ一部ヲ譲渡スルニ異存ナキモ、吟爾賓浦塩間ノ鉄道業務ニ防害ヲ来サヽル様、日本ヨリ担保ヲ収ムルヲ要ス。右担保ハ畢竟技術家ノ意見ニ依ルナランモ、南満鉄道運賃ヲ拘束スルノ外ナカルヘシ。

七．首相ハ了解ノ洵ニ遅キ人ナルモ、政府ノ成案ヲ畏キ辺ニ提出シテ其ノ承認ヲ得ルコトニハ、実ニ妙ヲ得タル人ナレバ、此度コソ鉄道問題モ愈々解決セラル、コトナラン。日本政府ニ於テモ大ニ耐忍セラレ、以テ事件ノ終結ヲ俟タレンコトヲ希望ス。

八．露国ノ日本ニ対スル支払残高約九千万円ナルガ故ニ、先日ノ借款七千万円ノ支払ヲ受クルモ尚二千万円ノ不足アリ。到底新規注文ノ支払ニ回ハス能ハズ。過去注文ノ払残リニ充ツルノ外ナシ。蔵相バルク先日久シク英京ニ在リテ借款ニ尽力シタレトモ、英国人ハ英国ニ注文ヲ為スニ非ズンハ、到底一銭モ貸サヾルコト明白ト為リシニ依リ、失望シテ帰国セリ。露国内ノ貨幣ヲ以テ日本ヘノ注文品ニ充テン乎。已ニ大ニ下落シタル露貨ノ下落、実ニ恐ルヘク、到底実行シ得サルコトナリ。依テ日本ニ於テモ此ノ究状ヲ洞察セラレ、尚八千万円内外ノ債券発行ヲ斡旋セラレンコトヲ熱望ス。日本ハ支那借款ニ応セラル、ノ餘裕モアルコト故露国ニモ大ニ顧念セラレタシ。

九．元来露国ハ或期間ニ亘リテ約三億ノ購買ヲ日本ニ為スノ希望アリ。右ハ閣議決定ノ事項ニシテ日本ノ為メニ計ルニ之ヲ利用シ多額ノ物品ヲ製造シ、以テ工業ノ発達ヲ助ケ所謂戦時工業ノ独立ヲ確立スルヲ得策ト為スヘキガ如シ。借款ニ関シ露国ニ於テ特別ノ担保ヲ日本ニ供給スルコト能ハサルハ遺憾ナレトモ、是レ何レノ国ニ対シテモ同様ノコトニシテ、露国ノ殆ント無尽ナル富源ヲ見ラレナバ杞憂一掃セラレム。

十．七千万円借款用途ニ関シ石井〔菊次郎〕子ト露大使トノ間ニ誤解アリタルヤノ由、実ニ遺憾ナリ。事状上叙ノ通リナル故、露大使ニ於テ右七千万円ヲ新規注文ニ充ツル旨言明スヘキ筈毫之ナシ。何レニシテモ書キタル約束ナキニ非ズヤ。尤モ露使ニ於テ

Nous ferons naturellement de <u>nouvelles</u> commandes, si nous avons assez d'argent.

ト云ヒタル位ノコトハアリタラン。之ヲ聞キ違ヒタルニ非スヤ。

十一．シエキン参事官トモレル大佐トノコト遺憾ナリ。大佐ハ奇矯ニシテ且ツ愚ナル人。困リタルコトナリ。「クルーペンスキー」氏之ヲ統一スヘキ訳ニ非ズヤ。

十二．松花江以南鉄道譲渡問題ニ関シ最初誤解アリタルハ遺憾ナリ。自分（「コ」氏）ハ吟爾賓附近以南ト云ヒシコトナシ（トテ小生ノ所言ヲ排スルニ努ム）。其後譲渡ノ主義ニ関シ、ココヴソフ伯ノ如キハ反対大ニ努メタレトモ、大勢上餘儀ナキコト、明メ、今ヤ必要ナル担保ヲ収メ以テ速ニ之ヲ了スルノ説ヲ有ス。蔵相バルク氏ト雖モ、今ヤ此大勢ヲ動カスノ力ナケレハ、本問題ノ主義ニ関シテハ決シテ悲観スルヲ要セズ。唯タ大ニ辛抱シテ、気永ニ解決スヘキノミ。「ホルワト」「ウエンツエル」等勿論心ニハ反対ナルモ、政府方針ノ定マリタル以上、彼等ハ技術上ノ意見ヲ発表スルノ外ナシ。

十三．十二万又ハ十七万挺ノ小銃ハ大ニ所望ナレトモ、支払フヘキ金ナキヲ如何ニセン。新約款成立セサレバ、到底注文ヲ為スヲ得サルヘシ。

十四．内相専任ト為リタル「プロトポポフ」氏ガ、先日久シク「ストクホルム」ニ滞留シテ媾和条件ヲ議シタリトノコトナルカ、実際差シタルコトナカリシナラン。媾和ノ条件ハ要スルニ戦局収拾ノ如何ニ依ルコトニシテ、之ニ関シテハ何等確的ナル見込ナシ。露国ニ於テハ一般ニ尚一ヶ年位ヲ交戦状態ト見居ルコトナルガ、独リ「ジヨルジユ」太公ハ来ル十一月廿五日前後ニ平和成立スト信スル趣ニテ、先般来露セル仏国旧首相ヴィヴィアニ氏ニモ告ケ（註小生ニモ度々其ノ御話アリ）タルガ、同説ノ者一人モナシ。

十五．今ヤ露国ハ独国ヲ全然屈服セシムルコト能ハサルヲ深ク感得セルガ、可成永ク継続シ得ヘキ平和ヲ得ンコトヲ希望スルノミ。①露国半主権ノ下ニ於ケル「ポーランド」ノ自治②「セルビヤ」国ノ「アドアチリ〔アドリア〕」海ニ港湾ヲ有スルコト③ダルタ子ル海峡ヲ露国ノ為ニ開放スルコト④現墺国内ノスラヴ民族ヲ独立又ハ自治セシムルコト位ガ要点ナラン。

十六．セルビヤ国ヲ助ケ「アドリヤ《ママ》チリ」海ニ出テシムルコトハ露国ノ国是ナルガ故ニ、媾和会議ニ於テ伊国ト多少争フコトアルヘシ。然ルニ在露伊大使ノ言動ヨリ察スルニ、伊国ハ大ニ極東ニ志アルカ如シ。戦後必スヤ該方面ニ於テ何等歟為ス所アラントスルナラン。右様ノ場合ニハ、露国ハ之ヲ容認スルヲ要スルノ地位ニ在ルハ今ヨリ日本ノ諒解ヲ乞フ所ナリ。

十七．去明治四十一〔四十〕年日露間第一協約成立ノ際、両国関係者間ニ勲章交換ヲ行ヒタリシガ、不遠幸ニ鉄道譲渡問題モ解決シタル暁ニハ、同様ノ措置ニ出ツルヲ至当トス。何レ其節ニハ貴君（小生ヲ指ス）ニ贈勲ノコト、信ジ、今般閑院宮殿下随行ニ関シテハ其心シテ取計置キタリ。

十八．此日「大隈首相辞意ヲ表白シタレバ、加藤子多分推挙セラル、ナラン」トノ新聞電報露都新聞ニ掲載アリトテ、小生ノ所感ヲ叩ケリ。所謂三派合同ノ勢ヲ以テシテモ成立多分困難ナルヘク、寧ロ寺内伯ノ内閣ヲ見ルナラント感セラルト陳ヘタルニ、彼レハ甚大ノ興味ヲ以テ我邦現時ノ政況ヲ質問セリ。

十九．コザコフ氏ハ兼テ「サザノフ」氏ヨリペルシヤ駐箚公使受任ヲ勧メラレ、又先般北京駐箚ヲ勧メラレタレトモ、八十一歳ノ老母家ニ在ルヲ以テ何レモ之ヲ断リ置キタルニ付、当分ハ本省勤務ヲ継続スル筈也。本野〔一郎〕大使、露都駐箚已ニ十年有半ヲ超ヘ外相トシテ帰朝セラル、カ、又ハ転任セラルノ機遠カラサルヘシト察セラル、ガ、若シ日露戦役前ヨリ露国ニ関係浅カラサル貴君ニシテ同大使ノ後任トシテ来ルヤウノコトアラハ、如何ニ好都合ナルヘキヤト陳ヘタルニツキ、小生ノ年歴上ヤガテ大使格ニ昇任スヘキ順序ナレトモ、果シテ露国ニ来ルコト、ナルヤ否ヤハ自分ニ於テ毫モ知ルヲ得サル所ナリト答ヘ、其後一般ノ雑話殊ニ知人ノ月旦評等ニ移リ、相携ヘテ市会議事堂ニ於ケル殿下歓迎会ニ赴ケリ。

[26]「訪露雑感」　一九一六年一一月

訪露雑感

特命全権大使 法学博士　安達峯一郎

旅程、風候、警戒、接伴、ジヨルジユ太公殿下の御友情、各停車場の装飾及歓迎、モスコー市、数万民衆の絶叫、大本営、露帝及皇太子、陣営中の正式午餐会、皇太后陛下行在所キエフ市と赤十字本部、露都の歓迎、皇后陛下の行在所ツアルスコエ・セロ町、政府及民間の主催、人心の機微、日露戦争に於ける日本軍及当局の行動、露国民心の忖度、本野大使の勲績、両国好情の奥印、日本外交の基礎、両国実業家の責務、両国貿易上の一大欠陥、オデッサ港の研究、禁酒の制、露人の性格、東洋平和開発の大業

今春御大典を祝賀するためにジヨルジユ太公殿下を送られたる露帝陛下の厚意に対せらるゝ　日本皇帝陛下の御答礼を齎らし閑院宮殿下の先般露国を訪問せられたることは、独り日露外交史上特筆大書すべきのみならず、或る意味に於ては、欧州と日本との外交史上に最も記憶すべき一頁をなすものである。殿下は日光に於て　天皇陛下より露国訪問に関する御沙汰を奉戴し御暇請あらせられ九月十一日各随員を率ゐて東京を御出発あらせられ京都に御一泊、桃山両御陵に謁して御使命の次第を明治天皇並びに昭憲皇太后の御英霊に告げて御暇乞あらせられたる後、直路露都に向ひ給ひ、御使命を果され、十月十三日京都に御帰著翌十四日無事御使命を果されたる趣を再び桃山御両陵の御英霊に告げさせられ、十五日夜東京に御帰京遊ばさるゝ迄、其間三十五日、行程本邦の里数にて七千数百を算し汽車の外に眠りたることは僅かに四五日に過ぎざりし次第である。

毎年の例に依れば、シベリアは八、九、十月の気候は極めて変化定まり無く、健康上頗る危険であるといふ事であつたから、殿下を始め奉り一同大に警しめてありたるが、今年は如何なることにや永年来例を見ざる好天候で、この長旅中雨雪に遇ひたるは露都滞在中の一日に過ぎず。而も、その雨雪と雖も軽快にして僅かに塵を鎮めるために止まり、他は常に南欧の春の如く温暖最も肌に適してゐたのであつた。風無く塵無く雲無く大気乾燥し、天日常に麗らかで万事好都合、従つて殿下並びに其他随行員一同の健康に関する責任を負つてゐた合田軍医正に於ても、幸にもその技倆を現はすの機会を見なかつた。斯くの如き天候は吾々及び露西亜人も全く奇異に感じた処で、露西亜側の接伴員等はこれは日露同盟の瑞徴であると言つてゐた。モスコー到着の少前、殿下に対し奉りて「東京御出発以来常に好時候打ち続き寔に仕合に候も今後は如何に候はん」と言上したるに、殿下は畏多くも「予等は日出の国より来るものなるが故に、予等の行く所何処にても晴天打ち続くならん」とほゝえまれつゝ御答へ遊ばされた。露国の首相兼外相もこの好天候について

「露国に連日の好天気を齎したるは日本の宮殿下なるが故に、殿下去らるゝと同時に天候は露西亜の常態に復し険悪と為るに相違なし」と言つて戯れられたることもあつた。故に殿下を始め奉り随行員一同孰れも露西亜、シベリヤの自然並に風候について好感情を抱き、中にはシベリヤを以つて終焉の地となさんと高唱したものもあつた。

欧州大戦の結果として独墺軍より露軍の手に落ちし捕虜の将卒無数、それ等は概ねシベリヤ沿線に収容しつゝあるが、その逃亡するものも亦頗る多く、彼等は種々の方策を廻らして、露国本部と極東との唯一の交通路たるシベリヤ鉄道を破壊せんと試み、加之他の人民中にも平素日本に対して悪感情を有する者ども、極東某欧人大官指揮の下に右の捕虜と気脈を通じたるもの少なからざるやうで、今回戴仁親王殿下の御訪露に際しても露国官憲の警戒最も厳重を極め、万が一にも不慮の災なきを期し、有形無形のあらゆる方法を尽したる惨澹たる苦心と周到なる措置とは日本国民の感佩すべき所である。従つてこの間七千里を走る長旅中何等の事故も起らず、殿下には終始露国民の熱誠なる歓呼の裡に御往復遊ばされたのであつた。

露国皇帝陛下に置かせられては、其の最も親任する侍従武官の一人タチシエフ中将（今春露国大公殿下御来訪の際に於ける主席随行員）並びにベザック大佐を特派して九月十五日、閑院宮殿下を長春に御出迎申し上げ、露国陛下の御沙汰を伝へ、特別編制の列車に殿下並びに随行員一同を奉迎し、茲に於て、殿下は露国皇室の貴賓とならせられたのであつた。二時間若くは三時間毎に停車する各停車場に於ては、鉄道の線は石灰を以つて消毒し、プラットホーム及其附近は白砂を布きて之を飾り、日露両国旗を交叉し、到る処美しき花弁を以つて優麗なる装飾を設け一々日露接近の意味を表彰し、兵卒、文武官憲は勿論一般人民市を傾けて来集盛装して殿下を奉迎した。二時間若しくは三時間に一度十分乃至十五分の停車ある度毎に殿下には車を下りて御閲兵遊ばし、文武官憲或は各地市長の奉迎の辞に対して殿下より一々御挨拶あらせられた。右歓迎詞は大抵仏語にして殿下の令詞も亦同語であつた。露国法令に依れば午前九時前、午後七時後は右様の事を行はない次第となつてゐたが、事実に於ては午前七時頃より午後十二時頃迄以上の事は行はれた。尚ほ列車中に於ては連日の御旅情を慰め奉る為にタチセフ《ママ》中将自から、毎日の御献立を作り、御旅行中露国各地方に於ける種々の料理を残りなく順次に御風味あらせらるゝ様に取はかられた。タチセフ中将は欧州大戦前露国皇帝の個人的使節として八年間独逸皇帝の側に勤務した人で、斯ういふ接伴には殊に趣味深く修養を積んでゐたので、殿下には常に普通の食堂車に御出で遊ばされて同中将等と食卓を共にし、長時間に亘りて堪能なる仏語で御談話せられ彼等に絶好の印象を御与へ遊ばされたのであつた。斯くて特別列車は広大無限の感を抱かしめたるシベリヤの快天地を約十日間駛走し、中夜ウラル山嶺に著し、特に五分間停車を為し、羅甸文字を以て一方には欧羅巴、一方には亜細亜と記載したる大理石の巨碑をば小丘上に手燈を携へたる案内将校の先導にて御見舞遊ばされ、軈て二十三日夜深くなりたる十時を以つてモスコーに御到著遊ばされた。

モスコーは由緒ある露国の旧都であつて、露国近代文明の淵源此処にあるのみならず、今次大戦争中後方勤務の中心点である。其処には今春来朝ありたるジヨルジユ太公殿下、露国皇帝陛下の御名代として、盛装せる文武百官を率ゐて、本野大使同伴御出迎あり。我閑院宮殿下には閲兵式を行はせられたる後、美麗に装飾せられたる停車場の宮廷室に於て茶菓を供せられ、モスコー市長は市民を代表して歓迎の辞を述べ軈て露国の慣習に依りて、塩とパンとを盛れる燦爛たる大銀皿の献上式あり。その間の儀礼の荘厳にして豪華なること並みゐる人々みな胸を躍らさゞるは無かつた。同日午後三時四時の交、先を争ひて場外に密集せる数万の市民は殿下の御英姿を拝せんとて喝采鳴りも歇まず、我殿下には太公殿下と相携へて場外近き入口に赴き挙手の礼を遊ばさる。歓呼の声は天地をも動かさん許りであつた。この事終りて後午後十一時殿下には再び汽車に投じて、太公殿下其他御同伴戦地なる大本営に向はせられた。

大本営が何れの地にあるかは軍事上機密であるから明言する事を憚るが、其地は独墺露三国境界の相接したる点より程遠からぬ所で、露西亜の全軍より報告を聴き命令を発するに最も便宜な地点にある。同所に著いたのは、二十四日の正午であつた。戦争開始後約一年の間は、露国皇帝陛下は汽車中に御起臥あらせられ、これを大本営として万機御親裁あらせられたる御容子なるが、戦争の次第に長引くに従ひ或家屋に換へられたのである。同市は人口十五万を算する一小市に過ぎないが、某大河の上に横はる丘の嶺にあたりて、展望無限、身心頗る爽快を感じたのであつた。其の日、天気晴朗、露国皇帝陛下には日露戦争第一年七月に御誕生遊ばされた皇太子殿下と共に殿下御搭乗の列車を待たせられつゝあつた。皇帝陛下には殆んど一兵卒と異なること無き戦衣の上に我菊花大授章及頸飾を佩ばせられ、陛下を囲繞する人々は孰れも戦装せる元帥若しくは大将であり、独り首相兼外相外数名の文官巨頭のみ之に交りたるは万緑叢中紅数点の思ひがしたのであつた。殿下には大本営に御著あらせられ我　天皇陛下よりの御任務を果させられ、露帝陛下より同国最高の勲章を受けさせられたる後正式午餐会の御饗応あり。この午餐会こそ、我等随行員をして無量の感慨あらしめた。宮中これに列するものは、陛下を始め奉り露国皇太子殿下並びに皇族数名、本野大使、露国元帥数名、其の他主なる大臣併せて三十数名、大戦正に酣なる際なれば質素なる御食卓には爛として輝き渡る堅牢無比の食器のみで、何時たりとも直ちに他に安全に運搬し得べく排置せられ、少しも嬌態なきも大に生気ある野花は楚々として飾られ、メニューはペンで記されてある。殿下と皇帝陛下とは仏語にて乾盃の辞を交換あらせられた。露国皇帝陛下の御言葉に言ふ。

　殿下の弊国御来訪は貴我両国の親善を益々鞏固となし、両帝国を結合せしめんとの貴国皇帝陛下の叡慮を茲に新たに実証されたるものなるを信ず。而してごの結合は両国が共同の敵を相手として戦へることに依りて保証されたり。朕はこの機会に際し、日本陸海軍の精鋭と勇剛とに対して賞讃せんと欲す。又日本政府が我露国軍隊に武器を供給せる多大なる援助を深謝す。殿下は弊国御滞在中能く露西亜が如何に日本に対し甚深の同情を有せるかを御自ら感知せらるべきを信ず。朕は殿下が我が衷心の友情を殿下の皇帝に御伝達あらんことを希望す。朕は終りに臨み日本皇帝皇后両陛下の御健康を祈り、日本陸海軍の光栄と日本国民の繁栄を祈る。

殿下の御答辞に言ふ。

　畏くも陛下が予に対し下し給はりたる有難き御諚は衷心余の心を感動せしめたり。殊に陛下より我軍隊に対し賞讃の辞を辱うせるは予の深謝する所なり。陛下の此有難き御諚は必ずや我が軍隊に反響すべきを疑はず。予は畏多くも陛下の慇懃なる御接待に対し感激措く能はず。殊にジォ《ママ》ルジュ太公を陛下の御名代として予を莫斯科〔モスクワ」まで送迎せられたるを深く感謝す。陛下願くは予の衷心の欣喜と感謝とを容れ給はんことを。予は貴国官民が予に対し与へたる多大の同情を表せる事実を我が皇帝並びに国民に伝ふべし。予は今回貴国を訪問せる使命が我が日本国民に深甚なる印象を与ふべきことを確信す。予は貴我両国が互に相信じ相和せる事実を認め陛下と喜を分たんとす。殊に両国の軍隊が共同の敵を敵とし戦ふを見て満足に堪へざるなり。予をして貴国軍隊に讃辞を呈せしめよ。貴国軍隊は既に二年有餘に亘る戦争に於て、強敵と戦ひて屈せず更に最近に於いて名誉ある戦勝を博せり。余は無量の歓喜と確信とを以て貴国軍隊の最終の勝利を茲に言明するものなり。謹んで陛下並びに貴皇室の御健康を祈り、高潔なる貴国民の繁栄を祈る。

大戦場を背景としてのこの御言葉は列席者の感情を深甚ならしめた。質素なる戦中のことゝとは言へ、その饗応は陣中善美の限りが尽されてあつた。プレオプラゼンスキイ軍楽隊は絶えず日本趣味の蝶姫《バッターフライ》などの音楽を奏せられた。一同は勲章其他貴重なる什品を給はり午餐を了へた。

この午後、閑院宮殿下には自働車にて同市の野外にて偶然にも、露国皇帝並びに皇太子に御会合になり数刻に亘つて御談話遊ばされたのであつた。八時には皇后陛下の御仮宮にて非公式の晩餐があつてこれに列するもの僅かに三十餘名。陛下殿下の尽きぬ名残を惜まれ給ひ、同夜十時ヨ《ママ》ールジユ殿下並びに接伴員同乗露国皇太后陛下の行在所なるキエフ市に向はせられた。

二十五日午後三時キエフに到著遊ばされ、同地御滞在の皇族の御迎へを受け、盛装せる数万の男女の堵列せる市街を通過し、殿下には市庁学校病院等を御視察あらせらる。同市大学校には其の地方のあらゆる男女学生蝟集し、同校にて此の度特に製せられたる金冊（Livre d'or）の劈頭に、殿下先づ羅馬字にて淋漓として Kotohito Kanin. と書し給ひたるときの少露国民の歓呼の如きは、今だに無上の快感を以て耳朶に響くの思がある。キエフは露国南方の大都府であつて曽つてモスコー以前の首府たりし地。人口殆ど百万を算し、都市頗る繁栄す。市長は展望無限なる大丘上の宮殿に殿下を御招待申上げ露国古代の楽を奏し、議員及重立ちたる市民を率ゐて歓迎の辞を述べ、殿下之に御挨拶遊ばされ、殿下には随員一同を御引率遊ばされ同夜七時行在所に参内し、殿下には皇太后陛下に御対面あらせられ御使命を果され、我が皇后陛下よりの御贈品を献上遊ばされた。その時の晩餐会は正式であつて、露国宮廷の雄大にして壮麗なる御催し、逌がに強大国の朝廷であることを感ぜしめた。天候玲瓏として、峨々として高き山上に宮殿あり。巨大なるドニーブル河の清流に臨み、その奏でらるゝ音楽は希臘羅馬の名古曲であつて、一同恍惚として夢の郷に在るかの如き感があつた。同所は即ち露国赤十字の本部の所在地であつて、皇太后陛下はその総裁におはしますのである。同夜十一時陛下の許を辞せられ、太公殿下御同伴直ちにペトログラードへと向はせられた。

二十七日午後三時ペトログラード御著、停車場には露国皇族十数名盛装して御出迎あり。場外には日本式の大アーチがあつて日本文字を以つて、菊花にて『奉迎』の文字を飾り附け、殿下の御宿と定められし冬宮（Palais d'Hiver）に到る約二十七丁、大厦高楼の聳えたる間に十数万の盛装せる士女密集し、街には高き階上の欄干を双方より連ねて幾多の巨大なる日章旗を垂れて、旗の隧道を現出し、殿下の通過あらせらるゝに添ふて益〻万歳を歓呼した。この時恰かも微雨であつたに係らず、群集の熱誠の度は少しも減ぜず、斯かる盛大なる歓迎は露国歴史上従来極めて稀に見る所だと言ふことである。極めて短き露都の御滞在中ジヨルジユ太公殿下の御催、日本大使館の催、首相兼外相の催、市の催、宮内省観劇会、日露協会の催等引きも絶らず、殿下には御容姿麗はしく、軍事其他一般の御視察あり。先帝アレキサンダー三世の御陵に詣でられ、美なる蘭花の冠を捧呈あらせられた。

三十日、殿下並びに一同はツアルスコイ・セローに赴き、皇后陛下の行在所に参内す。殿下には皇后陛下に御対面、御任務を果されたる後、四皇女並びに数名の皇族、文武の大官と共に此処にも絢爛なる午餐の御催があつた。この日数台の大型飛行機、青空を舞ひ及特に組織せる儀仗隊路傍に堵列し殿下に対する歓迎の意を表彰したのであつた。

斯くの如く我が宮殿下には露国上下挙げての熱誠にして真摯なる歓迎を受けられたる後十月二日、多数の皇族文武大官の盛大なる奉送の裡に午後三時を期として帰途につかせられたのであつた。その歓待は帰路に於ても到る所往路と異なる所は無かつた。十月十一日長春に御到著ある迄、タチシエフ中将以下の接伴員の懇切周到なる接待斡旋があつた。同日タチシエフ中将以下の人々と袂を分ち、直に南満鉄道会社の列車に入らせられ十三日夜京都御帰著、十四日朝桃山の御両陵の御参拝、御無事御任務を果されたる由を先帝先后の御霊に御告遊ばされ、十五日夜御帰京、十六日朝随行員一同を従へさせられ、両陛下に御対顔委曲御復命相成り十九日畏多くも陛下に於かせられては貞愛親王殿下をも御召ありて、閑院宮殿下外随員一同を御召遊ばされ御慰労の思召を以つて、午餐を御一緒に遊ばされ、長時間色々と殿下御訪露に関する御物語あらせられた次第である。

露国上下の歓迎歓送は前記の通りである。殆ど国を挙げての熱誠は、一点の疑無き所で、それは左の事実に徴しても明らかである。九月二十八日の首相兼外相の晩餐の際、某国大使は我宮殿下の或る随行員に対し、『閑院宮殿下今回の御来露は独り露国の歴史に於けるのみならず、欧州一般の歴史に於ても最も記憶すべき一頁を為すものである。昨日殿下御著京の際、本使は停車場附近に在りて、其の情勢を視察し人民一般の歓迎盛大なるに動かされ是れ啻事ならずと信じた故、本使は一度帰館の上、服を背広に改め長時間群集に入混りて、其の心裡を忖度することを努めたるに、彼等の日本に対する同情の如何に深く、如何に強烈なるかを知りて少なからず驚いたのである。尚右は各方面より到来する諸般の情報と一致するものである』と言ふた相だ。官民共に熱誠であつた証拠ではないか。

斯く露国人心の熱誠であるについては、大に原因のある所で一つには大局推移の力の然らしむる所なるも、他の強き理由は露国が十数年前独帝の奸策に陥り極東事件に熱中し、終に日本と衝突して満州戦争となつたので、その結果夢覚めて顧るに日本としては死活の大問題としてこの戦争を餘儀なく開きしこと寔に道理あること全然明白となつた。日露戦争開戦間際《まぎは》に　日本皇帝陛下の露国公使に対する優渥なる御取扱、日本軍の露軍に対する行動、捕虜の待遇、人民一般の露国民に対する動作、ポーツマス条約調印の日即ち明治三十八年九月五日日比谷の変に当りニコライ教会堂の保護の行き届きたること、戦後旅順に於て露国戦死者の墓を修めたること等に依りて日本人の高潔なる武士道的心事に動かされ、特に今回此等日本人の行動と独墺軍が露国の将卒並びに一般人民に対する暴虐なる行動と比較し、益〻日本人の性格を崇敬愛慕するに至り、現に吾人が露国旅行中彼の国朝野の精華を抽きたる数百の人士と会談するに孰れもこの意味のことを物語り、若し日露両国間に満州の大戦無かりせば今日の同盟は無かつたであらうと言ひ合つてゐた。

尚日露両国間右の如く極めて親善なる関係を生ずるに至りたるは、殆んど十一年に亘り露国に駐剳する我が本野大使の努力に負ふ所多きは我が国民の心に銘記すべき所である。本野大使は日露戦争の血塵未だ影を収めざる時露国に使して四面楚歌の裡に立ち、赤手大勢の挽回に勉められ、明治四十一年第一回の協約並びに通商漁業条約⑲を締結したるより以来数回の協約を重ねて、終に現今の状態を作り出したる同大使の苦心は恐らく想像の外にあるべく、閑院宮殿下今回の御訪露は右の状態に大なる奥印を捺されたるものである。我が外交の枢軸たる日英同盟を始めとして、日仏協約並びに日米協約等を根拠とせるこの大勢の動かざる限り、東洋の天地は永へに平和なるべきことは疑を容れないのみならず、将来に於て何時かは開催せらるべき欧州大戦の講和会議に於ても、我が国の利権は連合諸国の利権と共に完全に保護せらるべきや明白である。

この好機会に乗じ日露両国の問題を具体的に発展せしむるは、両国実業家の責務であつて、両国政府は必ずや全力を尽して之を保護するに相違ない。凡そ貿易其他実業永遠の発達は相互的でなければならないが、現在では日本品の露国に輸出し居るものゝみ多く亦将来増加する事も明白であるが、露国より日本に輸入して居る物品の欠乏して居ることは両国関係の一大欠陥であるから、我が実業家たるものは最善の努力をして之を補はなければならない。思ふにシベリヤ鉄道は一線にて日露物品の輸送殊に露国物産の如き容量と重量との大なるものには頗る不足を感ずるのであるが、欧州大戦の結果としてコンスタンチノーブルの問題は如何に解決せらるゝかこれを別問題とするも、若し連合諸国に有利なる結果を収め、露国がダーダネルス海峡通行権を得たる際は、日露通商上オデッサの如き最も重要なる貿易港となるであらう。日露親善の証明せられたる今日、日本の実業家にして今より此等の諸問題について用意する所無からんには、全く大国民たるの資格無きものと言はざるを得ない。

猶ほ大戦のために疲労して居ると言はるゝ露国人民が、最も美はしき盛装を以つて我等の旅行を迎へたるは不思議である。彼等にはパン肉類が平時よりは幾分不足してゐると伝へられてゐるが、これも約一千万人の青年を戦場に送つてゐる彼等としては当然のことで、之を以つて、未だ彼等の将来を問ふには足りない。彼等は甚だしく極端なる性格を有し、或る時は極度に忍耐し、或る時は太だしく雄大なる計画を行ふのである。大戦一度開くるや厳重なる禁酒令を布き之を犯すものは刑罰に問ふてゐる。此等は彼等が極端なる性格を告げるものである。日露戦争に於てバルチック艦隊を廻航したるが如きも亦、彼等が雄大なる計画を物語るものである。

要するに十年前の仇敵今や親友と為り、肝胆相照らし意気相許して世界の事に当り殊に東洋の時局を処理することゝ為りたる日露両国の関係に取りて、閑院宮殿下今回の御訪露は之に鮮明なる奥印を押捺せられたるものであつて、余輩の如く日露戦争前後久しく外務本省に在り小村侯指揮の下に日露の事務に鞅掌し、且つ「ポーツマス」に随行して「ウイッテ」其他の露国全権との激論に列したる者には、言ふに言はれぬ感慨を起さしむるものであつた。而して其の効果としては露国を通じて我邦と連合諸国との連鎖を緊縮し、欧亜交際史上、後世歴史家の注意する所となるや疑を容れない。尚近年互に知り互に敬し始めたる両国民は此機を利用し一層相互に知ることを努め、益〻密邇する関係を結び以て永く世界の平和、殊に東洋の寧静、開発の大業を共にせんことは、余輩の熱望して已まぬ所である。

（本編は御名代宮殿下の随員として曩に露都を訪問せる安達公使閣下の談話を筆記せるものなり。外交時報記者識）

第六節　メキシコ革命

[27]「墨国現下ノ一般形勢ニ関シ報告ノ件」　一九一四年二月二四日

機密第六号

---

(19)　明治四〇（一九〇七）年七月三〇日日露第一回協約、同年七月二八日日露通商航海条約、日露漁業協約が署名された。

大正三年二月二十四日
在墨
特命全権公使　法学博士　安達峯一郎
外務大臣男爵牧野伸顕殿

墨国現下ノ一般形勢ニ関シ報告ノ件

墨国内外一般ノ形成ニ関シテハ追次電報ヲ以テ及具報置候処、猶最近ニ探聞セシ材料モ有之旁々本使観察ノ大要ヲモ附記シ、左記ノ通リ報告供貴覧候間御査閲相成度候。

先ツ財政及軍事ノ二大問題ハ、目下「ウエルタ」政府ノ運命ヲモ左右スヘキ一大試金石タルノ観ヲ呈シ居ル次第ニ候処、財政ニ関シテハ近来益々悲観説ヲ耳ニスルコト頻リニシテ、二月三日付機密第五号拙信詳述ノ各種弥縫策モ今日迄ノ結果ニ徴スレバ、到底財政困窮ノ大勢ヲ挽回シ能ハサルモノヽ如ク、本年正月内外債利子支払停止後モ財源枯渇シテ、「ウエルタ」政府財政ノ窮状依然タルノ有様ニ候。本年一月下旬ヨリ二月ニ亘リ政府部内ニ於ケル財政ノ遣繰稍小康ヲ得タルノ観ヲ呈シ、為メニ世人ヲシテ政府ノ財政ニモ猶ホ餘裕アルノ望ヲ懐カシメ候モ、実ハ現政府窮餘ノ一策ニシテ、政府カ全力ヲ傾注シテ全国各地ノ大地主大富豪ニ説キ強制納税ニ応セシメタル結果ニ外ナラサル趣ニ候。然ルニ「ウエルタ」大統領ノ親友ニシテ、同大統領ノ政治ノ内情ニモ精通セリト称セラルヽ現墨国下院常置委員長「エンリツケ、バス」氏ガ、墨国財政ニ関シ最近本使ニ内話セル所ニヨレバ、前記強制徴税ニヨリテ得タル資金ニモ限リアルト共ニ、墨国財政ノ状態ハ何レ本年四月頃ニハ之ヲ再ヒスルノ外ナキ次第ナレドモ、強制徴税ノ如キ手段ハ幾度モ繰返シ得ベキモノニ非サレバ、今ヤ財政ノ危機ニ切迫シツヽアルノ感アリトノ事ニ有之候。内情ニ精通セルモノ已ニ此ノ如シ。当地独乙公使ガ過日来屡バ本使ニ向ヒ、墨国財政ノ破産ヲ説ク亦故ナキニ非スト被存候。同公使ノ已ニ探知セル処ニヨレバ、政府財政ニ最モ重要ノ関係アル Banco Nacional de Mexico 及ビ Banco Londres y Mexico 両銀行ノ如キ今ヤ其ノ営業ニ困窮シ、後者ハ全然破産ニ瀕シオリ、唯前者ハ未ダ後者ノ如ク甚タシカラサルノミナル由ニテ、前記「バス」氏モ同様ノ内話致候。サレバ此ノ如キ財政難ノ窮極スル処ハ、先ツ少ナクモ政府諸官吏及ビ軍隊ノ俸給支払ノ停止トナリテ現ハル、事、何人モ之ヲ想像スルニ難カラサル処ニ有之。已ニ昨年十一月頃一時其傾向ヲ生シ一般ノ人心ヲシテ戦々胸々タラシメシ如ク、支払停止ノ結果ハ全墨国ヲ通スル demoralisation ノ現象ヲ惹起スルニ至ルベク被存候。一方、財政問題ハ此ノ如クナルニ、他方軍事問題ニ於テ本使ノ屢々電信ヲ以テ具報セシ、「ウエルタ」大統領ノ進撃的戦略 offensive campaign ナルモノ、声言モ、其ノ実行ニ至リテハ多大ノ信頼ヲ置キ難キモノ、如ク、各地方ニ於ケル官軍ノ配置ニ於テ昨年ニ比シ、所謂進撃的態度ニ出テタリト覚シキ節々モ其之ニアラザルモ如何セン。軍隊ノ実質ニ非常ノ欠点有之。下層人民中身持悪キ者共ヲ強制募集シ、又タ剰餘ノ囚人ニヨリ組織セラレタル兵士ニ愛国ノ精神モ奉公ノ勇気モ之レアルベキ道理ナク、永ク墨国陸軍ニアリテ其実情ニ通暁シ教育総監ノ職ヲ有シ、兼官トシテ現時「アグアス、カリエンテス」州知事 Ruelas 中将ノ如キスラモ、墨国官軍ノ将校及兵士ノ最大多数ハ、射撃スルコトヲモ知ラズト内話セルコトモ有之。此ノ如キ兵士ニヨリテ進撃的戦略ノ実行ハ、到底望ミ難キ次第ナランカトモ被存候。現ニ「チワワ」州「オヒナガ」（Ojinaga）ノ守備兵ハ、前記 Ruelas 将軍ノ談ニヨレバ、将校士卒共官軍ノ精鋭ナリトノコトナリシモ、本年一月叛軍ノ勇将“Villa”ノ鎧袖一触ノ為メ忽チ四散潰走セシ如キ有様ニ有之候。「ウエルタ」大統領ハ本年一月末米国大統領ノ対墨武器輸出解禁ノ措置ニ対抗シテカ、直チニ墨国陸軍ヲ十五万人ヨリ二十万人ニ増加スルノ大統領令ヲ発布シ、即日之ガ実施ヲ命ゼシモ、幾多ノ準備ヲ要スベキ軍備ノ拡張ヲ軽々単月ニ断行スルコトハ、由来如何ナル軍政家モ之ヲ難シトスル処、況ンヤ軍政ノ不整不備ナル墨国ニ於テオヤ。之ヲ要スルニ到底紙上ノ兵士タリトノ嘲ヲ解キ難カルベク候。素ヨリ軍隊ノ実質モ官叛両軍ノ比較ノ問題ニテ、叛軍トテモ素是レ烏合ノ衆、其大部分ハ草賊匪徒ノ集団ナレバ訓練ナク規律ナキハ、今更メテ本使ノ言ヲ俟タサル次第ニ候得共、彼等ノ官軍ニ勝ルハ官軍ニ比シ略奪其他ノ行為ニハヨリ多ク自由ナルコト、、戦争地ノ地理ニヨリ多ク通暁セルコト、及叛軍将士ノ多クハ野生ノ武人闘士ニシテ、文明的戦規戦略ヲ主トセザル墨国内乱ニハ寧ロ適当セルコト等ノ点ニ有之。カクシテ今日迄官軍モ到底叛徒ニ対シ一網討尽ノ快挙ヲ出ツル能ハズ。一進一退ノ程ニ空シク日月ヲ経過スルノ有様ニ候。素ヨリ今日ニ於テハ一般ノ形勢ハ寧ロ官軍ニ利アルモノノ如ク、叛軍ハ米国ヨリ無形有形ノ後援ヲ得ツヽアルニ拘ハラズ、而ク〔シテ〕優勢ナラサルモノヽ如ク見受ケラレ、“Villa”ノ“Torreon”攻撃ノ如キ、一ヶ月前ヨリ声言セラレオルモ未ダ実行ニ至ラズ。一時官軍側ヲシテ、叛軍ハ官軍ノ軍備ヲ恐レテ其進撃ヲ中止セリトノ感ヲ抱カシメタル程ニ候。サレド最近ニ至リVillaハ「チワワ」州北部ヨリ将来シテ愈々「トレオン」攻撃ノ途ニ就クヲ再ビ声言シ、墨国陸軍大臣亦之ヲ否定セズ、頻リニ「トレオン」市附近ノ防備ヲ説クニ至リシヨリ見レバ、「トレオン」ニ於ケル官叛両軍ノ一大会戦ハ免レ難キモノト被存、当地一般社会ニ於テモ之ヲ予期シ同会戦ヲ以テ官叛両軍形勢ノ岐ルヽ処ナリト観望致シ居リ候。当地独逸公使ノ如キハ其ノ武官出身ナルノ故ヲ以テ両軍ノ作戦ニ多大ノ興味ヲ有シ、其言ハ参考ニ値スルモノト被存候ガ、同公使ハ官軍ノ「トレオン」方面作戦配置ノ姑息ナルヲ説キ、勇進敢為ノ“Villa”軍ノ為メ撃破セラレザルヤヲ危ブミタル次第ニテ、同会戦勝敗ノ数ハ今ヨリ之ヲ逆睹シ難キモノアリト被存候。

財政及軍事方面ノ観察大要前記ノ如キモノ有之ニ翻テ、他方当首府内ノ情勢ヲ観ルニ、例令未遂ニ終リシトハ云ヘ昨年十月以来三回迄モ「ウエルタ」大統領ニ対スル陰謀行ハレシコトハ、此際注目ニ値スルコトヽ被存候。即チ昨年十月旧議会ニ於ケル反対党ノ陰謀ヨリ延キテ議会ノ解散トナリ、議員百餘名ノ投獄トナリシハ、猶人ノ記憶ニ新ナル処、次ニ本年一月下旬ニハ「フェリックス、デアス」氏ノ残党ノ陰謀発覚シ、知名ノ士数名ノ投獄トナリ、更ニ二月上旬首府ヲ去ル僅ニ一里“Santa Clara”村ニ於ケル数名ノ捕縛行ハレ、策源地ハ不明ナレトモ或種ノ陰謀発覚ノ結果ナリト称セラレオリ候。素ヨリ政府ハ陰謀ニ対シ之ヲ未前ニ防止スルノ手段トシテ、嫌疑アルモノハ直チニ捕縛シテ殺害スルノ方針ヲ採リ、昨年来有象無象ノ徒ト雖モ反対派ト目セラレシモノヽ殺害セラレタルコト多キハ、屢々之ヲ耳ニスル次第ニテ、政府ノ注意厳酷ヲ極ムルモノアルヲ想像スルニ余リアリ候。サレド一方ニハ北部憲政軍南部「サパタ」及「マデロ」ノ残党ノ密使密偵等、今猶現ニ当首府ニ入リ込ミ居ルコトハ、其逮捕ノ報時々新聞紙上ニテスラ散スルヲ以テ見ルモ想像シ得ベク、彼等モ各々巧ミニ其所在ヲ韜晦シテ画策ニ努ムベク、政府ノ虚ニ乗シテ何事ヲカ勃発セシムルニ成効セズトモ限ラス。而シテ之等ヲ外ニスルモ官軍軍隊内部ニ於ケル裏切ハ、表裏反覆常ナラザル外、墨国軍隊ニ於テ毫モ珍ラシカラサル事ニ属スルヲ以テ、今日官軍ノ大勢ニシテ全ク頽勢ニ傾倒スルカ、又ハ財政難ト関連シテ給料支払ノ停滞普ネキニ及バ、、軍隊内ニ如何ナル変ヲ生ゼンヤモ計リ知ルベカラズト被存候。サレド此等ノ点ニ関スル「ウエルタ」政府ノ警戒ハ、昨年二月ノ政変猶新ナル今日ノコトナレバ、周到ヲ極メオルコト、想像スルヲ以テ至当ナリト致スベキ歟ト存シ居候。

一般ノ形勢大略前記ノ次第ナルヲ以テ、当地英独仏三国公使等ハ昨年来ノ警戒ヲ毫モ此際緩和スルニ至ラズ。依然トシテ当首府外国人自衛計画ノ方針ニ基キ種々画策致シ居リ候。殊ニ仏独公使等ハ過日来最寄協議ヲ継続セシ結果、首府自衛モサルコトナガラ、「ウエルタ」政府ヲシテ外国人保護ニ尽力セシムル事ニ関シ、此際交渉シ置クノ必要アルニ意見一致シタル由ニ候モ、奈何セン事ハ「ウエルタ」ト交渉スルニハ余リ delicate ナルニ過ギテ其承諾ヲ得ルヲ危ブミ、両公使共其交渉ノ任ニ当ルヲ躊躇シ居リタルガ、幸ヒ英国公使「カルデン」卿ガ「ウエルタ」ト最モ親交アリ、「ウエルタ」ノ心理状態ニ通スルアルヲ利用シ同公使ノ同意ヲ得テ交渉スルノ得策ナルヲ覚リ、同公使ニ依頼シ同公使ハ機ヲ見テ「ウエルタ」ニ交渉シタルニ、「ウエルタ」ハ当首府外国人ノ最多数居住ノ区域ニハ、事アル際最モ訓練セル約六百ノ精兵ヲ配置スベク、該兵数ハ必ラズ当首府ニ留保シオキ、其指揮官トシテ直隷州総督「ラモン、コローナ」少将ヲ任命シオクベキ旨ノ内約ヲ為シタル由ニ候。サレド将来形勢ノ推移如何ニヨリテハ、此ノ大統領ノ内約ナルモノガ果シテ確実ニ実行セラル、ヤ否ヤ、コレ寧ロ信頼シ難シトハ独逸公使等ノ唱道スル処ニシテ、同公使ハ従来多量ノ武器弾薬ヲ貯蔵シ、無線電信機迄モ公々然据付ケタル以上ニ、更ニ今次“Dresden”艦ニ搭載セル Maxim 砲六門ヲ首府ニ取寄スル計画ヲナシオレル趣ニ候。要スルニ独仏公使等ノ此ノ如ク警戒ヲ加ヘツ、アル所以ハ、現下ノ形勢ニ伴フ「ウエルタ」政府将来ノ運命ニ対シ、飽迄悲観説ヲ抱持スルニ基ク次第ニ候処、本使ハ前記各種ノ観察ヲ綜合シテ形勢ノ不安ヲ感シオルコト素ヨリニ候得共、サリトテ此際両公使ノ悲観的感想ニ全然同意シ難キモノ有之候。蓋シ「ウエルタ」大統領ガ今日迄内外多事多難ノ衝ニ立チテ、大勢ヲ挽回シ得ザル迄モ之ヲ支持シ来レル経過ヨリ察スルモ、大統領撰挙期日タル七月五日迄ハ何トカシテ諸種ノ窮策ヲ施シテ、形勢ヲ維持スルニ其全身全力ヲ傾注シ行クベキヲ推スルガ故ニ候。而シテ時ト共ニ切迫スル財政難モ公債利子支払停止期間タル七月上旬迄ハ、彼ノ如キ遣繰ト弥縫トヲ重ネ得ベク、其間ニ一方ノ軍事ニ於テ官軍ノ形勢著シク優勢ト為ルコトモアラバ、英仏等ノ諸国ニ於テハ其政府ハ飽迄米国政府ニ気兼シテ墨国財政ニ公然援助ヲ与フルヲ肯ゼストスルモ、民間財業者側ニテハ多少冒険的投資ノ思想ヲ生シテ、絶好ノ条件ヲ以テ「ウエルタ」政府ノ財政ニ助力ヲ与ヘントスルモノアランコト、由来其例ニ乏シカラズ。例ヘバ再昨年支那ニ関スル六国財団組織ノ当初、英仏白等ヨリ種々ノ冒険的財業者出現シテ、南北ノ形勢全ク暗黒ナリシニ不拘、袁ト交渉シタル顛末ニ徴シ察スルニ足ル儀ト存シ候。サレハ本使ヲ以テ見ルニ「ウエルタ」政府モ猶今後数ヶ月間ハ、其存続ノ運命ヲ賭スベキ大事件ニ逢遇スルニ至ラザルベク、従テ当首府モ無政府状態ノ現出モ之レナカルベキ歟ト思考セラレ、此点ニ付本使ハ前記独仏公使等ニ比シ寧ロ楽観ニ近キ感想ヲ懐ク次第ニ候ヘ共、又一方ニ於テ本使ハ今後数ヶ月間ハ、今日ノ如キ不安不定ノ形勢ノ継続ヲ予想スルモノニ有之候間、苟モ此不安不定ノ形勢継続スル限リハ今後数ヶ月間ト雖モ、内部ノ警戒ハ毫モ之ヲ緩除スルガ如キコトアルベカラザル儀ト確信罷在候。

右得貴意置度此段及具報候。敬具

駐墨全権公使　安達峰一郎

[28]「心に懸る墨西哥の空」　一九一五年一一月

心に懸る墨西哥の空

一　勝てば是れ官軍

墨国の現状に就きては、今更語るまでも無く、国内の戦乱容易に熄む可くもあらず、全く混乱紛糾の状にありて、多事多難到底想像の及ぶ所にあらず。余の僅々二ヶ年の墨国駐在中に受けたる感想は、欧州各国に使ひせる既往二十年間の夫れよりも遥かに有意味のものあるを思はざるを得ず。自分が赴任当時はウエルタ氏大統領として政権を握り居りしが、氏が一敗地に塗みれ、身を以て遠く西班牙へ遁るゝや、爾来政変愈々繁く野戦市街戦の惨劇を繰返しつゝ一時的主権者たるもの、今日まで枚挙に遑なき有様にて、目下は憲政軍政府の大統領としてカランザ氏のあるも、国内反対軍の到る所に存在する事とて、秩序の回復など思ひもよらず、自分は此間に於て病魔の犯す所となり時に非常なる困難を嘗めたり。

二　交通杜絶と邦人

墨国内の混乱如斯きものある為め鉄道、電信、郵便等の交通機関は杜絶の姿にあると共に瓦斯、電燈等の事業も殆ど破壊に近く且つ一枚の新聞紙すら之れを得るに難き有様なれば国内の形勢更に知るを得ず、自分の如きも昨年来故国よりの通信など手にする能はず、全く孤立の状を以て其日を送るの有様なりき。尤も各政派とも本邦人に対しては何れも敬意を以て接し、公使館に対しても今日迄の各政府は常に好意を寄せ危険に備ふる為め、軍隊を以つて公使館の護衛に努むる所あり。現に自分等が帰朝に際してもカランザ政府は首府よりベルグルーズ迄の途上、敵軍による鉄道爆破等の危険ありとて周到の注意をなし呉れたるなど、常に邦人に対しては相当の好意を有しつゝあるは事実也。されば国内不穏状態のうちにも本邦人は他の外人に比し、最も墨国人の好意と同情とを受けつゝある有様にて、此点は差して懸念するもの無きが如し。

三　貨幣制度の混沌

目下墨国内にある本邦人は其数三千五六百人にして、首府には約三百人の邦人あり。此等は商店使用人、屋内労働者、園丁等に従事し居るも、内乱以来職を失ひ其方向に迷ふ者も生じたり。此等は実に同情に堪へざる所にして、尚ほ仕事をなしつゝあるものも、戦乱のため一定の正貨流通するものなく、各軍何れも軍票を発行し、武力により之れを使用しつゝあれば、貨幣の如きも平時の十分の一の価値にも当らず、随て邦人労働者にて一日に最低給一円五十銭位を受くるも、之れとて正貨の支払なければ、張合ひもなく、且つ物価非常に騰貴し居れば、生活の困難一方ならざるものあり。

自分は今や母国の土を踏むに至れるも、遠く墨国在留邦人の上を思へば洵に心懸りに堪へざるものあり。前日地洋丸上、句あり。

　束の間に富士山見得る身となれど
　　心に懸る墨西哥の空

と之れ自分の心事也。（談）

［29］「前任国墨西哥の事情」　一九一六年六月二〇日

◎前任国墨西哥の事情

特命全権公使 法学博士　安達峯一郎君講演

諸君、本会の会頭大谷〔嘉兵衛〕様は、私に取ては最も尊重し、且又最も親愛する大先輩の一人でございます。二十箇年以来常に其恩顧を蒙むつて居ります。その私に対して仰せられることは、私の親が言はれることと同様に心得て、如何なる事でも力を尽して為す決心でございます。それ故に先日お目に掛つた時に一寸お話しました私の前任国墨西哥の事情が、あなた方に多少有益であらうから話せといふ仰せを受けました時に、最も喜んで又最も誠意を籠めて直ちに御承諾申しました。今日繰合せが附きまして、諸君の前に立ちて一場のお話をするといふことは、私の大先輩である会頭に対する情誼に依るのみならず、又横浜市及此地方の将来を預る所の其青年を養成せられる重大なる職務を持て居られる諸君に対する私の義務と心得るので、今日は成る可く簡単に又成る可く完全に諸君の前に墨西哥国に関し一場の講話を致しまして、尚ほ特に南亜米利加北亜米利加の日本帝国に対する将来の運命、殊に私が過去殆んど四半世紀に渉つて世界の各国に在勤しまして感じましたる教育の事、特に教育家に望むといふ一点を挙げまして、諸君の多少の参考に供したいと思ふのでございます。私の前任国でございます墨西哥、去七日を以て墨国駐箚を免ぜられましたから、私の公然の責任は解除せられたことと思ひますが、二年間半計り彼の国に居て苦しみました経歴を持て居りますから、墨西哥の事と申しますと、矢張り私の自身の身に対するが如く痛切に感じます。墨西哥の事を了解する為に先づ北亜米利加南亜米利加のコロンバス発見時代の歴史といふことを考へて見なければならぬと思ふ。コロンバスの亜米利加発見は千四百九十二年に伊太利人コロンバスが西班牙国イザベラ女皇の命を奉じて「印度」を発見しやうと思つて船に乗て参りました。航路を誤つて墨西哥湾の島に着きました。島に着きましてこれは印度に違ひないと思つた。さうして上陸を致し其土地に住んで居る人間は印度人に違ひないと思ひまして、インジヨスと其人類を称した。でありますから今でも北亜米利加合衆国に住んで居る在来の人種は「インヂヨ」即ちインヂアンと称して居る。墨西哥の在来のインジヨス、又智利其他の地方在来の人種を皆インジヨスと申しますけれ共これは全く無意味なことであつて、単に在来の人種である。さうしてそれをコロンブスが誤つて印度人と信じたのであります。此人種は、欧羅巴人たるコロンバスが千四百九十二年に亜米利加に至る前に此両大陸に散布して居つたのであります。其人種は如何なる人種であるか、これは餘程興味があります。これは今日学者の研究に依ると、確に東洋人に違ひない。其東洋の何処の人種であるといふことは、今日十分の証拠を挙げることは出来ませぬが、東洋人に違ひないといふことは一目しても分ります。それでありますからこれは人類学上東洋人たる我々には最も興味深いことで、即ち南北亜米利加が欧羅巴人の物になる前には、我々の同胞が此両大陸を持ち居つたのであります。それでありますから欧羅巴諸国に於ても学問の盛な所の国に於ては、メキシコロジー即ち墨西哥学といふ者を特に研究して英吉利の大学にも独逸の大学にも墨西哥学といふ講座が設けてある。仏蘭西に於きましては、講座の代りに奨学資金即ち「ブールス」を出しまして之を研究して居ります。其費用は誰が持て居るかと申しますれば、仏蘭西の種族であつて亜米利加人になつて墨西哥に於て大に事業を挙げて巨億の富を積んで今は巴里に隠居して居るローバー公である。同公は墨西哥に居る千五百万人の在来の人種といふものは、どうも日本人の子孫であらう。然らずんば東洋人の何処からか来た者であらうといふ其想像を強く致しまして、之を研究するのが、墨西哥に於て事業を成して巨億の富を積んだ謝恩の意味を表するものだと言ふので、今申した様な計画をして研究せしめた。日本に於ては殊に其研究をすることが日本人にも興味があるだらうし又学問の為に非常に興味があるだらうと申しまして、去る明治三十二年頃大谷会頭が仏国巴里御滞在の時分と記憶しますが、其ローバー公が度々我が公使館に参りまして、適当なる資金を日本政府に献ずるに依り其資金を以て、墨西哥へ留学生を派遣して、此の人類学上の難問題を解釈して貰ひたいと話がありまして、当時の公使栗野子爵から日本政府に上申したことがありましたがそれは実行を見ずして己〔已〕みました。今度私が墨国駐箚の命を奉じて墨西哥に参りましてから、此問題は一層の興味を持つことになりまして、或日其ローバー公に手紙を送つて予てお話の事件は今度実行したい、其問題を拝聞させて貰ひたいと言た所が、同人の返事は墨西哥内乱の為に遅れて着きまして、それを読んで見ると、私に取ては不満足なことではあるが、詰り日本人と墨西哥人との歴史前の親族関係は到底史実的の証拠を挙げることは出来ぬといふ論結になりましたから、此上更に研究を積んで史実的の証拠を挙げるといふ希望は全く抛つことにした。其史実的証拠を挙げることが出来ぬといふ証拠は、斯々の著書に依て明かだから御覧下さいと言て其著書を送つて来ました。成程史実的の証拠を挙げることは出来ぬ、想像に止まるので、どうしても近世の学問上の証拠、裁判上の証拠を挙げることは出来ぬが、併し両者の間に極めて密接の関係があつたのであらうといふ重大な想像が立つのであります。それでありますから北米合衆国に留学したり又旅行した人が山の奥に参りまして、在来の人種の住んで居る所へ参りますと、其人達は従来の言葉を失つて英語を話して居る其人が日本人を見て、我が兄弟と言ふ。尤も今は其文明が衰へて劣等な人種になつて居ります。又亜米利加合衆国は日光が強い為に人種が銅色を帯びて銅色人種になつて居りますけれども、どうも東洋の我が同胞と似て居ることがあります。それで其人種は、亜米利加合衆国に於ては、ホンの博物館に出す位な数になつて居りますが、墨西哥に於ては、其人種が千三百万以上も揃つて居ります。其他の二百万位は墨西哥人欧羅巴人又は其子孫若くは其れと在来人種との雑種になつて居りますから、我が日本の同胞だらうと想像する所の人種の集団して居る所は墨西哥国でございます。墨西哥の南、巴奈馬〔パナマ〕地峡の北に小さい数多の国があります。其処に在来の人種が多少住んで居りますが、面積が少いから従て其人種の数も少い。それから南亜米利加に行ても少い、智利にも居り、パリー〔パラグアイ?〕にも居りますが、是亦数が少い。日本人が墨西哥を旅行しますと、何れの所に於ても我が同胞の如く感ぜられ、何れの所に於ても特別の待遇を受け、特別に尊敬愛着されることは事実であります。それ故に昔から関係が打絶て親族が何処に居るか永世の間打絶て知らなかつた其同胞が、今日墨国に居るのであらうかといふ想像もあるのであります。

それでありますから南亜米利加北亜米利加は、白人が其手を附ける以前に於ては、此の人種に依て満されて居つた。其人種が如何にして欧羅巴人に征服されたかと申しますと、コロンバスが今日の墨西哥湾の一島に上陸して、後帰つてイサベラ女王に上申して之を征服することを謀つた。之れから五年目にコルテスといふ勇将が墨西哥湾から上陸して墨西哥の首府に行た。其時墨西哥には、アステカといふ帝国がありました。さうして面積は日本の十数倍もあります。其帝国の版図に帰して居た所は、今日の墨西哥と称する所ばかりでなく、北米合衆国の十州又巴奈馬地峡迄も勢力が広がつて居りました。仏蘭西、独逸、西班牙三国を合わせたよりも広いものを持て居りました。併し乍ら其文明の程度其武力の程度が西班牙の当時の盛な勢に抵抗することが出来ぬで、遂に此のアステカ帝国が亡びたのである。千五百十九年に脆くも亡びた。それで今日の学者が調べて見ますと、アステカ帝国が亡びる前にトルテカといふ人種があの地方に帝国を立て可なり高度の程度に達して居る帝国を立てました。昔埃及に於ける高度の文明のあつた証拠として残つて居るピラミツド其他の石碑の如きものも墨西哥に沢山あります。此トルテカ帝国並に其民族は、季候の餘り温暖なのと、其地方に産するプルケといふ芭蕉の如き植物、マゲーと称するものゝ実から造る酒の為に健康が衰へてアステカといふ人種に逐はれて亡び、アステカ人種が今の墨西哥の首府メキシコ市に都を立て居りました所に、西班牙の強い文明を持て居つたコルテス将軍の兵卒が這入てそれから段々欧羅巴人の手に渡つて在来の人種が主権を失つて奴隷の如き境遇に陥つたのであります。さうして西班牙国は此の墨西哥といふものを最初に発見して最初に征服いたしましたから、今日の墨西哥をニユースプイン《ママ》即ち新西班牙といふ名前を与へまして、強硬なる政治家を以て其総督と致し副王即ち「ワイス、ローイ」と致しまして、統御した。其統御の方法は、武力を用ひて圧する。在来の人種の持て居つた土地は、総て没収して墨西哥の国王の所有と致しました。さうして自党の有力者に之を分配したのであります。数百の有力者は百里四方数十里四方、少くも十里四方の土地を持て居りまして実際上絶対君主の権力を振つたのであります。日本の封建政治は日本人種の文武両道に通じて心根のみやびやかな結果として、其の封建制度は頗る人情に富んで居ります。これは同じ人種が同じ人種を治める関係にも依るのでありませうが、兎に角日本の封建制度には奥床しい所がありますが、墨西哥はさうではありませぬ。即ち白人と称する者が在来の人種を根絶しても差支なしと宜しいといふ思想に基きて造つた封建制度でありますから、残酷を極めて居ります。さうして在来の人種は昔より其処に持て居た土地を皆取上げて、其上に封建の制度を布いたのでありますから其結果は知る可きのみで、一方に於ては絶対服従の人民、一方に於ては絶対専制の君主と云ふ制度の下に、墨西哥は西班牙の属地になつて仕舞つた。其当時は蚕業も大に発達し、綿を造ることも絹を造ることも織ることもやり、又、米を造るの術も大に発達して居つた者が四百年の間残酷に扱はれたる〔に〕より、墨西哥独立頃即千百年計り前には、在来の人種は健康は衰へて貧弱になり無智になり、人類たる値打が大に少い位にまで堕落せしめられたのであります。山に木を植ることも知らず衣服を織ることも知らず、教育もない。他の人種に征服せられる所の不幸は斯く計り甚いものであるかと感せられるゝのであります。

然るに今を去ること百年前、ナポレオンといふ大英傑が欧羅巴に起りまして、大戦争が勃発しました。今日の戦争はまだ一年八箇月しか続きませぬが、ナポレオンの戦場に争つたのは二十数年の永き間で欧羅巴諸国が互に相戦つて居る際、西班牙の殖民地となつて居つた此地方の人種が右の大勢に乗じて叛旗を翻し革命運動をしたのが、千八百十年から廿五六年の間でありました。千八百十年に「イダルゴ」といふ僧侶が墨西哥の独立を唱へて、九月の十六日夜半十二時に盛んに鐘を鳴し人民を集めて西班牙に叛いて墨西哥の独立を宣言した。然るに「イダルゴ」の力弱くして直ちに押へられて銃刑に処せられましたが、精神的の独立は此時にあるとなつて居ります。実際の独立はそれから十一年後、千八百二十一年でありますが、墨西哥人が独立を宣言したのは千八百十年で、それを紀念する為に明治四十三年即ち千九百十年九月十六日に百年祭を催ふして各国の君主の代表者を招待して盛大なる儀式をやりました。

日本からは内田子爵が臨席されました。此間私が内田子爵に当時の話を伺ひましたが、内田君の言はれるに其百年祭の華美なる事、壮麗なる事は実に欧羅巴亜米利加辺に永年在勤したる自分の脳髄を以てしても想像することの出来ないことである、実に立派なものであると言はれましたが、千九百十年は墨西哥の物質的に盛になつた頂点でございまして、其盛大な事は実に想像も出来ぬ位であつたさうであります。其間百年間どうなつて居つたかと申しますと、御承知の通り西班牙人種は各方面に於ける殖民地を治めるに益々深酷なる圧制をして殖民地の人種を利用する政策を取る結果として、叛乱絶ゆることなく総督も殺されたことも沢山ある。これから其殖民地の人民を教育することがないのでありますから、元来無学文盲であつた所の在来の人種が益々無学文盲になりまして叛乱絶る時なく、墨西哥に於ては文明の進歩が誠に遅々たるものでございました。其内に千八百四十八年になりまして、亜米利加合衆国の発達は頗る見るに足るものになりまして、墨国と事を構へて米墨戦争となり墨国は全敗して首府も占領する所となりました。そこで媾和条約をして十州を亜米利加に譲つて今日の墨西哥といふ小国になつたのであります。さうして居る内にナポレオン三世が欧羅巴に於て不如意の結果、何か外国に対して事を構へて自分の人望を維持しやう、殊にビスマルクの教唆、陰謀もあり亜米利加に事を構つて一つの帝国を立るならば大変に結構なことであるといふ野心に駆られて墨国征伐を企て、最も自分の愛して居る所の親族の一人墺地利〔オーストリア〕のマキシミリアン大公殿下を墨国皇帝としたのが、千八百十〔千八百七十〕年の普仏戦争に負けてセダンに檎〔擒〕となるの端緒であります。これで墨国から申しますと彼れマキシミリアン帝は外国人であつて、自分達の主権を奪つて天子になつた。成程マキシミリアンは、一個人としては明主であらう、殊に皇后は慈悲心に富んで居る人であるが、腹は脊に換られぬ、取て之に代らなければならぬといふので一揆が到る処に起りました。其時デイアスなる者が起つて義勇兵を募りました。其数が益々殖へて来たからそれを訓練して遂に立派な軍隊と仕立てて、仏軍を破って遂にマキシミリアン皇帝を殺して、墨西哥をして復た在来の独立を得せしめたのでありますす。此人は田舎に居た時は商売人を脅かしてさうして金銭を掠奪して居つたさうでありますが、遂に墨西哥を独立せしめたので、元の出身如何に拘らずデイアス君は頓に人望を得まして、大統領となり爾来再選に再選重ねた三十年間引続き大統領となつた。天才的政治家の巨腕を持て居る者でありますから、其三十年間に非常に発達をしました。其当時英国のカルデン卿が墨西哥市に総領事として駐在して居つた。其カルデン卿が私と同時に公使として彼地に在りし時申されますのに〔「〕私が十八年総領事をして墨国に居つた時に、年末に報告をするのは実に愉快であつた。外国人の利権が沢山に発展することは無論墨国人の利権も発展して毎年算盤で予め計算することの出来ぬ程立派に富が殖てくる。実に愉快であつたが、今日は内乱が起つて人民塗炭の苦をして居るのは不思議なことである」と申しましたが、それに依て見ても「デイアス」将軍の卅年の平和といふものは非常に立派であつたことを証明します。又其当時墨西哥に居られました公使其他の方も、墨西哥は進歩の模範国だと思つて居つたといふことを申しました。又先程申しました通り一種持〔特〕別の人種と自覚して居る墨国であるので、それが原因でありませうが[20]、日本帝国が米国ペルリ提督の軍艦の砲声に依て夢醒め国を開いたのは嘉永二年即ち千八百五十二〔千八百四十九〕年でありますが、それ以来諸外国と屈辱の条約を結んだことが十数国で何れも法権を失ひ税権を失ひ外国との条約は平等でない。明治四十四年の最後の条約を以て辛ふして漸く税権を回復して名義上対等国になつたが、それ迄艱難苦辛したことは長く日本国民の忘れてならぬことであります。其間に於て明治二十四年墨西哥の大統領デイヤス《ママ》君は、欧羅巴風の文明を以て政治を組織して居るに拘らす駸々として進んで居る墨西哥より提案をして、全く日本と対等条約を結んだのであります[21]。其主唱者はロメロ公使で我談判者は陸奥〔宗光・駐米〕公使であります。対等条約を結んだのは墨西哥が嚆矢で、それが導火線となつて先輩諸君が苦心をしまして、日清戦争に勝ちましたに乗じまして、法権だけを回復したことは諸君の御記憶のことだらうと思ひます。それで墨西哥に於ては、鉄道を国有にしました。其鉄道は英吉利国の資本亜米利加の資本で出来て居つた色々の鉄道を皆買上げて墨西哥政府の勝手になる様に国有にしました。それは十八年間大蔵大臣をして居つた仏国「ブ《ママ》レスト軍港漁夫の子息たる「リマントール」君がやつたので、明治四十二年と思ひます。私が巴里に居ります時に国債を総て借換まして、従来の五分を四分の利息に借換たので、墨国の財政は非常に信用を高めたのであります。日本の一円に当る貨幣が日本の一円〇八銭又は一円十一銭迄相場されまして、又墨西哥の一ペソといふものは実際銀の重さは亜米利加の四十六銭にしか当らぬものが四十九銭何厘かに、紐育〔ニューヨーク〕の取引所で相場された位に信用が高まつて居つたのであります。総ての点に付て墨西哥が強大なる国になり、北米合衆国と並び立てさうして異彩を放つ所の文明国になるだらうと、「デイアス」君並に其与党が思つて居つた。所が此の大政治家の方針に二つの間違ひがあつたさうであります。一つは自分の後継者を造らなかつた。即ち相続人といふ者に考へ及ばなかつた。第二には社会の進運に注目を怠つた。第一にデイアスの大統領になつたのは五十二歳で、引続いて三十年間大統領をして居つたが、七十歳位迄は十分働き総て社会の変革に応ずる政策を考へたでありませうが、それから以後は之を取巻く所の人が追従軽薄の者が集つて自己の利益を図らんとする者が多数になりましたので、さういふ者の言を信じてデイアスは社会の進運を見ることが出来ぬ。それから自ら任意に権力を抛ちて之を他人に譲ることは餘程六ヶしいものと見へて、自己の死後に非れば権力を他に譲らぬといふ直覚的考想を起しましてか後継者を選ふことを考へざるのみならず、之を嫌う傾きになる。人望のある人は外国に任務を授けるとか、或は他の名義を以て囹圄の人とするとか、此事に付ては頗る分らぬことがあるさうであります。第二の欠点は、今申しました通り社会の進運に注目することが少くなつた。それでありますから、保守的の法律制度を以て昔からの奴隷制度を続けて居りましたが、世の中は鉄道電信の発達の結果として何れの国の思想も墨国の様な所にも遠慮なく侵入して参ります。人民は非常な不平である。其時亜米利加合衆国の境のコハトリ〔コアウイラ〕州に於て数十里四方を持て居るマデロといふ豪族の長男フランシスコ、マデロといふ者が、英仏諸国に留学して社会学を究めて、欧羅巴の大学でも講座を持つことの出来る様な学者、其人が本国の有様に奮慨して自分は大金持であるから自分の別に利益でないが、一般同胞の為め利益と思つて「デイアス」翁に幾度も練〔諫〕言をしたが聞かれませぬから、自分の資金を抛つて同志を糾合して革命の旗を挙げたのが千九百十年で、丁度百年祭の行はれた時に起つて叛旗を翻した。デイアスは之に着目せんで少しも用意せぬ。それから数箇月を経て革命軍の勢が益々強くなつて千九

(20)　日米和親条約が締結されたのは、嘉永七（一八五四）年のことである。

(21)　明治二一（一八八八）年一一月三〇日に署名された、日本国及墨西哥合衆国間修好通商条約を指すとみられる。資料〔30〕参照。

百十一年六月には丁度東京ならば静岡に当る所迄取て仕舞て一週間の内にマデロ軍が首府に這入つた。デイアスはマデロの本陣がまだ来ないだらうと思つて油断をして居ると六月二十九日の晩になつて、形勢急に逼迫し翌朝午前二時に革命軍に攻められて、鉄砲を放つて生命から〴〵逃げたのであります。さうしてデイアスは、巴里に逃れまして配所の月を眺めて小さな旅籠家に三つ、四つから成て居る室の主人となりました。私杯〔抔〕も度々お逢ひ申して又一所に散歩したこともあります。中々豪いお爺さんでありますけれども、英雄の末路実に憫む可きであります。又さういふことになつた原因になるかどうか知りませぬが、デイアス君の夫人は大統領になつた際に結婚したのでありますが、其年齢の差が四十歳であります。大統領が五十七歳の時で、当時十七歳の妙齢の少女である。其人が五十七歳の大統領に嫁して年の違う所の夫を敬愛し、必死となつて之を助けたのは此夫人の偉大なる淑徳であるに違ひないが、思想が大変違つて居る。又さうなると畏るへき勢力を持て居るので、此夫人の愛顧を得てデイアス君に愛顧を得やうといふ輩が出来た。それ故に大統領君は惑はされたといふことはないでありませうが、惑はされたのであらうと想像する人が沢山あるのであります。決して其夫人の婦徳を彼是申すべき次第ではありませぬけれども、世の中の評判はさうなつて居るのであります。斯の如くしてマデロ君が政権を握つて大統領になつた。社会主義の極端即ち土地平分主義を標榜したのであります。即ち在来の地主の特権を打破して、さうして之を在来人種に平分し以て四百年以前の現状にして復てやると言て革命の旗を掲げましたが、扨て大統領になつて其主義を実行することは困難でありませう、何ぜならば西班牙人は四百年来泥棒して居つたか知らぬが、自分の土地だと思うて居る、而も資本家と関係を持ち有力なる人民と関係を持て居る所がこれを根本から覆して四百年の昔に返すといふことは、学者一方のマデロ君の首唱した革命説中々巧くいかぬ。其内にデイアス君の甥であつた人が突如として起りましてマデロを攻めて宮城を逐ふた。それが一昨年の二月十日の夜で、爾来十日間の砲戦をしまして惨憺を極めたのであります。其革命の結果としてマデロ君も殺された。之を墨西哥の歴史で十日の惨劇と言て、モウ全体に無政府となり暗黒社会となつて居る内に、又突如として起つて来たのはウエルタ将軍であります。墨西哥の首府が一面の修羅場となつて居る時に其人が手兵二百計りを以て秩序を回復し得る力を示した者でありますから、群衆集つて皆之を主権者と仰いたのであります。さうして仮大統領として議会にも宣告せられ、それから日本の皇帝陛下にも英吉利の皇帝陛下にも其他の大統領各国の皇帝陛下にもそれを通知しましたが、先づ英吉利の皇帝陛下が、墨国の大統領として之を認め、私が赴任します時、日本皇帝陛下に於かせられても此人を主権者とお認めになりまして、御親任状を賜はつた。其人は一挙にして大統領となりましたが、一つの間違ひは亜米利加合衆国と仲善くしなかつたのであります。亜米利加合衆国は当時此人を大統領と認めぬ様な形跡がありまして、米国の大使として墨国に居りました、レン、ウイルソン氏杯〔抔〕も其説を持て居つたとのことでありますけれども、これは将来歴史が研究するでありませうが、何等の原因なく亜米利加が承認しないといふことで、ウエルタ君もウイルソン大統領と仲が悪くなつた。ウイルソンの方は反革命者、即ちウエルタに反対する党派の方の肩を持ちまして、さうして内乱が益々深くなりましたが、頑強にウエルタが抗拔するものでありますから一年と数箇月間世界の新聞を騒がして色々危険なことがありました。外国人虐殺の事もありました。種々雑多の変動がありました。併し乍ら長い物には巻かれるで、墨西哥の今日の有様は到底北米合衆国の如き実力のある者に睨まれては仕方がない。遂に一昨年の七月十六日の夜を以て、まだ権力を維持することが出来たのでありませうが、花のある内に花々しく墨西哥の首府を去りました。「私が此処に大統領として居ることは墨国の為にならぬさうでありますから私は此処を去る。去た後に又衆望が消えすして私を呼びに来たら戻る〔」〕と言て、汽車を特別に仕立て、東京ならば銀座横浜ならば弁天通といふ様な所にカフエー店があります。そこで群衆に向つて告別の演説をして別れました。途中には我々外国の代表者に電報を寄越して其意味を告げ、後任者としては自分の親友ルバ《マ》ハ《マ》カル君に委任したから各自の本国に電報を以てどうか宜しくあなた方の代表される皇帝陛下に報告して呉れと言て、墨西哥を以て倫敦に行き巴里に移り西班牙に落付きました。此時迄は、内乱は激烈であるけれども大型の争乱であります。言葉を換て申しますと、正式の戦争に似て居つた。大きな鉄砲大きな軍隊の衝突である。それでウエルタ君は去て仕舞つて、カルバハル君が大審院長から大統領になつた。扨て大統領になつたが、亜米利加及北方革命軍の首長カランサ君と妥協したが折合ぬので僅に二十八日間しか政権を握つて居ることが出来ぬ。そこでカルバハル君は我々に電話で、これから外へ参りますから墨国の責任者は市参事会にあるに依て、それに万事御相談の上然る可くといふことで我々も途方に暮れたのであります。凡そ戦闘に際しては或る共同の敵があつて其敵を討つ迄は一致して居る。カランザの革命軍もウエルタを倒す迄は一致して居つたが、ウエルタが倒れた後、カランザ派が勝利を占めて墨国全体に号令が出来るといふ時代になると、オレが大将になりたいといふ者が一人ならず出来た。カランザは表向の第一の大将であるけれども、右の腕になつて其人をして権力を握らした人はヴイヤといふ人でこれは天性の武人で、学校抔には這入たことはない無学文盲の人でありまして、今日は三十七歳になりますが、三十四歳まではＡＢＣも知らなかつた。今日は自分の署名をする位は出来るさうでありますが、其人は四年五年前に墨国を旅行した日本人の話を聞くと、二十人位の手下を以て奪掠強盗をして居つた人であるとのこと。既に其力が優つて二百人になつた。其後私が参りまして一年経ちますと、十二万計の兵を持て居た。立派な柿色の衣服を着て立派な馬に跨つて居つたのであります。又斯の如く組織的の立派な脳髄を持て居る人で到る処功を奏して居るが、豊臣秀吉と同じく学校を卒業した者でない。軍隊操典を調べて組織した軍隊でない。それで墨西哥の軍隊には女も居る。巴御前が何百人と居る。十歳の子供も六十歳の老兵も居る。雑然として居る。女の大佐もあれば将軍もあるといふので世界の婦人の為に万丈の光焔を吐いて居るのであります。それで話が餘談に渉りますが、出雲艦の乗組士官で私の生命の親である森といふ方が、墨西哥全体を旅行して観察されましたが、最も感ずることは墨国婦人である。彼等は大概歩兵となつて居りますが、千里の間を転戦して其勇猛なる事、又其忍耐力ある事、実際体力の強い事は感嘆に価すると言はれました。それでヴイヤ君の十万の力に依てカランザ君が首府を占領したに拘らず、首府に這入る時にカランザ君がヴイヤ君に相談せずに這入て来たので、ヴイヤ君から言へば怪しからぬ、癪に障ると考へたのでありませう。それでカランザ君からどうぞ来て下さいと言ても首府に来ない。東京から言へば宇都宮位の距離の所に居つて大勢力を有して居る。そこでヴイヤとカランザの両者の間に争があつて騒いで居ります。又其間に幾多の英雄があつて何れも主権を取らうと思ひますから、党を構へて群雄割拠して丁度日本の戦国時代の様に松永とか三好とかいふ者が互に政権を争つたと同じで、田舎に居つてはいかぬから首府を取らなければいかぬといふので、或将軍が首府を占領すると、又の別の者が来る。一昨年の八月から昨年の三月迄に主権者を変ること約十度で、平均四十日位で主権者が変つて居ります。丁度応仁記に書いてある様で、仏蘭西革命の色彩を添へ又東洋人でありますから水滸伝といふ様な興味もある。之を歴史的小説的に考へて見れば面白いが、其職を奉じて重大な任務を持て居る我々外国公使には迷惑至極であります。其主権者を変へる時にどういふ風に変へるかと言へば、墨西哥の首府は海抜八千尺で三方山に囲まれて居る。其山は二万尺以上ありまして、富士山の倍位高い。さうして一方が開けて居る。所が敵が襲ふて来る時に山から襲ふてくる。道が何本もある。どういふ断崖絶壁の所でも猿の様に上つて来て働く。さういふ者が周囲の山岳を占領して大砲小銃を放つので首府は守るに難い所であります。数日間戦争して居ると陥落する。其間に居る我々公使館の人間は之を如何とすることが出来ぬ。我々も慣れると小銃の音も音楽の様に思ひます。それが五六日位続くと、今度は市街戦となります。市街戦に一番適当して居るのは機関銃であります。機関銃は御存知の通り容易すく操縦することが出来ますから、人を殺すことは造作ない。其時に必ず首府を占領して居る者が負ける。是は千篇一律であります。誰も人情の常として首府を去り度くないといふので最後迄戦うのは無理もありませぬ。愈々去るといふ時に我々に告別をする。従来の厚誼を謝す。又戦勝て首府を占領に来ますから、お記憶置を願ひますと云ふ様なことを電話で言て来ます。首府の責任者は市参事会となります。警察官もないのであります。そこで我々外国の代表者は協議して自衛の策を講じなければならぬ。外の国に於ては外国使臣会議抔は十年に一遍位しかありませぬ。只儀式に関する様なことが偶にありますが、実際の安危問題として外国の使臣会議抔を開かれるといふことは無い。所が墨国に於てはこれが常にある〔の〕で、我々代表者は首席公使の事務所に殆んど常に集つて協議して居る様な哀れ果敢ない始末であります。さうして其時に政変に応ずる為に各国の者が公使館で大砲とか機関銃を持て居る。進入して来る者が強盗をするだらう、放火をするだらうと言て居つた者が、勝軍さで這入て来る者は別段に奪掠をしないで、却て逃げて行く方の者が乱暴して自働車や馬車を奪掠する。食糧を取る。外国の公使館でも自働車や車馬抔を取られないものは殆んどない。取られた所が訴へる所はなし。国際公法とか法律とかいふものは何等物を言ふて呉れませぬ。

それでも日本の公使館は今申す通り何等指を染められたことはない。最も尊重敬愛されて居つたのでありますが、僅つた一度敗軍の者が遁れ行く際日本帝国政府の自働車を其軍隊に取られた。日章旗の下に在る人及物件は神聖である。少しも指を染めさせぬものであると思つて居た所が取られたので大きに困りましたが、極めて天運善く次の日別の党派の軍隊が来て、私の方に電話であなたの公使館の自働車は昨夜逃げて行た所の敵軍が狼狽したものか自働車が捨てある。見ると日本公使館の記章がある。あなたの所の物に違ひないから早速御返却を到す。我が政府の如何に善良であるかを御承知になりたい。又此儀は貴国政府に御報告になりたいといふことで、僅つた一夜の悪夢で終つたのでありますが、或は又馬を取られた公使があります。これを訴に行くと大統領と称する者が命令状を書いて呉れる。これは何国の公使の馬である、其馬を盗まれた、それをお前が持て居るからそれを返せといふ命令であります。これは通常の手続では一旦盗まれた物は返しませぬから、其手続をして公使が其命令書を持て行てお返しなさいと言た所が、直に其命令書を寸断するという様なことで困つたことがあります。それから又甚しきに至つては多数の外国の公使が何れも追放となつた。あなた方の如き日本帝国の様な秩序ある又安全なる所に御生活の方には想像に浮びませぬでありませうが、我々外国の公使が寝耳に水で、午前の十一時過に一つの書附を送つてくる。さうすると、閣下は此政府に気に入らない。依て二十四時間内に此国を立去る可し。日附を見ると午前八時と書いてあります。二十四時間と言へば明日の午前八時で、汽車では殆ど通じない。汽車の通じない時には午前六時に汽車が発しますと言て、午前五時頃に政府から軍用自働車を寄越してサアお立ちなさい。さうすると妻子眷属を連れて行かなければならぬといふ様な悲惨な歴史があります。さういふ風な乱雑な風であります。それが続いて居つて、昨年の八月十二日にカランザ政府になりました時に、私が帰朝致したきに依りどうぞ特別の斡旋を願ひたい、旅行に差支ない様に立たせて貰ひたいと申した所が首府の統督も深く其意を諒として、特別の列車を造つてさうして前を護衛して段々参つたのであります。所が首府と港の交通が遮断して其時は既に六箇月で、汽車が破壊されて居るのでありますのみならず、地雷火が方々に出来て居ります。詰りカランザの反対の党派や衆寡敵せず我々を脅迫したことであります。其危険があつて毎月一遍位は地雷火で汽車が破壊されるので、さういふことでは、新政府の名折になる又日本公使に対して気の毒といふ感があつたと見へて一寸二千人計りの者が三台の汽車に乗て、一里置き、二里置きといふことで行きました。さういふ風で途中が長く掛りまして稍くにして九月の何日かに港に着いて、それから墨国を立たのでありますが、これ等の事は餘り長くなるからお話しすることは略します。

これから又溯つて、斯の如く今日苦んで居る所の墨国其国はどういふ国であるか、又あなた方教育に従事せられる方々に取て如何なる興味があるかといふことに付て申すと、国は日本の五倍程でございまして、人口は日本の五分の一位であります。地味は極めて豊饒であつて季候は暖い所でありまして、大概の地方に於ては米が四遍取れる。丁度会頭の仰せられた通り今日植れば明日物になるといふのもありまして、大概二三日で直に驚く様なものになる。それで日本から松本何某〔松本辰五郎〕といふ植木屋が往年墨西哥に博覧会のある時行きましたが、墨西哥は植木屋に取て好い所である、直に大きくなる、植物が皆異様に変る、面白くて堪らぬと言て二十何年も居るといふ位であります。又収穫の点から言へば収穫も多い。肥料も何も入れないで収穫がありますから米を作ることは極めて容易である。容易である結果怠惰になる。脳髄も遅れる。日本の如き島国でありまして、四方海を以て環らして潮気に富んだ空気を吸ふて居るから身体は大きくありませぬが、極て緊張して居る血液を持て居る。我が同胞が向ふに参りますと何れも優等なる働きが出来ます。尤も是迄向ふに参りましたのは、日露戦争後頓に勃興した移民会社の手を経て来て、教育の点資本の点が遺憾の点が少くないでありますから、事業の発展は微々たるもので私は残念に思ひます。欧羅巴の移民殊に独逸の移民は世界に於て優等人種と認められて居る。又独逸の小学教育の完備して居る結果、独逸の移民は素寒貧であつた者が何れも相当の位置を得、何れも富裕者となつて、我が帝国公使館の駐在附近のみを以てしても百幾十といふ者が立派な大廈高楼を構へて居る独逸の移民が居る。それが十年位で出来るが、日本の移民は中々さういかぬ。これは色々の関係もありませう。教育の点、交際の点から墨西哥の上流社会に仕事をして、英吉利人、仏蘭西人、亜米利加人、独逸人、是等と対等の交際が出来ぬ関係もありませうが、兎に角残念なる有様にあります。殊に今日は戦乱打続いて事業も少く、先程お話しました墨西哥貨幣の壱円は我が壱円八銭に迄上つた所のものが、今日は下つて四銭乃至五銭になつて居りますから、墨西哥に於て壱円儲かつて、本国に送つても相場の関係上僅に四銭か五銭しか送るに過ぎぬのでありますから、墨国に残つて居る日本人の不如意は実に悲惨なるものであります。併し乍らこれは為換の関係も漸次に改良しますと、是亦一年に参千円四千円位は容易すく送られたさうであります。故に今日俄に悲観すべきことでないと思ふ。それから茲に一寸脱線を致しますが、今の様に墨国に於て事業はないが日本帝国臣民は墨国に位置を持て居るが為に、一種の職業が発達されたと言ても宜しうございますが、墨国の首府に於ては盗賊が白昼横行して兵隊も亦之に加はつて居ることがあつたので危険此上ない。銀行其他の富裕者には特別の番人が居る。墨西哥人もいかぬ、欧羅巴人もいかぬと考へて居るが、第一日本人は墨西哥人に取ては昔の御親類である。第二に露国といふ強大国を相手に戦つて日露開戦をして奉天及対馬の会戦に於て大勝利を得た。日本の権利を伸張するが為に必要であるならば、又若し不幸にして挑まれゝば正義の為には如何なる国に対しても戦うことを辞さないであらうと想像されて居る結果として、日本人を以て番人とすれば盗賊と雖も尊敬するといふので、皆日本人を雇ひたいと言て居る。只寝転んで番をして居れば宜いので、其給料の如きも数倍の給料を貰うて居るのであります。斯ういふ奇妙なる職業がありますが、併し何千何万入るといふ訳でない。之を以ても墨国人の心理状態を見ることの一端が出来ます。一旦平和克復の後は、日本人が向ふで仕事をするには誠に好都合である。それから又土地は日本の御維新の時の様に土地が下落して居る。維新当時東京に於ける状況の話を聞きますと、戦争の危険があるので、土地が大変下落して其時に家屋土地を買占めて巨万の富を得たといふ話もあるが、墨国の現状は江戸の騒ぎを大きく広めたと同じであります。一方相場の関係はどうかと言へば為換相場が下つて居つて日本の金で壱円八銭である可き貨幣が四銭五銭でありますから、日本の金を以て墨西哥の金に換て土地を買占めるといふことは極めて容易であります。私先年羅馬在勤中時の公使高平男の御勧めに依て某保険会社と契約を結んで、一年に払ふ所の金は弐百円でありましたが、昨年の六月二十日で満期になりまして、其契約の結果として私に五千八百円の金を紐育の生命保険会社が払つて来た。其時支店の番頭が来て言ふには、亜米利加の金にすると二千四百弗で之を墨西哥の相場にすると四十倍になつて七万円になる。之を以てあなたが土地をお買ひなさい。時恰も日本の公使館の敷地家屋の所有者が、此戦乱の結果公使館の敷地及家屋を売ることになつて初めには拾五万円といふことであつたが、昨年の四五月には七万五千円でも売るといふことであった。私の所に不時の金が這入つたのであるから其金でお買ひなさいと申した。僅つたそれだけの金で拾五万円以上のものが買へる。横浜で申しますと英吉利の領事官《ママ》の様な所であります。建物も大変立派で其中に畠もある。馬屋もある。自動車室もある。日本の種子を取寄せて蒔いて見て驚いた。其事を大谷さんに話したのを先程大谷さんから諸君に申上げた様な訳で、日本の鶏頭は高サ二尺位になるのが三日位でなる、さういふ庭がある。さういふ土地が安く買へるのであるけれども、私は之を峻拒しました。といふのは斯ういふ事情がある。一体官吏、我々の様な外交官は、丁度坊さんの様なものでありまして托鉢を毎日して信者の喜捨に依て生きるといふことが官吏の生活である。殊に国家の代表者として外国に駐劄してる所の外交官の如きはさうでなければならぬ。即ち貧を富と心得て之に甘んじて居らなければならぬ。英吉利の公使として私の先輩たる「カルデン」卿が亜米利加の新聞に攻撃され、其為でもあるまいが遂に任地を去りたることがある。それは十八年間総領事をして居つて、地方で可なり広い面積の土地を安く買てそれを開墾した所が其附近に鉄道が開けて今日は頗る地価が高くなつたが、それが為に英吉利の公使は非常に憎まれて新聞に書かれたことがある。それで私が少し計りの金でも土地を買て持て居るとさういふことになつてはいかぬと思ひました。其儘に致しました。尤も隣の米国人は斯ういふ絶好なる時機を逸する様な、さういふ間抜けなものでありませぬから、善い所は買たでありませうが、広い墨国の事でありますから、まだ善い所がありませうと思ひます。墨西哥の首府に於て労働に従事して米国人は其受くる所の俸給は敢て潤沢でないが、皆受る所の金は亜米利加の金でありますから、之を墨西哥の貨幣に換算すると多額の金になるので、之れに依て土地を所有して居り家を所有して居る者が沢山あります。是等は移民諸君も味はなければならぬことゝ思ふ。これが墨国の現状を写す所の一例であります。さういふ現象は長く続くかどうか神ならぬ私は予言が出来ませぬが、可なり続くか知れませぬが、併し乍ら横浜より一葦帯水を隔つる南北に亜米利加があり、中央に墨西哥があつて千五百万の人口が集つて而も日本歴史以前の御親類だと思つて居る者があるといふことは、一つの記憶すべき事実であらうと思ひます。それから其人が日本に対して同情を持て居るのであるから日本人が仕事が出来る国である。それで日本民族の天職は欧羅巴の文明と我々の島国の文明と結付けて精神上経済上其他何れの点に於ても敗を取らない。即ち我々は欧羅巴諸国を先進国と仰いで其文明の一部を取りつゝありますから、我々の祖先以来身に備へて居る文明の血液に之を混和させて、一種特別なる高尚なる文明を此の東洋に立てゝ、純粋なる欧羅巴的の文明でなく一種特別なる日本の文明を作る。是は東洋人の模範とするのみならず白人の模範ともする。此文明が将来の歴史に永く残るといふことにするのが、我々同胞の大なる天職と心得るのでありますから、此南北亜米利加の事情を知られるといふ事、又此事を少年の者にお話し下さるといふことは、日本国民の気性を広大にして明治皇帝並に大正皇帝の祖宗以来の宏遠なる皇謨に報ひる所以と思ひますから、墨西哥を中心として南北亜米利加大陸の事をお話し申上げた次第であります。これで大体の輪廓のお話をしましたが、先程大谷会頭が私があちらに居つて艱難をしたことをお話しせよといふ様に諷せられた様でありますから、一言附加へ様と思ひます。

それで私が困難をしたといふことは客〔逆〕でありまして、私の主として申上げたいのは日本の海軍が米大陸で活動したのは私の困難な不幸が動機となつたのである。日本の民族が世界へ発展する証拠と思ひますからお話しますが、先程話しましたウエルタ将軍が亜米利加と事を構へたる時に、当時墨西哥の近海に遊弋して日本人の生命財産の保護を図つて下さる軍艦出雲を訪問する必要を感じまして、大正三年五月二十五日寸隙を見計らつて軍艦に参りました。さうして将来の重大なる任務に関する事を御依頼しましたが当時の艦長は森山大佐で私が帰る時に特に水兵、将校を簡抜して私に附けて呉れました。さうして首府に向つて進行しました。中々墨西哥も広うございますから三日四日汽車に乗て首府に達するのであります。さうすると午後二時頃になると、山が一つ見へる、そこに兵が居つて汽車を目掛けて発砲するるので極めて危険であります。其時日本の将校兵卒は勿論憎まれもせぬが、私の汽車に乗て居つた墨西哥の兵が其の数僅に十八人で士官が之を引率して居る。それで次の村に行けば又発砲する。到底仕方がない。汽罐車に当つた弾丸の数は二十何個であります。それで薄暮になりまして、其隊の人が是は到底前進することは危険でありますから此村へ泊りませうといふのでサユラといふ村落に這入りまして泊らうとしたが、其村は其処の守備隊が「ウエルダ《ママ》」政府に背き前々同病院を焼き奪掠をして逃げた後でありますから極めて惨憺たるものであります。私の列車に乗て居つた人は皆々私に附いてくる。これは外国の公使である。殊に日本の代表者であればこれに附いて居れば安心だという訳であるが、尚低い所で暑い、善き食料もなき一小村落であるから仕方がない。さうすると其村長は特に私に対する敬意を表する為だと言て自分の持て居る宅用の寝床を貸した。所が南京虫が居つて中々眠られぬ。代り〳〵村落を占領する武将が来るので人民は恐怖して生命は取られるものと思つて居る。尤も無理はない。奪掠したり短銃を持て脅かしたりするので私の所に居つた婦人は朝から晩迄黙祈して居る。三日経つても四日経つても電信が来ない。勇気ある人があつて妹と馬に一所に乗て私の密書を齎らし「グアダラハラ」監督の許へと進みましたが効がありませんでした。色々手段を講じて居つたが交通が出来ぬ。私の随行者が相談して斯の如きことに軽挙盲動するのはいかぬから、どこ迄も辛抱して天運順環するのを待つの外はないと極めて居つた。九日目でありましたか、晩方曩に墨西哥の首府に居た森参謀から名刺の端に認めたる書面が到着した。サンターローサー迄参り夜に入り当地に泊りました。明朝御地に参り候とい〔ふ〕ことが書いてある。其話を聞きますと、色々艱難困苦をして森中佐が出雲の兵を連れて私を救護に来たといふことである。次の日起きて見ますと日章旗を持てやつて来た。一同を迎へて話を聞いたが、如何に機敏で勇敢に任務を果したかといふことが分つたのであります。私が帰府の途中見へなくなつたといふ電報が倫敦タイムス〔や〕テリグラフに載りまして、首府の方から無線電信で通知があつたので艦長は救護する必要があるといふので森君を寄越した。それで森少佐と私が一所になつたが、扨てそれからどういふ行動を取らうかと言て居ると、叛軍の将で「サントウ」といふ人が八百の兵を率ひて私共の泊つて居る所に来た。そこで村長達は日章旗のお蔭を蒙むらうと言て私と一所に難を避けて居つた。さうして大分御馳走をしました。そこで首府の方に行かうといふ協議一決して之を実行しやうとした所が人民が聞かぬ。人民は前に何遍も奪掠されたが、私が避難して居る所は奪掠されない。外国の代表者が居るからと言ふので何もしない。私は其村の安寧の為に欠く可らざる人間だと考へた。それで困つた。其首府の方に一歩でも進むことが日本帝国に対する義務であるといふ決断が実行が出来なかつた。頻に色々の事を言て止めるが、それを振切て遂に去ることに極めたが大変不平の様でありました。村長の家は寝床も焼かれてあつた。病院も焼かれて居る。兵隊は夜になると行先がない。酒を飲んだ勢で実弾で始終鉄砲を打つ。ピヤノの代りにやつて居る。実に危ない。私が立つことに極めて、日本の名誉領事は墨西哥人であります、それに馬を頼み食糧を頼み、立つ日は極秘にして置きました。といふのは日章旗の保護を受ける者は日本代表者並に同胞に止むるべきものである。其恩恵を墨国人の敵味方入れ乱れて居る者に及ぼすといふことは道理に反するのみならず、其土地の人から憎まれて日章旗を汚すか知らぬ。極めて注意すべきことであるから極秘にして七月十日でありましたが、朝早く運を天に委せて其村を立退きました。途中の各駅は戦争の後でありまして、ステーシヨンは皆焼かれて建物はなかつたが、墨西哥人は私共の一行に好意を捧げなければならぬと言て羊や鶏杯〔抔〕を告別の印として呉れました。其晩になりまして段々暗くなる時に、丁度大きな山を通らなければ町に出られぬことになつた。そこで斯ういふ時に墨西哥人の同行者を振払うが宜い。気の毒だが墨国人は内乱の為に艱難するのは通常であるからどうかなるだらう。そこで同行の婦人等と別れました。それから三里計り山を登つて下ると午後の十時になつて道が分らなくなつて谿川を渉つて行つた。斯ういふ時に生命を捨れば未来永劫暗より暗に葬むられるといふ時に、偶然にも人の気はひがあるから行くといふと町があつた。所が其前に此町へ来た泥棒があつて女を攫つて行たので、我々が行くとソレ泥棒が来たと警鐘を鳴らし人民は大変な騒ぎになつた。所が話が前に戻りますが、墨西哥人が私に同行を申込んだ時に拒んだが、其中に一人承諾したのは仏蘭西人で「モネー」といふ人であります。私共に最も都合の宜い仏蘭西語を話します。又話も合ひ、金持で食糧品も持て居る。穎敏にして勇敢極めて悧怜な人でありますから之を私の秘書官として私と同行した。其人が今の騒ぎの時に役に立て、其人が大音声に演説して曰く、泥棒でもない賊軍でもない平和の民、日本の代表者の一行である。諸君其警鐘を変じて歓迎の鐘に代へなさいと言たので、日本人だといふことが分つて、それから歓迎の会が開かれて村長も出て来て歓迎した。御馳走があつたが無論旅宿杯〔抔〕はないから村民の家に泊りました。これから其次の日に次の地方に行た。其処でも日本人だといふと歓迎します。或時山の中の森林を越へる時に泥棒の一隊に遇ひましたが、談判をした所が日本の人ならば宜いといふので歓迎をして其処を通つたことがありました。又先に行きますと其所に賊軍の大本営があつて、初めは我々の武器を解かなければ入れないといふ首長の意見であつたが、我々は短銃の外持て居ない、これは護身用である、お前の方の御大将に聞いて呉れないかと言たので、兵卒が大本営に行て聞くと武器でも何でも持てお出なさい、貴賓として歓迎するから大本営に来て下さいと言て大変に歓迎したことがあります。さうして三日目の晩方になつて或所へ着きますと、丁度新聞を売る家があつた。これは恋しいと言て新聞を買て見ますと、日本人が決死隊を組織して公使の救護に出たといふことが見えました。其一行が向ふの方から来たので驚いて一部始終の話をすると、公使館書記官と決死隊長等が公使を迎ひに来たといふことで、自動車も一里先に来て居る。其自動車は「ウエルタ」政府が寄越したものである。其自動車に乗て薄暮になつてグアダラハラに参いり大宴会を催ふし、翌日汽車に載り翌々日漸く首府に帰つて来ました。そこで先づ目出たいといふので祝盃を挙げました。日本の軍隊が日章旗を持て亜米利加大陸を横行闊歩したのは日本開闢以来初めてゞあります。所々で其日章旗を持て居る所を写真に取りましたが、之を歴史的に考へ深甚なる感興を起こしたのであります。出雲艦長に対しては右の如き事変の為困難なる任務を組織せらるゝに至りたるはお気の毒な事であるけれども、日本の海軍が斯の如き立派な活動をすることの機会を与へることが出来たことは誠に幸であつて、私が今の如き危険に遭遇した時に最も有効に保護したことは是亦天の日本国民に下した福音なりと言ふ感想もあります。これは全く餘談に渉りましたけれども先程大谷会頭の御一言もありますから、其当時の事情を極簡略にお聴取を願ひました次第であります。

今日は図らずも外国の人が必ず通らなければならぬ此の御地に於て、私の最も尊敬する大谷会頭の指導の下に於て当地方青年の将来の運命を托されて居る所のあなた方の前に一場の講話をすることは、私の甚だ愉快とする所であります。貴重の時間も惜まれず、長く御敬聴下された御厚意に対しては深く感謝いたします。又長く御健康にあらせられて永らく直接間接に国家の為に御尽瘁あらんことを希望いたします（拍手）。（完）

[30]「墨西哥の近情」一九一七年二月

墨西哥の近情

特命全権公使 法学博士 安達峯一郎

▲古代《こだい》の文明《ぶんめい》と人種《じんしゆ》の滅亡《めつぼう》

我国《わがくに》の東方僅《とうはうわづか》に一葦帯《ゐたい》を隔《へだ》てる南北亜米利加《なんぼくあめりか》は、世界諸大陸中最《せかいしよだいりくちうもつと》も将来《しやうらい》に充《み》ち居《を》れる広大肥沃《くわうだいひよく》の土地《とち》なり。此大《このだい》陸《りく》は今《いま》こそ「コーカシアン」人種《じんしゆ》――即《すなは》ち所謂《いはゆく〔ママ〕》白人《はくじん》の棲息《せいそく》する所《ところ》と為《な》り居《を》れども、今《いま》より僅《わづか》に数世紀前《すうせいきぜん》に於《おい》ては、全《まつた》く是《これ》と異《ことな》れる人種《じんしゆ》の棲息《せいそく》せる所《ところ》なりし。今日歴史《こんにちれきし》並《ならび》に其他《そのた》考古《かうこ》学《がく》の研究《けんきう》に依《よ》れば、耶蘇紀元《やそきげん》五百四十年頃《ねんころ》、即《すなは》ち今《いま》より丁度《ちやうど》千五百年位前《ねんくらゐぜん》より同《どう》二十一年位迄《ねんくらゐまで》、此両大陸《このりやうたいりく》に於《おい》て「アステカ」と称《しよう》する人種勢威《じんしゆせいゐ》を振《ふる》ひ、数多《すうた》に分《わか》れたる帝国《ていこく》を建《た》て互《たがひ》に文明《ぶんめい》を競《きそ》ひ居《を》りしと云《い》ふ。此《この》「アステカ」人種《じんしゆ》の発点《はつてん》は充分判明《じうぶんはんめい》せざれども、一般学者《ばんがくしや》の想像《さうざう》に依《よ》れば東洋《とうやう》より発点《はつてん》し、今日《こんにち》のアラスカ、加奈陀《かなだ》、北米合衆国《ほくべいがつしうこく》、墨西哥《めきしこ》、中央亜米利加《ちうおうあめりか》、巴奈馬《ぱなま》並《ならび》に智利《ちりー》、伯《ぶ》剌西爾《らじる》、亜爾然丁《あるぜんちん》等《とう》の諸国《しよこく》に著《いちじる》しく散布《さんぷ》し、各々其交通勢力《おの〳〵そのかうつうせいりよく》の通《つう》じ居《を》れる土地《とち》の状況《じやうきやう》に依《よ》り種々《しゆ〴〵》の帝国《ていこく》を建《た》て居《を》りしなり。此人種《このじんしゆ》の前《まへ》はトルテカ人種《じんしゆ》と称《しよう》し北方《ほくはう》より南方《なんぱう》に移《うつ》り、墨西哥《めきしこ》の今日《こんにち》の首府《しゆふ》メキシコ、シテイーと称《しよう》する所《ところ》に都《みやこ》を設《まう》け、或《あ》る高度《かうど》の文明《ぶんめい》を為《な》せり。此人種《このじんしゆ》の遺《のこ》せる古蹟《こせき》は今日《こんにち》に到《いた》りても多《おほ》く、埃及《えぢぷと》の古代文明《こだいぶんめい》の目標《もくへう》と為《な》り居《を》れる「ピラミッド」其他《そのた》墳墓《ふんぼ》を飾《かざ》れる種々《しゆじゆ》なる道具《だうぐ》、並《ならび》に死体《したい》を永久《えいきう》に保存《ほぞん》する木伊乃《みいら》制度《せいど》の如《ごと》きは、既《すで》に墨国《ぼくこく》に都《みやこ》を建《た》てしトルテカ人種《じんしゆ》に具《そな》はり居《ゐ》たりしなり。今日《こんにち》ユカタン、タバスコ州《しう》等《とう》に於《おい》ては此種《このしゆ》の古蹟多《こせきおほ》く、往古《わうせき》の人間《にんげん》は如何《いか》にして斯《かく》の如《ごと》き宏大《くわいだい》なる建物《たてもの》を築《きづ》き、如何《いか》にして斯《かく》の如《ごと》き巧妙《かうめう》なる工事《こうじ》を施《ほどこ》し得《え》たりしかを驚《おどろ》く程《ほど》なり。然《しか》るに此人種《このじんしゆ》は墨西哥《めきしこ》天産《てんさん》の「プルケ」と称《しよう》する酒《さけ》の為《た》めに、長《なが》き間《あひだ》に中毒《ちうどく》し人類《じんるゐ》の活力《くわつりよく》を失《うしな》ふと同時《どうじ》に子孫《しそん》の繁《はん》栄《えい》を失《うしな》ひ、遂《つひ》には同人種《どうじんしゆ》の滅亡《めつばう》を来《きた》し、北方《ほつぱう》に起《おこ》りたるアステカ人種之《じんしゆこれ》に代《かは》りしなり。然《しか》るに其後《そのご》コロンブスの同島《どうたう》発見《はつけん》により西班牙《すぺいん》の植民地《しよくみんち》ニユースペインとなり。其首府《そのしゆふ》はメキシコに在《あ》りしを以《もつ》て、今日墨西哥《こんにちめきしこ》の西班牙系統《すぺいんけいとう》を帯《お》ぶるの端緒《たんちよ》を為《な》せり。

▲墨西哥《めきしこ》の人種《じんしゆ》と邦人関係《はうじんくわんけい》

今日墨西哥と称する所に棲息《せいそく》せる人口は、内乱の為め統計《とうけい》の徴すべき極めて確実なるものなく判然《はんぜん》せざれども、約千五百万と想像《さうざう》する。一時欧州大戦前世界新聞紙上に喧伝《けんでん》せられたるウエルタ大統領の如きは、常に千九百万の墨西哥《めきしこ》人と一般世上に発表し居たりしが、其実際《じつさい》はこれ程には達せざるべしとは一般の通説《つうせつ》なり。此千四五百万の墨西哥人中にて、在来の人種に属《ぞく》せざるもの、即ち純粋《じゆんすゐ》の「コーカスシヤン《ママ》」種族《しゆぞく》に属し居れる者は二百餘万人にして、それも純粋のものにあらず、在来の人類《じんるゐ》と相混血《こんけつ》し居れるものなるべし。然るに其混血部分は頗る欧羅巴人種に強く傾《かたむ》き居る故、是を白人《はくじん》と称し約二百万位あり。即ち大部分は在来の人種《じんしゆ》より成れるなり。是に反し智利の如き、又伯剌西爾《ぶらじる》の如き、亜爾然丁《あるぜんちん》の如き其国を組成せる人種の多数は欧羅巴人にして、在来の土人は比較的《ひかくてき》少なし。中央亜米利加は勿論《もちろん》北米合衆国内に棲息《せいそく》せる在来の人種に至りては最も少なし。それ故在来の人種にして一の国家を独立的《どくりつてき》に建て居れる国体《こくたい》は単に墨西哥のみなるかの如し。此の点《てん》より見る時は墨西哥は吾々東洋人、殊《こと》に東洋に於いて特別の位地を有てる吾々日本人には深き興味《きようみ》を有てる筈なり。即ち言語の如きも博言《はくげん》学者の説に依れば、日本語其儘《まゝ》のもの多しと云ふ。例へば草鞋《わらぢ》は矢張り「ワラヂ」と称し、而して草鞋を穿《うが》ち居り、又簑《みの》は日本の地方に於て着たるものあるが、簑は普通《ふつう》墨西哥在来人種の着たる雨具《あまぐ》なり。又人の形容《けいよう》即ち外形の日本人に酷似《こくじ》せる所多く、地方又は都市に於て日本と思ふ者随分《ずゐぶん》多し。それ故日本人と思ひて話し掛け言語《げんご》通ぜず、又墨西哥人と思ひて西班牙《すぺいん》語にて話し掛くれば日本語にて答ふる等の珍談《ちんだん》多かりし。又首府の総督《そうとく》ゴンサリス将軍の如きは『予の股肱《ここう》の友達は日本人三名なりとて』我輩の接見《せつけん》したる人物は大佐に中佐に少佐の三武官《ぶくわん》にて、今迄墨西哥人とのみ思ひ居りしに、林、佐藤、高橋の日本人なりし。

▲我国《わがくに》との関係《くわんけい》と輸《ゆ》出入貿易額《しゆつにふぼうえきかく》

墨西哥《めきしこ》の日本帝国《にほんていこく》と条約《でうやく》を締結《ていけつ》せしは明治《めいぢ》二十一年《ねん》十一月《ぐわつ》三十日《にち》なりし。其締結者《そのていけつしや》は陸奥公使《むつこうし》とトマーチイヤス、ロメロ氏《し》との間《あひだ》に調印《ていいん》を了《れう》し、法権上《ほふけんじやう》に於《おい》ても又税権上《またぜいけんじやう》に於《おい》ても全《まつた》く対等《たいとう》の条約《でうやく》を締結《ていけつ》せり。然《しか》るに日本《にほん》の公使《こうし》館《くわん》は勿論領事館《もちろんりやうじくわん》もなく、唯《たゞ》かゝる一般通商航海条約《ぱんつうしやうかうかいでうやく》を結《むす》び対等《たいとう》の関係《くわんけい》を理論上《りろんじやう》に現《あら》はしたるに過《す》ぎざりしなり。

併《しか》し其後墨西哥《そのごめきしこ》の発達《はつたつ》は著《いちじる》しく、明治《めいぢ》四十四年頃《ねんころ》はディアス氏《し》の全盛期《ぜんせいき》にて、其輸出額《そのゆしゆつかく》は一億《おく》四千百万弗《まんどる》、輸入《ゆにふ》は九千二百万弗《まんどる》にて輸出超過《ゆしゆつてうくわ》四千八百万弗《まんどる》を示《しめ》し、常《つね》に此程度《このていど》を以《もつ》て進《すゝ》みつゝある。墨国《ぼくこく》は前述《ぜんじゆつ》の如《ごと》く欧州人《おうしうじん》の系統《けいとう》を引《ひ》ける者主《ものおも》に政治《せいぢ》に関《くわん》せる故《ゆゑ》、純粋《じゆんすゐ》の土人系統者《どじんけいとうしや》は多数《たすう》あるに拘《かゝは》らず勢力振《せいりよくふる》はず、又植民地《またしよくみんち》にて容易《ようい》に金《かね》を儲《まう》け得《え》らるゝ故《ゆゑ》、生活《せいくわつ》に必要《ひつえう》なる道具《だうぐ》及贅沢道具《およびぜいたくだうぐ》の如《ごと》きは何《いづ》れも仏国《ふつこく》に仰《あふ》ぎ居《を》れり。

墨国《ぼくこく》は近年内乱《きんねんないらん》に内乱《ないらん》を重《かさ》ね殆《ほと》んど無政府状態《むせいふじやうたい》に陥《おちい》れる故統計《ゆゑとうけい》の徴《ちよう》すべきもののなきを以《もつ》て、明治《めいぢ》四十四年《ねん》を最後《さいご》として述《の》ぶるに、其年《そのとし》の輸出入《ゆしゆつにふ》の各国関係《かくこくくわんけい》を見《み》れば北隣《ほくりん》の合衆国第一《がつしうこくだい》にて五千二百万弗《まんどる》、次《つぎ》は独逸《どいつ》の二千二百万弗《まんどる》、英国《えいこく》の千九百万弗《まんどる》、仏国《ふつこく》の千四百万弗《まんどる》を最《さい》とし其他欧州諸国《そのたおうしうしよこく》あり。日本《にほん》は四十九万《まん》八千弗《どる》、是輸入《これゆにふ》にして、輸出《ゆしゆつ》は米《べい》国《こく》の二億《おく》一千万弗《まんどる》、英国《えいこく》の三千九百万弗《まんどる》、独国《どくこく》の九百万弗《まんどる》、仏《ふつ》、西《せい》、白等之《はくとうこれ》に次《つ》ぎ、日本《にほん》人《ママ》は其前年《そのぜんねん》に一万《まん》五千円《ゑん》の輸《ゆ》出《しゆつ》ありしのみにて、同年《どうねん》は百五十円《ゑん》のみなりし。

▲気候風土《きこうふうど》の関係《くわんけい》と酸素《さんそ》の欠乏《けつぼふ》

墨国《ぼくこく》は三地方《ちはう》となれる故気候《ゆゑきこう》も三種《しゆ》と為《な》れり。即《すなは》ち第《だい》一は高台而《たかだいしか》も数百里《すうり》に亘《わた》る高台《たかだい》なり。墨国《ぼくこく》の首府《しゆふ》も其高台《そのたかだい》の一にありて六千尺《じやく》より八千尺乃至《じやくないし》九千尺《じやく》の高台《たかだい》なり。恰《あた》かも富士山《ふじさん》の八合目《がふめ》乃至《ないし》九合目《がふめ》位《くらゐ》の高台数百里《たかだいすうり》に亘《わた》れるものにして、其地方《そのちはう》に於《お》ける気候《きこう》は春《はる》の四月《ぐわつ》二十日前後《かぜんご》、又朝夕《またてうせき》の工合《ぐあひ》は九月《ぐわつ》の二十日前後《かぜんご》の如《ごと》く、四季通《きつう》じて花《はな》あり鶯《うぐひす》は鳴《な》けるを以《もつ》て、欧州人《おうしうじん》は永久《えいきう》の春若《はるもし》くは秋即《あきすなは》ち「恒春《こうしゆん》の都《みやこ》」と称《しよう》し居《を》れり。尚《な》ほ熱帯地方《ねつたいちはう》なるが故太陽《ゆゑたいやう》の輝力非常《きりよくひじやう》に強《つよ》きを以《もつ》て、欧州人《おうしうじん》は之《これ》を評《ひやう》して世界《せかい》の「健康療養院《けんかうれうやうゐん》」と称《しよう》し居《を》れり。其《その》メキシコは実《じつ》に景色《けしき》よく、昔《むかし》「トルテカ」「アステア」《ママ》人種《じんしゆ》が此所《ここ》を首府《しゆふ》として南北亜米利加《なんぼくあめりか》に覇《は》を称《しよう》したるを無理《むり》ならずと思《おも》はる。此首府《このしゆふ》は日本《にほん》の京都《きやうと》に等《ひと》しく三方塞《ばうふさ》がりて一方開《はうひら》き、嵐山《あらしやま》にも比《ひ》すべき最《もつと》も高《たか》き山《やま》は海抜《かいばつ》二万《まん》一千尺《じやく》ありて千古《こ》の雪《ゆき》を戴《いたゞ》き居《を》れり。而《しか》して植物《しよくぶつ》は総《すべ》て高山植物《かうざんしよくぶつ》なれば立派《りつぱ》なるもの多《おほ》く、又其麓《またそのふもと》には二千餘年来《よねんらい》の森林《しんりん》ありて鬱蒼《うつさう》たり。唯《たゞ》同地《どうち》の欠点《けつてん》は高台《たかだい》なるが故酸素《ゆゑさんそ》少《すくな》き故呼吸困難《ゆゑこきふこんなん》を来《きた》し、不注意《ふちうい》の結果《けつくわ》は心臓病《しんぞうびやう》、肝臓病《かんぞうびやう》、神経衰弱《しんけいすゐじやく》に罹《かゝ》る。殊《こと》に神《しん》経衰弱《けいすゐじやく》は記憶《きおく》の力《ちから》を激退《げきたい》する故《ゆゑ》、特別《とくべつ》の注意《ちうい》を要《えう》す。

第《だい》二は最《もつと》も良好《りやうかう》なる気候《きこう》の地点《ちてん》三千尺台《じやくだい》のグワダラハラ地方《ちはう》なり。是等《これら》の地方《ちはう》は墨国《ぼくこく》に於《おい》て最《もつと》も多《おほ》く、春夏《しゆんか》秋《しう》冬《とう》の区別《くべつ》あり、耕作地《かうさくち》としても八千尺台《じやくだい》よりは非常《ひじやう》に宜《よろ》し。第《だい》二〔三〕は海岸地《かいがんち》即《すなは》ち低地《ていち》にして、香港《ほんこん》、新嘉坡《しんがぽーる》、台湾等《たいわんとう》と同様《どうやう》なり。此地方《このちはう》は所謂万年土用《いはゆるまんねんどよう》にして四季《き》土用《どよう》なる故人類《ゆゑじんるゐ》の棲息《せいそく》には不適《ふてき》なれども、植民地《しよくみんち》の事業場《じげふぢやう》としては最《もつと》も適《てき》せり。

▲内乱《ないらん》の産《う》みし邦人《はうじん》の珍職業《ちんしよくげふ》

日本人《にほんじん》の墨国《ぼくこく》に渡航《とかう》せるものは日露戦後突如《にちろせんごとつじよ》として起《おこ》れる。移民会社《いみんぐわいしや》の手《て》より行《ゆ》きたる無資力者《むしりやくしや》のみにして、二十年前《ねんぜん》に植民《しよくみん》したる千数《すう》百人《にん》はチャバスと称《しよう》する所《ところ》に居《を》り、其中《そのうち》には土地《とち》の所有者《しよいうしや》と為《な》れる者《もの》八九十人《にん》あり、之等《これら》は其地方《そのちはう》に於《お》ける紳士《しんし》の格《かく》を有《も》ち安《やす》んじ居《を》れり。其他《そのた》の日本人《にほんじん》三四千人《にん》は殆《ほと》んど総《すべ》て移民会社《いみんくわいしや》の手《て》を経《へ》たるものなれば、資本少《しほんすく》なき故容易《ゆゑようい》に儲《まう》かると称《しよう》しながらも多額《たかく》の収入《しうにふ》を見《み》ず。併《しか》しながら一年間《ねんかん》に日本《にほん》に三四千円送《ゑんおく》るは容易《ようい》なりし。然《しか》るに今日内乱打続《こんにちないらんうちつゞ》き事業少《じげふすくな》くなりしと雖《いへど》も、墨国《ぼくこく》の金《かね》にて一二千円儲《ゑんまう》くるは難事《なんじ》にあらざれど、現在《げんざい》は革命軍《かくめいぐん》に〔が〕武将切符《ぶしやうぎつぷ》にも劣《おと》る軍票《ぐんぺう》を何《なん》十万何《まんなん》千万《まん》と発行《はつかう》し、之《これ》を使用《しよう》せざるものは銃殺《じうさつ》するの極刑《きよくけい》を附《ふ》して流通《りうつう》せしめ居《を》る故《ゆゑ》、墨国《ぼくこく》の金《かね》は非常《ひじやう》に信用《しんよう》を失《うしな》ひ、従来日本《じうらいにほん》の一円《ゑん》八銭又《せんまた》は一円《ゑん》十一銭《せん》に当《あた》りし墨国《ぼくこく》の一「ペソ」、今《いま》は四銭乃至《せんないし》六銭《せん》に下落《げらく》せり。それ故今日《ゆゑこんにち》は墨国《ぼくこく》に於《おい》て二三円《ゑん》の日傭賃金《ひやとひちんぎん》も之《これ》を下落相場《げらくそうば》に換算《くわんさん》せば甚《はなは》だ僅少《きんせう》となる。されば二千「ペソ」を儲《まう》けしとて之《これ》を本国《ほんごく》へ送《おく》る時《とき》は其《その》二千分《ぶん》の一に減《げん》ずる故《ゆゑ》、其人《そのひと》は本国《ほんごく》の両親家族《りやうしんかぞく》に対《たい》し甚《はなは》だ忍《しの》び難《がた》き状況《じやうきやう》となる。従《したが》つて日本人《にほんじん》の職業《しよくげふ》を失《うしな》ふもの多《おほ》くなれり。然《しか》るに日本《にほん》は墨国《ぼくこく》に対《たい》し特別《とくべつ》の位地《ちゐ》を有《も》てる結果意外《けつくわいぐわい》なる職業《しよくげふ》を生《しやう》ぜり。それは日本人《にほんじん》は皆満州《みなまんしう》の戦争《せんさう》を経《へ》たる英雄《えいゆう》にして勇気《ゆうき》あればとて、日本人《にほんじん》に対《たい》しては非常《ひじやう》に畏《ゐ》敬《けい》の念《ねん》を持《も》ち遂《つひ》には日本人《にほんじん》を金庫《きんこ》の番人《ばんにん》に雇《やと》ふこととなれり。金持《かねもち》の番人《ばんにん》と為《な》れば通常俸給《つうじやうほうきふ》の三四倍《ばい》を得《え》、何《なに》も為《な》さず入口《いりぐち》の「ソファー」に寝《ね》たる儘煙草《まゝたばこ》を吹《ふ》かすのみにて良《よ》き、奇妙《きめう》なる職業《しよくげふ》を生《しやう》ぜり。併《しか》し之《これ》も何《なん》千何万《なんまん》とあるものにあらず。之《これ》を要《えう》するに日本人《にほんじん》は職業《しよくげふ》に困《こま》り居《を》れり。

▲物産豊富《ぶつさんほうふ》と邦人植木屋《はうじんうゑきや》の成功《せいこう》

墨国《ぼくこく》の金産額《きんさんがく》は世界《せかい》に於《おい》て最《もつと》も顕著《けんちよ》なる産額《さんかく》を有《いう》し、又森林《またしんりん》も沢山《たくさん》あり、珈琲《こーひー》も多《おほ》く産《さん》し、農作物《ほ〔ママ〕うさくぶつ》殊《こと》に米《こめ》の如《ごと》きは三千尺台《じやくだい》にては年《ねん》に三回収穫《くわいしうくわく》あり、低地《ていち》に於《おい》ては四回《くわい》の収穫《しうくわく》は容易《ようい》なりと云《い》ふ。又東京根岸《またとうきやうねぎし》の植木屋《うゑきや》の子松《こまつ》本《もと》なる者墨国《ものぼくこく》に居《を》り、或《あ》る種子《しゆし》を植《う》ゑしに非常《ひじやう》に成長早《せいちやうはや》かりしを以《もつ》て、日本《にほん》の植木《うゑき》を移植《いしよく》せば発育旺盛《はついくわうせい》なりと非常《ひじやう》に面白《おもしろ》がり、遂《つひ》に同地《どうち》に於《おい》て植木屋《うゑきや》と為《な》り、其植木屋的《そのうゑきやてき》の興味《きようみ》を満足《まんぞく》すること夥《おびたゞ》しく、公使館《こうしくわん》の附近《ふきん》に地所《ぢしよ》を有《も》ち如何《いか》にも面白《おもしろ》く帰《かへ》るを欲《ほつ》せずと云《い》ふ。是墨国《これぼくこく》の容易《ようい》に出来得《できう》る訳《わけ》を証明《しようめい》したるものにして、動《やゝ》もすれば一般人心《ぱんじんしん》の安《あん》逸《いつ》に流《なが》れ易《やす》きこと無理《むり》ならずと思惟《しゐ》さる。斯《か》くも物産《ぶつさん》は豊富《ほうふ》に容易《ようい》に生産《せいさん》す。又在来《またざいらい》の人種《じんしゆ》の同情《どうじやう》を得《う》るは彼地《かのち》に於《おい》て仕事《しごと》を為《な》す時《とき》に好都合《かうつがふ》なり。

首府《しゆふ》に於《お》ける日本《にほん》の移民《いみん》は殆《ほと》んど三百人居《にんを》れど多《おほ》くは召使《めしつかへ》あり。然《しか》るに独逸人《どいつじん》は組織的《そしきてき》、団結的《だんけつてき》なるが故《ゆゑ》、数年前《すうねんぜん》の渡航者《とかうしや》は既《すで》に家屋《かをく》を所有《しよいう》し土地《とち》を所有《しよいう》す。日本人《にほんじん》の如《ごと》きもかくあるべき筈《はず》なるに、之《これ》を引立《ひきた》つる方法《はうはふ》十分行《ぶんおこな》はれず、併《あは》せて資力《しりよく》と教育《けういく》の不充分《ふじうぶん》なるは甚《はなは》だ遺憾《ゐかん》とする所《ところ》なり。併《しか》し絶望《ぜつばう》する勿《なか》れ。日本人《にほんじん》に対《たい》する好意《かうい》は益々《ます〳〵》良好《りやうかう》なれば、今後《こんご》大《おほい》に奮発努力《ふんぱつどりよく》すべきなり。

▲在墨邦人《ざいぼくはうじん》の事業《じげふ》と其将来《そのしやうらい》

墨国《ぼくこく》に於《お》ける日本人《にほんじん》の土台《どだい》は未《いま》だ充分出来居《じうぶんできを》らず、有形上《いうけいじやう》に於《おい》ては尚《な》ほ将来《しやうらい》にありと云《い》ふべし。目下首府《もくかしゆふ》メキシコに於《お》ける加藤平次郎君《かとうへいじらうくん》の支店《してん》「エル、ヌエヴオ、ハポン」即《すなは》ち「新日本《しんにほん》」と称《しよう》する店《みせ》は、高《たか》く屋根上《やねうへ》に日章旗《につしやうき》を掲《かゝ》げ随分立派《ずゐぶんりつぱ》に為《な》し居《を》れり。殊《こと》に支店長《してんちやう》の原君《はらくん》は装飾《さうしよく》の妙《めう》を極《きは》め、一週間毎《しうかんごと》に必《かなら》ず装飾品《さうしよくひん》を替《か》へ恰《あたか》も無尽蔵《むじんざう》に物品《しなもの》を有《いう》せるが如《ごと》く見《み》せしむ。同所《どうしよ》はメキシコ第《だい》一の目貫《めぬき》の場所《ばしよ》なれば誰《たれ》にても日《ひ》に一度《ど》は必《かなら》ず通行《つうかう》する場所《ばしよ》なれば、是等《これら》餘程《よほど》日本《にほん》なる感《かん》じを墨国《ぼくこく》に入《い》れしものと思惟《しゐ》さる。目下《もくか》の乱世《らんせい》に於《おい》ても昨年《さくねん》の「クリスマス」の晩《ばん》には一日《にち》に四万円《まんゑん》売《う》りしとのことなれど、其《その》四万円《まんゑん》は墨国《ぼくこく》の四万円《まんゑん》なれば之《これ》を直《なほ》せば減少《げんせう》すべきも、兎《と》に角《かく》その金額《きんかく》を売《う》りし事《こと》は事実《じじつ》なり。其他外《そのたほか》の町《まち》に於《おい》ても日本品《にほんひん》の売却高《ばいきやくだか》夥《おびたゞ》しきを見《み》る。之要《これをえう》するに日本《にほん》に対《たい》する同情《どうじやう》があるが為《た》めならん。墨国《ぼくこく》は今日《こんにち》乱《みだ》れて居《ゐ》ながら五六百円《ゑん》の買物《かひもの》を為《な》すもの少《すく》なからず。太平《たいへい》の世《よ》に於《おい》ては三四千円《ゑん》の買物《かひもの》を為《な》すものありと云《い》ふ。微力《びりよく》なる日本人《にほんじん》の現在《げんざい》に於《おい》てすらかゝる店《みせ》あることを思《おも》へば、総《すべ》ての利害関係《りがいくわんけい》を顧《かへり》みて企業《きげふ》せば全《まつた》く絶望《ぜつばう》すべきものにあらずと思《おも》はる。又《また》準《じゆん》日本人《にほんじん》即《すなは》ち朝鮮人《てうせんじん》は三千餘《よ》人《にん》も在留《ざいりう》し、之等《これら》は皆《みな》地方《ちはう》に居《を》り、「ヘネケン」と称《しよう》する繊維《せんゐ》、網《あみ》を造《つく》る原料《げんれう》の生産地《せいさんち》にありて斯業《しげふ》に従事《じうじ》し、一向発展《かうはつてん》せざる如《ごと》きも、数人《すうにん》は既《すで》に発展《はつてん》して土地《とち》を有《いう》し家族《かぞく》を有《も》ち居《を》れる者《もの》あり。是等《これら》今後《こんご》巧《たく》みに指導《しだう》せば相当《さうたう》に発展《はつてん》すべし。兎《と》に角《かく》米国《べいこく》桑港《さうこう》附近《ふきん》に比《ひ》すれば気候《きこう》酷烈《こくれつ》なれど、其地方《そのちはう》日本人《にほんじん》を歓迎《くわんげい》し、同情《どうじやう》を有《いう》する故《ゆゑ》事業《じげふ》経営上《けいえいじやう》には最《もつと》も都合《つがふ》よし。要《えう》するに日本立国《にほんりつこく》の地盤《ぢばん》は極東《きよくとう》に在《あ》るが故《ゆゑ》、極東《きよくとう》に於《お》ける地歩《ちほ》を確立《かくりつ》することは勿論《もちろん》最《もつと》も重要《ぢうえう》なる根本義《こんぽんぎ》なれども、太平洋《たいへいやう》の彼処《かなた》に雄飛《ゆうひ》するも亦《また》国民《こくみん》の一大快事《だいくわいじ》と云《い》ふべし。予《よ》は諸君《しよくん》が能《よ》く予《よ》の真意《しんい》を了解《れうかい》せられ、米大陸研究《べいだいりくけんきう》を閑却《かんきやく》せられざ〔ら〕んことを熱望《ねつばう》して熄《や》まず。（文責在記者）

［31］「墨国革命遭難記」　一九一八年一一月

墨《ぼく》国《こく》革命《かくめい》遭難記《き》

特命全権公使 法学博士 安達峯一郎

攫払泥棒《かつぱらひどろぼう》に間違《まちが》へらる＝出雲艦長《いづもかんちやう》の苦心《くしん》＝邦人決死隊《はうじんけつしたい》の救援《きうゑん》＝日本公使《にほんこうし》の逗留《とうりう》を切望《せつばう》する墨国民《ぼくこくみん》＝何処《いづこ》でも日本人《にほんじん》を歓迎《くわんげい》す＝惨酷《ざんこく》なる白公使《はくこうし》の追放《つひはう》＝遣《や》り口《くち》がどうやら東洋人《とうやうじん》に似《に》て居《ゐ》る

△革命軍《かくめいぐん》に砲撃《はうげき》されて窮地《きうち》に陥《おちい》る

私《わたし》の墨西哥《めきしこ》に居《を》つたのは約《やく》二ケ年半《ねんはん》であつたが、其間《そのあひだ》具《つぶさ》に困苦《こんく》を嘗《な》め、大病《たいびやう》に罹《かゝ》つたり又旅行中革命軍《またりよかうちうかくめいぐん》の為《ため》に砲《はう》撃《げき》されたりして、日本《にほん》に帰《かへ》ることは到底出来《たうていでき》ないと信《しん》じたことも幾度《いくど》あつたか知《し》れない。諸君《しよくん》も御承知《ごしようち》の通《とほ》り、墨国《ぼくこく》は内乱勃発後《ないらんぼつぱつご》平均《へいきん》四十日《にち》に一度《ど》宛《づゝ》主権者《しゆけんしや》を代《か》へたやうな始末《しまつ》で首府《しゆふ》を占領《せんりやう》する者《もの》が代《かは》る度毎《たびごと》に護衛兵《ごゑいへい》も変《かは》るのである。斯様《かやう》な次第《しだい》で在任期間《ざいにんきかん》に随分危険《ずゐぶんきけん》なことも多《おほ》く又痛快《またつうくわい》に感《かん》じたことも多《おほ》かつた。形勢益《けいせいます〳〵》危険《きけん》といふので各国何《かくこくいづ》れも軍艦《ぐんかん》を派遣《はけん》して在留自国民《ざいりうじこくみん》を保護《ほご》することになり、日本《にほん》も亦軍艦出雲《またぐんかんいづも》を派遣《はけん》し墨国沿岸《ぼくこくえんがん》を游弋《いうよく》せしめて其《そ》の任務《にんむ》を尽《つく》して居《を》つた。それで私《わたし》も出雲艦《いづもかん》を訪問《はうもん》して其《そ》の労苦《らうく》を謝《しや》し、二晩《ばん》も軍艦《ぐんかん》に暮《く》らして帰途《とき》〔ママ〕に就《つ》いたが、其《そ》の時革命軍《ときかくめいぐん》の勢力俄《せいりよくにはか》に其《そ》の地方《ちはう》に及《およ》んで、私《わたし》の乗《の》つて居《を》る列車《れつしや》は革命軍《かくめいぐん》の為《た》めに砲撃《はうげき》せらるゝ事《こと》になつた。私《わたし》を護衛《ごゑい》して居《ゐ》たのはウエルタ軍《ぐん》の護衛兵《ごゑいへい》と、少《すこ》し許《ばか》りの随行者《ずゐかうしや》と、それから出雲艦長《いづもかんちやう》の好意《かうい》として私《わたし》に附《つ》けてあつた十餘名《よめい》の将卒《しやうそつ》であつたが、此小人数《このせうにんず》では到底撃退《たうていげきたい》することが出来《でき》ず、却《かへ》つて傷《きず》を帯《お》びて帰《かへ》つて来《く》ると云《い》ふ始末《しまつ》に、進退全《しんたいまつた》く窮《きう》するの境遇《きやうぐう》に陥《おちい》つた。斯《か》くて進《すゝ》めば進《すゝ》む程危険区域《ほどきけんくゐき》に這入《はい》ることになるので、終《つひ》に意《い》を決《けつ》しサユラと云《い》ふ一少村落《せうそんらく》に難《なん》を避《さ》けたのであるが、頼《たの》みとする電信《でんしん》は不通《ふつう》となり、橋梁《けうれう》は破壊《はくわい》され電話《でんわ》は勿論《もちろん》なく、其間《そのあひだ》十餘日間《よじつかん》は全《まつた》く交通遮断《かうつうしやだん》であつた。出雲艦長《いづもかんちやう》は首府《しゆふ》に無線電信《むせんでんしん》で問合《とひあは》せても私《わたし》が帰《かへ》らぬと云《い》ふので、心配《しんぱい》の結果枝隊《けつくわしたい》を組織《そしき》され森中佐《もりちうさ》を隊長《たいちやう》に任《にん》じ、大尉《たいゐ》中尉《ちうゐ》其《そ》の他《た》十数名《すうめい》の人《ひと》を選抜《せんばつ》され、私共《わたしども》を救《すく》ひ出《だ》す隊《たい》を組織《そしき》せられて、而《しか》してこの救援隊《きうゑんたい》は数日間鉄道沿線《すうじつかんてつだうえんせん》に危険《きけん》と困難《こんなん》を排《はい》し、竟《つひ》に私等《わたしら》一行《かう》を救《すく》ひ出《だ》したのである。

△出雲艦《いづもかん》の救援隊《きうゑんたい》に遇《あ》ふ

私共《わたしども》一行《かう》は此《この》一小村《せうそん》に踏《ふ》み留《とゞ》まり、あらゆる困苦欠乏《こんくけつぼふ》を忍《しの》びつゝ気長《きなが》に天運《てんうん》の循環《じゆんくわん》を待《ま》つの外《ほか》ないと覚悟《かくご》して居《を》つた。然《しか》るに或《あ》る晴《は》れ渡《わた》つた日《ひ》の夕暮《ゆふぐれ》に森参謀《もりさんぼう》から名刺《めいし》の端《はじ》に認《したゝ》めた書面《しよめん》が到着《たうちやく》した其《そ》の文《ぶん》に『サンターロー迄参《までまゐ》り、夜《よ》に入《い》り当地《たうち》に泊《とま》りました、明朝御地《みやうてうおんち》に参《まゐ》り候《さふらふ》』と書《かい》てあつた。之《これ》を持《もつ》て来《き》た騎馬士人《きばどじん》の話《はなし》を聞《き》くと、森中佐《もりちうさ》一行《かう》が如何《いか》に苦心《くしん》して救護《きうご》に来《き》たかゞ判《わか》つた。翌朝起《よくあさお》きて見《み》ると果《はた》して一隊《たい》の騎上《きじやう》の兵《へい》が日章旗《につしやうき》を輝《かゞや》かしてやつて来《き》た。一同《どう》を迎《むかへ》て話《はなし》を聞《き》いたが、如何《いか》に機敏《きびん》に勇敢《ゆうかん》に任務《にんむ》を果《はた》したかと云《いふ》ことが解《わか》つたのである。私《わたし》が帰府《きふ》の途中《とちう》に見《み》えなくなつたと云《い》ふ電報《でんぱう》が、倫敦《ろんどん》タイムスやテレグラフに載《の》つて、首府《しゆふ》の方《はう》から無線電信《むせんでんせ〔ママ〕ん》で通知《つうち》があつたので、艦長《かんちやう》は救護《きうご》する必要《ひつえう》があるといふので森君《もりくん》を寄越《よこ》したのださうである。かうして森中佐《もりちうさ》と私《わたし》が一所《しよ》になるはなつたが、さてこれからどういふ行動《かうどう》を取《とら》うかと相談最中《さうだんさいちう》に、叛軍《はんぐん》の将《しやう》で『サントウ』と云《い》ふ人《ひと》が八百の兵《へい》を率《ひき》いて私共《わたしども》の泊《とま》つてゐる所《ところ》に来《き》た。其辺《そのへん》の村長達《そんちやうたち》は叛軍《はんぐん》の暴行《ばうかう》を恐《おそ》れ日章旗《につしやうき》のお蔭《かげ》を蒙《かう》むらんとして、私共《わたしども》の居《ゐ》る処《ところ》へ難《なん》を避《さ》けに来《き》た。村長達《そんちやうたち》は喜《よろこ》んで私共《わたしども》を歓待《くわんたい》して呉《く》れたが、何時《いつ》までも其処《そこ》に留《とゞ》まる訳《わけ》にも行《い》かないので首府《しゆふ》の方《はう》に行《ゆ》くべく協《けふ》議《ぎ》一決《けつ》し、愈《いよ〳〵》之《これ》を実行《じつかう》しようとした処《ところ》が、村《むら》の人民《じんみん》は不承知《ふしようち》を唱《とな》へて出発《たつ》て貰《もら》ひたくないといふ。これは此《こ》の辺《へん》の人民《じんみん》は幾度《いくど》も掠奪《りやくだつ》されたが、私《わたし》が避難《ひなん》して居《ゐ》る所《ところ》だけは無難《ぶなん》である、即《すなは》ち、外国《ぐわいこく》の代表者《だいへうしや》が居《ゐ》るから安全《あんぜん》だといふので却々《なか〳〵》私共《わたしども》を離《はな》さない。私共《わたしども》は其《そ》の村《むら》の安寧《あんねい》の為《た》めには欠《か》く可《べか》らざる人間《にんげん》となつた訳《わけ》だ。村民《そんみん》からは難有《ありがた》がられたが首府《しゆふ》に向《むか》つて一歩《ぽ》でも進《すゝ》むことが日本帝国《にほんていこく》に対《たい》する義務《ぎむ》であるにかゝはらず、それを実行《じつかう》することが出来《でき》なかつたには閉口《へいこう》した。種々《しゆ〴〵》と言葉《ことば》を尽《つ》くして止《と》めるのを強《し》ひて振《ふ》り切《き》つて、遂《つひ》に去《さ》ることにきめたが、村民共《そんみんども》は大分《だいぶ》不平《ふへい》の様《やう》子《す》であつた。といつて愚図《ぐず》〳〵して居《ゐ》る訳《わけ》にも行《い》かないから、同地《どうち》の日本名誉《にほんめいよ》領事《りやうじ》を勤《つと》めてゐる墨国人《ぼくこくじん》に、馬《うま》や食《しよく》糧《りやう》などを頼《たの》み、出発《しゆつぱつ》の日《ひ》は極《ご》く秘密《ひみつ》にして置《お》きました。それは日章旗《につしやうき》の保護《ほご》を受《う》ける者《もの》は日本代表者並《にほんだいへうしやならび》に同胞《どうはう》に止《とゞ》むべきもので、其《そ》の恩恵《おんけい》を墨国人《ぼくこくじん》の敵味方《てきみかた》入り乱《みだ》れて居《ゐ》る処《ところ》に及《およ》ぼすは、道理《だうり》に反《はん》するのみならず、其《そ》の土地《とち》の人《ひと》から憎《にく》まれて日章旗《につしやうき》を汚《けが》す虞《おそれ》がないともいへぬので、極《きは》めて秘密《ひみつ》の裡《うち》に諸般《しよはん》の準備《じゆんび》を整《とゝの》へ、朝早《あさはや》く一同《どう》は運《うん》を天《てん》に任《まか》せて其《そ》の村《むら》を立《た》ち退《の》いた。

△一行攫払泥棒《かうかつぱらひどろぼう》と間違《まちが》へらる

然《しか》るに数十名《すうめい》の墨国男女《ぼくこくだんぢよ》は予《あらかじ》めこの事《こと》を偵知《ていち》して居《を》つたものと見《み》え、左右《さいう》の民家《みんか》より飛《と》び出《だ》し私等《わたしら》一行《かう》に喰附《くひつ》いて来《き》た。途中《とちう》の各駅《かくえき》は戦争《せんさう》の後《あと》で建物《たてもの》は皆焼《みなや》かれて居《ゐ》た。跟《つ》いて来《き》た墨国人等《ぼくこくじんら》は私共《わたしども》一行《かう》に敬意《けいい》を捧《さゝ》げなければならぬといつて、羊《ひつじ》や鶏《にはとり》などを告別《こくべつ》の印《しるし》として呉《く》れた。其《そ》の晩《ばん》には夜中《よなか》に大《おほ》きな山《やま》を通《とほ》らなければ町《まち》へ出《で》ることが出来《でき》ぬ。こんな時《とき》には墨国人《ぼくこくじん》の同行者《どうかうしや》を振《ふ》り払《はら》ふがよいと、気《き》の毒《どく》だが墨国人《ぼくこくじん》は内乱《ないらん》の為《た》めに艱難《かんなん》を嘗《な》めるのは先《ま》づ当然《たうぜん》のことであるからどうかなるだらうと、同行《どうかう》の婦人等《ふじんら》と別《わか》れた。それから三里《り》許《ばか》り山《やま》を登《のぼ》つて又下《またお》りると夜《よる》の十時頃《じごろ》になつて道《みち》が分《わか》らなくなり、谿川《たにがは》を渉《わた》つて行《い》つた。斯《こ》んな処《ところ》で生命《いのち》を捨《すて》れば未来永劫暗《みらいえいごふやみ》より暗《やみ》に葬《はう》むられると云《い》ふ時《とき》に、偶《ぐう》然《ぜん》にも人《ひと》の気《け》はひがするから行《い》つて見《み》ると果《はた》して町《まち》があつた。処《ところ》が其《そ》の前《まへ》に此町《このまち》へ来《き》た泥棒《どろぼう》があつて町《まち》の女《をんな》を攫払《かつぱら》つて行《い》つたので、我々《われ〳〵》が行《い》くと、ソレ泥棒《どろぼう》が来《き》た、逃《に》がすな、と警鐘《けいしよう》を乱打《らんだ》して人民《じんみん》は大《おほい》に騒《さわ》ぎだした。処《ところ》が此時都《このときつ》合《がふ》のよいことには、墨国人等《ぼくこくじんら》から私共《わたしども》と同行《どうかう》を申込《まをしこ》んだ時《とき》に孰《いづ》れも拒《こば》んだが、其中《そのうち》に仏蘭西《ふらんす》人《じん》『モネー』と云《い》ふ者《もの》一人丈《ひとりだ》けに同行《どうかう》を許《ゆる》した。此人物《このじんぶつ》は私《わたし》とも話《はなし》が合《あ》ひ、おまけに金持《かねもち》で、食糧品《しよくりやうひん》も持《も》つて居《を》り、鋭敏《えいびん》で且《か》つ勇敢《ゆうかん》であり悧怜《りこう》な人《ひと》であつたから、私《わたし》は彼《かれ》を秘書官《ひしよくわん》として私《わたし》と同行《どうかう》さしたのであつた。其《そ》の人《ひと》が今《いま》の騒《さわ》ぎの時《とき》に役《やく》に立《た》つた。同人《どうにん》は大音声《だいおんせい》を張《は》り上《あ》げ、泥棒《どろばう》でも賊軍《ぞくぐん》でもない、平和《へいわ》の民日本《たみにほん》の代表者《だいへうしや》の一行《かう》である、諸君《しよくん》はよろしく其《そ》の警鐘《けいしよう》を変《へん》じて歓迎《くわんげい》の鐘《かね》に代《か》へたがよからうと言《い》つたので、初《はじ》めて日本公使《にほんこうし》だと云《い》ふことが分《わか》つた。それから歓迎《くわんげい》の会《くわい》が開《ひら》かれ、午前《ごぜん》○時頃村長《じごろそんちやう》も出《で》て来《き》て歓迎《くわんげい》した。随分御馳走《ずゐぶんごちさう》があつたが、無論旅宿抔《むろんやどやなど》はないから村民《そんみん》の家《いへ》に泊《とま》つたのである。

△邦人決死隊《はうじんけつしたい》の救援《きうゑん》

翌日《よくじつ》の旅行中《りよかうちう》には戦場《せんぢやう》の危険《きけん》は勿論大《もちろんおほ》いにあつたが、其処《そこ》でも日本人《にほんじん》だと云《い》ふと大《おほい》に歓迎《くわんげい》して呉《く》れた。或時《あるとき》などは山《やま》の中《なか》の森林《しんりん》を越《こ》える時《とき》に泥棒《どろばう》の一隊《たい》に遇《あ》ひ談判《だんぱん》をした所《ところ》が日本《にほん》の公使《こうし》ならば宜《い》いと云《い》ふので歓迎《くわんげい》されてそこを通《とほ》つたこともあつた。又少《またすこ》し先《さき》に行《い》くと其所《そこ》に賊軍《ぞくぐん》の大本営《だいほんえい》があつて、初《はじ》めは我々《われ〳〵》の武器《ぶき》を解《と》かなければ入《い》れないと云《い》ふ酋長《しうちやう》の意見《いけん》であつたが、我々《われ〳〵》は短銃《ピストル》の外何《ほかなに》も持《も》つて居《ゐへ》〔ママ〕ない。これは護身用《ごしんよう》であるのだからお前方《まへがた》の大将《たいしやう》に聞《き》いて呉《く》れないかと言《い》つたので、伝令使《でんれいし》が大本営《だいほんえい》に行《い》つて聞《き》くと、武器《ぶき》でも何《なん》でも持《も》つて御出《おいで》なさい、貴賓《きひん》として歓迎《くわんげい》するから大本営《だいほんえい》に来《き》て呉《く》れとて意外《いぐわい》の大歓迎《だいくわんげい》を受《う》けた。それから三日目《かめ》の晩或処《ばんあるところ》に着《つ》くと、丁度新聞《ちやうどしんぶん》を売《う》る家《いへ》があつたので買《か》つて見《み》ると、日本人《にほんじん》が決死隊《けつしたい》を組織《そしき》して公使《こうし》の救護《きうご》に出《で》たと云《い》ふことが見《み》えた。それで大《おほい》に勇気《ゆうき》を鼓《こ》して居《ゐ》ると間《ま》もなく其《そ》の一行《かう》が向《むか》ふの方《はう》から来《き》たので、驚《おどろ》いて一伍一什《ぶしじう》の話《はなし》をすると、公使館書記官《こうしくわんしよきくわん》と決死隊長等《けつしたいちやうら》が公使《こうし》を迎《むか》ひに来《き》たといふことで、自動車《じどうしや》も一里程先《りほどさき》に来《き》て居《ゐ》る、其《そ》の自動車《じどうしや》は『ウエルタ』政府《せいふ》が寄越《よこ》したものであつた。私《わたし》は其《そ》の自動車《じどうしや》に乗《の》つて薄暮《はくぼ》グワダラハラと云《い》ふ日本《にほん》ならば京都《きやうと》と云《い》ふ様《やう》な大都会《だいとくわい》に参《まゐ》つて大宴会《だいえんくわい》を催《もよ》ふし、翌日《よくじつ》汽車《きしや》に乗《の》つて翌々日《よく〳〵じつ》漸《やうや》く首府《しゆふ》に帰《かへ》つて来《き》た。そこで先《ま》づ目出度《めでた》いと云《い》ふので祝盃《しゆくはい》を挙《あ》げたやうな次第《しだい》である。

日本《にほん》の軍隊《ぐんたい》が日章旗《につしやうき》を持《もつ》て亜米利加大陸《あめりかたいりく》を横断闊歩《わうだんくわつぽ》したのは、日本開闢《にほんかいびやくい》以来初《らいはじ》めてゞある。かゝる事情《じゞやう》の為《た》め出雲艦長《いづもかんちやう》が困難《こんなん》な任務《にんむ》を組織《そしき》せらるゝに至《いた》つたのは御気《おき》の毒《どく》な次第《しだい》であるけれど、日本《にほん》の海軍《かいぐん》に斯様《かやう》な立派《りつぱ》な活動《くわつどう》をすることの機会《きくわい》を与《あた》へることの出来《でき》たのは誠《まこと》に幸《さいはひ》であつたと云《い》はなければならぬ。右《みぎ》の旅行中私《りよかうちうわたし》の収《をさ》め得《え》たことは有毒《いうどく》な食物《しよくもつ》を連日《れんじつ》食べたので大病《たいびやう》を惹起《ひきおこ》したのと、斯様《かやう》な戦乱中《せんらんちう》であるに関《かゝは》らず党派《たうは》の如何《いかん》を問《と》はずあらゆる階《かい》級《きふ》の墨国人《ぼくこくじん》が、吾々日本人《われ〳〵にほんじん》に対《たい》して好感《かうかん》を有《も》つて居《ゐ》ることは、多難《たなん》であつた旅行《りよかう》だけに非常《ひじやう》に愉快《ゆくわい》に感《かん》じたのである。

△惨酷《ざんこく》に追放《つひはう》された白国公使《はくこくこうし》

こんな風《ふう》で吾々日本人《われ〳〵にほんじん》は優遇《いうぐう》されたが列国《れつこく》の各公使《かくこうし》は何《いづ》れも追放《つひはう》の憂目《うきめ》に遇《あ》つたのである。ベルギイ、スペイン両《りやう》公使《こうし》などは最《もつと》も酷《ひど》い方《はう》で、イギリス、ブラジルの前公使《ぜんこうし》なども実際《じつさい》は追放《つひはう》せられたのださうだ。其《そ》の追放《つひはう》も却々惨酷《なか〳〵ざんこく》なもので罪人《ざいにん》でも追放《つひはう》する時《とき》は七十二時間《じかん》―三日《か》の猶予《いうよ》を与《あた》へるのが常《つね》であるが、カランザ君《くん》の遣《や》り方《かた》は頗《すこぶ》る猛烈《まうれつ》であつた。『貴下《きか》は此政府《このせいふ》の気《き》に入《い》らない事《こと》になつたから二十四時内《じない》に此国《このくに》を立退《たちの》くべし』といふ様《やう》な手紙《てがみ》を一国《こく》の代表《だいへう》者《しや》に寄越《よこ》したのである。其《そ》の手紙《てがみ》の日附《ひづけ》は午前《ごぜん》八時《じ》、何月何日《なんぐわつなんか》と為《な》つて居《ゐ》るから、其《そ》の次《つぎ》の日《ひ》の午前《ごぜん》八時迄《じまで》に立退《たちの》かなければならない。汽車《きしや》がある時《とき》には午前《ごぜん》六時《じ》に出発《しゆつぱつ》するけれど、ない時《とき》には八時迄《じまで》に自動車《じどうしや》で逃《に》げる外《ほか》はない。さうすると午前《ごぜん》五時頃《じころ》には軍用自動車《ぐんようじどうしや》がやつて来《き》て、早《はや》く立退《たちの》きなさいと云《い》つて連《つ》れて行《い》つて、汽車《きしや》にぶち込《こ》むのである。汽車《きしや》といつても勿論《もちろん》一等《とう》などはなく三等《とう》の追込《おひこ》みで、中《なか》に一杯乗《ぱいの》つてゐるばかりでなく、屋根《やね》の上《うへ》にも沢山人《たくさんひと》が乗《の》つて居《ゐ》る。さう云《い》ふ様《やう》な汽車《きしや》へ押込《おしこ》められ、妻君《さいくん》や子供《こども》を連《つ》れて行《い》かうと思《おも》へば『あなたは此方《こつち》へ来《こ》い』と言《い》つて妻子《さいし》は外《そと》へ放逐《はうちく》すると云《い》ふ風《ふう》で、ベルギイ公使《こうし》、グワテマラ公使《こうし》の追放《つひはう》の時《とき》などは実《じつ》に悲惨《ひさん》なるものであつた。斯様《かやう》に墨国革命《ぼくこくかくめい》の歴史《れきし》には大分惨酷《だいぶざんこく》な事《こと》がある。応仁《おうにん》の歴史《れきし》又漢楚《またかんそ》軍談《ぐんだん》でも、水滸《すゐこ》伝《でん》でもさうであつた。つまり墨国当時《ぼくこくたうじ》の形勢《けいせい》は東洋《とうやう》人《じん》のやりさうな事《こと》も西洋人《せいやうじん》のやりさうな事《こと》も皆集《みなあつ》めてやつた様《やう》な感《かん》がある。

第七節　ベルギー国の状況

［32］「フラマン問題ニ関スル最近ノ騒擾」　一九一八年二月一六日

フラマン問題ニ関スル最近ノ騒擾
駐白公使安達峯一郎ヨリ外務大臣本野一郎宛
公信第三号（機密）　ハーヴル　大正七年二月十六日附
同　年四月十五日受

フラマン問題ト之ニ対スル独逸ノ画策竝ニ之ニ関スル白国外務大臣談話ノ次第ハ、本日七日機密公第二号ヲ以テ御報告申進置候処、今般白国政府ニ達セル報道ニ依レハ過般独逸ノ使嗾ニ基キ、**フランドル**ノ自治独立ヲ宣言セル**フラマン**主義者ノ陰謀ニ対シ、白国被占領地ニ於テ熱心ナル愛国的反動ノ勃発ヲ見ルニ至リ、本日一日被占領地ニ在ル総テノ**フラマン**及ビ**ワロン**選出議員ハ独逸宰相ニ対シ強硬ナル抗議ヲ提出シタルカ、同三日**アンヴルス**（アンヴェルス＝アントウェルペン）ニ於テ行ハレタル所謂**フラマン**主義ノ独立祝賀運動ハ、偶々白国人民ノ憤怒ヲ買ヒ、祝賀行列ハ憤激セル多数群集ノ為メニ遮ラレ、其数六百ヲ超エサリシ右運動者ハ群集ノ為メニ罵倒攻撃セラレ、運動者ノ旗幟ハ破毀蹂躙セラレ、独逸軍隊モ之ヲ制止スル能ハス。而シテ同七日**ブルュックセル**高等法院ハ全院会議ヲ開キ、出席四十六名ノ判事ハ満場一致ヲ以テ、**フランドル**、**ワロン**分離運動主犯者ヲ刑法第百四条及第百九条竝千八百三十一年ノ勅令違反トシテ訴追スルコトヲ、検事総長ニ厳命シタリ。翌日黎明、検事局ハ**フラマン**主義者ノ主魁ニシテ自称**フランドル**議会ノ設定セル**フラマン**臨時政府ノ大臣ト称スル**ボルムス**、**ダック**ノ二名ヲ逮捕セシメタリ。如此意表ニ出デタル白国司法官憲ノ措置ハ、独逸官憲ヲシテ一驚ヲ喫セシメタルカ、同朝十一時独逸官憲ハ他ノ共犯者ヲ隠匿スルト共ニ強力ヲ以テ右二名ノ被告ヲ釈放セシメ、且一件書類ヲ押収セリ。是明カニ独逸カ**フラマン**主義者ノ陰謀ヲ惹起シタルカ、翌九日狼狽セル独逸官憲ハ高等法院長**ルヴィ・モレル**氏及二名ノ同院部長ヲ逮捕シタリ。是ニ於テ人民反抗ノ気勢各地ニ弥蔓シ、翌十日熾烈ナル示威運動**マリーヌ**市ニ於テ行ハレ、独逸官憲ノ抑止其効無ク、翌十一日ニハ武市庁広場ニ於テ各種団体代表者ヨリ成ル六百餘人ノ示威運動行ハレ、独逸官憲ノ武力干渉ハ一場ノ騒擾ヲ醸スニ至レリ。此日九日ニ逮捕セラレタル法官ノ一名ハ釈放セラレタルカ、此間破毀院ハ検事総長ノ請求ニ依リ白国司法官捕縛ニ関シ凝議スル所アリシモ、其結果ニ付テハ未タ聞ク所ナシ。爾後**ブルュクセル**及**アンヴェルス**市会ノ抗議ヲ初メトシ、各市町村ヨリノ抗議相踵イテ提出セラレ、其内ニ於テ**マリーヌ**、**チュルヌー**、**サン・ニコラ**等ノ如キハ皆**フランドル**所在ノ町村ニ属セリ。曩ニ捕縛セラレタル高等法院長其他ハ、同日十二日独逸本国ニ押送セラレタルナルヘシト謂ヒ、尚白耳義最高司法官ニ加ヘタル独逸官憲ノ横暴ニ対スル抗議トシテ、白国各裁判所ハ其職務ノ執行ヲ拒否シツツアリト伝ヘラル。右ノ件ニ関シ本月十五日白国政府ハ内閣会議ヲ開キ、満場一致ヲ以テ左ノ宣言ヲ為セリ。

白国内閣会議ノ宣言

被占領地ニ於ケル**フラマン**、**ワロン**選出上下両院議員、各市町村竝白国司法団カ侵略者ノ教唆ト保護ニ成レル、自称**ラントル**〔フランドル〕議会ノ叛逆ニ対シ感動ス可キ抗議ヲ為セルヲ聞キ王国政府ハ

白国ノ正当選出者カ外夷ノ干渉ニ対シ、毅然トシテ国家主権不滅ノ権利ヲ要求セルヲ祝賀シ

有罪ナル不正市民カ敵ト共謀シテ国家分裂ノ犯行ヲ遂行セルニ対シ、司法官憲カ法律ヲ適用スルコトヲ躊躇セサリシ勇敢ナル態度ニ敬意ヲ表シ

白国人民カ三年半ニ亘ル難苦ノ後、尚善ク国王ト憲法ト祖国トノ為メニ不易ノ忠誠ヲ証明セル忠勇ニ対シ敬虔ノ念ヲ致シ

領土ノ開放ト完全ナル白耳義ノ独立恢復トノ為メ、最後迄戦闘ヲ継続シ且国家ノ統一ヲ維持セントスル国民不動ノ意思ヲ確認ス。

而シテ白国外務大臣ハ右内閣会議後在白本邦公使ニ対シ前記宣言書ヲ示シ、更ニ本件ニ関シ説明スル所アリ。被占領地ニ於ケル同外相ノ友人等ヨリ秘密ノ方法ヲ以テ送リ来レル書翰ハ、皆フラマン問題ニ関スル陰謀ノ不成効ニ終ル可キ見込ナルコトヲ報シ居リ、白国政府トシテハ之ヲ純然タル国内問題トシテ解決シ得ル確信ヲ有シ居ルモ、唯諸外国カ本問題ヲ以テ白国統一ニ関スル重大問題ト看做スニ至ルコトナキヤハ、同外相ノ最モ懸念スル所ナリトシ、殊ニフランドル議会ナルモノカ「選挙」ニ依リ成立セルモノト称スル点ニ於テ、之ヲ以テフランドル人民ノ意思ニ出ツルモノト解釈セラルナキヤヲ憂フルモ、武府七十五万ノ人口中右フランドル議会ノ選挙ニ与ル者ハ僅カニ六百七人ニ過キスシテ、同府ニ於テ選挙権ヲ有スル十五万二千八百人ノ意思トハ何ラ関スル所ナキ次第ナルヲ以テ、特ニ此等ノ点ニ付キ帝国政府ノ了解ヲ得度キ希望ナル趣談話有之。前記騒擾事件御報告旁々、右白国外務大臣談話ノ次第重ネテ御報告申進候。敬具

[33]「白国皇帝比律悉凱旋式ニ関スル件」一九一八年一一月三〇日

白国皇帝比律悉〔フィリップ〕凱旋式ニ関スル件（註）

安達駐白公使ヨリ内田外務大臣宛

公信第四四号　ブラッセル　大正七年十一月三十日附

同　八年　二月廿一日受

去十一日休戦条約調印ノ結果トシテ去廿日頃敵軍全部当府ヲ引揚クルコトト相成、白国皇帝陛下ニハ当府市民ノ懇願ヲ容レ、去廿二日ヲ以テ当府ニ凱旋セラレ上下両院ノ集会ニ臨マレ、勅語演説ヲ為サルルコトニ御勅定相成、外交団ノ臨席ヲ望マセラレ候得共、在ル、ハーヴル白国政府及外交団引揚ニ必要ナル臨時汽車ノ編制ハ、白仏両国官憲ノ尽力ニ拘ラス、去廿四日以前ニハ完成不致候処、皇帝陛下ニハ少クトモ是非重ナル連合国公使ナリトモ万障差繰同会ニ出席相

成度思召ヲ伝ヘタルニ由リ、白国政府ハ急遽最モ強力ナル自動車ヲ徴発シ前記各公使ノ使用ニ供シタルニ付、英米両国公使ハ最モ強力ナル米国軍用大自働車ニテ去廿日早朝ル・ハーヴル港ヲ発シ、廿一日夜当府ニ帰還《ママ》。（仏国公使ハ白国皇后陛下ニ Grand Cordon de la Légion d'Honneur 勲章捧呈ノ為、ブリュージュ行在所ニ伺候中ナリシ為メ、去廿日既ニ当府ニ帰還シ居レリ（因ニ云フ、歴史上婦人ニテ前記勲章ヲ受領シタル者ハ英皇ヴィクトリア陛下ノミナリ）。本使及伯国公使ニ供給セラレタル自働車ハ、去ル廿日午后出発準備整ヒ直ニ当府ニ向ヒタルモ途中数回車体ニ故障ヲ起シ、廿一日夜深更僅カニブリュージュ市ニ着シ、翌朝当府ニ向ヒ出発セルトキハ、皇帝皇后各皇子ノ自働車モ将ニ出発セントスル際ニシテ、途中軍隊車馬駱駅進行極メテ遅緩、正午将ニ首府ニ入ラントセルトキ、首府数十万ノ市民盛装シテ珍ラシキ晴天ニ其栄ヲ競ヒテ皇帝ノ還御ヲ御出迎申上居リ、到底自働車ノ進行ヲ容レサルニ依リ、本使ハ伯国公使ト共ニ自働車ヲ棄テテ十数丁ヲ徒歩シ、群衆ヲ押分ケ辛シテ零時四拾五分議院ニ達シ外交官席ニ入レルニ満員立錐ノ餘地ナシ。五分ヲ出サルニ皇后陛下ニハ第二皇子皇女及英国第二皇子アルバート殿下ヲ率ヰラレ御臨場相成（アルバート殿下ニハ英国皇帝ノ御名代トシテ特ニ簡派セラレタリ）、次ニ皇帝陛下ニハ皇太子殿下ヲ率ヰラレ御臨場遊ハサレタルニ、議席並ニ傍聴席ノ歓呼満堂ヲ震撼スルコト数分、皇帝陛下上下両院議員ニ対シ着席相成度旨ヲ宣ハセラレタル後、玉音朗カニ別紙ノ勅語ヲ御読上ケサセラレ給ヒ候。四年四ヶ月ニ亘ル野戦ノ御辛苦ハ衆人ノ普ク知ル所、其御柔和ナル御姿ノ裏ニ、凛烈ナル御気分漲キレル御音容ヲ拝スル内外ノ臣民感極リテ啼泣スル者多ク、此四十五分間ノ現象ハ蓋シ歴史上空前ノ盛事ト称スヘク候。

陛下ニハ先ツ大元帥トシテ開戦以来ノ戦蹟ヲ叙セラレ、次ニ敵軍ニ占領セラレタル白国地域内ニ於ケル白国民ノ百折不撓ノ行動ヲ称賛セラレ、尚進ンテ連合諸大国ノ白国ノ為メニ尽シタル鴻業ニ向テ感謝ノ意ヲ表セラルル際、特ニ日本国ニモ御言及相成、第二段ニ於テ白国内政上改革スヘキ諸項、殊ニアンヴェルス港発達ノ必要ヲ御説示アラセラレ、切ニ挙国一致ヲ望マセラレ候。

該勅語ハ首尾貫徹白国ノ国是ヲ説明シテ餘蘊ナク、白国ハ従来ノ局外中立義務ノ覊絆〔羈絆？〕ヲ脱シテ自由ニ攻守同盟ヲ為シ得サルヘカラスト宣明セラレ、アンヴェルス港ノ将来ニ最モ重ヲ置カセラルル次第ヲ切言セラレタル際、官報ニ公表セラレタル文言以外ニ「エスコー河ノ自由」ナル一語ヲ御発言遊ハサレタルハ、深ク内外臣民殊ニ本使ノ隣ニ着席セル蘭国公使ノ注意ヲ喚起致候。

両陛下ノ御退出ノ際ニ於ケル歓呼ノ状御臨御ノ際ニ均シク茲ニ御目出度、御凱旋ノ御式ヲ終了仕候。同日午后六時当府市役所ニ皇帝陛下二皇子及皇女ヲ率ヰラレ御親臨相成、市長マクス氏（当日無所管国務大臣ニ任セラル）ノ歓迎式辞アリ。皇帝陛下御答辞ヲ賜ハリタル後、楼上ノ外廊ニ於テ群衆ノ歓呼ヲ受ケサセラレタリ。群衆熱誠ノ情筆紙ニ尽ス能ハス。陛下ノ御感モ極メテ深ク、御落涙ノ上御玉体ヲ震ハセラルルヲ拝シ奉リ、当国君臣ノ至情左コソト、本使等ニ於テモ思ハス涙ヲ落シ申候。

翌廿三日朝当国皇室歴代ノ墳墓タルセント・ギュヂュル寺院ニ於テ謝恩式アリ。院内会集壱万弐千ヲ算シ、開戦当時ヨリ敵軍ニ反抗シテ白国民ノ愛国心ヲ鼓舞シ、広ク内外ノ敬仰ヲ一身ニ集メタルメルシェ僧正司会者トナリ、荘厳無比ノ儀式ヲ了シ申候。会集何レモ当国代表的人物、其皇帝及皇室ニ対スル崇拝渇喜ノ至情各同僚ノ普ク羨望シタル所ニ有之候。

開戦以来当国皇帝陛下ニハ親シク最モ困難ナル険境ニ立タン日トシテ、塹壕内ニ於テ兵卒ト共ニ剣ヲ取リテ戦闘ニ従事セラレサルナク、皇后陛下モ亦身ヲ挺シテ救護慈善ノ御事業ニ従ハセラレ、其ノ高徳至仁深ク八百万人民ノ肺腑ニ徹シ、極端ナル社会党員ト雖モ現皇帝其他ニ対スル無限崇拝ノ意ヲ有スルニ至リ、皇室ノ基礎磐石ノ上ニ有ルハ各同僚一致ノ感想ニ有之候。

将又当市群集ノ日本国ニ対スル同情敬仰ノ態度ニ至リテハ、英仏米ニ対スルカ如ク普通ナラスト雖モ、少クトモ上流社会ニ於テハ日本国ノ開戦以来連合軍ノ為メニ尽シタル功蹟ヲ認メタルニヤ、本使ノ通行ニ際シ日本国万歳ヲ歓呼シタルモノ多ク、本使ノ聊カ意外ニ感シタル出来事ニ有之候。

右及具報候。敬具

別伸　伊羅葡諸国公使等ニ於テモ去廿日自働車ニテル・ハーヴル出発ノ筈ナリシモ、其準備整ハサリシ為メ、遂ニ其目的ヲ達セス。(22) 廿三日凱旋式ニ参列シ得タル者ハ本使ノ外、英仏米伯四国公使ニ過キス。市役所ニ於テ謁ツヲ賜リタル際、皇帝陛下ニハ深ク本使等遠来ノ労ニ対シ感謝ノ意ヲ宣ハセラレ申候。

註　改訂文外事彙報第十、十一、十二号掲載済(23)

[34]「白貨法安定に関する勅令発布」一九二六年一〇月二七日

白貨法安定に関する勅令発布　（十月二十七日著在白帝国特命全権大使安達峯一郎電報）

政費節減、新税の賦課、減債基金及鉄道会社創立等に依り、国内財政の改善に努力せる自国政府は、既報の権限に基き十月二十五日財界復興の根本要件たる白貨安定に関する勅令を発布せり。要点左の通り。

（一）国立銀行に対する国家の債務六十七億五百万法〔フラン〕は、外国借款及国立銀行保蔵貴金属再評価に依る増額を以て之を減殺し、最高二十億法に限定し、此二十億は漸次減債基金を以て償還す。

（二）銀行は発券総額の四割の準備金を維持すべく、其内少くとも三割は金たるべし。

（三）前記準備金、其他銀行一切の財産、外国銀行より得たる信用を以て、為替の安定を維持す。

（四）銀行の資本を二億法とす。

---

(22) 本文中に記述のある蘭国公使がなぜここで言及されていないかは不明である。

(23) 十一号に、「白国非公式議会ニ於ケル同国首相ノ演説」（大正七年七月二十四日附報告）と「白耳義国皇帝陛下御凱旋ニ就キ天皇陛下ヨリ同国皇帝陛下ヘ御発送アラセラレタル御祝電」（大正七年十一月二十二日）は掲載されているが、この公電そのものは見当たらない。

（五）現行紙幣は依然法定通用力を有す。
（六）白耳義法の対外為替は五法の倍数に依つて之を定む。国立銀行の正貨を以てする一覧払償還の基礎として、右倍数を採用す（右償還は金銀及外国金貨貨幣を以てせらる）。右倍数の基礎を特に「ベルガ」（Belga）と称し、白耳義法の為替発表には、此以外の形式を用ふることを得ず。外国貨幣との純分比価は〇、二〇九二一一瓦〔グラム〕の純分を有する「ベルガ」を以て定む（純分比価一磅〔ポンド〕は三五「ベルガ」）。
（七）「ベルガ」と法とは常に五対一を以て交換せらるべし。
（八）本法は公布の日より之を実施す。二月二十六日の法律は之を廃止す。
　尚右に関し三勅令発布せらる。
(1)大蔵大臣に一億弗を限度とする外国借款を為すを認むる勅令。
(2)国立銀行及大蔵大臣間協定承認勅令。
(3)国立銀行存続期間延期勅令。

[35]「白貨安定後の経済施設に関する同国通商局長の講演」　一九二六年一一月二四日

（十二月二十二日附在白・帝国特命全権大使安達峰一郎報告）

白貨安定後の経済施設に関する同国通商局長の講演

第一　短期に於ける影響――（一）物価（二）手形割引率（三）対内商業取引（四）外国貿易（五）結論
第二　長期に於ける貨幣安定の効果――（一）競争能力の増進（二）国際の競争条件（三）結論――競争難
第三　対策

白国現在に於ける最重要問題は財政復興の問題であり、而して之が為に政府は諸種施設をなしたる後、遂に貨幣安定法を施行するの段取りに迄到達したことは既報の通なるが、十一月二十四日白国外務省通商局長ハンヌカール氏は、白国皇帝御親臨の席上に於て、『商工業の見地に於ける貨幣安定の効果』なる標題の下に講演をなし、白国の経済財政の復興に関し執るべき諸般の大方策に言及し、大に白国全般の耳目を聳動したるが、其白国商工業の発展、輸出の奨励等に付論議せる点は、我国当局及実業家に対しても多大の参考に資するものありと認めらるゝが故に、左に右講演の大意を翻訳報告することゝす。

同氏は先づ臂〔劈〕頭に於て、貨幣安定の後に危機襲来すべきや、若し然りとせば其危機は如何なる程度のものなりや、而して之が緩和の手段如何と問題を提起し、貨幣安定の及ぼすべき影響並之が対策を論じた。

第一　短期（六個月乃至十二個月の期間）に於ける影響

（一）物価　卸売に於ては、極めて軽少なる騰貴を見るに過ぎざるべきも、小売に於ては、十一月十五日の物価指物は七三〇にて、前月即ち安定法施行前に比し二五点の昇騰を示し、諸種の事情を綜合すれば、尚七五点の騰貴を見るべく、此騰貴の傾向は数箇月間継続せむ。

（二）手形割引率　純理上若干の引上を見るべしと予想せらるゝ国立銀行は、未だ割引率を引上げたが、然し其代りに割引証券厳撰の方法を実行して居る。蓋し割引利率の引上も、割引信用の限定も、何れも結局同様の効果を呈するものである。即ち右の結果

（イ）白国資本の帰還、及外国資本の白国流入を促す。

（ロ）金融逼迫の為商品の捌方が敏活となり、貯蔵品の再輸出ともなるべく、従て国際貸借決済関係に影響を与へる。

（ハ）国家の経済的方面に於ては、不健全なる企業を抑制する。

（ニ）投機を抑制する。

（三）対内商業取引　既に緩慢の状を示して居るが、更に之が継続を見ることならん。其原因

（イ）労働者、官吏等の購買力減少。
（ロ）貯蓄の傾向恢復すること。
（ハ）本年四月乃至七月の危機に際し、商品を売惜しめる結果、今日に於ては割合に供給多きこと。

（四）外国貿易

（イ）商業統計に依れば、白国の輸入に対する輸出の百分比

六　月　五六・六
七　月　八九・〇
八　月　九五・〇

にして、九月に至り九六・〇「パーセント」以上に上り、若し統計の正確を期すること甚だ困難なる貴金属及宝石を除けば、対外貿易関係に於て、極軽少乍ら約三千五百万法出超を見る次第にて、白国対外貿易は著しく改善された。尤も此原因を仔細に探究すれば、夫れは特に輸入の減少に由来することに発見する。而して輸入減少は国立銀行始め諸銀行の割引制限策、税制政策及入国税引上を以て其原因とする。尚此数箇月間に於ては、英国の総罷業亦白国の輸出に対し有利に作用して居る。

（ロ）工業統計　失業者が経営状態より若干増加したことを示して居る。

（五）結論　輸出緩慢

以上短期に於ける貨幣安定の主なる効果を概説した所よりして、来るべき数箇月に対し或る種の推定をなし得る。

一九二二年以来、白貨為替相場漸落に依り、対内価格と対外価格との間に常に懸隔を見たる結果、外国に対する商品の捌方に付ては、便易の地位に在つたこと明であるが、対外通商関係に於て此因子の失はれたる今日に於て、其必然的帰趨として輸出緩慢とならざるを得た。尤も右推定は寧ろ理論的なるものであり、実際に於ては各種工業に関する特種条件竝世界的なる一般条件に依て左右せらるゝこと勿論である。

(一)　特種条件　(イ)石炭　英国の総罷業に因り、白国石炭業は非常なる好景気を示し、且目下の季節恰も石炭の需要多き時期なる故、石炭業に対する貨幣安定の影響は殆ど目に付かぬ。

(ロ)製鉄業に就て亦同様である。即ち英国の総罷業は、白国にとり有利に作用し、又レール協定竝国際鋼鉄協定の成立も有利なる条件である。

(ハ)針金製造業等亦国際的シンヂケートの組織を利用して居る。

(ニ)玻璃製造業　米国に於ける自動車工業に対する市場に於て甚だ活気を有し、此方面に於ては安定の影響を殆ど感じて居らぬ。

(ホ)セメント業　セメントの使用が漸次普及せられ、而して其需要が不断に且迅速に増加しつゝあるの事実に依り有利に動きつゝある。

(二)　一般条件　白国輸出の景況如何は、他国に於ける繁栄の程度及其国貨幣安定の状況如何に依る所甚だ多しとする。此点に付各方面より集め得たる観測に徴するに、米国に於ては差当り数個月間は有利なる発展を指示するが如き徴候を見せて居るが、又反対の徴候も有り、一律に判じ難く、唯米国多数実業家、経済家は楽観に傾いて居る。英国に於ては鉱夫の総罷業及其結果が大勢を支配して居り、尚相当期間其状態を継続するものと見られ、又独逸に於ても、既に活躍時代に入つて居り、之を概観すれば、世界的状況は大体に於て白貨は安定の当切よりは有利に傾いて居る。

叙上特種竝一般の条件にも拘はらず、貨幣安定の結果、白国経済活動にある程度の弛緩を招来すべきを否定し得ない。此見解を支援すべき主要兆候、次の如し

(イ)労働の需要供給関係多少不利となれること。

(ロ)失業の増加。

(ハ)工業大市場に於て幾分浮腰の状態に至れること。

(ニ)破産の増加。

（尤も自由市場に於ける利率減少の傾向にあることは、右と反対に有利なる兆候である。）

経済活動が果して右述ぶる如く緩慢に陥ると云ふは、即ち経済上の危険を齎すものであるが、然らば其危険は如何なる程度のものであらうか。之が回答は至難であるが、白国に於て独逸の一九二四年乃至一九二五年に亘れる恐慌の如きものは、問題となり得ないことのみは之を断言し得る。危機の程度如何は、要するに左の原因に依り支配せらるゝことを言明するに止める。

（イ）世界的事情。
（ロ）白国諸工業の特種事情。
（ハ）外国資本の輸入、尤も之には一定限度あるを注意すべきである。
（ニ）白国資本の帰来。
（ホ）白国実業家の新局面に対する適応能力。

茲に注意すべきは、白貨安定に依り従来絶えず苦しめる為替相場変動の弊を避け得るに至りたる故に、此点に於て貨幣安定は、商工業者に対し多大なる負担軽減となること竝英貨一磅に付白貨百七十五法の安定率は、実際に於て安定前既に相当期間実行せられ居たるものなる故、実業家の適応を甚だ容易ならしむべきことの二点に在る。

第二　長期に於ける貨幣安定の効果

貨幣安定の結果、為替相場変動の因子消滅して、茲に経常状態に復帰したる次第なるが、於是白国の競争能力及国際間の競争条件が、大戦前以来如何に変遷し来れるを検討するを要する。

一、白国の競争能力は、此十年以来鮮からず増進した。先づ工業界に於ては、幾多技術上の進歩を実現し、企業の集約的経営法に於ても進展を見た。又商業組織の見地に於ても、努力の点に於て申分なしとはせぬが、相当進歩を見たること疑なく、其他の方面に於ても、夫々相当進歩の跡を見、是等は総て白国の競争能力の見地より有利なるものである。而も戦前に比し不利なる分子の存在することも、之を認めざるを得た。

（イ）先づ賃銀の問題がある。戦前に於ては、白国に於ける賃銀は隣接諸国のそれよりも低廉なりしものが、今日に於ては、例へば仏国に於ける賃銀よりも、白国に於ける方遥に高く、あるものに至ては十五「パーセント」の差があると云はれて居る。

（ロ）次に労働時間制限の問題がある。八時間労働の原則は、既に白国法律の認むる所なるが故に夫に付ては彼れ此れ申さぬが、然し乍ら法律自体に於て既に予見して居る如く、右原則の適用に於ては、使用主側と労働者側との諒計に依り、或る種の緩和を認むること極めて望ましいのである。是れ国際競争場裡に於ける白国工業の地位に、ハンヂキャップを附せらるゝを防止するためである（註）。

（註）此点に関し、当日ハヌカル氏演説後、外務大臣ヴァンデルヴエルド氏は、ハ氏の白国通商発展の為諸般の活動を推賞したる後、八時間労働制は、白国労働者が多年の努力の結果獲得したる権利なるを以て、此点に付一歩も譲歩するを得ず。右既得の機〔権〕利に或種の緩和を認むるが如きは、断じて不賛成なりと疾呼したるが、右はヴ氏の社会党の立場より止むを得ざる処なるべきも、兎に角当日の一大奇観たるを失はなかつた。

二、国際間の競争条件　世界の商業取引は、一九二五年に於て一九一三年の数字に比し四若くは五「パーセント」の増加を見たのであるが、之を欧州のみに付て見るときは、戦前に比し約十「パーセント」の減少を来して居る。而も欧州の諸新興国に於ては、近年著しく工業に力を注いで居る結果、白国にとり捌口の縮少となり、加之多数国に於ける貿易の保護的傾向は、販路開拓乃至市場維持を益ゝ困難ならしめて居る。尚最近に於ける英国人の調査に依れば、世界の生産機関が、総体として戦前以来増加せるに拘はらず、或る国に於ける購買力は却て減少を見たと云はれて居る。

三、結論―競争難　次上述べたる白国の競争能力竝国際間の競争条件を綜合観察して、白国の地位が戦前と比較し、幾分とも有利なるべきや否やが問題となる。

之が解答至難なるも、或る種の工業例へばセメント業、玻璃業の如きに付ては、之を肯定し得るが其他の工業に付ては寧ろ否定せざるを得ぬ。而して全体としては、白国の地位が戦前よりも容易となれるものとは思はれない。否々競争は益〻困難を加ふべく、白国は之に対する準備を要する。

第三　対　策

斯の事態に当面せる白国の取るべき措置如何　此問題は危機既に存するものなるが故に、如何にして危機を妨避すべきかに在らずして先づ安定の影響に対する緩和手段の探究に在り。次で一切の手段を尽して、世界市場に於ける白国の地位を鞏固ならしむるに在る。独逸に於ける例を観るに、同国に於て貨幣安定を実現した際に、其影響緩和策として、政府は各種の措置を講じ、特に失業問題に注意する所があつた。即ち政府は工業家に対し信用を附与し、輸出を容易ならしむる為に保障信用 Assurane［Assurance］Crédit 制度を組織し、土木（港湾、運河の建造、洪水の防禦工事、電力の配導設備等）の計画を実現し、以て労働者を従来の地位に使用し、或は夫れ以前の労働に従事せしむることを得しめたのであつたが、白に於ても其現状を斟酌した上にて、相当右に類似の方途に出づることも可能である。然かも是等は臨時的なる応急策に過ぎないものであつて、白国の完全なる大復興を実現するには到底不十分なることを断言する。之を政府当局も能く了解する処にして、現にジャスパール及フランキーの両氏に於ても、白貨安定法を以て白国復興に対する努力の結果と見るべきものに非ずして、更に幾多重大問題の解決に進まざるを切言された。

将来更に解決せらるべきものとして残存する重要問題は、其数多いが、先づ国家の為さゞる可らざる所左の如し

イ、予算均衡の実現

ロ、政費節約の続行

ハ、白貨減価に対する善後措処

ニ、慎重なる税制政策の採用

而して国家は特に其全力を傾注して、国民の経済活動を助成し、国家繁栄を幇助するを要する。是れ即ち根本問題である。而して其見方に依て採るべき方策は多岐に亘り得るが、結局最後には輸出の問題となる。輸出の前提は生産である。多量に且低廉に生産することである。カンビーヌやヘーノーの石炭掘採、但しはコンゴーの富源開発に努め、以て

出来得る限りの生産をなすべきである。而して其生産は世界市場に於ける競争に堪え得べき条件に於てなされねばならぬ。夫れには競争の対手と同様、若くは以上に努力するを要する。特に留意すべき諸点左の如し

（一）規格統一
（二）企業集中
（三）工業の専門化
（四）生産要具の完備
（五）労働殊に分業組織の整理
（六）原料購入の合理的組織
（七）水陸運輸の系統的方法
（八）資本流通の敏速
（九）精良品製造の方針採用
（十）職業教育の発達

右の中特に企業集中に付て二三の事例を引用する。

（イ）一九二五年独逸に於ける重要なる化学品製造業者より成る団体に依て構成せられたるアニリン企業同盟（同トラント〔トラスト〕の曩に一九一六年化学品製造業者が利益合同の目的にて組織したる団体"Interessen Gemeinschaft Farben Industrie A. G." 所謂"I. G." なる名義を其儘保続せり）は、数週間前其資本を十一億金麻克〔マルク〕に引上げ、肥料、窒素化合物、メチールアルコール、人造絹、活動フキルム、爆発薬、釉薬、炭素合成物、石油、石炭、褐炭、冶金等の主要化学工業に其手を拡げ、活躍して居る。而して該トラストは単《ママ》り対内的に有力なるの〔み〕ならず、対外的にも亦重要なる地位を有する。該トラストはStandard Oil及Royal Dutch Shellと炭素合成物に関する取極を締結し、又英米、諸大会社と人造絹に関する協定をなし、対外的に重きをなして居る。

（ロ）鉄鉱冶金工場の方面に於ては"Vereinigte Stahlwerke"最〔も〕吾人の注意を価する。資本八億金麻克を擁する同トラストの経営振を見るに、其石炭坑百五十一区、其産額一九二五年には二千三百万噸に上り、略〻白国に於ける年額全体に相当し、骸炭炉七十一、其生産能力は九百万噸にして、優に白国骸炭製造能力総体の二倍以上に及び、鎔鉱炉六十三、其鉱炉製造能力九百万噸、即ち白国に於ける鎔鉱炉五十二の生産能力に三倍する。又鋼鉄製造能力は約八百万噸に及ぶ有様にて、以て其規模と其の能率を知るべきである。而して他面外国に於ける会社とも重要なる利害関係を結んで居る。

（ハ）尚米国フォード自動車工場の例を引くならば、一九一三年十月に於て、発動機組立に九時間五十四分を要したるものなるが、六箇月後には五時間五十六分にて其〔出？〕来ること〻なり、今日自動車が未だ材料の状態にて鎔鉱炉に投ぜらたる時より、完全なるものとして市場に出し得るに至る迄の時間は、僅〻数日に過ぎないに拘はらず、白国に於ては遥に之よりも長時間を要する。

次に職業教育に付ても大に識者の注意を要する。白国工業に従事する男女労働者百七十万の中、学校にて職業的又は技術的に授けられたるもの五「パーセント」にも足らないのである。此点に付ては、瑞西の如きは一般条件に於て、確に白国よりも有利ならざる地位にあり乍ら、同国独特の職業的又は技術的養成法に依り、電気材料、機械、機関、内燃発動機、空気圧搾器、科学用器具類、時計類、化学製品等の輸出を有利ならしむるに成功した。

尚茲に組織的且不断の努力に依り、工業能率が如何に増加せられ得べきものなるやに付、米国の例を見るに、一九一四年より一九二五〔年〕の間になしたる全国労働者生産能力増加率左の如し

イ、製鉄工業　四九・三％
ロ、自動車工業　二一〇・〇
ハ、紙類業　一二九・二
（一九一九年に於て既に一〇〇・〇の増加を見た）

二、靴製造業 一六・五

（尚靴製造業に於ても、企業集中と労働能率との関係が如何に緊密なるかの例証を見る。即ち労働者一人当一年間の製造能力、左の如し）

大工場（労働者約五百人位） 一、六九六足
中工場（労働者約百人位） 一、三八八足
小工場（労働者約十人位） 一、〇六九足

次に生産は外国競争に堪へ得べき程度に低廉なることを要する。即ち問題は販売に在る。此点に付ても系統的努力を要する。之には先づ以て商業上の組織及系統を完全にしなければならぬ。

（一）行政組織の点よりすれば左の諸点に注意するを要する。
（イ）国の内外に於て実業家と国家機関との関係を緊密にすること。
（ロ）工業者、輸出業者をして、出先官憲の蒐集せる貴重なる材料を利用せしむること。
（ハ）諸種の情報を整理すること。
（ニ）出先官憲に専門的智識を備へしむること。
（ホ）当局は出来得る限り有利なる通商協定を締結すること。右に付ては実業界の人士と密接の連絡を保持して之が準備をなすこと。尚通商情報局（Office Commercial）（本誌第四一六号参照）に付ては、曩に改革案を草定し、着々実行中なり。
（二）輸出に対する生産者の了解、即ち生産品を外国顧客の需要及趣味に適合せしむること。
（三）輸出事業に対する金融的援助、即ち一方に於ては銀行と工業者との関係を緊密ならしむると共に、他方に於ては信用の附与、通商上の損失に対する保障点に於て輸出業者に便宜を与ふること。

右述べたる所に顧れば、或るものは国家行政上の問題に属し、或ものは実業団体の事務に属し、又或ものは工業家、

銀行業者自身に於て、進んで処理すべき問題に属する。是等の問題の解決は多岐に亘り困難は自ら其の中に包蔵せらるゝ訳なるが、然も之を以て空漠なる計画に終らざらしめむとすれば、茲に国民的大努力を系統的に組織するを要する。夫れには国家商工業関係団体竝各企業主挙て同様の方針に基ける統一的行動に出ずるを要する。此大方策実行の方法として、予は政府代表者の外に、工業、銀行、商業竝主要労働代表者を包含せる国民的実行委員会の創設を主張する。而して右の如き委員会は、単に其希望を述ぶるに止むべきに非ずして、前述各種の右計画を補足確立し、而も其緩急及重要の程度に依り順序を立て、且之を確実に実行するの方策を講せねばならぬ。要之白国の経済財政復興の為には国民各自が官民一致協心努力を標語とせねばならぬ。（既報外国貿易振興委員会は本誌第七一九号参照。此主張より生じたる一機関なる由）

第八節　フランス国の状況

[36]「フランスの石油政策」一九二九年五月

フランスの石油政策

在フランス特命全権大使　安達峰一郎

仏国の石油政策に関しNew York Times通信は、当地マタン紙に掲載せられたる同紙記者ゾーウエルワインの論文を報道せるものなり。

抑も仏国が戦時中に於ける辛き経験に鑑み、戦後鋭意石油政策の確立に努力し来り、其結果遂に一九二八年三月法律を以て石油の大量輸入に対し、政府の特許を要することゝし、他面同年三月製油に対する関税の引上及原油に関する同税の引下を断行し、以て外油のダムピング防止、国内製油業の助長及国内蓄油の奨励を確保したるが、仏国政府の英米両政府に対する抗議云々に付ては確報を得ざるも、此種ダムピング乃至シンヂケート組織に関し、外国政府に対し抗議を為すが如きは其例に乏しきのみならず、実効を期し得ざる所にして、仄聞する所に依れば一九二八年に於ける米国油の産出極めて多量なりし為め、海外市場に於ける米国油のダムピングは更に熾烈を加ふべきこと、且スタンダード、シエル、アングロペルシヤン・オイル、ローヤル・ダッチの四大会社が提携し、以て世界的一大トラストを組織せむとの風評に顧み、前記マタン紙の記事は仏国政府がトラストの横暴に関し、単に英米両国政府の注意を喚起せんとするか、或はモスール産油搬出上の便宜に関し、関係国間に諒解を遂げむとするかの意嚮あることを報道したるものかと考へらる。依て一九二八年十二月三十日号マタン紙掲載記事左の通り。

モスール地方に豊富なる油坑発見せられ、仏国外務省の熱心なる努力の結果、仏国は該油坑産油の処分に関する重要なる干与権を獲得するに至りたる為、恐らく将来之に依り仏国内の需要を充たし得るに至るべしとは、曩に本紙の報道せる処なり。（註一）

斯の如く仏国の利益を伸張する為竝平時及戦時に於て経済上喫緊の必要ある石油政策の独立を確保する為、鮮からざる努力と苦難とを重ねたるが、石油政策の確立を期する為には単に油田を取得するのみにては充分ならず、之を沿岸に搬出し、更に目的地に輸送するに必要なる手段を講ぜざる可らず。

然るに有力なる石油トラスト経営者は、仏国をして石油自給の方策を立てしむることには慊らざるが如く、先づモスールより地中海に至る最捷径、例へばアレキサンドレット港又は更に南方の一港若は土耳其〔トルコ〕国境より隔りたる一港、即ち仏国委任統治地域内の何れかの港に至るパイプ線の建設に諸般の障害を加へ居れり。

伝ふる処に依ればトラスト側は鉄道に依り先つバグダッドに産油を輸送し、更に之より波斯〔ペルシア〕湾若は地中海に臨めるパレスチンの一港、例へばカイフア港に搬出せむとす。要之トラスト側は仏国をして仏国の一港に輸送する為、先づ仏国統治下の一港に右産油を搬出せしむることを妨害し、以て多額の運送費を仏国側に負はしめんとするに似たり。

而してトラスト組織者は、石油不産出国に対し市場を壟断し、以て自己の決定する価格を課せむが為、従来の反目を悔ゐ、今や相提携せむとするに至れり。

数箇月前トラストの組織者は、スコットランドに会同したるが、目下ローヤルダッチ、シエル、アングロ・ペルシアン及スタンダードの四社亜米利加に会合し、石油産出国の国際聯盟とも云ふべき世界的シンヂケート組織計画中なり。若し右成立の暁には独逸、伊太利、西班牙、瑞典、就中仏蘭西の如き石油不産出国は到底之に対抗すべくもあらず。

石油不産出国に於ては一時諸トラスト間の競争甚しかりし為、幾分自衛の策を採り行きたり。右はローヤルダッチとシエルと共同して、スタンダードに拮抗し、スタンダードの所謂盗取したる露西亜石油の輸入に反抗したる時なりとす。（註二）然れども爾後相互利益の為、右の競争は跡を絶つに至れり。

従来石油トラストの弊害の発生したること一再に止まらず、米国に於けるドヘニー及シンクレアー両人に対するチーポット・ドーム事件は今尚世人の記憶に新なる所なるべし。

最近に於ては一米国石油会社の株式六十万株を仏国人に於て所有し居たりしが、トラスト側は右会社に対し悪辣なる手段を弄したる結果、右株主は極力其利益を防護せざるべからざる仕儀となれり。該トラスト側は右会社の株式の過半数を買収し、該会社に対しては噸当七志〔シリング〕の利益のみを与へ、トラスト側は一磅の利益を着服せり。右事件は今や仲裁に付せられ居れる処、仏国政府は仏側株主に対し援助し居れり。

又英領印度政府は該領に於ける地方石油会社の背後にトラスト側の勢力加はり居り、トラスト側が印度の利益を無視し、価格を左右し居れるの事実を発表せり。

有ゆる手段を以て独占を維持せむとする右トラストの横暴に拮抗する為、石油不産出国は今や夫々自衛の策を講じつゝあり。

曩に西国政府は石油専売制度を起し、次で亜爾然丁〔アルゼンチン〕国政府は国有制度を確立したり。仏国も亦石油政策を確立せむとす。（註三）

前記米国に於て諸トラスト間に計画進行中なる一大シンヂケートに対しては、仏国政府は之に拮抗せむとの意思を有し、此等トラストの横暴に関する有力なる資料を蒐集し、必要なる場合は石油不産出国間の協力を求めむとしつゝあり。

更に仏国政府は右シンヂケート組織に反対するの趣旨を以て、諸トラストの陰謀及経済上必要なり等の虚構したる口実を以て、此等トラストが其所属政府の援助を求めつゝある事実に関し、近く英米両国政府の注意を喚起せむとすと云ふ。

若し仏国にして今後も其石油政策を誤らざらむと欲し、又折角外交及司法手段に依り一九二〇年のサンレモ協定、及其後の諸協定に依り獲得したる権利を失はざらむと欲せば須らく深甚の注意を怠るべからず。

機　密

（註一）仏国のメソポタミアの石油利権は、大戦の結果獲得せるものにして、一九二〇年四月二十四日のサン・レモ協定に依り、ターキツシユ・ペットロリユーム会社（独逸銀行二割五分、ローヤル・ダッチ社二割五分、アングロ・ペルシヤン《ママ》社五割の持分にて成る）の独逸持分の割譲を受けたるものなり。其後米国は機会均等主義に反するとの抗議を為し、其結果米国は前記アングロ・ペルシアン社の持分の半分を受けたり。仏国は右受けたる権利を基として、一九二四年三月七千五百万フランの資本を以て会社を創設せり。

（註二）一九二八年五月の交仏国に於て、当時の在仏ソヴイエト大使ラコウスキー召還要求の問題惹起したる際、仏国一部民間に於ては該問題の背後にはローヤルダッチ会社と、シエル会社との仏側に対する運動の奏功したるものとさへ噂するものありたり。即ちローヤルダッチ会社は、戦前露西亜に於て石油採出権を得居りたりしも、革命の結果ソヴイエト政府に押収せられ、スタンダードは之に代り露西亜の石油に関する利権を得、該石油を仏国に輸入し居たり。其為ローヤルダッチ及シエル両会社は其石油を仏国に輸入するに困難ありたるのみならず、スタンダードは右の関係にて其怨敵なるを以て、仏露国交を断絶せしめ、以て仏に対する露の石油輸入を妨害せむとの魂胆にて、在仏ソヴイエト大使排斥に努めたるものなりと云ふ。

（註三）（一）一九二八年三月三十日の法律を以て下の通り定めたり。（イ）三百噸以上の石油の輸入は、政府の特許あるに非ざれば之を許さず。（ロ）三百噸以下の石油の輸入は自由なるも、其内の一定量は常時之を貯蔵すべき義務あることを定む。

（二）同年三月十六日の法律を以て、石油の輸入関税を百立突〔リットル〕に付一七法より四七法に引上げたり。最近当局者に於て更に有効なる保護政策を企画し居るにあらずやと観測せらる。

第三章 国際連盟と世界情勢

本章には戦間期を中心として、世界で生じたさまざまな事象に、外交官としての安達がどのようにかかわったかが窺える資料を収録した。第一節はパリ講和会議の全権委員随員（代表代理）任命を前首相寺内正毅に直接陳情した書簡（資料［37］）と開戦責任及制裁調査委員会（責任委員会）報告書への、立作太郎との共同の留保（資料［38］）を掲載している。安達は、この委員会のほかにも、港湾水路及鉄道に関する国際研究委員会（交通委員会）、新興国に関する特別委員会などの委員を務めた。なお、資料［37］は、寺内へ発出した書簡の下書きとみられる。「寺内正毅関係文書」（国立国会図書館所蔵）の中には安達峰一郎からの書簡が一一通所蔵されているが、該当の書簡は見当たらない。

国際連盟での安達の活躍は実に多様であった。一九二一年から一九二九年まで連盟総会での日本代表、一九二七年には連盟理事会の日本代表であったし、連盟のさまざまな会議で議長などの要職を担った。数多くの報告書も執筆している。これらの報告書は、連盟の『公刊刊行物（Journal Officiel）』に掲載されている。(1) 第二節では、一九二二年の航行路問題（資料［39］）と一九二九年のリトアニアのロシア系住民問題（資料［40］）についての二つの報告書のみを掲載した。

第一次世界大戦の戦後処理で最も困難であった問題の一つが戦争損害の賠償問題である。第三節には、ベルギーに「大戦被害工業並実業家団」という組織が創設されたことを大使として本省に送った報告書を掲載した（資料［41］）。

安達が最も華々しい活躍をした国際会議は、一九二四年の連盟総会である。ここで採択されたのが、ジュネーヴ議定書（国際紛争平和的処理議定書）であった。これは、平和的解決に訴える義務、軍縮、そして制裁をあわせて規定する、画期的な条約であった（ただし、未発効に終わった）。しかし日本は、ことに侵略国の認定に関する原案に反対であり、国内管轄事項に関する紛争であっても、当事国が連盟に対して紛争解決の処理案を示すように求めることができるという修正案を提出した。安達の流暢なフランス語による演説もあり、この案を基礎とする案が採択された。この修正案については各国からの反対も強かったため（「日本事件（Japanese Incident）」と呼ばれた）、安達みずからがそれについて解説した論文がヨーロッパの雑誌に掲載された。資料［42］と［43］である（資料［42］（1）は日本語訳）。そして安達はこの事件についての論文（おそらく資料［43］）をワシントン在住のスコット（James Brown Scott）に送付し、米国の新聞報道にみられる誤解を解くためにも、米国の同僚たち、とりわけルート（Elihu Root）に自分の真意を伝えて欲しいと依頼している（資料［44］）。

第五節には、一八七三年に創設され、国際法に関するさまざまな決議や宣言を採択し、国際法の法典化に貢献した万国国際法学会（Institut de Droit International）に、安達がどのようにかかわっていたかについての資料を掲載した。安達は一九二一年に準会員、一九二四年には正会員となっている。安達は外務省に入省してすぐの一八九二年九月に万国国際法学会において採択された、外国人の入国・追放に関する条例（全七条）と犯罪人引渡に関する条例（全四条）の日本語訳を『法学協会雑誌』に発表している（**資料**［45］）。また、外国人の居留及追放に関する、一八九二年の万国国際法学会の決議（全八条）を紹介している（**資料**［46］）。万国国際法学会の年報（*Annuaire de l'Institut de Droit International*, tome 12 (1892/94)）によれば、九月八日に犯罪人引渡に関する条文（全四条）、そして九月九日には、外国人の入国と追放に関する国際規則（全四一条）が採択されている（pp. 182-183, 218-226）。犯罪人引渡に関する条例は決議をほぼそのまま日本語訳したものであるが、外国人の入国・追放に関する二種の翻訳は採択された条文の抄訳と推測される。

安達が準会員であった一九二三年のブリュッセル会期に、ベルギーのドゥ・ヴィシャー（Charles de Visscher）と共同で提出した「連盟規約第一〇条及び第一八条に関する報告書」が**資料**［47］である。この会期では、領土保全と政治的独立に関する第一〇条の解釈についてのみ、八月一一日に決議が採択されている（La Résolution concernant l'interprétation de l'article 10 du Pacte de la Société des Nations）。**資料**［48］は、翌年のウィーン会期の総会についての、ベルギー大使としての安達の本省への報告書である（条約の登録に関する規約第一八条については、この会期においても継続審議となった）。また、**資料**［49］は、正会員となった安達が出席した幹部会についての報告を本省に送ったものである。

戦間期における国際社会・国際法の大きな変動は、国際連盟の成立であり、また、戦争の違法化、紛争の平和的解決への流れであった。連盟において枢要な役割を果たし、まさに各国のしのぎあう場に居続けた安達は、そのことをなによりも意識し、日本の人々にも伝えようとしていた。第六節には、世界における平和の実現、戦争違法化への流れを安達がいかに感じ取っていたかを示す資料を三点収録した。**資料**［50］では、社会正義の基礎の上になりたつべき国際平和の必要性が述べられている。また、

（1）篠原初枝「国際連盟理事会における安達峰一郎――『報告者』の役割」柳原正治・篠原初枝編『安達峰一郎――日本の外交官から世界の裁判官へ』（東京大学出版会、二〇一七年）一六九―一九二頁をも参照。

ヨーロッパの平和、世界全体の平和を実現するための揺るぎない決意は、ベルグラード在住のアブラモヴィチ（Ranislav M. Avramovitch）宛の書簡で明らかにされている（**資料**［51］）。一九三〇年五月一一日付けの斎藤実（当時朝鮮総督として京城に滞在中）宛の書簡では、不戦条約に直接触れ、国際紛争は戦争によってではなく国際裁判によって解決すべき世界になったということを強調している（**資料**［52］）。

こうした安達の考えは、第七節に収録した、五つの講演録からも窺える。一九三〇年二月安達夫妻は、一時帰国のためパリを離れた。三月二四日に神戸港に到着し、六月一四日に離日しているので、約三ヶ月間の日本滞在であった。この間安達は、残されている記録で確認できるだけで、以下の五回の講演を行っている。①五月八日、日本工業倶楽部での講演「欧州の近情並に世界当面の重要諸問題」（**資料**［53］）、②五月九日、国際連盟協会東京帝大支部での講演「国際聯盟の発達は健全なりや」（**資料**［54］）、③五月一六日、第一〇回国際連盟協会通常総会での講演「安達大使の演説」（**資料**［55］）、④五月一七日、貴族院予算委員会での講演「国際聯盟の現状と常設国際裁判所判事の来秋総選挙」（**資料**［56］）、⑤五月二〇日、東京銀行倶楽部（東京銀行集会所）での講演「世界大戦後の外交と二箇の重要事件」（**資料**［57］）。

これらの講演は内容的に重なる箇所が一部あるが、いくつものテーマについて触れており、準備にどれだけの時間をかけたのかが想像される。常設国際司法裁判所の強制管轄権の受諾そのものについては、五つの講演は微妙に異なっているものの、世界平和の実現のために国際裁判が果たす役割が飛躍的に大きくなってきていることを強調している点は共通している。また、**資料**［54］は東京帝大の学生たちのための講演であり、国際連盟による正義に基づく世界平和へ向けての、青年たちへの熱心な呼びかけとなっている。

第一節　パリ講和会議

［37］寺内正毅宛書簡　一九一八年一二月二〇日

大正七年十二月二十日　　於武律悉府〔ブリュッセル〕

拝啓　昨秋御告別後已ニ十六ヶ月ヲ閲シ、内外幾多ノ大変動ヲ経候処、賢閣ニハ別段ノ御障モ無ク、此頃マデハ大政燮理ノ重任ニ当ラセラレ、其後ハ国家元老トシテ万機献替ノ節ヲ尽サレ候御事、寔ニ慶賀ノ至ニ不堪候。唯夕御奥様ニハ未タ御全快遊ハサレサル御容子、何卒朝夕御加養ノ上、速ニ旧来ノ御清康ニ御戻リノ程万祈罷在候。次ニ当方武富〔敏彦・長女功子の夫〕書記官病気ニテ去七月帰朝致シ、悴太郎義モ勉学過労ノ為メ神経衰弱シ入院療養中ナル等、不如意ノ廉モ不尠候得共、小生義健康幸ニモ益々佳良、毎日爽快勤務致居候間、乍餘事御安意被為下度、御願申上候。

時局ハ意外ニモ急転直下シテ、世界ハウイルソンノ独舞台ト相成申候。此ノ大驕挙トノ衝突ヲ避ケツヽ、我国ノ名誉ト利権トヲ擁護シ我同胞ノ為メ永遠ナル将来ヲ確保スルコト、是レ正ニ我外交ノ真諦ニ可有之、賢閣等元勲ノ責務極メテ重大ナルコトト相信申候。

媾和予備条約会議ニ対スル聯合国側ノ内相談会、来年一月中旬ヲ以テ巴里ニ開催セラレントシ、当白国ニ於テモ已ニ委員三名ヲ内定シタル次第ナレハ、本邦ニ於テモ疾ニ任命ノ運ニ至リタルコト、存候。聯合諸国ノ重要諸提案ヲ調和整理シ、敵国側ニ提出シ得ヘキ確定案ヲ完成スルコト一通リノ事業ニ無之、数多ノ時日ヲ要スル見込ノ由ニテ、其後敵国側委員ヲ招致シテ其ノ調印ヲ得ルコトモ容易ノ仕事ニ無之、来年初夏ノ候ニ非サレハ、所謂媾和予備条約ナルモノヽ締結ヲ見サルヘシト観測セラレ居候。該条約ハ其名ハ予備 pré…ト称スルモ、其実媾和ノ根本条件ハ皆収メテ其中ニ在ル次第ト存候。右ニ関スル会議ノ巴里又ハヴェルサイユニ開催セラレ、該所ニテ終了セラルヘキコトハ、今日トナリテハ動カサル事実ト被存候。前記媾和予備条約調印後、所謂媾和本条約ニ関スル会議ヲ当武律悉府ニ移スコトハ、白国官民全体ノ熱望ナルコトハ御承知ノ通ニ有之。米英等ニ於テハ疾ニ賛同ノ由ニテ、仏国ニ於テモ異存ナキ趣ナレハ、多分事実トナルコトヽ被存候。乍去同会議ハ寧ロ形式ニ属スルモノニシテ、右媾和本条約調印ノ外経済事項、殖民地関係事項、並ニ各国境界劃定事項等ニ関スル諸会議、即チ各国ノ死命ヲ制セサル問題ニ関スル諸会議、当地ニ開催セラルルコト、観測被致候。

昨夏故本野〔一郎〕外相ノ親切ナル勧奨ニ依リ当白国ノ任所ニテ御交申上ケタル内情ハ、其節一寸親シク御耳ニ達シ置候通リ、故外相ニ於テ西欧ニ於テ早晩開催セラルヘキ媾和会議ニ提出スヘキ本邦ノ提案等ハ、小生ノ兼テ石井外相ノ命ニ依リ潜以研究シ居リタル事項ニ有之。小生ヲシテ右会議ノ事務ヲ鞅掌スヘキ旨、小生ヲ参加セシムル為メ一日モ早ク毎々英仏付近ニ駐在シテ其ノ準備ニ従事シ居リ、該会議開催次第其ノ事務ニ与ルヘキ旨内話アリタルニ依リタル次第ニシテ（平和克復次第大使トシテ他ニ適当ノ任所ヲ与フヘキ御話モアリタリ）、公使中ノ最古参ニシテ勲一等ニ叙セラレタルヨリ已ニ七年ヲ経過シタル小生ニ取リテ、当任所ハ不足ノモノタルニ拘ハラス、奮テ家族ヲ纏メ爾来右準備ノ為メ朝夕尽瘁致居リタル。当時已ニ危険ナリシ西比利亜及露国ヲ通過シ、仏国ハーブル国《（ママ）》ニ赴任シタル次第ニ御坐候。然ル処媾和ノ根本義タル所謂媾和予備会議ハ、仏国ニ於テ開催スルコト、相成、政府ヨリ特殊ノ命令アルニ然サレハ、全然小生ノ関与セサルコト、為リタルハ、小生ノ失望之ニ加フルモノ無之候。故子爵〔本野一郎〕存命中ナランニハ、其ノ在職中ナルト否トヲ問ハス、必スヤ其ノ口約ヲ実現セシメラレタルナランモ、今ヤ幽明相隔テ如何トモ為スコト能ハス候。当時小生内情ノ概要ヲ打明ケ御話申上ケタルハ、唯タ賢閣御一人ノミニ御坐候処、賢閣ハ先般高踏勇退、内閣ノ首班ニ在ラセラレス。小生ノ煩悩何卒御諒察被為下度御願申上候。賢閣ニシテ若シ小生ノ心事ヲ御賢察相成、内田外相ニ昨夏ノ内情御話被下、前記予備条約ノ事業ニ参加相叶候様御尽力被為下候ハヽ、小生ノ本懐之ニ過キズ候。賢閣ノ小生ニ対セラル、多年ノ御知遇ト御推輓トハ、小生ノ平素感激措ク能ハサル所ニシテ、一生ノ中ニハ、其ノ万分ノ一ニ酬フルヲ得度熱祈致シ居候義ニシテ、右賢閣ノ御愛顧ニ甘ヘ敢テ一身上ノ私事ヲ悃願申上候段、何卒御海恕被為下度御願申上候。白国皇室並ニ政府当地ニ帰還後、僅ニ三週間匆忙混雑間、外交団モ内外多用中不文究筆、何卒御推読被為下度願上候。尚向寒之砌、何卒折角御自愛遊ハシ度万禱ノ至ニ御坐候。　草々頓首

安達峰一郎

寺内伯爵閣下

第二節　国際連盟での報告

第三節　戦争損害賠償

[41]「大戦被害工業並実業家団ノ組織及運行ニ干スル件」　一九二六年二月一七日

普通第五二号

大正十五年二月十七日

在白特命全権大使

安達峯一郎

外務大臣　男爵　幣原喜重郎殿

大戦被害工業並実業家団（Association Nationale des Industriels et des Commerçants pour la Réparation du Dommage de

Guerre）ノ組織及運用ニ干スル件

大戦中損害ヲ蒙リタル白国工業及ビ実業家ニ対スル損害ノ賠償ニ干シ、一九二四年末表記ノ如キ社団法人組織セラレタルガ、右ニ対シテハ本邦会社等ノ中ニモ多少ノ利害関係ヲ有スルモアルヤニテ、当館ニ問合越ス向モアルニ付、為念右法人組織ニ関スル趣旨書等ヲ参照シ、同法人ノ組織、右法人ト国家トノ関係等左記ノ通報告ス。委細ハ添付書類甲号（一乃四）及乙号（本件ニ関スル取扱当局者ノ回答）等ニ依リ御承知アリタシ。

写送附先　倫敦商務官

左記

㈠白国政府ニ於テハ欧州大戦ニ依リ損害ヲ蒙リタル工業家並ニ実業家ニ対シ、一九一九年五月十日法律並同年六月一日ノ勅令ニ依リ、戦争損害審検所（Tribunaux de Dommages de Guerre）ノ査定ニ掛ル賠償額ヲ、年五分利附五ヶ年期限ノ記名公債ヲ以テ交付セル処、右記名公債ヲ受領シタル工業家並実業家ノ大部ハ之ヲ国立工業銀行（La Société Nationale du Crédit à l'Industrie）ニ担保ニ入レ、(a)銀行ハ六ヶ月毎ニ契約ヲ更新シ得ルコト、(b)年五分五厘ノ利子ヲ支払フコトノ二条件ノ下ニ、額面ニ相当スル全額ノ融通ヲ受ケタリ。公債利子年五分ノ中十仙ハ動産税トシテ徴収サル、ヲ以テ、実際ノ利廻リハ年四分九厘トナリ、之ニ対シ工業銀行ヘ支払フベキ利息ハ年五分五厘ナルヲ以テ、戦時被害者タル工業家並実業家ガ右融通ヲ受クル為負担スヘキ費用ハ、年六厘トナル勘定ナリ。

然レトモ前記ノ如キ方法ニ依リ戦時被害者ガ融通ヲ受クルハ、一ノ過渡的措置ト言フノ外ナク、政府ハ早晩右公債ヲ償還シ戦争被害者ノ工業銀行ニ対スル債務決済ヲ為サシムヘキ筈ナリ。然ルニ独逸ヨリノ賠償意ノ如クナラサル故、白国政府モ其ノ債務ノ完済ヲ実行シ得ス。茲ニ於テ戦時賠償支払ニ関スル更ニ他ノ一方法ヲ考案シ、前掲ノ如キ過渡的状態ヲ終結シ戦争賠償債券ノ支払ヲ確定スルコト、シ、白国政府ハ一九二四年三月廿七日一ノ法律ヲ制定セリ。右法律ニヨレバ大戦被害工業家並ニ実業家ハ、大戦被害復興工業家並実業家団（Association Nationale des Industriels et Commerçants pour la Réparation des Dommages de Guerre）ナル一ノ法人ヲ組織シ、右社団ハ一ノ社債ヲ発行シ、其費用（元金ノ償還ヲ含ム）ハ政府ニ於テ之ヲ負担シ、右社債ヨリ得タル資金ヲ以テ社員ノ前記工業銀行ニ入レタル公債ノ負担ヲ滌除シ、社員カ銀行ニ対スル義務ヲ解除セシム。而シテ右社団ノ買戻シタル賠償記名公債ハ同社ヨリ政府ニ返却シ、以後右公債ハ当該社員ニ対シ何ラ利害関係ナキモノトス。右結果ハ社員ニトリテハ、同人ガ曩ニ工業銀行ヨリ借入レタル金額ハ決定的ニ其ノ取得ニ帰シ、只之ガ為メ社債ノ発行費ニ対シ僅少ノ分担金ヲ支払フヲ要スルニ止ル。

被害工業家並実業家ノ負担スベキ義務ハ

㈠社団ノ資本ニ対シ各社員ハ其ノ所有公債額ニ相当スル持分ヲ引キ受クルコト。

社団ノ資本ハ社債発行ニ対スル保障ヲナスモノニシテ、右資本ハ毎年政府ノ社債ノ償還額ニ応ジ減少スベキ理ナリ。但、右社債ノ償還ニ付テハ政府自ラ責任ヲ負担シ、政府ハ右社債ニ裏書シ居ルヲ以テ、政府ガ社債ノ支払ヲ停止セザル限リ、各社員ガ名義上分担セル同社資本ヲ以テ之ガ償還ニ充当スルヲ要スルガ如キ場合ハ、予想ノ限ニ非ザルナリ。

㈡社団ニ対シ社債費用ニ対スル分担金トシテ、各社員ハ社団ニ対シ所有公債額面ノ年六厘ニ相当スル額ヲ三十年間六ヶ月毎ニ予納スルコト。

右金額ハ社員ガ現実ニ出資ヲ要スル唯一ノ金額ナルガ、其額ハ公債所有主ガ現在工業銀行ニ支払ヒツヽアル利息差額ニ相当ス。

右金額ノ支払ニ対シテハ別添法律第十一条ニ依リ、国家ハ社員ノ動産並不動産ノ全部ニツキ先取特権ヲ有スルモノニシテ、右先取特権ハ(a)動産ニ干シテハ、国家又ハ徴税権ヲ有スル公ノ団体ノ先取特権以外順位ヲ踰越サルヽコトナク(b)不動産ニ干シテハ、登記（無料）ニヨリ効力ヲ生ジ、既存ノ先取特権又ハ抵当権ヲ毀損セザルモノトス。

尚社員ハ年六厘ノ分担金ヲ三十年ニ亘リ支払フ代リ、右三十年間ニ支払フベキ分担金ノ総額ヲ一時ニ支払フコトニヨリ、前記先取特権ニ干スル制限ヲ免ルヽコトヲ得。而シテ此ノ一時払金ノ金額ハ、被害者所有公債額面価格ノ一割ヲ越ヘザルモノトス。

之ヲ要スルニ、従来ノ方法ハ工業銀行ニ於テ期日ニ至リ契約ヲ更新セズシテ、債務ノ弁済ヲ要求サル、ノ惧有リ。然ラズトスルモ政府ニ於テ公債ノ利子ヲ引キ上ゲ、又ハ工業銀行ニ於テ利息ヲ引キ上グルコトニヨリ、利子ノ差額六厘以上ヲ負担セザル可ラザルニ至ル惧アリ。傍甚不安ノ位置ニ置カレツ、アリタル公債所有主ノ地位ヲ安定セシムルモノナリ。

(二)工業銀行ニ担保トナリ居ラザル公債ニ対シテハ、当事者ノ希望ニヨリ右公債ト引換ニ同社団発行六分利附社債券ヲ交付シ、右社債ハ一九二四年八月一日以後三十ヶ年以内ニ抽籤ニヨリ償還セラルベク、抽籤期ハ毎年四月ニ行ハル、規定ナルモ、右債券ハ直ニ被害者ニ交付セスシテ白国々立銀行ニ同人ノ名義ニテ預ケ入レ、一九二九年六月卅日迄ハ被害者ニ於テ之ヲ処分シ得サルモノトス。而シテ右オペレーションニハ同 Association ノ定款ニ依リ

(1)同社ノ社債発行ニ対シ同社ニ譲渡シタル公債ノ額ニ相当スル範囲ニテ保証ノ責任ヲ負フコト。

但、事実上ニ於テハ右社債ハ第一次ニ於テ政府ニヨリ保証サレ居ルヲ以テ、右責任ハ単ニ形式的手続事項ニ止ル。

(2)右社債ガ全部償還ヲ了ル迄ノ期間、即チ向フ二十八ヶ年半ノ間、毎年公債額面ノ六厘ニ相当スル分担金ヲ支払フコト（此ノ手数料ハ毎六ヶ月毎ニ前払スルコト）。

但、白国ニ営業所ヲ有セザルモノハ同アソシエーションノ規定ニ依リ、右手数料ノ三十ヶ年分ヲ一時ニ支払フコトヲ要ス（其額ハ約証券価格ノ9.50％ニ相当ス）。

損害賠償公債名義人ニシテ此ノ Association ニ其ノ公債ヲ譲渡セムトスルモノハ、前記戦争損害審検所決定書ノ写ヲ添ヘ公債ヲ送付セバ、Association ハ取調ノ上必要ナル手続ヲトルベシ。

Adresse : Association Nationale des Industriels et Commerçants pour la réparation des Dommages de Guerre

14, rue de Berlaimont, Bruxelles, Belgique.

Secrétaire : Herlin Tel. N° 230. 11

右オペレーションハ同アソシエーションノ取扱フ唯一ノ方法ニシテ、右以外ニハ如何ナル場合ト雖モ、公債乃至六分利

附社債ヲ担保トシテ融通ヲナスガ如キ事ナシ。被害者ニシテ右六分利附社債ニヨリ融通ヲ受ケントセバ、普通取引銀行ニ赴クノ外無キナリ。

㈢賠償公債所有者ニシテ右ノ方法ニヨリ Association ニ加入スルヲ欲セザルモノニ対シテハ、一九二四年六月十六日附勅令ニヨリ五分利附三十ヶ年期限ノ無記名公債ニ乗換得ヘク、右ハ賠償記名公債ト引換ニ Agences du Trésor ヨリ交付セラル、筈ナリ。

別添甲号　一乃四

乙号　写

第四節　ジュネーヴ議定書

[42]

(1)「ジュネーヴ議定書と余の修正」一九二六年六月

ジュネーヴ議定書と余の修正

安達峰一郎

本篇は、安達大使が、白耳義の「白耳義評論」一九二四年十二月十五日号に与へられた論文の訳である。

昨年ジュネーヴの総会で、私の修正案が、満場一致を以て承認されてから、数週間が経過した今日となつてみれば、国際聯盟に於ける凡ての私の同僚は、其の当時、現在ではそれ程自然で、それ程簡単に見える私の意見に、賛成するに至る前、出会したあの大なる難局を顧みて、唯々怪しみ驚くばかりであります。実をいへば、此の難局は、昨年ジュネーヴに会した政治家の内に、聯盟規約の色んな規定を予め研究することが幾分足りなかつたものがあつたのと、会議を閉ぢんとするに餘り急いだことゝに依つて惹き起されたのであります。

此の事実は餘り明かに知られてゐないやうに思はれます。何となれば、私は今でも尚、国際聯盟の仕事に親しんでゐない或る一団の人々の間には一つの誤解があることを認めます。

開会の初めから、第五回総会は、欧州の二大国の現任首相の華々しい演説に感動させられ、完全なる義務的仲裁々判の組織を樹立することによつて、戦争を殺さうと決心したのであります。可憐なる人類の進化に於ては、これ迄は必要と認められてゐた幾つもの宿駅を焼き払って、吾々は少しの遅滞もなく、直ちに、黄金の時代を創立せんと決心したのであります。実に此の希望に充ちた寛容の空気の中で、完全なる義務的仲裁々判の組織を作り上げるべく任を受けた、十四人よりなる特別小委員会の同僚らは、私に、今後史上に特筆さるべき彼らの重大なる事業を指揮すべき、輝かしい、然し危険極まる名誉を負はせたのであります。

二〔三〕週間の間、吾々は昼も夜も働きました。最も困難で且つ最も機微であつた事柄は、侵略者を定義すること、そして如何にして仲裁々判の判決を有効ならしむる為め適当な制裁を適用すべきかでありました。長い間、此の問題は吾々にとつて解けざるものゝ如く見えました。そしてそれは会合の終りに近づいて、やつと、委員会の最も高き識見を恵まれた一人の委員が、侵略者『推定』の組織を創り出すことによつて、此の障害を転覆せんことを考へ出したのであります。これは実に吾々にとつて思ひ設けぬ儲けものでありました。

凡ての私の同僚と同じやうに、私も亦非常に忻びました。そして私は直ちに、議定書草案中、侵略者の推定、並に専ら一国の管轄に属する問題の再認に関する点を験べてみました。私は其の時、計画は全体として原則に於て承認すべきものであるとの印象を受けました。然し一切の誤解を避け且つ不徹底（incohérant）ならざらんが為めには、第十一条に規定されてゐる聯盟規約の大原則を喚び起し、そして世界平和を維持せんが為めに建設しようといふ崇高たる野心を有つてゐた組織に、此れが論理的適用を試みなければならないといふ印象を受けたのであります。

規約第十一条は『戦争又は戦争の脅威は聯盟国の何れかに直接の影響あると否とを問はず、総て聯盟全体の利害関係事項たることを茲に声明す。仍て聯盟は国際の平和を擁護する為適当且有効と認むる措置を執るべきものとす。此の種の事変発生したるときは事務総長は何れかの聯盟国の請求に基き直ちに聯盟理事会の会議を招集すべし』となつてゐます。

理事会が係争事件を専ら一国の管轄に属するものと認めたといふ、単なる専門的口実の下に、国際聯盟は、戦争の脅威に対する訴へに対し、又戦争の破裂に面し、一個の壺のやうに黙し、又は、絶え難き絶望が聯盟国を引き裂かうといふ悩ましき叫びに対し、耳を閉ざして居るべきものだ、といふが如き愚かな間違が考へ得られるでありませうか？　国際聯盟はそんな下らぬものでないといふ最もよい証拠は、規約第十一条の存在そのものに外ならないのであります。

不幸なる哉！　私の意見は、かゝる明なる単純さを以てしてさへも、特別委員会の中に於ては全会一致の賛成を得ることが出来なかつたのであります。それが為め、私にとつては此の上なく残念なことでありましたが、第一委員会の総会に向つて、私の提議に対する賛否を問はねばならない破目に陥つたのでありました。此の時から、非常な騒ぎが全世界に拡がつたわけであります。自ら下された一つの小さい解決の為めに。数日の末、漸く、良き識見が勝利をしめました。先づ第一委員会が、次いで総会が、満場一致を以て、議定書第五条の終りに、次の如き一項を加へることゝなりました。『国際司法裁判所又は聯盟理事会が該事項を以て専ら該国の国内管轄に属するものなりと認むる場合と雖も、右決定は理事会又は総会が聯盟規約第十一条に基き事態を審査することを妨げざるものとす。』

右に掲げた規定の自然の、そして論理的の結果として、専ら相手国の国内管轄に属する問題によつて、押し退けられた一国に対し、規約第十一条に示された最善の和解の道を示すことによつて、友愛的解決の最後の機会を提供することをしなければなりません。此の最後の手段を無視して該国が戦争に訴へた場合にのみ、其の国は侵略者と推定せられるわけであります。

此れ仰々〔抑々〕侵略者を定義せる議定書第十条に於て吾人が次の規定を見る所以であります。

『聯盟規約又は本議定書に定むる約束に違反して戦争に訴ふる一切の国は、侵略国とす。非武装地帯に関する規則の違反は戦争に訴へたると同様なりと看做さるべし。

敵対行為の開始せられたる場合に於て、全会一致を以て採用せらるるを要する聯盟理事会の決定が、然らずと宣言する場合の外、左記に該当する国は侵略国と推定せらるべし。

一。紛争を、聯盟規約第十三条及第十五条に規定せられ、本議定書に依り拡張せられたる、平和的処理手続に付託し、又は司法判決、仲裁判定若は聯盟理事会全会一致の勧告に従ふことを拒絶し、又は該国及他の交戦国間の紛争が、国際法上専ら右他の交戦国の国内管轄に関する事項より生じたるものなる事を認むる聯盟理事会全会一致の報告、司法判決又は仲裁判定を無視したる国』

此の「国」といふ言葉の次に、第一委員会と総会は、満場一致を以て、且つ私の提議に動かされて、次の通り追加しました。

『但し後の場合に於ては、該国は右事項を聯盟規約第十一条に従ひ、予め理事会又は総会に付託せざりし場合に限り侵略国と推定せらるゝものとす。』

従つて、紛争が、当事国中の一方の管轄に属することが認められた場合と雖も、該国も、係争相手国も、明かに、理事会又は総会の行動を要求する権利を有つものであり、又、斯くして、和解の最後の手段として、国際聯盟の行動を忠実に要求した国は、頭ごなしに侵略者と推定せらるゝことはないといふことが了解されるのであります。此れ事実に於て最も要素的識見の簡単なる現はれではありませんか？　のみならず此の現はれは、規約の中に現にある規定に完全に一致して居り、従つて理事会に対しても総会に対しても、何ら新しい権限をも義務をも授けるものではありません。理事会も総会も、過去五年以来明白に効力を発揮してゐる規約が、夫々に与へてゐる権能を、純粋に、単純に保持して居ります。規約の全組織は少しも触れらるゝ所なく残つてゐます。それに修正された何ものもなく、それに加へられた何ものもありません。たゞ議定書の構造が首尾一貫しただけのことであります。

こゝに於て明かに看取せられることは、所謂日本の修正を採用したことは、一切の誤解を避ける為め、議定書と同様重要たる聯盟規約の組織の現在あるが儘の状態を明白に且簡単に確認する外、何の目的もなかつたといふことであります。

これ蓋し、何れの国、何れの大陸に属するを問はず、凡ての代表が、吾々の提案の真の意義を理解したから、我々の提案を彼らのものとすることに一瞬の躊躇もしなかつた所以であり、そして私は平和を真に愛する友は凡てジュネーヴに於ける吾々の申出に対して衷心感謝の念を抱かるゝならんことを疑ひません。（大熊訳）

(2)「ジュネーヴ議定書と余の修正」（仏文）一九二四年一二月　↓欧文著作（巻末）27頁

[43]「ジュネーヴ議定書に対する日本の修正」（仏文）一九二四年　↓欧文著作（巻末）31頁

[44] スコット宛書簡　一九二四年一一月一二日　↓欧文著作（巻末）34頁

第五節　万国国際法学会

[45]「万国々際法協会議々決」　一八九二年九月

万国々際法協会議々決

会員　法学士　安達峯一郎君報

万国々際法会議は、本年九月五日（月曜）、瑞西国「ジユ子ーヴ」市々会議事堂に於て開かれ、前内務大臣「ローラン、ジェクェミン」氏を名誉会長となし、「アルベリック、ローラン」氏を副会長となし、有名なる、「ヲクスフォー

ッチンゲン」大学教授「バール」氏の発議にかゝる、外人来住及び追放条令を議決し、且つ、罪人引渡に関する制度を採用し、久しき以来必要を感じたる、条約文書発刊のことを掌る国際協会の設立を議定せり。次会は、千八百九十四年、「ケムブリッジ」に於て開くこととなし、(2) 沿岸制度及び破産法衝突等の重要議題あり。今這会の議決にかゝる、外人来住及び追放条例、罪人引渡条例等を左に掲げて、読者瀏覧に供す。

外人来住及び追放条例

第一〔条〕、追放は、擅にすべからず。

第二条、外人の来住、追放は、法律を以て規定すべし。

第三条、外人の来住は、公益及び大群侵入の如き重大なる理由あるに非れば、一般に、永久に、禁止せらるゝことなかるべし。

第四条、外人の来住は、一時、戦争、内乱、流行病に際し、禁止せらるゝことあるべし。

第五条、各国は法律を以て、外人の来住旅行の条件を定むべし。重税を課して之を束縛すべからず。

第六条、国家は、漂泊人、乞食、危険なる病患者、及ひ重罪犯者の外人の来住を禁遏することを得。

第七条、明示にて、住居地を制限せる以上は、一時外人の来住を許すことを得。

罪人引渡条例

第一条、罪人引渡は、繽〔純〕然たる政治上の重軽罪外にあらざれば、之を許さゝるべし。

第二条、政治上の重罪又は軽罪を混じたる罪犯若くは、之に連繋したる罪犯につきては、罪人引渡を許さざるへし。但し謀殺、毒殺、切断、予謀重傷の如き道徳上又は普通法上至大の重罪及ひ、火災、爆発、決水、窃盗の如き所有権に対したる重大なる加害は此限に非す。

第三条、一揆、内乱に際し、争闘に加はりたる党与の犯したる罪は、其所為にして財規の禁するか如く悪むへきの残忍又は無益の暴殄に属するにあらされは、罪人引渡を為すを得す。且つ其引渡をなすは内乱の平定したる時に限る。

第四条、単に、某国又は某政体に対するにあらすして、社会組織の根底に対する軽罪の事実は、政治上の軽罪と看做すを得す。

[46]「外国人の居留及追放に関する件」一八九三年五月

○外国人の居留及追放に関する件

法学士 安達峯一郎

昨年瑞西国ジユ子ーブ府に於て開きたる国際法協会の議事に上りたる論題の総数ハ十六箇なりしも、其議決に至りたるもの僅かに三箇に過きす。第一各国条約刊行の件、第二逃亡犯罪人引渡の件、第三外国人の居留及追放に関する件是なり。

左に其第三の決議を掲け読者諸彦の参考に供す。

(附言) 現行条約に於て我国の立法司法権の幾分を一時条約国に対して制限しあれとも、行政権に至りてハ決して然らす。但し因襲の久しき居留地内に関しては幾分か疑あるも知れすと雖も、内地に関しては事理の固より然るへき所なり。然らは独立国家に固有なる追放権の如きも固より帝国の保持する所たり。抑も追放権は警察権の尤も鋭き作用にて、現今諸国か盛んに行むことハ読者諸彦の熟知せらるゝ所なるへし。

安政五年六月〔十九日〕締結日米条約第七条中に〔一〕重罪若クハ両度軽罪ヲ犯シタル亜米利加人ハ、其居留地ヨリ陸地一里以外ニ出ツルコトヲ得ス。此等ノ犯罪人ハ皆日本ニ於テ永久的住居権ヲ失フヘシ。且日本官庁ハ有罪人

---

(2) 一八九四年の会期はパリで行われ、翌年の会期がケンブリッジで行われた。

ヲ国外ニ退去セシムルコトヲ得。犯罪人ヲシテ其事務ヲ処理スルコトヲ得セシムルカ為メ相当ナル時日ヲ与フヘシ。亜米利加領事庁ハ各件ノ事情ヲ調査シ右時日ヲ確定スヘシ。然レトモ此時日ハ何レノ場合ニ於テモ、犯罪人カ其事務ヲ処理スルヲ得ルノ自由ヲ得タル時ヨリ起算シ一ケ年ヲ超過スヘカラス」とあり、又日蘭条約第六条、日露条約第八条、日清修好条規中にも同様の結果を生ずる規定あり。読者諸彦就て見るへし。

先年ノ会議ニ於テ羅馬府大学教授ピエラントーニ氏ハ本件ヲ以テ、全ク一国内政ノ範囲ニ属スヘキモノニシテ、国際法ニ於テ規定スヘキモノニ非スト主張シタリト雖モ、其意見ハ協会員多数ノ容ル、所トナラスシテ、昨年ノ協会ニ於テハ独逸フオン、バール氏ノ提案ニ基キ左ノ決議ヲ為シタリ。

○第一条　本則ニ外国人ト称スル者ハ所在国ノ臣民分限ヲ有セサル総テノ人ニシテ、其一時ノ居留タルト永久ノ住息タルト逃亡犯罪人タルト尋常ノ旅人タルトヲ問ハサルモノナリ

何レノ国ト雖モ、自国臣民及ヒ已ニ自国臣民分限ヲ失ヒテ未タ何国ノ分限ヲモ得サル者ニ対シテハ、通行及居住ヲ拒ムヘカラサルヲ原則トス

○第二条　外国人ノ居留及追放ニ関スル事項ヲ法律ニ依テ規定スルハ望マシキコトナリトス

○第三条　国際報復ニ因リテ外国人ヲ追放スル場合ハ本則ニ依ルノ限ニ在ラス

欧州文明ノ未タ侵入セサル殖民地ニ於テモ亦前項ニ同シ

○第四条（第一項）　外国人ノ我境内ニ入ルコトヲ永久且一般ニ拒ムコトヲ得ルハ公益上必要ナル時ニ限ル。例ヘハ風俗習慣ノ根基ヲ異ニシ或ハ外国人群ヲ為シ公安ヲ害スル場合ノ如シ

自国労働業ヲ保護スルノ一理由ノミヲ以テハ正当ニ外国人ヲ追放スルコトヲ得ス

内乱外患又ハ激病流行ノ時ニ際シテハ、一時外国人ノ入境ヲ制限シ又ハ拒絶スルコトヲ得

（第二項）　各国ハ法律又ハ規則ヲ以テ外国人入境及通行ニ関スル事項ヲ規定スヘシ。此規定ニハ十分ナル執行期限ヲ附スヘシ

外国人ノ入境及居留ニ関スル課税ハ過度ナルヘカラス

右規定ノ変更又ハ修正ハ最短期限内ニ之ヲ利害ノ関係アル国家ノ政府ニ通知スヘシ

（第三項）外国人中漂泊、乞丐ノ徒、公共衛生ニ害アル病気ニ罹レル者及ヒ生命、財産、所有権若クハ公ノ信用ニ関スル罪ヲ犯シタル者、又ハ犯シタリト信セラルヘキ者ニ対シテハ其入境ヲ拒ムコトヲ得

（第四項）場合ニ依リテ国家ハ外国人永住ヲ禁スルコトヲ得。然ル時ニ人毎ニ成ルヘク書面ヲ以テ右ノ趣ヲ通知スルヲ要ス

○第五条（第一項）外国人ト内国人トノ一個人的競争ヲ絶タン為メ、及ヒ外国人カ我国ノ行政官庁若クハ司法裁判所ニ対スル請求ヲ絶タン為メニハ外国人ヲ追放スヘカラス

追放ハ我国ノ公安ノ為メ又ハ追放スヘキ人々ノ行為ニ依リ、重大ナル危害ヲ受クヘキ他国ノ為メニ非サレハ之ヲ為スコトヲ得ス

（第二項）追放ト引渡トハ全ク互ニ相関セサルモノナリ。故ニ引渡ノ拒絶ハ必スシモ追放ヲ為サヽルヲ意味スルモノニ非ス

甲国ヨリ追放セラレ乙国ニ逃亡シタル犯罪人ヲ引渡ス時ニ当リテモ、犯罪人引渡ノ手続ニ依ルコトヲ要ス

（第三項）追放ハ刑罰ノ一種ニ非ス。故ニ追放人ノ地位、性質等ニ注目シ成ルヘク寛裕ナル手段ニ依リテ之ヲ行フヘシ

（第四項）凡ソ国家ハ追放ニ代フルニ予メ一定ノ場所外ニ出ツヘカラサル旨ヲ外国人ニ命令シ置キ、之ニ反キタル時始メテ之ヲ追放スルコトヲ得

（第五項）追放ノ処分ヲ行ヒタル国家ハ成ルヘク速カニ追放人ノ所属国家ニ之ヲ通知スルヲ要ス

（第六項）各国政府ハ時ヲ定メ追放処分ニ関スルコトヲ、或ハ其国会ニ報告シ或ハ官報ヲ以テ公告スヘシ

（第七項）居留国ノ住民分限ヲ有スルコト若クハ法律又ハ条約ニ違反シタルヲ理由トシテ其受ケタル追放処分不服ヲ唱フル者ハ、政府ニ隷属セサル独立裁判所ニ控告スルヲ得

然レトモ右控告ニ拘ハラス、政府ハ仮ニ追放処分ヲ行フコトヲ得
（第八項）国家ハ追放処分ノ効力ヲ全カラシムル為メニ右処分ニ従ハサル者ニ刑罰ヲ課《ママ》シ、其処刑ノ終リタル後公力ヲ以テ之ヲ国境外ニ追放スルコトヲ得
○第六条（第一項）終極的非常追放（非常追放トハ一群ノ人聚ヲ一度ニ追放スルヲ云フ）ヲ受ケタル者ハ、永久追放国ノ境土内ニ入ルコトヲ得ス
普通追放トハ一個人各別ニ為ス所ノ追放ヲ云フ
一時的非常追放トハ戦争又ハ激病流行ノ時ニ際シ期限ヲ定メテ一群ノ人聚ヲ追放スルコトヲ云フ
（第二項）終極的非常追放ハ法律又ハ勅令ヲ以テノミ之ヲ為シ、其執行前適当ノ時日ニ於テ予メ之ヲ公布スヘシ
（第三項）一時的非常追放ハ其期間ノ経過後之ヲ普通追放、若クハ終極的非常追放ニ変スルコトヲ得
其期間ハ一度之ヲ延長スルコトヲ得
○第七条（第一項）普通追放ニ処シ得ヘキ者左ノ如シ
第一、外国人入境条例ニ違反シテ入境シタル外国人
第二、法律ニ反シテ住所又ハ居所ヲ境内ニ定メタル外国人
第三、入境ノ当時公共衛生ヲ害スヘキ病気ニ罹レル外国人
第四、漂泊、乞丐又ハ公共ノ扶助ヲ受クル外国人
第五、或程度ノ重罪ヲ犯シタル外国人
第六、条約又ハ法律ノ結果ニ依リ引渡ノ請求ヲ受クヘキ逃亡犯罪人タル外国人
第七、居留国ノ刑罰法ニ触レサル所行ニシテ居留国臣民ニ関セサルモノナリトモ、公ノ秩序ヲ害スル所行アル外国人
第八、居留国外ノ君主又ハ政府ニ対スル犯行又ハ其予備ノ所為ヲ居留国内ニ於テ為シ、又ハ為スト信セシムル外国人
第九、居留国以外ノ新聞紙等ニ於テ居留国ノ君主政府又ハ国民ニ対シ、攻撃又ハ侮辱ヲ為ス外国人

第十、戦時又ハ戦端ノ将ニ開カントスル時ニ公安ヲ害スル所行ヲ為ス外国人
（第二項） 凡ソ国家ハ外国政府ニ対スル謀反人又ハ脱隊者ニ対シ国境ニ居留シ、又ハ通行スルヲ禁スルコトヲ得。而シテ若シ之ニ背クトキハ之ヲ追放スルヲ得ヘシ。但シ条約ヲ以テ一層厳重ナル制限ヲ設クルコトヲ妨ケス
（第三項） 追放命令ハ事実及法律上ノ理由ヲ付シテ之ヲ追放人ニ下付スヘシ
若シ控告ノ途アルトキハ其期間ト共ニ之ヲ追放人ニ告知スヘシ
追放人ニハ少クトモ二十四時間ノ猶予ヲ与フヘシ
（第四項） 追放状ニ指示シタル道程宿泊等ノ規定ニ違反スル追放人ハ、公力ヲ以テ之ヲ境外ニ逐出スベシ
（第五項） 非常追放ノ場合ニ於テハ、常ニ独立セル司法上又ハ行政上ノ高等法院ニ控告スルヲ許スハ望マシキモノトス
右高等法院ハ単ニ追放ノ合法ナリヤ否ヤノミヲ審判シ、追放人ノ行為及ヒ追放ヲ必要トセル事情ヲ審査セラルベシ
本条第一項第十ノ場合ニ於テハ控告ヲ許サス
○第八条（第一項） 本条所定ニ反セスシテ外国人ヲ追放シタル国家ハ、決シテ外交上ノ異議ヲ受クルコトナカルヘシ
（第二項） 政府ハ何時ナリトモ追放処分ヲ取消シ又ハ中止スルコトヲ得
（第三項） 住所ヲ有スル外国人ハ前条第一項第七乃至第十ノ規程ニ依テノミ追放セラルヘシ。而シテ其第六ニ付テハ外国ノ処刑ノ未タ全ク終ラサルカ、又ハ外国裁判ノ宣告カ住所設定許可ノ後ニアル時ニ非サレハ追放セラレサルヘシ
（第四項） 住所、居所又ハ商業上ノ店舗ヲ有スル外国人ヲ追放スル時ハ、本人又ハ代人ヲシテ其財産処分ヲ結了スルヲ得セシメサルヘカラス

[47]「連盟規約第一〇条及び第一八条に関する報告書」（仏文） 一九二三年

↓欧文著作（巻末）35頁

〔48〕「国際法協会第三二回総会ニ関スル報告」　一九二四年八月二一日〜八月二七日

国際法協会第三十二回総会ニ関スル報告

在白耳義国

特命全権大使安達峰一郎

国際法協会第三十二回総会ハ大正十三年八月二十一日ヨリ同二十七日マテ、墺国維納〔ウィーン〕「ランドハウス」(Landhaus) ニ於テ開催セラレ、出席正会員副会員四十四名（別紙第甲号）ニシテ、正副会員現在総数百十一名ニ対シ約五分ノ二ノ出席ヲ見タル次第ニ有之候。議長ハ開催地ノ会員中ヨリ推薦スルノ先例ニ依リ、墺国学者「ストリスオーウェル」(Strisower) 議長トナリ、希臘国前外相「ポリティス」(Politis) 第一副議長トシ、時ニ議長ニ代リ会議ヲ主宰致候。本会議開会ニ先チ八月二十一日午前幹部会 (La séance administrative) ヲ開キ、正会員 (membres) 及副会員 (associés) ノ選挙ヲ行ナヒ、翌日ノ本会議ニ於テ議長ヨリソノ結果ヲ報告シタル処、新ニ会員ニ選挙セラレタル者ハ左ノ通ニ有之候。

㈠正会員

(イ)「マックス、ヒューバー」(Max Huber)（瑞西人）

「チューリッヒ」大学法科大学長　国際司法裁判所判事ニシテ、最近同裁判所所長ニ選挙セラレタリ

(ロ)「プロスペル、プーレット」(Prosper Poullet)（白耳義人）

現白耳義国内務大臣ニシテ同国「ルーヴェン」大学教授

(ハ)本使

㈡副会員

(イ)「ニッポルド」(Nippold)（瑞西人）
「ザール」高等法院長ニシテ、曩ニ「ベルヌ」法科大学長タリ
(ロ)「エリック」(Erick)（芬蘭人）
現芬蘭国首相兼外相
(ハ)「シモンズ〔ジモンス〕」(Simons)（独逸人）
元独逸国外相ニシテ現ニ同国大審院長タリ
(ニ)「アンリ、ローラン」(Henri Rolin)（白耳義人）
「ブラッセル」大学教授
(ホ)「カヴァグリエリ」(Cavaglieri)（伊太利人）
羅馬法科大学長

因ニ帝国側ヨリハ京都帝国大学教授法学博士織田萬ヲ副会員候補者ニ推薦シ、本使ヨリ予テ別紙乙号ノ如キ推薦状ヲ各会員ニ配布シ其ノ当選ニ努力シタルモ、副会員欠員八名ニ対シ英国側ヨリハ前大法官「バークンヘッド」外三名、米国側ヨリ五名其他各国ヨリ総計三十一名ノ候補者ヲ推薦シ来リ、競争極メテ激甚ナリシ為、結局法定数ヲ得テ当選シタルハ前掲五名ノミニシテ、英米両国ノ候補者全部落選、織田博士モ遂ニ一票ノ不足ヲ以テ同様ノ運命ヲ見ルニ至リタル次第ニ有之候。然レトモ本使ハ本回正会員ニ当選シタルヲ以テ、来年度ヨリ新会員ノ選挙ヲ行フ幹部会ニ出席スルコトト相成ヘク、且織田博士ハ既ニ三回ニ亘リ候補者タリシヲ以テ、今回ノ落選ニ付テハ会員間ノ同情頗ル高マリ居リ旁来年度総会ニハ必ラス当選スヘキト被思料候。

本使及白耳義「ガン」大学教授「ド、ヴィシェル」(de Visscher)ノ報告委員タル第十七委員会（旧制ニ依ル第二十七委員会）、則チ国際聯盟規約審査ヲ目的トスル委員会ハ、本使「ド、ヴィシェル」外「ディエナ」「ド、ラプラデル」「ポリティス」「アルベリック、ローラン」「ウェーベルグ」ノ各委員出席ノ上（「セシル、ハースト」ハ繁務ノ為欠席）、二十日

午前及ビ午後二回ニ亘リ前掲「ランドハウス」ニ於テ開催致シ、予テ会員ニ対シ配布シアリタル聯盟規約第七条第四項、第十二条乃至第十五条及第十八条ニ関スル報告書案ニ付テ討議ヲ重ネタル処

(一)聯盟規約第十二条乃至第十五条ニ関スル報告書案（別紙丙号）ニ付、本件ハ曩ニ伊希事件ニ際シ、本使カ議長タリシ聯盟理事会諮問法律家委員会ニ於テ為シタル決議トモ関係ヲ有シ、急速ニ委員会ノ妥協ヲ見ルコト困難ナルヘキ事情ニ鑑ミ、結局近キ将来ニ於テ更ニ小委員会ヲ開催ノ上審議ヲ重ヌルコトニ決シ、本年ノ会議ニハ提出セサルコトト致候。

(二)同規約第十八条ニ関シテハ別紙丁号ノ報告書案ヲ各会員ニ配布シ置キアリタルモ、尚十分ノ研究ヲ要スル点尠カラサルヲ以テ、之亦本会議ノ議ニハ上セサルコトニ相成候。

(三)同規約第七条第四項則チ聯盟職員ノ特権及免除ニ付テハ、別紙戊号ノ報告書ヲ基礎トシテ研究ヲ重ネ、本会議ニ於テハ主トシテ本問題ニ付キ討議ヲ為スコトニ決定致候。

前述ノ如ク八月二十一日午前ニ幹部会ヲ開キ同日午後開会式ヲ挙行、墺国外相、「ウィン」大学総長等ノ祝詞演説等有之。二十二日ヨリ午前九時乃至午後十二時半及午後二時半乃至午後六時ノ毎日二回宛本会議ヲ開会、諸問題ニ付熱心ナル討議ヲ重ネ二十七日午後幹部会ヲ引続キ閉会式ヲ挙行、本年度総会ヲ終了致シタル次第ニ有之候。

本年度総会ニ於テ為シタル決議ノ趣旨大体左ノ通ニ有之候。

(一)国際聯盟職員（規約第七条第四項）ノ特権及免除

(イ)国際聯盟職員タル資格左ノ如シ

(1)聯盟総会、同理事会、同事務総長及其ノ正当ナル代理者ニ依リ任命セラレ、政治的又ハ行政的職務ヲ自己ノ名ニ於テ且自己ノ権限トシテ行ウ者

(2)国際労働事務局ノ局長及其ノ直属ノ局員（ses collaborateurs immédiats）

(3)如何ナル者カ聯盟職員タルヤヲ決スルノ権限ハ、聯盟理事会ニ属スルモノトス

(ロ)右ノ特権及免除ハ、聯盟職員カ其ノ職務ヲ執行スル国ノ国民ナルト外国人タルトニ区別ナク之ヲ享有スヘシ。然レトモ絶対ノ必要ノ場合ヲ除クノ外、任務ヲ執行スヘキ国ノ国民カ当該職員ニ任命セラレサルコトヲ希望ス
(ハ)右ノ特権及免除ハ其ノ職務ヲ執行スル国及之ヲ行フ期間ニ於テノミ与ヘラルルモノトス
(ニ)聯盟職員ハ裁判上ノ免除ヲ享有ス
(ホ)聯盟職員ヲ任命スル機関ハ、右ノ特権ヲ放棄スルコトヲ得
(二)契約債務ノ消滅時効（La prescription libératoire des obligations conventionnelles）
(イ)契約債務ノ消滅時効ハ先ツ契約及其ノ存続ノ条件、従テソノ期間ヲ定ムル法律ニ拠ル
(ロ)消滅時効ニ付当事者ノ自主権ノ行使ノ能否及其ノ行使ノ方法、殊ニ時効期間ノ短縮又ハ延長ニ関シテモ前項ノ法律ニ拠ル
(ハ)援用サレタル消滅時効カ裁判所所在地ノ法律ニ依レハ、絶対ノ公ノ秩序上ノ制度ニ基クモノニシテ、原則トシテ消滅時効ニ関シ適用サルルモノト雖モ、一切ノ外国法律ノ適用ヲ妨クル場合ニハ、事件ヲ受理シタル裁判所ハ自国ノ法律ニ依リ、右消滅時効ヲ既定ノモノト看做スコトヲ得
(ニ)消滅時効ノ期間ヲ定ムル法律ハ、亦其ノ起算点、中断及停止並其ノ効果ヲモ規定スルモノトス
尚本協会来三三回総会ハ「グローチュス」ノ著書「戦争及平和ニ関スル法律」発刊ノ三百年紀念ノ為、明年八月初旬和蘭国海牙ニ於テ開催シ、第一次国際司法裁判所々長タリシ「ローデル」ヲ議長、玖瑪国「ハヴァナ」大学教授ニシテ同裁判所判事タル「ブスタメント」ヲ第一副議長トシ、継続中ノ聯盟規約ノ研究ノ外左ノ三項ニ付討議スルコトニ決定致候。
(一)各国民（Nations）ノ権利及義務ニ関スル米国ノ宣言ニ関スル研究
(二)国際公法上ノ消滅時効
(三)国際公法上ノ契約債務ノ強制的準拠法ノ決定

尚本年総会ニ関スル詳細ノ事項ハ、来年発行セラルヘキ一九二四年度年報（Annulaire [Annuaire] de l'Institut de Droit International : 1924）ニ依リ御承知相成度モ、不取敢聯盟規約研究委員会ニ関スル本会議ノ議事要録、別紙己号ノ通添附致置候条右ヲモ併テ御参考相成度此段申進候。

追而　亜米利加側委員ヨリ本協会ニ提出シタル（"Alvarez : La $V^{\text{ème}}$ Conférence Panaméricaine et la Société des Nations"）（別添第庚号）一部添附致置候条御査閲相成度此段申添候。

[49]「国際法学会幹部会ニ関スル件」　一九二五年一〇月三〇日

10677略ダ

ブラッセル発　大正十四年十月　三十日後七、一〇

本省着　三十一日前一一、一〇

幣原外務大臣宛　在白安達大使発

第一一九号

国際法学会幹部会ハ二六日乃至二九日巴里ニ開カレ、去ル八月海牙ニ於テ存続ニ決シタル委員会二十三ノ内、外国人入国及追放問題移民問題委員会其他五箇ノ委員会ヲ除キ、他ノ十八箇ノ委員会（領海、航海、国際河川、無線電信、空中航行、国家責任、国籍、外交監督権、応訴義務、国際調停、委任統治等）ノ報告ノミニテ、明後年十月華盛頓（ワシントン）ニ於テ開催ノ総会ニ附議スルコトトシ、各委員会ノ会員及報告者ヲ指名シ（国際調停委員会ニ織田博士、領海委員会ニ立博士、外交監督権委員会及国際河川委員会ニ本使）、且各事項研究方法ヲ詳細議決セリ。

金子子爵ノ幹事長宛書面ハ幹事会ノ同情ヲ引キ、除名問題ハ沙汰止ミトナリ、同子爵ノ振ツテ華盛頓総会ニ出席セラレンコトヲ一同ヨリ希望セラレタリ。委細郵報。右金子、織田、立、三氏ヘ御伝達ヲ仰グ。

在仏大使及在米大使へ暗送セリ。

第六節　戦争違法化への流れ

[50]「平和と正義」（日本文・仏文）　一九二六年一〇月

平和と正義

卓絶せる我等の国際労働局長アルベール・トーマ氏はその最近の報告書中に於て、『何れの国に於ても、その国の労働階級の利益と、国全般の利益との間に、矛盾衝突があり得べき筈がない。』と述べられたが、私は寧ろかう言ひたい。『一国全般の利益と、その国の労働階級の利益との間に完全なる調和が存在する者であつて、各国の内部に社会正義の上に基礎を置いた国内的の平和が無いならば国と国との関係に於ても、之れ亦社会正義の基礎の上に立たなければならぬ国際的の平和があり得ない』と。

第五回国際労働総会議長たりし安達駐白大使の国際労働局新庁舎開館式になしたる祝辞演説中より

五、十一日③

*仏文　↓欧文著作（巻末）65頁

[51]アヴラモヴィチ宛書簡　一九二九年七月五日　↓欧文著作（巻末）66頁

[52]斎藤実宛書簡　一九三〇年五月一一日

斎藤盟閣　侍史　　峰一郎

拝啓　時下御揃益々御清康之御事、慶賀ノ至ニ存上候。次ニ小生共日夜倉皇、去六月十四日去国経米赴欧。大冒険ヲ試ムルノ準備中ニ候ヘトモ、幸ニ至健何卒御安心被下度願上候。今朝ハ御懇信ヲ拝受。(4)幾度モ推頂キ中上候。何ヨリノ御奨励、深ク感動致候。不戦条約ノ結果トシテ、一切ノ国際紛争ハ之レヲ改革セラレタル国際裁判ノ処理ニ付スル事ト相成、日本ヲ除ク諸国ハ総テ右裁判所ニ対シ応訴義務ヲ認ムルコトヲ公表シタル現状ニ於テ、小生ハ国家ノ犠牲トナリ、帝国学士院、大審院、各控訴院、各法科大学及日本仲裁裁判官団ノ一致的決議ニ依リ、候補ニ立ツコトヲ承諾シタル（五十六ヶ国「米ヲ含ム」全権来九月廿日寿府〔ジュネーヴ〕ニ参リ十五人ノ判事ヲ撰挙）処、四十ノ候補者（何レモ其国ニ於ケル第一人）各々其ノ本国政府ノ援護ノ下ニ暗闘中。小生モ落撰セサル様、在外各大、公使ト共ニ尽策中ニ御坐候。失敗セバ十月ニ帰朝スヘク、成效セバ明年元日ヨリ満九年間、西欧ニテ国際最重要紛議ノ判決ニ従事可仕候。時今ハ武者震ヲ為シツヽ、準備中ニ御坐候。

御奥様ニ呉々モ宜敷、御芳声被下度御願申上候。

草々謹言

第七節　大戦後の外交と国際連盟の役割——一九三〇年帰国時の講演

［53］「欧州の近情並に世界当面の重要諸問題」　一九三〇年五月八日

昭和五年五月八日日本工業倶楽部に於て両団体連合にて最近帰朝せられたる特命全権大使法学博士安達峰一郎君を招待し午餐会を開催したり。本篇はその席上に於てせられたる同大使の講演を筆録刊行せるものなり。

昭和五年六月　　日本経済聯盟会

日本工業倶楽部

欧州の近情並に世界当面の重要諸問題

特命全権大使　法学博士　安達峰一郎君講述

団〔琢磨〕男爵閣下並に諸君。段々時刻も過ぎますから、凡そ四十分位の間に大体私の申上げやうと思ふことを終らうと云ふ考から直にお話をする目的に入ります。

其前に一寸私の今日あなた方の前に参りまして十三年ぶりに自国の風土風景に接しまして之までの進歩を実見することの出来ましたことを喜び、殊に工業社会、経済社会、是は何処の国でも総ての文明国の最も大切なる機関である、其機関の代表的のあなた方にお目に掛かることの出来ましたのは、絶大なる私の楽みであると云ふことを申上げます。

戦争の終りに危険を冒して欧羅巴に参りまして既に十二年五箇月を過ぎました。大戦中のこと其他のことは、其時々帰朝されたる私の同僚若くは友人等から申上げたことゝ思ひますから、別段繰返しませぬが、唯一言申上げたいことは、西欧羅巴、英、仏、白、瑞西並に和蘭あたりは活動の中心地でございましたから、殆んど毎日本邦の代表的の方々にお目に掛り、其お話を承り、又西伯利亜〔シベリア〕鉄道の再開と共に二週間或は十六日にして新聞或は週刊雑誌を見ることの機会を得まして、或る意味に於ては東京に居つて東京の生活を営むよりも却て能く遠い本国の事情を研究するに就ての便宜を得たこともありました。殊に戦後の外交は戦前のそれと違ひまして、政治、財政、経済総て重要なる事件は、大使館を経まして巨頭の重要会議に於て之を扱ふことになりましたから、其全権団を組織せらるる重要なる方々と

（3）　宛名書に「私信」と記されている。

（4）　この書簡は所在不明。安達夫妻が離日する直前の六月一〇日に横浜の「日本郵船会社支店気付コレア丸船客　全権大使安達峰一郎」宛に送った告別の書簡が「安達文書（書簡）」二六六―二。

常に相接触し、又其一員となつて交驩することの便宜を得ましたことは、私の外国に於ける経歴の上に於て最も愉快とする所でありました。此度東京の復興祭の前日に帰りまして之を拝見し、さうして私が向ふに於て考へて居つた通りの人心の趨勢、色々故郷の少年青年其他古老にも会ひましたが、矢張考へて居つた通りで、戦後西欧羅巴で常に各種の会議に政府を代表して暮したる此十二年半は、失はれたる年月でなかつた、と云ふことを大変愉快に感じました。

国際聯盟のこと

さて第一に欧羅巴及世界に於て戦前と戦後の今日と違ふことは、一寸今申上げました通り国別的にあらずして総括的に仕事をすることになりました。それは具体的に申上げまするを国際聯盟の事業であります。国際聯盟は日本を距る非常に遠い所に本部を持つて居りますから、中々日本の一般の公衆に興味を惹起しませぬけれども、過去十年の歴史は又将来の発達を保証するものであることは確かである。其大きな団体の主なる目的は平和維持である。平和維持の為めには陸軍、海軍、空軍を適当に縮小する、併しながら其点に就ては国際聯盟は御承知の通り未だ成功して居りませぬ。其方法の研究、其他種々なる問題に就て一致の意見があるときは、如何なる条約を作るかと云ふ条約案は沢山あつて其間に或るものを挿入すれば直に条約になつて、各国政府の批准を経て実行することになつて居ります。それも一段の進歩であります。第一回第二回の海牙の会議に充分の成功を収め、其次に倫敦会議、軍備縮小会議が開かれましたから、最も好い空気の間に倫敦会議が開かれたのでありまして、長い月日の間各国代表者が折衝を重ねて部分的の成績を挙げられた。仏蘭西も伊太利も之に参加して居る。それで国際聯盟の目から見れば、是は国際聯盟の一部の仕事を為すものであつて、詰り全般の委員会に報告せらるべきものであります。それですから此秋より来年にかけて国際聯盟の仕事は一層活動的になり、私の希望する所にして若し誤りがなければ、此秋より来年にかけて国際聯盟の最も重要なる使命である軍縮と云ふことも段々具体化して来るだらうと思ひます。

ポアンカレー氏と「スタビリゼイシヨン」のこと

話が一寸脇に外れますけれども、私の任国の一つであつた仏蘭西のポアンカレー氏のことを申上げます。今此卓子に於きましても藤山君木村君あたりから色々御質問がありまして、極く断片的にお答へしましたが、詰り彼のポアンカレー氏が「スタビリゼーション」を以て解決したときのことを実見して居りますから、一寸綜合的に其事をお話し申上げたいと思ひます。

ポアンカレー氏は元来は法律家であり又財政家であります。詰り財政的の法律家である。其人が政府に這入つてから五十年であります。尤も其間に間断はありますけれども、大体政府の「メムバー」となつてから五十年、五十年の間殆んど常に政府に居りましたから弁護士をする暇はない。依て彼は祖先より得た所の極く「モデスト」なる財産より外は持つて居ない。併しながら何時でも立派な内閣の要求があれば彼は必ず内閣員たることを辞さなかつた。是は愛国心より起つたのであります。それから私が先年栗野〔慎一郎〕大使の下に参事官として巴里在勤中は外務大臣兼大蔵大臣として非常に令名を内外に謳はれて居りましたが、大戦争の始まる前の年、大統領に選ばれて七年間能く任務を尽しました。それから去つて一年半経つと彼は――仏蘭西としては前例のないことですが、首相として二年八箇月も勤めて居つた。四年も続くのでありましたけれども、丁度総選挙に際しまして――是は括弧内の脱線でありますが仏蘭西は共和国が出来ましてから御承知の通り六十年になりますけれども、解散と云ふことはしなくて間に合つて居ります。評判は二三度立つたことがありますが解散をしたことはない――。それで丁度ポアンカレー氏の前内閣の時に総選挙があつて二年八箇月経つて居る。そこで次の総選挙の時期に達しましたから選挙を行つた所が、意外にもポアンカレー氏を支持する所の投票が少かつたので、氏は直に自分の故郷、謂はゞ大磯のやうな所から辞表を出しまして、左党の首領であるエリオに内閣を譲りまして二年ばかり休んで居りました。所がエリオ氏は社会党の人でありますから政費はウンと掛かります。予算は膨脹して収支の均衡を失ひ、失業者も沢山出来て来る。それで国内の短期公債を払ふことが出来ない為めに、外国の資本団より総ての仏蘭西の富を抵当にして短期の借金をすることになつた。それは如何なる抵当であるかと云へば、仏蘭西の政府の持つて居る所の各工場の建物、各鉄道、各鉱山、各港湾の設備、各博物館類全部を抵当にして、さうして極めて不良なる条件を以て之を「アクセプト」する。今将に調印に掛からんとして居るときに、巴里の人民が之を知りまして、一種の「モツブ」が起つて議会を包囲して其進行を妨げ、又首相、蔵相に迫つてそれが遂行出来ないやうにした。又一方に於てはポアンカレー氏の家に人民挙つて押掛けて、是非政権を握つて財政を恢復して貰ひたいと言つてお頼みして、さうしてポアンカレー氏に総理になつて貰つた。其時には仏蘭西の財政は将に破産に瀕して居つたのであります。そこでポアンカレー氏の取つた財政計画は極めて「シンプリシティー」、極く自然と云ふ意味であります。詰り財政を緊縮して成べく租税を餘計出して貰つて公債を発行しない。其時にポアンカレー氏の簡単なる財政意見を発表する前に、ポアンカレー氏が政権を握つた以上は、必ず財政は恢復するに違ひないと仏蘭西の人も信じて、エリオ時代に皆逃出した所の仏蘭西の資本家は英吉利及白耳義等から戻つて参りました。是れ即ちポアンカレー氏の財政的手腕を知つて、それに信を置いたからの話であります。ポアンカレーと云ふ人は確かな人である、屹度巧くやつて呉れるだらうと云ふ所謂盲従か盲信もあつたでありませう。それを以て見てもポアンカレー氏が如何に国民の信頼を博して居るかと云ふことが分ります。それから其人格に就て一寸お話致しますと、ポアンカレー氏は中産階級に属する所の「モデスト」の人で、「サンキング」と云ふ村の庄屋の子として生れた人です。ポアンカレー氏は極力共産党の破壊に努めて居る。仏蘭西には不幸にして共産党があります。議院にも議席を十数席持つて居ります。其カシャンと云ふ人がポアンカレー内閣の財政計画を根本的に攻撃する為に劈頭何と言つたかと言ふと、ポアンカレー氏の人格に対しては深甚なる敬意を払ふと云ふことを言つて居ります。ポアンカレー氏は非常に感激して、自分の政敵のカシャン君からさう云ふ言葉を頂戴したことは、自分の深く愉快に感ずる所であると言つて謝意を表しました。それを以て見ましても氏が右党のみならず左党中央党からも皆尊敬されて居ると云ふことが分ります。さうしてずつと二年間今の政策を実行して、外国の人の信用を博し、反面「バンカース」も皆信用することになつて、仏蘭西の其時の貨幣価値は磅〔ポンド〕の方から申しますれば一磅に対して二百五十法まで暴落して、もつと下るべきであつたのが漸次恢復しまして、今度は円で申しますと一円に対して六法まで上つた。それは八箇月の間色々の方法を以て予め議会の同意を得て置いて、大統領の命令を以て其「スタビリゼーション」の政策を実行することが出来ると云ふ権能を持つて居りまして、さうして其十二法五十と云ふのが仏蘭西の財政から見れば非常に悪過ぎるんだけれども、それは別に話しますが、「エキスポート」の失業の問題に関するからさうした。土曜日の晩に官報を刷つて、さうして日曜の朝それが公になり直に実施したのであります。さう申上げれば何も準備なくしてやつたか――今藤山君木村君の御質問に依つて思付いたことですから順序なく申上げますが、此十二法五十を日本の一円に当るやうにするには、仏蘭西の今の貨幣を五分の一の値段に減すのであります。是は仏蘭西の「キャピタリスト」も中産階級も、殊に「ノーブレッス」華族連中は、名誉から言つても自分の財産上から言つても、忍ぶべからざる苦痛であります。ポアンカレー氏も二年も迷うて居りました。財政を良くしてずつと戦前の二法五十、六十にまで上げやうか、或は適当なる所で――十二法五十とか、十二法とか云ふ位の所で「スタビライズ」しやうかと云ふことは二年間も迷うて居つたと云ふことは、此間も政府を去つてから私に「コンフェッション」されて居りました。併しながら名誉とか国民の一階級に過ぎない華族とか資本家とか、是等の人の自負心若くは利益の為めに、国民一般を犠牲に供することは本当の愛国でないと信じて、非常に勇気を振つて今のやうに五分の一減に「スタビライズ」したと云ふのであります。併しながらそれを国民全体に納得させるにはどうしたかと申しますと、仏蘭西の田舎は日本の農村と違ひまして、中々「プリミチーヴ」の生活をして居る農民があります。新聞でも一つの大きな村に一枚しか届かぬと云ふやうな所があります。今でもナポレオン一世が仏蘭西の帝王であると思つて居る人が現に居ります。ですから其人達に本当に納得させたいと云ふので、議会の開会の初めに二時間の朗読演説をして、それを印刷して、官報を以て各市町村役場の壁に張り、さうして「レコンメンデーション」をして各農民に能く見て貰ふやうにした。果して全文を皆見たかどうか知りませぬけれども、斯う云ふ問題は何人も能く了解して、さうして実行の責任を四千万国民と共に分ちたいと云ふ考からやつたのであります。それでありますから後は御存知の通り失業者は起りませぬでした。外国の註文は依然として豊富である。それから財政が恢復致しまして、昨年八月三十一日に亜米利加に払ふべき非常の「テラリック〔テリフィック?〕・コンディション」、苛酷の条件であつた所の戦時の材料に対する借金を皆払ひました。それから第一海牙会議、第二海牙会議で纏つた所の「ヤング・プラン」の実行になりまして今募債中だと聞いて居ります。それですから仏蘭西の財政は割合に豊富であります。併しながら今独逸の方の仕事を一生懸命にして居つて、日本あたりまで有利の条件を以て財政を援助することが出来るかどうか、私は茲に何等断言する程の証拠を持つて居りませぬ――是は脱線であります。

ライン撤兵と旧敵国賠償問題のこと

次には今一寸「タッチ」したる欧羅巴の平和を最も脅かさんとして居つた所の「ライン」撤兵の問題と旧敵国賠償問題の解決のことを三四分間お話したいと思ひます。御承知の通り賠償委員会と云ふものは「ヴェルサイユ」会議の終つた後の最も重要なる会議でありました。併しながら日本国は之に議席を持つて居ないのであります。なぜならば賠償の金額から申しまするとの「セルヴィヤ」などよりも少く――十二分の一位でありますか持つて居ないのであります。日本としては議席を持つて居ないに依つて発言の機会がまだ無かつたのであります。一昨年九月「ライン」撤兵問題解決の機も熟したと見えまして、欧羅巴の主なる国の責任者が集つて、賠償問題に関連して之を解決することを試みました。そこでさう云ふ問題はいつも咄嗟の際に始まるものですから、私共のやうに遠い所に本国を持つて居る者には非常に困ります。殊に私共は唯政府の小さい手代に過ぎないが、彼等は皆総理であり外相であり蔵相である。大概三人揃つて出て来て居る。それで本国に電請する必要もない、自分の責任を以て即座に決することが出来る。悪ければ其内閣は倒れるだけでありますが、私等はさうはいかない。或日のことブリアン氏から賠償問題と「ライン」地域撤兵の問題に関連して巨頭会議を開きたいが、お前来るかと言はれて大変困りました。日本は欧羅巴の政治に最も危険性を含んで居り、独逸と仏蘭西の中心問題である「ライン」撤兵問題に触れることは決して日本の利益でないと感じました。併しながら賠償問題を決すると云ふことになれば非常に怖いことながら行つて見るが宜からうと云ふので、同僚と相談して兎に角参りました。所が四日間は「ライン」撤兵の問題のみでありましたけれども、五日目になつて賠償問題も関連して論ずることになつた。そこで前内閣と相談する遑がありましたから致しました所が、兎に角賠償会議には日本は少くとも英仏と「エクオール・スタンディング」を以て出ることに努めろ、斯う云ふことでありましたので出ました。さうして今日此席には見えませぬが、森賢吾君が日本人の「エスキパート」として四箇月間御勉強になり、他の同僚と共に立派な「ヤング・プラン」と云ふものを作られました。さうして其「レポート」を土台にして大体各国政府――と申しても六箇国でありますが、六箇国が宜しいと見て正式に政府会議を開きましたのが昨年の四月であります。そこで私の痛切に感じましたことをあなた方に特にお願ひ致しますことは、それは日本は欧羅巴の人と交渉が少い、是は当然のことであります。併しあなた方が常に其関係を結んで置かれて、即ち欧米の方々と常に親交を厚うせられまして、一朝難問題があるときには、其「フレンドシップ」に依つて容易く解決の出来るやうな素地を平常に於てお造りになつて置かれたいと云ふことであります。

話は元に戻りまして政府会議が開ける、さうすると三週間も話をすることが出来ないやうな状態になつた。是は当時新聞にもあつたことで御承知のことであらうと思ひますが、言葉を互に了解しない。仏蘭西の全権が能く英語を解し、又英国の主張を了解する能力があり、又それに加へて英吉利から来た人達、即ちスノーデン其他を知つて居つたならば、あんなことにはならなかつたのです。又英吉利の方から申しますと仏蘭西語が些とも分らない、さうして時々同じ発音で全く違つた意味を持つて居る言葉などが分る、それが却て有害である。でありますから詰り極東の島国の私が双方の間に立つて双方の意思を疎通することに努めなければならぬ。あれは斯う云ふことを言つて居るのだ、「フーリッシュ」と云ふことはどう云ふことだと云ふやうな訳で、五六人の会議ですから、殊に秘密の会ですから通訳を入れないのです。或る時にスノーデンが仏蘭西語では全く侮辱的になる言葉を英語でスラ〳〵と平気で言うた。是は有名なことで歴史に遺るでございませう。仏蘭西の政府の主張は「リディキュラス・エンド・グロテスク」であると大きな声で言ひました。所が仏蘭西の言葉に於て「リデキ《ママ》ュール・エト・グロテスク」と云ふことは非常な激語でありますから、仏蘭西の諸全権は憤然として怒つて、斯の如き野蛮人とは決して話をしないと云ふことになつた。スノーデン君は前に兎に角中学を二年位やつた人で、何か英語の方に違つた意味があるだらうと思つて少し話をして見ますと、あれは英吉利では大したことではない、餘り宜しくない――「ノー・グッド」と云ふ位の意味だ。吾々はマクドナルドに対しても亦同僚に対しても常に使つて居る言葉で、何んでもないと言つて居りましたけれども、それが纏らずに二三日も掛かりまして、さうして其言葉は取消さぬのですが、「ノー・インポータント・シグニフィキャンス」、仏蘭西の全権を何等侮辱する考はなかつたと云ふことで収つたのでありますが、矢張其話は進まない。それは「ヤング・プラン」を御覧になりますと分りますが、仏蘭西と伊太利と白耳義は無条件年金をウンと取つて居ります。英吉利は取つて居ない。保守党内閣の時の外務大臣であつたチェンバレンは仏語が分るからブリアンと始終附合つて居る。ブリアンと云ふ人は非常に「チャーミング」の人であるが中々それを入れやうとはしない。英吉利の国民は皆信じてチェンバレンはブリアンの傀儡に過ぎない、と云ふ観念が一般に濃厚になつて来て、さうして其結果として英吉利の方が昨年四月の委員会に於て失敗して、無条件年金を得ることが出来ず、仏蘭西と白耳義と伊太利が取つたと云ふことになつて、英吉利の国民は労働党の再出現と共に非常に激昂してスノーデンを大に激励した。スノーデンも怒つて居る。激励されゝば尚更強くなると云ふので、三週間も話が進まない。三月十二日になりました。併しながら私等は之を破つてはいかぬ。「ライン」地域撤兵の問題は、英吉利の労働党は撤兵させやうと思つて居る。仏蘭西も厄介だから、「ヤング・プラン」が成立てば早く撤兵したいと思つて居る。独逸は勿論早く撤兵を望んで居る。財産上多少損をしても撤兵して貰ひたい。会議を破ると云ふ考は三つの全権の何処にもないと云ふことを吾々は信じて居りました。併しながら妄動すべからず。極東の日本国は欧羅巴の政治上の「クリテイカルス」に調停するのが天職である、是は確かである。併し妄動すべからず。妄動すれば国辱であるのみならず非常な有害である。一同声を潜めて唯情報を取ることに努めて居りました。そこに皆三国の「デヂケーションン〔デレゲーション〕」に考への分るやうにしてやつて居つたときに、スノーデンが私に、お前の所で話したいと言出した。ブリアンがホテルに来て居りましたから早速話しました所が、今日の昼は仏蘭西から人が二人来ることになつて居るから、時間を延ばして呉れと云ふことになつて、四時を期して集ることになつて、そこでスノーデンとブリアンと、私の小さい「サロン」で二時間半ばかり話をした。其時には調停をすべき時機には達して居ないけれども、出来るだけ「リコンシリエーション」の心持を以て、緩和する言葉を断片的に話して、大体の問題に就て二人の巨頭の間に意志の疏通のあるやうに私は喜んで拝見したのであります。其晩「デクニシヤン」より命令を下して、順調に話が進んで、今度は一瀉千里、三日間に相談が纏つて、さうして海牙の会議が終つた。それでは日本は何も主張はなかつたかと言へば矢張あつた。日本は英吉利と同じやうに無条件年金を一文も持つてゐない。条件付年金と云ふのは先づ私共の素人考ですが、尤も専門顧問も居られましたが、無条件年金と云ふのは、確実なものであつて其一国の予算に三十七年間載せて宜い確実性を持つて居る。条件付年金は之に反して独逸国の財政の状態、経済の状態に依つて「サスペンション」されるものだから、どうぞ無条件年金の方に変へて貰ひたいと云ふ。三十七年間の問題であります。そこで相論じましたがいけませぬでした。なぜなれば大陸側は自分の方を譲らない。スノーデンも自分の方に取ることに一生懸命ですから到底駄目だ。非常に残念に思ひました。所が二十三日になりまして英国側と大陸側との話が調つたときに、そこは英吉利の政治家の非常に大度量であつて、大国民たるの名に背かないと云ふことを非常に敬意を以て私共感じました。それはミスター・スノーデンが彼の自分の「アンコンディショナル」で貰つた三百三十金貨馬克〔マルク〕を割いてあげます。それから今度は仏蘭西の方の態度が早く決まらなかつたのは、伊太利と白耳義に相談しなければならなかつたからでありませう。仏蘭西の方も亦三百三十万金貨馬克を――餘程躊躇して居つたけれども、遂に数日を経て与へまして、併せて六百六十万金貨馬克の年金を割いて呉れました。是は斯う私は言はれるだらうと思ひます。日本の調停的尽力に対する謝意を表する為に、議論では決して呉れなかつたものを、謝意を表する為に自分の物を割いてあげます。と云ふことは流石に両方共大国の政治家であつて、其態度には私共非常に感謝したのであります。

そこで是は其他の国の問題でありますが、併し無形的に申しますと意義を持つて居ります。それは山東鉄道及び鉱山に関する独逸との争ひ、それがすつかり帳消になりました。金の方から申しますと五百五十万金貨馬克だけで、二百五十万円にも足らない微々たるものでありますから、論ずるに足らぬのかも知れませぬけれども、唯将来独逸の人民が独逸政府に請求することあるべき総ての「バランス」も帳消になりまして、殊にストレーゼマンの後を承けて外務大臣になりましたクルチュス〔クルティウス〕が立派な公文を持つて来て呉れまして、私と別れるときに、最早日独の間には何等蟠れる問題はないから、是から共に手を携へてとは言はなかつたが一緒に世界の仕事をしませうと言はれた。其行動に就ては私は頗る感動致しました。此事をあなた方に申上げて私のその時の心持を分ちたいと思ひます。

英国の商業のこと

次には英国の商業に就て感じたことを申上げます。広田〔弘毅〕第三全権も帰られて居りますけれども、御不幸で何処へも出られませぬが、今に其方からもお話がありませうと思ひますが、広田君も同じ考です。それは英国の商務大臣グラハム君の総会に於ける演説を聴きましたときに、戦前に於ける英国の政治家ジョゼフ・チェンバレン等の大演説を耳にしたる私に取りましては、非常に悲哀の感を禁ずることが出来なかつたのであります。グラハムは英国の商業の挽回すべからざる衰勢にあると云ふことを申しまして、英吉利の石炭を旧同盟国殊に伊太利から買つて呉れ、さうしてそれを運ぶには斯う云ふ会社が今最も滅びかゝつて居るから此会社の船を使つて呉れ、それが千噸もあり二千噸もある、或は五百噸もある。さう云ふ小さい船を色々断りを言うて請求をして、其要求が略ゝ五分の一に達したので引渡協定が出来ました。併しながら斯う云ふ哀訴の声を大英国の商務大臣より聴くことに就ては、如何に英国の商業が困難の地位にあるかと云ふことが察せられるのであります。戦前例へばチェンバレンが例の「ファッショダ〔ファショダ〕」事件の時に、まかり間違へば仏蘭西をも取つてしまふと云ふやうな勢ひで大演説をした。今のチェンバレンのお父さんでありますが、其演説を聴いた私などは流石に大英国の宰相の言葉であると感じた。それを思ひ起して昨年八月のグラハムの演説を聴きますと一種の悲哀を感ずるのであります。

国際決済銀行のこと

次に今度瑞西の「バーゼル」に創設さるべき国際決済銀行のことに就て一寸申上げます。初めに書いた草案には「ヤング・プラン」の数千億の金を扱ふと同時に、各国に於ける「エンテルプライヂング」、企業も掌ると云ふ風に書いてありましたけれども、吾々政府代表者はそれは餘り広過ぎる。兎に角初は銀行の事務だけにしなければ危険だと云ふので狭まつて居ります。併しながら金の餘つた場合に之を利用する方法は色々政府と相談して、或は望むか避けるか分りませぬが、或は西伯利亜に於ける事業、或は亜細亜の南、南米、支那に於ける仕事を扱ふと云ふやうな運命に銀行を置かれるのではないかと云ふことが私共の目には見えるのであります。此点はあの銀行の誕生を喜ばれると共に――なぜ喜ばれるかと申しますと、矢張あの銀行の大黒柱は四本か五本しかない。吾々は其大黒柱の一つとなつて居る。英吉利、仏蘭西、亜米利加、独逸は少し弱い。是等の国と「エコール・スタンヂング」で何処の「ビジネス」にも関係することに条約が書いてありますから、それを適当に善用されて日本の財界を援けられ、又引いては独り日本の軍事の方面のみならず、世界の財政に於て重要なる位置を、あなた方の御注意に依つて実現せられんことを私は此際非常に熱望致します。

段々予定の時間も近づいて参りましたが、「ライン」の問題で申落しましたから附加へて置きます。「ライン」は六月三十日には最早列国の一兵をも留めぬやうになりました。独逸に取つては非常に大きな「エポック」でありまして、当日はさぞ独逸国民は大きなお祭をして喜びを表するだらうと思ひます。言葉を換へて云へば、それで仏蘭西と独逸の人心は大に緩和して、賠償のことは中央銀行があつて之を扱ふことになつて居りますから、欧羅巴の平和はそれだけ鞏固となるに至つた訳であります。

斯う云ふ訳でありますから、海牙会議が終つて軍縮会議の始る前に、ラムゼー・マクドナルドは、在巴里の英国大使シレルと云ふ人を私の所へ寄越しまして、丁度好い時に終つて呉れた――時がありませぬから説明は略しましたが、欧羅巴の中央と東に国を立てゝ居る旧敵国との間に戦争にもなるべき危険の含まれた問題が数個あつたのでありますが、それが皆片付いたのであります。それに考へ及んで、倫敦会議を開く前に総ての危険を免れることの出来たのは、遠い所に国を立つて居る日本の斡旋の為である。実に此「コース」に就て謝意を表すると言つて参りました。それはそれだけに止めて置きます。

欧羅巴合衆国のこと

其次には時々新聞に見えて居る所の欧羅巴合衆国の真相如何と云ふことを一寸申上げて置きましたならば、時々新聞電報を御覧になりましても、其真相を捕捉することに多少の御便宜にならうかと思ひます。汎欧羅巴の思想は、不思議なことには其一番根本の考は日本人から始つたのであります。日本人と申しましても明治二十七年に麴町紀尾井町何番地かの澳洪〔オーストリア＝ハンガリー〕国公使館内に生れた人であります。青山⑤と申します。お父さんは公使であつたクーデンホーフ伯爵であります。それが二十年来「チェッコスロバキヤ」の国籍を持つて居ります。併しながら元東京生れでありますから日本に対して非常に了解がある。所が其人の欧羅巴合衆国の考へと云ふものは「ユートピア」ではない。一寸言葉は文学的に書きましたから「ユートピア」とお感じでありませうけれども、要するに彼の考は「ユートピア」ではない。さうしてブリアンは其会の会頭であります。ブリアンは十三回も仏蘭西の内閣総理大臣を勤め、経験のある実際的政治家であります。さうして今の青山伯爵はそれの幹事長であります。其趣旨とする所は、今欧羅巴は二つの大きい「アタック」、脅威に罹かつて居る。東に於ては露西亜の無産主義の「オーガニゼーション」、海の向ふに於ては亜米利加合衆国「エコノミック・フィナンシャル」に就ての大発展、之に対して何方の奴隷にもならぬ為めにはどうするかと云ふ問題、それに就て色々ブリアン其他の政治家が考へて汎欧羅巴計画と云ふものになつたのでありますが、一番先に考へたのは青山の著書⑥であります。それは「フィロソフィカル」に書いた。今のやうに具体的には書いてありませぬが、初に考へ出したのは要するに青山君であります。ブリアンがそれを取りまして昨年の六月、欧羅巴各国の首相、外相を斯う云ふ「ランチ」に招かれまして、さうして欧羅巴合衆国を造ることの必要を論じて、彼等の賛同を求めました。欧羅巴各国の首相及外相は之に対して、主義としては大変結構と思ふから、数箇月考へさせて呉れ、さうしてあなた方の方から成るべく早く具体案を出して呉れ、宜しいと言つて、ブリアンの方から案を出すことになつて居りますが、今日迄まだ届きませぬからまだ出ないのでありませう。併しながら七月には必ず配布する。それと同時に其案を早速部分的に実行する為めに例へば関税休止会議と云ふもの⑦が去年開かれました。それはブリアンの右の腕と言はれて、仏蘭西の財界に於ては最も優れたる頭を持つて居るリゼールと云ふ人であります。此人は元技師であつて、戦争の終りにクレマンソーに見出されて、技術的方面を扱つて居つたのでありますが、戦後は荒廃地恢復の主務大臣となり、大蔵大臣となり、又各省にずつと長官となりまして、今では労働大臣となつて居ります。仏蘭西の労働事務大臣は――是は又括弧内の脱線でありますが、仏蘭西の病気は之迄は人口減少でありました。減少しなくても殖ゑない。そこで其労働省の法を以て八十億法の五年に亘る予算を取つて、それで労働者の住むことの出来る家を数十万戸、仏蘭西の各地に造る計画であります。「フォンテンブローグ《ママ》」あたりにどん〳〵造りつゝあります。仏蘭西の労働省は此意味に於て重要の役所であります――。其技師であり、算術家であり、財政家であるリゼール、戦後将に没落せんとした三十八会社を結合して「トラスト」を造つたのも其中心はリゼールでありましたから、富の力は独逸のスネッス[8]と同じです。戦時中仏蘭西の殆んど何処の国の人にも見せない所を、リゼールの斡旋に依つて私共に見せて呉れました。それから彼は貴族院議員曽我〔祐邦〕子爵の乾児である。と申しますのは現世に於て日本のやうな君主国にも寧ろ珍しいことですが、リゼールは兄弟三人あつて其長男である。「フォンテンブローグ」の学校に留学して辛うじてやつて居つた。併しながらそれでは迚もやつて行けぬ所から学友であつた曽我子爵から月に百五十法頂戴して勉強して居つた。今度又二人の弟が中学に入ることが出来ないから、其為めに学校をやめて国へ帰つて手職をして弟二人を養はうとしたときに、曽我子爵から又五百法宛出して呉れた。それで自分も「フォンテンブローグ」の学校を卒業することが出来、又弟も相当の教育が出来たと云ふので、其大恩は一生忘れることは出来ないと云ふて、今でも親友と云ふか非常に親密なる感謝的の態度を以て、リゼールの奥さんも娘達も、曽我子爵が一昨年お出になつたときには、殆んど封建時代の武士が其君主に対する如き態度を以て尊敬した。それがリゼール。其人が汎欧羅巴を経済的実際的に実行しようとして居るブリアンの右の

（5）Richard Nicolaus Coudenhove-Kalergi（青山栄次郎）。かれについては、資料［56］をも参照。

（6）R. N. Coudenhove-Kalergi, *Kampf um Pan-Europa* (Wien: Pan-Europa-Verlag, 1925) のこととみられる。この著書を青山から進呈されたことについての感謝を、安達は一九二九年四月二六日付けの青山宛の書簡に記している。「紅ファイル」四―一三一。

（7）ルシュール（Louis Loucheur）（1872-1931）を指すとみられる。かれについては、資料［56］をも参照。

（8）シュティンネス（Hugo Stinnes）（1870-1924）を指すとみられる。

腕であります。其人の差金で関税休止会議と云ふものが出来た。其関税休止会議の終りに臨んでの議長の演説は決して楽観的ではなかつた。詰り具体的にすつかり纏らないけれども、寧ろ政治的に欧羅巴諸国の関税戦争休止の必要なることが分つたと言つて居ります。けれども、是は日本には関係のないこと、日本は欧羅巴が関税戦争休止をし、諸種の工業に就て欧羅巴の大工業国が色々な「トラスト」、「カルテル」を造つたならば、日本の商業、工業は如何な影響を受けるかと云ふことは又別に御攻究を願ひます。兎に角汎欧羅巴はさう云ふ風で段々やつて居りますから、七月頃仏蘭西政府から廻される所のものは、即ち汎欧羅巴合衆国の内容と云ふものは、今申述べたやうなことを多少具体化して、将来の希望も箇条書にしたものが餘程来るだらうと思ひます。

賠償の将来と国際裁判所

それからもう一つ、是は将来御注意を願ひたいと思ひますから、団男爵のお許を得て三分ばかり申上げます。此海牙会議の結果として賠償問題が皆決りましたし、独逸は数百億の金を払ふことになりましたけれども、或る時世が到来しまして、独逸の国民若くは政府が此非常に重い負担を払ふことを潔しとしない事態が起るかも知れない。其防御方法として一つの箇条を設けました。之が為めにタルジュフ〔タルデュー〕と独逸のストレーゼマンと八十三回、各〻一騎討の話をして遂に纏つたのが、一方に於てはタルジュフが如何に愛国の熱誠に充ちて居るか、又熱誠に感じて独逸の政治家の譲歩した雅量を歎賞すると共に、又近時世界の大事件は国際裁判に依つて決せられる趨勢に在ると云ふことを此問題に於て確証されたやうに思はれるのであります。それは独逸政府及国民が此「プラン」の規定を免れんとする意思、考があると云ふことを、吾々旧同盟国の一国若くは数箇国が思ふた場合に於ては、其事実の審査及判決を国際裁判所に求めると云ふ事件であります。さうして若し実行するの意思がないと国際裁判所が認めたる場合に於ては、他の一国若くは数箇国は自由の行動を取り得ると斯う書いてあります。是は言葉は簡単でありますけれども頗る意味深長にして重大である。なぜなれば仏蘭西と独逸ですから、仏蘭西を仮の例に引くと一番具体的になります。仏蘭西の人民又は政府の考で、独逸国民は嘘の宣言をする。無条件年金は是は商売人の手に移るから宜いけれども、条件付年金は条約を実行する誠意がないと見た場合には、仏蘭西は一箇国だけでも裁判所に訴へて認定判決を求めることが出来る。裁判所の認定を得れば直に自由の行動が取れる。仏蘭西から申しますと伯林は直に取れる。何となれば独逸の兵力は仏蘭西の兵力に較べれば物の数ではない。仏蘭西の今の精鋭なる軍隊は、ナポレオンの大戦争の時に最も優れたる位置に在つた軍隊と同じやうに立派になつて居るさうです。是は私には些とも分らない。仏蘭西の兵隊は汚い服を着て弱いやうに見えるが、さうではないさうです。其軍隊の力を以て伯林を取ることは極めて容易である。独逸は十万の兵しかない。其大きな問題を独逸が承諾する迄には数十回の「デスカッション」を経て承諾して居る。又それを承諾せしむる為にタルジュフはそれだけの時間を費してやつたと云ふことは双方共にえらい。互に恐るべき其事件を裁判所に託して、裁判所が好いと言へば自由の行動を取ることが出来る。それだから其裁判所の責任と云ふものは愈々重きを加へたものであります。

扨最後に一寸お話を致します。それは御承知のことでありますが、国と国との間に争があつてそれを力で決する、即ち戦争の起る所以でありますが、それが段々裁判所の裁判に任せる、それが不戦条約の実施と共に突如として事実になつて来たのであります。簡単に申しますれば、国際聯盟局の仕事はあなた方も極く漠然とお聞でありませう。過去九年間に於て六十の事件を無事に立派に捌いた[9]。併しながらそれは皆任意式であつた。任意式と云ふのは、裁判所に甲の国が乙の国を訴へても、乙の国がそれに反対ならば応ずるの義務なしと云ふのが、従来の裁判所の仕組であつた。是は私が千九百二十年、今より十年前にたつた一人論じたことが条件になつて、さうなつて居つたのであります。それは御承知の彼の家屋税仲裁々判の失敗に鑑みて――此処に居らつしやる浅野君などは御承知でありますが、日本は国際裁判所に持出せば負けるんだと云ふやうな考があつた。兎に角応訴義務は認めないと云ふ立場で是迄来たのが、昨年の春不戦条約が実施になりまして、それから今度英国、仏国、伊国其他の国が、総て響きの物に応ずる如く皆応訴義務を認むる

(9) ここで話題にしているのは常設国際司法裁判所のこととみられる。一九三〇年までに同裁判所が扱った争訟事件は二四件、勧告的意見は一八件である。なお、一九二〇年代に国際連盟に持ち込まれた国際紛争は約三〇件であった。篠原初枝『国際連盟』(中央公論新社、二〇一〇年)一〇四―一〇七頁参照。

ことになりました。それで日本は此問題に就て如何なる態度を取るかと申しますことは、私の知つて居る範囲に於ては未だ意見を発表致されぬと思ひます。斯う云ふ風になりまして不戦条約即ち戦争が禁止せられ、日本では「レヂチメート・デフェンス」の場合は此限りでない。それだから米国が例へば日本の九州を犯すと云ふやうな場合は戦争も已むを得ないでせう。留保しなくても当然のことでありますけれども、大体に於て戦争は禁じられて居る。さうして総ての事件は仲裁若くは裁判に附すべし。仲裁とは其事件毎に仲裁者を双方の政府合意の上に任命してそれに任せる。裁判と云ふのは絶対的にやる。さうなりまして其裁判所に対する応訴義務は、世界の各国、日本を除いては皆認めたと云ふことになりましたから、裁判所の規定改正の必要を感じまして、昨年四月から五月に亘つて亜米利加からルートが来て、国際裁判所の規定の改正をしました。其改正の要旨は、是から事件が殖えるから、判事は是迄のやうに本国に居つて、一年一回――六月十五日を期して海水浴場に集つて数週間審査すると云ふやうなことではいけない。矢張万国の判事と同じやうに正月から十二月迄、「イースター」の休みと夏の休暇の外は常に出勤することを命ずる。之が第一。判事の任期は九年。殊に重大なることは其資格、判事の候補に立つ人の資格に二つの重大なる「スタンディング」が附いて居ります。是迄は唯「モーラル・ハイエスト・スタンディング」、高き徳義的人格を要する、是は従前の通りです。其次に裁判官たること、若くは国際法学者たること、是も当然のこと、それだけで従前は宜かつたのでありますが、それでは非常に広い範囲の人が候補者になり得る。所が昨年の九月日本の全権団の反対に拘らず更に二つの資格を加へたのであります。それは一つは言葉です。英仏両国語を話し、之を論じ、之を以て判決文を書くと云ふこと、文句は違ひますけれども意味はさうです。もう一つは此国際裁判所の目的は国内裁判所と違ひまして、世界の平和を維持する為に正義に基いて裁判して貰ふのだから、唯学校で教ふるやうな法律の原則のみに拘泥して裁判されては世界の平和を害する場合があると云ふので出した案です。それは国際の事件及国際法関係の或る事項に就て一般に認められた経験を有すること、此二つです。日本の全権は反対の投票を致しましたけれども吾々と同じ投票をした者は他に八箇国だけで、多数を以て原案の通りになりました。それだから此資格を持つて居る者が候補者になつて、さうして争ふことになりました。又是は政府に何等関係ないことであると云ふことは特に御注意を願ひたいと思ひます。政府の行為を裁判するのだから政府に関係ある人ではいけない。政府に関係ある者は罪悪ではないが決して好い「ポイント」ではない。其候補を出す権能を持つて居る者は各国の裁判官と云ふものが自ら「グループ」を造つて、さうしてそれは四人となつて居ります。其四人だけは仕方がないからそれは政府が任命する。何処の国でも一番の「スタート」は政権を握つて居る政府が任命することになります。併しさうされた以上は其瞬間より独立の権能を持つことになります。今の裁判官団も日本の者は日本の政府が命令して宜しい。亜米利加は亜米利加の大統領フーヴァーの任命した者と斯うなります。其裁判官団が其国の大審院、控訴院、各大学、帝国学士院、それから国際法研究に専門に従事する所の著名なる学者、之と相談をして候補者を出すべし。其候補者は決して自国人たることを要しない。何処の国の人でも其「グループ」の出し得る人なら宜しい。要するに「ポリティック」と関係ないやうにと云ふ所から斯う云ふ規定が出たのです。斯う云ふ改正条約の下に九月二十日に十五人の判事の総選挙が行はれるのであります。場所は「ゼネバ〔ジュネーヴ〕」であります。五十六箇国の全権が特別の委任状を各本国政府より持つて来て、二十日の午前十一時に選挙を行ひます。今既に候補に立つて居る人は、私の知つて居る限りでも四十人あります。其中で私共の考へで当選疑なしと思ひますのは、独逸の候補者、シモン⑽と申す私の友人であります。学界の友人。此中にも其人の著書及学説を吟味されたお方があるに違ひないと思ひますが、大戦前二十年間国際商法、「インターナショナル・コンマーシャル・ロー」の教授として伯林大学に教鞭を執つて居られた。其道では第一人者と称せられる人であります。御承知の通り戦争勃発するや直に他の二人、ウエベルク及びジュニクルと共に「プロクラメーション」を出して、白耳義局外中立の必要を論じて、カイゼルの行動は独逸帝政の恥辱である、独逸の文明に一大汚点を印したものであると云ふことを論じて、牢獄に投ぜられて一年半の苦みを受け、其後も諸種の迫害に遭つて非常に貧困病苦に陥つた。戦争が終る頃には非常に健康が悪くなつて居りましたが、南米諸国には

⑽　ジモンス（Walter Simons）（1861–1937）。ただ、ドイツからの最終候補者となったのは、シュッキング（Walter Schücking）であった。

独逸崇拝者も沢山あります。独逸本国の文化を慕ひ、殊にシモン君の人格に敬意を表して居りましたから、二十箇国の政府が醵金をしてシモン君を聘して二十数回の講演を南米諸国の首府に於てして貰ひました。大変独逸の文化を高調して独逸の為めに非常に好い宣伝をされましたので、帰つて来ると国民感謝の念が非常に高まりまして、独逸が共和国の基礎が成立つて憲法を起草するの時期になり〔ま〕したので、あゝ云ふ学者なり、人格者に書いて貰つたら宜からうと云ふので、議会は此人に託して憲法を書いて貰つた。彼は憲法を書いて議会に提出してそれを通過せしめて、次に対外的効果を試むる為に外務省の長官となり、又「カンツレル」――日本の官制とは違ひますが大宰相――となつて之を実際に試み、それから又自分は「スチュインテレスト」、学究であつて、長く独逸全体の大統領として居ることは不適当であると言ひまして、ヒンデンブルグ――旧帝政時代の人でありますが、此人が最も適当なりとして、最大多数を以て当選するやうにして、さうして自らは大統領を退いて爾来大審院の長官となつて、今頃はやめられたと思ひますが、此人を「ジャーマン・グループ」は持出しました。斯う云ふ人は国家と国家の争を決するにも決して不公平のない人だと斯う思ひます。其他英吉利、仏蘭西のお話をすれば長くなりますが、日本の「グループ」は、私が帰国致しましたのは今から三十五日前、私がまだ印度洋航行中今の規定を実行して私を其候補に立てると云ふことを決定して、私の数十年来の最も尊敬する所の富井〔政章〕先生から電話がありましたから何んにも言へぬ。政府では此候補の失敗に終らぬやうに、と云ふのは応訴義務を認めてゐない唯一箇国人である私ですから、シモン君とは非常の違ひである。色も亜細亜人であるから違つて居る。ですから充分在外の大公使諸君に尽力して貰ひまして、私が成べく当選するやうに努めて下さつて居ります。それでありますから先程色々の方からお訊ねも受けましたが、先づ六月の十四日に日本を立つて、加奈陀を経て亜米利加に参りまして、其友達と本国の人に折衝して此二つの投票を得たいと思ひます。殊に亜米利加合衆国の投票を是非得たいと思ひます。亜米利加合衆国は投票の数はたつた一つたることは、「キューバ」とか「グワテマラ」とか「サルヴッドール」とかと同じでありますけれども、亜米利加合衆国の投ずる「モーラル・インフルエンス」は非常に大きいのでありますから、亜米利加の投票は是非得たいと思つて今「アッパートメント」を定めて居ります。

それが終りまして今度は欧羅巴に参りまして成べく落選しないやうに努めます。落選致しますと今のやうな重大になつて来た所の世界の裁判所に於て日本人が一人も居ないで、或は恐る、日本関係の大事件が裁判されることになりはしないか。さうして任期は九年でありますから、もう一つ心配性の方は、九年間日本人が居ないで裁判の事務が旨く進行したと云ふことの事実があれば、日本人の参加は必要でないことになつて、九年の後にも亦裁判所の重大であるに拘らず日本人は這入れないと云ふことになるから、今度はお前確かりやれ、斯う云ふ激励の言葉を下さる方もあります。それで旁々此暑い最中に亜米利加の方にお願して清き投票をたつた二つ得る為に四十日も居りまして、今度は欧羅巴に参りまして向ふの松平〔恒雄〕君とか、色々な人に御相談してあの辺の投票を得て裁判所に這入りたいと思つて居ります。さうしてそれがお国に対する報恩の一端であります。若し不幸にして落選致しますれば十月に帰つて参ります。其時には又色々の材料を集めてもつと〳〵有益のお話を申上げる機会があらうと思ひます。若し又当選しますれば、直に私の学問上欠損して居る所の国際私法をもつと充分研究したいと思ひます。それで三箇月を費しまして来年の一月十五日が新しい裁判所の開廷日でありますが、国際聯盟から少しばかりの金を下さることでありますから、生活には困りませぬから其点は安心であります。それから着物も貰ひます。さうして宣誓を致します。私は斯う申します。何等の国、何等の政府の考に従ひ、若くは聴くことなく、我良心の命ずる所に依つてのみ総ての事件を審査し判決することを誓ひます。是は暗誦して誰も皆同じことを申すのであります。さうして九年間充分に勉強致しまして、さうして総ての事件の判決に就て批判人たる所の私の意見は、他国人のそれに比して遜色ないと云ふことを証明するに努力致します。若し又不幸にして、多年応訴義務承諾不承諾に拘らず、日本関係の重大事件が起りました其時に、日本の主張が是なりと私が判断したときには、私の心の総てと、私の頭の全体とを以て我日本政府の主張を維持し之を説明して、さうして多数を以て私の意見を裁判所の意見と為すことに努めます。不幸にして私の意見が少数で破れた場合に於ては、今申上げた条約上の権利に依つて、私の意見を判決文の後にそれを附加へて公表致します。さうして極く弱い良心上の標象と致します。斯う云ふ訳でありますから此度私が最も尊敬し又崇拝する栗野大使、此栗野大使の御親友で居らつしやる団男爵のことは、栗野男爵より何百遍お聴したか分らぬ位であります。此団男爵の御依頼に依りまして、あなた方の前に立つて私の所感の一端を申上げることは、私は深い感動を以て団男爵閣下に謝意を表します。

終りに臨みまして斯の如き重要なる所の団体、段々是からの日本の運命を拓くの途は、経済の力に依つて平和的政策を正義の上に実行して行くに在ると信じます。此意味に於て斯の如き団体の重要なることは、日を逐ひ年を逐うて益々加はることゝ信じますから、本会の益々隆盛に又健全なる発達を遂げられんことを希望致します。（拍手）

（安達大使不日経米赴欧の為め本文を校閲する事能はず。文責は全然筆記者に在り）

［54］「国際聯盟の発達は健全なりや」　一九三〇年五月九日

国際聯盟の発達は健全なりや

法学博士　安達峰一郎

下記は国際聯盟理事会に於ける帝国全権、安達大使が本協会東京帝大支部に於ける講演の一節である。

私の暮したる十二年半、西欧羅巴に於ける生活は世界東西古今の歴史に見ざる所の最も多事な時でありまして、又人類が嘗て夢想だもしなかつた所の新しい国際組織が起つた時代である。随つて諸種の会議が陸続と行はれまして、其諸種の会議に於て日本帝国よりは常に最も有為なる代表者を送られました。又大戦後日本帝国の経済的其他諸方面に於ける活動発展の結果として観光の邦人、踵を次〔接〕いで来りました。朝夕私の応接したる所の本邦人は皆代表的である。其言ふ所、其有する見識は又私の如き本国に長く帰ることの出来なかつたものに取つては最も貴重なる参考資料でありました。それ故に或意味に於て私は餘りに能く日本帝国の最近十年の進歩を観察して其要領を得ることが出来たのであります。此度帰朝致しまして既に四十日、私の務は成る可く多数の人、多数の友達に遇うて日本の近情を深く又正確に研究しやうと云ふ目的を持つた次第でありますが、矢張私が注意に注意を加へて暮したる十二年半の生活に於て想像し反映したる通りの日本帝国の発達の事情でございますから、此点に付いては私は深く我運命に向つて感謝する次第であり又如何に世界が小さく為つたかを証することと考へます。時間が迫りますから直ちに本論に入ります。

戦前戦後に於ける世界の形勢の大なる差違はどうか。戦前の国際関係は御承知のやうに歴史の証明する通り国別でありました。戦後の関係は団体的であり聯盟的であり、又他の言葉で云へば聯盟の諸会議を以て組織して居ります。それ故にあなた方に〔おかれまして〕社会に御出になつて、殊に海外に活動せられる場合に、直ちに御感じになることは在外各公館それ自体の任務は戦前のそれと一大変化を来しまして、凡そ世界の将来の運命に関するものは殆んど総て其公館の日常の事務を去りまして、大きい世界的の団体即ち国際聯盟に移つたのであります。此点は十分に御理解を遊ばして地方的の仕事を閑却せられざることを要するは無論でありますけれども、正義に基ける平和を確立することを其天職とする所の聯盟の発達に対して最も深甚なる注意を払はんことを希望致します。世の中には未だ今日と雖も戦争は人類の健全なる生活を維持する為めに必然である、又一国の発展の為めに欠くべからざるものであると云ふ論者もありまして、私の耳にも度々聴へますけれども、之は全く誤解の論であつて、正義に基ける平和であれば、凡そ一国をなして居る所の人類の団体が精神的竝に肉体的に衰微すると云ふものは決してないのでありまして、戦争と云ふものは決して将来世の中の発展、人類の発達に必要でないと云ふことを私は確信致します。諸君に於ても蓋し比〔此〕確信は既に御持ちのことゝ存じます。然らば此正義に基ける平和を確立することに関しては聯盟と云ふものに対し十分の研究を遂げ、出来るならば其発達を助長すると云ふことは我々時代の人は勿論なさなければならぬ。我々時代の人は其考を直ちに実行するの位置に殆んど総てあるのであります。併ながら此人類の将来は無窮でありますから、私は最も将来春秋に富んで居る諸君に向つて先づ以て国際聯盟の発達は健全なりや否やと云ふことを申上げて、其終に臨んで私の希望を述べたいと思ふのであります。

聯盟に関する講演竝に著書は既に日本にも沢山ございまして、あなた方は少くとも其一部は既に御研究のことゝ存じますから、之を別段茲に説くことは要しませぬ。唯私の十二年半の中で殊に戦後十年の生活に於て国際聯盟が顕著なる発達を遂げつつあると信じましたる材料として、第一に軍縮の事業のことを御話しやうと思ひます。国際聯盟規約の目的は平和を確立するにある。それには不必要なる陸軍海軍空軍を縮少しなければならない。此事は最も重要なる国際聯盟の任務であります。是迄此事に関して十分なる成功を得ないことは御承知の通りでありますけれども、準備委員会に於て為したる事業は東京に於て刊行になりました諸種の書類に於て明かでありまして、軍縮の事業を研究して之を徹底的に解決するに必要なる方法は立派に示してあります。それに関する条約案に於ても最も正確に最も適切に完成して居ります。北米合衆国が国際聯盟へ正式に加入して居ない結果として一見する所に依れば軍縮の最も重い事業の一である所の海軍縮少は、常に国際聯盟以外の社会に於て為されたと云ふ御感想もございませうけれども、此度倫敦に於て部分的に成功したる此海軍の条約案を御覧になりましても、其倫敦の条約案は国際聯盟が将来に実行すべく誓約して居る所の一般軍備の制限協定の一部をなすものであります。それで現に今日の朝刊の新聞にもあります通り⑪、倫敦条約が其関係諸国に於て批准せられる頃合を見計つて来る十二月三日⑫を期して最初の準備委員会をゼネバに開催すると云ふことを、其委員会の議長ルードン⑬より各国委員に通牒することになつたと云ふのであります。凡て此の如く聯盟に少しも関係なく、寧ろ聯盟を出し抜いてしたやうに見へる事業も、実は聯盟の事業の一部をなすことになるのであります。又唯今山田〔三良〕博士が仰せられましたベルサイユ媾和条約に於て定むることの出来なかつた第一の難件、即ち旧敵国に対する賠償の大問題の解決は此聯盟に関係なく解決されたやうに御感じ遊ばすことゝ思ひますけれども、是又聯盟なかりせば決して斯く解決し得ることは出来なかつたと云ふことを茲に証明しやうと思ひます。成程形式より申しますれば昨年の八月の賠償会議は国際聯盟の招請に依るにあらずして六国政府即ち日本、英吉利、仏蘭西、伊太利、白耳義及び独逸であります。此国々が他の関係諸国を招請して会議を開いたのであります。併ながら其本はセキユリテー、即ち安全を保障して軍縮に入る其楷梯として此会議を開くと云ふことは各招請国の等しく考の底に持つて居つた所であります。第一、一昨年九月十六日のゼネバの決議書なるものは国際聯盟の際に六国の主席全権が集まつて決めたのでありまして、其精神は国際聯盟の会員たる国の中特に此賠償に直接関係を持つものが集まつて之を為して、それが解決が出来たならば国際聯盟の中の仕事である経済委員会軍縮委員会に其結果を告げて、さうして国際聯盟の事業の全部に対して有力なる保障を与へやうと云ふ考へから起つたのであります。然るに此賠償会議は唯今山田博士の仰せられました通り完全なる成功を遂げまして、言葉を換へて申しますれば数千億金貨マルク支払の義務を負う所の独逸に於ても、又英国に於ても仏蘭西に於ても我日本帝国に於ても其他の関係諸国に於ても、殊に欧羅巴の和戦の鍵を握つて居つた中央欧羅巴及び東方欧羅巴の間に十年来蟠つて居る所の大問題も総て此際完全に解決せられました。其仔細を御話を致しますれば、兎角私の御話は長過ぎて困りますから今日は特にそれは省略致します。唯其結論丈けを申して置きます。斯くして「ラインランド」には六月三十一日〔一九三〇年六月三〇日〕を期して外国の一兵も止めざる事になり、又是迄旧敵国が我々旧同盟国に対する債務は政治的であつた、即ち政府と政府との関係になつて居つたものが是れから全く商業化して、言葉を換へて云へば皆証券化して、当り前の会社の証券と同じ性質を法律上持つことになりまして市場に売出さるゝことゝなつた。さうして旧敵国と旧同盟国との債務関係は茲に消滅する次第であります。それに加へて東欧羅巴に戦争が起り、延ひて欧州戦争となり又拡がつて世界大戦ともなり得た所の東方の諸難件も皆解決致しましたから、欧羅巴の平和の基礎は此春以来頓に鞏固となつた次第であります。此形勢に案じて英国首相マクドナルドは海軍縮少会議を倫敦に一月二十一日を期して開催したのであります。丁度好い時機に開催したのであります。マクドナルドは非常に満足して私に向つて其自国の大使を経て極めて満足の意を表し、日本帝国が此問題に付いて極めて公正なる而も熱心なる態度を執つて完全なる成功を見たと云ふことに関して謝辞を述べて参つた。此の如く倫敦会議は最も良い空気の下に開催せられて部分的成功を告げたのであります。それでありますから国際聯盟に取りましては此賠償会議及び軍縮会議の成功は、一段の活力を聯盟に与ふることになりました。

(11)　一九三〇年五月九日の『時事新報』に掲載された「聯盟軍事準備会　招集状出づ」という記事を指すと推察される。同日付けの『東京朝日新聞』にも、短いがほぼ同内容の記事が掲載されている。
(12)　両新聞とも一二月三日ではなく、一一月三日としている。後の記述および資料［56］をも参照。
(13)　John Loudon（1866-1955）.

私は此秋ゼネバに於て開催せらるべき聯盟総会は最も希望に満ちて居る空気の中に開かれんと確信して居ります。さうして九月二十日を期して行ふ所の、先程山田博士の仰せられた国際裁判所の判事の総選挙も行はれます。私が茲に諸君に向つて御話を申上げて出来ることならば尚一層鞏固にしたいと思ひますのは不戦条約のことであります。一昨年出来て昨年に至つて実施になりました不戦条約は、唯空文に止まるものである、何等の効果を実際に及ぼすものでもないと云ふ説も沢山あるのでありますが、私の信ずる所に依りますれば、不戦条約は矢張り活動性を持つて居りまして各国の行動を支配する異常なる力を持つて居ります。現にソビエット露西亜連邦政府が昨年の六七月の更北満州に於て支那の兵隊と衝突した時、露西亜政府に仏国の首相より注意をされた。其時には外面に於て直接の結果はないやうに欧羅巴の人は嘲り笑つて言ふて居りましたが、実際に於きましては露西亜と雖も世界の輿論に憚かるの結果として頗る緩和的の態度を執り其事件の解決に努力したと云ふことは私のあなた方に保証する所であります。露西亜共産主義連邦にしてすら既に然かり、況んや世界の言論を無視せざる所の他の文明諸国に於てをや。此点よりのみ見ても不戦条約の存在は人類の運命に偉大なる所の影響を及ぼしつゝあるのでございます。併し諸君は言はれるでありませう、不戦条約第二条に何等制裁がない、頗る空漠たるものである。第二条に曰く総ての国際紛争は一切之を平和的解決に委ぬべしと書いてある丈けで、平和的処理方法の何物たるをも示さず、又其処理方法に服従せざる国家を如何に処分するかと云ふことに付いて何等の制裁も設けてないではないかと言はれるでありませう。誠に其通りであります。併ながら昨年の聯盟総会、山田博士も其前半期にはゼネバに御滞在であつたと記憶して居りますが、昨年の聯盟総会は聯盟発達への一大期限を画する総会でありまして、別の言葉を以て云へば応訴義務承諾の総会でありました。元来西暦一九二四年の総会に於て仏蘭西のエリオ首相及び英国の首相マクドナルドの発意に依つてゼネバ平和議定書と云ふものが出来た。私が考へても其平和議定書の全体の適用はまだ世界の進運に鑑みて多少早過ぐると信じて居りました。果せるかな英国の保守党の内閣政権を握るや否や直ちに此議定書を葬つてしまひました。形式的に議定書は葬られましたけれども、其精神は常に活動して居りました。（其仔細の説明は時間の関係上之を略しますが）さうして其精神のみならず殆んど総ての仕組がロカルノの条約に移され、又ロカルノの条約と同じやうな性質のものが他の諸方面にも出来る。此傾向は近時頗る顕著なるものであります。斯る内に英国の保守党内閣が倒れまして昨年の六月五日を以て労働党内閣をマクドナルドが組織されました。而して前の内閣に於て内務大臣たりしヘンダーソンが外務大臣となり、マクドナルドは首相のみの任を負うことになりました。其結果として英国の外政即ち英国の平和的の外交政策は一層顕著になつて来た。前には首相マクドナルドは外相兼任であつたので、外交問題に十分に注意を与へる時間と力が少かつた様だつたが、今度は全く同じ主義のヘンダーソンが外相となつて英国の平和主義外交政策の力が一層強くなつた。其結果でありますか、昨年の総会に於てマクドナルド、ヘンダーソンの主張に依つて応訴義務を英国其他英国のドミニオンスに之を認められることになり、独逸は数年前より已に之を認めて居り、次いで仏蘭西それから伊太利。此伊太利の態度は如何であらうかと云ふことは実に我々は非常に注意を払つて観察して居りました。何ぜならば伊太利は少くとも国際聯盟には完全なる同情を持つて居ないやうに見へて居つた。殊に今の伊太利首相の政権を握つた始めに行つた「コルフー」砲撃の如きは、国際聯盟に対する破壊的の爆弾であると迄称せられて居る。其後と雖も国際聯盟の正式なる発達、正式なる仕組に対しては餘り好ましからぬ態度に立つと看做されて居りましたから、此の応訴義務の如き非常に大きい問題に対しては伊太利こそ必らず之に加入しないに相違ないと一同信じて居つたのであります。然るに九月二十三日の午前十時伊太利の首席全権シヤローヤーは発言を求めて一の宣言を為しまして、「本官は唯今本国政府の命に依つて世界裁判所に対する応訴義務を認むる所の帳簿に署名して参りました」といつて、其説明書を朗読致しました時には、私共は私共の耳を信じない位でございました。近時伊太利の発展は勿論国力を本にする所の平和である。他力に依らざる平和を希望するのでありますけれども、世運進歩の結果として世界最大多数の輿論を無視することの最も不得策なることを悟りまして以来凡て国際聯盟に十分の賛助を為し之に協力することに努めて居ります。其思想の百尺竿頭一歩を進めたる「クライマックス」的行動として、昨年九月二十三日応訴義務を認めたのでありませう。それと同時に又御承知の通り裁判所の規定を改正して来る九月二十日を以て十五人の判事の総選挙をゼネバに於て行うことになつたのであります。此事に関しては世界と我等と云ふ小パンフレットに石井〔菊次郎〕枢密顧問官の御意見が載つて居ります。(14) 極めて要領を得て居ります。又去る四日時事新報の社説に載つて居る応訴義務を速に承諾すべしと云ふ論説(15)も頗る参考の価値がありまして、私が茲に御話する代りにあなた方に向つて熱心に此二つのものを御読みになることを御願申上げます。

不戦条約実施の結果として総ての国際紛争事件は其政治的にして国交断絶の恐れあるものは、一方の国の単独の意志を以て国際聯盟理事会に其処理を託することが出来、其他の総ての法律的紛争、名前は法律的でありますが、其範囲は極めて広いものであります。例へば条約の解釈、之は簡単明瞭軽微のやうに感じますけれども、其適用に至つては実に広いものであります。国際法上の諸点、其方は我日本帝国の全く今日の話題に上る筈はありませぬから省略致しますが、此種の紛議は総て之を裁判所の処理に任せると云ふ精神を以て昨年の九月十月に亘つて諸国の政府は皆宣言して世界に誓約した。聯盟理事会常任国中唯一つ日本のみ未だ之を為して居らぬ。其状態の下に九月二十日に選挙が行はれるのでありますから、其候補者と云ふよりも其候補の属して居る国の政府間の競争は頗る激烈でありまして、其結果に付いては其関係者は最も懸念の考を以て恐れて見て居る次第であります。一昨年海牙で一人の選挙の時其候補として米国の法曹界の大家にして又政界の第一人たるチヤーレス、ヒユースが立つたる際に於て、非常に其結果を気遣つて米国政府は非常なる尽力をして之を当選せしめたと云ふことがありました。兎に角此事件と日本の関係は事体私の一身上にも亘りますから茲に御話は致しませぬが、不戦条約の実施に付いて定められたる裁判所の判事の総選挙と云ふ此事件は来る九月の聯盟総会の骨子であります。何ぜならば軍縮の事業は来る聯盟総会には論じられませぬ。軍縮の準備委員会は来る十一月の三日に至つて始めて開かれますから之は明年の総会の問題であります。今年は判事の総選挙に付いて好い成績を得やうと云ふのが五十六ケ国の政府の等しく希望する所であります。

右申しました通り軍縮と云ひ賠償と云ひ其他社会的経済財政的又或は何と申しますか、ヒユーマニテーに関する総ての設備、皆国際聯盟を中心として世界に活動して居るのであります。之は無理はない。瑞西と日本との間を御考へになると大変に遠いやうに御考へになるかも知れませぬが之は非常に近いのであります。昨年日本へ参りましたツエペリンが直ちに彼の国に帰りまして、殆んど十日か二週間で世界を一週して廻つた。西比利亜鉄道ばかりを考へても亦然かり。私は毎日倫敦ブラッセル巴里或はゼネバ辺より十五日若くは十六日目で正確に印刷物も郵便物も届きます。之を私が明治十七年の春山形から雪を冒して笈を負うて峠を越へて、十三日目に一生懸命に東京の神田猿楽町の下宿屋に着いた其時のことを考へますると、山形と云ふ所は東京からさう遠い所ではない。其山形と東京の距離と殆んど瑞西と日本と同じである。況んや私が今から四年ばかり前にゼネバから放送したる簡単なる言葉は、其当時東京に於て聴かれたと云ふことであります。私は巴里に於て常に器械を持つて居りまして、時を定めて東京で活躍して居る東京の政治家又は演芸人の声を聴いて向うで分つて居る。之は将来世界に行はれる。然らば即ち世界は甚だしく狭くなつた。私が青年の時代に考へた日本の半分位になつたと言ふても宜いと思ひます。さうして其小い世界に国際聯盟が起つたと云ふことは実に其時代の要求であつたのであります。百年前に於ては此思想を嘲けるものがあつたか知れませぬ。併ながら大戦が終つて世界の交通大に進歩発達したる今日、大戦の後に世界の天才ウヰルソン大統領が活動したことは決して空想ではなく全く時代の要求に応じたのであります。それでありますからどう考へて見ても国際聯盟と云ふものは空漠たるものではない。ナポレオン一世の永きに亘たる戦後にホーリーアライヤンスと云ふて国際聯盟のやうなものを造つた。其時の組織は十二三年に止まつた。それ故に此国際聯盟も必らず数年で滅亡するだらう、斯う申しました者も少くない。それは大間違ひ。国際聯盟と其時のホーリーアライヤンスとは全く根本的に違つて居ることは御承知の通りであります。思想に於て然かり、殊に其機関に於て全然異なつて居る。ホーリーアライアンス《ママ》では何等永続的の機関を備へませんでした。然るに国際聯盟は健全にして殆んど完全に近い常設事務局を持つて居ります。而して各国の最も優れたる人を選んで其機関を動かして居る。其人の為す仕事の重大にして真面目にして且つ敏活なることは私の十年の経験に照しましても実

(14)　石井菊次郎「聯盟十年」『世界と我等』五巻五号（一九三〇年五月）二一〇―二一五頁。
(15)　一九三〇年五月二日の『時事新報』に掲載された「速に応訴義務を受諾す可し」という社説を指すとみられる。

に驚くべきものであつて、あなた方の到底想像にも及ばない位であります。此機関が完全に時代の要求に応じて居りますから国際聯盟の存在の必要は勿論、其発達も又健全に行くべき筈である。又今日迄も健全であります。尤も十年の歳月を経て而かも軍縮の事業を完成すること能はざるは、即ち国際聯盟の破産であると唱へる人もあるかも知れませぬけれども、五十六ケ国、それに数国を加へて六十ケ国位の世界の国々を包容する所の大機関が、たつた十年で其大目的、其標榜する永遠崇高なる目的を完成することが出来ないと云ふことを以て直ちに其破産を宣告すると云ふことは、全く無理であつて非常に暴虐な考へであります。それ故に私は諸君に保証致します。国際聯盟は時代の要求に応じて居るものであり又健全なる発達を為しつゝあるものでありまして、又日本の見地のみより之を考へてもあなた方は私と同じく必らず戦争を以て国の必要なる仕事として侵略的の考を以て国策を樹てんとなさるものではないに違ひない。それは全く不利なることであり不正なることである。平和的発展、而かも正義に基ける平和と云ふことを常に忘れてはなりませぬが、正義に基ける、正義を国体の根本義とする此日本国に取つては国際聯盟は最も必要であり又最も有利なる機関であります。此機関の前に立てば如何なる強大国と雖も自分の全然利己的の議論を貫徹することは出来ない。それは如何なる帝王、如何なる政治家を国内に持つて居る国と雖も聯盟に向つて言ふ所の言葉、為す所の行は必らず違つてはならぬのでありますから、それは如何なる国の単独なるチラニー、専権に対して最も強くそれを押へる機関であります。

或は恐る、国際聯盟は国際協調を主眼と致しますから愛国心の麻痺を醸して独立国の将来を危くするのではないかと云ふ懸念を私に対して述べた方もございました。それは全く誤解である。国際聯盟は人類を個人的に集めたのではない。例へば階級戦争を主義とする所の或る結合組織のやうなものではない。矢張り人類の自然的に集まつた歴史を持つて国をなして居る、即ち普通に国を称するもの、それを一の単位として組織したる大きな機関団体であります。愛国心は国際聯盟の寧ろ必要なる点であります。愛国心に富んで居る人民よりのみ成つて居る独立の数多の国家が集まつて互に己れの専権を抑へ自分の正義と信ずる所の思想を飽までも之を重んじ、而かも止むを得ざる場合には多数の意見を尊重すると云ふ団体的の徳義心を持つと云ふのが国際聯盟の本旨でありますから、決して愛国心を銷磨すべき性質のものではない。反対に国際聯盟の創立者及び今日重もなる指導者の考は、各聯盟会員国民の愛国心が適当に発達して万一誤つて他の国から侵略的の攻撃を受けても、自分の力のみを以て容易く之を排撃することが出来る国家のみを以て組織することを国家の聯盟の主義とし、国際聯盟に関係ある重もなる政治家の希望となつて居ります。簡単に申上げますれば国際聯盟の発達を健全にする為めには、一方に於ては各国内の極く善良なる愛国心を養成しまして、善良とは不良に対する言葉で、詰り適当にして穏健なる愛国心を養成発達せしめて其泰然として何人を恐れざる態度を以て五十六ケ国が協同和衷して天下の平和を図らうと云ふのであります。日本は極東の島に国をなしまして世間交通の非常なる発達に拘はらず、動もすれば世界潮流の中心を去るやうになります。唯五十分の時間を以て渡ることの出来る海峡の向うにある英国ですら常に然かり。日本は世界活動の中心である欧羅巴を去ること英国が大陸を去るの比にあらず。欧羅巴と日本と分つものは露西亜と云ふ尨大なる、及び支那と云ふ等しく尨大なる団体であります。それ故に世界活動の中心たる西欧羅巴の現状に遠ざかる傾きのあることは止むを得ないことであります。それ故に私はあなた方青年諸君に殊に熱心に御願致します。日本の新聞は、兎に角其新聞の顧客の多数、大多数の興味を持つことを書くことを必要と致しますから、日本将来の運命に非常なる影響を有する問題でさへ閑却する傾きがあります。特に説明する迄もございませぬが、百二十万の顧客、講読者、其中の先づ一万人位は日本国家の将来に関係のある問題に深甚なる注意を払ひませう。併ながら他の百十一〔百十九？〕万の読者はそれよりは寧ろデストラクシヨン若くは一時的センセーシヨンを惹起すことを主とする、一寸面白いと感ずる記事に注意を払ひませう。如何なる新聞と雖も此必要に適従するのは止むを得ざることでありませう。仏蘭西の或る二三大新聞の如きは其財力豊富にして其読者の種類も極つて居りますから、凡て本当に仏国及び世界に関係の深き事件及び論説などを主として載せる餘裕がありますけれども、其他の新聞は皆さうでありませぬ。又例へば英国のタイムスの如き、其道の人から申しますと、十数年来特に其品位が下つたと申しますけれども、私共の目から見ると今日も尚非常に尊敬すべき言論機関であります。如何なるセンセーシヨナルな事柄でも皆同じ文字を以て書いてあり、又如何なる遠い所の事情、日本でも満州でも南亜米利加のことでも皆同じやうな真面目さと、同じやうな正確さを以て書いてあるのであります。所が今度日本の方へ参りまして朝刊夕刊総て先きに申上げた傾きを持つて居るのは止むを得ないと思ひます。それでありますからあなた方は此日本の将来を支配すべきのみならず、又其餘力を以て国際聯盟の方法に依つて正義に基ける世界の平和を確立すると云ふ抱負を持つて居らつしやいますならば、今申上げた潮流に逆行せられて朝夕東京二百万の人を喜ばしむるやうな記事のみに興味を持たれず、寧ろ其他帝国の将来殊に我民族の将来に関係ある事件及び世界活動の中心に近時なつて居る所の国際聯盟の事件等に、最も深甚なる注意を払はれんことを特に望みます。

[55]「安達大使の演説」一九三〇年五月一六日

安達大使の演説

〔昭和五年五月十六日　第十回国際聯盟協会通常総会に於て〕

今日聯盟協会の本部に参り、総会の御討議の実際を拝聴し、如何に真面目に、如何に慎重に世界の大問題を御考慮せらるゝかを見、私は非常に感動を起こしました。

国際聯盟の事業の実際は既に貴方がたが私よりもより良く御承知のことであります。それは決して嘘ではない。私共任地にありて、諸種の会議に出席し、その会議に於ける日本全権部の目的を達成することに全力を注ぎ、終るや否や、直ちに任地に帰りますと、その任地に於ては地方的の事務が沢山滞り待つて居ります。そこで全体をよく観察して、之に付て概念を得ることが頗るむづかしくなつてゐる時に、恰も当協会の綜括的の報告、その印刷物が参つて、却つてそれに依つて概念を得たことが度々あつたのであります。私は右の様な当協会に参りまして講演をすることは仲々むづかしいことであることを自白致します。それで約三十分の間聯盟の事業に付て、寧ろ外形でない、事実に現れてゐない、精神的の経路を遻つて、聯盟に対する信念を申上げたいと思ひます。

戦前と戦後の外交事件処理の上に於て一大変化を来したことは御承知の通りで、三十八年以上外務の官吏とし、約二十五年間欧米に在任して居つた私に取つては殊に深く感ぜられます。戦前に於きましては外交は殆ど国別的でありまして、甲の国と乙の国とが外交事件を処理する、これが原則であつたのが、大戦の後、米国の故大統領ウイルソン君の時勢に適合したる天才的の創意の結果、世界の平和を具体的にまた実行的に組織する国際聯盟が出来、単に直接に平和を維持する方法を講ずるのみならず、其他諸種の世界的大問題をも殆ど皆此団体に於て扱ふことになりました。それで協会の報告にも御座います通り、戦後聯盟の勧誘に依り若しくは其保護の下に出来ました国際協約、協定は算へ切れない程沢山あるのであります。戦前は数十年にして漸々締結し得たる諸種の協約が聯盟に依つて極めて迅速に完成せられてゐるのであります。是は私は戦前と戦後を欧羅巴に居りまして殆ど不思議に感じた位であります。国際聯盟の理事会といふものゝ如何に重要であるかは、既に石井〔菊次郎〕子爵が諸方に於てお話になりまして、殊に昨年の六月は、私の故郷山形にまでお出になりまして公衆に対して御説明になつたのであります。

国際聯盟は総会と理事会との二つより成つて居る。総会は言論の趨勢を指導する所の機関、其理事会はその潮流に乗じて実際的の執行方法を探すので極めて少数より成る団体であり、言葉を換へて申上げますれば、此世界を治める団体であります。更に言葉を換へて申上げますれば天下の治者であります。然るに天祐とも私が信ずる事情の下に、日本帝国は常任理事国の一つとなつて居ります。日本は此の常任理事国として聯盟の機務にたづさはり又其他の諸種の国際会議にも大黒柱の地位を占めつゝ出席してゐるといふことの経緯の詳しいこと、又内密のことは、何れ後世の歴史が之を発表するの機会があらうと思ひます。私も充分に材料を懐ろに持つて居ります。内議を側聞したる親友故佐分利〔貞男〕君の世を去られた後は、或は私の持つてゐる材料も不完全かも知れません。兎に角にも天下の治者たる小さい理事会に日本が永久的に代表せらるゝといふこと、是は私は天祐の一種と心得て、我が国運の将来に対して深く満足し又さうしてくれた人々に感謝の念を持つて居ります。（しかし今より十年前に常設国際司法裁判所の規程を起草するに当りましては私に於て尽力したに拘らず目的を達しなかつた。或は理事会に於て大きな力を持つてさへゐれば裁判所の方はさうならなくても宜いと思はるゝかも知れませんが、兎に角是は頗る遺憾の点であります。併し又純理論から申しますと、裁判所に於て理事会に於けるが如く、日本帝国は当然一席を占めることを主張することは正当ならぬことかも知れません。）

此理事会の極く最初に於きましては、私の先輩松井〔慶四郎〕大使が帝国を代表せられまして約一年間理事会の事務を預り、日本の位置を鞏固にすることに努められました。その次に石井〔菊次郎〕大使は七年半餘の長きに亘りまして帝国の全権として諸種の公の会議に於て又内密の小さい会議にも総て参列して苦心経営せられ、又種々の方法手段を尽されまして、此数年以来日本帝国の聯盟総会、理事会及諸種会議に於ける地盤は頗る鞏固であり、日本の座席に座つてゐる全権の言動は各国の最も尊重し最も傾聴する所となつて来ました。それから又近年は最も有能にして人格高き佐藤〔尚武〕局長あり、又杉村〔陽太郎〕公使は何等日本政府の代表たる資格はありませんけれども、日本人として国際聯盟の本部に於て政治部長として最も重要なる位置を占められ、内部、外部に於て非常な困難あるに拘らず、常に首尾克く之を進行せられ、最も正当に其任務を遂行せらるゝと共に、日本の位置を益々向上せられつゝあります。

それで最近になりまして、殊に三年前独逸共和国が聯盟に這入りましては聯盟理事会の権威と実力とが頓に加へられました。聯盟理事会に於ても、又総会に於ても、ジエネバ〔ジュネーヴ〕より一週間や十日位かゝる処に在る国々からは、殆ど全部常にその国の責任ある首相若くは外務大臣が、代表として集つて参ります。其結果と致しまして、聯盟総会、殊に聯盟理事会は大いに其の重みを加へまして、世界の大きな問題は皆此聯盟に集中して居ります。例へば軍縮の大事業＝これは平和を維持することが重要なる目的であります。ヴェルサイユ平和条約の百五十九条に掲げてある所に依りまして、独逸共和国に向つて大いに減兵を課しまして、又他の一方に於ては安全を各国に与ふべく減兵若くは軍備制限といふ大事業を完成することに非常に努力して居ります。併しながら御承知の通りまだ此大事業は緒に着いたばかりで、此問題を実行する手段方法に付ては協議を遂げましたけれども、まだ完全なる各国の兵員の制限縮小といふ、其具体的の数字に付てはまだ妥協に達して居らぬことは御承知の通りであります。海軍縮小問題に付ては今を去ること三年前、石井大使、及び斎藤〔実〕総督が日本を代表せられ、ジエネバに於きまして会議を開きました時、米国の代表ギブソンは海縮の問題は聯盟より離れ、若くは無干渉のものではない、聯盟の大事業の一部を成すものであると明言せられました。今度のロンドン海縮会議も亦然りであります。此ロンドン会議に於て、部分的成功……即ち完全なる競争を止めたものとは思ひませんから部分的成功と申しますが、是が動機となりまして、軍縮の大事業、陸軍、海軍縮小の大事業は、一段の進歩を致し、昭和六年は、必ず軍縮の事業に向つて、最も喜ぶべき、又最も注意すべき現象を呈するに違ひないと信じます。是が即ち世界の大問題は皆此聯盟に集中すと私が結論する所の第一の証拠であります。

第二の証拠は旧敵国に対する賠償の大問題の解決であります。結論から申上げますればジエネバなければヘーグなし、ヘーグの会議はジエネバの結果に違ひない。そうして又々ジエネバに戻つて行く。其証明を致します。一昨年の九月聯盟総会開催の際、各国の首相若くは代表がジエネバに集つたのを機会と致しまして、此前ヴェルサイユ条約で解決することが出来なかつた殆ど唯一つの大難題を、ライン地域撤兵の問題と牽連して解決をしやうといふ話が一週間に亘つて独仏責任者の間に内々行はれてました。略々可能性のあることを認めまして、他の主なる諸国の首席全権を招いて突如として会議を催し、四回の難渋なる内議を経て賠償問題及びライン撤兵の政治問題を公然たる大会議を開いて決めやう、其前に賠償の問題に付ては主要国の専門の大家を集めて、其意見を徴しやうといふので、昨年の二月より六月に亘り、満四ヶ月間の専門家の会議がパリーに於て行はれまして、世の中に一般に知られて居るヤング案が成立致しました。此賠償の問題に付きましても若しも聯盟といふ機関がなければ、各国の首相兼外相若くは首相又は海相が会合してその総会若くは理事会に於ける日程以外の大問題を論ずる機会はないのであります。然るに此聯盟それ自体の重要性が大いに変つた結果として、各国の政府の主要責任者が常に集るといふことから、以前ならば十数年間も大使を経て意見を交換しても、少しも進まなかつたであらう問題が迅速に進むやうになつたのであります。それから日本の側から申しますと、日本は先程申上げた殆ど天祐的の事情に依りまして、聯盟理事会の永久的理事となつてゐる結果として、今申上げたやうな極めて重要な会合にも、直ちに一時間若くは二時間の中に招集せられ、それに赴く機会もあるのであります。ポアンカレー氏の如き聯盟の事業に直接携らず、仏国の中に居つてのみ仕事をされる方も、昨年の末頃より、聯盟の事業の深く各国の運命に影響を及ぼすことを信ずるに至りました。又私と致しましては固より聯盟は益々盛況に赴くことを充分に認めて居ります。単に其副産物よりのみ考へて見ましても、聯盟の存在、発達が、天下の平和の為、世界の正義の為に最も貴重なことであると信じます。又過去殆ど十年に亘りまして賠償委員会に於ける日本の位置はヴェルサイユ条約の規定の結果として頗る不利益な、寧ろ不正な位置に在つたに拘らず、此度へーグ会議に於ては英仏と全く同じく招集団の一人となつて他の諸国を招請し大会議の成功の責任を負ふことになり、又其結果に付ても、又其取分に付ても総て、例へば国際決済銀行其他是等殆ど九十年間に亘る大きな世界の金融機関に携ることに付ても、全く英仏と同様な位置に立つことが出来る機会を得たのは、是れ偏に国際聯盟の理事会に於て永久的の座席を持つてゐる結果であります。それですからジエネバなければへーグなし、又日本が賠償会議に招集国の一人として参加する機会もなかつたのでありませう。それでありますから斯くの如き聯盟に直接関係のないやうに見える問題でも、皆聯盟の機関に依つて支配されることになり、又賠償の協定は各国に於ての批准を遂げ、それを聯盟に登録することになつて居ります。

次に此賠償問題に付きまして又聯盟総会との関係を申しますれば、賠償の問題が独逸に関する限り昨年の八月二十八日を以て仮りに解決せられた。それより一週間の後聯盟総会が開催せられました。その空気は極めて良好であり、其人心の緩和したるに乗じ英国の労働党の新内閣は世界裁判所に対する応訴義務の大問題に付て直ちに態度を定めて他国を卒〔率〕ゐ得たのであります。それから又一月の賠償会議は対独賠償残務協定竝に東欧諸国に対する賠償問題に関するものであります。さういふ大体に於ては常に聯盟の洗練せる機関を利用いたします。例へば十年前に於ては一ヶ月以上も掛つた仕事は一日で纏る。又総て筆記、通訳、其他の方法からばかり申しましても、殆ど奇蹟的の完全さに達してゐる。一月の賠償会議は殊に混雑したのでありまして、徹夜致しましたのも一再に止りません。併しながら聯盟本部の機関を利用しまして驚くべく迅速に纏まり、予定の期日にロンドン会議を開き得ました。

次に右の諸会議の下に於ける日本の立場を唯、精神的に申上げます。今日の処日本は聯盟理事会にお世話になることはないやうです。アジアの東方の国としまして聯盟の理事会のお世話に依つて処分しなければならぬ問題は当分無いやうです。差当り今暫くは欧州各国の紛争を解決するといふことが蓋し聯盟理事会の運命でありませう。で日本全権の理事会に於ける立場は割合に公平を行ふことが出来ます。又他各国も左様信じて居ります。欧羅巴人の解決することが到底出来ない……而かも解決しなければ平和の破れる虞れがある大問題に付て、日本代表の協力を求めることが自然の趨勢であります。欧羅巴大戦の直き後、また〳〵世界大戦となるかも知れぬと非常に懸念してゐた。ポーランドと独逸との境界の問題、上部シレジヤの如きも貴方がたは無論御記憶でありませう。石井全権は理事会の議長とし又其間に所謂スモール・コンミツチシヨン(16)の運転を図られて、私の眼から見れば最も公平な判決、解決を与へられまして、今の国境を決めたのです。その当時は独逸国民は理事会の決定はポーランドに贔屓に過ぎて独逸の権利と利益を充分に承認しないといふ論者数多あつたさうでありますが、今日に至りますと、その他に解決の方法がなかつたので、やはりあれが唯一の解決法であつたことを認めて居ります。私は石井大使の後を承け、向こうに居り、近年殊に独逸の各種の政治家に接触する機会が多くなつたが、私は彼等より之を聞いて喜んで居ります。即ち是と信ずることは飽くまで勇気を以て断行する。かくすれば必ず数年若くは十年を経て各国から普ねく感謝の念を以て認められるものであると深く信じて居ります。次に大戦後欧羅巴に於て最も心配してゐる問題は少数民族の難件であります。日本は今日のところ幸に斯くの如き厄介なる問題を持つて居りませんから、理事会のお世話になることは決してありませんが、欧羅巴の或る国々に取つては殆ど国家の存亡、民族死活の問題であります。其問題に付きましてもやはり公平で、親切に研究し、明快に裁断してくれる責任者が欲しいので、先年、日本の全権に頼んで参りました。私は其困難の絶大なるを知り、非常に迷惑なことではありましたけれども、要するに正しいことを正しとする根本的な観念を以て、紛争事件を深く研究したる上公平に判断すれば遂にその正しきことが双方の国々より認めらるゝに違ひないといふ確信を以て常に此難役を引受けて居ります。爾来、日本全権部に於ては、少数民族に関する多数の紛争を解決するの重責を担ひ、微力なる私を補助し、総て

(16)　一九二一年八月二九日に設置された「調査委員会（investigatory committee）」を指すと推察される。この委員会については、石井菊次郎『外交餘録』（岩波書店、一九三〇年）一八八―一八九頁をも参照。

の事件に対し常に正義の観念に合ふやうに公平に双方の主張に深き同情を以て研究して、飽くまで曲を曲とし、是を是とする決意を以て、此総ての事件を裁くべく方針を定め、着々実行しつゝありますが、何方よりも怨嗟の声を聞かざるのみか、寧ろ各当事国より感謝悦服の詞を受けて居ります。殊に最後の理事会、即ち去る一月の会合に於きましては、十数個の少数民族の難題が、独逸とポーランドの間に蟠つて居りましたが、其諸問題は、私の眼に映じたる所、大体ポーランドに不利、即ちポーランドの主張は私の提議に基き、遂に理事会より排斥されたのであります。その結果はどうであるか、提議者たる私も懸念して居りました。是を是とし、否を否とする、何等疚しいことはないが、政治上の結果はどうでありましたらうか。去る二月中旬欧州を去りて帰朝の旅を急ぎ乍らも時々念頭に懸つて居ました。然るに当地に於て先日或る先輩のお話を承りますれば、在東京のポーランド公使は、日本全権の為めに過般の事件には負けたけれども其の審査の方法が極めて公平であり、深き同情を以て飽くまで研究してくれた結果だと信ずるから、ポーランドの人民は皆悦服して居りますとのことです。それだから如何に難かしい事件でも、頼まれゝば之を引受け、正義の観念を本とし、終始公平な態度を執つて事件そのものを深く又細かく研究して明白なる結論に達し、之を行ふに当たつては決して躊躇しないなれば必ず敗北国にも承認せらるゝに違ひないと信じて居ります。何卒私が此十二年間の経験に依つて深く信じるに至りたる真理を貴方がたの真理とせられ、是を是とし、非を非として公平に如何なる難問題でも之を引受け之を裁き、さうして国際聯盟の発達に努め世界の平和に貢献せらるゝやう願ひます。世の中には右の如く欧米各国間の紛争に関係することが何か日本の為めになるか、又そんなハイカラな仕事は馬鹿々々しいではないか、幾ら儲かるのか、といふ風に思はれる方があるかも知れませんが、それに付てはチェンバレン〔Sir Austin Chamberlain〕が英吉利の衆議院に於て過般応酬せられたる言葉があります。「英吉利は欧米の大事件、むづかしい事件の審査報告者として労してゐるが、何の徳があるかと問はるれば、それには直接の利益は何んにもない、と答へる。併し斯くの如くしてグレート・ブリテーンは精神的のインフルエンスを世界の上に高めるのである。是は大英国の外交上の伝統的精神ではないか」と。そこで全院拍手喝采、是に賛同しました。日本は極東に偏在し兎角世界の大潮流に乗ずるの機会を失ふ。それでサー・オウスチンの陳べた言葉に全く似てゐないかも知れぬが、我が帝国が天下の永久的治者の一員たる以上は、其責任を充分に分ち、世界の難問題の委託を受けた時は断固として之を引受け、飽くまで公平に適当なる判断を以て解決するの決意を固めたいものと考へます。そうして此責任の実行は決して単にそれきりで終るものではない。隠〔陰〕徳あれば陽徳ありといふ東洋の諺の通り、何れ必ずやその努力は日本将来の国運に対して遠大なる影響があると信じます。

次に渋沢〔栄一〕子爵(17)の前に特に申上げたいと思ひます。此国際法院に対する応訴義務の問題に付きましては今最も私として愉快な出来事に際会して居ります。本協会の如き数字的には英国のそれにかなはないやうに思ひますけれども、其実質に付ては、私は度々英吉利に行つて其本部を見て、彼の雑駁な組織と比較して、本協会の方が真面目であり、又より良く組織されてゐると思ひます。殊に本協会に於きまして不戦条約の精神、其実施の当然の帰結たる応訴義務の問題に付て、先刻満場一致を以て決議せられたことは(18)私のたつた二ヶ月半の滞京中最も愉快と感じ、又最も本協会の為に慶賀する次第であり、世界の平和的組織上より看るも非常に感謝する所であります。

毎年の聯盟総会は必ず或る顕著なる一つの事実を現はしてゐます。例へば、一九二四年の総会はジエネバ平和議定書の総会でありました。その前は常設国際司法裁判所の出来た第一総会、昨年は応訴義務総会であり、今秋の総会は国際判事総選挙の総会であります。昨年は日本を除く他の大国は勿論其他の諸国は実に響きに声の応ずるが如く賛同しました。今年の九月の総会は応訴義務が殆ど総ての国より認めた状態に於て開かるゝのでありまして、先刻全会一致を以て

(17)　この講演の約半月後の六月一日に、安達は渋沢栄一の住まい（飛鳥山邸）を訪問している。『渋沢栄一伝記資料　別巻第二（日記大正四年—昭和五年、集会日時通知表）』（竜門社、一九六六年）七七一頁。

(18)　「常設国際司法裁判所応訴義務受諾に関する決議」は以下に掲げる通りである。「……独逸は一九二六年既に右応訴義務を受諾し昨年の連盟総会以来、英仏伊其他続々該裁判所の応訴義務を認めた結果、今日に於ては、連盟の常任理事国にして、此の義務を認めざるもの独り我国あるのみとなって居る。故に吾人は茲に前年の要望を繰り返すと共に、吾人の要望を達成せんが為め、我が政府に於て、速かに適当の方途を講ぜられんことを希望するものである」。『国際知識』第一〇巻六号（一九三〇年六月）六頁。

為された決議ある以上、仮令来る九月二十日の国際法廷裁判官総選挙までに応訴義務承諾の一件は未だ日本帝国の法律的、徹底的、確定的の意思となつて現れて居ないにしても、右の決議は良好なる影響を及ぼすことゝ想像せられます。応訴義務不承諾の為めに本邦候補者の運命が危殆に傾きつゝある実況は、餘りに私の身上に関しますから沈黙を守りたいと思ひます。

諸君、世界の大問題は益々国際聯盟の総会、殊に理事会に集中しつゝあります。而して日本は天祐的にも其理事会に永久的の座席を持つてゐる。其責任は極めて重大なるものである。遠い所のことでありますから、日本一般の公衆は眼前の急務に追はれ未だ此実際的の真理を了解せられてゐないように感ずるのは私の誠に遺憾とするところでありますが、本協会の事業益々進捗発展し、能く我が国論を指導せられますならば、必ずや日本は総ての世界的問題に付ても永久的治者たるの実を挙げて、金甌無欠の日本帝国の聖天子の御稜威を真に世界に感ぜしめることが出来るやうになる。その点からのみ考へましても、本協会の責任は極めて重大なるものであり、私は本協会の発達を熱誠に祝福いたし、且今日私の実験に基いた精神的確信の一端を述べることをお許し下さつた会長渋沢子爵に対して深き感謝の意を表明致します。

（拍手）

[56]「国際聯盟の現状と常設国際裁判所判事の来秋総選挙」　一九三〇年五月一七日

貴族院定例午餐会講演集
第四十一
昭和五年五月十七日
於貴族院予算委員室
特命全権大使

安達峰一郎君講演
国際聯盟の現状と常設国際裁判所判事の来秋総選挙

一、本講演速記は昭和五年五月十七日貴族院内に於て開催したる貴族院定例午餐会の際特命全権大使安達峰一郎君が貴族院議員の為に講演せられたるものにして、同君の許諾を得て印刷に附し議員に配付するものなり。
一、本講演速記は講演者安達大使欧州に出発の為同大使の校閲を経る暇なかりしに付誤謬なきを保し難し。

国際聯盟の現状と常設国際裁判所判事の来秋総選挙

特命全権大使　安達峰一郎君

今より約十日前に長〔世吉〕書記官を経まして徳川〔家達〕公爵閣下より何か久振りで帰つたに付て有益なる御話をせよと云ふ仰せがありましたが、私としては非常に感動し又大に何と申しますか躊躇いたしました。併ながら十年以上に亘る私の西欧滞在中最も強く感じたことを徳川公爵の仰せに依て御話することは、私の職務上の義務と心得まして今日参りました次第でございます。既に一時半にもなりますから成るべく四十分、五十分の間に私の考を申上げたいと思ひます。

一般感想の概括的結論を申上げる前に特に御披露せぬければならぬことは、曽我子爵の親友若くは被保護者でありま す、言葉を換へて申しますれば曽我子爵を一生の大恩人と考へて居る所の仏国の大政治家の一人ルシエール君[19]が一昨年以来種々画策して、日仏議員団と云ふ永久的の団体を組織したことであります。曽我子爵が一昨年仏蘭西を去られた後、私の念頭に此問題は常に強く浮んで居りました。併ながら永久的性質を持たざる所の団体を作ることは却て有害であら

(19)　資料［53］のルシュールを指すとみられる。

うと云ふことも考へ、又一党派或は数党派に偏する団体を作ることは両国の為にもならないと云ふ感じもありました。会ふ度毎に此二つの心配を述べました。**ルシエール**君は戦争中**クレマンソー**の右の腕として国家に対して殊勲を樹て、其後は又欧羅巴延いては世界の平和、殊に仏独両国の親善の必要を痛感いたしまして、世の中はまだ進まない十年の昔に於て彼の暗殺せられた**ラテナヲ**と手を握つて今日の仏独親善の端緒を開いた人であります。歴代の内閣に殆ど常に枢要なる位置を占め、又仏国の外国に於ける全権団に於て殆ど常に最も有力なる全権の一人となつて居ります。それで能く曽我子爵並に私共の考及び心配を解つて呉れまして、此団体を作ることには二年の餘も掛りましたが、丁度私が取るものも取敢へず巴里を去つて日本に向ふ前々日に其開会を致しました。私は不幸にして其会議の諸報道を持つて帰りませぬでしたけれども、電報を以て取寄せて徳川公爵閣下の、本邦を去られる前にそれを差上げたいと思つて居ります。要するに上下両院の各政治上の色彩を能く代表して且つ日本に付て空論的にあらず、文学的にあらず、根本的に友情的の関係を持ちたいと云ふ信念、それを又最大多数は常に持つて居る所の人達でありまして、内閣に列したることが経歴の一つであるならば、其最大多数は既に内閣に列した人であります。此事は何卒議長閣下に於かせられましても御記憶遊ばされて、私の差上げます**レポート**を御携帯に相成り、仏国に御着の後は**ルシエール**君と御話になりまして、尚此**グループ**の鞏固になり、永久的の性質を以て、日仏親善に最も大事なる又最も活動的である連鎖となるやうに御力を尽されむことを希望いたします。次には一般私の感想の御話になります。之を大体三つに分つて御話をしやうと思ひます。

第一は私の外務省の吏員としての経歴は既に久しく戦前に於ても永く外交の任務を負ふたことがあります。然るに戦前、戦後外交事件処理方法の根本の大変化は、戦前のそれは国別的であつて、戦後の処理方法は一般的会議である。例へば万国議院商事会議、万国議院同盟会議の如きも、戦前は名義上ありましたけれども、其活動を始めたのは戦後であります。殊に顕著なる例は北米合衆国の主唱を容れられて国際聯盟と云ふ大きな世界的団体が起りまして、其団体が殆ど総ての会議の元締りをして居ります。例へば今申上げた一つの会議の如きも国際聯盟規約の第十八条の規定に依て国際聯盟の**オブザーヴアンド**《ママ》**・パトロネージ**を受けて居るのであります。其結果は常に国際聯盟に報告になりまして、之を妥当に政府的化する、即ち本当に責任ある世界の団体、即ち各国家が之を有効的に実行することになる時には、総て総会にかゝります。さうして可能性のあるものは条約として各国政府の批准に供します。で国際聯盟の活動方法は二つありまして一つは総会、一つは理事会。総会は空気を養成する所でありまして、理事会に対して希望を発表する会議であります。是は毎年一月開会いたしまして各国の最も責任ある全権、即ち首相、外相若くは蔵相が之に列席いたしまして、一般討論を致しまして、理事会其他の団体に指導的の訓辞を与へます。理事会は是迄は一年に四回必ず開会いたしましたのが今年で三回になりましたが、総会の決議の精神に依て其実行方法を講じ又其外起る所の国際紛争事件を裁きます。御承知の通り此理事会に代表せられて居る国は極めて少数であり、数年以来**デモクラチック**の考より多少殖えましても今日まだ十四箇国に過ぎませぬ。其中五箇国は永久的理事国であり、通常常任理事国と称しまして、個々に其国は必ず理事会に於て代表せられて此国際紛議の事件の処理竝に総会の決議に基いて諸般の事務を処理します。常任国でない非常任理事国は選挙に依りまして一、二年若くは三年の年期を以て選ばれますが、段々其**システム**を変へまして何れも三年の定つた任期と致しました。と申しますのは一年二年はほんの修養の時代であつて理事会に付せられる国際紛議事件を解決するの**スタンヂング**即ち位置も能力も起つて来ないと云ふ所から、今度は何れも三年の任期を以て職を受けて行ふことになりました。此方は謂はゞ客員と称するが如きものでありまして、理事会に於ての勢力は常任理事国のそれに比しまして低く、数倍若くは数十倍少いのであります。然るに常任理事国の発言は非常なる重要性を持つて居りまして、其一票に依て非常任理事国の投票を大いに動かします。日本は天祐の位置に依りまして……其御話は長いですから申上げませぬが、一種の天祐に依て常任理事国と**ヴエルサイユ**条約に明記してあります。**ヴエルサイユ**条約及び聯盟規約を改正するの手続は極めて複雑困難でありますから、近い将来に於て、此明記せられたる所の日本の位置は変らぬものと信じて喜んで居ります。で此理事会は国際聯盟総会の活動する前、既に十数回会議を催しまして、其時は聯盟の本部は**ゼネヴア**と決つて居りましたが、設備がありませぬから、或時は倫敦なり、或時は西班牙、或時は伊太利、或時は仏蘭西となつて居ります。其当時に於きまして此処に先程見えて居られました当時の松井大使は日本を代表せられまして、国際聯盟の理事会に於ける日本の位置を確立することの最初の土台を作られました。時を過ぐれば、過ぐる程其時代に於ける御尽力の如何に偉大なる功績を奏したかと云ふことを私共は痛感いたします。其後石井大使は七年半の長きに亘りまして、常に帝国を代表して理事会に於ける日本常任理事となつて居られました。其両先輩の努力の功と致しまして、数年前より日本の聯盟理事会に於ける位置は決して英仏のそれに譲らず、寧ろ伊太利以上でありませう。それは伊太利の一部には譲るか知りませぬけれども、私の公平に観察する所を以て見れば日本の発言は伊太利の発言よりも、より多く信ぜられ且つ重きをなすと信ぜられます。是は理事会に於ける日本の位置であります。

又次に申上げたいのは、世界の大問題は其外形の如何に拘らず、其実は皆聯盟に集中して居ると云ふ事実であります。御存知の通り聯盟の目的は正義に基ける平和を世界に確立して軍縮の大事業を完成するにあります。軍縮の大事業は今日未だ聯盟に於て之を完成することは出来ない。併ながら其緒に就いてから既に四年、其方法を示したる所極めて有効でありまして、例へば海縮の問題の如きも聯盟の外に置かれてある如く見えても、矢張り聯盟の事業と相関聯して常に聯盟に戻るものである。今から三年前**ゼネヴア**に開いた三国会議に於て米国の全権、而も其当時議長を勤めたる**エヂソン**君も此事業は聯盟事業の一部をなすものである、言葉を換へて申しますれば聯盟軍縮準備委員会に討議されて出来た条約を報告して、さうして全体の中の一部をなすべきものであると言はれました。此度の倫敦会議も亦然りでありまして、其証拠にはあの倫敦諸条約が提議せられると同時に議長**マクドナルド**氏は其条約案を**ゼネヴア**国際聯盟本部に通牒を致しまして、其結果として準備委員会長**リユ**《ママ》**ードン**君は十一月三日を期して準備委員会を開催することに決定しました。それで若も十一月三日の準備委員会が妥当に又実行的に事務を執り討論を終れば、必ずや軍縮の事業の少くも海縮に関する限りは必ず長足の進歩をなしまして、世人の一般の予期する通りに、陸、海、空軍の軍縮の事業をも明年大会議を開いて先づ以て一段の段落を告げるだらうと思つて居ります。是迄聯盟に少しも関係のないと普通に思はれて居る軍縮の事業も、其実聯盟の大事業の一部をなすものであると云ふ証拠であります。第二の証拠は**ヴエルサイユ**条約で解決することの出来なかつた唯一つの難問題、即ち旧敵国に対する賠償の大問題であります。此賠償額は或は天文的の数字と云ひ或は空気的の数字と云つて迚も想像に浮ばない程の重要さを持つて居る問題であります。まだ其義務を果さないからと云ふ理由の下に、独逸の心臓であり、中心であり、独逸の商工業の脳髄である所のライン地域も、数年以来仏蘭西、白耳義、英吉利軍の占領する所となつて居るのであります。此政治的賠償の大問題も機運が熟しまして昨年の八月には旧敵国独逸に対する賠償の大問題が完全に解決せられ、又今年一月三日より二十一日に亘る所の三週間の会議に於きましては、独逸の賠償問題よりも或方面より観察すれば一層紛糾混乱して、欧羅巴の和戦の権を握つて居つた所の東方諸国の賠償問題も芽出たく完全に解決を致しました。其結果は矢張り聯盟に通知を致しまして、聯盟が之を妥当に総会其他の委員会に於て裁くことになつて居ります。此賠償問題、又ライン撤兵、占領問題も従つて国際聯盟の事業の一部となつて居るので、普通時々刻々欧羅巴より至る所の電信には此関係は示して居りませぬけれども、実は矢張り聯盟の事業の一部をなして居るものであります。

それから又特に申上げたいことは此常任理事国たる位置に伴う利益と云ふことであります。それは新聞に公表いたします所の聯盟理事会各会議の日程を御覧になりますと、其重要性は実際の十分の一も分りませぬ。それは公然二百数名の新聞記者の前で論ずる所の問題を日程に載せるのであります。併ながら何時でも理事会開催の際には欧羅巴多数の国の責任者即ち首相、外相、及蔵相、時としては其他の省の長官も集りますので、それを機会として日程以外の重要問題、又日程のみにては想像にも浮ばない機微なる問題を論ずることの伝統的習慣、トラヂシヨンになつて居ります。其時に日本は常任理事国の一員として、そこに注意して努めて居ると云ふことは是亦世界の政治に参与して世界の平和を保つ責任上に於て頗る便宜なことであります。例へば賠償問題の如きも始まりはストレーゼマン、ミユーレル……ストレーゼマン、ブリアンとの間に数回の二人だけの会見があつて略々纏まりさうだと云ふ時に、英吉利、伊太利、日本の全権に参与するか否かを問ひに来ました。其時は大概是から一時間若くは二時間の後に会合することになります。其時に常任国であり、又常に其小さい社会に重きをなして居る常任国の日本の代表官も必ず参列するか否かを問はれます。其会合の性質は日本の為に迷惑であり又全然必要でない時には之を断つて然るべきものであります。併ながら其会合の際には其主たる問題の外に又諸種の問題を断片的に話しますから、それだけでも現時世界を支配して居る所の彼等の頭の働きは、例へば印度問題、波斯問題、露西亜問題に就ても如何なる感想を持つて居るかと云ふことが分るのであります。それで例へば賠償問題に就きましては**ヴエルサイユ**条約の規定上、日本は賠償委員会に議席を持つて居りませぬ。理論上から申しますと賠償問題に関与することが出来ないのでせう。但し招請国として正式に招待せらるれば当然其会議に列席することは出来るのであります。併ながら日本は常任理事国の一員として其処に居る結果として十年来常に不在であつたり、詰り議席を持つて居ない所の会に他の英仏と同等の位置で、招請国たる名義を以て参列することの出来たのも矢張り此常任理事国たる御蔭であります。

それから是迄は此常任理事国の地位は如何に日本に貴重であるか、今日こそ亜細亜の事件は聯盟の事件になつて居ります。一昨年山東出兵問題の時には之を理事会の問題にするとか、総会の問題にするとか云ふ議論が大分強かつたけれども、私共全権団の考に依りますれば之を聯盟の処理に委することは宜敷くない。又聯盟が取つて自分の事件としても処理する方法はない。然るに此事件は日本に於て妥当に処理して居るのであると云ふので掛りませぬでした。印度の今日の叛乱の問題等諸種の問題があるが、併ながら現時の国際聯盟の政治的事業は殆ど総て欧羅巴に限られてあります。一昨年の十二月南米の二国が干戈を交へた時に聯盟理事会の勧告に依て之を治めたことがありますが、是は稀有の例であります。昨年の初春、聯盟の名前にあらずして唯聯盟の其時の議長であつた**ウイリアム**君一人の考で之を緩和したことがあります。要するに結論は今の所聯盟の政治的事業は欧州に止まると言つても宜しいのであります。此欧羅巴の政治問題は、不幸にして欧羅巴が二つの**グループ**に隠然と分れて居ります。独逸派と反独逸派、英国は大概独逸派と見做されて居るのでありますから、英国の処理に委せることを独逸に反対の国は之を好まない。又仏国の処理に委せることは独逸及び殊に欧羅巴諸国……北方四国、瑞典、諾威〔ノルウェー〕、丁抹、和蘭、是等は好まないので、殆ど常に欧羅巴の政治問題は米国に委せると云ふことは聯盟の今日の組織上出来ないのでありますから、聯盟理事会常任国の一員である日本国の代表に委したいと云ふ一般の考になつて居ります。此事は七年の昔に於ても既に然りでございまして、欧羅巴の大戦後委せることに略々決つて居つた所の上部シレシヤの問題の解決は日本の当時の代表石井大使に英仏首相より御願ひして委したと云ふことも御記憶でございませう。それから数年来欧羅巴の政治問題として最も鋭い又最も危険なる少数民族の問題、是は日本には幸にしてない問題でありますが、此少数民族の解決の問題も日本の代表の裁量に委したいと云ふので、日本の代表は迷惑のことであるが、其任務を負ふて居ります。

茲に又特に申上げたいことは斯の如き欧羅巴の治乱に関する大問題であつても、若し報告者即ち名前は極くモデストでありませぬが、報告者として双方を集めて其中条を聞き、書類を調べ、証人を呼び、さうして理事会に委せらるべきチヤンスのある、即ち報告書を書くものを報告者と申しまして其責任は頗る重大である。若し其報告者にして正義の観念を強く持ち、公平なる態度を飽く迄も持して而も双方に深き同情ある態度を以て事件の微細に亘る点迄も研究して良心の命ずる所に依て判断をすれば、其結果は必ず其当時でなくても近い将来に於ても認められるに至ると云ふことであります。石井理事の解決せられたる上部シレシヤの問題は其当時独逸国民の激昂を買ひまして非常に私共も心配をして居りましたが、それは全く一時であり二年以来独逸は聯盟の事業に最も強く参加して、最も熱心に研究努力しつゝある結果、上部シレシヤの問題の解決は妥当であつた、少くもあの解決方法の外に何等他に方法はなかつたのだと云ふことを独逸の責任ある政治家達が私に申しました。のみならず各新聞其他のものも皆認めて居ります。それから又少数民族の問題に付きましては其場に於て頗る不平のあることがあります。併なが〔ら〕是亦数週間、数箇月若くは一、二年を経て必ず其判断の宜いことを認めることになりました。殊に早く其結果を齎すやうなことは、例へば去る一月の理事会に於て、独逸、波蘭〔ポーランド〕の間に蟠つて居つた少数民族に関する諸問題十数箇の中、多数の問題に付ては波蘭は日本人たる報告者の為に敗北しました。私は殆ど其後直ぐに立ちましたから、其波蘭の人心に及ぼす影響は知らずして欧羅巴を去りましたが、今聞く所に依りますと、正義に基ける公平なる態度を以て、而も同情を以て研究し、あゝなつたのであるからと云ふので彼の国の輿論は等しく満足し、又努力に対して感謝して居るさうであります。此総てのことの御話の結論は、日本は天祐の位置に依て天下の智者、少数なる智者の一人となつて居る。而も欧羅巴の政治問題は殆ど総て日本の裁決に委するの外はないやうな現状であります。此際に当つて全く其責任即ち道義的責任を回避するか、或は勇気を以て之を受けるか私の感ずる所に依りますると、寧ろ勇気を以て受けるのが宜しいと思ひます。其一二の影響は顧みず、正義と公平と同情の結果で裁いた所の判断は必ず近い将来に於て認められると云ふことを信じて、此役割を受くるが宜しいと思ふのであります。帰途五、六週間前、上海に於て重光〔葵〕代理公使に御目に掛りました。氏曰く「此支那人はなか〳〵むづかしい。話がむづかしいのだが、日本が欧羅巴の政治問題の処理を引受けて、英国、仏国及独国に於て到底処理することの出来ない談判は全く破裂に決つて居る。其間に立つて公平なる態度を取り調停に努力して成功したこと、又其他欧羅巴の和戦の原因となつて居る所の問題の処理にも当つて勇気を以てやつて居ると云ふことは、支那人に取つて最も深い印象を与へて是は幾百の宣伝に勝ること甚だ多い」と斯う言はれました。それで又例を英国に取つても、此英国が聯盟の御蔭に依て存在して居る国でないと云ふことは御承知の通り。又英国は、大陸の間に各種の紛争がある、其紛争を裁くことに沢山の利益を持つて居ないことも確かであるにも拘らず、英国も亦頼まれゝば必ず此むづかしい役目を負うて居ることに対しましては、英国の議員に於ても了解の乏しい結果質問もありました。其当時の外相**オースチン**、**チエンバーレン**之に答へて、何等現実に、直接の利益、眼前にぶら下がつて居る利益はありませぬが、併し大要英国は此斡旋に依て其**プロヴイヂヨナル**、**モーラル**、**インフレーシヨン**〔インフルエンス〕を**エクザイト**するのだと言つて居ると云ふことが**タイムス**の記事に載つて居りました。日本も欧羅巴の斯の如き問題に関係して、之を裁くと云ふことは労あつて何等利益のないことでありますけれども、長い将来を考へて見ますれば、日本が世界の平和の大黒柱の一つとなつて居る以上、斯の如き責任を引受けられて而も其一時の成敗利鈍は顧みず奮然其任に当る。言葉を換へて申しますれば欧羅巴の経済上の処理は、已を得ず心には反対だが、亜米利加の処理に委せると云ふ傾向であります。**ヤング**、**プラン**の**エクゼキユーシヨン**其他の細目の関係皆然り。心には皆其為に遺憾の念禁ずる能はず、政治上に付きましては極東にある日本の健全なる**グッド・センス**、健全なる思想に依て裁いて貰ひたいと云ふことは、米国に対するのそれと違ひまして、最も真摯なる、神聖なるものであります。斯の如き現状を世界の一番大きい団体たる国際聯盟に於て持つて居るのは、日本国民として私共出先きの者の幸福に感じて居つたことでありまして、此度徳川公爵閣下其他多数の御方々が欧羅巴に参られまして、此点を実際御覧下さいますれば、矢張り国家の為に祝福せられ、又此形勢を益々助長せられて、帝国の世界に於ける位置に益々重きを加へる所の必要を御感じに相成ることと信じて居ります。

第二の問題は欧羅巴合衆国の問題であります。恰も昨夜より今日に掛けた新聞に合衆国問題に付ての電報通信が載つて居りました。欧羅巴合衆国の問題は唯茶話のやうなことで是は言はなくとも宜いのですけれども、括弧内の脱線として申上げます。是は実は日本人の考から起つたので、さう云ふと大袈裟でありますが、其親は澳洪国の代理公使で、明治二十六年より明治二十九年迄紀尾井町に在住して居つた所の**カウント・デ・グーテンヒユーム**〔クーデンホーフ〕、其母は青山浪子〔光子〕嬢と申しまして日本の人、其人は元は青山でありましたが、で大戦争以来**カウント・デ・グーテンヒユーム**は**イエナ**大学に教鞭を執つて居ります。言葉は日本語も出来英、仏、独、が能く出来ます。其母は日本人でありますから、私も通信して居る。[20]此人は寧ろ文学的……法律的ではなくして文学的の天才を持つて居りまして、東は露西亜の無産党の破壊的勢力より襲はれ、西は水を隔てゝ北米合衆国の経済的勢力に圧倒せられむとしつゝある欧羅巴は、何か適当なる処置を以て此難局を抜けなければならぬと云ふ考から、欧羅巴合衆国と云ふ言葉を発見して、著書をし、講演をし、事務所を開いて大に宣伝に努めた。此思想を取つて自分のものとしたのは独逸の**ストレゼマン**と仏蘭西の**ブリアン**であります。

ストレゼマンは御記憶の通り戦後に於ても尚ほ白耳義合併論を唱へて帝国議会で演説したる人であります。即ち極右党の思想であります。併ながら聡明なる彼は此議論は到底近き将来に於て行ふことが出来ない。又独逸一国の根本は平

---

(20)　資料［53］の注（6）に挙げた書簡のほかに、一九二九年四月一一日および四月一六日付けの書簡が残されている。「紅ファイル」四―四九、七六。

和的であり、経済的であらねばならぬと云ふ信念を持つに至りまして、夙に其方法を考へて仏独親善論者となつて一党を作りました。ブリアンは十二回も首相を勤めた人で、時として内閣に列して居りませぬけれども、其人の思想は常に仏国人に重んぜられて居る。此人も亦今より九年前に於ては独逸に再び開戦して伯林を占領すると云ふ考を持つて居つたこともある人であります。現に其人の演説は千九百二十年の三月の議会で公に致しました。併ながら仏蘭西の将来も平和政策であり、又経済的必要であると云ふことを覚りまして、此両者の間に面会こそ致しませぬが肝胆相照らしまして、独逸の聯盟加入となり、ロカルノ条約の締結となり、さうして昨年八月海牙に於て賠償会議を開いた時には、ストレゼマンは独逸の首席全権として参りまして、劈頭開会の辞、開会の際に各首席全権の為したる演説中にも欧羅巴合衆国成立の必要を痛論いたしました。其当時は彼の学究的の空論だと思つた人が沢山ありましたが、是は彼の深き信念であり、彼のプログラムの中の完全なる一部をなして居つたのであります。其演説を経る数週の後、ブリアンはジユネーブの総会を利用いたしまして欧羅巴各国の首相若くは外相、言葉を換へて申しますれば首席全権全体を午餐に招待致しまして、欧羅巴合衆国組織論と云ふことを仏国首席全権の名を以て公表いたしました。之に対して各国の首席全権は主義上の同意を与へてブリアンに対して其具体的案の提出を請求しました。ブリアンは之を約束して必ず次期の総会迄に其案を上げると云ふ答弁を致しました。其答弁実行の為に今日或は外務省に着いて居るか知りませぬが、インフオーメーシヨンとして、日本政府の意見を求める訳でないと思ひますが、唯インフオーメーシヨンとして来て居ると思ひますが、欧羅巴合衆国の具体案なるものを仏蘭西政府が世界の各国に通牒した訳であります。

ブリアンと申しますと常に曽我子爵の親友のルシエール君を思ひ出します。ルシエール君は仏蘭西現代に於ける政治家及実業家に於て、私共の眼には最も智慧あり又最も実力のある人であります。ブリアンの至る所ルシエール在らざるなし、ブリアンの精神を具体化するのは常にルシエールであります。ルシエールは経済の大家にして又工業界の泰斗である。私の考に依りますれば近く来るべき具体案、又其後もつと一層進んだ所の具体案、詰り九月の総会に出る所の具体案なるものはルシエールの筆に依て成つて居るに違ひないと思ひます。早晩如何なる形で現れて来るか、是は三年前に開いた所の経済会議、日本でも其重要性を認めまして立派な**デレゲーシヨン**を送られました。それは其経済会議は矢張り**ルシエール**の差金、**ルシエール**の提案でありまして、白耳義の首相**チユニエス**〔テュニス〕を議長として最も有効に其事業を完成しまして条約案も出来て居るのであります。併ながら**ルシエール**の考通りには出来て居ないから、**ルシエール**は尚ほ一層問題を小さくして今度は二月より三月に亘る会議に於て関税休止会議と云ふものを開きました。此会議も全然成功とは申し難いのですけれども、精神に於ては少くも欧羅巴の各国皆一致いたしまして、此方法を最も熱心に研究して近き将来に於て実現せむとして努めて居るのであります。条約案も出来て居ります。ですから欧羅巴合衆国と云ふ大きな名前の下に現れた欧羅巴の具体的の仕事は、欧羅巴に於ける経済同盟若くはそれに近いものだらうと思ふのであります。併し**ブリアン**氏のことでありますから、欧羅巴の政治組織も多少現在のものと違ふやうにするのでございませう。連邦は決して今日出来ませぬが、関係は一層密に、それが為には波蘭と独逸の国境問題殊に**ダンチツヒ**の通路の問題、それから墺地利を独立的に存在せしむることの出来る方法と云ふやうなことを、又具体案として出すに違ひないと思ひます。此点は何卒私の今日申上げました数項を御記憶になりまして、さうして一々参ります欧羅巴の電報を御覧遊ばされむことを希望いたし、又徳川公爵竝に御一行に対しましては丁度欧羅巴に御滞在中には、此問題はもつと或る困難を以て白熱化したる各関係国の討論最も盛んな時でございませうから、商事会議と云ひ又議員《ママ》同盟会議と云ひ其影響を受けることがあるだらうと信じて居ります。

　最後に申上げたいことは不戦条約の実施の結果と云ふことであります。不戦条約は元**ブリアン**氏の考に起つたもので、それを具体化したのは**ケロツグ**氏であります。それで此条約は御承知の通り**ブリアン・ケロツグ**条約と称して歴史上長く其名を存するものであります。不戦条約第二条には戦争の代りに総ての国際紛争事件を平和的処理に付すると単に書いてあります。其方法を具体的に示してないことは欠点でありますから、昨年の二月より四月の末に亘つて**ゼネヴア**に於ける海牙国際裁判所の改正委員会が開かれました。第一現存する所の裁判所条約を起草するに当つて、最も重大なる役目を務めたる日本の親友、殊に日露戦争中の日本の親友で世界独歩とは申されませぬか知りませぬが、屈指の法曹**ブ**

ルート君[21]が八十四歳の老軀を以て始りから終り迄之に参与して、完全なる裁判所改革案及び此裁判所に米国加入の必要なる手続を決めました。それで米国の事情は若しも海縮の結果たる倫敦条約が上院の採択する所となれば、直ちに此裁判所加入問題を上院に提出して採択を経て公に六月か七月を期して裁判所に加入するのであります。裁判所に加入すると申しますのは其外の加入と同じ義務を負ふと云ふことであり、其費用を払ひ其選挙に関与し其他総ての責任を負ふと云ふことであります。ブルートの唱道したる裁判所改革の要点は三つございます。是迄は裁判所の権能は各国政府の任意に付してありました。詰り裁判所に或国より訴へられても其の訴へられた国は出頭する義務はない。出頭するのは其自由任意であると云ふ立前であります。改革の精神は応訴義務承諾の原則であります。之が重要なる第一点、第二は判事候補者の資格であります。是迄は二つの資格のみあるのであります。ハイエスト・モーラル・スタンヂング是は無論のこと、併し是は実際上有名無実でございませう。之を制限することは他の何人も、どの政府、どの人も許しますまい。第二の要件は裁判官たりしこと、若くは国際法学者であること、一方は過去にして一方は現在、それに今度重要なる二つの条件を附加へまして、最も茲ではつきり申上げて置かねばならぬことは、是は日本のデレゲーション其他八箇国の反対の結果として箇条中に明記してありませぬので希望条件としてあります。私共は此二つの要件を附加へることは無理だけれども、少くも欧羅巴以外の人種であり又別種の文明を持つて居る民族に取つては無理だと云ふ考で反対いたしたのでありますが、我デレゲーションと同じ行動を取つて同じ努力をしたのはたつた八箇国でありまして、其他は皆原案賛同でありました。それは第一は言葉の点、第二は国際事件特に国際法関係の国際事件に関して一般に認められたる制限を有すること、と云ふのであります。之が第二の修正、第三の修正は、他の職務を兼ねることが出来ない。而して一月の一日より十二月の三十一日迄、九年を通じて常に裁判所の所在地海牙に居住することを要すと云ふのであります。此三つの修正を加へまして、さうして現在の判事の任期が当然に尽きる所の九月二十日を以て十五人の総選挙を行ふことに決定いたしました。尤も其選挙を承諾すると否とは候補者の自由裁量に委してあるのでありますから、其点を顧みて新しく選挙せられたる判事の職を行ふ始めは明年の一月一日よりとしてあります。斯の如く不戦条約実施の結果として、国際紛争事件は其性質の如何に拘らず何れも之を戦争と云ふ手段に依て処理することを努むることなく、総て之を裁判若くは仲裁の方法に付すると云ふことになりました。此裁判所に於て自国人を持つて居ると云ふことは、単り其国の権威若くは名誉に関するのみならず、又時として自国関係の事件が裁判所の判決に付せられた場合に利害得失の関係があるものでありますから、多数の国は此条約の規定に従て各々候補者を定めまして、其候補の成功を図ることに熱心に画策、運動中でございます。昨年は応訴義務承諾の聯盟総会でありました。今年は国際裁判所判事総選挙であります。さう云ふ名前を以て、今年の総会は後に名を残すであらうと思ひます。

ちよつと極内輪の会合でございますから申上げますが、独逸は国際聯盟加入後頓に其国際的の位置が向上いたしまして、又其向上に対する努力は益々盛んになつて居ります。日本に駐劄すること九年半、良大使の令名を残して居つた**ゾルフ**君、独逸本国に於きましても余程重んぜられて居る帝政時代に於ては数多の植民地の総督を務め、植民大臣として極めて有能であつた人**ゾルフ**君は、今より四週間前に委任統治委員会の一員たることを承諾して其任に当つて居ります。是も独逸国が如何に聯盟の事業に重大なる関係を以て又如何に其多年の希望を実現しやうと云ふことに努力して居るかと云ふ証拠であります。又同じ思想の順序として此九月二十日の総選挙に、最も私共の尊敬崇拝しなければならない**シモン**〔ジモンス〕博士を候補に立てゝ其承諾を得て居ると云ふことを此処に居る独逸の代理大使、竝に彼地を出発する時に私の同僚独逸大使も言うて居りました。**ドクトル・シモン**と申しましても遠い日本に於ては知られてない、詰り新聞上の英雄ではございませぬ。戦前約二十年伯林大学に教鞭を執つて国際商法を講義して居りました。其道に於ては天下独歩と称せられたことは、日本の法学家の諸君に能く分つて居ります。戦争が勃発するや否や、彼は白耳義の局外中立侵害を憤つて直ちに立つて其旨を文書にして公表したが為に、**カイゼル**の逆鱗に触れて投獄一年半、終つて後も諸種の迫害を受けて艱難困苦を極めて居る中に大戦が終り、南米二十箇国の諸国は其盛名を聞いて……其盛んな名前を聞き

(21)　エリフ・ルート（Elihu Root, 1845-1937）を指すと推察される。ルートは一九〇五年七月一九日から米国務長官を務めた。

まして、二十箇国の政府は相当の醵金をして其人に二十数回に亘る講演を南米大陸各地に於てして貰ひました。**シモン**は独逸文化の深きことゝ高きこと、殊に学問に付て世界独歩であることを高調いたしまして、独逸に対する所の崇拝尊敬の念を南米諸国の人心に普く及ぼして帰国するや否や、恰も共和国の二三年目に当りまして憲法を起草するの必要に迫られて居つた時代でありますから、独逸の其時代の政治家は**シモン**君に頼んで所謂**ワイマル**憲法を書いて戴きました。**シモン**は正義の為に死を怖れざる立派なる人間であり、又学問もあり、又憲法も一見する所宜く出来て居るから、**シモン**に頼みまして彼の**ライヒスターグ**の動機及意義採択に力を尽して貰つて、それからは多少新聞上にも名が出て居りまして、私の知りましたのも其頃でございますが、外務大臣として其憲法の対外的効用を試みて、遂に**シヤンスリエ**……**カウンセラー**何と申しますか首相となつて之を行ひ、又特に申上げなければならぬことは、独逸は数十年引続いて軍国主義であつたのだから、其人心の帰向一朝にして改むべからず、それで**シモン**の如き一学究が長く大統領となつて居ることは不適当であると云ふことを覚りまして、**ヒンデンブルグ**を候補に押立てゝ選挙を確実にする為に諸種の計画をなし、さうして**ヒンデンブルグ**が殆ど一致を以て大統領になつた時に自分は職を引いて今日はどうか存じませ〔ぬ〕が、独逸に於きましては大審院は伯林に在らずして**ライプチヒ**にあります。独逸で云ふ高等法院の長官となつて居ります。是即ち独逸の候補であります。其他伊太利人、亜米利加人のことは時間の関係で申上げられませぬ。斯の如くして四十の候補者が当選を争ふのでございます。

之を要するに世界の大問題は皆此聯盟に集中しつゝあるのであります。米国は公然聯盟に加入して居らないことは御承知の通りでありますが、其原因は規約第十条の結果であつて、欧羅巴の政治の紛争に指を染めることを惧れて居るのであります。今より七年前加奈陀の全権**ゴアン**[22]と云ふ人が**ゼネヴア**に参りまして、聯盟規約第十条の解決を公に定める提案を致しまして、日本の全権団も之に賛同を致しまして、北米合衆国が聯盟に正式に這入つても差支へない解釈を公式を以て通ずることにする目的でありました。五十三箇国の全権団皆一致でありましたが、波斯の全権は国が遠いのと又本国政府に対する責任を加重に感じたことが即決を妨げました。それで日本の全権団は翌日迄待つて居るから政府に請訓をして貰ひたい。総会の大勢は斯く〳〵であると云ふことを言ふて呉れと云ふことで波斯の全権プリンス・アグハー[23]は其場は承諾したのですけれども、又加奈陀のゴアンと云ふ首席全権は其事情を十分に了解せずして即決を迫りまして、遂に議場混乱の中に即決になつて、実際上五十三箇国の全権の一致して居る所の解釈が葬られてしまつたのであります。それでありますから聯盟規約第十条は今文字に書いてある通りの意味に解釈せねばならぬことになつて居ります。解釈に依りますれば、文字は御覧の通りの文字であるけれども実際は非常に距離のあるもので、敢て他国の政治上の紛争に義務的に参加して其国を武力、経済力を以て助ける、其反動時の政治的の独立を自分の国の存亡を賭して迄助けるの義務はないと云ふことになつて居つたのであります。是は非常に残念なことであります。此件で加奈陀の方と相談をして解釈案を持つて来たのであります。ゴアンは不幸にして二年前に亡くなられました。徳川公使閣下の加奈陀にゐらつしやいました時は未亡人しか居られませぬでした。此人は能く其間の事情を知つて居られるのであります。併し是は残念なことであります。従て米国は正式に加入して居りませぬけれども、聯盟の方から申しますと米国に向つて一遍も正式に米国に加入を御願ひし若くは勧告したことはございませぬ。先年私が政府代表として労働総会に二、三年参同いたしました時にリーグ・オブ・ネーションスの条約をウイルソン大統領に思付かせた、或は日本にも度々参られたプロフエツサー・シヨツトウエル等も他の全権と相談して労働総会を世界的化する、日本のデレゲーシヨンの申します亜米利加の参加を適当なる言葉を以て勧誘したことがありますが、何等の進行はありませぬ。況や政治的団体である国際聯盟に於ては斯の如きミステーキをすべきものではありませぬから、決して致しませぬが、唯実際の仕事を成るべく迅速に成るべく完全にしてさうして国際聯盟それ自体の引力をアトラクチヴ・パワーを強くすることに努めて居りまして着々成功して居ります。言葉を換へて申しますれば聯盟関係の諸種の事業、即ち本当の政治上の仕事でない其他の事に

(22)　ロメル・グアン（Lomer Gouin）（1861–1929）を指すとみられる。
(23)　プリンス・アルファ（Arfa-ad-Douleh）（1853?–1937）を指すとみられる。

は亜米利加は**オブザーヴアー**を出す外に正式の全権も出して居ります。之が聯盟の現在である。又露西亜は聯盟の組織と〔に〕根本的に反対である。即ち聯盟は**パトロン**組織である、貴族的組織であると言つて、さうして公然と反対して居りますけれども、併ながら実際に於て其勢力の偉大なることを能く知つて居りますから、諸種の委員会、諸種の事業に矢張り**ソヴィエット**政府は十分なる努力と参加を努めて居ります。でありますから若しも戦争を時々行ふことが人類の精神肉体の健全なることを意味する為に必要であるから、戦争は人類の永久的幸福に対して必要であると云ふならば別、私はさう思ひませぬ。兎に角世界の平和を正義の原則の上に立てゝ聯盟は人種、人口及び経済問題に対する圧迫的の勢力を正当に排斥する為に最も適当なる演壇であり、又最も適当なる土台であることを信じて、さうして其機関は益々整頓しつゝあることを信じ、さうして日本のそこに於ける位置は天祐の位置に依て不思議にも堅実に続きつゝあることを信じましたれば、徳川公爵閣下の多年総裁として最も有力に最も有効に、御自分は御言葉を以てのみならず又御身を以て遠方にも御出張遊ばされて此主義を宣伝し、他の了解を求められることの其貴重なる御尽力を此後益々継続せられて聯盟に関する了解を益々完全にすると云ふことは、私は単り世界の平和のみならず又日本国の立国の基礎、言葉を換へて申しますれば、日本の道義上の勢力を世界に及ぼし、又別の言葉を以て申上げますれば、我日本の歴代聖天子の御稜威に依て斯の如き発展をして居る所の光栄なる国運を益々長久に繁栄させる一端であると信じまして、私は盲従的に聯盟の事業を拝むものではありませぬけれども、此道理の下に聯盟の将来を信じまして、聯盟に対する御了解の益々深からむことを希望いたします。

今日は一時間に亘る長い御清聴を煩すことの出来ましたのは、単り徳川公爵閣下の御厚意が致す所でありまして、深く公爵閣下に対しまして感謝を申上げ、又貴下方に対しては又深く此機会に於て私の申上げた所を印象せられたことを御礼申上げます。（拍手）

――了――

[57]「世界大戦後の外交と二箇の重要事件」　一九三〇年五月二〇日

国際聯盟に於ける日本全権
特命全権大使　安達峰一郎

●世界大戦後の外交と二箇の重要事件

会長〔串田万蔵東京銀行集会所会長〕のお許しを得て一言御礼を申上げます。其御礼の最初の言葉は不幸にして「プロテスト」でございます。それは斯の如き美酒佳肴を具へて私を歓迎、歓送して下さつて、しかも之が不足である、是は民政党内閣の過失であると仰しやつたことは、私の深き確信を以て抗議を申込む次第でございます。私共の先輩シャトーブリヤン——仏国の有名なる大文豪、其人は仏国の政治界に馳駢し首相たること数年の後、ルイ・フィリップ皇帝の大使として倫敦に駐箚すること約十年、長巻の「メモアール」を書きました、其の「メモアール」の一節に曰く、大使の職は快適である、しかも若し世の中一般に「プレーヂール」、即ち社交的快楽と称するものが此職務に伴はなければ、其の快適さは蓋し完全であらうと書いてあります。誠に其通り、私も大戦の真中に危険を冒して欧州に参りましてから十二年八箇月、一日の休息もなく白仏両国に大使たるの職を奉じ、之に伴ふ所の招宴又は被招宴の繁に苦しみつゝ、他の根本的なる重要な外交的政治的事務を弁じて此の永き月日を暮しました。それ故に今夕の御招宴は原則としてはシャトーブリヤンの言ふ通り、私に取つては最大苦痛の一つであります。併しながら仏蘭西に別な一つの諺がある。「総ての原則は例外を含む」。今夕は正しく其の例外でございます。今を去る二十年、添田〔寿一〕、水町〔袈裟六〕、森〔賢吾〕、此三君と共に日仏銀行を立てることが出来、其開業祝の「ランチ」に於て、財政なければ外交なし There is no diplomacy without finance と絶叫して真情を吐露したことがあります。それは私の深き心を発露する所の真誠なる言葉であります。これは二十年の昔に於ても其通りでありますから、今日に於ては「フィナンス」は益〻「インターナショナル」となり、殊に文明国民の現在及将来を支配する所のものは重に此「フィナンス」になりました。然るに今日日本の「フィナンス」を円満に代表せらるる所の諸君が、斯の如く代表的に且つ有力的にお集り下さいまして、私の為に

──一個の俗吏に過ぎない私の為に、此最も意義ある会をお催し下さつたことは、私に取つてはシャトーブリヤンの言葉に対する立派なる例外であると云ふことを確信する所以でございます。此意味に於て先づ抗議を申上げ、後に最も熱誠なる感謝の意を表すると同時に此上ない喜びを貴方がたの前に吐露致します。

扨て会長より何か貴方がたの御参考に成るやうなことを言へと云ふお命令でございました。私の衷心は全く之に服従して、成るべく少ない時間に於て諸君の御参考になることを申上げたいと思ひます。過去十二年八箇月の時間は、世界の歴史に取つて最も重大なる時期でありましたから、其感想の一端を申上げても少なくも数十時間を要します。私は一々「ノート」を取つて居りませぬでしたけれども、記憶を辿つて之を書けば浩瀚なる数巻になると思うて居ります。併しながら今将に八時にならんとするとき、三四十分間に貴方がたの御参考になることを申上げるのが、私の為すべき義務でございますから、極く掻摘んで今の世界的時局に対し一番御参考になるだらうと思ふことだけを申上げたいと考へます。

世界大戦後の外交は、戦争中及戦前の外交と大に其性質を異に致しまして、戦前に於ては国別的外交でありましたのが戦後は会議的外交になつたのであります。ウードロー・ヰルソンが米国大統領在職中巴里に来られて、講和会議の座長として聯盟を創設せられたときに於ては、過半数の人は──私も其一人でありますが、其健全なる思想であると云ふことに就て頗る疑を持つて居りました。併し彼は偉大なる人である。其事業は今日に至るまで十年以上の実験を経て益〻発達し、少なくとも欧州及南米に関しては大体に於て和戦の鍵を握つて居ることになりました。戦争になるに違ひない事件が聯盟の力で纏まつたから、世の中に何等の評判は出なかつた。それ故に聯盟の仕事で無いやうに感ぜられましたけれども、若しも彼なかりせば、戦後少なくも三四回の戦争が有つたに違ひありませぬ。それを証明することは他日に譲ります。私の書きたいと思つて居ります書物にはそれを能く叙述する積りであります。右の通り「ヴェルサイユ」講和条約に於て国際聯盟を造り、其機関に依りて諸種の国際的難問題を決済しつゝあつたのに、唯〻一つ残つて居つたのは即ち対旧敵国の賠償問題であります。此賠償問題を解決しやうとして欧州並に欧州以外の政治家の集まつたことは決して一再に止まりませぬ。私も其会議に日本の全権たることの辞令書を貰うたことは一再に止まりません。併しながら時運未だ至らずして遂に其問題は一昨々年まで常に暗雲に包まつた儘残つて居り、欧州の平和、延いては世界の平和を脅かしつゝあつたのであります。然るに今回は其の難問題が完全に解決せられ、また其世界的「フィナンス」の根本の問題に就て、日本は英仏独と対等、道義的に見れば寧ろ其以上の位置を以て儼然として如何なる国際機関の内にも安座して居ると云ふことは、我帝国の為め殊に我「フィナンス」の為に慶賀すべきことゝ確信して居ります。其事はモウ諸種の新聞雑誌講演等に依つて其の「テクニカリティー」（技術的方面の事柄）は疾くに御承知と思ひますから之を略します。

唯ゝそこに至る「サイコロジー」、「テクニカリティー」をスッカリ飛離れて、ホンの「サイコロジー」即ち心理状態の経緯を一寸申上げたいと思ひます。一昨年の九月の十日、国際聯盟総会の際、欧州各国の首相及外相が殆ど全部ジュネーヴに集りまして、国際聯盟総会の議題其物よりも、寧ろ其時集まる大国の責任者達が楽屋でする仕事が毎会の如く一層重大であつたのであります。殊に一昨年の九月の会合の如きは、世界の歴史上一大紀元を劃するものと信じて居ります。私の任地仏蘭西国の首相兼外相のブリアンは、ライン地域撤兵の問題と牽連して、旧敵国の賠償を根本的に解決しやうと云ふ目的を以て独国のストレーゼマン外相と久しき以前より話を進めつゝありましたが、今度は愈ゝ之を物にしやうと云ふ考へであつたが、日本は之に参加するだらうか、或は参加を拒むだらうかと云ふことに就て重大なる疑を持つて居られたさうです。何となれば賠償の大問題はライン撤兵の問題と不可分の関係を持つて居る。ラインを撤兵するの必要条件として賠償問題を根本的に解決すると云ふは其「プログラム」であつた。然るに日本帝国の立国の基は東洋に在る、即ち亜細亜に在る、或は亜細亜全部にあらずして極東ばかりかも知れない。此欧羅巴に於ける最も機微に触れるライン撤兵の問題と牽連する賠償問題に日本が参加することは果して「キリングリー」（好む所）であるか否かと云ふ疑を持つて居つた。それに関して私はブリアン君に対して満腔の謝意を表します。それだから最も「デリケート」なる方法を以て私の同僚、日本の或る大官を介して、今次の巨頭会議に安達は出るだらうかと極く婉曲に質問されました。

で私共全権部は考へました。説が二つに分れた。出席すべからず――是は中々危い。イヤ出席すべし。兎に角私は出席すべしと云ふ直覚を持ちました。若し差支があれば何時たりとも退席することが出来る。殊に各巨頭が密室に於て論ずるものは豈夫れ欧州事件のみならんや。或は亜細亜の事件、南米の事件、北米の事件も論ずるかも知れない。兎に角怖いが出て見やうと云ふことで出ました。今から考へれば出た方が宜かつたのであります。果せるかなライン撤兵を論ずること三日間、四日目になりましてから「レパレーションス《ママ》」即ち対独賠償の問題が持上りました。「レパレーション」の問題に就いては日本は権利と必要とを持つて居ります。帝国政府も「レパレーション」の問題に就ては英仏と対等にして且つ同等なる位置を以て之に臨むことを政府の方針と致しました。それ故に私は其事を明白に声明して、ライン撤兵問題と牽連する「レパレーション」の問題に就ては、日本は少なくとも英仏と同じ「スタンディング」立場を以て之に臨むことを決心し、巨頭の会議に参列し完全に其の目的を達しました。巨頭会議は其の下拵への仕事を為す目的を以て「エキスパート」専門家の「コミティー」（委員会）を作ると云ふことを決議し、九月十六日之を公表して散会しました。其結果御承知の通り私の敬信する所の森賢吾君が日本人たる「エキスパート」として巴里に於て四箇月間――昨年の二月九日より六月七日に至る間、他五大国の専門家との間に非常に折衝相努められて、所謂「ヤング」案と云ふものが出来たのであります。是は最も巧妙なる案でありまして、其仕組は大体六国政府の承認する所となつて八月の一日を期して海牙に右六国政府の全権の会議が招集せられました。其の政府会議を開くに当りましては日本は英仏と全く同じ「スタンディング」を以て他の関係諸国を招請したのであります。かくて日、英、仏、独、伊、白の六招請諸国、及澳、希、匈〔ハンガリー〕、波〔ポーランド〕、塞〔セルビア〕、勃〔ブルガリア〕、米の七被請国の各全権が四週間半、海牙に会議を致しまして、遂に戦後十年間解決の出来なかつた最大の難問題が解決せられたのであります。吾々日本全権の立場はライン撤兵問題には独仏両国の主張に対し均しく同情を以て研究する態度を執り、賠償問題に就ては根本的に審議、討論して会議の成功に努め、日本の主張すべきと信じた事項は何処までも其の貫徹のために固執し、しかも完全なる会議の成功を期すると云ふのでございました。然るに英仏の間に想像以外の確執を来たしまして、英国の全権、仏蘭西の全権、相見ざること、言葉を交わさゞること三週間に亘りました。互に本国の新聞社会、言論社会に宣伝して、国交益ゝ危殆に瀕し、其一部は日本の或る新聞にも載つて居つたやうに（向ふでズット後になつて見ました）、兎に角其間は国交が非常に危殆に陥つたさうです。（それは後に英国のアームストロング其他の人達も手紙を以て色々私に申して参りましたが）英吉利と仏蘭西の人の間でさへさう云ふ風になる。前は「アンタント・ポリチャル（ポリティーク）」で何事に就いても提携して天下の政治をして居つた此両国の関係がさうなつた。それの最も主なる原因の一つは言葉の問題であります。ブリヤン《ママ》君は英語を少しも知らない。スノーデン君もヘンダーソン君も少しも仏蘭西語を知らない。処が或る言葉は英仏に依つて全く意味を異にする。スノーデン君の公会々議に於ける演説の一節に「仏国全権部の主張は ridiculous and grotesque である」と高調したる所あつたが、仏蘭西の言葉に於て「リディキュール・エー・グロテスク」と云ふことは頗る強い意味を持て居り、個人の間なれば決闘の原因と為り、国と国との間なれば開戦の原因とも為り兼ね間じき激語であります。然るに英吉利の言葉では、殊に「レーバーリスト」労働党員同志の間に於ては、「リディキュラス・エンド・グロテスク」と云ふのは常に党首マクドナルドに対しても、他の同僚に対しても、自分の保護して居る所の労働者達に対しては無論のこと、始終平気で言つて居る言葉ださうです。其事実なるや否やは私より保証はしかねますが、それで仏国諸全権は嚇然と怒つて、決して彼の如き無礼者と話をしない、旗を巻いて直ぐ帰ると決心して実行せんとしたことは、私の立会つた首脳小会議に於てだけでも、二度ありました。私共及ばずながら考へました。此欧州の難局に対する日本の国策は、欧羅巴大戦後の講話《ママ》条約に於て定めることの出来なかつた只一つの難件、即ち此賠償問題を日本の利益に少しの侵害をも与へずして完全に解決するに在る。而して欧羅巴の大国の誤解の結果――主に誤解の結果、斯う云ふ風になつて、若し英仏間の平和破れ、国際聯盟之を救ふ能はず、遂に戦争にでも成つたならば、日本としても鮮からず遺憾なる訳だから、極めて「デリケート」のことながら、出来得るならば其間を調停して、互に手を握らせて話を交へさせ、能く其の終りを告げさせたいと云ふ考で、其事は我全権団の同僚諸君も全く御同感でありました。仏蘭西の全権達は何れも私が官補時代からの友人であり、英吉利のスノーデン、ヘンデル《ママ》ソンとは浅い年月の知己ではありますけれども、何れも非常に正直な人、押へ所が両方共にあるから、それに依つて仏国及大陸二国側の態度の真相を英国全権に説明し、又英国の主張を重に仏蘭西側及伊太利、白耳義二国の全権に説明して、さうして一致点を発見することは日本全権の務めだらうと云ふことを信じまして、一週間も小心翼々たる態度を以て諸方面に向つて色々の画策をやつて居る中に（矢張利害関係の割合に薄い、例へば賠償額でも英仏よりは日本は数十倍少ないのである。政治上から言つても欧羅巴の平和こそ希望すれ、欧州に関し何等野心を包蔵せざる日本帝国、其全権は公平な者である。又私は戦争中より彼の政治家達と交つて居り、彼等より正直者だと看做されて居つた様です）、或日に至り「是れ期熟せり」と思はるゝ様に成りました。其当時出した報告書[24]を先日外務省から借りて見ました所が、丁度八月二十日でありました。八月二十日にブリアン君とスノーデン君に対し私と一緒にお茶を喫みにお出で下さいませぬかと申送りました所が、両君共喜んで参りました。私の接客室で私の前で紅茶を飲み煙草を吹かし乍ら二時〔間〕半に亘りシンミリと話をしました。其時は具体的に細目上の結論に達しなかつたやうでしたが、併しそれから話が始まつて一瀉千里に進行し、遂に目出度く纏つて熱き手を互に握つた。詰り私が英吉利の主張を能く翫味せねばならぬと思ふたのは、「ヤング・プラン」を作る時の英吉利の「エキスパート」は、非常に「ジェントルマン」過ぎると云ふか、餘りに柔いと云ふ評判で、英吉利の輿論は、近来英国政治家は仏首相ブリアンの傀儡であり、忍び難いと英吉利の公衆は信じて居つたとのこと。其の国論を代表するスノーデンは英帝国の威信に関する大問題だと思ひ、どうしても之を引揚げなければならないと云ふ羽目に為つた。それから又此問題を理論及技術上から考ふるに、英吉利の主張にも理由があると思ひました。依て其事をブリアン其他の人々にも説明し、又他の方面より見れば仏蘭西の大戦の為に供した犠牲の重大であることは、私は何人よりも能く之を知ることを得る地位に在りました。戦争中一年餘り、戦地、巴里、及ハーヴル港に居つて、戦後も直ちにブラッセルの任地に参りまして、其壊廃の模様を見、土地は大戦後耕すことが出来ないやうになり、工場は悉く壊れて居る、其説明は仏蘭西人よりも白耳義人よりも寧ろ私の方が能く出来る様な有様。と云ふのは、私は外務省の俗吏として精細なる報告書を書く任務を持つて居りましたから、其の意味で総括的に理論的に詳細の報告を書く任務を持て居りましたので、彼等が日常の事務を処理する間に其一端を瞥見したのより遥に見聞に長じて居つたのであります。それで其事を英国側に説明して、双方の主張は之を極端に固執すべきもので無いと云ふことを話しまして、漸く双方の合意が成立し、遂に八月の三十日に対独賠償問題が全く解決しました。残るのは旧敵国中独逸以外の国――澳地利、匈牙利及ブルガリアの賠償問題だけに成りました。

茲に英仏政治家に関する美談があります。「ヤング・プラン」中の規定によれば日本の取るべき年金は皆条件付であります。言葉を換へて言へば「モラトリアム」即ち支払猶予に掛かつて居る。又言葉を換へて言へば、日本政府の予算に載せることの出来ないものである。所が他に無条件年金と云ふのがある。それは如何なる場合に於ても必ず払ふ、証券化して之を払ふと云ふことになる。此無条件年金は「ヤング・プラン」を見ると日本には一馬克も無いのでありま す。私共希望しました。日本の財政は非常に豊富では無い、仮令へ豊富だとしても、英仏の如く適当なる割合を以て無条件に年金を取ると云ふことは日本の権利であり又義務であらう。それで或時は午前三四時までも此事を主張、議論して大変に仏蘭西及大陸側に悪まれたことがある。例へば午前二時頃になつて、何時まで議論する積りかと問はれ、マア七時までやりませう、と云ふやうなことを答へ、永らく纏らなかつたが、愈ゝ英仏間の大問題が極まると、英国政治家の雅量と申しますか、お礼の意味を以て三百三十万金貨馬克を無条件に、即ち自分が一旦取つた所のものを割いて呉れました。何ですか、お礼です。又ブリアン君等も同じやうに仏国及大陸二国の配分を割き無条件なる三百三十万金貨馬克を譲つて呉れました。それで日本は六百六十万金貨馬克と云ふものが如何なる状態に於ける独逸の財政であつても収めることが出来るやうになつて、日本の政府の予算に載ることになつた。是れ偏に英仏両国の政治家の雅量の結果で、一旦自分達が取つて――日本は権利から云へば二百万馬克ぐらゐでも結構だと信じた由だけれども、お礼の意味で上げますと言ふ。是は貰つて宜しい。無論政府に於て受けたのです、それに依つて六百六十万金貨馬克、少しばかりの金で

(24)『日本外交文書 昭和期I第二部第二巻』(外務省、一九九二年)四一四―四一六頁。

はありますけれども、兎に角三十七年間それが日本の予算に載せ〔られ〕て我国の財政上幾らか為になることになつたのは、英仏両大国政治家の雅量の結果で、私は今日貴方がたの前に於て彼等に対し遥かに感謝の詞を送呈する次第であります。

旧敵国独逸の外三箇国に対する「レパレーション」の問題は全部未解決として残りましたから、八月三十日別れを告げるときに、十月に第二の海牙会議を開くことを約束し、さうして私は十二月に日本に帰つて貴方がたに見える考でありましたが、段々延びて正月二日を以て第二の海牙会議が始まつて、其処では独逸以外の旧敵国の賠償問題が全部極まつた外に、欧羅巴の東方諸国の平和を脅威する所の幾多の事件がありましたが、其中殊にトランスヴールに於ける不動産及動産没収の件、之が十年来の懸案になりまして、国際聯盟理事会に於て最初暫くの間は私が報告者であつた。併し私としては完全なる処理が出来なかつた。チェンバーレン氏が英吉利保守党政府の外相として寿府理事会に列し該事件の報告者と為り英吉利の「プレステージ」と其の材幹とを以て決定しやうとしたが、目的を達する能はず。次でヘンダーソンに譲つた。彼は自分が幾ら政治上失敗しても、是は欧羅巴人の義務と思ふからと云ふので、引受けられたのは一昨年の十二月であつた。併し彼と雖も解決する事の出来ない事件で、法律上から見ても六ケしい。又実際上から行つても六ケしい。又匈羅〔ルーマニア〕両国双方共「パッション」が非常に激昂して居るから、条理ばかりではいけない。此困難なる没収事件を御分りになるやうお話しをすれば極めて長いことですから略しますが、其事件も此一月に賠償問題解決と同時に円満に極まりました。況や他の小事件に於てをや。先づ欧羅巴の平和は此一月の末に確立したと云つて宜しいのであります。別の言葉を以て言へば、ヴェルサイユの講和会議に於て決することの出来なかつた唯一の難問題たる賠償問題の会議には、十一年前には親友森賢吾君が珍田〔捨己〕全権の顧問として出席されて居りましたが、なぜ欧羅巴の政治家は此賠償問題を極めなかつたかと問ひたるに森君の答に、それは非常に六ケしい、賠償金額を定むることさへ殆んど不可能であると云はれました。誠に其通りで、幾度となく色々の政治家が集つて協議を重ねましたが何時も不成功にて立別れてしまつた。其れほどの難件が、昨年八月一杯と今年の一月一杯との二回の大会議に於て全然解決せられ、新聞で見れば仏蘭西、英吉利、伊太利、独逸、何れも批准を了へ、日本では色々準備の関係上少しく延びましたが近く枢密院に懸りませう。かくの如く欧羅巴の平和が今度始めて確立せられ、其潮合に倫敦会議に海軍縮小の会議を開くことが、マグドナルド其他の政治家の考で、丁度好い時に開いたのであります。それでありますからマグドナルド君、ブリアン君等に於ても、日本の公平なる態度を認め、此難件を纏めることの出来たのは大に日本のお蔭に依るのだと云ふことを公言し、又文書でも言つて参つて居ります。それで日本は欧州、延いては世界の平和に貢献すること頗る有力であつて、今回瑞西国のバーゼルに創設さるべき国際決済銀行に於ても必ず優越な発言権を持つことゝ信じます。其銀行は今は単に「ヤング・プラン」の実行機関たるのみでありますけれども、其の一般の趨勢を能く御覧になると、追ては世界の各種の事業に於て「イニシヤティーヴ」を取ることになるだらうと予想せられます。兎に角精神は其処に在るのですから、願くは今夕此処に御出席遊ばされた諸君に於ても、国際決済銀行はバーゼルの辺鄙な土地にあるに拘はらず、其の将来の運命は世界的に重大なるものであり、遠い極東の日本帝国に取つても頗る緊切なる関係を持つ場合が起り得ると云ふことを自覚せられて、どうぞ深き「インテレスト」を持たれ、此銀行の創設よりも寧ろ其将来の運用に就て御注意あらんことを熱誠に希望致します。

それから賠償問題に因んで私の深く感じたことは、戦前に於て大英国の商業は世界第一であり、全く或る意味に於ては世界の「デスポット」専制主のやうなものであつたのであります。然るに近年別懇と為りたる英国の商務大臣グラハム君の演説は、戦前の英吉利の政治家の為した演説、殊にジョゼフ・チェンバレン等の大演説を耳にしたる私に取つては非常に悲哀の感を禁ずること能はざる次第であります。英国の商業は将に没落せんとして居るとて、タッタ千噸二千噸の石炭を他の国から買つて貰はうと云ふ約束を得る為に非常な尽力をして居つた。其結果兎に角曲りなりにも伊太利から幾らか買つて貰うて（それは非常に哀訴歎願したのみならず、其石炭を運ぶ所の船は英吉利のこれ〳〵これ〳〵の船でして呉れと云ふことまで言はれて）、さうして失業者の増すのを防いで、英吉利の商業の没落を一刻たりとも遅くしやうと云ふ其苦心、私の親友グラハム君、彼は法律家であり弁護士であつた、スノーデンの若き親友で、スノーデンの推薦に依て今度商務大臣になつた。其の演説は如何に解釈されるか分りませぬけれども、英国の政治家は今や失業問題、貿易問題の為に非常に苦心して居られる。だから印度に於ける棉花、綿糸税率の問題の如きも、全く之を印度に委せる外ないと云うて居られた。詰り英本国は「ドミニオン」に対して手掛りが頗る稀薄と為つた。日本の仕事は英本国では分らない。印度にあり濠州にあり加拿陀にあるやうな有様。併し英国人の気性は御承知の通り phlegmatic [pragmatic] and energetic であります。他の国民ならば非常に失望落胆すべきのを、悠々と此難局を支へて回天の日を期して居る。併し今は兎に角非常に困つて居ると云ふことを私は痛感致しました。

此等問題の次には独逸と日本との間に大戦に因んで唯ゝ一つ残つて居つたものが今度円満に解決致しました。それは山東鉄道及鉱山の問題であります。金高で云へば今迄の所ではタッタ五百五十万金貨馬克であります。併し将来の事もあります。其将来も帳消し、現在も帳消しすることになりまして、しかも其方法が頗る高尚優美で、独国外相クルチュス君は別れるときに立派な公文を持つて渡されました。さうして曰く「自分は日本の参加が無ければ斯の如き六ケしい欧羅巴の「レパレーション」の問題は解決出来ないと最初より何時も思つて居つた。果せる哉君等は極めて公平にやつて呉れて有難い。山東問題も属僚に於ては当初餘程異論があつたけれども、斯う云ふ公文を作りました」。私等はクルチュス君の行動に少なからず感動致しました。それですから独逸の方も細目は知りませぬけれども、大体に於て餘程対日本の関係が好くなつたと思ひます。

終りに申上げたいことは、此賠償総勘定に関する大条約を独逸及旧敵国に於て実行せざるの意志ある疑のあるときは、其対手国即ち日本は無論のこと、英吉利、仏蘭西、伊太利、白耳義、是等の国は共同若しくは単独に海牙に在る国際最高裁判所に決定を仰ぐことが出来ると極めた。是は「フィナンス」と直接の関係は無いけれども、世界の「エヴォリューション」として一つの新紀元を劃するものである。則ち「ヤング・プラン」を焼直して各国の政府の確定条約とした所の箇条を実行するの誠意ありや否やと云ふ疑を持つたときには、吾々は之を世界の裁判所に訴へて其判決を求め、裁判所に於て誠意なしと認めたるときは各対手国は自由の行動を採り得ることが出来るとしたのは、米国の名大統領ヰルソン君のお蔭で、聯盟が益〻鞏固になり、其の聯盟の重要機関たる裁判所に対する信用が、独逸からも英仏からも、どの国からも見て大に増進したる証拠であり、世界の平和組織上注目すべきことゝ信じます。

それから先程会長より私が今後三十餘年の外務省の属僚生活を脱却して、新らしい活動を開始する、而して其活動は世界の裁判所であると御確言遊ばしました。其事に就てチョット五分ばかり申上げたいと思ひます。第一に会長が御確言遊ばしましたことは全く誤解でございますといふことを申上げる自由をお許し頂きたい。それは選挙であります。日本の内でも選挙は時として意外の結果を来たすことは、最近の日本の諸選挙にも意外の事がありました。況や五十六箇国の全権が特に集つて、来る九月二十日を期しジュネーヴに於て行ふ所の総選挙は実に恐るべき危険性を帯びて居ります。其事を一寸申上げて御了解を得れば、今夕私が此処に参りまして貴方かたにお目に掛かつた意義が私に取つては将来益〻長く存続する次第でございます。不戦条約を嘲ける者は世界人類の半数でございませう。アレは「リテラチューア」即ち空文に過ぎない、アレは「ユートピー」であると斯う云ふ、或はさうかも知れない。是は将来の経験を経なければ分りませぬ。併しながら此不戦条約は米国の主張に出で、仏蘭西が之に賛同し、露国でさへも之に加入し、世界各国之に加入せざる者なし。露西亜と支那との境界衝突問題に就ては、不戦条約の効果を危ぶまれましたけれども、兎に角露西亜の大使及露西亜のスターリンなども此条約を以て責められると、餘程其態度が変る。支那の方も其通りです。それだから全く効果が無いとは言へない。況や其他の文明国に於てをや。支那の如きは時としては条約を其明文通り守ることの力の無いこともあり、又是も一時彼も一時と考へてか既存の儼然たる条約を廃棄したる近時の状態が支那に於ては有ります。併しながらさうでない国、英吉利と云ひ、亜米利加と云ひ、日本は勿論のこと、日本帝国は一旦　天皇陛下の御批准を経て発表したる所の国際条約は、其文字精神を厳守するのであります。其他もさうでありますから、不戦条約は重要なる進展「エヴォリューション」を世界に及ぼすに違ひないと私は茲に断言致します。不戦条約実施の結果として、九年以来存続して居る所の海牙の「インターナショナル・スープリーム・コート」国際裁判所は益〻其の重要性を増しました。今を去る十年、千九百二十年（欧羅巴及亜米利加の暦で）、国際聯盟が世界各国より指定したる十人の法曹が集つて、此裁判所の根本法を作つたときには、此裁判所は如何に発達するか、法律家それ自身に於ても何等の信念が無かつたのであります。其の一人たる私もさうでありました。少なくとも此裁判所の前に応訴義務を認めさすべき時代に達してゐないと云ふのが私の持論でありました。と申しますのは、甲の国が乙の国を相手取つて或る事件を裁判所に出訴したる場合に於ては、乙の国は必ず之に応ずるを要すと云ふのが応訴義務である。私の外の九人の「ジュリスト」の中には米国のルートもあり英国のフィリモーアもあつたのであります。私は十年前の世界に於ては、応訴義務を国際条約中に認めさせるのは、裁判所の健全なる発達を妨げるものであると云ふ説を最終まで固守して、現行の国際裁判所の憲法には応訴義務は各国の任意であると云ふことに書いてあります。それが現行の裁判所の規定であります。それは私が唯〻一人で九人に対して戦つた私の留保が遂に物になつて居るのであります。然るに不戦条約実施の結果として、英国労働党が昨年六月再び政権を握つた結果として、昨年九月の聯盟総会に際しマグドナルド及ヘンダーソン両氏は英国を代表し率先して応訴義務を認めたのであります。独逸は前から認めました。仏蘭西も前から認めました。唯〻英吉利はあゝ云ふ特殊の状態を持つて居る国ですから躊躇して居つたのが、マグドナルド、ヘンダーソンの決心でそれが極つた。伊太利は如何。伊太利はムッソリーニの一人天下で、従来国際聯盟に対して一種の行動に出たのがムッソリーニであります（例へば「コルフ」砲撃の事件の如き）。それがどうしたかと云ふと、矢張それも応訴義務を認めた。各国全権は私に言つた。「去る千九百二十年に一己の法曹としてお前の留保した応訴義務は、今日は世界皆承知した。お前の反対したのは十年前だ。十年前の世界の進運はまだ応訴義務を認めしむるに至らないと言つたが、今日の現状は全く反対ぢやないか。さあ署名しなさい云々」。私は考へました。是は兎に角重大問題である。政府に於ても深甚なる考慮を払はるゝであらう。旁ゝ私は即座に之に応ずべきもので無いと考へて、今に其儘に為つて居り、是が世界裁判所の前に於ける日本の特殊なる立場であります。

是迄の最高国際判事候補者になり得る必要条件は唯〻二つであつた。第一は高き徳義的人格を有すること、即ち（モ《ママ》ーラル・ハイエスト・スタンディング」、第二は判事であつたこと若しくは国際法学者たること、之が今年まで続いて実行されて居る所の国際規約「スタテュート」の第二条の規定であります。之に合ふ者は皆候補者になれる。然るに十年の経験を経たる国際聯盟は不戦条約実施其他時運の進展に顧みてそれを改正しました。第一の資格即ち「モーラル・ハイエスト・スタンディング」は無論続いて居る。それから第二の資格も存して居るが、之に新しき二条件を希望条件として附加へました。第一の希望条件は英仏両国語に通じ、少なくとも其一を話し、之を書き、之を以て討論し、之を以て判決文を書き得る能力を持つて居ること、第二は国際政治及国際法関係の実際事件を扱つた顕著なる経験あること。中々六ケしい、此条件を充たした者でなければ候補に立つことは出来ない。次に其候補を其国の「グループ」〔裁判官団〕が国際聯盟本都〔部〕に提出するには、其国の政府は全く資格が無い。当人は無論資格が無い。各国は之に関する特別の裁判官団〔「グループ」〕を造つてある。其の「グループ」は「グループ」だけでは決定権が無い。各ゝ其国の大審院、各控訴院、各大学、各学士院、其他国際法の研究を目的とする重なる学会、之が集つて右の「グループ」と相談して候補者を出さねばならぬと極められました。十年前此の裁判法を作る際には全く試み「エッセイ」の時代である。学校の先生の夏休み兼帯のやうに、丁度海牙に於て海水浴の始まる――即ち六月の十五日に集つて暫く其処に居て裁判事務を執ることに極まつて居つた。今度はそれを取消して、裁判所は一月一日より十二月の三十一日迄継続的に開廷、執務すること、併し仕事が無いのに常に集まつて居ることは、徒に健康を害し退屈を来たし、頭を悪くするのだから、用の無いときはチョットは近い所へ行つても宜しい。但し各裁判官は何時でも裁判所長の招集に応じて其処へ来ることの出来るやうに取計ひ置かなければならぬと云ふことにした。其解釈は色々ありました。例へば華盛頓でも宜からう。海運業の発達したる今日、一週間目には紐育から海牙に来られるから、それも宜からう。米国人たるチャーレス・ヒューズ〔Charles Hughes〕、彼は米国大審院長になりましたが、それも兼職が出来るであらうとのこと。併しながら兎に角以前に比すれば重大なる義務を新裁判官が負ふことゝなつたのである。前は南米に住んだ、日本に住んだのに、来年からは海牙又は其の近所に住む事を要する訳である。尚重大なる変化は不戦条約実施の結果として、これから何れの国も戦争はしない。如何なる国際論議でも其の解決に関しては之を戦争に訴へず必ず総て之を裁判若しくは仲裁に懸けるとしてしまつた今日（諸大国中日本のみは右の義務に入つて居りませぬけれども）、此改革せられた世界裁判所の中に自国人を入れて居りたいと云ふことは、各小国ですら大に希望する所であり、況や大国と称し居る国々は皆非常に熱望して居ります。独逸の「グループ」が持出した候補などは、或る意味に於ては候補の「モデル」と称して宜からうと思ひます。餘り世の中に「ペーパー、ヒーロー」（新聞紙上の英雄）的に知られて居りませぬから、貴方がたの中には名前も御存知ない方がおありと思ひますが、我々仲間には極りなき尊敬を受け居るワルテル・シモン〔ジモンス〕（Walter Simon [Simons]）君である。彼は元来学究であります。聞く所によると戦前約二十年間「インターナショナル・コンモンス〔コマーシャル〕・ロー」国際商法の教授として伯林大学に教鞭を執つて、其道に於ては天下第一人と認められ、又「インスティテュート・オヴ・インターナショナル・ロー」国際法学院の正会員として、其会員の一人たる私と共に、毎年夏二週間若しくは三週間、一緒に集つて学問の研究をした人であります。千九百十四年八月二日、独逸皇帝が御自分の御先祖の御署名あらせられた白耳義国中立の条約を破つて、独逸軍を白耳義の国境に進出せしめらるゝや、シモン君は敢然として起つて公言し、是は正義の観念竝に国際法に違反して居り独逸民族の一恥辱であるとの意見を発表したが為に、牢獄に投ぜられて十八箇月間幽屏の苦を受け、出獄後も恐ろしい迫害の目標となつて貧苦と闘つて居つた。戦争の終つたときに南米に於ける約二十箇国の政府が醵金をしてシモン君を聘し二十数回の講演をして貰うた。彼は独逸の文化の為め、独逸学問の為め万丈の気焔を吐いて、総ての独逸人の深き感謝の裏に帰国した。シモンはさう云ふ正義の人であり、殊に政治界に「アンピ《ママ》ション」の少ない人だから、あの人に憲法を書かせたら宜からうと云ふことで、今日実施中の独逸憲法、所謂「ワイマル」憲法は彼の人の筆に成ることになつた。今度はそれを旨く実行して下さい。やりませうと引受けて外務省の長官となつて、それから「カンセラー」即ち大宰相になつて、次に仮大統領となつて数箇月間それを運用してヒンデンブルグ元帥の大統領当選を準備して此人に席を譲り、大審院長と為り先般まで其職を行ひつゝあつたが、今は罷めたでせう。其人が「ジャーマン・グループ」から推薦する候補者ださうです。亜米利加では例のチャレス、ヒュースださうですが[25]、其の政治家として（千九百十三年大統領選挙に際しては極めて少数の差でヰルソン氏に敗られましたが）法学者として弁護士として又大審院長として令名は夙に貴方がたの耳に達して居る事と信じます。英、仏人たる候補者に関してはまだ確聞しませんが、伊国人たる候補者は例のシャロヤ〔Vittorio Schialoja〕だそうです[26]。法学者としても政治家としても外交家としても、何人にも劣らない権威を持て居り、ムッソリーニ君が折ある毎に伊太利の最尊国賓と公言する人。今まで新聞上に現れて居る候補者は約四十名あつて何れも勁敵です。さうして新裁判官の席は僅に十五でございます。私が最も尊敬崇拝する四十年来の恩師富井政章先生より一昨年来の最も切なる御勧告に依り、又私が印度洋を渡航して居る中に（去る二月二十九日）、学士院、大審院、各控訴院、各大学、各学会の人々、総て集つて私を日本人候補に推薦することを決議せられ之を外務大臣にお伝へになりましたことは、私が当地に着いた次の日にて富井先生より電話で伺ひました。斯の如き事態に於て斯の如き候補に立つことは此上もなく恐るべき重大なる危険性あることとなるに拘らずお受をした以上は、今日より戦々兢々として来る九月二十日総選挙の日を待つて居るのであります。それ故に会長が先刻申された「海牙に行く」と云ふことは抱負であり、又私の恩師富井先生の御希望であり、政府の御考であり、又前に申上げた各種団体の御意見ですが、私に取りてはこんな恐ろしい事はありません。今秋私が落選すれば日本人は其裁判所に将来九年間居ないことになります。日本の大不利益であり、又日本の権威にも関はります。是迄日本は欧米文明の外に屹然として、別種なる、しかも偉大なる文明を持つて居る。又日本の学問、法学は特に進歩して、諸法典は何れも仏英独の長所を取つて円満に之を実行して居ると云ふことを、私等は常に世界に向つて説明して居るのに、改革された世界の裁判所に日本人の居ないことは如何にも残念である。のみならず今度遣り損へば九年の後に於ても亦多分日本人が入れないやうになるだらうとのことで、我在外各大公使は全力を尽して私の落選防止を画策し呉れられて居る由に承つて居ります。

(25)　ヒューズは一九三〇年二月に連邦最高裁判所長官に就任したため、ケロッグ（Frank Billings Kellogg）を候補者とした。
(26)　イタリアは結局アンツィロッティを候補者とした。

会長、諸君。今度富井先生の慈愛に充ちたる御勧めに応じ私が試みんとする大冒険は、恰かも私が十六歳の初春山形の故郷を辞し雪を冒し笈を負うて関山峠を踏越えて東京に上り、一生の運命を学問社会にトしやうと決心したときと同様で、世界大戦後情態の必要上、久しく私の踏むことの出来なかつた祖国の土を踏み（尤も本邦の代表的各種人物に会ふことは日本に居るよりも寧ろ容易でしたが）、貴方がたのお話を承り、又他に是非会ひたい約五十の友人に順次に会ひまして、六月十四日を期して加拿陀、亜米利加を経て欧羅巴に参つて、出来るならば落選したくないと云ふ意味で、準備をしやうと思ひます。九月二十日が選挙ですから、九月二十一日頃の日本の新聞電報に於て私の名前が見えなかつたら、それは私の落選を物語るもので、十月に帰りまして、さうして永久に祖国の空気に親しんで、天皇陛下の忠良なる一個の自由の民となつて飽くまで私の愛好する学問を楽む決心であります。若しも私の名前が見えたならば、九年間一日も撓むことなく、日本の主張すべき権利と理由とがあらば、裁判所の中で十分に主張します。如何なる事件――日支の関係でも、日米の関係でも、何処の国の関係でも、裁判所に出た以上は私は諸君に誓ひます。主張し得べき道理、主張し得べき権利利益であれば、私の渾身の力を以て必ず之を防護します。不幸にして私の意見が多数同僚の容るゝ所とならざる場合には私の意見を判決文の直後に附記して公表致しませう。

今夕は誠に意味深長なる此会に列しまして会長に対して「プロテスト」も致しましたが、此機会に於て二つの重要事件に就て所感の一端を申上げることを御許し下さつたのは、私の最も感謝する所であります。

終りに臨みまして、初に申しました通り、「フィナンス」なければ外交なし、「フィナンス」なければ正義も行ふに由なし。交通益ゝ発達して世界の関係益ゝ密接になると共に、貴方がたの対内対外の責任が益ゝ重きを加へますから、何率〔卒〕御健康に御注意なされて、長く此重要なる御務に従事されんことを満腔の熱心を以て祈り上げます。（拍手）

第四章　常設国際司法裁判所

本章には、常設国際司法裁判所に関する安達の資料を収録した。一九二〇年六月から七月にかけて、常設国際司法裁判所を設立する条約（常設国際司法裁判所規程）案を起草した法律家諮問委員会において、安達がどのような発言をし、外務省との間でどのようなやり取りを行っていたかについては、これまでにかなりの研究が行われてきている[1]。また、安達と外務省とのやり取りについては、かなりの文書が『日本外交文書　大正九年第三冊上巻』（外務省、一九七三年）三一六―四一〇頁に掲載されている。第一節には、安達が外務省に送った公電のうち、とくに重要とみなされる四通のみを掲載した（**資料**［58］から［61］。［60］と［61］は『日本外交文書』未掲載）。

第二節には、安達が常設国際司法裁判所に対してどのような期待をもっていたかについての本音が窺えるような書簡を二通収録した。**資料**［62］は、法律家諮問委員会において義務的管轄権の導入を主導した委員の一人であったルートに宛てた、一九二一年一月二五日付けの書簡である。そのなかで安達は「裁判官がうまく選任され、良識と正義に満ちた、一定の数の判決が積み重なっていけば、世界中のすべての国家は喜んで義務的管轄権を認めるようになるだろうことに、なんらの疑念もありません」と記している。そして、その八年後の、一九二九年八月二日付けの山川端夫宛の書簡では、国際裁判への期待が膨らんでいることが窺える（**資料**［63］）。この点については、第三章第七節に収録した一九三〇年の五つの講演、および**資料**［84］も参照してもらいたい。

第三節には、常設国際司法裁判所裁判官選挙出馬についての安達の本心が窺えるような書簡四通を収録した。**資料**［64］は、安達が出馬すれば当選間違いないとロンドンから書き送ってきた山川端夫（当時海軍軍縮会議全権委員として当地に滞在中であった）からの一九二九年一二月二八日付けの書簡に、安達が「何タル呑気ゾヤ」と書き込みをしているものである。この当時の安達の心境は、在ハノイ総領事であった黒澤二郎に宛てた一九三〇年一月二八日付けの書簡からも窺い知れる（**資料**［65］）。黒澤は一九一六年に外務省に入省し、その後ベルギー公使館で安達と職場を同じにしたことのある人物である。安達はこの書簡の中で、四〇年間慣れ親しんできた外交官としての仕事を続けたいという気持ちと、常設国際司法裁判所裁判官としての仕事もしてみたいという気持ちと、二つの気持ちがせめぎ合っているということを正直に吐露している。その背景には、大国の中では日本のみが強制管轄権を受諾していないという事実があることも安達は記している。

その一方で安達は、立候補に向けての準備を着々と進めていた。**資料**［66］は、ベルギー外相ハイマンス（Paul Hymans）に宛てた、一九三〇年二月一一日付けの書簡であり、このなかで安達は立候補についてのベルギーとしての支持を、自分の履歴書を添えて願い出ている。またこのなかで安達は、同国の著名な国際法学者であるドゥ・ヴィシャーにも支持を願う書簡を出すつもりであることを書き添えている。そのドゥ・ヴィシャーは同年二月二三日付けのハイマンス宛の書簡の中で、安達の立候補を全面的に支持している（Archives diplomatiques, Bruxelles, Belgium : 10.659, Cour Permanente de Justice Internationale. Élection des membres candidatures 1921-1930）。

一九三〇年六月一四日に離日し、米国経由でヨーロッパに向かっている途中の、六月二四日付けの徳富蘇峰宛の書簡では、「正義ニ基ケル平和ヲ世界ニ与」えるという、強い決意が表明されている（**資料**［67］）。

一九三〇年九月の選挙で第一位で当選した安達は、裁判官たちの互選により就任当初から所長の大役を担うこととなった。所長としての活動が窺える、各種の資料を第四節に収録した。まず、一九三一年一月二〇日の最初の公式会議での安達の挨拶が、**資料**［68］である。安達は、「理念は永遠であり、制度は存続します。しかし、人は交替します」と述べた上で、裁判官の心構えを明確に伝えた。所長としての重責、多忙さを率直に伝えているのが、同年六月三〇日付けの徳富蘇峰宛の書簡である（**資料**［69］）。また、永遠の生命がある制度として常設国際司法裁判所が存在することを強調しているのが、裁判所設立一〇年を記念して作成された解説書に寄せた序文（日本文と仏文）である（**資料**［70］）。他方、所長の任期を三年間全うした後の再選を求められたが、なお三年以上「寸暇ナク此重任ヲ負フコトハ到底人力」の及ばないことであるとして断ったという経緯を説明しているのが、一九三三年一二月一八日付けの、司法省法学校・帝大の同級生小川平吉宛の書簡である（**資料**［74］）。

所長としての苦労の一端を知ることができるのが、ケロッグ（Frank Billings Kellogg）裁判官とのやり取りである。一九三二年七月九日のケロッグ宛の書簡の中で安達は、パリやジュネーヴでのケロッグ裁判官の行動に、裁判官として不適切な部分があるのではないかとの懸念を伝えている（**資料**［71］）。これに対してケロッグは、七月二五日の返信で、報道では自分の行動は誇

（1）牧田幸人『国際司法裁判所の組織原理』（有信堂、一九八六年）、関野昭一『国際司法制度形成史論序説』（国際書院、二〇〇〇年）など。法律家諮問委員会の詳しい議事録は、Comité consultatif de juristes, *Procès-verbaux des séances du comité 16 juin-24 juillet 1920 avec annexes* (1920).

張されすぎているのであり、裁判官としてはずれたことはしていないつもりであると回答している（Kellogg Papers, Reel 46, Frames 76–77）。

多忙な所長を支え続けたのが、裁判所の書記オーケ・ハマーショルド（Åke Hammarskjöld）であった。かれは文書の保管にこの上なく熱心であり、安達のメモ書きのようなものも含めて、大量の資料がスウェーデン国立図書館所蔵の「ハマーショルド関係文書」の中に見いだせる。**資料**［72］は、所長になって一年半ほど経った一九三二年八月三日付けの、ハマーショルドに宛てた覚書である。このなかでは、「裁判官——特任裁判官も含めて——の役割は、何に対してであれ完全に独立であるという、厳格な義務を課している。また、こうした条件の下で、裁判官の母国政府をわれわれ裁判官自身の『妻（femme）』とみなしてはならない、ということに留意すべきことがわたくしの義務である」と記している。

常設国際司法裁判所には一般の外交文書の場合の「三〇年ルール」にあたるようなものはなく、裁判官が個々の事件についてどのような考えを持ち、裁判官間でどのような議論がなされたのかを探り出すための一次史料へのアクセスは、一般には不可能である。この点で参考とできる資料として貴重なのが、**資料**［73］である。これは、一九三三年七月二九日のポーランド農業改革事件についての仮保全措置請求を棄却した命令についての、安達の個人的意見を表明した「所見（observations）」である。安達はここで、一九三二年八月三日の東南部グリーンランドの法的地位に関する仮保全措置請求棄却の先例を引きつつ、今回の請求棄却に賛成した理由を説明している。

安達は、一九三四年六月初旬から不眠症に悩まされ、それが原因で体調を崩した。七月一一日からベルギーの保養地スパに滞在していた。療養中に執筆した七月一四日付けのハマーショルド宛の書簡（手書き）では、状況を立て直そうとしている現所長のセシル・ハーストを賞賛している（**資料**［75］）。

所長として安達は、二つの判決（東部グリーンランドの法的地位、ハンガリー・チェコスロヴァキア混合仲裁裁判所の判決の上訴）に直接かかわり、上部シレジアのドイツ人少数者学校への入学、ドイツ・オーストリア関税同盟事件などの七つの勧告的意見を与えた。このうち、ドイツ・オーストリア関税同盟事件については、一九三一年七月二〇日の命令についても、同年九月五日の勧告的意見についても、共同反対意見を提出している（**資料**［76］と［77］）。また、ハンガリー・チェコスロヴァキア混合仲裁裁判所の判決の上訴事件の判決が、常設国際司法裁判所の歴史の中で最善のものの一つと安達がみなしていたことが示されているのが、資料[84]である。

所長としての安達を一番悩ませたのが、一九三一年九月一八日に勃発した満州事変であった。勃発して約一ヶ月後に安達は駐オランダ公使松永直吉に連盟理事会や裁判所の受け止め方を秘密裏に伝えている。結論としてこの事件が裁判所に付託されると、「我方ハ極メテ不利ナル立場ニ陥ル」という見解であった（資料[78]）。同様の趣旨の書簡が、翌年五月二七日付けの斎藤実首相（前日に斎藤内閣が発足した）宛のものである（資料[79]）。満州事変の推移に安達が一貫して大きな関心を寄せていたことが窺えるのが、一九三二年一〇月一日付けのハマーショルド宛の書簡である（資料[80]）。このなかで安達は、リットン調査団の報告書についてのハマーショルドやかれの友人たちの印象を尋ねている。

一九三三年三月二七日に日本は国際連盟脱退を通告した。すぐに外務省内で検討されたのが、脱退にともない、日本が常設国際司法裁判所にどのようにかかわっていくかという問題であった。外務省条約局長松田道一は、同年四月六日付けの公電で、九つの問題に整理し、内々に安達に意見を求めた。安達個人の見解だけではなく、裁判所全体の意向をも問うものであった。安達は、五月一八日の書簡で、私見を述べることは「何卒一切外部ニ洩レサル様ニ」と念押しをして回答している（資料[81]）。この回答にさきだって安達は、同年四月一五日付けのハマーショルド宛の書簡では、常設国際司法裁判所規程の批准をいつでも取り消すことができるかの検討をハマーショルドに依頼していた（資料[82]）。

同年八月二三日付けの小川平吉宛の書簡には、安達の苦悩がにじみ出ている。二月二七日付けの小川の書簡に対して、約半年後に返信をしたことになる（資料[83]）。小川の予言どおりに連盟を脱退した後においては、満州国を各国に承認させ、「東亜永遠の平和を確立する」ことが日本の国策であるべきことに同意している。その一方で、同年一二月二〇日に安達がケロッグに送った書簡には、常設国際司法裁判所への大きな期待が表明されている。「地球上の至る所で、政治的・経済的に困難な状況にあり、国際連盟は、わたくしが想像していた以上に深刻な危機に直面しています。それでもわたくしは、ケロッグ条約〔不戦条約〕の精神を見事に体現している常設国際司法裁判所は、こうした、あらゆる騒擾に耐えうるものであると思っています」（資料[84]）。

第八節では、安達が晩年に至るまで、常設国際司法裁判所の改定議定書や裁判所規則の改正に関心を持ち続け、国際紛争を戦争によってではなく、平和的に解決すべきであるという決意を持ち続けたことが窺える資料を三点収録した。資料[85]は、一九三四年六月七日の日付けが入っているが、実際には投函されなかった水野錬太郎宛の書簡である。**資料**［86］は、その一日後の日付けのハマーショルド宛の書簡である（こちらのほうは本人に手渡されている）。また、**資料**［87］は、峰一郎の死後の一九三七年一月一日付けの、妻・鏡子からハマーショルド夫妻に宛てた書簡である。そのなかでは、常設国際司法裁判所が誇り高い存在であり得ることを強調し、「ある人〔峰一郎?〕の深い言葉、その人の最後をいつも思い出しています。正義と平和についての純粋な考えをわたくしのような、まったくなんの変哲もない女性も持てるのです。正義と平和は、世間がますます変転している時代にあってはとくに、そうした考えから導き出されなければなりません」と記している。

第一節　常設国際司法裁判所の創設

［58］内田康哉外務大臣宛公電　一九二〇年四月一六日

五五一七暗
ブラッセルス発　大正九年四月　一六日后九、三五
本省着　　　　　　　　　　　二二日前二、三七
内田外務大臣　安達公使

第一八号
往電第一一号ニ関シ、其後「ブールジョア」及ビ「フロマジョウ」等ニ面会シタルニ、常設国際司法裁判所構成ニ就キ五大国ノ永久代表権ヲ確保スル事ハ、第二平和会議ノ経験ニ照シ、且ツ事項ノ性質上、交通事項等ト異リ大国代表主義成功ノ見込無シト確信シ居リ。又「デカン」男モ未ダ成案無シト称シ居ルモ、当国ノ地位ニ照シ五大国永久代表主義

ニ反対ナル事明白ニ之アリ。「ルート」「フィリモーア」等ノ意見ハ未ダ之ヲ承知セザルモ、第二平和会議ニ於ケル英米委員ノ態度ニ顧ミ、該主義ヲ固執スルモノニ非ザルベク、従ツテ常設交通委員会ニ於テハ該主義今日迄ノ処各国ノ認ムル所ナルニ拘ラズ、国際司法裁判所ニ関シテハ成功到底覚束ナキモノト認メラル。就テハ該主義到底行ハレザル場合ニ於テハ、同裁判所判事ハ国際聯盟理事会ニ於テ選任スル事トスルノ案ヲ提出セバ、或ハ成功スルヤモ計リ難ク、右ハ帝国ニ取リ一般普通選挙主義ヨリモ遥ニ得策ナルベシト思考セラル。尚ホ同権限ニ関シ之ヲ広ク定メ、聯盟規約第一三条ニ規定セル各事項ノ裁判権ヲモ附与シ、関係国ノ同意ノ有無ニ拘ラズ進ンデ之ヲ取扱ヒ裁判スルコトトスルノ説頗ル有力ナル処、右ハ帝国ニ取リテハ寧ロ思ハシカラザル事ト認メラルル儀ナルガ、何レ「ルート」五月中旬来遊ニ際シ各国公法家ノ会合ヲ催スコトト相成ルベキ処、右二点ハ同裁判所組織ニ関スル骨子タル次第ナルニ付、何分ノ儀成ル可ク速ニ本使心得迄ニ御回示ヲ請フ。

[59] 松井慶四郎大使より内田康哉外務大臣宛公電　一九二〇年六月五日

七七六九暗
巴里発　大正九年六月　五日后二、二〇
本省着　七日前一一、一〇
内田外務大臣　松井大使

第九五六号
安達ヨリ
常設国際司法裁判所構成委員会ノ開催地ニ関シ、和蘭国政府ヨリ右委員ヲ海牙ニ招致シタキ旨公式ニ照会アリタルニ付、本使ノ都合承知シタキ旨五月十四日国際聯盟事務総長ヨリ電信アリタルニ付、是非巴里ニ定メラレタキ旨返電シタルカ、仏国「フロマヂョー」氏白国「デカン」男等モ同様ノ返電ヲ発シ、「ユーゴスラビー」国「ベスニッチ」氏ハ主義上海牙ニ異存ナケレ共、過日首相ニ任セラレ到底結局「ベルグラード」ヲ去ル能ハサルヘク、巴里ナラハ或ハ出席相叶フヘキモ兎ニ角辞任シタキ旨返電シタル由ナルカ、蘭国「ロデル」氏ノ他同僚ニ対スル交渉最モ熱心ナル為メ、委員ノ多数ハ之ニ賛同スヘキ模様ナルニ付、仏国政府ハ此ノ際「フロマヂョー」氏ノ巴里ヲ去ル能ハサル用件アルニ鑑ミ、公然公法家ヲ巴里ニ招待スルコトニ決シ、同十七日（脱）理事会ノ為メ羅馬ニ出張中ノ「ブルヂョア」氏ニ訓電ヲ発シタリシカ、理事会閉会後ニ到着シタル由ナリ。

元来公法家ノ会合ヲ海牙ニ催スコトハ主義上本使ニ於テ何等異存ナキ儀ナレトモ、五月二十八日以来当地開催中ナル国際交通会議ニハ、鉄道ニ関スル協約案其ノ他重要ナル用件モアリ、可成良好ナル結果ヲ確保スル為メ引続キ努力シタク、「フロマヂョー」、「ベスニッチ」及ヒ「デカン」諸氏トモ交渉ノ上、来ル十一日海牙ニ於テ第一回ヲ催シ、其ノ後直ニ一同巴里ニ来リ審議ヲ尽シ閉会式等ハ海牙ニ戻リテ之ヲ為スノ案ヲ具シ、五人ノ名ヲ以テ「ロデル」氏ニ照会シタルニ、同氏ハ海牙開会ノコトハ既ニ新聞ニ公表シタルコトニモ有之、今更変更スルコトニ同意スル能ハサル旨六月一日返電アリタルニ付、此ノ上ハ来ル十一日ノ第一回ニ於テ更ニ同僚ニ相談スル外ナキコトトナレリ。茲ニ於テ「フロマヂョー」氏ハ断然辞任ヲ申出タレトモ、同氏ハ判事選任方法等ノ問題ニ関シ大要本使ト意向ヲ同ウシ、五国永久代表説ヲ主張スルノ勇気ハナキモ、可成ハ聯盟理事会ニ判事選任ヲ委任セントスル説ヲ有スルニ至リ、我目的達成上欠クヘカラサル唯一ノ同僚ナルニ依リ、同氏ニ於テ辞任ヲ思ヒ止マリ、兎ニ角第一回ニ出席シ大体ノ意見ヲ発表シ、其ノ後時々海牙ニ来リ委員会ニ出席スル様勧告方「ブルヂョア」氏ニモ依頼シ、同氏ニ於テモ折角斡旋中ナリ。判事選任問題ニ関スル「ルート」氏及ヒ「ヒリルア〔フィリモア〕」氏等ノ意見ハ、未タ直接ニ之ヲ聞クノ機会ナキモ、其ノ友人等ノ伝フル処ニ依レハ、聯盟各国ヨリ候補者一名ヲ推薦シ聯盟総会ニ於テ若干名ヲ選挙スルノ意見ヲ有スル由ナル而已ナラス、国際聯盟仏国協会ノ如キハ先日特ニ会合ヲ催シ、聯盟各国ハ候補者三名ヲ推薦スヘク、其ノ一名ハ大学部内ノ選出ニ係リ、一名ハ司法部内ヨリ選挙シ、他ノ一名ハ諸所ノ学会ヨリ選出スルコトト定メ、聯盟総会ニ於テ各国平等ノ権利ヲ以テ判事若干名ヲ選挙スヘキコトヲ決議シ、候補者ノ選定ニハ各国政府ヲシテ毫モ之ニ干渉セシメサランコトヲ期シタル由ナリ。従テ五国永久代表説ハ勿論、聯盟理事会選任説亦成功ノ望ミ極メテ寥々タル儀ナレ共、「フロマヂョー」氏ニ於テ辞任ヲ思ヒ止マリ、来ル十一日ノ第一回ニ出席シ本使ト共ニ其ノ所信ヲ主張スルニ於テハ、本問題ノ前途未タ全然絶望スヘキモノニアラサルカ如シ。他ノ一方国際交通会議ニ於テハ国際港、国際河川及ヒ自由通過ノ諸協約案並ニ其ノ報告書案ニ於テ、既ニ我主張ヲ貫徹シタルモノノ如ク、目下審議中ナル鉄道協約案ニ関シテモ亦、左シタル問題ナキニ至リタル様感セラルルニ依リ、本使ハ適当ナル善後処分ヲ協定シ、来ル九日巴里ヲ発シ海牙ニ赴キ裁判所構成委員会ニ参加スル積リナリ。

［60］内田康哉外務大臣宛公電　一九二〇年六月一五日

八三七〇暗
ブラッセル発　大正九年六月　十五日后〇、五〇
本省着　十八日前九、二〇
内田外務大臣　安達公使

第三四号

松井大使往電第九五六号ニ関シ「フロマジョー」氏ハ到底今直チニ巴里ヲ去ル能ハサル趣ニテ、「ブルヂョアー」氏ハ同氏ノ巴里ヲ去リ得ルトキ、即チ来ル廿四日頃迄開会延期方聯盟事務総長ニ照会シタルモ、其ノ同意ヲ得ル能ハス。其ノ後任者ヲ物色セルモ急ニ之ニ応スルモノナカリシ処、其ノ交渉ヲ受ケタル「ワイス」及ヒ「ラプラデル」等ニ対シ、本使ヨリ判事選任方法問題ニ関シ内談シタルニ、何レモ聯盟理事会選任説ノ不可ナルヲ主張シ居リ、且ツ貴電第一二号第三案②ノ如キハ常設裁判所ノ根本義ニ反スルヲ主張シ居レリ。又六月十三日当地ニ於テ「デカン」男ニ面会セルニ、同

男ハ国家平等、聯盟総会公認説ヲ主張シ居レリ。就テハ何等帝国ノ利益ヲ擁護スルニ足ル新案ヲ工夫スルノ必要アルヘシ。

本使ハ小川官補ト共ニ六月十五日海牙ニ向フ（十五日）。（終）

［61］落合謙太郎公使より内田康哉外務大臣宛公電　一九二〇年七月一八日

一〇四八三暗
海牙発　大正九年七月　十八日后七、一〇
本省着　　　　　　　二〇日前八、三〇
内田外務大臣　落合公使
第一三六号
（至急）
安達ヨリ

十七日公法家非公式会議ヲ開キ、自国関係事件ニ自国判事選任ノ件及ビ本件裁判所権限問題ヲ議ス。之ヨリ先「ルート」ハ、度々自国判事問題ニ干スル会議ノ決議ヲ覆シ、全然本使ノ主張ニ満足ヲ与フル様斡旋ス可キニ付、権限問題ニ干スル本使ノ修正案ヲ撤回アリ度キ旨ヲ来談シ、此際英米公法家ト離別スルハ日本国将来ノ利益ニ非サル可シト迄論ジタルガ、本使ハ開会以来尽サレタル好意的努力ハ感謝ニ耐ザル儀ナルモ、聯盟規約第十四条ノ文言餘リニ明白ニ有之、又実際論トスルモ本件裁判所ハ少クモ当初ハ右文言通リニ致シ置キ、徐ニ其ノ発達ヲ観察ス可キモノト思ハルル旨ヲ繰リ返シ置キタル次第ナリ。

会議ハ先ヅ自国判事ノ問題ヲ討議シ三時間ノ永キニ渡リタルガ、蘭、仏、西公法家ノ激烈ナル反論アリテ要領ヲ得ズ。斯ノ如キ重要ナル問題ハ議事録アル正式会議ニ於テ之ヲ討論シ、以テ各自ノ責任ヲ明ニス可キモノト認メ、十九日ノ正式会議ニ於テ更ニ論スルコトニ決シ散会セリ。

第二節　常設国際司法裁判所への期待

[62] ルート宛書簡　一九二一年一月二五日

→欧文著作（巻末）66頁

[63] 山川端夫宛書簡　一九二九年八月二日

→欧文著作（巻末）69頁

第三節　常設国際司法裁判所裁判官選挙

[64] 山川端夫からの書簡　一九二九年一二月二八日

拝啓仕候。愈御清適奉大賀候。陳者華府及シェルブールへ両回御懇書ヲ賜ハリ、御近況ヲ詳ニスルヲ得タルノミナラス、小生ニ対シテ御激励ノ御一葉ヲ辱フシ、誠ニ難有深謝此事ニ御座候。貴書、早速若槻全権ニモ御覧ニ入レ、小生ノ渡蘭ニ関シ御協議申上候処、此際ニ於ケル小生之不在ハ困ルトノコトニテ御許可モ無之候為メ、不得已断念致スノ外ナキ次第ニ御座候。小生ニ於テモ、実ハ御帰国前御面会ヲ得度存居、何等カノ機会無之哉ト考居候場合ニモ有之候ヘトモ、何分ニモ会議前又下交渉モ其頃ニハ遅クモ行ハルヽ都合ト可相成、強テ当地ヲ離ルヽ訳ニモ不参、甚タ残念トハ存候ヘトモ、何卒事情可然御諒察被下度願上候。国際裁判所ノ判事御就職ノ件我国ニ取リテ極メテ肝要ナル儀ニ有之、御高示ノ

（2）　国際連盟加盟国が各一名の裁判官を任命し、裁判はこれらの裁判官中の九名で行う。その九名の選定については、「各〔紛争〕当事国ハ各三名ヲ本件裁判所ノ判事中ヨリ指定シ残余ノ三名ハ当事国間ノ合意ニ依リ選定ス。右合意成立セザルトキハ聯盟理事会之ヲ選定ス」。『日本外交文書　大正九年第三冊上巻』（外務省、一九七三年）三二六頁。

通我国トシテ未夕応訴義務ヲ認メサルノ今日、多大ノ困難アル一義ハ無理カラヌコト丶モ被存、従テ此際トシテハ閣下ノ如キ世界的人物ノ御出馬アルニアラサレハ成効ヲ見ルコト一層困難ナル次第ト存、偏ニ為邦家御奮起ヲ願フノ外無之ト信候。閣下ノ御出馬アラハ無論我国ノ成効ハ疑ナク、安意スルヲ得ト存候（1）。第二回ニ於テ我当選以後ハ、我地位ハ将来確保セラル丶ニ至（2）ヘク、今回ハ我国トシテハ最モ大切ナル場合ト被存候（3）。

軍縮会議ノ問題ハ至極簡単ナル訳合ニハ候ヘトモ、国防ノ大事ニ関スル丈相当ニ面倒ナル利害関係ノ為、解決ハ必ラスシモ容易ナラズ。如何ニ我国ノ声明ヲ実現スヘキカニ付テハ、一同ノ深ク苦心シ居ル所ニ候（4）。願クハ帝国ノ為充分ノ成果ヲ挙ケ度キ儀ト祈居候。同時ニ本会議ヲ首尾能ク成効セシムルコトハ、帝国ノ為ニモ必要ナル次第ト信シ、出来得ル限リ微力ヲ尽シテ全権ヲ補佐致度ト存候。

先ハ不取敢御返事ノミ如斯ニ御座候。

敬具

十二月二十八日　山川端夫

安達大使閣下

＊　文中の傍線部分に以下のような、鉛筆による安達の書き込みがみられる。

（1）何タル呑気ゾヤ

（2）必ズシモ然ラズ

（3）oui

（4）忍耐シテウロタイザレバ必ス実現スヘシ

[65]　黒澤二郎宛書簡　一九三〇年一月二八日

↓欧文著作（巻末）70頁

［66］ハイマンス宛書簡　一九三〇年二月一一日　→欧文著作（巻末）72頁

［67］徳富蘇峰宛書簡　一九三〇年六月二四日

六、廿四、米陸ニ近キツ、

峰一郎

蘇峰尊兄侍史

拝啓　益々御清康慶賀申上候。

小生共去十四日祖国ニ別レヲ惜ミツヽ米国ニ向ヒ候処、航海至泰ノ衷ニ貴著(3)ヲ渉読シ大ニ爽快ヲ感シ、九月ノ世界ノ大撰挙戦ニ臨ム小生ニ取リ無上ノ奨励、慰安ト相成申候。現代転機ニ関スル貴見、小生ノ全然同感ナル所ニ有之。此精神ヲ以テ世界ニ立チ、実際ニ於テ同胞ハ科学的文明ニ於テモドノ民族ニモ劣ラサルコトヲ示シ、且ツ正義ニ基ケル平和ヲ世界ヲ〔ニ〕与フル力アルコトヲ証シ、以テ我国運ノ将来ヲ確保シタク、千祈万禱致居候。尚将来モ時々御高教ヲ垂レ被下度御願申上候。

草々謹言

（3）『日本帝國の一轉機』（民友社、一九二九年九月）のことではないかと推察される。なお、安達が出港するさいに蘇峰は妹の葬儀のために九州へ向かっており、見送りできなかったことをわびる絵葉書が、六月一三日付けで安達の常磐台の自宅に送付されている。「安達文書（書簡）」四四一―二。

第四節　常設国際司法裁判所所長として

[68]「一九三一年一月二〇日公式会議での挨拶」（仏文）　一九三一年一月二〇日　↓欧文著作（巻末）73頁

[69] 徳富蘇峰宛書簡　一九三一年六月三〇日

拝啓　去五月廿七日朝刊日日紙上ニテ貴見ヲ拝シ、感悦ニ不堪一書啓上仕度クアセリ居候内ニ、六月六日付御懇書④ニ接シ、御全快ノ御事ヲ確知シ、欣喜ノ至リ、此上トモ切ニ御自愛、永ク御健全ニ入ラセラル丶様向天切ニ祈上候。小生モ年甫国際法院ニ長タルヲ諾シ候以来、コレマデ感シタルコトナキ重責ヲ感シ、且ツ今春以来意外ニモ国際紛争重要事件多数持込マレ、年末マテ一日ノ休ナク開廷審理ヲ要シ（皆欧州ニ関スルモノナルハ至幸ニ候）、多忙ニ閉口致居候ヘトモ幸ニ至健、何卒御安心被下度願上候。唯今ハ独澳関税合併問題公判準備中ニテ、ケログ、王寵恵、ブスタマンテ等モ遠国ヨリ着牙〔ハーグに到着〕、三百以上ノ記者モ来着、騒然混雑致居候。

当国ノ如キモ世界不景気ノ影響ヲ受ケタレトモ諸社会少シモ乱レス、微小ナガラ感嘆ノ目的ト相成居候。何レ不遠諸国回復ニ向フコトト認メラレ候。支那ノ方ハ将来可ナリ永ク混乱ヲ程セラルヘク、其後ハ多分一種特別ノ連邦ニ為ルモノナラント存候。之ニ依リテ国策ヲ樹立セバ、我常ニ究⑤セサルヘシト遠処ヨリ観測セラレ候。

取込中御清康ヲ祈リ、且ツ明治卅八年五月ノ昔ヲ追想シ深ク敬仰ノ誠意ヲ表上申候。

六、卅、海牙　安達謹拝

蘇峰先生侍史

[70]

(1)「序文」一九三二年一月一五日

原　序

常設国際司法裁判所開廷式は一千九百二十二年二月十五日を以て、平和宮内正義の大広間に於て厳粛に施行された。その記念すべき開廷式以来拾年の星霜は早くも流れんとしてゐる。右開廷式に先立つこと拾八ケ月、彼の公法家委員会は既に裁判所規程案の作成を了し、余は右委員会の一員として式場に参列するの光栄を担つたのであつた。

将に迎えむとするこの第拾周年を何等かの方法を以て記念せんとする意志を裁判所は有するものではない。何者第一に、永遠の生命があるものと見なければならぬ国際的制度として十年の歳月は余りに短期間であること。第二に、裁判所の使命は足を止めて既往の業績を回顧することに非ずして、自己の前途を凝視して邁進することであるからである。加之、裁判所の最も緊要なる特色である裁判所の継続性は、裁判所の既往の業績を時期に依て恣意的に分割することを許さない。

乍去国際関係の事業に多少とも関心を有せられる者の中には、この開廷式の日を追想し、既往十ケ年間に於ける本裁判所の事業を手早く、簡単に知る方法を求むる向もあるべく、かゝる人達の為に専門的に渉るを避け、主要な事実を客観的に記述した公正な解説書を刊行せしめんとするは強ち徒爾ではあるまいと信ずる。

本書の由来と目的を記して序辞に代ふ。

海牙に於て

一九三二年一月一五日　　常設国際司法裁判所長　安達峯一郎

(4) この書簡は所在不明。
(5) 明治三八(一九〇五)年五月二七日から二八日にかけての、日本海海戦のことと推察される。

（2）「序文」（仏文）　一九三二年一月一五日　→欧文著作（巻末）74頁

[71]　ケロッグ宛書簡　一九三二年七月九日　→欧文著作（巻末）75頁

[72]　「ハマーショルド宛覚書」（仏文）　一九三二年八月三日　→欧文著作（巻末）76頁

[73]　「ポーランド農業改革事件に関する所見」（仏文）　一九三三年七月二七日　→欧文著作（巻末）77頁

[74]　小川平吉宛書簡　一九三三年一二月一八日

拝啓　日常極忙ノ為メ御無音ノミ申上候内ニ歳晩ニ相成候処、益々御清康ニ候哉。又御奥様ニモ其後全ク御快癒被遊候哉。何卒御大切ニ、不断御清康ニテ御全家御消光ノ程御祈申上候。当方ハ此三年以来、一刻ノ寧静ナキ劇職ニ当リ居候モ幸ニ至健、両人共国家ノ御為メト信シ必死、相励居候。来春ニ至ラバ国際裁判所々長ノ第二期ト相成候処、世界現局ノ重大性ニ照シ全ク先例ヲ破リ、枉テ再撰ヲ諾シ呉ルヽ様ニト重ナル同僚「ケログ」、「アンヂロッチ」、「ゲレロ」（現副所長）、王寵恵其他ヨリ内願アリタルモ、此上尚満三年以上モ寸暇ナク此重任ヲ負フコトハ到底人力……〔十数字分ヤブレ〕……帰朝致度キ宿望モ……〔十数字分ヤブレ〕……内々御含置下サレ、不悪御承諾ノ程御懇願申上候。

一般平和破滅ノ兆世界各処ニ満ツル此際、本邦同胞ノ一心協力、帝国ノ光栄アル運命ヲ開拓セラルヽ様ニト、遥カニ朝夕東天ヲ仰キ祈居候。

高澤坦三ノ娘ハ三年半前鉄道省書記官大坪正ニ嫁シ、現今ハ満鉄旅客掛トシテ大連勤務ニ有之。右大坪ハ小生先年巴里大使時代ヨリ昵懇ノ好漢ニ御坐候間、御序ノ節何卒八田〔嘉明〕副総裁ニモ御話シ置下サレ度ク、呉々モ御内願申上候。〇先般ノ貴信中「湯河遠逝」云々ノ御文字相見エ申候処、湯河元臣兄ハ果シテ彼世ノ人トナラレタル次第ニ候哉。

再ビ御清康ヲ祈上ツヽ。　倉皇謹言

峰一郎

小川盟閣　侍史

[75] ハマーショルド宛書簡　一九三四年七月一四日　↓欧文著作（巻末）79頁

第五節　常設国際司法裁判所命令・勧告的意見に対する反対意見

[76]「ドイツ・オーストリア関税同盟事件命令に対する共同反対意見」（仏文）　一九三一年七月二〇日　↓欧文著作（巻末）79頁

[77]「ドイツ・オーストリア関税同盟事件勧告的意見に対する共同反対意見」（仏文）　一九三一年九月五日　↓欧文著作（巻末）80頁

第六節　満州事変

[78] 松永直吉公使より幣原喜重郎外務大臣宛公電　一九三一年一〇月一二日

一五七六六七暗

海牙　昭和六年　十二日後発

本省　十月十三日前着

幣原外務大臣　　　　　　　松永公使

第四四号

安達裁判所長カ確カナル人ヨリ内聞サレタル処ニ依レハ、今次聯盟理事会ニ当リ西、仏、支那「ユーゴースラビヤ」等ハ、満州問題ヲ法律的形式ニテ国際司法裁判所ニ諮問スルコトニ落着セシメント画策シ、米国好感ヲ以テ之ヲ迎ヘ居ル趣（英ハ未タ同意セサル由）ナル処、裁判所判事ハ日支ノ満州ニ於ケル関係ニ付テハ殆ト無智ナルニ付、日本ノ立場ヲ了解セシムルコト極メテ困難ナルヘク、万一本件カ裁判所ニ廻付サルル如キコトアラハ、我方ハ極メテ不利ナル立場ニ陥ルヘキ旨、裁判長ヨリ内話アリタリ。

聯盟事務局へ転電セリ。

［79］斎藤実宛書簡　一九三二年五月二七日

私信。

五月廿七日　　ヘーグニテ

安達峰一郎

斎藤首相閣下侍史

拝啓　祖国内外益々多難、深憂ニ沈ミ居候処、賢閣ニハ　聖上ノ御信任ト枢府、軍部、各政派ノ信望トヲ御身ニ集メラレ、昨日ヲ以テ御組閣ノ御式ヲ済マセラレ候段、為国家並天下、衷心欣喜ノ至ニ堪ヘス。謹テ御祝申上候。欧州ノ公論モ漸ク安堵ノ情ヲ表ハシ、東亜ニ健全ナル平和ノ曙光ヲ認ムルノ感想ヲ洩スニ至リ申候。此際最モ肝要ナルハ、閣下ノ御健康ニ有之。何卒朝夕最モ御細心ナル御注意ヲ払ハラレ〔ン〕コトヲ、殊ニ御奥方様ニ御万願申上候。

次ニ当方国際法廷益々多事、小生殊ニ極忙ニ候ヘトモ、両人共至健、朝夕相励居候。日支問題或ル形ヲ以テ当法廷ニ来ルヘシトハ、当地、寿府及各方面ニ於ケル一般ノ信念ニ有之。今年大休暇ノ権利アル南北両米人判官連モ此権利ヲ棄テ、右問題ヲ待構居候。日支問題ハ政治問題トシテ大キク広ク取扱ハレ候ハヽ、有終ノ美ヲ収メ得ヘキモノニ有之候半モ、聯盟規約第十五条又ハ満州ニ於ケル権利尊重等ノ法律問題トシテ当法廷ノ判決ニ付セラレ候ハヽ、徒ラニ各員ノ一笑ヲ買フニ過キサルコト明白ニ有之候間、此儀予メ御内聞ニ達シ置候。

賢閤ノ外相御兼任ハ、仮ノ御事歟トモ拝察申上候ヘトモ、然ラサル場合ニ於テハ「ポアンカレ」氏ガ度々実行シタル如ク、単ニ外交ノ大綱ノミヲ攬メラレ、外国使臣トノ応酬、往復等ハ次官ニ御委ネ相成、以テ最モ大切ナル御健康ヲ御保全相成、此空前ノ国難ヲ排セラレ、世界的大日本ノ前途ニ光輝アル運命ヲ御確保被下度、千祈万禱ノ至ニ不堪。妄言ノ罪ハ、何卒御広キ御心ヲ以テ御許ニ被下度御懇願申上候。乍末御奥方様ニ呉々モ宜シク、御芳声被下度御願申上候。

怱々謹言

尚女婿武富敏彦事、多年通商局長トシテ本省ニ勤居候間、何卒御鞭撻被成下度御悃願申上候。

[80] ハマーショルド宛書簡　一九三二年一〇月一日　↓欧文著作（巻末）92頁

第七節　日本の連盟脱退と常設国際司法裁判所

[81]「聯盟脱退ニ依リ帝国ガ常設国際司法裁判所関係ニ於テ受クル影響竝ニ之ガ対策ニ関シ裁判所側ノ内意照会ノ件」
一九三三年四月六日、五月一八日

昭和八年四月六日

外務省松田局長

「ヘーグ」常設国際司法裁判所所長
安達峯一郎殿

聯盟脱退ニ依リ帝国ガ常設国際司法裁判所関係ニ於テ受クル影響、竝ニ之ガ対策ニ関シ裁判所側ノ内意照会ノ件

拝啓　時下益々御清穆ノ段奉慶賀候。陳者帝国ガ愈々国際聯盟ヨリ脱退スルコトト相成ラバ、常設国際司法裁判所関係ニ於テモ帝国ガ種々影響ヲ受クル所可有之ト存ジ、目下左ノ点ニ付キ慎重考究中ニ有之候処、本件帝国ノ受クルコトアルベシト考ヘラルル主要ナル影響、及右ニ対スル当方ノ見解、竝ニ帝国ノ講ズベキ措置振ニ関スル当方ノ意向等、別紙記載ノ通一応立論致シ候ヘドモ、本件ハ法理的ニ見テ多クノ疑問ヲ含ミ居リ候ニ付テハ、右各項ニ関シ是非賢台ノ御高見ヲ拝承致度、又貴裁判所側ノ意向等モ御分リノ点アラハ、併セテ当方参考迄御回示ヲ得ハ執務上甚タ好都合ニ有之候。右御願旁得貴意候。　敬具

㈠聯盟脱退ニ依リ帝国ハ当然裁判所規程ヨリ脱退スルヤノ点

按スルニ本件裁判所ハ規約第十四条ニ基キ設置セラレタルモノニシテ、其ノ成立ノ沿革、組織及運用上国際聯盟ト密接ナル関係ヲ有スルハ事実ナルモ、他方本件裁判所規程ヘノ加入ハ、規約トハ別個ノ国際約束タル「常設国際司法裁判所規程ニ関スル署名議定書」ニ対スル署名及批准ニ依リ行ハルルモノニシテ、規約ヘノ加盟トハ全然独立ノ意思ト手続トニ依リ行ハルルモノナリ。故ニ其ノ一方ヨリ脱退スレハ、他方ヨリモ当然脱退スト云フコトヲ得ス。

更ニ同議定書カ聯盟国ノミナラス、規約附属書所載ノ国ノ加入ヲモ認メ居ルニ鑑ミ、本件裁判所規程加入国ノ地位ハ必ラスシモ聯盟国タル地位ヲ前提トスルモノニモ、又両者ノ地位カ不可分ノモノニモ非ス。

要之聯盟脱退ニ依リ帝国ハ当然裁判所ヨリ脱退スルモノニ非ス。「ブラジル」国等モ聯盟脱退後引続キ規程加入国トシテ留マリ居レリ。

㈡聯盟脱退ニ依リ帝国ニ対スル裁判所ノ管轄ノ範囲ハ、現在帝国ニ対スル管轄ノ範囲ニ比シ差異ヲ生ズルヤノ点

按スルニ帝国ハ応訴義務ヲ受諾シ居ラサル故、現在帝国ニ対スル裁判所ノ管轄ハ規程第三十六条第一項ノ範囲ニ限ラ

ル。即チ帝国カ他方当事国トノ合意ニヨリ付託スル一切ノ事件、及帝国カ条約国タル現行諸条約（二国間ノ条約及多数国間ノ条約）ニ於テ特ニ規定スル一切ノ事項ノ範囲ニ限ラル（例、帝国ト瑞西国間司法的解決ニ関スル条約（第二条）、通過ノ自由ニ関スル条約（第十三条）、国際労働諸条約等）。

而シテ将来帝国カ当事国トシテ或事件ヲ本裁判所ニ付託スヘキ新ナル合意ヲ為シ、又ハ斯ル合意ノ規定ヲ含ム新ナル条約ヲ締結スルト否トハ帝国ノ自由ナルモ、現在帝国カ当事国タル前記諸条約ノ関スル限リ、裁判所ノ管轄ヲ義務的ニ認メサルヲ得サルヲ以テ、聯盟ヲ脱退スルモ帝国ニ対スル裁判所ノ管轄ハ、現在帝国ニ対スル同裁判所ノ管轄ニ比シ其ノ範囲ニ差異ヲ生セス。

㈢帝国ガ聯盟国トシテ裁判所ノ組織運用等ニ関シ有スル権能ニシテ、聯盟脱退ニ依リ当然喪失スルモノアリヤノ点

帝国ガ聯盟国又ハ理事国タル資格ニ於テ、裁判所ノ組織及運用ニ関シ有スル権能ハ脱退ノ予告後二年ヲ経過スレバ、当然之ヲ失フニ至ルベシ。即チ

(1)理事会及総会ニ於テ行ハルル裁判官ノ選挙ニ参加スルヲ得ザルベシ

(2)裁判官ノ手当、裁判所ノ書記及其他ノ職員ノ待遇ノ決定ニ参加スルヲ得ザルベシ

(3)従来帝国ハ労働事件又ハ通商及交通ニ関スル事件等ノ専門委員タルベキ者二名ヲ指名セルモ、将来之ヲ指名スルヲ得ザルニ至ルベシ

(4)裁判所ニ対シ勧告的意見ヲ請求スル為ノ理事会又ハ総会ニ於ケル討議及決定ニ参加スルヲ得ザルベシ。随テ帝国ガ利害関係ヲ有スル事件ニ関シ、裁判所ニ諮問セラルルコトヲ欲セザル場合ニ於テモ、帝国ハ之ヲ阻止スルコトヲ得ザルニ至ルベシ（勧告的意見ヲ請求スルニハ、全会一致ヲ要スルモノト解ス）

㈣聯盟脱退後帝国ハ裁判所規程改正ノ審議ニ参加スルヲ得ルヤノ点

按スルニ聯盟規約及裁判所規程ニハ規程ノ改正ニ関スル規定ナキ処、昭和四年（一九二九年）ニ行ハレタル規程ノ改正ノ実際ノ手続ヲ見ルニ、第九回聯盟総会ハ聯盟カ規程ノ改正ヲ提案シ得ルコトニハ疑問ノ餘地ナシトシ、手続トシテ

ハ理事会ニ於テ改正案ヲ作成シ、総会ノ承認ヲ経タル上之ヲ規程ノ署名議定書署名会議ニ付議スルコトトシ、昭和四年九月招集セラレタル同会議ニハ、当時既ニ聯盟ヲ脱退シ居タル「ブラジル」代表モ署名議定書ノ署名国トシテ招請セラレタリ。

規程ノ改正ハ其ノ提案者ノ如何ヲ問ハス、署名議定書署名国全部ノ同意ナキ限リ成立スルヲ得サルヘク、帝国ハ聯盟脱退後モ署名議定書ノ署名国トシテ規程ノ改正ニ参加シ得ルモノト思考ス。

(五)聯盟脱退後裁判所ノ経費ヲ負担セサルコトトナルヤ、又若シ然リトスレハ之ニ対スル措置如何ノ点

按スルニ裁判所ノ経費ハ国際聯盟之ヲ負担ス（規程第三十三条）トアリ。而シテ聯盟国ハ聯盟ノ経費ヲ負担スルコトニ依リ（規約第六条末項）、間接ニ裁判所ノ負担ニ任スル次第ナル故、帝国カ聯盟ノ経費ヲ負担セサルニ至レハ、裁判所ノ経費負担ニモ任セサルコトトナルヘシ。

而シテ脱退後帝国カ世界平和促進ノ為引続キ裁判所加入国トシテ留マル以上、裁判所経費ヲ分担スルヲ可トスルヤニ思考セラル。現ニ米国ノ如キモ裁判所ヘノ加入ノ上ハ、本件経費ノ公平ナル負担ニ任スヘキ旨申出居レルニモ鑑ミ、帝国ハ実際問題カ発生スル場合相当考慮スル要アルヘシ。

(六)聯盟ヲ脱退スレハ、帝国ノ国籍ヲ有スル現任裁判官ハ辞職スルヲ要スルヤノ点

按スルニ本件裁判官ハ必スシモ聯盟国ノ国籍ヲ有スル者タルヲ要セス（規程第四、五、七条）。現ニ非聯盟国人タル米国人ニシテ裁判官タル者アリ。且他ノ裁判官ノ全員一致ノ意見ニヨリ、必要ナル条件ヲ充サルニ至リタル場合ノ外（九年ノ任期中）ハ、解任セラルルコトナシ（規程第十八条）。

尚「ブラジル」国カ聯盟ヲ脱退セル際、同国ノ国籍ヲ有スル裁判官ハ在任セリ。

(七)聯盟脱退ニ依リ帝国カ喪失スヘキ或種権能ニ関シ、如何ナル措置ヲ講スヘキヤノ点

按スルニ裁判所ノ組織運用等ニ関シ、聯盟国又ハ理事国トシテ有スル権能ヲ喪失スルニ至ルベキニ付、脱退後モ之ヲ何等カノ形式ニ依リ従前ト同様ニ保有シ得ル様措置致度考ナリ。

而シテ其ノ重要ナルモノハ

(1)裁判官ノ選挙ニ参加シ得ルコトトスベキコト

(2)帝国ガ当事国タル紛争、帝国ガ利害関係ヲ有シ又ハ有スト主張スル紛争又ハ問題ニ関シ、帝国ノ同意ナクシテハ裁判所ガ勧告的意見ノ請求ニ応ゼザルコトヲ確保スルコト

尤モ帝国ガ当事国タル紛争ニ関シ、裁判所ハ帝国ノ同意ナクシテ意見ヲ下サザルベシト信ジテ可ナルベシ（例、東「カレリア」事件）。

(八)聯盟脱退ニ依リ帝国ガ喪失スベキ或種権能保持ノ為、関係国ノ了解ヲ取付クルニハ如何ナル方法及手段ガ、最モ実現ノ可能性ヲ有スルヤノ点

按スルニ「アメリカ」合衆国ガ本裁判所ヘノ加入ニ対シ、同国上院ノ付シタル留保及条件ヲ関係国ヲシテ承認セシムル為講ジタル措置、及之ニ対スル聯盟並ニ関係国側ノ態度等ハ、本件整理上帝国ノ参考トナルベシト思考スルモ、他方形式的ニ之ヲ見レバ帝国ノ場合ハ既ニ規程署名議定書ニ対スル批准書寄託後ニ於テ、留保又ハ条件ヲ付セントスルモノナル故、関係国ノ承認ヲ求ムル上ニ於テ米国ノ場合ニ比シ一層ノ困難アルベシト思考セラル。而シテ之ガ実現ノ方法及手続ハ(1)帝国ノ要求ニ関シ他ノ規程署名国ノ承認ヲ各別ニ取付クルカ、(2)聯盟脱退後規程署名国トシテ留マル国ニ対シ、本件裁判所関係ニ於テ聯盟国又ハ理事国トシテ従来享有セルト同様ノ権能ヲ認ムル為ノ一議定書ノ締結方ヲ要求スルカ、(3)規程ノ改正ヲ要求シテ帝国ノ目的ヲ達成スルカ等種々アルベシ。

(九)裁判所規程ヨリ脱退スルヲ得ルヤノ点

按スルニ規約、規程及規則ノ何レニ於テモ脱退ニ関スル規定ナシ。又過去ニ於テ関係国間会議ニ於テ偶々本件ガ問題トナリタルコトアリタルガ、条約ニ脱退ノ規定ナキ場合締約国ハ自由ニ脱退シ得トノ説ト、原則上脱退シ得ズトノ説ト両説行ハレ、遂ニ意見ノ一致ヲ見ズシテ今日ニ及ベリ。

将来帝国ガ本件ニ関シ態度ヲ決定スル必要ニ迫ラルル場合ニハ、慎重考慮スル要アルベシ。

機秘

拝復　時下益々御清康ノ段慶賀ノ至ニ存上候。陳者去四月六日附貴信ハ同廿七日確カニ難有拝受。直チニ御返答申上度存候得ヘトモ、毎日取込居リ遂ニ延引致候段何卒御海容被下度願上候。別紙ハ全然小生一己ノ意見ニ有之。裁判所又ハ裁判官等トハ別ニ相談又ハ諮問シタルコトナキ次第ニ御座候ヘトモ、彼等ノ所見モ略々同様ナルモノノ如ク想像セラレ候。尚申上クルマテモナク小生カ本件ニ関シ私見ヲ申上ケタル事ハ、何卒一切外部ニ洩レサル様、御配慮被下度願上候。

草々謹言

昭和八年五月十八日於海牙

安達峯一郎

松田条約局長閣下

㈠私見全ク貴示ノ通リニ有之。何人モ疑ヲ容レス候。尚本件ニ関シテハ Revue de droit inter. et de Legis. comparée (1932, no. 3) 所載 Article de M. André Recker 第九及第十頁 Compétence de la Cour 及 ratification de Statut ノ部分御一読被下度。小生モ略々同見ニ候。

㈡全然貴示ノ通リニ候。

㈢貴示　⑴貴見ノ通リ

⑵同上

⑶貴示専門委員ハ裁判所規程第二十六条第四項ニ依リ直接ニ指定スルヲ得サル事トナルヘキモ、平和条約第四一二条ノ運用ニ依リ本邦人ニ名前記専門委員タルヘキ様措置スルコトヲ得ヘシ。此点他省当局トモ予メ御内議セラルル事御便宜ト存セラル

⑷全然貴示ノ通リニ候

㈣規約改正審議ニ参加ノ件ハ、帝国ニ於テ裁判所規程ヨリ脱退セサルニ於テハ（脱退権ノ有無ハ㈨ニ於テ述フヘシ）、多分昭和四年九月伯国招請ノ先例ニ依ルコトトナランモ、当然ノ権利トシテハ異論アルモノノ如シ。サレド私見ハ貴示ノ通リナリ。

㈤経費ヲ負担セサル事トナルハ貴示ノ通リナルモ、相当分担スル事ハ至当ナルカ故ニ、米国ニ於テモ「ルート、プロトコル」上院批准（今秋ニ延ビタリ）後ハ、聯盟経費英国分担率ニ等シキ金額ヲ聯盟ニ払ヒ、聯盟ハ直チニ之ヲ裁判所ニ移スコトニ協議整ヒ居リ。「ブラジル」モ同様ノ手続キ中ナリ。

㈥全然貴示ノ通リ何人モ疑ナキモノノ如シ。但シ帝国ニ於テ聯盟脱退後ハ帝国臣民タル裁判官ノ依然トシテ所長タル事ハ、外間ニ多少奇異ノ感ヲ与フルナラント思フ者アルモノノ如シ（千九百三十六年末マデ所長留任ノ希望ヲ内々申込ミタル者アリタル際ノ話シ）。

㈦全然貴見ノ通リニ候。尤モ⑵東「カレリヤ」事件ノ先例ハ貴重ナル材料ニシテ、米国等ニ於テ将来モ不動ナルモノノ如ク信スルモノノ如キモ（「スチムソン」ノ上院ニ宛テタル公文其他）、現ニ小生取巻ノ連中ニモ反対説ノ者アリ。

㈧全然貴見ノ通リニ候。但シ「ルート、プロトル（プロトコル）」ハ米国ニ対スル欧米諸国ノ態度ハ御承知ノ通リニ有之。殊ニ米国ノ所謂 world court ニ対スル態度ハ、前記諸国ノ大ニ「アプレシエート」シツツアルモノナルガ上ニ、「ルート」自身出馬尽力シタル結果ナルガ故ニ、「ルート、プロトコル」類似ノモノヲ収ムル事帝国ニ取リ容易ナラサルヘキモ、帝国ニ於テ裁判所規程ヨリ脱退スル事ナク且ツ其際万般ノ措置宜シキヲ得ハ、多分成功スヘシト予測セラル。其実行ノ手数トシテハ、帝国聯盟脱退期ヨリ可ナリ前ニ、帝国ヨリ他ノ規約加入諸国ニ対シ各別ニ交渉シ、右諸国全体（理事会員タル諸国ヲ除ク）ヨリ聯盟理事会ニ対シ、本件ニ関シ特ニ関係国会議ヲ開催セラレン事ヲ請求シ、其ノ開催ノ上右会議ニ於テ帝国ノ希望スル議定書ヲ調成スルコトトスル方然ルヘシト存セラル。一九二六年英外相「チエンバレン」ノ提議ニ依リ、理事会ガ直チニ規程加入諸国会議ヲ開催シタルハ悪先例ト思ハル。

㈨此点ニ関シテハ脱退ノ権ナシトスル者今ニ最大多数タルモノノ如キモ（規程第三十六条第三項最後ノ四字等御参照）、

rubus〔rebus〕sic stantibus ノ原則（?）ニ基キ此権利ヲ主張スルコト全然不可能ニ非スト思フ者モアル趣ナリ。乍去規程脱退ト否トハ、帝国ノ裁判所ニ対スル法律的地位ニ何等実質的変更ヲ成スモノニ非サルガ故ニ、実際上ノ問題トシテハ深ク研究スルヲ要セサルモノノ如シ。但シ右脱退（規程批准取消）ハ一般ニ対スル抗争的表彰（manifestation hostile）ノ形式ト認メラレ、且ツカク信セラルヘキ事丈ハ今ヨリ明カニ予想セラル。（了）

［82］ハマーショルド宛書簡　一九三三年四月一五日

→欧文著作（巻末）93頁

［83］小川平吉宛書簡　一九三三年八月二三日

拝啓　今春以来国際紛争事件蝟集ノ為メ小生殊ニ多忙ヲ極メ、去二月下旬ノ御懇書⑥ハ常ニ机上ニ在リ、幾度トナク拝誦致居リタルニ不拘今日マテ御無音ニ相成居候段、誠ニ不本意ノ至リ何卒御宥恕被下度願上候。去四月公判ノ結果、全ク青天白日ノ御境遇ニ御戻リ遊ハサレ候際ニモ、遂ニ寸楮ヲ拝呈スルノ機ヲ得ス、残念ノ至リニ存居候。昨今ハ大暑ニ不拘御両所共御清康ニテ、盟兄ニハ倍旧国事ニ御尽瘁ノ御事ト拝察申上居候。満州国ノ基礎ヲ固メ、南京政府ヲ始メ重立タル各国ヲシテ正式ニ之ヲ承認セシメ、以テ東亜永遠ノ平和ヲ確立スルコト、正ニ本邦将来ノ国策タルヘキハ御来示ノ通リニテ、此ノ目的達成ノ前ニハ幾多難関ノ横ハル次第ニ付、此後ハ益々御自重御自愛ノ上御在閣ノ有无ニ不拘、飽マテ御尽瘁ノ程祈上居候。御奥様ニハ昨年来御不例勝ノ処、今春ニ至リ全ク御健勝ニ成ラレ候段欣賀ノ至リ、此後トモ常ニ御清康ニ入ラセラル〻様、両人相祈居候。同窓追々凋落、自然ノ理義ト明ラムルノ外ナキモ、盟兄始メ若槻〔礼次郎〕、荒井〔賢太郎〕、織田〔萬〕其他ノ諸兄何レモ健在ナルハ、我意ヲ強フスルニ足ルモノアリ。明春ハ如予期暫時帰朝シ、緩談スルノ機アルヘシト希望致居候。当法廷ハ益々多事、繫属事件常ニ四五アリ、内外諸般ノ活動ヲ統括、指揮スルノ

八月二十三日

安達峰一郎

小川盟兄侍史

職責ニ当リ居ル小生ニハ寸時ノ弛緩ヲ許サレス候ヘトモ、幸ニ至健、日夜相励居候間何卒御安意被下度願上候。○御恵投ノ貴論二冊度々謹読仕候。大政ノ方針宜シキヲ得ハ、必ス実現セラルヘキモノト被存候。○新聞報ニヨレバ、鈴木若槻両君入閣ト決セラレ候趣近来ノ快事、為国家慶賀ノ至ニ存候。時々何卒益々御自重御自愛被下度、祖国ノ為メ切望ノ至ニ不堪候。　草々謹言

[84] ケロッグ宛書簡　一九三三年一二月二〇日　↓欧文著作（巻末）93頁

第八節　常設国際司法裁判所改革

[85] 水野錬太郎宛書簡　一九三四年六月七日（未投函）

六月七日　峯一郎

水野盟兄侍史

拝啓　去一月御懇書御恵送被成下感謝ニ不堪、厚ク御礼申上度毎日存居候ヘトモ、常ニ多忙ヲ極メ其儘ニ相成居候段残念ノ至リ、何卒御宥恕被下度御願申上候。過日苅宿俊風ノ来信ニ依レハ、盟兄ニハ同人御引見被下候趣、小生ニ於テモ感謝ノ至リニ存上候。又盟兄ニハ極メテ御健勝ニ在ラセラレタル由、為国家慶賀ノ至リニ御祝申上候。何卒朝夕細心ナル御注意ヲ払ハレ、常ニ御爽康ニテ永ク国家ノ柱石ニ在ラセラルヽ様、遥ニ御懇願申上候。当方ニ於テハ小生事国際法廷ニ入リ候後已ニ三年半ヲ経過シ、其間少シモ寧刻ナク日夜相励居候ヘトモ、幸ニモ何時モ至健ニ相暮居候。御承知ノ

（6）一九三三年一一月二七日付けで峰一郎に送付した手紙。「安達文書（書簡）」一四五―八。

（7）この書簡は所在不明。

如ク国際法廷長ノ任期ハ三年ニ有之、従来未タ嘗テ之ヲ更新セサル次第ニ候ヘトモ、昨年末世界大局ノ重大ナルニ鑑ミ、小生ニ於テ尚三ヶ年間所長ノ任ニ当ル様各同僚ヨリ申出テアリタルニ付、邦人親友ニモ内々相談イタシタルニ、右ハ先任所長ノ例ニ照スモ到底人力ノ許サヽル所ニ可有之、且ツ今春ハ小生兼々計画シ居タル本邦一時帰朝ノ期ニモ当リ居候ニ付、寧望ヲ排シ割合ニ善キ後任者ノ当選セラルヽ様斡旋致シ、今春ヨリハ所長ノ職ニ伴フ諸務ヨリ脱出シ得候ヘトモ、過去十二年間ノ実験ニ基キ国際訴訟法改正事業丈ハ小生ニ於テ引続キ主宰スルコトヲ懇望セラレ候結果、今尚之レニ没頭致居候。国際司法ニ一身ヲ捧クルコトト決候上ハ忠実ニ之ニ竭スコト、是レ則チ国家ニ報スル所以ト信シ専心之ニ強メ居候。加之如仰武富等モ当地ニ来往スルコトト相成候ニ付、小生ノ帰朝ハ此際一時之ヲ見合セ申候。但シ明年ハ法廷ノ同意ヲ得テ帰朝仕度目論見居候ニ付、右実現ノ際ニハ緩々御目ニ懸ルヲ得ヘク今ヨリ楽シミニ相待居候。

［86］ハマーショルド宛書簡　一九三四年六月八日　→欧文著作（巻末）95頁

［87］鏡子からハマーショルド夫妻宛書簡　一九三七年一月一日　→欧文著作（巻末）95頁

第五章

随筆・小論など

安達は大学生であった期間、および外務省試補となりローマに赴任するまでの期間にかなり多くの随筆・小論を『法学協会雑誌』や『明法誌叢』などに発表している。また、パテルノストロの国際法の講義をテーマごとに、『日本之法律』『法政誌叢』『明法誌叢』などの雑誌に発表しているほかにも、ルーソー（婁騒）（Jean-Jacques Rousseau）、ルヴィリヨー（Auguste Revilliod）、アコラス（Émile Acollas）、ボアソナード（Gustave Émile Boissonade de Fontarabie）、ルヴォン（Michel Revon）などの論文の日本語訳も発表している。本章では、これらの論文の翻訳はすべて掲載しないこととし（パテルノストロについては第一章の**資料**［6］）、随筆・小論の一部を掲載した。

資料［88］は安達がまだ第一高等中学校に在籍していた時に、地元山形の「両羽社」が出版した『両羽之燈』に掲載したものである。太宰治が一九四〇年に発表した『走れメロス』の典拠とされる「古伝説」は、明治初期から日本の教科書教材となっていたものであった。奥村淳の分析では、これにはいくつかのルートがあるが、安達はアイルランドの作家バニム（John Banim）の "Damon and Pythias"（一八二一年初演）を基にしてこの「第一篇ダモントピチヤスノ交リ」を寄稿したとされている。(1)

資料［89］と［90］は、地元で創刊された『山形日報』（一九二〇年に終刊）に寄稿した祝辞と手簡である。安達が大学一年生のころのもので、パテルノストロを「風馬牛も及ばざる泰西博士」と呼んでいる。

明治法律学校の創設者の一人で、天童の出身であった宮城浩蔵（一八五二年生まれ）は、東京での安達の身元保証人であった。**資料**［91］は、山形の名士たちを紹介する著作に安達が執筆したものである。また、**資料**［98］は、四二（満四〇）歳の若さで急死した宮城の追悼文である。そこでは、父、師、そして先進の恩があると記している。

資料［92］から［97］、［99］から［101］、そして［103］は、安達が西洋諸国のさまざまな事象を取り上げ、現地の新聞など（たとえば、ベルギーの『デバー新聞（journal des débats）』）を基にしながら、分析を加えている小論である。安達が関心を持っていた事象は、西洋諸国の法制や外交交渉・国際裁判にとどまらず、ベルギーの学者ラブレー（Émile de Laveleye）、ハワイ王国の革命などにも及んでいる。

資料［102］は、明治法律学校と和仏法律学校の学生向けに作成した懸賞論文である。民法典の編纂方法に関する興味深い問題である。安達が出題した問題としては、これ以外にも、明治法律学校の学生向けに、「外国人ハ日本人ノ入夫トナルノ権ヲ有スルヤ」がある。これについてのある学生の解答と、それに対する安達の短いコメントは、『明法誌叢』一一号（一八九三年一月）

四七—五三頁に掲載されている。

資料［104］は、Fukujiro Wakatsuki（若月馥次郎）, *Légendes japonaises*（Lyon : Desvignes, 1923）のフラマン語訳が出版されるにあたり、当時在ベルギー大使であった安達が序文を寄せたものである（仏文およびフラマン語訳）。同書は、桃太郎、花咲か爺さん、さるかに合戦、舌切り雀、浦島太郎といった日本の民話を紹介している。また、資料［106］は、清少納言の『枕草子』が仏訳で出版されるにあたり、序文を寄せたものである。一九三四年五月と日付けが記されており、体調を崩す、ほんの少し前の執筆ということになる。

資料［105］は、『外交辞典（*Dictionnaire Diplomatique*）』（全三巻）の"Japon"という項目（tome 1, pp. 1165-1186）を石井菊次郎、沢田節蔵、アロイジー（Baron Pompeo Aloisi）、そして安達の四名で分担執筆しているもののうち、安達が執筆した「日本と国際条約」の部分である。

［88］「警世談林」一八八九年二月

警世談林　　在京　安達峯一郎

金モールノ光輝粲然トシテ、目ヲ眩セザルニ非ラズ。其胸中一点国ニ竭スノ至誠ナキヲ奈何セン。肩ヲ打チテ談笑スル巧ナラザルニ非ズ。其心情薄キコト紙ノ如クナルヲ奈何ニセン。奸佞、邪淫、陰険、卑屈、軽薄、弱行、凡テ此等ノ諸悪徳ハ今日社会ノ表面ニ浮沈スルヤ否ヤ、余輩之ヲ知ルノ明ナキニ苦シム。サレド外形文明輸入ノ結果ハ必ズ此ノ如キモノタルヲ疑ハズ。嗚呼内部ノ文明ナル哉、内部ノ文明ナル哉。殊ニ高尚ナル理想ト堅固ナル道義心トコソハ斯民ヲ率ヒテ宇内ノ優者タラシムル最強原動力タルナレ。警世談林数十篇ヲ纂ス。我聡明ナル者ハソレ必ズ自ラ省ミルヲ知ラ

（1）奥村淳「太宰治『走れメロス』、もう一つの可能性」『山形大学紀要（人文科学）』一七巻一号（二〇一〇年二月）七一—七四頁。

ンカナ。

第一篇　ダモントピチヤストノ交リ

昔シシラキユーズ（Syracuse）国ニ残忍ナル君主、世ヲキコシメサレ、痛ク民ヲ苦メケレバ、万ノ民艸怨恨遣ル方ナク、遂ニ浅マシクモ君王ヲ除キ奉ラントゾ謀リケル。サルニ何カノ手落ヨリ陰謀露顕ニ及ビ、其中ノ重立チタル者共ハ皆死刑ノ宣告ヲ申渡サレヌ。

其人々ノ中ニダモン（Damon）ト呼ベル者アリ。此国ノ対ヒ岸ニ住メル人ナリケレバ、処刑ノ前ニ一度故里ニ帰リ血縁ノ者共ニ今生ノ暇乞ヲナサバヤト思ヒ立チ、此義君王ニゾ歎願ニ及ビケル。

固ヨリ死刑ノ大罪人ナレバ、其再ビ帰リ来ランコト思ヒモ寄ラズ。王ハダモンニ向ヒテ「若シ汝ノ朋友中ニ汝ノ身代リトナリ、獄屋ニ繋ガレ、汝ノ帰リ来ラヌ時ニハ心易ク死刑ヲ受ケンモノアラバ、汝ノ願意聞届ケテ遣ハサン」ト宣ハセ玉ヒ、心ノ裏ニ思ヒケルヤウ、「如何ニ親シキ友ナリトモ、ヨモヤ左様ノモノハアルマジ」ト。

ダモン三人ノ親友アリ。ピチヤス（Pithias）ト呼ハリ、直チニ王ノ面前ニ罷リ出デダモンノ代リニ獄囚トナランコトヲ請ヒシカバ、王ハ大ニ驚キ玉ヒケレド、一旦約束セシコトナレバ、余儀ナクダモンヲ免シテ帰郷ノ途ニ就カシメ、ヤガテピチヤスヲバ獄屋ニソ繋ギケル。

月日ニ関守ナク死刑執行ノ期モ早ヤ両三日ノ間ニ迫リヌ。サレドダモンハ未ダ帰リ来ラズ。王ハピチヤスノ容子心許ナク獄屋ニ至リ、ピチヤスニ向ヒ「汝ノ朋友ハ汝ヲ義牲ニ供シケルナリ、渠ハ遂ニ帰リ来ラヌゾ」ト宣ハセ玉フ。

ピチヤスハ騒グ色ナク対ヘケルハ「陛下謬レリ。ダモンハ決シテ余ヲ欺カヌナリ。海上風波ノ暴キニ妨ケラレテ、渠ハカク後レシナラン――――ア、、却テ仕合セ好シ。余ニハ妻子ノ累ヒモナケレバ渠ニ代リテ死ナムコトコソ固ヨリ願フ所ナレ。且ツ吾友ヲ失テ独リ憂目ヲ見ムヨリハ、寧ロ死ヌニハ如カズカシ。余ハ切ニ吾友ノ余ノ所刑《ママ》ノ後ニ帰リ来ランコトヲゾ願フニナン」。

死刑ノ日トナリヌ。ダモンハ帰リ来ラズ。ピチヤスハ刑台ノ上ニゾ引カレケル。「余ノ願ヒハ叶ヒタリ。サレド吾言ヲ記臆セヨ。ダモンハ誠実ナル君子ナリ。渠ハ帰ランガ為ニハ充分ノ力ヲ尽シタルニ相違ナシ」。ア、コレピチヤスガ臨終《イマハ》ノ際《キワ》ノ尊キ言葉ニゾアリケル。

創手ノ白刃ヒラメキテ、アハヤピチヤスノ頭上ニ落チナントス、時シモアレ、白泡噛マセタル汗馬ニ鞭チ真地ニ馳セ来ル一人ノ騎馬武者、、、、、、、、、、コレゾダモンナリケル。直チニ馬ヨリ飛ヒ下リテ刑台ニ攀チ上リ、両ノ腕モテピチヤスヲ抱キ占メ「吾義俠ナル真友ヨ、神ハ余ニ恵ミテ吾友ヲ救ハセ玉ヒヌ。余ガ今迄ノ心使ヒハ如何計ナリシゾ。海上ノ暴風ヲコソ実ニ心憎ク怨ミ候へ」ト絶叫セリ。

ピチヤスハ少シモ喜ベル色ナク、其友ノ死ナバ独リ生キ存フベキ容子ハ更ニ見エザリケリ。王ハコノ有様ヲ見ソナハシ、イタク御心ヲ動カシ玉ヒテ、遂ニ二人ノ死ヲ宥メ、二人ニ向ヒテ懇コロニ其交ヲ求メケリトゾ。

朋友ノ相愛ハ神聖ナリ。清浄潔白ニシテ一点ノ汚斑ダモ止メザルモノナリ。朋友ノ相愛スルヤ誠ヲ以テ相愛スルコソ尊シト謂フベケレ。ダモンピチヤスノ如ク死生ノ地ニ臨ミテ相信ズルノ念少シモ衰へザルヲコソ、真正ノ友誼トモ称フベケレ。サレド世、澆漓ニ趨キ交道、地ヲ払フニ至リテハ、一言相合シ一利相並ブトキハ手ヲ把リ友ト称シ、死生尚且変ゼザルガ如キモ、一朝些少ノ利害相反スルトキハ反眼仇ノ如ク滔々タル天下之ヲ見テモ、毫モ怪シマザルコトヽハナリヌ。豈歎ズルニ勝ユベケンヤ。語ヲ寄ス世間無数ノ軽薄児ヨ、仮令ヒダモンピチヤスノ交誼ニ倣フコト能ハズトモ、セメテハ誠ノ道ヲ以テ人ニ接セヨ。蓋シコノ誠ノ道ヲ除キテハ、天下他ニ真正ノ康福ヲ与フルモノアラズカシ。

[89]「山形日報の発刊を祝して」一八九〇年五月一三日

山形日報の発刊を祝して

羽南学人安達峰壱郎東京帝国法科大学寄宿楼上に於て識す

吁嗟、情け無し。真に情け無し。文明の裂風、進化の激浪は無残にも我日本丸をば弱肉強食の列国競争海に推し流しぬ。桃花流水の夢、復た追ふべからず。尭舜無為の政期するに由なし」。

吁嗟、時は来れり。我同胞四千万が互に其手、其脚、其脳力を連結し、殊死、力を尽して自ら日本丸の運命を決すべきの時は今来れり」。

吁嗟、満天下博愛義俠の士、幸に余の言を聴け。帝国独立の問題は如何に決すべきや。人種の問題に関しては内外人雑婚の当否は如何。外交の政策に就ては、独露何れ〔に〕親しむべしとなすや。貧富懸隔の難題に於ては国家社会主義を執るべきや。将た個人自由主義を執るべきや。国家民人の教育は地方自治体に任すべきものなるや。将た国家の自ら手を下すべきものなるや。日本今日の学術は未だ直訳臭を脱せざるに非ずや。日本今日の自治制は果して国理世態に合せるや。日本今日の気風は日々奢侈に流れ敢為の徳、日々消磨し去るに非ずや。日本の民法は果して国民の生活に適する乎、細民の困苦は果して国家の生命を危くするの虞はなき乎、巧みに官人に媚び不正の利を占むる卑劣無恥の馬鹿野郎はなき乎。更に眼眸を転じて我最愛の故翁を観察するに、其人士の気風は果して社会の修羅場に於て優者たる位地を占むるに足るべきや。第三回上野勧業博覧会に於て我県は少なからざる恥辱を天下に吹聴しつゝあるに非ずや。其腸を糞土にし其舌を蛇蝎にし其衣を錦繍にし、娼婦だも尚ほ言ふを恥づる佞語を放ちて俗人を欺く奸人は無き乎。薄志弱行にして業を中途に廃し、白昼、同遊の憐を情ふ痴生はなき乎」。

花に戯れ月に耽る軽薄の愚物は、目前の小康を見て天下無事にして且つ太平なりとも思はん。煦々孑々たる小文学者は、上野美術館絵画の品評を以て丈夫一生の天職を尽せりとも思はん。然れども少しく眼あり心あるの士は皆、我邦の前途に横たはる無数乃障害を想見して心中戚然たらざるは無し。仏国の法学博士にして曽て日本政府の顧問たりしブー‖スケ氏は、其自著「今日の日本」に於て実に

我愛する日本よ、無邪気なる小児的の嬉戯に耽るべき時代は已に去れり。爾の労働すべきは今日よりなるぞ「今日の日本」（一巻第六十九頁に在り）

と云へり。然るに明治の青年は日に益々偸安に流れんとするは何ぞや。一日同友と此事を談じ天を仰ぎて慨然たり。吁

嗟、天下何人か余の憂を解く者ぞや。

今や我郷正義の児山形日報は其健康なる生活を将て大旆を天の北方に吹き流し、其光誉ある征途に上らんとす。吁嗟、日報子、余は未だ爾の形貌に接せずと雖も爾の父母は正義の士女なり。爾の師伝は正義の侠客なるを以て爾の前途は真に多望なりと謂はざるべからず。世に雑誌新聞の数は多けれど真に余の憂を解くものに至りては一も之れあることなし。爾ぢ日報子にして亦余の憂を解く能はずんば余は絶望の海に堕落せんのみ。噫、余の愛する日報子、幸に自重して羽南の一学人をして歔欷流涕せしむる勿れ。

[90]「安達峯一郎氏の手簡」 一八九〇年五月一三日

●安達峯一郎氏《し》の手簡《しゆかん》……日本政府《につぽんせいふ》の顧問伊《こもんい》国法学大博士《こくはふがくだいはかせ》パテルノストロ先生《せんせい》を訪問致候節《はうもんいたしそろせつ》、山形日報発刊《ほつかん》の事其他《ことそのた》県下《けんか》の物語《ものがたり》なせし末《すゑ》、先生《せんせい》は「余《よ》は未《いま》だ山形県《やまがたけん》の山川《さんせん》を知《し》らず、又多《またおほ》く其人士《そのじんし》を相知《あひし》るの栄《えひ》を得《え》ざれ共《ども》、我敬友《わがけいゝう》宮城浩蔵君及足下《くんおよびそくか》の生国《せいこく》なるを聞《き》き、又新《またあらた》に純潔《じゆんけつ》なる一新聞《しんぶん》の起《おこ》るを聞《き》き、実《じつ》に欣喜《きんき》に堪《た》へず。余《よ》は希《こひねが》くは該新聞《がいしんぶん》の社友《しやいう》となり、本国伊太利《ほんごくいたり》の制度風俗等《せいどふうぞくとう》にして該新聞社《がいしんぶんしや》の為《ため》に利益《りえき》なるものを報道《はうだう》せん。是余《これよ》の喜《よろこ》び且《か》つ望《のぞ》む所《ところ》なり。就《つい》ては、該新聞発行《がいしんぶんはつかう》の後常《のちつね》に重要《ぢうえう》なる記事論説《きじろんせつ》を訳述《やくじゆつ》して余《よ》に聴《き》かしめよ。之《これ》に厳正《げんせい》なる批評《ひゝやう》を加《くは》へんこと、余《よ》の今《いま》より約《やく》する所《ところ》なり」と被申候《まをされそろ》に付《つき》、不取敢《とりあえず》伝告仕候《でんこくつかまつりそろ》。風馬牛《ふうはぎう》も及《およ》はざる泰西博士《たいせいはかせ》の熱心《ねつしん》なる賛同《さんどう》を得《え》たるは、聊《いさゝ》か貴社《きしや》の御面目《ごめんもく》と被存候《ぞんじられそろ》……

[91]「宮城浩蔵君（衆議院議員）」 一八九一年七月

宮城浩蔵君（衆議院議員）

君嘉永五年四月十七〔十五〕日、東村山郡天童に生まる。父を武田玄々といひ、君は其次男にして、宮城氏は養家の姓なり。宮城家天童藩主織田〔織田〕氏に仕へ、世々重職に任ず。君幼にして穎悟、文を好み、武を嗜み、人称して奇材と為す。藩学養正館に入り、文武の道を講す。修学怠らず、嶄然頭角を露す。藩主信学公、大に其の奇材を愛し擢て養正館の句読師と為す。時に年僅に十五、戊辰の歳天下大に淆乱。奥羽諸藩同盟して王命に抗す。朝廷職田氏を奥羽征討先導使と為す。君時年十七、藩の監軍吉田大八の麾下に属し、砲烟硝雨の間に苦楚辛酸を嘗むること数閲月。大八殊に君の勇胆を愛し、常に左右に従へて戦に臨みしと云ふ。乱平ぐるの後、藩主君に命じ庄内藩酒田に遊び、雲州の衛戍兵に就き、英式兵法を学ばしむ。帰藩後師範役となり、英式戎隊を組織す。是の時に当り兵乱既に平ぐと雖も、人心激昂し、少壮ハ剣を磨し槍を横へ、疎豪無頼を以て自ら高ふり、殆んと文事を顧みず。藩学之が為に廃絶せんとするに至る。君即ち率先して藩学の振興を計る。同志翕然之に応し、藩主亦大に其挙を嘉す。是を以て養正館再び隆盛を致し、而して少壮復文事を修むるに至る。君亦自ら養正館に寝食して専心漢学を講究し学殖日に進み、藩内数百の学生君の右に出る者なし。明治二年藩主君を擢て兵学を東京に修めしむ。君藩主に苦請し、更に仏蘭西語を学ぶ。翌年政府貢進生の制を設け、各藩をして絶羣の士一人乃至三人を貢せしむ。君乃ち天童藩の貢進生となる。此制廃せらるゝに及び、藩又命して大学南校に入らしむ。已にして司法省明法寮に法律科を設置す。先生転じて之に赴かんと欲す。南校之を許さず。君同志と意を決し、校を脱して之に赴く。明治九年業を卒ふ。司法省君に命じて仏蘭西国に遊び法律学を納めしむ。君の仏蘭西に在るや、パリー大学校に入り之を卒業し、又リオン大学校に学びて之を卒業し、前後留まること四年、明治十三年六月仏蘭西法律学士の学位を荷ひて帰朝し、同十七年十一月日本法律学士の称号を賜はる。君の帰朝するや検事に任じ、継で判事に転じ、又司法省書記官に歴任し、終に従六位奏任官三等に叙し司法省参事官に任ぜらる。明治廿二年二月十一日憲法発布式の盛典に列し憲法発布紀念章を賜はる。是より先き、政府法典制定の企てあるに当り、法律取調報告委員となり久しく草案の編纂に鞅掌す。民法商法訴訟法の頒布ある。君与て力ありとす。其他海軍主計学校教授を命ぜられ、警官練習所教授の嘱託を受け、代言試験委員を命ぜらるゝ等、君が学得したる所を以て賛助翼成の功を到したること甚だ多しとす。君官に在ること十年、明治廿三年三月遂に冠を挂けて郷地山形県に帰り、第一区衆議院議員の候補者に推選せられ大多数を以て当選す。是れより先き君学友岸本辰雄氏等と計り、東京に明治法律学校を設置す。

創設の初め甚だ微弱にして諸生僅に二三十名に過ぎざりしが、君推されて教頭となり鋭意教授の労を執るに及び、諸生の就学する者日に月に増加し、前後十数年間業を受くる者五千餘人、業を卒ふる者六百餘人の多きに達す。蓋し該校の文部省の特別認可学校となり、府下有名なる法律学校となること君の力なり。君実に講義に巧みに刑法学に深邃なるを以て顕はる。曽て司法省の命によりフオースタンエリー氏刑法大全(2)、オルトラン氏刑法原論(3)の二大書を反訳す。刑法大全は今既に梓に上ぼり、世に行はる。君又現行刑法の正条を詳解し刑法講義なる一書(4)を著はせしが、大に世人の好評を博し、全国争て之を購読す。前後改版五回に及び、出版部数二万以上に及びたりと云ふ。廿三年七月代言人の免許を受け、東京新組合に入る。本年会頭の改撰に際し君選まれて新組合代言人会頭と為る。君官に在るの日、法律取調報告委員として法典編纂に従事し功績多し。因て本年三月勲六等に叙せらる。

[92]「ラブレー略伝」 一八九二年四月

ラヴレー略伝(Émile de Laveleye.)

会員 安達峯一郎君

白国碩学エミル、ド、ラヴレー本年一月三日夜、病、急に革まりて同国ナミユル郡ドワイヨンニ遠逝す。四海挙て之を痛惜す。本会今玆に其肖像を雑誌の巻首に載せ左に其小伝を立てヽ聊か吊〔弔〕意を表す。憾らくは目前参考の書類に乏しく其平生の言行の全体之を縷述すること能はさるを。

左に掲くる略伝は重に本年一月八日発兌の「白耳義独立」新聞等に依りて編纂したるものなり。

(2) ショウボー・アドルフ(Adolphe Chauveau)、フォースタン・エリー(Faustin Hélie)原著、磯部四郎・宮城浩蔵等訳『仏国刑法大全』(司法省、一八八六年)。
(3) ヲルトラン(J.L.E. Ortolan)著、井上正一・宮城浩蔵訳『仏国刑法原論』(司法省、一八八八―一八九〇年)。
(4) 宮城浩蔵講述[五味武策ほか筆記]『刑法講義』([明治法律学校]、一八八四年)。

ラヴレー氏、名はエミール一千八百二十二年四月五日ブリユージユ市に生る。幼にして其郷校に入り稍長して仏京巴里Collège《コレジユ》 Stanislas《スタニスラス》校に移り、後又転して白国ガン市大学に入り法律及哲理の学を修め、哲学者François《ア〔ママ〕ランソア》 Huet《ユエー》及び歴史家Moke二氏と交を結び益を得しこと少ならず。後年氏の精神的事業に於ても常に此二氏の思想の影響を受けたりし形跡歴然たり。

一千八百四十四年大学卒業の競争試験に於ては尤も光輝ある成跡を表はし、其論文「プロヴァンスの言語及ひ詩歌の歴史」は其競争者Eugène Van Bemmel氏に打勝つを得せしめたり。

一千八百四十八年以来氏は経済的事実の研究に従事し、一千八百四十八年に至りてLiège《リエジユ》大学の経済学教授に任命せられたり。近来其学長《レクトル》に任ぜられんとしたりしも、遠からず教授職をも退隠せんとする希望を表して之れに当らざりき。国王は氏に男爵の位階を賜ひぬ。

氏は法律政治経済文学の諸学科に於て通明せざる所なし。其「所有権及其原始の形状論」（De la propriété et de ses formes primitives）の如き、「Eddas《エッダス》及びNibelungen《ニベルンゲン》の英傑詠詩《エポペー》」の如き、仏国「両世界雑誌《ルビエトデドーモンド》」「緑色雑誌《ルビユーブルー》」、英国「半月雑誌《フオートナイトリーレビユー》」其他各国の新聞雑誌等に掲載せる諸論文を見れば、氏の学殖の豊博深遠、決して尋常一様の学者に非ざるを知るに餘りあるべし。

氏は人と為り和易にして旅行を好み、交遊する所各国の縉紳名流より役者野人に及ぶ迄其数を知らず。其筆を下すや他人の怒目張胆、論理に偏すべき所も氏は容易に平然として之を説明し、読者をして常に紙上に春風一陣の横過する如き感あらしむ。而して其沿革法理を進捗せしめたる、又両貨主義を明にせん等種々の学功は枚挙するに遑あらず。

氏の没するや国王は将に国葬の儀式を賜ひ、リエジユ大学に於て巨万の嘆声の裏に民事的葬式を行へり。

男Edouard de Laveleye氏亦学に精しく其名四海に高し。真に先人の嗣たるに愧ちず、本伝の主人公亦以て地下に瞑すべきなり。（完結）

〔93〕「瑞西国『ジュ子ーブ』州ニ於ケル比較代表制」一八九二年一一月

仏〔瑞西〕国「ジュ子ーブ」川〔州〕ニ於ケル比較代表制⑸

会員外務省試補法学士安達峰一郎君報

「ジュ子ーブ」州民ハ、過ル日曜日、比較代表制ヲ決議セリ。瑞西国ニ於テ、日ニ増長スル、選挙法改正論者ノ歓心ヲ得ンガ為メ、二千四百二対スル三百七十ノ多数ヲ以テ、此新制度ヲ輸入スル憲法ヲ採用セリ。

若シジユ子ーブニシテ、議会提出ノ改正案ヲ非決セバ、是レゾ、比較代表制ニ取リテハ、由々シキ障害ニシテ、必ズヤ、他ノ地方ニ反動ヲ起シ、少クトモ、此公義的制度ノ勝利ヲ困難ナラシメタルヤ疑ナシ。

急激党ノ機関新聞タル、ジユ子ボアハ、日曜日投票ノ結果ヲ以テ、比較代表制ノ「徳義上ノ失敗」トナセリ。此疎挙ナル批評ハ、蓋シ、投票ニ与カル選挙人ノ比較的少数ナル点ニ基ケリ。即チ、二万ノ選挙有権者中、僅ニ、六千三百人ノ投票アリシノミト云フニアリ。

然レトモ、此一点ヲ以テ、ジユ子ーブ州民ガ、其決議セル改正案ニ、無頓着不賛成ナリト速断スルハ非ナリ。一歳中ノ此時期ハ、恰モ、選挙人ノ多数避暑旅行スルガ故ニ、棄権者ノ多キハ、今更珍シキコトニ非ズ。唯、其最モ著シクシテ、而モ、所謂ル、「徳義上ノ失敗」ノ実ヲ疑ハシムルモノハ、五十ノジユネーブ町村中、僅々四町村ヲ除ク外、悉ク此案ニ多数ヲ表シタルノ点ニアリ。

今ハ、唯此人民ノ意思ニナル制度ノ適用方法如何ノ問題アルノミ。思フニ、ジユネーブノ立法者ハ、テッセン〔ティチーノ〕、ヌーシャートル等ニ於ケル経験ヲ利用シ、此等ニ州ニ採用セラレテ、甚シキ困難ナク運転セシ其実行方法ヲ

⑸『法学協会雑誌』一〇巻一二号（一八九二年一二月）一〇四四頁に以下のような訂正文が掲載されている。

○正誤。前号の紙上会員法学士安達峰一郎君報瑞西国「ジユ子ーブ」州に於ける比較代表制に関する事項の題目に仏国「ジユ子ーブ」川とせるは瑞西国「ジユ子ーブ」州の誤植に付き正誤す。

参酌シ、以テ適当ナル方法ヲ発見スルコト、敢テ困難ナラザルベシ。
瑞西国ニ於テ、比較代表制ヲ採用セシモノ、実ニ以上ノ三州ニ及ベリ。之ニ次グモノ、果シテ何州ナルベキカ、余輩ノ刮目シテ見ント欲スル所ナリ。

（右本年八月十一日、デバー新聞抄訳）

[94]「白耳義国ノ憲法改正事業」一八九二年一二月

◉白耳義国ノ憲法改正事業

法学士　安達峯一郎

白耳義憲法改正事件ノ始末ヲ明カニセンガ為メニ、左ニ其憲法中今回改正ノ討議ニ上ボレル諸条ヲ掲ク。

○白耳義憲法（千八百三十一年二月七日発布）

第四十七条　衆議院ハ撰挙法ニ定メタル租税ヲ払フ所ノ人民ニ依リテ直接ニ撰挙セラル

撰挙法ニ於テハ撰挙資格ニ必要ナル条件トシテ、直税百フロリン以上二百フロリン以下ヲ定ムルコトヲ得ズ

第四十八条　撰挙ハ撰挙法ニ定メタル各撰挙区画ニ於テ之ヲ為ス

第四十九条　撰挙法ニ於テ衆議院議員ノ数ヲ定ムルニハ、四万人ニ付テ一議員ヲ撰出スルノ割合ヲ超加スルコトヲ得ズ

撰挙人タルノ資格ニ必要ナル条件及ヒ撰挙ノ方法等ハ撰挙法ニ於テ之ヲ定ム

第五十条　被撰人タルニ必要ナル資格左ノ如シ

第一、生来ノ白耳義国人タルコト或ハ外国人ニシテ大帰化ヲ受ケタルモノナルコト

第二、私権公権ヲ享有スルコト

第三、満二十五歳ニ達シタルコト

第四、白耳義国内ニ住所ヲ有スルコト

第五十三条　元老院議員ハ各県ノ人口ニ比例シテ、衆議院議員ヲ撰挙スルヲ得ベキ人民之ヲ撰挙ス

第五十六条　元老院議員タルニ必要ナル資格左ノ如シ

第一、生来ノ白耳義国人タルコト或ハ外国人ニシテ大帰化ヲ受ケタルモノナルコト

第二、公権私権ヲ享有スルコト

第三、白耳義国内ニ住所ヲ有スルコト

第四、満四十歳ニ達シタルコト

第五、白耳義国内ニ於テ少クモ千フロリンノ直税ヲ納ムルコト

第百三十一条　立法部ハ憲法中改正ヲ必要トスル条項ヲ指定シテ、之ヲ宣言スルノ権アリ

右宣言アリタル后ハ元老院衆議院ハ共ニ当然ニ解散セラレ、第七十一条ニ従テ新議会更ニ召集セラルベシ

新議会ハ国王ト共ニ改正ヲ必要トスル憲法ノ条項ヲ審査シテ之ヲ確定スベシ

右憲法改正ノ議事ハ少クモ全議員三分ノ二以上ノ出席アルニアラザレバ、之ヲ開クコトヲ得ズ。又タ出席議員ノ三分ノ二以上ノ賛成アルニ非ザレバ、決議ヲ為スコトヲ得ズ

白耳義国現行憲法ハ千八百三十年、革命ノ後ニ制定発布セラレタルモノニシテ爾後数十年間白国ヲ支配シ来リタルモノナリ。然ルニ憲法モ亦時世ノ変遷ニ伴ヒテ之ヲ改正スルノ必要生ジ、白国政府ハ時勢輿論ノ赴ク所ヲ察シ、憲法第百三十一条ニ依テ立憲議会ヲ組織シ憲法中両院議員撰挙ニ関スル条項ヲ改正シ、及ヒ政府ニ於テ議案ヲ議会ニ提出セント欲スルモ、議会多数ノ賛成ヲ得ルニ付キ疑アル時ハ、予メ撰挙人ノ意思ヲ求問スル方法（Referendum royal）ヲ設ケント欲シ、憲法改正案ヲ具シ立憲議会ヲ開設センコトヲ両議院ニ協議シ、遂ニ之ヲ実行スルコトニ決セリ。是レ昨年末ヨリ今年始ニ亘レルノ事実ニシテ、有名ナルエミル、ド、ラブレーノ如キモ之ニ付テ当時大ニ論評セル所アリキ（当時ノデバー新聞参考）。

（Referendum royal）レフェレンドム、ロウイヤルトハ国ノ元首ノ議会解散権ニ類セル効力ヲ有スルモノニシテ、議会ニ於ケル多数ノ盲目的圧制ヲ防クノ方策ナリ。或一種ノ論者ハ此方法ヲ以テ議員ノ自由ヲ害シ、代議制度ノ本質ヲ失ハシムルモノナリト論ズト雖モ、ラブレーノ如キハ民主的勢力ノ過大ナル今代ニ於テハ、国ノ元首ヲシテ此権力ヲ有セシムルヲ以テ、最モ国中万般ノ階級、利益ヲシテ互ニ相調和セシムルニ適当ナルモノナリト論ゼリ。要スルニ国家ノ実勢如何ヲ顧ミルヘキノミ。

本年十一月一日発刊仏国デバー新聞ニハ右白国憲法改正ニ関スル記事アリ。茲ニ其要領ヲ訳述シテ読者ノ高考ニ供セン。

白国ニ於テハ本年六月其立憲議会ノ臨時総撰挙ヲ畢リ、七月ニ至リテ始メテ開会シ単ニ憲法ヲ改正スル手続ヲ議定シ、元老院、衆議院各々共ニ二十一人ノ特別委員ヲ撰挙シタル後閉会セリ。此特別委員ハ本年八月再ビ集会シ、更ニ少数ノ特別委員ヲ互撰シテ其事務局ヲ構成シ、且ツ政府ニ請求シテ憲法改正ノ議事ニ必要ナル材料ヲ輯集セシメ、更ニ九月二十七日ニ至テ元老院ハ特別委員会ヲ開キ、衆議院モ亦タ其后直チニ之ヲ開キ、憲法改正案ノ条項ヲ審査シテ本議事ノ準備ヲナセリ。

元老院ニ於ケル特別委員会ハ協議ノ末左ノ事項ヲ議決シテ、本会議ニ至ル迄輿論ノ批評ヲ受クルコトヽナセリ。曰ク利益ヲ代表スル複撰挙ノ方法ヲ廃棄スルコト、曰ク衆議院議員ノ撰挙人ヲ以テ同ジク、元老院議員ノ撰挙トナスコト、但シ其三十五歳ニ達シタル者タルコト、曰ク被撰人ノ資格ヲ純収入二千フランク以上ヲ有スル者ニ与フルコト、曰ク四十歳以上ニ達セザレバ元老院議員ニ撰ハル、コト能ハサルコト、曰ク収入ヲ標準トセザル被撰挙資格ヲ、後来ノ撰挙法ニテ定ムルコト等是レナリ。

衆議院ノ特別委員会ニ於テハ今ニ至リテモ尚ホ、憲法第四十七条ノ改正案ニ就テモ未ダ決議スル所アラズ。然レトモ無数ノ改正案中二個ノ考案最モ人ノ注意ヲ惹起シタルガ如シ。二個ノ考案トハ其一スメヽト、子ーエル氏ノ提出ニ係リ、其二ジヤンソン氏ノ提出ニ係ルモノナリ。子ーエル氏ノ考案ニ依レバ、衆議院議員ノ撰挙人タルノ資格ハ、満二十五歳ニ達シ、租税帳簿ニ当録シタル不動産ニシテ少クトモ百フランノ収入ヲ生スルモ〔ノ〕ヲ所有スルコトヲ要シ、又ハ一年以上撰挙区画内ニ於テ重立タル住居人タルコト（重立タル住居人ノ何タルヤハ撰挙法ニテ之ヲ定ムベシ）ヲ要スルモノナリトス。之ニ反シテ急激党ノ首領ジヤンソン氏ノ考案ハ、氏ノ持論ノ如ク普通撰挙法ニシテ唯撰挙人タルニ至ル徳望（法律ニ定ムル）ナキモノノミ之ニ与カルコトヲ得ズトノ事ナリ。而シテ代言人組合ヨリ除名セラレタル者ノ如キモ、右欠格者中ニ列セラレタリ。此両個ノ考案何レガ本議事ニ於テ勝ヲ制スベキヤハ未ダ明ナラサレトモ、ジヤンソン氏ノ急激ナル方法ハ多分敗ヲ取ルナルベシ。唯政府ハレフェランドム、ロウイヤルヲ通過セントスルノ熱望ヨリ、此極端ナル方法ヲ賛助スルニ至ルヤモ知ルベカラズ。是レ内閣首相ベルナール氏ガ、委員ノ質問ニ答ヘタル演説ニ依リテモ察シ得ベキ所ナリ云々。

又本年十一月十一日発刊白耳義国アンデパンダンス新聞ニハ、去ル八日立憲議会ノ開会式ヲ行ヒ国王臨御シテ開会ヲ告クルノ長演説ヲ為シ玉ヒタル記事アリ。ブリユセール府民ノ普通撰挙賛成ノ示威運動、及ヒ議院内ニ於ケル政党ノ運動等ノ記事アリ。彼国政況方ニ熾ナルベシ。想フニ其憲法改正事業ノ結末果シテ如何。余輩法政ニ志アル者安ンゾ之ヲ対岸ノ火災視スルヲ得ンヤ。（結了）

[95]「希臘ルーマニー両国交際絶止事件（相続事件）」 一八九三年一月

希臘ルーマニー両国交際絶止事件（相続事件）

会員 法学士 安達峯一郎君報

近着のジユールナル、デ、デバに面白き記事あり。大要左の如し。

希臘の富豪にして且つ愛国者たるの名誉ありしエワンゲリ、ザパスは一千八百六〔十〕五年ルーマニー国ブロステニーに於て死去するに臨み、其総不動産の所有権及び其動産の一部分を其本国たる希臘政府に遺贈し、而して其不動産の用益権及び其動産の残部は其の遺言の執行者たる従弟コンスタンテン、ザパスに遺贈し、且其遺贈の条件としてコンスタンテン、ザパスをしてルーマニー学士会員に毎年一定の金額を寄附せしめ、及び希臘文学の研究を目的とせる学会をして毎年懸賞問題を募集することを得せしむる為めに、毎年一定の金額を寄附せしめたり。

此遺言相続はルーマニー駐在希臘領事庁の有効と宣言したる所にして、ルーマニー国政府も亦独り之れに対し異議を申立てざるのみならず、其之れに関する種々の処分に於て暗に此遺言の有効なることを承認せり。即ち該政府は明かに文書を以て希臘領事庁が此相続事件を管轄することを得べしと宣言し、且つ毎年希臘の外交官より其学士会員に寄附したる金額を領収せり。而して希臘政府の代理者たるコンミシヨン、オレンピク会社はルーマニー国政府より何等の妨害をも受くることなく動産の占有を得、一千八百八十八年マテーヌに於テ博覧会場を建設するの用に之を供したり。

以上の如き事情なりしを以て、不動産の用益者たるコンスタンテン、ザパスの死去するや、虚〔處〕有者たる希臘政府は直ちに其不動産の用益権を継受することを得べきは人の予想したりし所なり。然るに本年一月コンスタンテン、ザパスの死去せるや、ルーマニー政府はイ《ママ》ワンゲリー、ザパスの総財産は総て之を其国庫に領収せんことを主張し、一千八百六十五年以後に制定発布せるルーマニー国の法律に於て不動産の所有権は決して之を外国人に許さず、と云ふ規定あるを以て其理由となせり。希臘政府は之に服せずして、イワンゲリー、ザパスの相続事件に適用すべき法律は其死亡の当時に行はれたる法律にして、其後に制定〔せ〕られたる法律を以て、希臘政府が一千八百六十五年以来已に有したりし已得権を奪ふこと能はずと主張せり。ルーマニー政府は之に対して本件は裁判所の決定すべき所なりと回答したるに依り、希臘政府は之に対して本件は一千八百六十五年に於て、相当管轄権を有したる裁判所に依て終審的に判決せられたるものなるが故に、決して再び之を裁判すべき理由なしと回答したれとも、ルーマニー政府は之に応せざりき。

希臘に於てトリクピス総理大臣となりドラグミス外務大臣となれるや亦能く本件を処理せんことを試み、之を国際仲裁判断に委せんこと迄をも申出したりしと雖とも、ルーマニー政府は之に応せざりしが故に、希臘政府はルーマニー国に駐在せる同国の総外交官及び総領事官を引戻し、以て両国交際の絶止したる旨を世上に明かにするの已むべからざるに至れり云々。

又近着のル、メモリアル、ヂプロマチクを見るに、仏国外務大臣は右ザパス相続事件の紛議に関渉せらるべきの請求を、希臘政府に受けたりとの記事あり。

事件の結局は法学者の一考に価するものたるや疑なし。

[96]「仏国巴里市私立政治学科大学校に就て」 一八九三年二月

○仏国巴里市私立政治学科大学校《エコール、リーブル、デ、シャンス、ポリチツク》に就て

会員 法学士 安達峯一郎君報

私立政治学科大学校（École libre des sciences politiques）は巴里市 27, Rue Saint-Guillaume に在りて、其創立遠く二十有餘年の古に遡り当今頗隆盛の運に向ふ。左に近着の仏国新聞を参考して其景況を概叙し読者の瀏覧を煩はす。

第一、聴講者　に二種あり。学生《エレーヴ》及傍聴生《オーディトール》是也。共に入学試験を要せす。唯学校長及評議会の特許を受くるを要するのみ。

学生とは全体の講授を受くるものにして、傍聴生とは其一個又は数個の講授のみを受くるものを云ふ。

第二、当校講授の方法　に二種あり。通常の講義及問答会是なり。而して其受持講師及其科目の要領左の如し。

（一）私法比較的研究

一週一時間講義　フラツク（Jacques Flach）氏受持

（二）各国行政組織及其運用

一週一時間講義　ル、ヴァヴァスール、ド、プレクール（Le Vavasseur de Précourt）氏受持

（三）行政事項論

一週二時間講義　アツリクス（Gabriel Alix）氏受持

（四）各国財政論

一週一時間講義　ストルス《ママ》（René Stourm）氏受持
一週一時間問答会　エ《ママ》スタン（Dubois de l'Estang）氏受持
一週一時間問答会　プラフェン（Plaffain）氏受持
一週二時間問答会　ブーランジユ《ママ》ー（Boulanger）氏受持

（五）理財学
一週一時間講義　シェソン（Cheysson）氏受持
臨時問答会　ゾラ（Zola）氏受持

（六）商業的幷統計的地理
一週一時間講義　ルヴァスール（Levasseur）氏受持
同上　ド、フォヴィール（De Foville）氏受持

（七）外国貿易及税関制度
一週一時間問答会　アルノー子（Arnauné）氏受持

（八）銀行事務論
一週一時間問答会　レヴィ（Lévy）氏受持

（九）国際公法
一週一時間講義　ブランタノ（Funch［Funck］Brentano）氏受持

（十）国際私法
一週一時間講義　ルノール（Renault）氏受持

（十一）地理及人種論
一週一時間講義　ゲイドス（Gaidoz）氏受持

（十二）一七八九乃至一八一八欧州外交史

同上　ソレル（Albert Sorel）氏受持

同上問答会　同氏受持

（十三）一七八九以来欧州憲法史

同上　ルボン（André Lebon）氏受持

（十四）最近二世紀間ノ政治的思想及公共的精神ノ発達史

同上　ブリユル（Lévy-Bruhl）氏受持

（十五）比較兵制

同上　ニオクス（Niox）氏受持

（十五《ママ》）殖民制度

同上　ボー《ママ》リユー（P. Leroy-Boulieu）氏受持

（十七）安南法律

一週二時間問答会　シルヴェストル（Silvestre）氏受持

（十八）東西両洋諸国交際史

一週一時間講義　コルディエ（Cordier）氏受持

（十九）鉄道制度　リヨン、カン（Lyon-Caen）氏受持

（二十）諸国労働者問題　シェソン（Cheysson）氏受持

（二十一）退老院及相互救済会社

(二十二) 登記制度　クイエス（Quieysse）氏受持
コロンジョン（Colonjon）氏受持
(二十三) 独逸語　ルゼル（Leser）氏受持
英語　モレル（Morel）氏受持
魯語　ルジエル（Leger）氏受持
アラビヤ語（アルジエリー土音）ウーダス（Houdas）氏受持

第三、終学期限は通常二ケ年にして特志者は尚一年在学して学術の蘊奥を究むることを得。毎年開校の期は十一月にして翌年六月三日に了る。図書館には二万五千巻の書籍を蔵し毎日朝十時より夜十時迄在学生の為に之を開く。学術組合数個ありて卒業生其員となり教師之を率ゐ導く。

第四、校務はエミル、ブート・ミー之が主幹たり。オーコツク、パルテルミー、センチレール、クラブリー、フルーラン、グラソン、ゴルドシユミツト、ウンベル、ジヤ子、ラファリエール、ボーリユー、マシヤール、マルケス、ヂ、ブラルガ、ニザール、ピコー、リボー、トランシヤン、レオン、セー、ヴアロンの諸大家其改善委員たり。

第五、受業料は全部に付き（図書館入場券共）前期又は後期百八十フラン一年三百フラン、○一科講義一年受講料六十フラン、二科同上百二十フラン、一科問答会一年出場料五十フラン、二科同上百フラン、○語学一週二時宛一ケ年五十フラン、前期又は後期三十フラン、○図書館一ケ年五十フラン、○試験料第一年級（口頭）四十フラン、（二年卒業試験、筆記）六十フラン、卒業証書料二十フラン也。

因に云ふ。法学博士富井政章君の談話によれば同学は其教授の整備せると学科の高尚なるとに於て世人の信仰する所にして、其卒業生は敬慕優待せられ、仏国参事院の評定官は多く同学出身の者なり。政府曽て同学を以て官立大学と為さむことを内諭したることありしが、校主固く執りて動かざりしと云ふ。

[97]「布哇国革命ニ付テ（為和仏明治両法律学校学生臨時講演）」　一八九三年二月

●布哇〔ハワイ〕国革命ニ付テ（為和仏明治両法律学校学生臨時講演）

法学士　安達峯一郎

○第一、布哇ノ国情

布哇国ハ北緯十八度五十四分ヨリ二十二度二分ノ間、西経百五十度ヨリ百六十一度ノ間ニ在リテ、横浜ヨリ海程三千三百四十里ヲ距テ面積四百万アークル、住民人口現今大凡八万人アリ。

布哇 Hawai ト称スル名称ハ、前世紀ニ於テ英国ノ海軍大尉クック Cook ガ其群島中ノ尤モ大ナルモノヲ取リテ全群島ニ下シタルナリ。一名サンドウイッチト称シ欧州ニテハ寧ロ此一名ガ盛ニ行ハル。「サンドウイッチ」トハクックガ始メテ此島ヲ発見セシ時ニ、英国ノ水師提督タリシ人ノ名ニシテ其名誉ヲ表彰センガ為ニ下セル名称ナリ。

英国ノ記録ニヨレバ此群島ハ、千七百七十八年英国ノ海軍士官クックガ遠洋航海ノ途次ニ発見シタルモノニシテ、当時ハ群島数多ノ部落ニ分レテ各独立ノ姿ナリシト云フ。然ルニ千八百七十七年スペインノマドリット府ニ出版セル地理学会ノ報告ニヨレバ、二百年計前ニスペイン人ガ既ニ此島ヲ発見シタリト云フ。然レトモ確ナル記録ハ存セザルガ如シ。

千七百九十年ノ頃布哇本島ノ部落長タリシカメハメハ（Kamehameha）ハ非常ノ豪傑ニシテ、クックノ船ヲ見テ摸形船トシテ其一艘ヲ貰ヒ受ケ、数年間ヲ経テバンコーバ（Vancouver）ガ水師ヲ卒〔率〕井テ布哇ニ至リシトキハ、既ニ二十艘ノ軍艦ヲ備ヘ全群島ヲ平ゲテ今日ノ布哇帝国ヲ建立シタリキ。其子カメハメハ二世ハ温厚ノ君主ニシテ其皇后ト共ニ英国ニ旅行シテ客死セリ。リユナリロ（Lunalilo）次テ王タリシガ、当時布哇ノ国威頗ブル衰ヘテ英仏等ノ軍人国内ニ入リ、国権ヲ侮辱スルノ所業尠ナカラズ。故ニ布哇政府ハ千八百四十四年ニ至リテ英仏及ビ米ノ三国ヲシテ、後来布哇国独立ノ担保者タルベシト約束セシムルニ至レリ。該王ハ千八百七十六年ニ死シ有名ナルカラクワ（Kalakua）帝之ニ代ル。帝ハ子ナシ故ニ其崩後皇妹レリヤ、カマカチヤ（Lelia Kamakacha）帝位ニ即キタリ。是レ即チ今日ノ廃皇ナリ。

人種ハ所謂マレヨ、ポリ子ジアン即マレー人種ノ一種ニシテ、マニラマダガスカ〔ル〕ニユ、ゼランドト同ジ。人口ハクックガ発見セシ時ハ土人四十万アリシ。然ルニ其後米国ノ宣教師ガ千八百二十三年ニ調査シタルトキハ、僅カニ十三万ニ過キサリシト云フ。其後漸次減少シテ現今ハ僅カニ土人五万ニ足ラス。婦人ハ極メテ子ヲ産スルコト少ク三人中ノ二人ハ必ズ石女ナリ。クックノ時代ニハ此島ニ共同婚ノ一種行ハレタリシ。即チ定婚ノ制度無ク多妻多夫ノ有様ナリシ。彼ノ淑徳貞操等ノ思想及言語ハ勿論存セズ。然ルニ今世紀ノ始メニ至リ米国ノ宣教師ノ力ニヨリ漸次多少ノ道徳心ヲ生ズルニ至レリ。又人ヲ食フノ風俗ハ一般ニ行ハレ、豪傑ノ肉ヲ食フヲ以テ非常ニ有益ナルモノト考ヘ居レリ。現ニカメハメハノ崩御シタルトキモ群臣ノ或ル一人ハ之ヲ食セント建議シタリシモ、反対ノ為メニ遂ニ行ハレザリシ程ナリ。又タブー（Tabu）ノ考ガ盛ニ行ハレ土民非常ノ迷信ヲ抱キタリシガ、カメハメハ二世大ニ之ヲ排除スルノ政策ヲ執レリ。憲法ハ千八百六十四年八月二十日ニ始メテ発布セラレ、六十八年五月十三日及ビ八十七年七月六日ニ再度改正ヲ経タリ。

○第二、日本ト布哇トノ関係

之ヲ分テ四期トス。即チ、第一期ハ明治四年ヨリ十二年マデナリ。明治四年吾国ハ始メテ布哇国ト通商条約ヲ締結セリ。[6]明治十二年吾国人民ノ布哇ニ在ルモノ已ニ六七十人ニ及ベリ。然レトモ当時ハ移住ニ関シテ何等特別ノ関係モナク、只一般ノ外国ニ移住スルト同一ナリシ。明治十二年ヨリ十九年マデヲ第二期トス。即明治十二年ニ布哇国総領事ノ請求ヲ容レテ吾国ヨリ移住民ヲ出スコトヲ奨励スルノ手段ヲ取リシ時期ナリ。此時期ニハ特別ノ条約ナク只行政官ノ手心ニヨリテ処置セシガ故ニ、弊害百出セリ。故ニ外交官ヲ派遣シテ其事情ヲ審査シ、明治十八年ニ至リテ始メテ有名ナル移住民条約ヲ締結セリ。[7]此時ヨリ布哇国憲法改正ニ至ルマデヲ第三期トス。即第三ノ憲法改正前ニハ日本人ハ欧米人ト全ク同一ノ権利ヲ有セシモ、此第三ノ憲法改正後ハ其趣ヲ一変スルニ至レリ。此憲法改正ハ明治二十年七月ナリ。此時ヨリ布哇帝国ノ滅亡ニ至ルマデヲ第四期トス。此時代ニハ吾移住民ノ利益頗ル減縮セシナリ。即旧憲法ニテハ諸外国人等シク参政権ヲ有セシモ、日本人（及ビ欧米人種以外ノ者）ハ参政権ヲ得ザルコト、ナレリ。

○第三、移住民条約締結ノ事情

元来布哇国政府ハ人口ノ漸ク減少シテ、其土地ヲ耕シ砂糖ヲ製造シテ自己ノ利益ヲ図ル能ハザルニ至ルコトヲ恐レタリ。然レトモ欧米人種トハ体格活力ノ差大ナルガ為メ、布哇ノ人口ヲ減少ス。然ルニ日本人ハ布哇国人ト類似ノ人種ナルガ故ニ、同国ニ於テハ大ニ日本人ヲ招来セントセリ。又我国ニ於テハ特別ノ約束ナク我国民ヲ移住セシムルノ弊害ヲ察シ、遂ニ移住民条約ヲ締結スルニ至レリ。其当局者ハ井上〔馨〕伯トアーウイン氏トニシテ、其条約ニ依レバ日本ヨリ布哇ニ移住セントスルモノハ、アーウインノ手ヲ経テ一私人的ノ契約ヲ取結ブナリ。而シテ右移住民条約ナルモノハ寧ロ布哇国政府ノ請求ニヨリテ締結セシモノナルコトヲ記臆スベシ。

○第四、移住民条約ニ依リテ吾国民ノ有スル特権

之レハ大凡四種アリ。即第一移住民ハ下等船客ト為リテ無賃ニテ同国首府ホノルル港マデ航行スルヲ得ルコト、第二移住民ハ謝儀ナクシテ通弁ヲ雇ヒ得ルコト、第三日本医ヲ官医トシテ応分ニ雇ヒ置クコト、第四食料ヲ給与セラル、コト。之レハ男子ハ六「ドル」婦人ハ四「ドル」又小児ハ二人マデハ一人ニ付キ二「ドル」ツ、トス。

而シテ此条約ハ其十一条ニヨレバ其存続期間ハ五ケ年ニシテ、不都合ト認ムルトキハ六ケ月前ニ通知シテ解約スルコトヲ得。其期限到来後之ヲ黙過スル時ハ五ケ年間継続スルノ取極ナリ。

○第五、仮政府建立ト国際条約トノ関係

国際法ノ原理ニ於テ政体ノ変更ハ少シモ国家同一ノ本質ヲ害セズ。例ヘハ仏蘭西国家ハ前世紀大革命後十数回ノ革命アルモ仏蘭西国家ハ依然タリ。又吾国ノ如キモ維新革命ニヨリ将軍政治ヨリ王政ニ替ハルモ同ジキコトナリ。故ニ布哇帝国政体ガ破レテ共和政体ト為リテモ国際条約ノ上ニ少シモ影響スル処ナカルベシ。

（6）明治四年七月四日（一八七一年八月一九日）署名の大日本国布哇国条約書。
（7）明治一九（一八八六）年一月二八日署名の日本国布哇国間渡航条約（移住民条約）。

○第六、布哇国家ノ滅亡ト日本条約トノ関係

若シ布哇国家ガ其国土ヲ挙ゲテ或ル他国ノ版図ニ属スルトキハ、布哇国家其物ノ消滅スルコトハ無論ナリ。即国際私法ノ権利義務ノ主体タルモノハ存セズ。是ニ於テ吾国ト同国ノ間ニ取結ビタル二条約ノ上ニ如何ナル結果ヲ生ズベキカ。蓋シ移住民条約ノ如キハ尤モ吾国ニ利益アルモノナリ。我国民布哇ニ移住スレハ一定ノ保護ヲ受ケ一定ノ職業ヲ為スコトヲ得。然レトモ此条約ハ同時ニ米国等ニ対シテハ不利益ナル条約ナリ。是ニ於テ例ヘハ布哇ガ米国ノ一州ト為リシトキハ、米国政府ハ吾国トノ間ニ有スル従来ノ条約ヲ無視スルニ非ザルヤノ疑ヲ生ズ。今之ニ関スル国際法学者ノ説ヲ案ズルニ三段ニ分ツコトヲ得ルガ如シ。

第一説。国際条約ハ国家アリテ条約上ノ義務ヲ負担スルナラントノ推測ヨリ結ビタルモノナルガ故ニ、権義ノ主体タル国家滅亡スレバ条約モ亦当然無効ニ帰スベシ。

第二説ハ折衷説ニシテ条約ノ中ニテモ区別セザルベカラズ。即条約ノ中ニテ対手国家ノ既得権ト為リシモノ、例ヘハ国債ノ如キモノニハ影響セズ。然レドモ其他ハ無効トナス。

第三説。条約ハ総テ有効ナルモノナリ。即合併シタル国家ハ合併セラレタル国家ノ相続人ノ一種ト看做スベキモノナリ。恰カモ民法上ノ相続人ノ如シ。

要スルニ此問題ニ付テハ余輩ハ数多ノ前例及著書ヲ研究シテ、第三説ノ取ルベキヲ知ル。即チ甲国乙国ニ合併セラルト雖トモ、原則上甲国ノ権利義務ハ依然タルモノト信ズ（但シ合併セラレタル国ノ有セシ権利義務ガ、合併シタル国ノ新秩序ト相容レザルトキハ、其権義ハ消滅スベシ。例ヘバ若シ吾国ト米国ト戦争スレバ、布哇ハ吾国ヲ助ケテ米国ニ敵スベシト云フガ如キ条約アルニ、布哇国米国ニ合併セラレタル場合ニ於テハ此条約ハ消滅スベシ。然レドモコレハ条約廃棄ニ関スル原則ノ適用ニ過キズシテ、決シテ合併其物ノ効果ニハ非ズ）。蓋シ法理ヨリ見レバ或国ヲ合併スルトハ、其有形ノ土地ト人トヲ合併スルニアラズシテ、或国ノ権利義務ヲ自国ニ転移スルニ外ナラズ。且ツ第一説ノ論者モ合併国ハ被合併国ノ国債ヲモ引続ガストハ云ハズ。既ニ国債ヲ負担セザル可ラザル以上ハ、他ノ負債モ引続ガ子バナラヌ訳ナリ。

依是視之我国ト布哇トノ二条約ハ従来ト同ジク履行セラルベキ道理ナリ。故ニ若シ米国政府布哇ヲ合併シタル後此条約ヲ履行セザルガ如キコトアラバ、吾国ハ法理ニ訴ヘテ之ヲ強責スルヲ得ベキナリ。

[98]「吊宮城浩蔵先生文」　一八九三年二月

●吊宮城浩蔵先生文

法学士　安達峯一郎

維レ時明治、二十有六年、二月十六日、門人安達峯一郎、謹ミテ清酌庶羞ノ奠ヲ具ヘ、生ミノ父ニモ等シキ大恩アル、亡師宮城浩蔵先生ノ霊ヲ吊ヒ奉ル。

先生、温厚ノ徳、深遠ノ学ニ加フルニ、大ニ為スアルノ材ヲ以テ、千歳一遇ノ大御代ニ生レ玉ヒ、人ノ望モ高クシテ、国ノ為メ又学ノ為メ、前途為スヘキコト極メテ多カリシニ、去ンヌル十三日ノ朝、マダウラ若キ四十四歳ヲ一期《ゴ》トシ、無情ノ風ニ誘ハレテ、故里《フルサト》ニモ非ザル武蔵野ノ、露ト消エ玉ヒシゾ、悲シキコトノ限リナル。

先生、若ウシテ国難ニ遇ヒ、九死ノ中ニ辛クモ命ヲ拾ハセラレ、其後数年ノ間、雪ノ窓、蛍ノ燈火ニ、苦シキ学ビノ道ヲ歩ミ玉ヒ、間モナク海外万里ノ遠キニ旅立シテ、学問ノ源トヲ尋子ラレ、帰朝セラレテハ久シク我国ノ制法事業ニ思ヲ焦サレ、代議士トナラレテハ、屈ヲ伸べ弱キヲ扶クルテフ、弁護ノ業《ワザ》ヲモ兼子サセ玉ヒ、今日《ケフ》ハ南ニ船ヲ向ケ、明日ハ北ニト車ヲ走ラセ、日一日モ安ラカニセラル、御暇ダニナカリシニ、諸々ノ御腹柄ニ先立セラレ、今日《ケフ》此式ヲ行ハ子バナラヌトハ何事ゾヤ。

彼ノ蒼キモノハ天ナリ。天ノ道ハ固ト私シナシト聞キツルニ、此仮リノ世ニ少ナカラザル曲者ヲ、払ヒモ尽サデ、情ケナクモ我等ノ尊トキ先生ヲ奪ヒ去リタルハ何事ゾ。

先生ノ某ニ於ケルヤ、父ノ恩アリ、師ノ恩アリ、又先進ノ恩アリ、某モ行ク々々ハ、身ヲ立テ道ヲ行ヒ、セメテハ先生ノ大恩ノ万分ノ一ニダニ、報井奉ラント思ヒ定メシニ、某ノ僅ニ波風荒キ浮世ニ出デ、西モ東モ分カヌ間ニ、早ヤ遠ク逝キ玉ヘルゾ名残尽キヌ事共ナル。

先生ハ実ニ某ヲ知リ玉ヘリ。先生ハ後進ノ輩ヲ慈クシミ玉ヒ、某共ニ対セラレテモ陰ニ陽ニ教エ導カセ玉ヒケル故、目《マ》ノ当リ先生ニ侍ラザル折トテモ、其精神ニ励マサレ、我レ自ラ我ガ駑馬ノ心ニ鞭チシコト幾度ゾヤ。噫今ヤ其人則チ無シ。悲イカナ。

去リナガラ其人ノ現身《ウツシミ》ハ已ニナシトテモ其精神ハ必ズ滅ビザルベシ。先生ノ国ノ為メ又学問ノ為メニ尽シ玉ハントノ精神ハ、固ク某等門人数千ノ、頭ニ均シク宿レルナルベシ。噫此精神ヲ何時《イツ》迄モ失ハヌコソ、某等門人ノ、先生ノ御霊《ミタマ》ニ対シ奉ル、務ナルベケレ。

今ヤ早ヤ、寒モ已ニ過ギ去リタル時ナレバ、若シ先生ノ御累ノ彼ノ如ク俄カニ重ルコトナカリセバ、程ナク弥生ノ春モ立チ回リ麗カナル花ノ影ニ息ハセラレ快ヨキ鳥ノ声ニ誘ハレ御本復ニモ成ルベカリシニ、寒キ北風ノミ吹キ猛リタルコソ無念ニモ、悲シキ事共ナルカナ。

[99]「欧州三国同盟条約ノ件」　一八九三年三月

○欧州三国同盟条約ノ件（Triple alliance）

会員　法学士　安達峯一郎君報

欧州ニ於テ独墺伊三国同盟シテ攻守相共ニスルノ約束ハ、近世史上著明ナル現象ナリト雖モ、未ダ曽テ其正文ヲ見ズ。秘密条約ノ本質固ヨリ然ルベキ所ナリ。然ルニ此頃アンデパンダンス、ベルジユ新聞ヲ読メルニ出処最モ正確ナルモノナリト称シテ、左ノ条約文ヲ掲ゲタリ。余輩ハ其真贋ヲ弁ズベキ鑑識ヲ有セザレドモ、三国従来ノ形勢ニ徴スルニ大ニ其参考ニ供スルモノアルヲ覚フ。乃チ今マ茲ニ敢テ読者ノ清判ヲ仰ガント欲ス。

天祐ニ依テ独逸皇帝兼普魯西国王タルウ井ルヘルム第二世、天祐ニ依テ墺、匈両国皇帝タルフランソア、ジョセフ、及以太利［イタリア］国王タルウンベルトハ我等臣民ノ品位、静寧、及幸福ヲ目的トシ、且ツ各々国家ノ首長タル権利ニ依リテ今マ茲ニ次ノ事項ヲ決定セリ。

○第一。欧州ノ或数国ノ政治上ノ位置ヲ察シ且ツ欧州一般ノ平和及我等臣民ノ平和ヲ保ツ為メニ、我等ハ当局大臣ノ意見ヲ諮詢シタル上、我等ノ名誉ニ誓ヒテ爾後六年ノ期間、同盟ノ約束ヲ更新ス。

○第二。我等ハ今マ茲ニ相互ニ防禦的同盟ヲ為ス」《ママ》。此同盟ハ我等ノ或一国ニ危険ノ惧レ生ジタル時ハ進撃的同盟トナルベシ。

○第三。我等ノ大臣及我等ヲ代表スル公使ハ外交政略ニ付テハ、常ニ一致ノ運動ヲ為スベシ。又我等ハ今我等ノ利益ヲ外国ニ於テ保護スベキ諸種ノ処置ヲ決定セリ。

○第四。

㈠独逸皇帝及墺、匈国皇帝ハ伊太利国王及其政府ノ外交政略及殖民政略ニ付テ常ニ救助ヲ与フベシ。且ツ羅馬府ガ伊太利王国ノ首府タルコトヲモ承認ス。

㈡独逸皇帝及伊太利国王ハ墺匈国皇帝及其政府ノ外交政略、殊ニバルカン半島政略ニ付テハ救助ヲ与フベシ。

㈢墺匈国皇帝伊太利国王ハ独逸皇帝及其政府ノ外交政略ニ付テ救助ヲ与フベシ。

○第五。我等三国ハ陸上ニ於テモ海上ニ於テモ外交手段ニ依テ相互ニ救助スベシ。

○第六。我等三国ハ此同盟約束ノ継続スル限リハ、常ニ其軍隊ヲシテ戦争ノ準備ヲ為サシメ置クベシ。

○第七。

㈠独逸帝国ト露西亜帝国トノ間ニ衝突ノ生ズル時ハ、墺匈皇国ハ其軍隊ノ進発ヲ用意シ、独逸帝国司令長官ト一致ノ運動ヲ為スベシ。

伊太利王国ハ其軍隊ヲ仏国境上ニ送遣スベシ。

此衝突ニ於テ仏国若シ露国ノ利益ノ為メニ干渉セバ、伊太利王国ハ仏国ニ戦争ヲ宣言シ、其軍隊ハサボアヨリ仏国ニ進入スベシ。

㈡独逸帝国ト仏国トノ間ニ衝突ノ生ズル時ハ、伊太利王国ハ㈠ニ指定シタル如ク運動スベシ。露国若シ仏国ノ利益ノ為メニ干渉セバ、墺匈帝国ハ露国ニ戦争ヲ宣言シ其軍隊ヲ露国境上ニ送遣スベシ。此場合ニ於テ墺匈帝国ハ、㈠ニ指定シタル運動ヲ為スベシ。

㈢墺匈帝国ト露国トノ間ニ衝突ノ生ズル時ハ、独逸帝国ハ露国ニ戦争ヲ宣言シ、其二軍隊ヲ墺匈帝国ニ送遣シ、別ニ取結ベル軍事約束ノ定ムル所ニ依リ運動スベシ。

仏国若シ露国ト同一運動ヲ為サバ、伊太利王国ハ其軍隊ヲ仏国境上ニ送遣シ㈠ニ指定シタル運動ヲ為スベシ。

㈣伊太利王国ト仏国トノ間ニ欧州又ハ殖民地ニ於テ衝突ノ生ズル時ハ、独逸帝国ハ伊太利王国ト共同ノ運動ヲ為スベシ。

○第八。我等ハ今茲ニ欧州ノ平和ヲ現在ノ有様ニ維持シ、以テ我等ノ負担スル各自ノ邦国ノ安寧、治平ヲ保護スルノ任ヲ尽スベキコトヲ盟約ス。

以上所陳ヲ証センガ為メニ我等自ラ名ヲ署シ各々国璽ヲ鈐セシム。

フランソア、ジョセフ
ウ井ルヘルム二世
ウンベルト

［100］「白耳義国憲法改正ノ件」　一八九三年三月

◉白耳義国憲法改正ノ件

法学士　安達峯一郎報

余輩ハ本年元首ノ本誌ニ於テ白耳義国ハ今方サニ憲法改正ノ議会開設中ナルコトヲ報導シテ、其改正案ノ要領ヲ記述セリ⑻。同国憲法改正事業ハ其後漸次ニ歩ヲ進メタリト雖モ、今日ニ至リテモ未タ結了スルコト能ハズ。諸案続生シテ底止スル所ヲ知ラザルモノ、如シ。衆議院議員グロフイルス氏（Glophis）ノ提出シタル改正案ハ、頗ル群ヲ抜ンテタルモノニシテ、我国法政ニ従事スルモノ、参考ニ供スルニ足ルモノアリ。左ニ之ヲ訳述ス。

改正憲法案（撰挙ニ関スル部）

憲法第四十七条。衆議院議員ハ白耳義国ノ男子ニシテ満二十五年ニ達シ、一年以上其撰挙区ニ住処ヲ定メ、法律ニ依リテ投票権ヲ有スル者之ヲ択ブモノトス。

投票ハ撰挙人ノ義務トシテ之レヲ行フベキモノニシテ、市町村ニ於テ之レヲ為ス。

法律ニ依リテ定メタル撰挙人ノ種類ハ、法律ヲ以テ之レヲ削リ又ハ減スルコトヲ得ス。但シ新法律ニ依リテ之ヲ増加スルコトヲ妨ケズ。

撰挙権ハ撰挙人ノ不適格《エンディーニュ》ノ原因ニテ裁判ヲ受ケタルニ非ザレバ停止セラル、コトナシ。

第四十七条（第二）前条ヲ執行スル為メニ設クル法律ニ於テハ、主トシテ次ニ掲クルモノニ撰挙権ヲ与フベシ。

第一、総テノ結婚シタル男子

第二、未タ結婚セザルモノナルモ読書、画字ヲ善クスルモノ

右能力ノ有無ヲ審判スルノ方法ハ法律ヲ以テ之ヲ定ム。但シ左ニ掲クルモノハ当然右能力ヲ有スルモノト看做ス。

（イ）公立又ハ私立ノ高等学校若クハ師範学校ノ授付シタル免許状ヲ有スル者

（ロ）公立又ハ私立ノ中学校小学校又ハ技芸学校ノ授付シタル証状ヲ有スル者

（ハ）満足ニ除隊トナリタル護国兵及ビ志願兵

右改正案ニ付テ注目スベキ二点アリ。一ハ投票ヲ以テ公務ノ一種ト為シ撰挙人ノ任意ヲ以テ棄権スルヲ許サズトシタルコト、一ハ殆ント制限ナキ普通撰挙ノ主義ヲ採リタルコト是ナリ。

（8）資料［94］を指すとみられる。

[101]「独逸国会ニ於ケル国際裁判論」一八九三年四月

○独逸国会ニ於ケル国際裁判論

法学士　安達峯一郎報

国際裁判論ノ欧州ニ盛ナルハ我国識者モ知了スル所ナルベシ（其過去、現在、及将来ハ他日之ヲ記述スベシ）。近着ノデバー新聞ヲ閲スルニ、独逸国会ニ於テ過日一議員ベベル氏ハアルザス、ローレヌ州問題ヲ列国委員ヨリ成立スル国際裁判ニ付シ、仏独何レカ直ナルヲ明ニシ、以テ之ヲ直者ニ与フベシト論ジタリシガ、首相カプリビー氏ハ絶対ニ之ヲ拒絶シタリト云フ。是レ一ハ同州問題ノ今日ニ至ル迄全ク決着セザルモノナルコトヲ知ルニ足リ、一ハ国際裁判ニ関スル思想ノ如何ニ彼土ニ於テ行ハル、カヲ察スルニ足ルベシ。新来仏国博士ルボン氏ノ同件ニ関スル著書⑨ノ如キ、又諸国ニ存立スル平和協会ノ如キ皆頗ル我国人士ノ研究ヲ要スルモノ、若シ久シク之ヲ怠ラバ、国家臍ヲ噛ムノ悔アラン。

[102]「安達学士の懸賞論文」一八九三年四月

○安達学士の懸賞論文　安達法学士は明治、和仏両大校学生に対して去月左の懸賞論文を提出し、本年五月最終日を以て提案終期とせられたり。蓋し是れ法理学幷に立法技術の上より人事篇の編纂方法の当否を研究して、我国法典修正事業に資するの目的に出たるなるべし。而して同法学士は両校校友の答論をも尤も喜びて之を査読し、其結果を本誌上に発表せらるべしと云ふ。

○我国新法典中人事篇ノ編纂方法ハ宜シキヲ得タルモノナリヤ。

○人事篇中ノ章節ハ如何ニ之ヲ排置スルヲ以テ最モ其当ヲ得タルモノトナスヤ。

注意　人事篇第一章私権ノ享有及行使、第二章国民分限ノ取得及ヒ其他各章ニ散見スル身分証書ニ関スル規定ノ如キハ、之ヲ人事篇中ヨリ除去リテ特別法ニ譲ルベシトノ説アリ。

私法典編纂ニ関シテ二個ノ主義アリ。一ハ羅馬式編纂方法ニシテ、二ハ独逸式編纂方法ナリ（穂積陳重氏法典論参照）。一ハ身分ニ関スル規定ヲ主トシ一ハ財産ニ関スル規定ヲ重シトナス。従ヒテ法典規定事項ノ排列ニモ前後ノ差異ヲ生ズ。

我国社会ハ今ヤ正ニ家族制度ヨリ進ミテ個人制度ニ入ラントスルノ過渡時代ナリトハ我国学者間ノ通説ナルガ如シ。是レ果シテ事物ノ真相ニ透徹シタル見解ナリヤ。

参考書目として左に邦文の著書数種を掲く。

穂積陳重氏法典論及隠居論〇穂積八束氏基督教以前ノ欧州家制（法学協会雑誌所掲）〇光妙寺三郎氏訳仏伊民法比較論〇岸本辰雄氏民法人事篇講義（講法会出版）〇メイン氏古代法〇ベンザム氏立法論綱〇オースチン氏法理学〇何禮之訳同民法論綱

答論優等者ハ之ヲ三級ニ分チ一等三円、二等二円、三等一円トナシ、同講師ヨリ之ヲ贈呈シ且ツ其論文ハ之ヲ明法誌叢ニ掲ク。(10)

［103］「直接国際談判に付て（在朝鮮大石公使謁見問題）」　一八九三年五月

〇直接国際談判に付て（在朝鮮大石公使謁見問題）

法学士　安達峯一郎

(9)　Michel Revon, *L'arbitrage international, son passé, son présent, son avenir* (Paris : A. Rousseau, 1892). ルヴォン、安達峰一郎訳「不法に審問又は処罰せられたる刑事被告人の国に対する損害賠償請求権」『明法誌叢』一六、二〇、二一号（一八九三年六、一〇、一一月）をも参照。

(10)　提出された論文は一篇で、最優秀賞を獲得した。その論文は以下のように掲載されている。櫻井長蔵「人事法論――安達学士懸賞論文」『明法誌叢』一六、一七、一八号（一八九三年六、七、八月）四〇―四六、五六―六六、五〇―五九頁。

我か朝鮮駐箚大石〔正巳〕公使曽て其国王に見ゆるや因て防穀の事を云々せりと伝ふ。世上或は新に説を為して曰く、幸に国王に謁するに因て防穀事件を云々するハ是れ礼に非さるなりと。於是頗る物議に亘る。

余輩以為らく、凡そ国際談判にハ直接の談判と間接の談判とあり。間接談判ハ外務大臣と公使と相並立て事を決するものにして、直接談判ハ公使か君主と直接之を為すを云ふ。（マルテンス、フオデレ、ガルデンス諸書）

我国防穀事件談判の朝鮮に於けるや已に久し。特に大石公使も亦た之を試みるや一日に非さるなり。然れとも彼れ曠日弥久、遁るゝ所多し。則ち我か大石公使韓王に見ゆるに因て以て之を云々したるは直接談判にして変体に出てたるもの、公使たるものゝ職分上当然の事なり。然らハ則ち国際礼法上亦た間然する所なきなり。然るに人或ハ忍て之を筆して非礼を説く。甚哉、其文明国際談判の作法に通せさるや。

[104]「序文」（仏文・フラマン語訳）　**一九二五年一月三〇日**

↓欧文著作（巻末）97頁

[105]「日本と国際条約」（仏文）　**一九三三年**

↓欧文著作（巻末）100頁

[106]「序文」（仏文）　**一九三四年五月**

↓欧文著作（巻末）107頁

解題

萬邦の平和と安達峰一郎
安達峰一郎の国際協調外交

柳原正治
三牧聖子

萬邦の平和と安達峰一郎

柳原正治

安達峰一郎は、外務官僚・外交官、捕獲審検所評定官、常設国際司法裁判所所長・裁判官、さらには国際法学者として、実に多方面において華々しい活躍をした。本論文は、こうした多方面にわたる安達の活動を国際法の観点から見たときにどのように評価できるかを、本書に収録した安達の著作物についての分析を中心として論じるものである。紙数の関係もあり、三つの論点に絞ることにしたい。すなわち、日本、アジア、そして世界にとって国際法はどのような役割を果たすものと安達は見ていたか、国家間紛争を予防・解決するためにどのような方法を用いるべきとみなしたか、そして、安達にとって国際法学はどのような学問であったか、という三点である。

一　安達にとっての日本・アジア・世界——国際法の役割

日本、アジア、そして世界にとって国際法はどのような役割を果たすものと安達が見ていたかについては、大きく三つの時期に区分できる。

安達がそもそもどのようにして法学に関心を持つようになり、さらには法学の中でも国際法学に関心を持つようになったか、そして国際法学が日本にとっていかに重要な学問であると認識していたかについて窺い知れる資料が［1］［2］［3］［4］［6］［7］［11］である。「天下ノ大経」である法律（資料［1］）を勉強したいという熱意の下に、山形法律学社、山形県中学師範学予備科、司法省法学校予科で学んだ後に、安達は一八八九年九月、帝国大学法科大学法律学科に入学した。入学直前に同大学の看板教授であった穂積陳重宛に送付したのが資料［2］の書簡である。安達はそのなかで、民法・刑法・商法などを勉強して裁判官や弁護士を目指す法学生は多いが、国際法を勉強して国家のために尽力しようとする者は少ないことを嘆き、みずからがそれを志したいことを伝えている。同様のことは、大学を卒業して数ヶ月後の一八九二年一一月に発表した論文（資料［3］）の中でも、一八七三年に設立された万国国際法学会（Institut de Droit International）の重要性に触れながら、記されている。

当時の安達にとって国際法は、小国である日本が、欧米の大国、ことに英仏伊などの文明国、さらには露清などの富強国に対抗していくために必要なものとみなされた。「国際公法は四海万国、一日も以て無かるべからざるものなり。是れ法能く行はるれば、帯甲十万、地方千里なるも、以て他の小国を威すに足らざるなり。小国と雖とも道徳仁義を持し、飽まで礼を以て対せば、何ぞ大国に畏る、所あらんや」（資料［3］）。そして、外交官として最初の赴任地であるローマへ向かう船中で妻・鏡子に送った書簡の中では安達は、日本を「一等国」にしなければならないという強い決意を伝えている（資料［11］一八九三年九月三日付け書簡）。この「一等国」という表現は、安達が通訳を務めたパテルノストロ（Alessandro Paternostro）[1]の講義録『国際法講義』[2]の中にも見られる（一八九二年六月一四日終講）。パテルノストロは、日本のような「世界中第一等国タラントスル国家」においては、国際法の教育は法学校だけではなく、それ以外の高等教育機関でも必要であることを強調していた（資料［6］）。

安達が日本を「一等国」にしたいという意欲を持った背景には、アジア・中東・アフリカの諸地域がヨーロッパ諸国の植民地とされているという現状認識が存在する。それはさきほどの鏡子への書簡群の随所に見ることができる（一八九三年八月一三日、八月一六日、九月三日、九月五日付け書簡など）。安達は、寄港地であるアジア地域やエジプトの現地人がヨーロッパ人にこき使われ、奴隷状態にあることを赤裸々に記している。また、安達がローマ滞在中、さらには、一九〇八年から一九一二年までの参事官・臨時代理大使としてのパリ滞在中に、エチオピア、仏領印度支那（ベトナム）、モロッコ、コンゴなどについて、本省に送付した報告（資料［12］から［17］）でも同様のことが指摘されている。[3] そのなかでは、チュニスやアルジェリアなどの「北部亜弗利加ノ蛮地ニ文明ヲ扶殖スルハ、仏国ノ天職ナリ」という、ポアンカレー仏首相の発言が紹介されている（資料［17］）。また、日本国民を「亜細亜ノ覚醒者」とみなす、さらには「黄色人種ノ救済者《リベラトール》」とみなす、という仏領印度支那総督の発言も記されている（資料［13］）。

この関連でとくに注目されるのは条約改正についての安達の考えである。条約改正は明治政府の対外政策の大方針であった。一八八六年の条約改正会議、一八八九年の大隈重信外相による改正交渉の失敗などが続いた後で、ようやく一八九三年七月に陸奥宗光外相による条約改正案が天皇の裁可を受けた。こうした渦中の一八九三年一月に発表した雑誌論文の中で安達は、「国家ノ対等ハ条約ノ対等ヲ以テ博シ得ベキニ非ズ。国家ヲ成ス種族、文物等ノ精力相匹敵スルニ非ズンバ、交際ノ対等却テ国家ヲ蠹害《とがい》スルノ具タラムノミ。対等条約論詢トニ善シ。然レドモ東亜ノ極隅ヨリ文化ノ光明ヲ反照スルニ非ズンバ其邦国ノ前途ヲ奈何ニセム。余輩平昔法学ニ志ス者、世界近代ノ三大国際法典草案ニ対シテ忸怩タルコト無キ能ハザルナリ」と記している（資料［4］）。欧米諸国との対等な関係は条約改正によってのみ達成されるのではなく、三大国際法典草案（ブルンチュリー〔Johann Caspar Bluntschli〕、フィールド〔David Dudley Field〕、そしてフィオレ〔Pasquale Fiore〕の三人の国際法学者の著作）に匹敵するような研究もまた必要であることを指摘したのである。不平等条約を改正することだけをもって、日本が欧米列強と並び立つ国家となるのではなく、国際法を充分に研究し、その国際法によって対外関係を規律していかなければ、欧米との対等な関係はあり得ないという認識である。

さらに安達が強調しているのは、国際法の研究を充実させることにとどまらず、一般国民が国際法の知識を充分に持つことの必要性である。「其有力者、必ず国際法なるものは果して何物たるを国民に知らしめ、国民一般も亦之を務め、国際法会には数多の会員を出し、東洋に大日本帝国あることを輝かさずんば、日本法学の欠点遂に補充すべからさるなり」（資料［3］）というのが、この第一の時期の安達の考えである。[4]

第二の時期を象徴する論文が、伊・仏の在外公館勤務を終えて帰国した後の一九一二年一二月六日に、日本国際法学会で行った講演の記録である（資料［7］）。そこには大学生であった一八八八、一八八九年の当時から二〇年少し経った時点で、日本が国際法の適用範囲となり、「強大なる国」として国際法上尊重すべき地位を占めるようになったということが語られている。安達は、一九〇七年六月からの第二回国際平和会議（ハーグ）[5]や一九〇八年一二月からの万国海戦法規会議（ロンドン）[6]の二つの会議を例として挙げ、日本の優越的地位が認められたとする。国際法研究が進められ、そして国運の発展が見られ強大国となった日本にとっては、いまや国際法の適用範囲内に含まれるかという点ではなく、日本が国際法を適用してくれるかということのほうが問題となるようになったという認識である。

安達はまた、第一次世界大戦後に日本が国際連盟常任理事国となったことを「天下の智者、少数なる智者の一人」となったとして重視する。かれはそれを「天祐」によるものとみなしている（資料［55］［56］）。ただ、「日本の道義上の勢力を世界に及ぼし、又別の言葉を以て申上げますれば、我日本の歴代聖天子の御稜威に依て斯の如き発展をして居る所の光栄なる国運を益々長久に繁栄させる一端である」（資料［56］）と述べている箇所もある。

さらに安達は、駐メキシコ公使を免じられてから三ヶ月ほど経った一九一六年六月二〇日に横浜市教育会において行った講演では、次のような興味深い発言をしている。「日本民族の天職は欧羅巴の文明と我々の島国の文明と結付けて精神上経済上其他何れの点に於ても敗を取らない。即ち我々は欧羅巴諸国を先進国と仰いで其文明の一部を取りつゝありますから、我々の祖先以来身に備へて居る文明の血液に之を混和させて、一種特別なる高尚なる文明を此の東洋に立てゝ、純粋なる欧羅巴的の文明でなく一種特別なる日本の文明を作る。是は東洋人の模範とするのみならず白人の模範ともする。此文明が将来の歴史に永く残るといふことにするのが、我々同胞の大なる天職と心得るのであります」（資料［29］）。国際法はまさにヨーロッパ文明の一つの象徴であることからすれば、安達はここで日本に特別な「国際法」の構想までをも視野に入れていたのではないかとも考えられる。もっとも、この講演の中にもその他の資料にも、そうした具体的な構想についての記述が見られるわけではない。[7]

第三の時期は、第一次世界大戦以降、とくに一九二八年の不戦条約採択以降である。当時の日本の国際法学者の大半が不戦条約を否定的に評価していたのに対して、安達が高く評価していたという事実は、すでに発表した論文で指摘した⑧。本書に収録した資料からもその点は確認できる。たとえば安達は、「不戦条約を嘲ける者は世界人類の半数でございませう」とは認めつつも、「不戦条約は重要なる進展『エヴォリューション』を世界に及ぼすに違ひない」のであり、「重大なる変化は不戦条約実施の結果として、これから何れの国も戦争はしない。如何なる国際論議でも其の解決に関しては之を戦争に訴へず必ず総て之を裁判若しくは仲裁に懸けるとしてしまつた」（資料［57］）と述べている。次節で詳論するように、安達は不戦条約が「重大なる変化」をもたらしたのであり、国家間紛争はこれまでの国際法によれば戦争によって解決することができたのに対して、いまや戦争ではなく、裁判（司法裁判）・仲裁によらなければならなくなったと解している。劇的な変化が国際法に生じたという理解である。安達は、戦争は人類の永久的幸福にとって必要なものでは決してないということを強調している（資料［54］［56］）。

こうした変化と相俟っていると安達が解するのが、国際連盟の役割である。安達は次のように述べている。「戦前と戦後の外交事件処理の上に於て一大変化を来したことは御承知の通りで、三十八年以上外務の官吏とし、約二十五年間欧米に在任して居つた私に取つては殊に深く感ぜられます。戦前に於きましては外交は殆ど国別的でありまして、甲の国と乙の国とが外交事件を処理する、これが原則であつたのが、大戦の後、米国の故大統領ウイルソン君の時勢に適合したる天才的の創意の結果、世界の平和を具体的にまた実行的に組織する国際聯盟が出来、単に直接に平和を維持する方法を講ずるのみならず、其他諸種の世界的大問題をも殆ど皆此団体に於て扱ふことになりました」（資料［55］）。外交事件処理、いいかえれば、国家間紛争は、二国間による解決ではなく、万国議院商事会議、万国議院同盟会議といった一般的会議、さらには国際連盟によってなされるのが一般的になったという理解であった。さらに安達は、連盟の政治的事業は欧州にとどまると言ってもよく⑨、しかも欧州の政治問題は殆どすべて日本の裁決に委ねるしかないのが連盟の現状であるとする。そして、経済的問題はアメリカの処理に委ねるという傾向があることを欧州側は遺憾に思っているが、「政治上に付きましては極東にある日本の健全なるグッド・センス、健全なる思想に依て裁いて貰ひたい」というのが、欧州側の「最も真摯なる、神聖な」念願であるとみなしている（資料［56］）。別の講演では安達は、日本が欧州、ひいては世界の平和のために貢献することが望まれることを強調している（資料［57］）。

一時帰国していた一九三〇年四月に常磐松の自宅で書した「先憂後楽依仁持正　以期萬邦之平和　昭和五年四月　於常磐松　安達峰一郎」には、戦争ではなく、「仁により正を持し、もって萬邦の平和を期す」というかれの理念がよく表されている。また妻鏡子が、安達の死後の約二年後の一九三七年一月一日にハマーショルド夫妻に宛てた書簡の中で、「ある人〔峰一郎?〕の深い言葉（les mots profonds de quelqu'un）、その人の最後をいつも思い出しています。正義と平和についての純粋な考えをわたくしのような、まったくなんの変哲もない女性も持てるのです。正義と平和は、世間がますます変転している時代にあってはとくに、そうした考えから導き出されなければなりません」と記している（資料［87］）。

安達が国際法学の勉学を志し外交官となったのは、日本を欧米諸国と並び立つ「一等国」にすることであった。その後、二〇世紀初頭以降日本が欧米諸国と並ぶ強大国となるに及んで安達は、日本に独特の国際法があり得るかもしれないとの考えを持ったかのようにもとらえられる。しかし、第一次世界大戦後、とくに不戦条約採択以降は、世界の情勢、国際法のあり方が大きく変わったという認識の下に、世界における平和をいかに実現できるか、そこにおいて日本がどのような役割を果たしうるかという観点が安達の中心を占めるようになっていったのである。

二　安達にとっての紛争の予防・解決

第二の論点は、国家間紛争を予防し、さらには解決するためにどのような方法を用いるべきと安達がみなしたかということである。すでに前節で論じたように、安達は不戦条約と国際連盟の役割を強調し、これを戦前と戦後の「一大変化」ととらえていた。

安達はこうした歴史的変遷を鋭敏に感じ取っていたが、一貫して外交官の基本に据えるべきと考えていたのは、なによりもまず、外交事件の円滑な処理、さらには紛争の予防・事前回避ということであった。この点で興味深いのが資料［14］である。安達参事官の尽力により一九一一年八月一九日に署名された日仏通商航海条約[10]には、「同条約ニ仏国殖民地加入ニ関スル交換公文」が付属しており、仏領印度支那を同条約に加入させることが日本にとって重要な課題とされていた。ところが、仏領印度支那総督府は米の関税率を理由として反対の立場をとり、加入交渉が頓挫していた。一九一二年三月二六日付けで内田康哉外務大臣に送付された本資料は、交渉が頓挫している理由が本当に米の問題なのかについて調査した報告である。安達はかねて懇意にしていたベルトロ（Philippe Berthelot）仏外務省アジア部長から、真の理由を聞き出している。それは米ではなかった。「同殖民地上下ノ本邦ニ対スル猜疑ノ念尚熾《さかん》ニシテ……米ノ問題ハ表面上本件妥結ヲ避クル為メノ口実ニ外ナラサル」というのである。そして、「印度支那ニ於ケル対本邦猜疑反感ノ根因ハ其根源遠ク日露戦役前後ニ遡」るのであって、日本の南進政策として仏領殖民地をも対象としているのではないかという疑心暗鬼がフランス官民の間で生まれており、「急転シテ迷夢ヲ破ルコト」はできないということであった。

安達は、こうした印度支那における日本に対する悪感情を除去させるための一つの方策として、同地に日本の領事館を設置することを提案している。そしてこの設置は、「独リ通商殖民ノ関係ニ止ラス、能ク日仏両国ノ一般政事財政上ノ関係ニ亘リ深ク之ヲ考量スヘキ問題」であるとみなしている。そのうえで安達は、この方策が首尾よくいくためには、なによりも館長の選任が肝心であることを強調する。そしてその館長は、「少壮活潑ヨリハ専ラ温厚老功ヲ主トシ、最モ任地ニ於ケル官民ノ感情ヲ融和スルニ長シ、兼テ彼我通商ノ発展ニ尽瘁シ、要スルニ帝国政府御趣意ノアル処ヲ体シテ、能ク誤リナキヲ得ルノ経綸ト技能トヲ有スル好領事ヲ得ラルルコト」としている。

ここには安達が考える理想像としての外交官・領事官のあり方が示されている。それは、「少壮活潑」に外交事件に正面から、いわば猪突猛進的に取り組むというのではなく、「専ラ温厚老功」に処して、可能な限り裏情報も収集して外交事件を処理していくという、老練な姿である。それは外交事件が深刻となり、国家間で紛争が生じるような事態にならないように最大限の努力を行うという態度である。

外交官のあり方として安達が述べている中でもう一つ興味深いのは、一九一六年六月二〇日の横浜市教育会における講演である。安達は次のように述べている。「一体官吏、我々の様な外交官は、丁度坊さんの様なものでありまして托鉢を毎日して信者の喜捨に依て生きるといふことが官吏の生活である。殊に国家の代表者として外国に駐箚してる所の外交官の如きはさうでなければならぬ。即ち貧を富と心得て之に甘んじて居らなければならぬ。英吉利の公使として私の先輩たる『カルデン』卿が亜米利加の新聞に攻撃され、其為でもあるまいが遂に任地を去りたることがある。それは十八年間総領事をして居つて、地方で可なり広い面積の土地を安く買てそれを開墾した所が其附近に鉄道が開けて今日は頗る地価が高くなつたが、それが為に英吉利の公使は非常に憎まれて新聞に書かれたことがある。それで私が少し計りの金でも土地を買て持て居るとさういふことになつてはいかぬと思ひました。其儘に致しました」（資料［29］）。

外交官を托鉢僧になぞらえるのはなかなか奇抜であるが、安達が意図したのは、清廉潔白で、しかも謙虚な態度ということである。そのことが外交官の任地での評判にかかわり、情報収集のためにも国家間紛争の事前回避のためにも、望ましいという考えである。安達は「正義と公平と同情の結果で裁いた所の判断は必ず近い将来に於て認められる」（資料［56］）という信念を持っていた。

また安達は、「軍縮の大事業＝これは平和を維持することが重要なる目的であります」（資料［55］）と述べているように、正義に基づく平和を世界に確立するためには軍縮が必要とみなしていた（資料［56］）。軍縮を国際連盟の「最も重要なる使命」、「最も重要なる国際聯盟の任務」であると述べている講演もある（資料［53］［54］）。

安達はまた、国際平和の実現のためにはまずもって各国の国内平和の実現が必要であることを説いている。一国全般の利益とその国の労働階級の利益との間の完全なる調和という社会正義の上に基礎を置いた国内平和をまずは各国において実現することが必要であり、そのうえにこそ、国家間関係において正義の基礎の上に立つ国際平和の実現をもたらすことができるという考えである（資料［50］）。

さらに安達は、一九二五年に日本の民話のフラマン語訳が出版されるに際して寄せた序文の中で、恒久平和（paix durable）をすべての者が望んでいるときにあたって、人々の間の和睦を実現し、世界に平和をもたらすためには、若い世代の人々の教育がなによりも重要であることを強調している（「知性の伸張」）。そして、就学中の若者たちの間で、他国の伝承や物語、さらには慣例・風習が広範囲に、そして適切な形で伝播していくことがこうした和睦につながっていくとみなしている（資料［104］）。

もっとも、以上のように種々の方策を用いて、いかに紛争予防をしようとしても、紛争が発生するのが国際社会の現実である。いったん発生してしまった国家間紛争を解決する方策として戦争が禁止され、国際裁判によるとされるようになった重大な契機として、安達が一九二八年の不戦条約を高く評価したのは間違いない。ただそれに先立つこと四年前の、一九二四年の国際連盟総会で採択されたジュネーヴ議定書（国際紛争平和的処理議定書）もまた、はなはだ重要な条約であった。この総会では、国内管轄事項に関する紛争と侵略国との関係について日本が異論を唱え、修正案を提示したが、その弁明にあたったのが安達であった。これは「日本事件（Japanese Incident）」と呼ばれたが、安達はその修正案についての誤解が広く国際社会に存在することを憂慮し、弁明のための論文をヨーロッパで発行されている二つの雑誌に掲載している（資料［42］（2）、［43］。資料［42］（1）は日本語訳）[11]。

安達はこのなかで修正案についての誤解を解くべく縷々説明しているが、それとともに注目されるのは、戦争の位置づけである。安達は次のように記している。「開会の初めから、第五回総会は、欧州の二大国の現任首相の華々しい演説に感動させられ、完全なる義務的仲裁々判の組織を樹立することによつて、戦争を殺さうと決心したのであります。可憐なる人類の進化に於ては、これ迄は必要と認められてゐた幾つもの宿駅を焼き払って、吾々は少しの遅滞もなく、直ちに、黄金の時代を創立せんと決心したのであります。実に此の希望に充ちた寛容の空気の中で、完全なる義務的仲裁々判の組織を作り上げるべく任を受けた、十四人よりなる特別小委員会の同僚らは、私に、今後史上に特筆さるべき彼らの重大なる事業を指揮すべき、輝かしい、然し危険極まる名誉を負はせたのであります」（傍点は筆者による）。安達は、紛争の平和的解決義務（義務的管轄権）が確立し、戦争がない時代を「黄金の時代（l'âge d'or）」と呼んだ（資料［42］（1）（2））。そして、軍縮と制裁も併せて規定する、画期的な条約が作成されたのである。しかしながら、その後政権が変わった英国などの反対のため、安達たちが作り上げたジュネーヴ議定書は最終的には未発効に終わってしまった。[12]

仲裁裁判と司法的解決（司法裁判）は合わせて国際裁判と呼ばれることが現在一般的であるが、世界規模の司法裁判所が設立されたのは、一九二二年の常設国際司法裁判所が最初である。この裁判所を設立する条約、常設国際司法裁判所規程の草案を起草した法律家諮問委員会は、一九二〇年六月から七月の二ヶ月間にわたって、委員一〇名の間で激論をかわした。安達がどのような意見を持ち、委員会でどのような立場を取ったかは、本書に収録した資料［58］から［61］までだけでも充分に把握できるであろう。安達は委員の中でただ一人、義務的管轄権を設定することに反対した。それは日本政府の指示に基づいていたのは間違いないものの、[13]安達もその時点では、連盟規約第一四条との関係が難しいし、実際上も義務的管轄権の導入を時期尚早とみなしていた。一九二〇年七月一八日付けの公電では、「実際論トスルモ本件裁判所ハ少クモ当初ハ右文言通リニ致シ置キ、徐ニ其ノ発達ヲ観察ス可キモノト思ハルル旨ヲ繰リ返シ置キタル次第ナリ」と記されている（資料［61］）。義務的管轄権の導入を目指して裁判所が機能しなくなるような事態は避けるべきという考え、「虻蜂取らず（qui trop embrasse mal étreint）」になってしまってはいけないという考えが、[14]委員会での安達の一貫した主張であった。

この点は、委員会において義務的管轄権の導入を推進したルート宛の一九二一年一月二五日付けの書簡でも明瞭に記されている。「絶対に確信のあることなのですが、〔一九二〇年一二月一三日に〕国際連盟〔総会〕のすべての構成国によって全会一致で承認された〔常設国際司法裁判所〕規程に、わたくし自身と同様に、貴下も完全に満足されていることでしょう。このようにして、裁判所を発展させていきさえすればいいのでありまして、裁判官がうまく選任され、良識と正義に満ちた、一定の数の判決が積み重なっていけば、世界中のすべての国家は喜んで義務的管轄権を認めるようになるだろうことに、なんらの疑念もありません」（資料［62］）。

常設国際司法裁判所が活動を開始して八年経った一九三〇年の時点で⑮安達は、日本を除く世界の主要国がことごとく義務的管轄権を受諾するようになったという事実を、斎藤実宛の書簡（資料［52］）や講演（資料［53］から［57］）の中で繰り返している。「良識と正義に満ちた」判決が積み重なり、常設国際司法裁判所が順調に発達してきているという現状認識である。もっとも、日本が義務的管轄権を受諾すべきかどうかについては、これらの五つの講演では微妙にニュアンスが異なっているのもたしかである。

安達は日露戦争のさいに、横須賀捕獲審検所で評定官としての任務を遂行した。資料［21］［22］［23］は、担任評定官として携わった、露船コチック号、独船パロス号、英船イースビーアベー号事件についての調査書および検定書である。調査能力や尋問力の高さは、これらの調査書からも窺い知れる。ただ安達は、一八九二年に外務省に入省してから一貫して外務官僚・外交官であったのであり、裁判官となることは想定していなかったと推測される。常設国際司法裁判所裁判官への立候補は、安達自身が語っているところによれば、帝国大学時代の恩師であり、「数十年来の最も尊敬する所の」富井政章（当時、枢密顧問官・常設仲裁裁判所裁判官）から電話で依頼されたので、断りようがなかったということである（資料［53］［57］）。

もっとも、ベルギー公使館（当初在ル・アーヴル、その後在ブリュッセル）で安達と職場を同じにし、当時在ハノイ総領事であった黒澤二郎に宛てた一九三〇年一月二八日付けの書簡には、揺れ動く心境が正直に綴られている。安達はこの書簡の中で、不戦条約の結果として重要な国際紛争は常設国際司法裁判所に付託されなければならなくなったという、最近の変化を強調している。そして、四〇年間慣れ親しんできた外交官としての仕事を続けたいという気持ちと、常設国際司法裁判所裁判官としての仕事もしてみたいという気持ちの、二つがせめぎ合っていることを正直に吐露している。その背景には、大国の中では日本のみが強制管轄権を受諾していないという事実があることも安達は記している。ただ書簡の最後では、過酷な戦いに敢然と立ち向かう決意を伝えている（資料［65］）。

常設国際司法裁判所裁判官選挙でトップ当選し、就任後ただちにアジア人初の所長に選任された安達は、その後三年間実に多忙な生活を送っている（資料［69］参照）。所長として安達は、常設国際司法裁判所制度が永遠の生命のある制度として存在しており、裁判官にもそうした気構えが必要なことを強調していた（資料［68］［70］）[16]。

所長としての苦労は、ケロッグ裁判官の問題（資料［71］参照）など種々あったが、最大のものが満州事変であったことは間違いない。安達は、満州事変の約一年後の、一九三二年八月三日付けのハマーショルド宛の覚書の中で、「裁判官――特任裁判官も含めて――の役割は、何に対してであれ完全に独立であるという、厳格な義務を課している。また、こうした条件の下で、裁判官の母国政府をわれわれ裁判官自身の『妻（femme）』とみなしてはならない、ということに留意すべきことがわたくしの義務である」と記しており（資料［72］）、裁判官は母国政府からも独立していなければならないことを強調していた。しかしながら、安達自身がそうした完全独立の立場を満州事変について完璧に貫いたのかについては疑問の点もなくはない。満州事変勃発後の約一ヶ月後に、安達が満州事変に関する連盟理事会や裁判所の受け止め方を「内話」として秘密裏に駐オランダ公使松永直吉に伝えた、という事実を指摘しなければならない。この事件が裁判所で審理されると、「我方ハ極メテ不利ナル立場ニ陥ル」という見解であった（資料［78］）。松永公使から公電で外務省本省と国際連盟日本代表部にこの情報は送られ、少なくとも外務省内のしかるべき部署においては情報が共有されたに違いない。そこには「四〇年間慣れ親しんできた」日本の外交官（資料［65］）としての立場を否定しきれない、安達の苦悩を見て取ることができよう。その苦悩は、一九三三年八月二三日付けの小川平吉宛の書簡にも記されている（資料［83］）。

また、日本が国際連盟を脱退することにより、常設国際司法裁判所と日本の関わりにどのような影響があるかについて、外務省の松田道一条約局長からの内々の問い合わせに対して、安達は、私見を述べることは「何卒一切外部ニ洩レサル様ニ」と念押しをして、回答している（資料［81］）[17]。

常設国際司法裁判所裁判官は母国政府からも完全に独立していなければならないという安達の信念が、満州事変という、とてつもない「騒擾」を前にして若干揺らいでいるように見えるのは、たしかに残念なことと言わざるを得ない。

しかし、ここで留意すべきなのは、裁判所の審理過程において、みずからの専門的判断から離れて日本に有利な立場を取ろうとしたり、審理過程での情報を秘密裏に日本に伝えたりしたというわけでは決してないということである。また、安達が国家間紛争――満州事変も含めて――を戦争によってではなく、なんとか平和裏に解決することを目指そうとしていたことは、本書に収録した、いくつかの資料からも明確に見て取れる。一九三二年五月二七日付けの斎藤実首相(前日に斎藤内閣が発足していた)宛の書簡では、満州事変が「聯盟規約第十五条又ハ満州ニ於ケル権利尊重等ノ法律問題トシテ当法廷ノ判決ニ付セラレ候ハヽ」、すなわち、規約一五条による連盟理事会での紛争審査、あるいは常設国際司法裁判所での審理であれば、日本にとって望ましい結果が得られなくなるという事実をたしかに指摘している(前者の連盟理事会についての指摘の背景には、アジアの事件は連盟の処理には向いていないという安達の基本的認識もあったであろう)。その一方で、「政治問題トシテ大キク広ク取扱ハレ候ハヽ、有終ノ美ヲ収メ得ヘキモノニ有之候」(傍点は筆者による)とも記している(資料[79])。すなわち、軍事的な解決を強引に図るということではなく、日本と中国との間での外交交渉によって平和裏に解決すべきことを斎藤首相に直訴していると解することができる。「大キク広ク」という文言に込められた安達の気持ちを、わたくしたちはくみ取る必要がある。

また、常設国際司法裁判所所長を任期満了で終える直前の、一九三三年一二月二〇日に安達がケロッグに送った書簡には、次のような一節がある。「地球上の至る所で、政治的・経済的に困難な状況にあり、国際連盟は、わたくしが想像していた以上に深刻な危機に直面しています。それでもわたくしは、ケロッグ条約(不戦条約)の精神を見事に体現している常設国際司法裁判所は、こうした、あらゆる騒擾に耐えうるものであると思っています」(資料[84])。常設国際司法裁判所への大きな期待を安達が持ち続けていたことは、間違いない。この点は資料[85]でも確認できる。

安達と対照的なのが、安達の後任として常設国際司法裁判所裁判官となった長岡春一(一八七七―一九四九)である。長岡は安達よりも八歳年少で、一九〇〇年に外務省に入省後、条約局長などの要職を本省で担ったほか、ドイツやフランスの大使を務めるなど、安達と同様に職業外交官であった。ところが、安達と決定的に異なるのは外交官を志した動機である。一九三一年一一月に発表した論文の中で、当時駐ドイツ大使であった長岡は次のように記している。「筆者が帝大を出た明治三十三年は北清事変のあった歳で、一高時代から続々と起る極東諸事件に刺戟されたのが、筆者が外交畑を志さした動機である」。そして、「満州に於ける我国の地位を広く世界に知らせ、一刻も早く各国に既成事実を承認させて、我権益の安固を計るのが焦眉の急であることを痛感した」とも記している。(18) 長岡は、満州などの極東問題に従事すること、いいかえれば、極東における日本の国益を増進することを目指して外務省に入省したのである。満州事変はまさにかれにとって、日本の権益確保のための、絶好のチャンスということだったのであろう。

長岡は一九三五年九月一四日の補欠選挙で常設国際司法裁判所裁判官に選任され、一九四二年一月一五日に辞表を提出している。本来一九三九年に第三回目の裁判官選挙が行われる予定であったが、第二次世界大戦勃発のため中止となり、在職中の裁判官たちがそのまま留任することとなった。長岡はこの裁判官選挙にそもそも立候補していなかったが、そうした事情で一九四二年まで留任したことになる。一九三五年の勧告的意見（「ダンチッヒ法令の憲法違反」）および一九三六年の判決（「ユーゴスラビア農業改革（本案）」）については個別意見を提出しているので、少なくとも就任当初は積極的に審理に参加していたものと推測される。

ところが、日本に帰国後、日本の国際法学会により組織された東亜新秩序小委員会の委員として参加した長岡の発言は、衝撃的なものである。長岡は一九四三年四月二〇日の会合において、「常設国際司法裁判所ニ関スル卑見ハ本稿記載ノ通リデアルガ、此裁判所ニ代ハルヘキ機関ニ付テハ別ニ考慮スルコトトシテ此裁判所ハ一応ナクスベキデアル」と述べている。(19) この箇所の前半部分は、修正前の議事抄録では、「常設国際司法裁判所ニ関シテ別ニ述ベタ如ク非難ヲ浴セタノデアルガ」となっている。(20) この点をもう少し詳細にしたのが、四月二六日の会合においてである。長岡は、常設国際司法裁判所に代わる「国際的中央機構」を設置するのが適当であるとし、さらに分圏内においても中央機構においても、調停制度が最善のもので、調停が成功しないときに仲裁制度を活用すべきであるとする。(21)

さらに六月二一日の会合では、山川端夫委員長が「司法裁判ヲ飾リトシテモオクガイイト思フ」と述べたのに対して、

「オクト事件ヲ欲シガル弊ガアル。常設ノ機関ハオカナイガイイノヂャナイカ」と応じている。(22) 六月二九日の会合でも山田三良が司法裁判の廃止は「漸ク生ジツツアル新傾向ニ逆行スルト思フ」と述べたのに対して、長岡は当時は調停制度が未熟であったから国際司法裁判制度が導入されたに過ぎない、という見解を示している。(23)

常設国際司法裁判所裁判官を務めた長岡が、常設国際司法裁判所、さらには広く司法的解決（司法裁判）そのものを疑問視していたという事実は間違いない。(24) 司法的解決による紛争解決に大きな期待を寄せ続け、その改善に生涯を通じて尽力した安達との違いは、とてつもなく大きい。

三　安達にとっての国際法学・国際法学者

第三の論点は、安達にとって国際法学はどのような学問であったかということである。

安達が大学入学前に国際法学がいかに重要な学問であるかを認識し、それを修得したいという強い願望を持っていたということは、第一節で説明した。大学卒業後すぐに外務省に入省し、その後一貫して外務官僚・外交官や裁判官として、つまり実務家としての生涯を終えた安達であるが、国際法学への強い関心を生涯持ち続けていたことは本書収録のいくつもの資料からも窺い知れる。

たとえば、一九三〇年五月二〇日に東京銀行倶楽部において行った講演の中で安達は、常設国際司法裁判所裁判官選挙において落選したときには、「永久に祖国の空気に親しんで、天皇陛下の忠良なる一個の自由の民となつて飽くまで私の愛好する学問を楽む決心であります」と述べている（資料［57］）。ここでの「私の愛好する学問」とは国際法学を指すと見られる。

同様の趣旨のことを窺えるのが資料［8］である。立作太郎が一九三〇年にフランス語で刊行した国家主権に関する著作に、安達が寄せた序文である。東京帝国大学の国際法講座の教授であった立は、三〇年以上に及ぶ安達の親友であった。そのなかで安達は次のように記している。「日本が前世紀中葉に外国人との接触の扉を開いて以来、日本国民は一貫して外国との関係に国際法の諸原則が適用されるのを見たいという意思を示し続けてきた。そこで、すでに一八八九年からは、さまざまな法学校が東京で国際法の講座を設置した。その直後にわたくしは、イタリアの法学者パテルノストロ教授と四年間にわたって親密に交流する機会を得た。同教授は、日本政府に雇用されるために招聘され、これらの学校において、国際公法の素晴らしい講義をしてくださった。わたくしの最も大切な夢は、その当時国際公法の研究と発展のために全人生を捧げることであった。わたくしは国際公法のとても高尚な運命を見抜いていたのである。前途は異なるものとなった。ここにわたくしは三八年間にわたって、国際的生活での日常的な諸事件を解決することに没頭してきている。国際法学上の諸問題を研究することに専念できるという、言葉に尽くせない喜びを感じたのは、稀にしかないことである」。

安達は具体的な書物執筆の構想も持っていた。それが明示されているのは、同じく一九三〇年の東京銀行倶楽部での講演である。「ウードロー・ヰルソンが米国大統領在職中巴里に来られて、講和会議の座長として聯盟を創設せられたときに於ては、過半数の人は――私も其一人でありますが、其健全なる思想であると云ふことに就て頗る疑を持つて居りました。併し彼は偉大なる人である。其事業は今日に至るまで十年以上の実験を経て益々発達し、少なくとも欧州及南米に関しては大体に於て和戦の鍵を握つて居ることになりました。戦争になるに違ひない事件が聯盟の力で纏まつたから、世の中に何等の評判は出なかつた。それ故に聯盟の仕事で無いやうに感ぜられましたけれども、若しも彼なかりせば、戦後少なくも三四回の戦争が有つたに違ひありませぬ。それを証明することは他日に譲ります。私の書きたいと思つて居ります書物にはそれを能く叙述する積りであります」（資料［57］）。当初は安達をはじめ、過半数の人が疑いを持った国際連盟構想は、実際には大きな機能を果たしてきており、三、四回は起きたであろう戦争が連盟のおかげで起きなかったということを詳細に分析する書物を執筆するという計画であった。しかし残念ながら、安達にその書物を執筆する機会は与えられなかった。

それでは安達が考えていた国際法学とはどのようなものであったのであろうか。そのことを直接に記した著作物は見当たらないが、安達がどのような国際法学者の著作を評価していたかについての資料は存在する。第一節でも紹介したように、一八九三年一月に『明法誌叢』に発表した論文の中では、国際法典を執筆した三大家として、ドイツのブルンチュリー、アメリカのフィールド、そしてイタリアのフィオレを挙げている（資料［4］）[25]。これらの学者の著作は、「一面ニ於テハ学者ノ研究ニ便シ、一面ニ於テハ各国外交家ニ則《のっ》トラシムル所ヲ知ラシメタルノ功」があるとする。ここには、学者の研究に資するだけではなく、外交実務にも役立つ著作を評価するという、安達の基本的姿勢が表れていると解される。

これら三人の中でもとくにフィオレを重視していたことがわかるのが、同年三月三一日付けの安藤正楽宛の書簡である（資料［5］）。明治法律学校でパテルノストロの講義を聴講したおりに安達と知り合いとなった安藤正楽が、国際法を研究するにはどの書籍を読んだらよいかという問い合わせをしてきたのに対する返信である[26]。安達は、国際法を研究するにはまずなによりもフィオレの著作を挙げる。そして、クレティアンの仏訳もあり、自分も「我国学問の為め、訳註の労をとらんと存居候位ニ御坐候」とまで記している[27]。フィオレに対する高い評価は、イタリアに駐在してすぐに法学協会宛に送付した書簡の中でも確認される。安達は「伊国新法学の翹楚《ぎょうそ》として其名世に隠れなき博士フィオレ氏」と呼び、ローマで数時間歓談し「種々法学上面白き事なども知得致候」と記している（資料［10］）。ここで「伊国新法学」とは、本国法主義と属人主義を基本とする国際私法理論のことを主として指すと見られる。マンチーニ（Pasquale Stanislao Mancini）、フィオレなどのイタリア人学者が中心であった。こうしたイタリア法学への関心は、いうまでもなく、一八八九年から一八九二年までの四年間にわたり、明治法律学校で国際法の授業を担当したパテルノストロの影響による。最初の任務地ローマでもパテルノストロ夫妻に種々世話になっていることは、本書収録の資料でも確認できる（資料［9］九月二五日、一〇月九日付け書簡、［10］）。もっとも、安達がフィオレやパテルノストロの国際法学方法論[28]をどれだけ取り入れようとしていたかは、資料から直接は確認できない。

安達がどのような国際法学のあり方を考えていたかについてのヒントを与えてくれるのが、一九二〇年の法律家諮問委員会において常設国際司法裁判所規程の起草にかかわったときである。すでに第二節で論じたように、常設国際司法裁判所の発足当初から義務的管轄権を導入することは、「虻蜂取らず」になってしまうというのが、委員会での安達の一貫した主張であった。それは、国際社会の現実を無視した、ある意味で「理想的な」国際法を無理に導入することは好ましくないという、安達の基本的姿勢である。そして、国際社会の現実に適合した国際法である必要があるのであり、国際社会の発展とともに、国際法を拡張・改善していく努力を続けることが肝要であるという立場である。安達が晩年に至るまで、常設国際司法裁判所の改定議定書や裁判所規則の改正に関心を持ち続けていたことは、資料［85］［86］［87］から窺い知れる。

さらに「学者」としての安達の側面は、他の点でも確認できる。本書には、万国国際法学会に関する資料を収録した（資料［45］から［49］）。とくに、一九二三年のブリュッセル会期にドゥ・ヴィシャー（Charles de Visscher）と共同で提出した「連盟規約第一〇条及び第一八条に関する報告書」（資料［47］）は、安達が連盟規約のどの条項を重視していたかという点を探る上でも重要な資料である。

もう一つ注目される活動は、帝国学士院の国際学士院連合（UAI: Union Académique Internationale）(29)との関係である。安達は一九二五年六月に帝国学士院会員となっているが、その前年にブリュッセルで開催された第五回万国学士院連合会会議に、ベルギー大使であった安達は松本亦太郎とともに代表者として出席している。その後、一九二五年から一九二九年まで、そして一九三一年の計七回安達は代表者として出席している（開催地はいずれもブリュッセル）。これらのうち、一九二四年から一九二八年の会議については詳細な報告書が残されている(30)。これらの報告書はすべて、安達ともう一人の代表者（松本、福田徳三、瀧精一、土方寧、吉田静致）との連名となっている。ただ、実際にこの報告書を執筆したのはもう一人の代表者のほうで、安達はできあがった報告書に署名だけをしたと見られる（そのため、本書にはこれらの報告書は収録しなかった）。これらの会議において安達は、とくに「在外未刊行日本関係資料」というプロジェクトのために尽力している。一九二八年の会合においては、「在欧州日本歴史ニ関スル未刊文書委員会」の座長を務めた[31]。

四　萬邦の平和を期して

ヨーロッパには安達を尊敬しつつも、警戒心を持つ人々がいたことはたしかである。たとえば、駐ベルギー仏大使のエルベット（Maurice Herbette）がブリアン（Aristide Briand）外相に宛てた、一九二七年二月二一日付けの書簡には次のような一節がある。「安達氏は深い教養を持ち、とても洗練された人物です。その意見表明はときに過剰に見えることもあります。当地ではどこでもかれは、とても友好的です。かれの考えを見通すことは難しいのですが、フランスびいきだと信じています。かれは、とても働き者で、とても思いやりがあり、とても繊細で、とりわけ法律問題と国際連盟について関心を持っています。かれは、同国人と同じく少し距離を置いた感じがして、とても日本人的で、その曖昧な微笑は、しばしば西洋に対する少しの軽蔑をのぞかせています[32]」。

ラフカディオ・ハーンが「日本人の微笑」という随筆の中で日本人の微笑は西洋人には理解不可能であると書いているように[33]、安達の「曖昧な微笑」は理解不可能、あるいは、腹に一物があるととられたのかもしれない[34]。黄禍論がなお残存するヨーロッパ[35]において、外交官・裁判官として目覚ましい活躍をした安達への風当たりが強かったのは想像に難くない。そうしたなかで安達は、外交官になる動機が国際法を修得して日本を欧米諸国に並び立つ「一等国」にするということにあったのはたしかだが、その後、世界全体のことを視野に入れて「萬邦（世界万国、四海万国）」に平和をもたらすためにはどのようにすればよいか、そのなかで日本はどのような役割を果たすべきかということを模索し続けた。その信念の強さは本書収録の資料によって明らかである（とりわけ資料［50］から［57］、［84］から［87］など）。

常設国際司法裁判所の書記として安達と絶妙な協働関係にあったオーケ・ハマーショルド（ハンマルシェルド）（Åke Hammarskjöld）は、一九三六年の追悼論文の中で安達を「極東の天才（genius of the Far East）」と讃えた。そして、かれの「貢献は国際生活の調和の取れた発展のために不可欠であり、西洋側は、この天才のことを深く研究し、その本質（nature）をもっと明確に理解しなければならない」と記している。さらに、安達が兼ね備えている「理論的知識と実践的経験とは、寛容さと自信に満ちた根気強さとが合わさることによってのみ、真価を発揮する」と結んでいる。(36)

二〇一九年は安達生誕一五〇年の年である。安達が望んだ「萬邦の平和」は残念ながら、今なお実現されているとはとてもいえない。安達の「本質」を明確に理解した上で、国際社会の現実に即した国際法とは何であるか、また、そうした国際法の拡張・改善をどのように実現できるのかを探求していくことは、学者や外交実務家の重大な責務である。さらには、安達が強調したように、一般国民にいかに国際法の知識を広めていくかという課題もまた、決して等閑視してはならない。

（1）一八九一年三月二〇日および三月二一日発行の新聞『国会』に「社友　伊国大博士　パテルノストロー」が執筆した「信教の自由、幷に寺院或ハ教会と国家との関係を論ず」という論説が掲載されている。そこには「門人　法科大学　安達峯一郎訳」と記されている。「門人」としてパテルノストロに師事する姿勢は、パテルノストロの死の一八九九年まで続いた。

（2）パテルノストロは、「世界国際関係上の一巨人たる日本国家」と呼ぶこともあった。パテルノストロ、安達峯一郎抄訳「外人崇拝と外人嫌忌」『国会』一八九一年四月二四日号。

（3）安達は一九二一年の国際連盟交通会議の副議長として演説した中で、「異なる人種に属し、また異なる文明に属する、一人の遠方のアジア人（un Asiatique lointain）」とみずからを称している（資料［39］）。「色も亜細亜人である」と述べている箇所もある（資料［53］）。

（4）安達は清少納言の『枕草子』が仏訳で出版されるにあたり寄せた序文（一九三四年五月）の中で次のように日本人の特徴を述べている箇所がある（資料［106］）。「日本人民の古来の魂は、無限の感性の魂であり、善と正義と高貴であることすべてに執着するものである。そしてその魂は、常に平和と人々の和解を求めている。そのようにすることができるところではどこにおいても」。

（5）都筑馨六・枢密院書記官長と佐藤愛麿・駐オランダ公使が全権で、デニソン（Henry Willard Denison）らが随員であった。都筑が、帰国歓迎会において「日本は戦の門戸から、刀の切先で其扉を切開いて、依て以て、大国の仲間に入り来つたり」という、日本への疑念が他の代表団の発言やヨーロッパ、ことにフランスの新聞に見られたと述べているのは興味深い事実である。柳原正治「近代日本と国際裁判

――『裁判嫌い』は神話なのか？」『国際法外交雑誌』一一三巻三号（二〇一四年）二四頁参照。

（6）坂本俊篤・海大校長を全権として、山座円次郎、山川端夫、立作太郎、松田道一らが随員であった。

（7）この関連で一九二〇年六月二一日の法律家諮問委員会における、次のような安達の発言にも注目する必要がある。「もし日本が〔常設国際司法〕裁判所に裁判官を出すことができなければ、日本人はその管轄権に服することに同意することは決してないのではないかと懸念されます。〔裁判官選出にあたっては〕さまざまな文明を考慮に入れなければならないのでありまして、そのなかには極東の文明も含まれます。そして、日本はたぶんその文明の主要な代表なのであります」。Comité consultatif de juristes, *Procès-verbaux des séances du comité 16 juin-24 juillet 1920 avec annexes* (1920), p. 136. さらに、南米諸国には特別国際法が存在するというアルコルタ（Amancio Alcorta）の主張に言及しているのが資料［7］である。

（8）柳原正治「安達峰一郎と国際裁判」柳原正治・篠原初枝編『安達峰一郎――日本の外交官から世界の裁判官へ』（東京大学出版会、二〇一七年）二四三―二四六頁。

（9）安達は、アジアの事件、たとえば一九二八年の山東出兵問題、インドの叛乱（一九三〇年三月のガンジーの「塩の行進」をも念頭に置いていたのかもしれない）などは、連盟の処理には向いていないとみなしている（資料［56］）。

（10）安達がいかにこの改訂作業に忙殺されていたかの一端が窺えるのが、一九一一年八月九日付けの阪谷芳郎宛書簡である。「阪谷芳郎文書」（国立国会図書館憲政資料室所蔵）五〇〇九。

（11）安達はこの事件についての論文（おそらく資料［43］）をワシントン在住のスコット（James Brown Scott）に送付し、米国の新聞報道に見られる誤解を解くためにも、米国の同僚たち、とりわけルート（Elihu Root）に自分の真意を伝えて欲しいと依頼している（資料［44］）。

（12）もっとも一九三〇年の講演の中では「平和議定書〔ジュネーヴ議定書〕の全体の適用はまだ世界の進運に鑑みて多少早過ぐると信じて居りました」と述べている箇所がある（資料［54］）。

（13）安達自身、家屋税仲裁裁判の失敗のために、日本は国際裁判所に持ち出せば負けるという考えがあったと明言している箇所もある（資料［53］）。

（14）Comité consultatif, *Procès-verbaux*, p. 543.

（15）その前年の八月二日付けの山川端夫宛の書簡で安達は、「仲裁裁判制度案についての貴兄の見解にとても興味を持ちました。実際に実施される前に変更すべき点がいくつかあるという点は、貴兄と同じ考えです」と記している（資料［63］）。

（16）同様のことを安達は、一九二〇年の法律家諮問委員会においても発言している。「かれ〔安達〕の考えによれば、裁判所は語の本来の意味において永続的でなければならないし、裁判官は、みずからを国際的なものとする（s'internationaliser）ために、あるいは、かれの好きな言い方によれば、みずからを神聖なものとする（se diviniser）ために、自国での仕事をやめなければならない」。Comité consultatif, *Procès-verbaux*, p. 187.

（17） 満州事変の勃発前の一九三〇年五月八日の講演の中では「日本関係の重大事件が起りました其時に、日本の主張が是なりと私が判断したときには、私の心の総てと、私の頭の全体とを以て我日本政府の主張を維持し之を説明して、さうして多数を以て私の意見を裁判所の意見と為すことに努めます」と述べている箇所もある（資料［53］）。ただこれは裁判官選挙の直前の講演であったということも考慮に入れる必要がある。またその一二日後の講演の中では、「如何なる事件――日支の関係でも、日米の関係でも、何処の国の関係でも、裁判所に出た以上は私は諸君に誓ひます。主張し得べき道理、主張し得べき権利利益であれば、私の渾身の力を以て必ず之を防護します」（資料［57］）と述べており、「主張し得べき」という留保を付けている。

（18） 長岡春一「満州時局感」『外交時報』六四七号（一九三一年）二〇頁。

（19） JACAR（アジア歴史資料センター）Ref. B04011425300（第四六画像目）、本邦ニ於ケル学会関係雑件　国際法学会（I.1.3.0.10-3）（外務省外交史料館）。

（20） 同右、第四一画像目。

（21） 国際司法裁判所制度を採用しない理由としては、裁判官が小国出身者のほうが多くなってしまうこと、重要事件についての判決は判決というよりは仲裁に類するものが多かったこと、純然たる権利の争いではない事件があったこと、裁判官の中には重大事件でも興味を持たない者がいたこと、一九二八年の国際紛争平和的処理一般議定書などでも当事国が合意すれば調停に付しうること、そして、日本でも訴訟を調停ないし和解の形式で解決しようとしていることの六点が挙げられている。同右、第五七画像目から。

（22） JACAR（アジア歴史資料センター）Ref. B04011425400（第七一画像目）、本邦ニ於ケル学会関係雑件　国際法学会（I.1.3.0.10-3）（外務省外交史料館）。

（23） 同右、第七八画像目。

（24） 長岡は、一九三二年二月一四日に執筆し終えた『追懐録』の中で、「若シ日本ガ提訴義務ヲ認メ紛争ガ海牙ノ常設国際司法裁判所ニ繋属シタ場合、裁判官ノ多数ハ果シテ適正衡平ノ見地ノミカラ法ノ適用ヲ考察審議スルデアラウカ。筆者ハ日本ニ取ツテハ仲裁約款デ裁判官ヲ指定スル従前ノ仲裁裁判制度ノ方ガ遥カニ公正ヲ期シテ居ルト思フ」と記していた。外務省編［長岡春一］『日本外交追懐録』（外務省、一九八三年）四六九頁。常設国際司法裁判所裁判官に就任する前にすでに、少なくとも司法的解決には否定的な評価をしていたことになる。

（25）これら三人を法典草案の先駆者とするのは、Manfred Lachs, *The Teacher in International Law: Teachings and Teaching* (Dordrecht etc: M. Nijhoff, 2nd ed, 1987), p. 79も同じである。

（26）Pasquale Fiore, *Le droit international codifié et sa sanction juridique,* traduit par Alfred Chrétien (Paris : Chevalier-Marescq, 1890).

（27）フィオレ以外にも、フランスのプラディエ・フォデレ（Paul Pradier-Fodéré）、ドイツのヘフター（August Wilhelm Heffter）、ロシアのマルテンス（Friedrich Fromhold von Martens）、イギリスのフィリモア（Robert Phillimore）、それにフィールドの五人を挙げている。

（28）一九世紀のイタリア法学については、明らかに抽象的で冗漫な論じ方が特徴的であるという批判もある。Arthur Nussbaum, *A Concise History of the Law of Nations* (New York: Macmillan, 2nd ed, 1954), p. 244.

（29）一九一八年に組織された「万国学術研究会議（International Research Council）」が翌年ＵＡＩを結成した。当初は「万国学士院連合会」と訳されていたが、一九五六年から「国際学士院連合会」と改訳された。日本學士院編『日本學士院八十年史』（日本學士院、一九六二年）三四一―三五七、八〇〇頁参照。

（30）「万国連合会報報告書類　一号（自大正八年六月　至昭和五年六月）」（日本学士院図書室所蔵）。

（31）「インドネシア慣習法辞典委員会」の座長も務めた。なお、安達とＵＡＩについては、久保正彰「ＵＡＩから賜った稀有なる宝物へのささやかな感謝の言葉」『日本學士院紀要』七二巻特別号（二〇一八年）一九八―二〇一頁参照。

（32）Archives diplomatiques, La Courneuve, France : Correspondance politique et commerciale, Série E Asie, Sous-série Japon 1918–1940 (39 CPCOM), tome 48, f. 92. 同年一二月二一日の書簡も参照。*Ibid.*, f. 100.

（33）Lafcadio Hearn, "The Japanese Smile," *Id., Glimpses of Unfamiliar Japan* (Boston/New York: Houghton, Mifflin, 1894), Vol. 2, pp. 656–683.

（34）安達の妹きみの子、今井達夫は伯父について「例のにこにこ笑いと呼びたい笑いが満面にうかんでいる」と回顧している。今井達夫「ハーグにささぐ――安達峰一郎とその周囲」浮村直光編『世界の良心　安達峰一郎博士――生涯百年・その生涯と足跡』（安達峰一郎記念館、一九六九年）二二一頁。

（35）駐ハーグ・仏公使カムレ（Albert Kammerer）の一九三一年一月二六日付けのブリアン外相宛の書簡参照。Archives diplomatiques, La Courneuve, France : Société des Nations, Cour Permanente de Justice Internationale (242QO), 2400C.

（36）Åke Hammarskjöld, "The Late President Adatci," *American Journal of International Law* 30 (1) (1936), p. 117.

安達峰一郎の国際協調外交
――新時代の「国益」の模索――

三牧聖子

安達峰一郎が生きた大戦間期は、「危機の二十年」と呼ばれている。[1] 第一次世界大戦後、二度と同様の大戦を起こさないために、国際連盟や不戦条約が成立し、国際法による戦争の違法化が進められるなど、さまざまな国際協調の試みが展開された。にもかかわらず、一九三九年には第二次世界大戦が勃発し、新たに構築された国際秩序はわずか二〇年で崩壊してしまう。

一九二〇年代に連盟や不戦条約を通じて育まれていった国際協調に対し、最初に明確な挑戦を突きつけたのは日本であった。一九二〇年代には日本でも幣原喜重郎外相による協調外交が開花したが、その命は短かった。一九三一年に関東軍が満州事変を引き起こし、翌年満州国を建国すると、満州問題をめぐって日本はいよいよ連盟内で孤立し、一九三三年連盟を脱退する。その後日本は、中国大陸において「自衛」を掲げ、不戦条約違反ではないと主張しながら、明らかに不戦条約の理念に反した戦争へと突き進んでいく。

なぜ日本の協調外交の基盤は、かくも脆弱であったのだろうか。日本が公然と連盟や不戦条約を否定するようになるのは、一九三〇年代のことであるが、連盟や不戦条約に対する違和感や反発は、そのはるか以前から、日本の政策決定者や国民の間に長く潜在していた。そのような大戦間期の日本にあって、安達峰一郎は、連盟や不戦条約、その思想的な背景となった戦争違法化の歴史的な意義を理解し、連盟の日本代表および常設国際司法裁判所の判事として、実践的にも国際協調に貢献した稀有な人物であった。

しかし、安達を単なる国際協調の信奉者として描くことは正しくない。連盟や常設国際司法裁判所への関わりにおいて、長い外交官経験を経て安達の頭に染み付いた国益という命題が忘れ去られたことはなかった。安達が真に稀有な人物であったのは、国益とパワーを基軸に国際関係を考える現実主義的な外交官であり続けながらも、連盟や常設国際司法裁判所に体現された国際政治の新しい潮流の意義を明敏に察し、国益という不変の命題を、新しい協調外交の実践を通じて実現しようとしたことによる。安達は、しばしば煩悶しながらも、国益と国際協調の究極的な両立を信じ、その実現を追求し続けた。その生涯は、国際協調の実践の中に国益を見つけていくこと、より望ましい国際秩序の追求と両立する形で国益を再設定していくことが可能であることを私たちに教えてくれている。

一　安達の国際連盟観

安達は一九二〇年十一月の国際連盟第一回総会に日本全権の随員として参加し、その後、第二回総会から第十回まで日本代表を務めた。また、一九二七年から一九三〇年まで連盟理事会の日本代表を務めている。十年にわたる安達の連盟における活動のうち、代表的なものとしては、ヨーロッパの少数民族問題の調停が挙げられる。安達は、ポーランドとドイツに分割されたシレジアで生じていた、ポーランド領のドイツ系住民とドイツ領のポーランド系住民の間の児童の学校入学などをめぐる紛争において、事実関係や法的論点をまとめる「報告者」として活躍し、その解決に貢献した。(2)安達は、こうした経験を通じて、「若し其報告者にして正義の観念を強く持ち、公平なる態度を飽く迄も持して而も双方に深き同情ある態度を以て事件の微細に亘る点迄も研究して良心の命ずる所に依て判断をすれば、其結果は必ず其当時でなくても近い将来に於ても認めらるるに至る」という確信を持つに至った（資料［56］）。安達の「聯盟の存在、発達が、天下の平和の為、世界の正義の為に最も貴重なことであると信じます」（資料［55］）という連盟への全幅の信頼は、十年にわたる連盟における実績に根ざしたものだった。

しかし、このような連盟の率直な肯定は、当時の日本では珍しいものであった。国際平和の実現に向けた史上初の普遍的な国際組織として創設された連盟に対し、日本国民の一般的な反応は、冷ややかなものだった。確かに連盟は、国際平和や民族自決といった普遍的な大義を掲げていた。しかしパリ講和会議において、民族自決は敗戦国ドイツの領土にしか適用されず、戦勝国である英国が保有する広大な植民地は問題とされることすらなかった。さらに日本国民の連盟へのシニシズムを決定づけたのが、連盟規約に人種差別撤廃条項を盛り込もうとする日本全権団の試みの挫折であった。確かに日本による提案は、普遍的な人種平等の理想への渇望に促されたものではなく、アメリカや英国自治領における日本人移民の排斥問題の解決という日本の個別的な利害を背景としていた。そのような意味で限界を抱えていたものの、人種平等という理念としては正しい提案であり、多くの国の賛同も得た。にもかかわらず、白豪主義を採るオーストラリアなどの激烈な反発を受け、全会一致が得られなかったという理由で議長のウッドロー・ウィルソン（Woodrow Wilson）米国大統領によって葬り去られた。人種平等案の挫折は、連盟は普遍的な平和の理想を掲げてはいるものの、その実態は、戦勝白人国家が、「平和」の名のもとに、不公平な現状を他国に押し付けるための道具にすぎないという日本国民のシニカルな連盟観を強化することになった。

そのような日本国民の連盟への憤懣を巧みに捉えたのが、一九三〇年代に三度首相を務めることになる近衛文麿が、一九一八年に雑誌『日本及日本人』に発表した論説「英米本位の平和主義を排す」であった。この論文で近衛は、「此戦争によりて最も多くを利したる英米は一躍して経済的世界統一者となり、国際聯盟軍備制限と云ふ如き自己に好都合なる現状維持の旗幟を立てて世界に君臨」している現状を指摘し、「我国近時の論壇が……自ら日本人たる立場を忘れて、無条件的無批判的に英米本位の国際聯盟を謳歌し、却つて之を以て正義人道に合すと考ふるが如き趣ある」ことを痛烈に批判した。そして日本国民に対して、「日本人の正当なる生存権を確認し、此権利に対し不当不正なる圧迫をなすものある場合には、飽く迄も之と争ふ」べきだと訴えた[3]。連盟を、強国の「現状維持」のための道具とみなし、日本の生存を圧迫するものとして糾弾する論調は、一九三〇年代に日本が孤立を深めていく中で、日本国民の間で広く共有されるようになっていく。しかし、すでに連盟創設の時点にあって近衛のような見解が提示され、多くの国民の共感を生み出していたのである。

連盟への賛同において、安達の連盟に対する態度は、近衛とは正反対のものだった。しかしだからといって安達は、「日本人たる立場を忘れて、無条件的無批判的に英米本位の国際聯盟を謳歌」したわけでは決してない。パリ講和会議開催が目前に迫った一九一八年の一二月、当時駐ベルギー公使であった安達は、日本代表団随員の中に自分の名前が入っていないことを知って憤慨した。そこで安達が、原内閣への働きかけを模索して、前首相寺内正毅に宛てた書簡が資料［37］である。この書簡で安達は、パリ講和会議がアメリカのウィルソン大統領の「独舞台」となっていることを冷ややかに指摘し、今後の日本外交は、ウィルソンの「大驕挙《だいきようきよ》」と衝突することを避けながら、日本の名誉と利権を守っていくことを第一の課題としなければならないと力説している。

ここにうかがえるように、安達も近衛が示したような、連盟が大国の道具とされるのではないかといった警戒や反発を共有していた。さらに一九二六年十月には、目標とされるべき平和は、単なる安定した秩序という消極的な意味のものではなく、社会正義に基づく平和であると主張する論説「平和と正義」を仏文で発表している（資料［50］）。このような論旨は、近衛の論文と共鳴するものである。

では何が安達と近衛を分けたのだろうか。近衛が「英米本位」の実態ゆえに、連盟そのものに敵対的となったのに対し、安達は、連盟が大国にとって有利に機能する面を持つものだとしても、うまく利用すれば「聯盟は、人種、人口及び経済問題に対する圧迫的の勢力を正当に排斥する為に最も適当なる演壇」となりうるという柔軟な現実感覚に基づき、連盟に身を置き、その中で日本の地位の向上を図り、国益を実現していくことが得策であると考えた（資料［56］）。近衛は、連盟が英米という大国の道具となっていることを批判したが、安達はむしろ、日本のように、単独では英米に対抗できない相対的な弱国こそ、連盟を活用すべきだと考えた。安達は言う。「此機関（聯盟）の前に立てば如何なる強大国と雖も自分の全然利己的の議論を貫徹することは出来ない。……それは如何なる国の単独なるチラニー、専権に対して最も強くそれを押へる機関であ」り、「正義を国体の根本義とする此日本国に取つては国際聯盟は最も必要であり又最も有利なる機関であ」る（資料［54］）。また近衛は、「英米本位」の「現状」を是正するための最終手段として戦争を肯定したが、安達には、「戦争と云ふものは決して将来世の中の発展、人類の発達に必要でない」という強い確信があった（資料［54］）。これらの考えに基づき、安達は、「盲従的に聯盟の事業を拝むものではありませぬけれども」（資料［56］）と留保しつつも、連盟との関わりの中で日本の生存と利益を実現させていこうとしたのである。

安達がパリ講和会議におけるウィルソンのイニシアティブに違和感を感じた背景には、両者の平和観や連盟観の違いもあったかもしれない。ウィルソンが、全二六条の連盟規約のうち特に重視したのは、「聯盟国は、聯盟各国の領土保全及び現在の政治的独立を尊重し、且つ外部の侵略に対し之を擁護することを約す。右侵略の場合又はその脅威若しくは危険ある場合においては、聯盟理事会は、本条の義務を履行すべき手段を具申すべし」と定めた十条であった。ウィルソンはこの十条を、連盟の「心臓」とみなし、これによって連盟が、大国間の勢力均衡（balance of power）に代わる、「力の共同体」（community of power）として機能することを期待した(4)。もっともウィルソンは、国家のいかなる行動が「侵略」と認定され、連盟の制裁対象とされるのか、連盟という「力の共同体」は制裁対象の国家を圧倒できるだけの軍事力を常に確保しうるのかといった具体的な問題には立ち入らなかった。一九四六年に連盟が解散するまでの二十年間、加盟国を悩ませ続けるこれらの困難な問題に立ち入らなかったからこそ、ウィルソンは規約十条の素朴な信奉者であり得たともいえよう。

これに対して安達の規約十条に対する関心は、まさにウィルソンが明確にしなかった具体的な問題にあった。資料［47］は、安達がベルギーのシャルル・ドゥ・ヴィシャー（Charles De Visscher）と一九二三年に共同で執筆した、規約十条と十八条の改訂に関する報告書である。この報告書では、規約に違反して武力を行使した国家に対する制裁について定めた規約十六条との関係から、規約十条が具体的にどのように適用されうるかが詳細に検討されている。

また、ウィルソンは大戦後の平和原則の一つに「公開外交」を掲げて、それまでヨーロッパで行われていた秘密外交を「旧外交」と批判し、国際平和のために廃絶されるべきものとみなしたが、長年の外交官経験を持つ安達はこのようなウィルソンの見解も共有しなかった。たとえば一九二八年九月の連盟総会について安達は、「国際聯盟総会の議題其物よりも、寧ろ其時集まる大国の責任者達が楽屋でする仕事が毎会の如く一層重大であった」という所感を述べている（資料［57］）。

侵略国に対する連盟加盟国の共同行動を平和の核と位置付けたウィルソンに対し、安達が展望したのは、紛争当事国も含む諸国家の対話に基づく平和であった。安達は規約十条よりも、「戰爭又は戰爭の脅威は聯盟國の何れかに直接の影響あると否とを問はす總て聯盟全體の利害關係事項たることを茲に聲明す仍て聯盟は國際の平和を擁護する爲適當且有效と認むる措置を執るへきものとす此の種の事變發生したるときは事務總長は何れかの聯盟國の請求に基き直に聯盟理事會の會議を招集すへし」と定めた規約十一条を重視していた。安達が規約十一条をいかに重視していたかは、一九二四年九月の第五回連盟総会で提起された、国際紛争の平和的処理に関する議定書、通称ジュネーヴ議定書の修正をめぐる顚末にもうかがえる。

ジュネーヴ議定書は、侵略戦争を国際犯罪と位置付け、連盟規約では必ずしも明確ではなかった侵略国の認定手続きや、仲裁裁判・司法裁判の応訴義務、理事会勧告の履行義務などを詳細に規定するものだった。議定書の作成過程で議論を呼んだのが、国内管轄事項をめぐる紛争に連盟はいかに関与するかという問題であった。連盟規約一五条は、当該紛争が国内管轄問題と認められた場合、連盟はまったく関与しないと規定していたが、議定書の第六条は、国内管轄権問題であると理事会によって認められた場合、連盟は関与できないことになるものの、先に攻撃した国家は侵略国とされると規定しており、両者の間には不一致があった。日本はこの原案に反対し、たとえ国内管轄事項に関する紛争でも、連盟理事会は紛争解決の処理案を示す義務があるとする修正案を提起した。日本がこのような提案をした背景には、ジュネーヴ議定書第六条の規定が、将来の日米移民問題に及ぼす影響への懸念があった。日本政府は、移民問題をめぐって日米間に紛争が起き、アメリカがこの問題を国内管轄であると主張し、それが理事会に認められた際に、日本が先に攻撃した侵略国として制裁措置の対象となるような事態を未然に防ごうとしたのである。そのような個別具体的な懸念から生まれた提案ではあったが、日本の修正案は、連盟理事会が扱う紛争の対象を拡大しようとするものであり、かねてから日本は連盟の紛争解決枠組みの強化に消極的であるという印象を持っていた諸国家を驚かせ、「日本事件」と称された。

安達は、日本代表として修正案を提出し、その弁明にあたった（資料［42］［43］）。安達の提案は紛糾の末に採択され、最終的に修正された議定書第五条には、「国際司法裁判所又は聯盟理事会が該事項を以て専ら該国の国内管轄に属するものなりと認むる場合と雖も、右決定は理事会又は総会が連盟規約第十一条に基づき事態を審査することを妨げざるものとす」と盛り込まれた。安達がこの修正に込めた意図は、ヨーロッパの雑誌に掲載された論文「ジュネーヴ議定書と余の修正」（資料［42］（1））から知ることができる。安達は、連盟規約第十一条を「聯盟規約の大原則」と位置付けた上で、「理事会が係争事件を専ら一国の管轄に属するものと認めたといふ、単なる専門的口実の下に、国際聯盟は、戦争の脅威に対する訴へに対し、又戦争の破裂に面し、一個の壺のやうに黙し、又は、絶え難き絶望が聯盟国を引き裂かうといふ悩ましき叫びに対し、耳を閉ざして居るべきものだ、といふが如き愚かな間違が考へ得られるでありませうか？　国際聯盟はそんな下らぬものでないといふ最もよい証拠は、規約第十一条の存在そのものに外ならないのであります」と、修正の理由を規約第十一条の精神において正当化する。そして日本が提案した修正案が取り入れられたことによって、「専ら相手国の国内管轄に属する問題によって、押し退けられた一国」に対しても、「規約第十一条に示された最前の和解の道」が示され、「友愛的解決の最後の機会」が提供されるようになること、「和解の最後の手段として、国際聯盟の行動を忠実に要求した国は、頭ごなしに侵略者と推定せらるゝことはない」という了解が築かれたことの意義を強調する。安達が連盟規約の核として、規約十一条を重視していたことがここにうかがえる。もっとも、ジュネーヴ議定書は総会において全会一致で採択されたものの、政権が保守党に代わったイギリスなどが反対に転じ、発効に必要な批准国数は満たせなかった。[5]

二　メキシコ駐在経験と対米観の形成

安達のアメリカ観に大きな影響を与えたと考えられるのが、外交官時代のメキシコ駐在経験である。一九一三年一月八日、安達は駐メキシコ特命全権公使を拝命し、同七月にメキシコに到着した。安達が帰国後回想しているように、当時メキシコは革命によって「一時的主権者たるもの、今日まで枚挙に遑なき有様にて……国内反対軍の到る所に存在する事とて、秩序の回復など思ひもよら」ない状態であり、各国が自国民保護を理由に軍艦をメキシコに派遣、日本も軍艦出雲を派遣する事態となっていた（資料［28］）。一九一四年六月、出雲訪問の帰途にあった安達は、列車襲撃事件に遭遇し、十日間行方不明となり、そのことにより重症の急性肝臓病に罹った。一時は日本への帰国すら危ぶまれたものの、一九一五年十月に無事帰国する。

安達のメキシコ赴任に先立つ数ヶ月前の一九一三年三月、米国大統領にウッドロー・ウィルソンが就任した。そのウィルソンによる武力介入が、メキシコの政治的な混乱をさらに助長することになる。就任から数日後、ラテンアメリカに関する指針を語ったウィルソンは、ラテンアメリカ諸国との間では、恣意的で不規則な力の行使は排除されねばならず、法に基づいた秩序だった関係を築き上げたいという希望を語っていた[6]。しかし実際には、ウィルソン政権のラテンアメリカ政策は、各国への度重なる軍事介入と主権侵害に特徴付けられることになる。このような介入政策の根本には、民主主義の経験が浅いラテンアメリカ諸国に対し、民主主義の先進国アメリカこそが、しかるべき人物を選挙で指導者として選ぶことを教えねばならないというパターナリズム、そして道義的に優れたアメリカによる介入は、自国の利害を度外視した、純粋に利他的なものでありうるという独善的な自国像があった[7]。

ウィルソンの独善的な介入主義が顕著に表出したのが、対メキシコ政策においてであった。一九一三年二月、革命がもたらした混乱の中で、ビクトリアーノ・ウェルタ（Victoriano Huerta Márquez）将軍が軍を率いてフランシスコ・マデロ（Francisco Ignacio Madero González）大統領と政府要人を辞任させ、臨時の大統領に就任し、新内閣を組閣した。欧米諸国や南米諸国が次々とウェルタ政府を承認する中、ウィルソンは「同政府は法に基づいた正統政府ではない」として、不承認を宣告した。さらに一九一四年に入ると、ベヌスティアーノ・カランサ（Venustiano Carranza Garza）ら、反ウェルタ勢力への武器禁輸解除を決定するなど、露骨にメキシコの内乱に介入していった。

安達がメキシコに到着したのは、ウィルソンとウェルタ政府との関係が悪化の一途をたどり、メキシコで反米感情が盛り上がりを見せていたときであった。アメリカのあからさまな介入に対し、ウェルタが根強く抵抗したことは、安達が「叛軍ハ米国ヨリ無形有形ノ後援ヲ得ツツアルニ拘ハラズ、而ク［シテ］優勢ナラサルモノ、如ク見受ケラレ」ると洞察していた通りである（資料［27］）。

安達には、欧米列強の介入に苦しむメキシコへの親近感もあった。日本とメキシコが一八八八年に締結した日墨修好通商条約は、日本が欧米列強と結んだ通商条約とは異なり、対等な条約であった。帰国後の講演で安達は、「日本帝国が米国ペルリ提督の軍艦の砲声に依て夢醒め国を開いたのは嘉永二年即ち千八百五十二（千八百四十九）年でありますが、それ以来諸外国と屈辱の条約を結んだことが十数国で何れも法権を失ひ税権を失ひ外国との条約は平等でない」と、欧米諸国との不平等条約を改正するのに「艱難苦辛」した日本の経験を回顧しながら、日本とメキシコが、「法権上に於ても又税権上に於ても全く対等の条約を締結」したことの意義を強調している（資料［29］［30］）。

むしろ安達は、混乱状況にあったメキシコに秩序をもたらした功績により民衆にも慕われ、諸国家にも問題なく承認されたにもかかわらず、ウィルソン政権に敵視されたがゆえに権力から追われることになったウェルタに同情を寄せていた。「将来歴史が研究するでありませうが」と留保をつけつつも、安達は、アメリカによるウェルタ政権不承認について、「何等の原因な」いものだという見解を示している。自らの独善的な判断基準で外交を行うアメリカへの憤慨がうかがえる表現である。そして安達は、ウェルタが、自らがそう望めばまだ権力を維持することもできたところ、「私が此処に大統領として居ることは墨国の為にならぬさうでありますから私は此処を去る」という言葉を残して「花のある内に花々しく墨西哥の首府を去」ることを選択したエピソードを共感的に紹介している（資料［29］）。

このようにメキシコにおいて安達は、秩序の安定や諸国家の協調を損ねようとも、自らの外交目標を独善的に追求するアメリカ外交を苦々しい思いで見ていた。パリ講和会議におけるウィルソンの外交が安達の目には「大驕挙」と映ったのは、このときの経験があったからであろう。パリ講和会議の時点では、安達はウィルソンに対しても、連盟に対しても、それほどまでに共感を寄せていなかった。安達の連盟への信念は、その後の十数年にわたる連盟との実際の関わりの中で徐々に育まれていったのである。パリ講和会議ではウィルソンの「大驕挙」を批判した安達も、十数年後の講演では、連盟を生み出した「米国の故大統領ウイルソン君の時勢に適合したる天才的の創意」を賞賛し、講和会議当時、「過半数の人は――私も其一人でありますが、其健全なる思想であると云ふことに就て頗る疑を持つて居」たことを率直に反省し、ウィルソンを「偉大なる人」と称えている（資料［55］［57］）。

三　パン・ヨーロッパ運動への関心

ウィルソンの訴えもむなしく、第一次世界大戦後、「平常への回帰」を求める国内世論の高まりを背景に、アメリカは連盟加盟を拒絶し、伝統的な孤立主義へと回帰することになった。とはいえ、もはやその国際的な影響力は否定しがたいものであった。「アメリカの世紀」の幕開けである。第一次世界大戦後の日本外交にとって、圧倒的な影響力を持つアメリカとどのように向き合っていくかは大きな課題となった。メキシコ駐在経験やパリ講和会議の経験から、アメリカ外交の独善的な側面をよく理解していた安達は、単純なアメリカの追随者にはなれなかった。そのことをよく表すのが、安達のパン・ヨーロッパ運動への関心である（資料［53］［56］）。

「パン・ヨーロッパ」とは、第一次世界大戦後、ヨーロッパの没落に危機感を持ったリヒャルト・クーデンホーフ・カレルギー（Richard Nikolaus Eijiro von Coudenhove-Kalergi）が、『パン・ヨーロッパ』（一九二三年）において提唱した思想である。カレルギーは、オーストリア＝ハンガリー帝国の伯爵で外交官の父と、日本人の青山光子の間に東京で生まれた。安達が「汎欧羅巴の思想は、不思議なことには其一番根本の考は日本人から始つた」といっているのは、そのような意味である（資料［53］）。『パン・ヨーロッパ』でカレルギーは、先の世界大戦の重大な原因は、ヨーロッパ諸国において国家主義が台頭したことにあったとし、国際平和に向けて、ヨーロッパ諸国は狭隘な国家主義を克服し、「ヨーロッパ合衆国」を結成すべきだと主張した。このようなカレルギーの「パン・ヨーロッパ」の理想は、米国大統領ウィルソンが提唱した民族自決原則への鋭い批判意識に裏付けられていた。民族自決原則が祖国オーストリア＝ハンガリー帝国に適用され、弱小国家の乱立状況を生み出していった様子を目撃したカレルギーは、民族自決の原則を、統合に向かうべき国々に、さらなる分裂をもたらすものとして否定するに至ったのである。

カレルギーの「パン・ヨーロッパ」の思想は、機関紙『パン・ヨーロッパ』の発行など本人の精力的な活動もあり、オーストリアのイグナーツ・ザイペル（Ignaz Seipel）首相、チェコスロヴァキアのエドヴァルド・ベネシュ（Edvard Beneš）外相など、政治家にも多くの賛同者を生み出した。最も重要な賛同者の一人が、フランスのアリスティード・ブリアン（Aristide Briand）外相であった。ブリアンは一九二六年にカレルギーと出会うとすぐに意気投合し、カレルギーの提唱によるパン・ヨーロッパ連合の名誉会長に就任した。一九二九年九月連盟総会における演説で、「パン・ヨーロッパ」にも言及している(8)。

安達は、カレルギーという一人の個人に発したパン・ヨーロッパの思想が、ブリアンという強力な支持者を得て、各国の首相・外相レベルの支持者を獲得していることに注目し、それは決して「ユートピア」ではないと力説する（資料［53］）。パン・ヨーロッパの構想は、一方で共産主義のソ連、他方でアメリカ合衆国という二つの台頭する勢力に挟まれたヨーロッパが、国際政治で今後も指導力を発揮していくための現実的な構想だというのである。安達は、このような第一次世界大戦後のヨーロッパの立ち位置や模索に、大戦後の日本の課題を重ねて見ていたのではないだろうか。

四　戦争違法化への共鳴

一八八九年九月、帝国大学法科大学に入学する直前に安達は、同大学の穂積陳重に宛てた書簡で、次のように述べている。「夫レ我邦ハ当時疑ヒモ無ク弱小ノ国ナリ。小弱ノ国ヲ以テ列国ノ間ニ介立シ、帝国ノ尊厳ヲ損スルコト無ク内治外交ノ完全ヲ求メント欲セバ、深ク国際ノ理法ニ通ジ機変ニ処スル秀才アルモノ外交ノ衝ニ当リ、満腔ノ熱心ヲ以テ之ニ従事セザルベカラズ」（資料［2］）。このように安達は、「弱肉強食の列国競争海」に投げ込まれた「弱小ノ国」日本の生存という痛切な問題意識を背負って国際法研究に従事し始めた（資料［3］［4］）。さらに安達は、一八九三年夏、外交官として最初に赴任したローマへ向かう途上、アジア・中東・アフリカの諸地域で現地の人々が「殆んど奴隷の境界にある」ことを目撃し、欧米諸国から「一等国」としての承認を獲得する必要性を痛感する（資料［11］）。安達にとって国際法研究とは、国際社会における日本の生存と地位向上という外交目標と不可分のものであった。

それから約二十年経った一九一二年一二月、安達は論文「国際法研究に就て」（資料［7］）において、「国際法と云ふものに考へ到る度毎に、私は日本の進歩を驚嘆致し実に愉快の念に堪へませぬ」と、日本が国際法を遵守できる「一等国」として、欧米諸国に対等な存在と認められるに至ったことへの満足感を表明している。わずか十数年前まで欧米諸国は、「国際法は日本国に適用すべからざるものである」、「是は欧米専有の経典である」として、日本を「国際法の適用範囲外」とみなしていた。それが今や、事態はすっかり逆転し、「日本と云ふ強大なる国が国際法を適用して呉れるだろうと云ふことが、世界の大問題と為つて居るのであ」る。

安達が満足を見せたように、一九世紀半ばに開国した日本は、国際法に関する知識を精力的に摂取し、さらには国際法を外交の一つのツールとして活用して、欧米諸国と肩を並べる「一等国」としての地位を確立していった。二十世紀転換期に、日本は日清戦争（一八九四—一八九五）および日露戦争（一九〇四—一九〇五）を戦ったが、その勝利を「一等国」としての承認へと結びつける上で、国際法学者は大きな役割を果たした。日本政府は、有賀長雄や高橋作衛ら国際法の顕学を戦地に派遣し、海外に向かって日本がいかに戦時国際法を遵守した「文明的」な戦争を遂行しているかを宣伝させたのである。

しかし、国策の手段として国際法、さらには戦争を活用してきた近代日本の外交路線は、第一次世界大戦後、戦争の違法化が進んでいく中で、根本から行き詰まっていく。大戦前の世界では、主権国家が行う戦争は、それがどのような理由による戦争であっても、国際社会からその違法性を問われることはなかった。(9) しかし、大戦後、このような戦争観が大戦の原因の一端となったという問題意識が高まり、戦争の違法化が進められていく。連盟はその規約で、国家が戦争に訴える自由に一定の制限を加え、規約に違反して戦争を行う国家を、連盟加盟国による制裁の対象とした。さらに戦争違法化への大きな画期となったのが、不戦条約であった。一九二八年八月二七日、アメリカとフランスに加えてイギリス、ドイツ、イタリア、日本など当時の主要大国を含む十五カ国が不戦条約に調印し、国策の手段としての戦争の放棄（第一条）、紛争の平和的解決（第二条）を誓約した。(10) 不戦条約の締約国はその後も増加し、第二次世界大戦の前夜の一九三八年には、当時の国々の九割以上の数にあたる六三カ国が署名あるいは批准を実現させていた。こうして大戦間期の国際社会には、国家が行う戦争の正・不正は、当事国が主観的に決定できることではなく、連盟規約や不戦条約に照らして国際社会が判断する問題であるという認識が生まれ、戦争を国策の手段とすることは許されなくなっていった。このような戦争観の変化は、戦争を一つの手段として、「一等国」としての地位を獲得してきた日本外交に大きな挑戦を突きつけるものであった。

この戦争違法化という新しい潮流に対し、日本の政策決定者や国際法学者たちは、消極的な対応に終始した。確かに日本は、不戦条約の締約国に名を連ねたが、その理念に賛同していたわけではなく、多分に大勢順応的な判断であった。(11) ごく一部の例外を除き、日本の国際法学者たちは、そもそも同時代的に戦争観の転換が生じているとは考えていなかった。(12) このような日本の消極姿勢は、激烈な論争を経ながらも、戦争違法化を平和への進歩として歓迎する見解が多数派となっていったアメリカとは対照的なものだった[13]。

しかし、安達の存在は、大戦間期の日本にも、戦争違法化への原理的な共鳴が存在したことを示している。安達は一九三〇年五月二〇日に行った演説「世界大戦後の外交と二箇の重要案件」で次のように語っている。「不戦条約を嘲ける者は世界人類の半数でございませう。アレは『リテラチューア』即ち空文に過ぎない。アレは『ユートピー』であると斯う云ふ、或はさうかも知れない。是は将来の経験を経なければ分りませぬ」。しかし、これに安達は続ける。「不戦条約は重要なる進展『エヴォリューション』を世界に及ぼすに違ひないと私は茲に断言致します」（資料［57］）。

この「エヴォリューション」という言葉は、平和の漸進的な実現に粘り強く希望を託す安達の国際政治観をよく表している。当時、不戦条約が「ユートピー」と見なされた一つの理由は、同条約が不戦の誓約を破って侵略を行った国に対する制裁について、何ら規定していなかったことにあった。このことについて安達は、確かに不戦条約には制裁の規定がなく、それゆえにしばしば破られることを認めた上で、だからといってそれを、国家の行動に何ら影響を及ぼさない空文とみなすことは誤りであるとする。不戦条約は、決して「ユートピー」ではないことの根拠として安達が強調したのは、違反国に対する「世界の輿論」の圧力であった。確かに「世界の輿論」は、侵略国家のすべてを思いとどまらせるほどの直接的な効用を持つわけではない。しかし、確かに諸国家の行動に影響を与えていることは、このたび起こった中ソ間の境界衝突問題[14]において、「兎に角露西亜の大使及露西亜のスターリンなども此条約を以て責められると、餘程其態度が変る」、「支那の方も其通り」であったことにもうかがえる。安達は、「それだから（不戦条約は）全く効果が無いとは言へない。況や其他の文明国に於てをや」（資料［57］）と強調し、諸国家が、「世運進歩の結果として世界最大多数の輿論を無視することの最も不得策なることを悟」る未来へと期待をつないだ（資料［54］）。

これらの主張にうかがえるように、安達は決して、不戦条約が締結されたからといってすぐに戦争がなくなるとは考えていなかった。今後も不戦条約は諸国家によって度々破られ、戦争は起こるであろうと予測しつつも、不戦条約を一つの契機として、裁判などの平和的な手段による紛争解決が漸進的に世界に普及していく未来に期待をかけたのである。

国際平和への地道な進歩は見過ごされやすい。安達は、「不戦条約実施の結果として、国際紛争事件は其性質の如何に拘らず何れも之を戦争と云ふ手段に依て処理することを努むることなく、総て之を裁判若くは仲裁の方法に付すると云ふことになりました」（資料［56］）、「不戦条約実施の結果として、九年以来存続して居る所の海牙の『インターナショナル・スープリーム・コート』国際裁判所は益々其の重要性を増しました」（資料［57］）と、不戦条約締結後、諸国家間に平和的に紛争を解決しようとする機運が高まっていることを何度も強調している（資料［52］［53］［54］［55］［56］［57］）。

不戦条約を、平和的紛争解決の発展の一里塚として評価する安達の不戦条約観は、戦争違法化を理論的に牽引してきたアメリカの国際法学者たちの見解と重なりあうものであった。アメリカ代表団の一員としてパリ講和会議に参加し、法律に関する知識を活かして連盟規約の作成に携わったデイヴィッド・ミラー（David Hunter Miller）は、不戦条約に関する詳細な解説書『パリ不戦条約――ケロッグ・ブリアン条約の研究』（一九二八年）で次のように強調している。「不戦条約の死活的かつ支配的な構成要素は、外交官たちがほとんど注目してこなかった第二条にこそある」、「戦争放棄は、国際紛争が平和的手段で解決されるようになることの必然的な帰結である」⑮。長年、常設国際司法裁判所判事として国際紛争の平和的解決に携わり、安達とも親しく交流していたハーバード大学国際法教授マンリー・ハドソン（Manley Ottmer Hudson）も、著作『平和的な手段によって――不戦条約第二条の適用』（一九三五年）において、不戦条約を、一九世紀以来の平和的紛争解決の発展という歴史的な文脈に位置付け、次のように強調している。「不戦条約第二条でうたわれた紛争の平和的解決は、実現の見込みが薄い願望の表明などではなく……国際法上の一定の拘束力をもつ取り決めとみなされるべきである」⑯。不戦条約を国際平和への前進として評価した国際法学者たちは、しばしば諸国家が戦争放棄を誓約するだけで戦争が廃絶されると考えたユートピアンとみなされてきたが、そのような見解は修正されるべきだろう。彼らは、戦争放棄を誓約した第一条に象徴としての重要性こそ見出したものの、紛争の平和的な解決について定めた第二条をより実質的な条約の「心臓」とみなし、この条文に基づいて紛争の平和的解決のための仕組みを発展さ

せていくことに、平和への実質的な課題を見出していたのである。(17)

五　国益と国際協調

第一次世界大戦後に連盟が創設されたとき、国際協調の騎手たちはこぞって、それを国際協調という新しい「世界の大勢」を体現するものとして賛美し、日本が順応していく必要性を説いた。しかし連盟が掲げる理念を額面通りに受け取り、それを賛美する議論は、美しい理念とはかけ離れた連盟の実態に憤る国民を説得するものにはなり得なかった。

このような当時の連盟を取り巻いた日本の言論状況に鑑みたとき、安達が連盟の意義を強調する際、常に国益を基軸に据えていたことは特筆すべきである。安達は生涯、国益とパワーを基軸に国際関係を考える現実主義的な外交官であり続け、連盟に関わるときも、日本という立場を忘れたことはなかった。本書に収録された論稿や演説でも、安達は決して国益を犠牲にしてでも、国際協調に殉ぜよという議論は展開していない。連盟との関わりにおいて安達が日本に対して求めたのは、国益を犠牲にすることではなく、時代の流れを的確に把握し、それに適合するよう国益を再定義していくことであった。

安達は、日本が連盟理事国となったことを「天佑」として歓迎した。安達によれば、「此度ヘーグ会議に於ては英仏と全く同じく招集団の一人となつて他の諸国を招請し大会議の成功の責任を負ふことになり、又其結果に付ても、又其取分に付ても総て、例へば国際決済銀行其他是等殆ど九十年間に亘る大きな世界の金融機関に携ることに付ても、全く英仏と同様な位置に立つことが出来る機会を得たのは、是れ偏に国際聯盟の理事会に於て永久的の座席を持つてゐる結果であ」った（資料［55］）。しかし安達が見るところ、日本人の多くは、連盟理事国であることに付随するこれらの利益を自覚していなかった。多くの国民は、ヨーロッパの紛争を日本とは関係ないものとみなし、その解決に向けて何らかの貢献をすべきだとは考えていない。遠く離れた地の問題に関わっても、国益に何らプラスにならないと考えている。

安達はこうした日本の狭い国益観念を変えねばならないと痛感していた。安達は「欧米各国間の紛争に関係することが何か日本の為めになるか」という批判に応えて、英国首相チェンバレンの次のような言葉を引用し、反論する。「直接の利益は何んにもない……併し斯くの如くしてグレート・ブリテーンは精神的のインフルエンスを世界の上に高めるのである」。そして安達は、ヨーロッパから遠く、同地にほとんど直接的な利害関係も持たない日本が、だからこそ「欧羅巴人の解決することが到底出来ない……而かも解決しなければ平和の破れる虞れがある大問題」について「最も公平な判決、解決」ができるのだと強調し、これもまた、日本が連盟に関わることの重要な利益なのだと訴えた（資料［55］）。確かに日本から遠いヨーロッパの紛争解決の仲裁役を見事に務めても、それがすぐに、目に見える形で日本の国益となることはない。しかし、連盟における日本の地道な紛争解決の努力が認められた結果、ヨーロッパ諸国の間には、「政治上に付きましては極東にある日本の健全なる**グッド・センス**、健全なる思想に依て裁いて貰ひたい」という日本への好意的なまなざしが生まれている（資料［56］）。こうしたことを指摘しながら安達は、国益とは、少なくとも「数年若くは十年」の長期的な視座から構想され、追求されねばならないこと、即物的な利益だけでなく、「世界の一番大きい団体たる国際聯盟」における道義的な地位といった無形の利益も、日本の国運を左右しうるものとして重視されねばならないことを訴え続けた（資料［55］［56］）。

安達が国益をどのようなものと考えていたのかは、ハーグ常設国際司法裁判所に関する議論からもうかがい知ることができる。判事候補となったことを告げられた際、安達の脳裏にまずよぎったのは、日本の国益であった。判事の選挙に向けて、安達は次のような不安を吐露している。もし自分が落選すれば、九年間日本人判事が不在になってしまうが、そのようなことは「日本の大不利益であり、又日本の権威にも関はります」。安達は、「世界裁判所の中に自国人を入れて居りたいと云ふことは、各小国ですら大に希望する所であり、況や大国と称し居る国々は皆非常に熱望して居ります」という状況にあって、各国が推薦する候補者との競争を勝ち抜き、限られた判事席を獲得することを、「お国に対する報恩の一端」と考えていた（資料［53］［57］）。このように安達は、常設国際司法裁判所判事の選挙に際しても、日本の国益という命題を忘れることがなかったが、その一方で、一度当選し、職務に従事するときには、判事はその出身国の国益を脇に置き、中立的かつ公平な立場において紛争処理にあたり、法と正義に則った高次の平和を追求しなければならないと考えていた。一九三二年八月三日付ハマーショルド宛の書簡において安達は、常設国際司法裁判所の判事に対し、「何に対してであれ完全に独立である」ことを求め、「裁判官の母国政府を、われわれ判事自身の『妻（femme）』とみなしてはならない」と強調している（資料［72］）。

安達が理想の判事と見なしたのが、ドイツの裁判団グループが候補に指名したワルテル・シモン［ヴァルター・ジモンス］（Walter Simons）であった（資料［53］［57］）。ジモンスは一九二二年から一九二九年にかけてヴァイマル共和国において、民事および刑事の最上級審を管轄したライヒ裁判所（Reichsgericht）の長官を務めた人物である。安達とは、万国国際法学会の会員として、毎年夏二～三週間、セミナーをともにした仲であった。安達がジモンスを判事候補として高く評価した理由は、「元来学究」であること、そしてたとえ母国であっても、国際法と正義に違反している行動をとったと判断すれば、敢然と抗議する正義感を持っていることにあった。一九一四年八月、ドイツがベルギーの中立を侵犯したことに対し、ジモンスは「正義の観念並に国際法に違反して居り独逸民族の一恥辱である」と猛抗議し、そのために禁固一八ヶ月の刑を受け、出獄後も迫害を受けた。しかし、そのような体験をしてもジモンスは、決して祖国を恨まず、国外でもドイツの文化や学問の素晴らしさについて積極的に語り続けた。安達は、愛国的でありながらも、盲目的に国策に追随することなく、正義に反していると判断した際には、母国を批判することも辞さなかったジモンスを「正義の人」、「政治界に『アンビション』の少ない人」と讃え、「斯う云ふ人は国家と国家の争を決するにも決して不公平のない人だと斯う思ひます」と、常設国際司法裁判所判事として理想の人物であると賞賛している（資料［53］［57］）。

六　満州事変――安達の国際協調外交の限界

不戦条約締結以降、「近時世界の大事件は国際裁判に依つて決せられる趨勢に存る」（資料［53］）と平和的紛争解決の発展について明るい期待を語っていた安達に、大きな挑戦を突きつけたのが、関東軍が起こした満州事変であった。一九三一年九月八日の柳条湖事件をきっかけに、関東軍は奉天、長春、営口など満州の諸都市を次々と占領下に置いた。以降、関東軍は内閣の不拡大方針を無視し、日本の権益が存在しない北満州、さらには中国本土へと軍事行動を拡大させていった。

一九二〇年代、連盟においてヨーロッパ諸国間の紛争解決に尽力してきた安達も、アジアで日本を当事国とする紛争が生じた場合に、連盟がいかに関わるかについては、「アジアの東方の国としまして聯盟の理事会のお世話に依つて処分しなければならぬ問題は当分無い」、「今暫くは欧州各国の紛争を解決するといふことが蓋し聯盟理事会の運命でありませう」（資料［55］）と棚上げしてきた。

それゆえに満州事変は安達に深刻なディレンマを突きつけた。純粋に紛争解決機関としての連盟のさらなる発展を願う立場からは、アジアで起こった紛争に関しても、連盟における多国間協議を通じて解決が模索されることが望ましい。安達は、満州事変前に行った演説で、第一次世界大戦前は、「外交は殆ど国別的でありまして、甲の国と乙の国とが外交事件を処理する」というのが原則であったが、大戦後、「国際聯盟が出来、単に直接に平和を維持する方法を講ずるのみならず、其他諸種の世界的大問題をも殆ど皆此団体に於て扱ふことになりました」と、従来は当事国だけで解決されてきた諸問題が、連盟という多国間フォーラムで解決されるようになってきていることを進歩とみなし、好意的に語っていた（資料［55］）。しかし、安達には、日本の国益を守る外交官としての顔があった。日本の権益をめぐって中国大陸で生じた紛争に連盟が関与することは、長年連盟に勤務し、国際平和にとってのその意義を十分に理解していた安達にすら許容できないことであった。

安達は満州問題を常設国際司法裁判所に付託することにも消極的だった。同裁判所の判事たちは満州問題についてほとんど知識がないため、満州に関する日本の立場は理解されず、「万一本件カ裁判所ニ廻付サルル如キコトアラハ、我方ハ極メテ不利ナル立場ニ陥ル」というのが安達の読みであった（資料［78］）。常設国際司法裁判所がますます多くの国際紛争で活用されることに期待を寄せていた安達にとっても、「日本の生命線」満州は、明確にその例外であった[18]。満州問題をめぐる紛糾の末、一九三三年三月、日本は連盟脱退を通告する。

安達の満州事変への対応は、そのネガティブな中国観にも規定されていた。安達が、不戦条約締結後、国際紛争がますます平和的な手段によって解決されるようになっているという明るい展望を語るとき、それはあくまで「文明国」間の話であり、中国は対象外であった。一九二〇年代後半になると、中国では、高まるナショナリズムを背景に、国民政府が列国に対して不平等条約の破棄を一方的に通告し、列国の在中権益の回収を実力で進めていったが、安達はこのような中国の動きを冷ややかな目で見ていた。安達は、「支那の如きは時としては条約を其明文通り守ることの力の無いこともあり、又是も一時彼も一時と考へてか既存の儼然たる条約を廃棄したる近時の状態が支那に於ては有ります」と言い放っている（資料［57］）。安達は中国の将来について、究極的には「一種特別ノ連邦」を形成すると見ていたものの、「将来可ナリ永ク混乱ヲ程セラル」と考えていた（資料［69］）。武力を辞さない中国の国権回収運動に対する安達の冷めた視線の背後には、欧米の帝国主義列強に不平等な条約を押し付けられながらも、その不条理に対して武力ではなく、自国を文明化させる努力によって対抗し、最終的に、欧米からの承認と「一等国」の地位を勝ち取った近代日本の経験に対する自負もあったかもしれない。

もっとも満州問題は、安達のみならず、大戦間期の国際協調主義者の多くにとってアキレス腱であった。日本の生存は、植民地を保有せずとも、むしろ自由貿易の推進によってよりよく実現されるという「小日本主義」を唱道した『東洋経済新報』記者の石橋湛山など、きわめて少数の知識人を除き、「日本の生命線」満州という観念を問い直し、その放棄を展望できた者はいなかった[19]。安達にとってすら、満州の確保は、国際協調という命題よりも優先されるものだった。

もっとも連盟を脱退したからといって、日本外務省も安達も、国際協調への望みを捨てたわけではなかった。外務省が連盟の脱退を決断したのは、むしろ国際協調への望みをつなぐためであった。一九三二年九月に日本が満州国を独立国として承認して以降、連盟における満州問題に関する討議は、ますます妥協点を見いだすことが困難なものとなっていた。外務省は、連盟を脱退することで、満州問題をめぐって生じた国際社会との亀裂がこれ以上拡大することを回避しようとしたのだった[20]。

このような文脈において、常設国際司法裁判所は、連盟脱退後の日本に残された国際社会との貴重な接点として注目されることになった。一九三三年四月、外務省条約局長松田道一から、連盟の脱退後、日本は常設国際司法裁判所といかに関わっていくかについて助言を求められた安達は、「帝国ニ於テ聯盟脱退後ハ帝国臣民タル裁判官ノ依然トシテ所長タル事ハ、外間ニ多少奇異ノ感ヲ与フルナラント思フ者アルモノノ如シ」という懸念を示しつつも、連盟への加盟と裁判所への加盟は「全然独立ノ意思ト手続トニ依リ行ハルルモノ」であり、一方の機関から脱退したからといって、他方からも脱退しなければならないわけではないという松田の見解に「私見全ク貴示ノ通リニ有之」と全面的に同意している（資料［81］）。安達は、常設国際司法裁判所について、「永遠の生命があるものと見なければならぬ国際的制度として十年の歳月は余りに短期間である」と考えていた（資料［70］）。一九三三年一二月二〇日付の常設国際司法裁判所判事ケロッグ（Frank Billings Kellogg）宛の書簡では、「不戦条約の精神を見事に体現している常設国際司法裁判所は、あらゆる騒擾に耐えうるものであると思っています」という信念を語っている（資料［84］）。安達は、早晩に平和が回復される可能性については悲観的であったが、動乱を乗り越え、未来に平和と協調が実現されることへの希望を捨てることはなかったといっていいだろう。

七　今日への示唆

今日、不戦条約の再評価が進んでいる。その代表的な業績は、二〇一八年に刊行され、すぐに邦訳もされたオーナ・

ハサウェイ（Oona Anne Hathaway）とスコット・シャピーロ（Scott Shapiro）の著作『国際主義者』であろう[21]。同著は、度重なる戦争に見舞われた二十世紀、それでも平和を諦めず、不戦条約の成立に尽力した「国際主義者」たちの功績に光を当てた画期的な業績である。確かに、不戦条約によって侵略戦争が廃絶されたわけではない。そのことを認めた上で、ハサウェイとシャピーロは、不戦条約が、戦争や征服が合法であった「旧世界秩序」から、それらが違法とされた「新世界秩序」への「終焉の始まり」となり、その後の国際平和に持続的かつ決定的な影響を与えたことを強調する。不戦条約を、国際政治に「エヴォリューション」をもたらすものとして歓迎した安達にも通ずる視点である。

もっとも、忘れ去られてきた「国際主義者」たちに本格的に光を当てたハサウェイとシャピーロの業績には、今後、まだまだ発展させられる余地が残されている。同書の問題点の一つは、彼らが考察する「国際主義者」が、ほぼ欧米諸国の人々に限られていることである。日本をはじめ、アジアにおける「国際主義者」たちは、彼らの考察の射程にはほとんど入っていない。むしろハサウェイとシャピーロの著作において日本は、戦争が国策の手段として認められていた「旧世界秩序」の発想から抜け出せず、連盟や不戦条約を通じて築かれていった「新世界秩序」の意義を理解することができず、最終的にそれに武力で挑戦した存在として、極めて否定的に描かれている。ハサウェイとシャピーロの叙述は次のようなものである。ペリーの砲艦外交によって開国させられた日本は、大急ぎで「旧世界秩序」を学び、戦争を一つの手段として欧米諸国に比肩する大国に成長した。この「旧世界秩序」での成功体験も災いし、日本は、不戦条約への参加を単なる外交辞令のように考え、「新世界秩序」への移行というその歴史的な意義を理解しなかった。その結果、日本は侵略と征服という、「旧世界秩序」ではありふれた行為が、「新世界秩序」ではいかなる国際的な反発を招くかを予想できず、満州事変以降、国際的な孤立を深めていった。

確かに、「旧世界秩序」への固執と、「新世界秩序」への反発というハサウェイとシャピーロの大戦間期の日本外交への評価は、全体的な構図への評価としては妥当なものであろう。しかし、安達の連盟および常設国際司法裁判所への貢献、それを支えた国際協調への信念は、このやや単純化された構図に一石を投ずるものといえる。大戦間期の日本にも

「新世界秩序」への共鳴と貢献は存在したのである。

今日、国際協調主義は重大な岐路に立たされている。中国やロシアのような大国が国際法を軽視し、アメリカは「米国第一」を公然と掲げるドナルド・トランプ政権のもと、国際秩序への大局的視座を失い、気候変動問題対策のためのパリ協定をはじめとする多国間枠組みに次々と背を向け、露骨に自国の利益を追求するようになっている。かつて世界の大きな変化を見誤り、国際協調に背を向けた日本は、このような逆境においてこそ、国際協調主義の理想を高く掲げ続けるべきであろう。安達の思想と実践が教えるように、国際協調を追求することは、決して国益を犠牲にした英雄的な行為を意味しない。安達は、時に国益と国際協調という二つの要請に引き裂かれつつも、あくまでこの二つの命題の両立を信じ、その実現を追求し続けた。その生涯にわたる国際協調への貢献は、今日の世界でまた新しい輝きを帯びているのである。

（1） E. H. Carr, *The Twenty Years' Crisis, 1919-1939: An Introduction to the Study of International Relations* (London, UK: Macmillan Co. 1939). E・H・カー著、原彬久訳『危機の二十年――理想と現実』（岩波書店、二〇一一年）。

（2） 連盟理事会でとりあげられた係争の解決において安達が果たした役割、特に「報告者」としての貢献については、篠原初枝「国際連盟理事会における安達峰一郎――「報告者」の役割」柳原正治・篠原初枝編『安達峰一郎――日本の外交官から世界の裁判官へ』（東京大学出版会、二〇一七年）、一五九―一九二頁。

（3） 近衛文麿「英米本位の平和主義を排す」伊藤武編『近衛公清談録』（千倉書房、一九三七年）、二三一―二四一頁。

（4） Woodrow Wilson, "Address to the Senate (January 22, 1917)" in *The Papers of Woodrow Wilson* (Princeton, NJ: Princeton University Press, 1966-94), vol. 40, pp. 533-539.

（5） Francis Paul Walters, *A History of the League of Nations* (Oxford: Oxford University Press, 1952), pp. 268-276, 283-285.

（6） Wilson, "A Statement on Relations with Latin America (March 12, 1913)," *The Papers of Woodrow Wilson*, vol. 27, pp. 172-173.

（7） ウィルソン外交の独善的な性質に関する批判的な分析は、西崎文子「アメリカ『国際主義』の系譜――ウィルソン外交の遺産」『思想』

九四五号（二〇〇三年）、一七二―一八九頁。

（8）「回想録」『クーデンホーフ・カレルギー全集』第七巻（全九巻、鹿島出版会、一九七〇―七一年）、一一二―一六〇、一七九―一八四頁。

（9）このような戦争観は日本では一般的に「無差別戦争観」と呼ばれる。しかしその含意は複雑であり、（一）国家が戦争に訴える自由に関し、国際法による制約はまったく存在しないという考えと、（二）国際法上認められるのは自助の手段としての戦争のみだが、国際社会に国家を超えた客観的な判定者が存在しない以上、ある国家が行った戦争の正・不正を判定することは不可能であり、各国家が主観的に自助の手段と位置付ける戦争は肯定されるという、二通りの考えがあることに留意しなければならない。柳原正治「いわゆる『無差別戦争観』と戦争の違法化――カール・シュミットの学説を手がかりとして」『世界法年報』二〇号（二〇〇一年）、三―二九頁。

（10）不戦条約の思想的背景となったのは、米国シカゴの弁護士サーモン・O・レヴィンソンが第一次世界大戦後に開始した戦争違法化運動である。同運動については、三牧聖子『戦争違法化運動の時代――「危機の二〇年」のアメリカ国際関係思想』（名古屋大学出版会、二〇一四年）。

（11）日本の戦争違法化への消極姿勢については、伊香俊哉『近代日本と戦争違法化体制――第一次世界大戦から日中戦争へ』（吉川弘文館、二〇〇二年）。

（12）柳原「いわゆる『無差別戦争観』と戦争の違法化」、一九、二九頁。

（13）篠原初枝『戦争の法から平和の法へ――戦間期のアメリカ国際法学者』（東京大学出版会、二〇〇三年）。

（14）一九二九年七月、国権回収運動を進めていた中国が実力で東支鉄道を回収しようとしたことに端を発した中ソ間の軍事衝突のことを指すと思われる。

（15）David H. Miller, *The Peace Pact of Paris: A Study of the Briand-Kellogg Treaty* (New York, NY: G. P. Putnam's Sons, 1928), pp. 124–126.

（16）Manley O. Hudson, *By Pacific Means: The Implementation of Article Two of the Pact of Paris* (New Haven, CT: Yale University Press, 1935), pp. 93–94.

（17）Stephen J. Kneeshaw, *In Pursuit of Peace: The American Reaction to the Kellogg-Briand Pact, 1928–1929* (New York, NY: Garland Pub., 1991), pp. 106–119.

（18）満州事変が安達にもたらした葛藤については、柳原正治「安達峰一郎と国家間紛争の解決方式」柳原・篠原編『安達峰一郎』、二四七―二五二頁。

（19）石橋湛山の「小日本主義」については、増田弘『石橋湛山研究――「小日本主義者」の国際認識』（東洋経済新報社、一九九〇年）。北岡伸一は、ウィルソン米国大統領が掲げた「新外交」の理念に共鳴した新渡戸稲造ら知米派知識人と石橋の国際協調論を比較して、対米関係が悪化し、国内に反米論が高まる中で、最後まで国際協調を唱え続けたのは後者であったとして、イデオロギーではなく経済的な合理性に裏付けられた国際協調論の強靱さを指摘している。北岡伸一「国際協調の条件——戦間期の日本と戦後の日本」『国際問題』四二三号（一九九五年）、一五—二六頁。

（20） 井上寿一「国際連盟脱退と国際協調外交」『一橋論叢』九四巻三号（一九八五年）、三五三—三七二頁。

（21） Oona Anne Hathaway and Scott Shapiro, *The Internationalists: How a Radical Plan to Outlaw War* (New York, NY: Simon & Schuster, 2018). オーナ・ハサウェイ、スコット・シャピーロ著、野中香方子訳『逆転の大戦争史——平和を求めた国際主義者たち』（文藝春秋社、二〇一八年）。

あとがき

本書の出版を本格的に考え始めたのは、山形大学安達峰一郎研究プロジェクトの成果として、柳原正治・篠原初枝編『安達峰一郎――日本の外交官から世界の裁判官へ』(東京大学出版会、二〇一七年二月)が出版された直後である。同書出版から数ヶ月後に発行された『UP』五三五号(東京大学出版会、二〇一七年五月)に「よみがえる安達峰一郎」という小論を掲載していただいたが、そのなかで著作集出版の構想を記した。そうした構想を抱くに至った、なによりも大きな動機は、安達峰一郎博士の研究を進めていく上で、安達博士が若い頃からその死に至るまで、書簡だけではなく、実にさまざまな著作物を残していること、しかしながらそれらのほとんどは一般には知られていないことであった。しかもそれらは、発表媒体もさまざまであり、海外の資料館所蔵のものもあり、入手がかならずしも容易ではない資料が多数であった。そこで、それらの資料を収録した著作集の出版ができないかと模索し始めた。

そうしたなかで二〇一九年が安達博士生誕一五〇年にあたることに思い至った。安達博士の奥様の鏡子さんが一九六〇年に設立された(公財)安達峰一郎記念財団に相談したところ、安達峰一郎周年事業(安達博士生誕一五〇年および同財団創立六〇年)の一つとして、本書の出版を位置づけていただくことができた。同財団からは、本書の企画段階から出版に至るまで、資金的援助など、さまざまなかたちでのご支援を得ることができた。

安達博士が自身の名前で内外の雑誌に発表している論文を収集し、翻刻する作業はそれほど困難なものではなかった。容易ではなかったのは、外務省外交史料館に所蔵されている数多くの安達博士関連の文書からどれを翻刻するかという問題であった。また、国際連盟文書館に所蔵される文書についても同様の問題があった。あまりにも膨大な著作集とすることはいろいろな意味で無理があるので、本書には精選した文書のみを掲載するという決断をした。

著作選という本書の性格からして書簡を収録するかも大いに悩んだ点である。一日に少なくとも二〇通の書簡を書いていたとの記録もあるように（水野錬太郎）、生涯を通じて安達博士はとてつもなく多くの書簡のやり取りを、日本人との間だけではなく、欧米人との間でも行っている。安達博士が送った書簡はコピーが残されていることもあり（とくに、記念財団所蔵の「在仏当時大使館関係」ファイル）、受け手が保存しているものもある。また、安達博士が受け取った書簡は、鏡子さんのおかげで相当数が残されている。これらの書簡については、本書では各章テーマとの関係でとくに重要とみなされるものを厳選して収録することにした。

資料の収集、そしてどの資料を収録するかの決定にあたっては、多くの方々のご助力を得ることができた。とりわけ、三牧聖子、北川忠明、丸山政己、深井陽介の諸先生方には感謝したい。また、日本学士院のディアス士文フランシス氏にもずいぶんとお世話になった。

以上のようにして本書に収録することに決定した文書のうち、手書きの文書（日本文と欧文）の翻刻は、当初想定していた以上に困難を極めた。日本文の手書きの書簡については、安達博士の地元・山形県山辺町に設立（一九六一年）された安達峰一郎博士顕彰会が解読されたもの（七〇〇余通に及ぶ。そのごく一部は二〇一一年に『国際法にもとづく平和と正義を求めた安達峰一郎――書簡を中心にして』〔安達峰一郎書簡集編集委員会編〕に掲載されている）を参考とさせていただくことができた。ただし、本書に収録した書簡はすべて原資料からの翻刻である。

翻刻がもっとも困難であったのは、外務省本省への手書きの報告書である。そのなかでも資料［14］はあまりにも判読困難な文字が多く、一時は掲載を断念しようかと弱気になることもあった。しかしながら、巻末のわたくしの解題の中で紹介したように、はなはだ重要な内容を持つ報告書であり、なんとか収録できるように努力を重ねた。二週間以上にわたって毎日朝から晩まで同文書を眺め続けていたことは、いまとなっては懐かしい想い出である。

最初のワープロ文字起こしを、日本文の手書きの文書（書簡を除く）については番定賢治氏（東京大学大学院生・近代日本外交史）に、フランス文の手書きの文書（書簡を含む）については西嶋美智子氏（九州大学大学院法学研究院協力研究員・国際法）にお願いした。さらに翻刻の最終段階でどうしても判読が困難である箇所や自信が持てない箇所については、近世交通史の大家であられる丸山雍成先生に解読をお願いした。先生のご自宅で何度かにわたって解読の作業をしていただいたが、そのおりに歴史研究のあり方や一次資料の読み方についてもご教示いただけたのは、わたくしにとっての大きな財産である。

番定氏と西嶋氏、それに小栗寛史氏（日本学術振興会特別研究員・国際法）の三名の方々には、まことに丁寧に校正のお手伝いをしていただいた。むろん、いうまでもないことであるが、翻刻の最終的な責任はわたくしにある。

巻末の国際政治・外交史の観点からの解題は、三牧聖子先生にご執筆いただくことができた。本書に収録された資料を実に丹念に読み解き、素晴らしい論文に仕上げてくださった。

本書の刊行にあたっては、『安達峰一郎――日本の外交官から世界の裁判官へ』と同様、東京大学出版会編集部の山田秀樹氏に多方面にわたってお世話になった。専門書出版についての同氏の情熱と見識の高さには、今回も感服するばかりであった。心からお礼を申し上げる。

二〇一九年二月

柳原正治

安達峰一郎（あだち　みねいちろう）

1869年山形県生まれ．1882年山形師範学校中等部入学，1892年帝国大学法科大学法律学科卒業・外務省入省，1913年メキシコ公使，1917年ベルギー公使，1921年同大使・国際連盟総会日本代表（1929年まで），1925年帝国学士院会員，1927年フランス大使，1931年常設国際司法裁判所所長，1934年アムステルダムにて永眠（1935年オランダ国・常設国際司法裁判所合同葬）．

柳原正治（やなぎはら　まさはる）

1952年生まれ．1981年東京大学大学院法学政治学研究科博士課程修了．法学博士．現在，放送大学教養学部教授．〔主要著作〕『ヴォルフの国際法理論』（有斐閣，1998年，安達峰一郎記念賞受賞），『グロティウス　人と思想［新装版］』（清水書院，2014年）．

三牧聖子（みまき　せいこ）

1981年生まれ．2010年東京大学大学院総合文化研究科博士課程単位取得満期退学．博士（学術）．現在，高崎経済大学経済学部准教授．〔主要著作〕『戦争違法化運動の時代——「危機の20年」のアメリカ国際関係思想』（名古屋大学出版会，2014年，アメリカ学会清水博賞受賞），『歴史の中のアジア地域統合』（共編著，勁草書房，2012年）．

世界万国の平和を期して
安達峰一郎著作選

2019年5月29日　初　版

［検印廃止］

著　者　安達峰一郎《あだちみねいちろう》

編　者　柳原正治《やなぎはらまさはる》

発行所　一般財団法人　東京大学出版会
代表者　吉見俊哉
153-0041　東京都目黒区駒場4-5-29
電話　03-6407-1069　Fax　03-6407-1991
振替　00160-6-59964

印刷所　株式会社三陽社
製本所　牧製本印刷株式会社

ISBN 978-4-13-036270-2　Printed in Japan

関連略年表

西暦	和暦	月	年齢	出来事（字下げで始まる事項は歴史的背景など一般の出来事）
1869	明治2	7	0	羽前国村山郡高楯村（現　山形県東村山郡山辺町）に生まれる（7月27日／明治2年6月19日）
1873	6		4	寺子屋「鳳鳴館」で和漢を習い始める
1879	12	5	10	山野辺学校上等小学第8級卒業
		7		東子明塾入門
1880	13	10	11	山野辺学校の教師助手となる（翌年3月まで）
1881	14	1	12	高澤佐徳，重野謙次郎らが山形法律学社を創設
		4		山形法律学社入塾
1882	15	9	13	山形県中学師範学予備科入学
1884	17	6	15	同科廃校により中退
		10		司法省法学校予科入学（正則科第4期生）（同校は何度かの変遷の後，第一高等中学校へ改称された）
1886	19	10	17	英船ノルマントン号事件
1889	22	2	20	大日本帝国憲法発布
		7		第一高等中学校卒業
		9		帝国大学法科大学法律学科（第2部）入学
1892	25	6	23	パテルノストロの「国際公法講義」終講
		7		帝国大学法科大学法律学科（仏法専攻）卒業
		8		高澤鏡子（1870－1962）と結婚（入籍は9月13日）
		9		外務省試補となる
		11		千島艦事件
1893	26	7	24	公使館書記生としてイタリア在勤を拝命
		11		外交官補となる
1895	28	4	26	日清講和条約調印。三国干渉
1896	29	1	27	駐伊臨時代理公使に任ぜられる
		3		日清戦争における功績により金500円を賜わる
1897	30	2	28	フランス在勤を命じられる
		7		パリ万国博覧会事務官を拝命
1899	32	5	30	第1回ハーグ国際平和会議開催（7月まで）
1900	33	4	31	パリ万国博覧会開幕（11月まで）
		9		パリ日仏協会設立
1901	34	10	32	パリ万国博覧会の功績により勲五等双光旭日章を授与される
1902	35	1	33	日英同盟協約調印（1905年8月第2次，1911年7月第3次）
		2		公使館一等書記官となる
1903	36	10	34	フランス在勤を免ぜられ，外務省の事務に従事
1904	37	2	35	日露戦争はじまる
		2		外務省参事官を兼任。佐世保捕獲審検所評定官となる
		3		横須賀捕獲審検所評定官となる
1905	38	5	36	家屋税事件，常設仲裁裁判所判決

西暦	和暦	月	年齢	出来事
		7		日露講和全権委員随員としてアメリカへ派遣
		9		日露講和条約調印。日比谷焼打ち事件
		12		外務省取調課長兼人事課長に就任
1906	39		37	東京高等商業学校講師として外交史を講義し，領事科学生に国際法を研究指導（1908年まで）
		4		日露戦争における功績により勲三等旭日中綬章および年金260円を賜わる
		11		外務省参事官専任となる
1907	40	6	38	第2回ハーグ国際平和会議準備委員会委員となる
		6		博士会より法学博士の学位を受ける
		6		第2回ハーグ国際平和会議開催（10月まで）
1908	41	5	39	条約改正取調委員を命じられる。ロンドンにおける万国海戦法規会議準備委員および戦時処分求償事件調査委員となる
		10		フランス大使館参事官を拝命
1910	43	10	41	メキシコ革命はじまる
1911	44	8	42	日仏通商航海条約調印
		10		駐仏臨時代理大使に任ぜられる
1912	大正元	5	43	勲一等瑞宝章を授与される
		10		帰国
		12		日本国際法学会において講演を行う
1913	大正2	1	44	特命全権公使メキシコ駐在を拝命
		7		メキシコに着任
		8		ハーグに「平和宮」（常設仲裁裁判所）設立
1914	3	6	45	軍艦出雲訪問の帰途，列車襲撃事件に遭遇
		7		第1次世界大戦はじまる
1915	4	10	46	帰国
		12		ロシア皇族ミハイロヴィチ大公来航，接伴員を拝命
1916	5	3	47	メキシコ駐在を免じられ，外務省の事務に従事することを命じられる
		4		第1次世界大戦（大正三四年事件）における功績により金900円を賜わる
		6		横浜市教育会においてメキシコ革命についての講演を行う
		8		閑院宮載仁親王のロシア差遣随行を仰せつかる
1917	6	2	48	外務省臨時調査部の事務に従事
		5		特命全権公使ベルギー駐在を拝命
		9		ベルギーに向け東京を出発
		11		ロシアで10月革命起きる
		11		フランスのル・アーヴルに到着。ブロックヴィル首相兼外相と面談（9日）
		11		ベルギーのドゥ・パンヌにおいてベルギー国王に国書捧呈（11日）
1918	7	11	49	ドイツ，休戦協定調印
		11		日本公使館，ル・アーヴルからブリュッセルに移動
1919	8	1	50	パリ講和会議開催（6月まで）
		2		パリ講和会議全権委員随員（代表代理）となる
		6		ヴェルサイユ講和条約調印

西暦	和暦	月	年齢	出 来 事
1920	9	1	51	国際連盟発足
		1		ヴェルサイユ講和条約実施委員となる
		6		常設国際司法裁判所規程起草のための法律家諮問委員会委員となる（7月まで）
		9		ヴェルサイユ講和条約締結および第1次世界大戦の戦後処理の功績により金5000円を賜わる
		11		第1回国際連盟総会に日本代表随員として出席
		12		常設国際司法裁判所規程採択
1921	10	3	52	国際連盟「交通会議」（バルセロナ）副議長となる
		4		万国国際法学会の準会員となる
		5		駐白大使となる
		6		皇太子裕仁親王ヨーロッパ外遊の接伴員となる
		6		バッソンピエール，初代駐日ベルギー大使となる
		8		第2回国際連盟総会日本代表となる（第10回まで）
1922	11	1	53	常設国際司法裁判所発足
		2		国際連盟国際紛争調停手続研究委員会議長となる
		2		ワシントン海軍軍縮条約調印。九ヵ国条約調印
		7		ドイツ賠償問題会議の日本代表となる
		8		第4回国際労働総会の日本政府代表委員となる
		12		ベルギー・アカデミー準会員となる
1923	12	3	54	ダンチッヒ問題のための国際連盟の会議に出席
		4		ハンガリア・ルーマニア会議議長となる
		8		万国国際法学会ブリュッセル会期の副議長となる
		9		関東大震災支援をベルギー国民に呼びかける
		10		第5回国際労働総会の日本代表委員となり，議長を務める
1924	13	2	55	コルフ島問題法律家委員会委員長となる
		4		万国国際法学会の正会員となる
		4		ドイツの賠償支払案「ドーズ案」成立
		5		ハーグ国際法アカデミー教授となる
		5		第5回万国学士院連合会会議に代表として出席する（第6回―第10回，第12回にも出席）
		6		日白通商航海条約調印
		10		常設仲裁裁判所裁判官となる
		10		国際連盟総会，ジュネーヴ議定書採択
1925	14	6	56	帝国学士院会員となる
		6		『戦争と平和の法』300年記念のブロンズ製メダルを授与される
		6		ポーランド・エストニア・ラトヴィア・フィンランド国際紛争仲裁常設委員会委員長となる
		12		ロカルノ条約正式調印
1927	昭和2	6	58	ルーヴェン大学法学部の名誉博士となる
		7		駐ルクセンブルク特命全権公使兼任となる
		8		国際連盟理事会の日本代表となる
		12		特命全権大使フランス駐在を拝命
		12		ヴェルサイユ講和条約実施委員長となる（1930年6月まで）

西暦	和暦	月	年齢	出来事
1928	3	2	59	パリに着任
		8		パリでの不戦条約調印式に参列
		12		少数民族に関する国際連盟理事会に出席
1929	4	4	60	上部シレジア少数民族問題小委員会議長となる
		6		国際連盟理事会（マドリード会議）議長となる
		6		ドイツ賠償に関する「ヤング案」成立
		8		対ドイツ問題に関する会議の日本代表となる（茶会事件）
		9		イギリス，フランス，イタリアなど15ヵ国が常設国際司法裁判所の選択条項の受諾を表明
		12		少数民族のための学校に関するドイツとポーランド間の交渉を司会
1930	5	3	61	帰国（神戸港着）
		4		ロンドン海軍条約調印
		5		日本工業倶楽部での講演「欧州の近情並に世界当面の重要諸問題」（8日）など合わせて5回の講演を行う（9，16，17，20日）
		6		フランス駐在を免ぜられる
		6		離日（横浜港発）。アメリカ経由でヨーロッパへ向かう
		9		常設国際司法裁判所裁判官選挙で最高点当選
		10		常設仲裁裁判所裁判官に重任される
		12		依願により特命全権大使を免ぜられる
1931	6	1	62	常設国際司法裁判所所長となる（任期3年）
		4		アメリカ国際法学会名誉会員となる
		9		満州事変はじまる
		12		国際連盟理事会，満州問題調査委員会設置。若槻礼次郎内閣総辞職
1932	7	2	63	リットン調査団来日
		3		満州国建国宣言
		5		アメリカ芸術科学アカデミー名誉会員となる
		5		5.15事件。斎藤実内閣成立
		10		リットン報告書公表
1933	8	2	64	国際連盟総会，リットン報告書を採択
				オランダ科学協会会員となる
		3		日本，国際連盟脱退を通告
1934	9	1	65	常設国際司法裁判所所長の任期が満了し，同裁判所裁判官となる
		8		ベルギーの保養地スパで病に倒れる。アムステルダムの病院に移送
		12		アムステルダムにて永眠（28日）
		12		日本，ワシントン海軍軍縮条約破棄を通告
1935	10	1		オランダ国と常設国際司法裁判所の合同葬（3日）
1937	12	7		「安達峰一郎博士生誕之地」碑建立
1938	13	8		鏡子夫人の歌集出版（1941年6月にかけて計5冊）
1939	14	9		第2次世界大戦はじまる
1940	15	9		日独伊三国軍事同盟調印
1941	16	12		日本軍，マレー半島に上陸開始。ハワイ真珠湾空襲開始
1945	20	8		日本，ポツダム宣言受諾。第2次世界大戦終結
1958	33	3		峰一郎と長男太郎（1896-1944）の遺骨，鏡子夫人と共に日本に帰る

西暦	和暦	月	年齢	出来事
1960	35	6		鏡子夫人，（財）安達峰一郎記念館を横浜に設立
1961	36	11		横浜市鶴見区の総持寺に葬られる
		12		山辺町に安達峰一郎博士顕彰会発足

＊略年表作成にあたり，柳原正治・篠原初枝編『安達峰一郎——日本の外交官から世界の裁判官へ』（東京大学出版会，2017年）所収の「関連略年表」（xii-xvi頁）を参考とした。

資料所在一覧

＊　資料所在名略語

「紅ファイル」:「在仏当時大使館関係紅ファイル」(安達峰一郎記念財団所蔵)

「安達文書（生家）」:「安達峰一郎文書」(安達峰一郎生家所蔵)

「安達文書（書簡）」:「安達峰一郎関係文書（書簡の部）」(国立国会図書館憲政資料室所蔵)

「安達文書（書類）」:「安達峰一郎関係文書（書類の部）」(国立国会図書館憲政資料室所蔵)

Hammarskjöldska arkivet: Kungliga Biblioteket [National Library of Sweden], Stockholm, Sweden: Hammarskjöldska arkivet

第１章　法学・国際法学の研究

[1]「安達峰一郎文書」(安達峰一郎記念財団所蔵)

[2]「安達文書（書類）」1157

[3]『日本之法律』4 巻 11 号（1892 年 11 月）13-15 頁

[4]『明法誌叢』11 号（1893 年 1 月）11-15 頁

[5]「安藤正楽文書」2（暁雨館所蔵）

[6] パテルノストロ（講述），安達峰一郎（通訳），中村藤之進（筆記）『国際公法講義　完』(増訂第 3 版，明治法律学校講法会，1896 年）651-659 頁

[7]『国際法外交雑誌』11 巻 3 号（1912 年 12 月）209-215 頁

[8] Sakutaro Tachi, *La souveraineté et l'indépendance de l'État et les questions intérieures en droit international* (Paris : Les éditions internationales, 1930), pp. 7-8

第２章　外務官僚・外交官

[9] Archivio Storico Diplomatico, Italia: Personale: Serie X——Rappresentanze estere in Italia Paese: Giappone 4 Senza collocazione. Fasc. 38 1887-1916

[10]『法学協会雑誌』11 巻 12 号（1893 年 12 月）1051 頁

[11]「安達文書（書簡）」30-5

[12] JACAR（アジア歴史資料センター）Ref. B03050910500（8-10，12-15，17-18，23-24 画像），各国内政関係雑纂／伊領植民地ノ部（1. 6. 3. 2-5）（外務省外交史料館）

[13] JACAR Ref. B03030316300（4-13 画像），帝国諸外国外交関係雑纂／日仏間 第1巻（1. 1. 4. 1-1 (1)）（外務省外交史料館）

[14] JACAR Ref. B03030316300（21-32 画像），帝国諸外国外交関係雑纂／日仏間 第1巻（1. 1. 4. 1-1 (1)）（外務省外交史料館）

[15] JACAR Ref. B03041304300（1-29 画像），摩洛哥ニ関スル紛争問題一件 第5巻（1. 4. 3. 7 (5)）（外務省外交史料館）

[16] JACAR Ref. B03041304500（12-20 画像），摩洛哥ニ関スル紛争問題一件 第5巻（1. 4. 3. 7 (5)）（外務省外交史料館）

[17] JACAR Ref. B03041304600（1-4 画像），摩洛哥ニ関スル紛争問題一件 第5巻（1. 4. 3. 7 (5)）（外務省外交史料館）

[18]「安達文書（生家）」

[19]『国際法雑誌』4巻4号（1905年12月）1-3頁

[20] JACAR Ref. B09072658200（66-67 画像），日露戦役ニ関スル樺太漁場ニ於ケル露国人ノ損害要償一件 第1巻（5. 2. 17. 12 (1)）（外務省外交史料館）

[21] JACAR Ref. B07090665100（32-42，50 画像），日露戦役関係外国船舶拿捕抑留関係雑件／露国船ノ部 第2巻（5. 2. 3. 12-2 (2)）（外務省外交史料館）

[22] JACAR Ref. B07090669200（12-16，47-60 画像），日露戦役関係外国船舶拿捕抑留関係雑件／独国船ノ部 第2巻（5. 2. 3. 12-5 (2)）（外務省外交史料館）

[23] JACAR Ref. B07090661000（6-8，31-32 画像），日露戦役関係外国船舶拿捕抑留関係雑件／英国船ノ部 第3巻（5. 2. 3. 12-1 (3)）（外務省外交史料館）

[24]「安達文書（書簡）」30-34〜38，40

[25]「安達文書（書簡）」30-39

[26]『外交時報』289号（1916年11月）17-33頁

[27] JACAR Ref. B08090209200（1-9 画像），墨国内乱関係1件 第2巻（5. 3. 2. 71 (2)）（外務省外交史料館）

[28]『経済時報』155号（1915年11月）45-46頁

[29]『横浜市教育会雑誌』86号（1916年6月）31-51頁

[30]『農業世界』12巻2号（1917年2月）139-145頁

[31]『冒険世界』11巻11号（1918年11月）45-49頁

[32] JACAR Ref. B13080785600（2-5 画像），第一次世界大戦関係／白耳義ノ部

（7. 1. 8. 28-14）（外務省外交史料館）［『外事彙報』1918 年 5 号，130-131 頁］
［33］JACAR Ref. B13080786500（2-5 画像），第一次世界大戦関係／白耳義ノ部（7. 1. 8. 28-14）（外務省外交史料館）
［34］『日刊海外商報』646 号（1926 年 10 月）1005 頁
［35］『日刊海外商報』755 号（1927 年 2 月）1571-1572 頁
［36］『石油時報』6 月号（605）（1929 年 5 月）457-460 頁

第 3 章　国際連盟と世界情勢

［37］「安達文書（書簡）」30-18
［38］*American Journal of International Law* 14（1/2）（1920），pp. 151-152
［39］「安達文書（生家）」
［40］Société de Nations, *Journal Officiel,* février 1930, pp. 179-185
［41］JACAR Ref. B02032356000（2-6 画像），欧州，日独戦争関係一件／各国ニ於ケル戦争ニ因ル損害補償関係（A. 7. 0. 0. 1-8）（外務省外交史料館）
［42］（1）国際聯盟協会編『平和議定書――本文と解説』（第 3 版，国際聯盟協会，1926 年）47-53 頁
（2）*La revue Belge,* tome 4, N° 6（1924），pp. 495-499
［43］*Revue de droit international et de législation comparé,* Sér. 3, tome 5, N° 6（1924），pp. 544-547
［44］Georgetown University Library Special Collections Research Center, Washington, D. C., USA: James Brown Scott Papers, Box 1
［45］『法学協会雑誌』10 巻 12 号（1892 年 12 月）1043-1044 頁
［46］『明法誌叢』15 号（1893 年 5 月）59-66 頁
［47］Institut de droit International, *Examen de l'organisation et des Statuts de la Société des Nations : Articles 10 et 18 du Pacte, 27me Commission : Rapport de MM. Adatci et Ch. De Visscher, co-rapporteurs*（Bruxelles : Imprimerie van Vinckenroy, 1923）［「安達文書（書類）」85］［*Annuaire de Droit International,* tome 30（1923），pp. 22-64］
［48］JACAR Ref. B04122252800（2-7 画像），国際法学会関係一件　第 1 巻（B. 10. 2. 0. 8（1））（外務省外交史料館）
［49］JACAR Ref. B04122252800（86-89，100-103 画像），国際法学会関係一件　第 1 巻（B. 10. 2. 0. 8（1））（外務省外交史料館）
［50］『世界の労働』3 巻 10 号（1926 年 10 月）

[51]「紅ファイル」5-45
[52]「斎藤実関係文書（その1）（書翰の部1）」270-3（国立国会図書館憲政資料室所蔵）
[53]『欧州の近情並に世界当面の重要諸問題』（日本経済聯盟会・日本工業倶楽部，1930年）1-28頁
[54]『国際知識』10巻6号（1930年6月）7-17頁
[55]「安達文書（書類）」1084
[56]『貴族院定例午餐会講演集第41』（[貴族院]，1930年）1-24頁
[57]『銀行通信録』89巻532号（1930年5月）556-563頁

第4章　常設国際司法裁判所

[58]『日本外交文書　大正9年第3冊上巻』（外務省，1973年）323頁［JACAR Ref. B06150565100（99-100画像），常設国際司法裁判所　第1巻（2. 4. 2. 3（1））（外務省外交史料館）］
[59]『日本外交文書　大正9年第3冊上巻』（外務省，1973年）328-330頁［JACAR Ref. B06150565200（26-30画像），常設国際司法裁判所　第1巻（2. 4. 2. 3（1））（外務省外交史料館）］
[60] JACAR Ref. B06150565200（33-34画像），常設国際司法裁判所　第1巻（2. 4. 2. 3（1））（外務省外交史料館）
[61] JACAR Ref. B06150565300（29-30画像），常設国際司法裁判所　第1巻（2. 4. 2. 3（1））（外務省外交史料館）
[62] Manuscript Division, Library of Congress, Washington, D. C., USA: Elihu Root Papers, Box 138
[63]「紅ファイル」5-99
[64]「安達文書（書簡）」706-3
[65]「紅ファイル」6-284
[66] Archives diplomatiques, Bruxelles, Belgique : 10. 659, Cour Permanente de Justice Internationale. Élection des membres candidatures 1921-1930
[67]「徳富蘇峰文書」16（徳富蘇峰記念館所蔵）
[68] *Rapport annuel de la Cour Permanente de Justice Internationale*（*Publications de la Cour Permanente de Justice Internationale, Série E*）*, N° 7*（*15 juin 1930-15 juin 1931*）（1931）, p. 12
[69]「徳富蘇峰文書」21（徳富蘇峰記念館所蔵）

[70]（1）常設国際司法裁判所書記局編，鈴木修次訳『世界法廷の十年――1922年―1932年』（丸善，1932年）
　（2）「安達文書（書類）」1086
[71] Minnesota Historical Society, St Paul, Minnesota, USA: Frank Billings Kellogg Papers, Reel 46, Frames 53-54
[72] Hammarskjöldska arkivet, vol. 477
[73]「安達文書（生家）」
[74]「小川平吉関係文書」1-14（国立国会図書館憲政資料室所蔵）
[75] Hammarskjöldska arkivet, vol. 449
[76] Opinion dissidente, Ordonnance, 1931, *CPJI Série A/B*, n°41, p. 91
[77] Opinion dissidente, Avis consultatif, 1931, *CPJI Série A/B*, n°41, p. 74
[78]『日本外交文書　満州事変第1巻第3冊』（外務省，1978年）257-258頁［JACAR Ref. B02030255200（1画像），満洲事変（支那兵ノ満鉄柳条溝爆破ニ因ル日，支軍衝突関係）／各国ノ態度／支那ノ部　第1巻（A. 1. 1. 0. 21-3-1(1)）（外務省外交史料館）］
[79]「斎藤実関係文書（その1）（書翰の部1）」270-4（国立国会図書館憲政資料室所蔵）
[80] Hammarskjöldska arkivet, vol. 477
[81] JACAR Ref. B05014126000（2-10画像），常設国際司法裁判所関係一件　第2巻（B173）（外務省外交史料館）
[82] Hammarskjöldska arkivet, vol. 477
[83]「小川平吉関係文書」1-13（国立国会図書館憲政資料室所蔵）
[84] Minnesota Historical Society, St Paul, Minnesota, USA: Frank Billings Kellogg Papers, Reel 48, Frames 334-335
[85]「安達文書（書簡）」30-45
[86] Hammarskjöldska arkivet, vol. 449
[87] Hammarskjöldska arkivet, vol. 449

第5章　随筆・小論など

[88]『両羽之燈』2号（1889年2月）6-8頁
[89]『山形日報』1890年5月13日
[90]『山形日報』1890年5月13日
[91] 諏方武骨編『山形名誉鑑　上巻』（諏方武骨，1891年）151-154頁

[92]『法学協会雑誌』10 巻 4 号（1892 年 4 月）391-392 頁
[93]『法学協会雑誌』10 巻 11 号（1892 年 11 月）983-984 頁
[94]『明法誌叢』10 号（1892 年 12 月）70-75 頁
[95]『法学協会雑誌』11 巻 1 号（1893 年 1 月）76-78 頁
[96]『法学協会雑誌』11 巻 2 号（1893 年 2 月）161-165 頁
[97]『明法誌叢』12 号（1893 年 2 月）12-19 頁
[98]『明法誌叢』12 号（1893 年 2 月）71-72 頁
[99]『法学協会雑誌』11 巻 3 号（1893 年 3 月）267-269 頁
[100]『明法誌叢』13 号（1893 年 3 月）56-57 頁
[101]『明法誌叢』14 号（1893 年 4 月）71 頁
[102]『明法誌叢』14 号（1893 年 4 月）74-75 頁
[103]『明法誌叢』15 号（1893 年 5 月）66-67 頁
[104] M. de Praetere, *Japansche Legenden: Vrij naar Fukujiro Wakatsuki* (Gent: Van Rysselberghe & Rombaut, 1925)
[105] *Dictionnaire diplomatique,* publié sous la direction de Antoine F. Frangulis ; avec la collaboration des membres du bureau, Mineitciro Adatci et al. (Paris : Académie diplomatique internationale, 〔1933〕), tome 1, pp. 1177-1179
[106] André Beaujard, *Notes de chevet de Séi Shōnagon', dame d'honneur au palais de Kyōto* (*traduction in extenso de l'ancien texte japonais*) (Paris : Maisonneuve, 1934), pp. v-vi

欧文著作

[8] "Préface," Sakutaro Tachi, *La souveraineté et l'indépendance de l'État et les questions intérieures en droit international* (Paris : Les éditions internationales, 1930)

PRÉFACE

Depuis que le Japon a ouvert, au milieu du siècle dernier, ses portes au contact avec l'étranger, la nation japonaise ne cesse de manifester sa volonté de voir s'appliquer les principes de droit international dans ses rapports avec les pays étrangers. Ainsi dès l'année 1889, diverses écoles de droit créèrent à Tokio une chaire de droit international. Peu après, j'eus la chance de collaborer étroitement pendant quatre ans avec un juriste italien, le Professeur Paternostro, appelé au service du gouvernement de mon pays et qui donna à ces écoles un excellent cours de droit international public. Mon rêve le plus cher fut alors de consacrer toute ma vie à l'étude et au progrès de ce droit, dont je devinais la très haute destinée. Le destin en disposa autrement. Me voici, depuis 38 ans, absorbé par le règlement des affaires courantes de la vie internationale. Ce n'est que rarement que j'ai eu l'indicible joie de me livrer à l'étude des problèmes posés par la science du droit international.

Bien plus heureux est l'auteur de cet ouvrage, mon ami le Professeur Tachi. Sorti de la Faculté de Droit de Tokio quelques années plus tard que moi-même et après avoir approfondi ses études en France, en Allemagne et en Angleterre, M. Tachi occupe depuis 25 ans la chaire de droit international public à l'Université Impériale. Il est souvent revenu en Europe pour y accomplir d'importantes missions. Outre l'inestimable enseignement qu'il donne à l'élite de la jeunesse japonaise, il a publié sur le droit international de nombreux ouvrages les uns plus importants que les autres. Ceux-ci sont encore mal connus du monde extérieur, car ils sont écrits dans la langue japonaise dont la puissance véhiculaire demeure malheureusement encore locale. Profitant d'un bref séjour qu'il a pu faire à Paris à la suite de la Conférence de Codification récemment tenue à La Haye, M. Tachi vient de révéler à larges traits quelques-uns des résultats de sa longue méditation sur la base fondamentale du droit international.

Ayant parcouru ce précieux document, j'ai ressenti un profond soulagement. Ce que je sentais vaguement mais irrésistiblement dans ma vie routinière de ces derniers quinze ans, il l'explique d'une façon si lumineuse. Ce n'est pourtant pas à

dire que je suis d'accord avec lui sur tous les points. Loin de là. À plusieurs endroits, je suis tenté d'instituer un débat avec lui.

Que tous mes amis, que tous ceux qui s'intéressent à l'organisation juridique de la paix internationale trouvent le loisir d'examiner ce beau travail et de méditer sur les importants problèmes, à la solution desquels M. Tachi continue à donner le meilleur de son intelligence et de son cœur.

M. Adatci,
Membre de l'Académie du Japon, de l'Institut de Droit International et de la Cour permanente d'Arbitrage ;
Ambassadeur du Japon.

[9] "Note signée de Adatci adressée à M. Blanc" le 17 février 1896

Rome, le 17 Février 1896

N° 7.

Monsieur le Ministre,

J'ai l'honneur de porter à la connaissance de Votre Excellence que, Monsieur le comte Anénokosi[1], secrétaire de cette Légation, étant rappelé au Japon, quitte bientôt cette Légation.

Je saisis cette occasion pour renouveler à Votre Excellence, Monsieur le Ministre, les assurances de ma considération la plus distinguée.

M. Adatci

Son Excellence
Monsieur le Baron Blanc,
Ministre Royal des Affaires Étrangères,
etc. etc.
Rome

1) 姉小路公義伯爵・一等書記官（1859-1905）。

[38] "Reservation by the Japanese Government to the Report of the Commission on the Responsibilities of the Authors of the War and on Enforcement of Penalties" 4 April 1919

RESERVATIONS BY THE JAPANESE DELEGATION

April 4, 1919

The Japanese Delegates on the Commission on Responsibilities are convinced that many crimes have been committed by the enemy in the course of the present war in violation of the fundamental principles of international law, and recognize that the principal responsibility rests upon individual enemies in high places. They are consequently of opinion that, in order to re-establish for the future the force of the principles thus infringed, it is important to discover practical means for the punishment of the persons responsible for such violations.

A question may be raised whether it can be admitted as a principle of the law of nations that a high tribunal constituted by belligerents can, after a war is over, try an individual belonging to the opposite side, who may be presumed to be guilty of a crime against the laws and customs of war. It may further be asked whether international law recognizes a penal law as applicable to those who are guilty.

In any event, it seems to us important to consider the consequences which would be created in the history of international law by the prosecution for breaches of the laws and customs of war of enemy heads of states before a tribunal constituted by the opposite party.

Our scruples become still greater when it is a question of indicting before a tribunal thus constituted highly placed enemies on the sole ground that they abstained from preventing, putting an end to, or repressing acts in violation of the laws and customs of war, as is provided in clause (*c*) of section (*b*) of Chapter IV.

It is to be observed that to satisfy public opinion of the justice of the decision of the appropriate tribunal, it would be better to rely upon a strict interpretation of the principles of penal liability, and consequently not to make cases of abstention the basis of such responsibility.

In these circumstances the Japanese Delegates thought it possible to adhere,

in the course of the discussions in the Commission, to a text which would eliminate from clause (*c*) of section (*b*) of Chapter IV both the words "including the heads of states," and the provision covering cases of abstention, but they feel some hesitation in supporting the amended form which admits a criminal liability where the accused, with knowledge and with power to intervene, abstained from preventing or taking measures to prevent, putting an end to, or repressing acts in violation of the laws and customs of war.

The Japanese Delegates desire to make clear that, subject to the above reservations, they are disposed to consider with the greatest care every suggestion calculated to bring about unanimity in the Commission.

M. Adatci.
S. Tachi.

[39] "Exposé général sur la question des voies navigables" le 22 mars 1921

SOCIÉTÉ DES NATIONS
CONFÉRENCE DE BARCELONE

XIe Séance de la Conférence
(Barcelone, 22 mars 1921, 11 heures.)
La séance est ouverte sous la présidence de M. Hanotaux, président,

EXPOSÉ GÉNÉRAL SUR LA QUESTION
DES VOIES NAVIGABLES

M. ADATCI, Vice-président. – Monsieur le Président, mes chers Collègues, appelé par la confiance du Conseil de la Société des Nations à faire, devant vous, un exposé du projet de Convention sur les voies navigables, c'est comme représentant l'esprit de Genève que j'ai l'honneur de prendre la parole.

C'est un rôle bien difficile à remplir pour moi, qui suis tellement habitué à parler au nom de l'Empereur du Japon. En effet, en faisant cet exposé devant vous, je dois me dépouiller entièrement de ma qualité nationale et m'exprimer exclusivement comme si c'était l'âme elle-même de la Société des Nations qui vous parlait. Tâche ardue ! Mais je vous assure que, tant par ma parole que par mes

actes, je m'efforcerai, dans cette illustre Conférence, d'être toujours l'esprit agissant de Genève et que je ne démériterai pas la confiance du Conseil de la Société des Nations.

D'autre part, Messieurs et chers Collègues, je sens que ma présence à cette tribune pourrait être l'objet, de votre part, d'un léger étonnement. Quoi ! diriez-vous, un Asiatique lointain, appartenant à une autre race et à une autre civilisation, qui ose faire un exposé sur le problème du régime des voies navigables internationales, régime qui a pris naissance en Europe !

J'ose espérer, cependant, qu'à la suite de mes explications, vous voudrez bien comprendre que la chose n'est pas aussi absurde qu'elle le paraît à première vue.

Le Japon, quoique nouveau venu dans le concert des pays civilisés, possède déjà des intérêts de tout premier ordre dans toutes les questions mondiales, notamment en ce qui concerne les communications internationales telles que le transit, les chemins de fer, la marine marchande, le mouvement des ports, sans parler de ce fait qu'il possède sur ses territoires trois rivières internationales : Yalou, Toumon et Poronaï.

Pour ces raisons, les œuvres de cette Conférence m'interessent passionnément, comme du reste tous les Japonais, et j'ai à peine besoin de vous dire combien j'ai toujours été fortement attiré, dès le début de la Conférence de la Pais [Paix], à Paris, par l'étude des clauses relatives aux ports, voies d'eau et voies ferrées, à insérer dans le Traité de Versailles. Ce fut toujours avec le plus vif intérêt que j'assistai pendant dix-huit mois, comme délégué de mon pays, aux innombrables séances de la Conférence de la Paix, ainsi qu'à celles de la Commission d'étude dont cette Conférence est le brillant aboutissement et dont le Livre Vert est le fruit si précieux.

Membre de la Commission territoriale centrale, de la Commission des responsabilités de la guerre, de la Commission des nouveaux États et de tant d'autres commissions de la Conférence de la Paix de Paris, je fus cependant toujours particulièrement attiré par l'intérêt des travaux de la Commission d'étude qui fut notre précurseur. C'est ainsi que, peu à peu, toutes ces questions me devinrent familières, grâce à la bienveillance des techniciens les plus compétents, dont je retrouve avec tant de plaisir quelques-uns ici, et que j'eus l'audace d'accepter la demande qui me fut adressée de faire un exposé sur ces

graves problèmes, qui intéressent le monde entier.

J'ose donc espérer, mes chers Collègues, que vous voudrez bien m'écouter avec la plus grande indulgence.

Messieurs, lorsque les armées de la première République Française, victorieuses de la coalition qu'avaient formée contre elle les Puissances de l'ancien régime, eurent libéré la Belgique, elles trouvèrent sur leur chemin deux fleuves internationaux, l'Escaut et la Meuse, fermés au commerce international depuis plus d'un siècle et demi.

Le Conseil exécutif de France délibéra le 20 septembre 1792 sur la conduite des armées françaises dans les pays qu'elles occupent et voici quel fut le fruit de ces délibérations :

1. Que les gênes et les entraves que, jusqu'à présent, la navigation et le commerce ont souffertes, tant sur l'Escaut que sur La Meuse, sont directement contraires aux principes fondamentaux du droit naturel que tous les Français ont juré de maintenir ;

2. Que le cours des fleuves est la propriété commune et inaliénable de toutes les contrées arrosées par leurs eaux ; qu'une nation ne saurait, sans injustice, prétendre au droit d'occuper exclusivement le chenal d'une rivière et d'empêcher que les peuples voisins qui bordent les rivages supérieurs, ne jouissent du même avantage ; qu'un tel droit est un reste de servitude féodale ou du moins un monopole odieux qui n'a pu être établi que par la force ni consenti que par l'impuissance, qu'il est conséquemment révocable dans tous les moments et malgré toutes les conventions, parce que la nature ne reconnaît pas plus de peuples que d'individus privilégiés et que les droits de l'homme sont à jamais imprescriptibles ;

3. Que la gloire de la République Française veut que, partout où s'étend la protection de ses armes, la liberté soit rétablie et la tyrannie renversée ;

4. Que lorsque, aux avantages procurés au peuple belge par les armées françaises se joindra la navigation libre des fleuves et l'affranchissement du commerce de ces provinces, non seulement le peuple n'aura plus lieu de craindre pour sa propre indépendance ni de douter du désintéressement qui dirige la République, mais même, les nations de l'Europe ne pourront dès lors refuser de reconnaître que la destruction de toutes les tyrannies et le triomphe des droits de

l'homme sont la seule ambition du peuple français.

Tel est l'idéal qu'à l'aurore du XIXe siècle, les fondateurs d'un ordre mondial nouveau proposaient à l'émulation de tous les peuples de l'Europe. Peu d'années après, en 1814, une Convention de Paris réalisa ce programme international en ce qui concerne le Rhin, l'aîné, peut-on dire, des grands fleuves internationaux. Elle consacra la communauté fluviale, la co-administration des riverains et ce n'était point là une solution particulière ou régionale, puisque cette Convention provoquait la réunion d'un Congrès dont elle avait soin de préciser le but et la portée de la manière suivante :

Il sera examiné et décidé de même, dans le futur Congrès, de quelle manière, pour faciliter les communications entre les peuples et les rendre toujours moins étrangers les uns aux autres, la disposition ci-dessus pourra être également étendue à tous les autres fleuves qui, dans leur cours navigable, séparent ou traversent différents États.

C'est là, Messieurs, le point essentiel sur lequel je désire concentrer, si possible, votre attention ; c'est le caractère mondial de la conception qui a présidé, dès son début, à l'élaboration du statut moderne des voies d'eau. Dès le XVIIIe siècle, nos devanciers avaient compris que toute solution adéquate du problème que nous reprenons aujourd'hui ici, sous les auspices de la Société des Nations, serait précaire, serait vaine, qui ne reposerait pas sur une assise universelle.

Ce Congrès, que la Convention de Paris avait prévu, devait être le Congrès de Vienne. Les forces du progrès s'étaient épuisées dans le choc des ambitions égoïstes ; ce Congrès s'ouvrait sous l'égide du droit divin. Mais telle est la puissance des idées que malgré le triomphe des particularismes d'alors, malgré le concours des préoccupations mesquines, la portée universelle des formes proposées ne pouvait plus être méconnue. Sans doute, les solutions adoptées apparurent dès l'époque comme inadéquates en bien des points ; sans doute, l'œuvre réalisée manquait de souffle et même de sincérité. Pouvait-il en être autrement dans les circonstances où ce Congrès se trouvait réuni à Vienne ? Mais ces solutions imparfaites étaient virtuellement applicables sans distinction de continent ou de régions, et dès lors, le droit moderne des voies d'eau avait pris naissance.

Quelque imparfaites que furent ces solutions, le Traité de Vienne doit nous

servir de flambeau dans la marché de l'humanité rampante. Outre la liberté de la navigation dans les rivières internationales, ce traité ne parlait-il pas déjà, dans ses articles 108 et 109, de la liberté de navigation dans tous les affluents des rivières internationales, sans aucune distinction ? Ces articles, les voici :

Art. 108.-Les Puissances, dont les États sont séparés ou traversés par une même rivière navigable, s'engagent à régler d'un commun accord tout ce qui a rapport à la navigation de cette rivière. Elles nommeront à cet effet des commissaires qui se réuniront au plus tard six mois après la fin du Congrès, et qui prendront pour bases de leurs travaux les principes établis dans les articles suivants.

Art. 109.-La navigation dans tout le cours des rivières indiquées dans l'article précédent, du point où chacune d'elles devient navigable jusqu'à son embouchure, sera entièrement libre, et ne pourra, sous le rapport du commerce, être interdite à personne, étant bien entendu que l'on se conformera aux règlements relatifs à la police de cette navigation, lesquels seront conçus d'une manière uniforme pour tous, et aussi favorables que possible au commerce de toutes les nations.

Et de plus, ne voyons-nous pas, dès 1824, les États-Unis de l'Amérique du Nord, aujourd'hui grande république mondiale, invoquer les décisions du Congrès de Vienne pour assurer la libre navigation du Saint-Laurent dans lequel les pavillons de toutes les nations peuvent aujourd'hui exercer même le sabotage ?

Et ne sont-ce pas les conceptions issues de la Révolution française qui ont servi de point de départ au processus juridique en vertu duquel le XIXe siècle a vu s'ouvrir successivement o [à] la libre navigation mondiale : l'Amazone, le Rio de la Plata, le Rio Grande et leurs affluents ?

Je ne pourrais, Messieurs et chers Collègues, sans dépasser les limites de ce rapide aperçu rétrospectif, parcourir avec vous l'évolution parallèle du régime des voies d'eau internationales en Europe, en Asie et en Afrique. Ceci me tente beaucoup, mais je ne pourrais pas le faire.

Tandis qu'en Afrique, la liberté de la navigation faisait des conquêtes importantes sur le Congo, le Niger, et qu'en Asie même, chez nous, l'immense fleuve national de la Chine, le Yang-Tse, fut ouvert, par des accords particuliers, à la libre navigation de pavillons étrangers, permettant ainsi, tant pour le bien de la Chine que pour celui d'autres pays intéressés en général, l'exploitation des

richesses fabuleuses de cette merveilleuse république, cette évolution ne fut pas toujours ascendante en Europe. Le continent qui avait été le point de départ de cette conception bien haute de la liberté, n'avait pas réussi à l'appliquer lui-même au Danube et l'internationalisation du Rhin même, marque, somme toute, au cours du siècle dernier, une courbe malheureusement régressive.

Telle était la situation juridique lorsque s'ouvrit la Conférence de la Pais [Paix] de Paris, déjà célèbre dans l'histoire, et que la Société des Nations vint à naître.

Des transformations radicales s'étaient opérées parallèlement dans le domaine technique. En 1815, il y a plus de cent ans, les voies d'eau étaient certes un instrument relativement puissant de communications entre les nations, mais l'art de l'ingénieur était encore dans son enfance ; l'intervention des techniciens, c'est-à-dire de l'humanité, ne se bornait en somme qu'à la conservation des voies d'eau. Les navires de mer ne pénétraient guère à de grandes distances à l'intérieur des terres que dans des cas tout à fait exceptionnels. Les voies fluviales, dont la nature avait séparé les uns des autres les réseaux, ne servaient dans la plupart des cas qu'à des échanges relativement limités. La situation présente est radicalement différente.

Après une période, vers 1860-1870, au cours de laquelle il semblait à tous permis de croire, tant le triomphe de la voie ferrée était complet, que la navigation fluviale appartiendrait bientôt aux choses du passé, une renaissance rapide s'est produite sous nos yeux au profit de cet instrument de transport qu'est la navigation, et cette renaissance, quoique plus accentuée en Russie qu'en Amérique du Nord, par exemple, ne s'est pas bornée à l'ancien continent, comme on dit généralement en Europe.——L'ancien continent, pour nous, c'est notre continent. Mais je parle comme en Europe.——Le problème de la navigation fluviale a ainsi repris l'importance primordiale qu'il avait jadis, mais il se présente à nos yeux sous de tout autres aspects. L'art de l'ingénieur ne connaît plus, peut-on dire, d'obstacles ; non seulement il améliore les voies d'eau existantes, mais il les multiplie, il les trace suivant les courants économiques, il les relie entre elles, il les régularise, il les approfondit. Pendant la Conférence de la Paix, nous avons beaucoup parlé d'un réseau unique Rhin-Danube. En Asie aussi, nous avons un projet grandiose de réseau unique. Je peux donc dire que bientôt chaque continent

ne formera plus qu'un réseau de voies navigables.

De plus en plus, la route s'ouvre aux navires de mer dans le cœur même des continents ; des types de navigation mixte sont créés ; et de la sorte, les voies d'eau, œuvre de la nature, deviennent de plus en plus l'œuvre de l'homme ; les intérêts régionaux se confondent et s'absorbent dans les intérêts mondiaux. La pensée de 1792, qui n'a cessé de progresser dans le Droit, a été elle-même devancée de très loin par le Fait.

L'ingénieur guide désormais le jurisconsulte. C'est à consacrer en quelque sorte les conquêtes techniques que nous sommes invités par la Société des Nations.

Vous savez, Messieurs et chers Collègues, dans quelles circonstances est née la conception d'une convention générale sur les voies d'eau internationales, au sein de la Conférence de la Paix de Paris ; cette dernière a estimé que l'œuvre déjà séculaire du Congrès de Vienne devait être rénovée. Cette tâche de rénovation, dont elle a proclamé la nécessité, elle la présuppose dans tous ses articles relatifs à la matière et elle en prépare la réalisation ; mais, fort sagement, elle a estimé qu'il n'était pas opportun pour elle de la réaliser elle-même ; elle a cru que ce n'était pas aux belligérants de la grande guerre seuls à y collaborer ; elle a fait appel, à cette fin, à l'autorité de la Société des Nations et elle a exprimé le vœu très ardent que ce soit sous ses auspices et par le concours spontané de tous ses Membres que cette œuvre se réalise.

Nous nous trouvons donc, Messieurs, en présence d'un projet mûrement pesé et longuement délibéré, pendant plusieurs mois, à Paris. Loin de moi la pensée d'affirmer que ce projet est sans lacune ; ses auteurs doivent être les premiers à reconnaître comme moi-même toutes ses imperfections ; mais ils réclament pour lui le mérite d'être sincère et d'être conçu à la fois dans un esprit pratique et élevé. Les préoccupations qui ont présidé à son élaboration ont toujours été de la nature la plus haute. Jamais les possibilités de réalisation n'ont été perdues de vue, jamais surtout les yeux de ses auteurs ne sont restés fixés exclusivement sur une partie du globe ; ils se sont efforcés de tenir compte, dans la mesure la plus large, du point de vue du nouveau monde comme de celui de l'ancien, du point de vue des régions africaines comme des régions européennes, du point de vue de l'Asie comme de celui de l'Europe.

À présent, Messieurs, cette œuvre est soumise à votre très sérieuse délibération. Je suis moi-même persuadé que le concours éclairé de plusieurs États, et notamment de certains États américains qui nous avaient manqué malheureusement à Paris, nous sera infiniment précieux, nous apportera des idées nouvelles, et, je n'en doute pas, de précieuses suggestions de fonctionnement. Mais quels que soient les changements que l'œuvre qui sert de base à nos travaux puisse et doive subir, laissez-moi vous supplier de ne jamais perdre de vue un instant l'impérieuse nécessité d'aboutir sur ce point essentiel : il faut que, de notre labeur, sorte une assise nouvelle, un point de départ nouveau, d'où l'effort puisse se tendre à nouveau dans toutes les directions, un terrain fertile sur lequel puissent croître les activités, particulières, régionales et continentales.

Je n'hésite pas à vous dire, mes chers Collègues, que si la Convention générale sur les voies navigables devait échouer, le progrès de l'évolution juridique mondiale se trouverait mortellement menacé et les dommages économiques qu'il en résulterait pour l'univers seraient incalculables. Mais je suis absolument convaincu que la bonne volonté de ceux qui participent à nos travaux, dont nous avons eu déjà tant de preuves éclatantes, ne nous fera pas défaut ; la Conférence de Barcelone sera citée, dans l'avenir, comme la digne continuatrice mondiale du célèbre Congrès de Vienne, qui ne fut qu'exclusivement européen. Puisse son œuvre, destinée à devenir séculaire, s'inspirer de son exemple, tout en évitant ses faiblesses et ses défaillances !

Tels sont, Messieurs, les vœux ardents que je forme avec ferveur au nom de la Société des Nations, née hier seulement, mais qui promet déjà un avenir grandiose.

[40] "Pétition de trente-quatre personnes d'origine russe établies en Lithuanie" le 27 décembre 1929

C.580.1929.I.

ANNEXE 1195.

PÉTITION DE TRENTE-QUATRE PERSONNES D'ORIGINE RUSSE ÉTABLIES EN LITHUANIE RELATIVE À LA CONFISCATION DE

LEURS PROPRIÉTÉS FONCIÈRES EN VERTU DE LA LOI LITHUANIENNE DE RÉFORME AGRAIRE DU 15 FÉVRIER 1922.

RAPPORT DE M. ADATCI, SOUMIS AU CONSEIL LE 15 JANVIER 1930.

I.

Le 27 décembre 1929.

1. Le Secrétaire général a communiqué le 3 octobre 1928 au Gouvernement lithuanien, pour observations éventuelles, le texte d'une pétition en date du 21 août 1928, signée par trente-quatre personnes d'origine russe établies en Lithuanie et concernant la confiscation des terres appartenant aux pétitionnaires, en vertu de la loi lithuanienne de réforme agraire du 15 février 1922.

Le 15 et le 28 novembre 1928, le Secrétaire général adressa deux télégrammes au Gouvernement lithuanien, le premier lui rappelant l'expiration du délai de trois semaines prévu par la résolution du 27 juin 1921 pour que le Gouvernement informe le Secrétaire général de son intention de présenter des observations et, le second, le délai de deux mois prévu pour l'envoi de ces observations. En réponse au premier de ces télégrammes, le Gouvernement lithuanien envoya une lettre datée du 27 novembre 1928 contenant le paragraphe suivant :

> « Vu que la question ne figure pas pour le moment à l'ordre du jour du Conseil, le Gouvernement lithuanien est d'avis qu'il serait prématuré de présenter des observations à l'heure actuelle. Il ne manquera pas toutefois de donner, en temps utile, toutes explications désirées au cas où cette question y serait inscrite d'après la procédure habituelle et sur demande d'un Membre du Conseil. »

(La pétition, accompagnée de cette lettre du Gouvernement lithuanien, fut distribuée aux membres du Conseil, à titre d'information, le premier décembre 1928, par le document C.584.1928.I.)

2. Un Comité, composé du représentant de la Finlande, président, et des représentants de la Grande-Bretagne et de l'Italie, procéda à l'examen de cette

question pendant la session du Conseil du mois de décembre 1928, à Lugano. Pendant la session, des démarches furent faites à plusieurs reprises par Son Excellence M. Procopé auprès de M. Voldemaras, afin d'obtenir, de la part du Gouvernement lithuanien, des observations concernant le fond de la question soulevée dans la pétition. Toutes ces démarches n'ayant pas abouti, le Comité, dans sa réunion du 15 décembre, décida d'ajourner l'examen de la question à une réunion ultérieure qui aurait lieu pendant la session du Conseil du mois de mars 1929. En même temps, il pria le directeur de la Section des minorités d'envoyer au Gouvernement lithuanien une lettre dont le texte fut préalablement approuvé par les membres du Comité. Dans cette lettre, datée du 1er février 1929, l'attention du Gouvernement lithuanien était attirée sur le fonctionnement des Comités de minorités ; on y exprimait le regret du Comité pour l'attitude prise par ce gouvernement à l'égard de cette question ; finalement, le Gouvernement lithuanien était informé du fait que le Comité avait ajourné l'examen de la question jusqu'à la prochaine session du Conseil, dans la conviction que ce gouvernement trouverait possible, dans l'intervalle, de fournir au Comité des informations sur le fond de la question soulevée par les pétitionnaires.

Le Comité tint, le 8 mars 1929, une nouvelle réunion, au cours de laquelle il put constater qu'aucune communication n'avait été transmise par le Gouvernement lithuanien au sujet de la question qui faisait l'objet de son examen. Le Comité décida de demander au directeur de la Section des minorités de s'adresser encore une fois au Gouvernement lithuanien en le priant de bien vouloir lui faire savoir, par son intermédiaire et dans le plus bref délai possible, quelles étaient les intentions de ce gouvernement en ce qui concernait la communication de ses observations sur le fond de la question soulevée dans la pétition. À cette lettre, datée du 23 mars 1929, le Gouvernement lithuanien répondit par une lettre de M. Zaunius datée du 6 avril, déclarant qu'il ne pouvait que confirmer sa lettre du 27 novembre 1928, étant donné qu'il ne saurait changer sa manière de voir en ce qui concerne cette question.

Le Comité, dans sa réunion du 8 mars 1929, décida, en outre, que dans le cas où le Gouvernement lithuanien ne se serait pas déclaré disposé à communiquer ses observations sur le fond de la question avant la fin du mois de mars, celle-ci devrait être portée à l'ordre du jour du Conseil du mois de juin. C'est pourquoi, vu la

réponse donnée par le Gouvernement lithuanien à la lettre du directeur de la Section des minorités du 23 mars 1929, les trois membres du Comité décidèrent de demander au Secrétaire général d'inscrire la question à l'ordre du jour de la session du Conseil du mois de juin. En réponse au télégramme par lequel le Gouvernement lithuanien fut informé de ce fait par le Secrétaire général, ce gouvernement demanda à être informé de l'infraction ou du danger d'infraction qui était signalé au Conseil par les trois membres du Comité. Le Gouvernement lithuanien déclara, en même temps, qu'après qu'il aurait reçu cette information, il déciderait s'il y avait lieu pour lui de faire usage de son droit de siéger au Conseil lors de l'examen de cette question, conformément à l'article 4 du Pacte. (Le télégramme du Secrétaire général, ainsi que la réponse du Gouvernement lithuanien, ont été communiqués aux Membres du Conseil, le 31 mai, par le document C.227.1929.I.)

Les trois membres du Comité communiquèrent ensuite aux Membres du Conseil (document C.286.1929.I.) une note, en date du 14 juin 1929, expliquant les raisons pour lesquelles ils avaient cru devoir demander au Secrétaire général d'inscrire la question à l'ordre du jour du Conseil.

3. La question fut examinée par le Conseil, lors de ses séances du 15 juin et des 6 et 25 septembre 1929. Le 15 juin, le Conseil décida, en premier lieu, que le Secrétaire général communiquerait au Gouvernement lithuanien la note par laquelle les membres du Comité avaient expliqué les raisons pour lesquelles ils avaient demandé l'inscription de la question à l'ordre du jour. Ensuite, il décida de renvoyer l'examen de la question à sa prochaine session, au mois de septembre, afin de donner au Gouvernement lithuanien le temps nécessaire pour lui faire parvenir ses observations au sujet de la question. Le 6 septembre, M. Voldemaras, représentant de la Lithuanie, fit un exposé devant le Conseil, au cours duquel il souleva certains points très importants concernant la procédure minoritaire et fournit quelques explications sur le fond de la question. N'ayant pas été à même d'achever à temps l'étude de la question pour présenter mon rapport pendant la session de septembre, le Conseil décida, le 25 de ce mois, sur ma proposition, de renvoyer l'examen de cette affaire à sa session de janvier 1930.

II.

Avant d'entrer dans l'examen de la question de fond traitée dans la pétition

dont nous sommes saisis, je considère indispensable de soumettre au Conseil quelques considérations au sujet des questions de procédure soulevées par M. Voldemaras dans son discours du 6 septembre 1929. M. Voldemaras lui-même a souligné l'importance de cet aspect de la question et je suis convaincu que le Conseil sera d'accord pour qu'il soit examiné avec l'attention et le soin qu'il mérite.

A. En se référant à la demande de renseignements adressée au Gouvernement lithuanien par le Comité, M. Voldemaras a déclaré que le Gouvernement lithuanien, après avoir recherché quelles étaient ses obligations devant le Conseil, « est arrivé à la constatation que cette demande n'était pas régulière ».

1. Il convient en premier lieu, d'élucider un malentendu qui pourrait se produire par suite de la référence que M. Voldemaras fait à la stipulation contenue dans l'article 9 de la Déclaration lithuanienne pour la protection des minorités, du 12 mai 1922, et selon laquelle :

> « Tout Membre du Conseil de la Société des Nations aura le droit de signaler à l'attention du Conseil toute infraction ou danger d'infraction à l'une quelconque de ces obligations, et le Conseil pourra procéder de telle façon et donner telles instructions qui paraîtront appropriées dans la circonstance. »

M. Voldemaras interprète ces mots « dans la circonstance » comme voulant dire « qu'aucune obligation n'a été assumée (par le Gouvernement lithuanien) quant à la procédure », et que le Conseil « est juge de la procédure qui, en l'espèce, doit être adoptée ». Toute possibilité de malentendu disparaît cependant, si on établit une distinction bien nette entre la procédure fixée d'une manière générale par le Conseil pour être appliquée, en général, aux pétitions et dont le but est de lui faciliter l'accomplissement de la tâche que les traités et déclarations de minorités lui ont confiée et celle que le Conseil pourra envisager comme la plus appropriée pour le règlement de chacune des questions d'espèce portées devant lui. La simple lecture du passage cité plus haut de la déclaration lithuanienne, auquel M. Voldemaras se réfère, suffit pour comprendre qu'il s'agit non pas de la procédure générale, mais des mesures ou des moyens que le Conseil pourrait décider d'appliquer pour la solution de chacune des questions concrètes dont il serait saisi. Par contre, le point soulevé par M. Voldemaras concernant la demande de

renseignements au sujet d'une pétition relève évidemment de la procédure générale, dont le but consiste, comme il a été déjà dit, à faciliter au Conseil et à ses Membres l'exercice de leurs droits, en même temps que l'accomplissement de leurs devoirs vis-à-vis de la protection des minorités. Je crois donc pouvoir affirmer que la référence de M. Voldemaras à l'article 9 de la Déclaration lithuanienne n'est pas fondée sur une interprétation correcte de la disposition y contenue.

2. On peut déduire du discours de M. Voldemaras que la raison pour laquelle le Gouvernement lithuanien ne considère pas comme régulière la demande de renseignements dont il a été saisi, est que ce Gouvernement veut s'en tenir aux engagements formels qu'il a contractés devant le Conseil, « sans considérer des modifications auxquelles il n'a pas participé ». M. Voldemaras a sans doute entendu expliquer par ces mots que le Gouvernement lithuanien ne se considère pas lié par les différentes résolutions du Conseil et de l'Assemblée relatives à la procédure. À ce sujet, je voudrais m'expliquer avec la plus grande netteté.

Conformément à la procédure en vigueur, le Secrétaire général communique toute pétition déclarée recevable, pour « observations éventuelles », au Gouvernement intéressé. D'autre part, au cours de l'examen d'une question par le Comité de minorités, il arrive souvent que celui-ci demande officieusement au Gouvernement intéressé, soit de donner des renseignements supplémentaires, lorsqu'il a déjà envoyé ses observations, soit d'envoyer ces observations lorsqu'il ne l'a pas fait, comme c'est ici le cas. Il est vrai que M. Voldemaras, dans son discours, s'est référé exclusivement à la demande de renseignements adressée au Gouvernement lithuanien par le Comité, et non pas à la communication de la pétition au Gouvernement, pour observations. Je pourrais donc, à la rigueur, me borner à examiner le point concret de la demande de renseignements émanant du Comité, mais la communication de la pétition au Gouvernement pour l'envoi d'observations sur le fond ayant rencontré la même résistance de la part de ce Gouvernement, il ne sera pas inutile que je m'explique également au sujet de ce point.

a) La communication de la pétition au gouvernement intéressé ne constitue pas, à proprement parler, une demande de renseignements ; elle a plutôt pour objet de fournir au gouvernement l'opportunité de faire parvenir ses observations, afin qu'elles soient communiquées aux Membres du Conseil, conjointement avec la

pétition. Il est, toutefois, bien entendu que le gouvernement intéressé peut déclarer ne pas avoir l'intention de présenter d'observations et, dans ce cas, la pétition seule est transmise aux Membres du Conseil. Cette transmission a lieu en vertu de la résolution du 27 juin 1921, dont le dernier alinéa prescrit la communication aux États intéressés, en leur demandant s'ils désirent que la procédure prévue dans cette résolution leur soit appliquée. La Lithuanie n'ayant pas encore accepté, à cette date, des engagements pour la protection des minorités, elle n'a pas eu l'occasion de donner son assentiment *explicite* à cette procédure. Mais l'idée que cette résolution a fait l'objet d'une acceptation *tacite* de la part de la Lithuanie est d'autant plus justifiée que, depuis l'entrée en vigueur de la Déclaration lithuanienne pour la protection des minorités (11 décembre 1923), plusieurs pétitions ont été communiquées au Gouvernement lithuanien sous référence à cette résolution du Conseil, et que le Gouvernement de Kowno non seulement n'a pas soulevé d'objections contre l'application à son endroit de la procédure y prévue, mais a présenté des observations qui ont été examinées par les comités respectifs et par le Conseil.

b) Mais, comme il a été déjà indiqué, c'est la demande de renseignements formulée par le Comité qui examinait la question, aux termes de la résolution du 25 octobre 1920, qui, d'après le représentant de la Lithuanie, doit être considérée comme non régulière.

M. Voldemaras conteste d'abord que la résolution du 25 octobre 1920, qui a institué les comités de minorités, puisse être appliquée à l'égard de la Lithuanie, vu que cette résolution a été prise « en dehors de la Lithuanie, qui n'était pas encore Membre de la Société des Nations, et qu'on ne lui en a pas demandé l'application en l'admettant au sein de la Société ». À ce sujet, je voudrais rappeler au Conseil qu'un Comité de juristes, institué par lui à la suite d'une proposition du Gouvernement lithuanien, a étudié, en mars 1929, la question de savoir quelles sont les règles de procédure en manière de minorités qui peuvent être établies par le Conseil agissant seul, et quelles sont les règles dont l'établissement requiert le concours des États intéressés. Or, ce Comité, dans le rapport qu'il soumit au Conseil et que celui-ci adopta le 6 mars 1929, définit comme suit ces deux catégories de règles :

« Rentrent dans la première catégorie les décisions que prend le Conseil

pour réglementer la procédure d'après laquelle il exerce les attributions que lui reconnaissent les traités et déclarations ; la compétence du Secrétaire général de la Société des Nations en la matière ; les conditions de recevabilité des pétitions... Forment la deuxième catégorie les règles qui impliquent de la part des États intéressés l'accomplissement d'actes non prévus par les traités et déclarations de minorités et, en général, toutes les règles qui affectent la situation juridique consacrée par ces traités et déclarations. Ces règles requièrent l'accord du Conseil et des États en cause. »

La simple lecture de la résolution du 25 octobre 1920 suffit pour prouver de manière incontestable qu'elle doit être incluse dans la première des deux catégories établies par les juristes. Il serait, en effet, difficile de trouver une règle qui rentrerait d'une manière plus parfaite dans la première des trois formules employées par les juristes pour définir cette première catégorie. Je crois pouvoir me borner à reproduire ici son texte littéral :

« En vue de faciliter aux Membres du Conseil l'exercice de leurs droits et devoirs en ce qui concerne la protection des minorités, il est désirable que le président et deux membres désignés par lui, dans chaque cas, procèdent à l'examen de toute pétition ou communication à la Société des Nations ayant trait à une infraction ou à un danger d'infraction aux clauses des traités pour la protection des minorités. Cet examen aura lieu aussitôt que la pétition ou la communication en question aura été portée à la connaissance des Membres du Conseil. »

c) Mais faisons un pas de plus et examinons, non pas les comités de minorités tels qu'ils ont été institués par la résolution de 1920, mais l'acte concret par lequel le Comité qui examinait la pétition dont nous sommes saisis a demandé certains renseignements au Gouvernement lithuanien. Je peux très bien concevoir que le Gouvernement lithuanien soutienne le point de vue que, quelle que soit l'opinion qu'on puisse avoir sur la possibilité d'instituer les Comités pour l'examen des pétitions sans le concours des États intéressés, on ne peut pas leur reconnaître la faculté de demander à ces derniers des renseignements, sans avoir obtenu

préalablement leur assentiment à une telle manière de procéder. Je n'ai pas besoin de rappeler à mes collègues que ces rapports entre comités et gouvernements intéressés rentrent dans le cadre de cette activité officieuse, développée par les comités à côté de leur mission stricte, et dont je me plais ici à souligner la grande importance pour la protection des minorités. Une telle activité, impliquant une collaboration amicale avec les gouvernements intéressés, ne serait, en effet, pas même concevable sans une acceptation tacite ou expresse de la part de ces derniers, sans compter que, en supposant qu'elle ait fait l'objet d'une règle spéciale, établie par le Conseil (ce qui n'est pas le cas), cette règle aurait dû être incluse, sans aucune contestation possible, dans la deuxième catégorie établie par les juristes, à savoir celle qui comprend les règles que le Conseil ne peut pas établir sans le concours des États intéressés. Mais la Lithuanie, comme du reste tous les autres États ayant accepté des engagements pour la protection des minorités, a d'abord consenti tacitement à cette activité des comités, du moment qu'elle a accepté à plusieurs reprises de collaborer avec eux, puis elle a donné un assentiment explicite et positif lorsqu'elle a voté, le 22 septembre 1925, en faveur d'un projet de résolution soumis à l'Assemblée par la sixième Commission et dont le premier paragraphe était de la teneur suivante :

> « L'Assemblée *approuve* la partie du rapport sur l'œuvre du Conseil, sur le travail du Secrétariat et sur les mesures prises pour exécuter les décisions de l'Assemblée, qui traite de la procédure suivie en matière de protection de minorités (paragraphe VI du chapitre 7 du rapport supplémentaire). »

Or, ce paragraphe VI du chapitre 7 du rapport supplémentaire contenait un exposé détaillé de l'activité officieuse développée par les comités de minorités, dont je crois devoir reproduire ici les passages suivants :

> « De plus, les membres du Comité peuvent entrer en rapport avec le gouvernement intéressé en vue d'écarter des doutes ou des malentendus ou pour exercer auprès de ce gouvernement une action amicale, afin de l'induire à modifier son attitude sur un point qui, à défaut d'une telle solution, semblerait aux membres du Comité mériter d'être signalé à l'attention du

Conseil. Avant de décider s'il faut ou non signaler à l'attention du Conseil une affaire qui fait l'objet d'une pétition, les membres d'un Comité ont, dans beaucoup de cas, adressé au gouvernement intéressé des demandes d'informations supplémentaires, soit d'une façon générale, soit en posant des questions précises. Dans quelques cas, de telles demandes ont été combinées avec d'autres suggestions, par exemple, que le gouvernement intéressé sursoie à certaines mesures qui, avant que le Comité fût à même de se prononcer sur la question de fond, pourraient créer un fait accompli, ou que ce gouvernement présente au Conseil un rapport spécial sur ses intentions dans la matière. »

On peut, en outre, faire remarquer que la résolution fut proposée par la sixième Commission de l'Assemblée, à la suite d'un débat approfondi sur la procédure minoritaire, provoqué par une proposition dont le Gouvernement lithuanien était l'auteur, et auquel le représentant lithuanien (M. Galvanauskas) prit une part particulièrement active.

Ces considérations permettent, à mon avis, de conclure que la demande de renseignements formulée par le Comité a été conforme à la procédure en vigueur, procédure à laquelle le Conseil continue à attacher la plus grande importance et que nous tous avons le droit de considérer comme ayant reçu l'approbation *tacite* et *expresse* du Gouvernement lithuanien.

B. Dans son discours du 6 septembre, M. Voldemaras a soutenu la thèse que ce n'est que lorsqu'un Membre du Conseil formule, sous sa propre responsabilité, une accusation quelconque, que le Gouvernement lithuanien sera tenu d'y répondre. Il a fait ensuite remarquer que, dans le cas actuel, le Conseil se trouve en présence d'une plainte privée sur laquelle aucun de ses membres n'a formulé son opinion personnelle. Dans la mesure où cette thèse se borne à affirmer qu'en matière de protection de minorités, le Conseil ne peut être saisi que par l'initiative prise par un de ses Membres, je suis sûr qu'elle ralliera sans difficulté l'adhésion de tous les membres du Conseil. Quelques précisions ne seront, cependant, pas inutiles à ce sujet :

1. En premier lieu, M. Voldemaras se réfère, à l'appui de sa thèse, au rapport d'un Comité de juristes, adopté par le Conseil le 20 septembre 1926. Or, ce rapport

concerne l'application de la Convention de Memel, et il ressort clairement de son texte que la procédure applicable lorsqu'il s'agit de ladite Convention ne peut pas se confondre avec celle applicable en matière de minorités. Voici, en effet, comment le rapport s'exprime à ce sujet :

« Il importe de remarquer que la procédure prévue à l'article 17 de la Convention de 1924 (Memel) et relative aux infractions à cette Convention ne saurait être confondue avec la procédure visée par ailleurs à l'article 11 et concernant la protection des minorités. En matière de protection de minorités, les Membres du Conseil ont un droit analogue, mais non un droit semblable ; ils peuvent signaler à l'attention du Conseil, non pas seulement toute infraction, mais aussi tout « danger d'infraction », et il ne s'agit pas seulement d'une infraction à des dispositions conventionnelles précises, mais d'infractions ou de dangers d'infraction à des obligations placées d'une façon générale sous la garantie de la Société des Nations elle-même. »

2. Le mot « accusation » a été employé à plusieurs reprises par M. Voldemaras dans son discours du 6 septembre, pour désigner l'initiative qu'un ou plusieurs Membres du Conseil doivent prendre afin qu'une question de minorités soit examinée par celui-ci. L'emploi de cette expression peut donner lieu, à mon avis, à des malentendus qu'il est dans l'intérêt de nous tous de dissiper. Pour nous en tenir à la Lithuanie, voici les termes exacts de l'article 9 de la Déclaration lithuanienne, identiques, du reste, à ceux des articles analogues des autres traités et déclarations :

« Tout Membre du Conseil de la Société des Nations aura le droit de signaler à l'attention du Conseil toute infraction ou danger d'infraction à l'une quelconque de ces obligations, et le Conseil pourra procéder, etc... »

Faut-il interpréter les mots « signaler à l'attention du Conseil » en ce sens que le Membre du Conseil qui voudrait exercer ce droit devra formuler devant le Conseil une véritable « accusation » contre l'État intéressé ? Pour ma part, je ne le crois pas, et je peux assurer le Conseil que, dans la pratique, cela n'a pas été le cas

jusqu'à présent. Et je suis particulièrement heureux de pouvoir, à ce sujet, invoquer le précédent d'un comité de minorités, présidé par le Dr Beneš, et dont les représentants de l'Espagne et de la Grande-Bretagne faisaient également partie. Ces trois membres du Conseil, par une note datée de Rome le 11 décembre 1924, ont, en effet, demandé l'inscription à l'ordre du jour du Conseil d'une question concernant la situation de la minorité polonaise en Lithuanie « afin de faciliter un échange de vues avec le Gouvernement lithuanien sur ces questions ». Il est évident que ces trois membres du Conseil ont estimé qu'il y avait, dans le cas qui leur était soumis, un danger d'infraction à la Déclaration lithuanienne pour la protection des minorités, et que c'est sur cette base qu'ils ont demandé l'inscription de la question à l'ordre du jour du Conseil. Cependant, il n'est pas moins vrai que le Gouvernement lithuanien, malgré l'emploi d'une formule si éloignée de celle qu'il aurait fallu employer pour formuler une « accusation », ne souleva pas la moindre objection contre cette manière de procéder et donna toutes les facilités pour l' « échange de vues » envisagé par le Comité.

3. M. Voldemaras a affirmé que, dans le cas présent, le Conseil se trouve en présence d'une plainte privée, sur laquelle aucun de ses membres n'a formulé son opinion personnelle. Je me demande si, en faisant cette affirmation, M. Voldemaras a tenu suffisamment compte de la note que les représentants de la Finlande, de la Grande-Bretagne et de l'Italie ont signée à Madrid le 14 juin 1929 (document C. 286.1929.I). Je trouve, en effet, dans cette note, le passage suivant, qui me paraît exprimer une opinion très nette sur la pétition :

> « L'étude que les membres du Comité ont faite de la question a dû se baser, à la suite de l'attitude adoptée par le Gouvernement lithuanien, exclusivement sur les informations contenues dans la pétition. Or, il en ressort que les pétitionnaires se croient l'objet d'un traitement inégal par rapport à celui appliqué à d'autres citoyens lithuaniens, à cause de leur origine russe, *ce qui pourrait constituer un danger d'infraction* aux stipulations contenues dans l'article 5 de la Déclaration lithuanienne pour la protection des minorités, d'après lesquelles, etc. »

C. Le dernier point relatif à la procédure, soulevé par M. Voldemaras, se

réfère au caractère unilatéral des engagements acceptés par la Lithuanie en ce qui concerne la protection des minorités. « Il ne s'agit pas d'un traité international—a affirmé M. Voldemaras—, mais d'une déclaration lue devant le Conseil, dont le Conseil a pris acte. » Sans entrer ici dans l'examen de la question de savoir si les engagements minoritaires acceptés par la Lithuanie ont un caractère unilatéral ou bilatéral, il me paraît incontestable que ces engagements constituent des obligations internationales pour la Lithuanie. L'article 9, paragraphe 1, de la Déclaration lithuanienne porte, en effet, expressément que les stipulations contenues dans la Déclaration, dans la mesure où elles affectent des personnes appartenant à une minorité, constituent des obligations d'intérêt international qui seront placées sous la garantie de la Société des Nations, ce qui fut effectué par une résolution adoptée par le Conseil le 11 décembre 1923. D'autre part, dans la lettre adressée par le représentant de la Lithuanie, M. Galvanauskas, au président du Conseil, le 11 décembre 1923, l'informant de la résolution adoptée par le Sejm lithuanien, en vertu de laquelle la Déclaration pour la protection des minorités n'avait pas besoin d'être ratifiée par le Parlement, il est dit expressément que le Gouvernement lithuanien renouvelle devant le Conseil l'engagement de se conformer strictement aux dispositions de ladite Déclaration.

III.

La pétition dont nous sommes saisis a pour objet la confiscation des terres appartenant aux pétitionnaires en vertu de la loi lithuanienne de réforme agraire du 15 février 1922. Il s'agirait, d'après la pétition, d'un groupe de trente-quatre personnes, ressortissants lithuaniens d'origine russe, établies, à la suite de l'insurrection de 1863, par le Gouvernement russe sur les terres maintenant confisquées. Les pétitionnaires ou leurs ancêtres auraient effectué les payements nécessaires pour libérer leurs colonies de toute obligation envers le Gouvernement russe et devraient, par conséquent, être considérés comme jouissant du droit de pleine propriété sur les terres en question.

Si la situation des pétitionnaires, telle qu'elle est exposée dans la pétition, est examinée à la lumière des stipulations de la législation agraire lithuanienne, on arrive à la conclusion que la confiscation dont ils se plaignent a pu être effectuée, soit en vertu du paragraphe 1 *b*), soit en vertu du paragraphe 1 *d*) de la loi pour la

réforme agraire, du 15 février 1922.

1° Le paragraphe 1 *b*) a la teneur suivante :

« Aux fins de la réforme agraire, sont pris les terrains suivants :

« *a*) ....

« *b*) Terrains qui sont devenus la propriété de l'État, conformément au décret du Gouvernement provisoire relatif aux majorats (*Journal Officiel* du Gouvernement provisoire, N° 1, N° d'ordre supplémentaire 5 *a*)), ou ont été aliénés conformément à la loi introductive à la réforme agraire relative à l'aliénation des terrains boisés, des marécages, des eaux et des terrains acquis en vertu d'un privilège (*Journal Official* N° 45, N° d'ordre 454). »

L'article 2 de la loi introductive à la réforme agraire mentionnée ci-dessus contient la stipulation suivante :

« Les majorats et les biens possédés à titre de fiefs, ainsi que les biens, les terres et les autres immeubles accordés par le Tzar ou par son gouvernement à des particuliers ou à des institutions en Lithuanie, les biens d'instruction ou encore les terres acquises du Gouvernement russe à des conditions de faveur avec tout le cheptel et l'inventaire y appartenant, passent en la possession du Gouvernement lithuanien, sans aucune indemnité au profit des anciens propriétaires. »

Conformément à ces stipulations, les terres dont il est question dans la pétition ont pu être expropriées sans aucune indemnité au profit des anciens propriétaires.

2° Le texte du paragraphe 1 *d*) est le suivant :

« Aux fins de la réforme agraire, sont pris les terrains suivant :

« ....

« *d*) Biens de différentes personnes privées qui ont été confisqués par l'État russe à dater du 1er janvier 1863 et distribués à des colons et à d'autres personnes, aux fins de russification, si ces biens sont en possession des personnes auxquelles ils ont été donnés ou de leurs héritiers. »

Cette stipulation est complétée par celle contenue dans le paragraphe 57 de la même loi, d'après lequel :

> « Seront remboursées aux colons ou à leurs héritiers, dont les terres ont été expropriées en vertu du paragraphe 1, points *c*) et *d*), les sommes qu'ils auraient payées pour leurs terres, la valeur des bâtiments qu'ils auraient construits et les dépenses relatives aux améliorations fondamentales de l'exploitation agricole, en défalquant le montant des subsides reçus du Gouvernement russe. Ces dépenses seront remboursées argent comptant, d'après l'ordre fixé dans la remarque du paragraphe 59. »

En l'absence de toute explication de la part du Gouvernement lithuanien sur la manière dont les confiscations qui constituent l'objet de la pétition ont été effectuées, je me trouve dans l'impossibilité de formuler une conclusion définitive sur la question de savoir en vertu de laquelle de ces stipulations ces confiscations ont eu lieu. Je voudrais cependant faire remarquer que, si l'on tient compte d'une phrase contenue dans la pétition, dans laquelle les pétitionnaires se plaignent du fait qu' « en dépit de la loi —disent-ils—, les sommes de rachat que nous avons payées et toutes nos autres dépenses ne nous sont pas remboursées », on pourrait présumer que les confiscations ont eu lieu en vertu du paragraphe 1 *d*) de la loi du 15 février 1922. Une telle présomption serait encore renforcée par l'affirmation, énoncée également par les pétitionnaires, selon laquelle les terres auraient été remises à des citoyens lithuaniens, d'origine lithuanienne, « sous prétexte qu'ils sont héritiers des anciens propriétaires de ces terres avant 1863 ». Cette affirmation permet, en effet, de croire qu'on a appliqué dans ce cas la disposition du paragraphe 14 de la même loi du 15 février 1922, lequel accorde un droit de priorité, dans la distribution des terres qui auraient été expropriées conformément au paragraphe 1 *d*) de la loi, aux anciens propriétaires et à leurs héritiers directs, dans le cas où ils pourraient prouver leur droit à ces biens pendant un délai de dix ans, à dater du jour de la publication de la loi.

La question qui se pose maintenant pour le Conseil est celle de savoir si, soit le texte de ces stipulations, soit leur application au cas présent peuvent être considérés comme constituant une infraction ou un danger d'infraction à la

Déclaration lithuanienne pour la protection des minorités. Les représentants de la Finlande, de la Grande-Bretagne et de l'Italie, dans leur note du 14 juin 1929, ont exprimé l'avis que le traitement différentiel dont les pétitionnaires se plaignent dans leur pétition pourrait constituer un danger d'infraction aux stipulations contenues dans l'article 4, alinéa 1, et dans l'article 5 de cette Déclaration. Ils ont, d'autre part, souligné que leur étude, à la suite de l'attitude adoptée par le Gouvernement lithuanien, avait dû se baser exclusivement sur les informations contenues dans la pétition. Dans la séance du 6 septembre 1929, M. Voldemaras a expliqué les raisons, d'ordre plutôt politique, qui avaient empêché le Gouvernement lithuanien de fournir les données matérielles qu'on lui demandait, « au moment où on les lui demandait ». J'ai la conviction que, dans l'état actuel de la question, le Gouvernement lithuanien trouvera possible de nous faire parvenir des données et des explications détaillées sur le fond de la question, en temps utile pour que je puisse soumettre les conclusions de mon étude au Conseil, lors de sa prochaine session.

[42] (2) "Le Protocole de Genève et mon amendement" 1924

Le Protocole de Genève
et mon amendement.

Son Excellence M. Mineitciro Adatci, ambassadeur extraordinaire et plénipotentiaire de S. M. l'Empereur du Japon à Bruxelles, est né dans la préfecture de Yamagata, le 27 juillet 1869. Après de brillantes études juridiques à l'Université de Tokio, commence, à travers le monde, sa brillante carrière. Successivement, on le trouve professeur aux Universités libres de Waséda et de Meiji — organisateur du service des archives au Ministère des Affaires Étrangères — secrétaire de légation à Rome — chargé d'affaires à Paris, où il est commissaire délégué à l'Exposition de 1900 — secrétaire à la célèbre Conférence de Portsmouth en 1905 — négociateur, avec le Gouvernement français, en 1911, du traité de commerce actuellement en vigueur — envoyé extraordinaire et ministre plénipotentiaire au Mexique — chargé de missions spéciales près le Tsar Nicolas pendant la guerre — et, enfin, accrédité auprès de S. M. le Roi des Belges, au Havre en 1917, à Bruxelles après l'armistice.

On eut pu croire qu'après carrière déjà si remplie, le représentant du Japon parmi nous se serait accordé quelque repos, mais ç'eut été mal connaître l'inlassable besoin d'activité de ce cerveau aux facultés surprenantes. On sait le rôle prépondérant joué par le docteur Adatci à la Société des Nations, où il représente son pays depuis six ans, et comment elle le nommait, en 1921, vice-président de la Conférence des Commissions internationales et du transit. La dernière Conférence de Genève le vit encore une fois à la tribune, où les suggestions contenues dans son amendement eurent une répercussion mondiale. M. Adatci, vice-Président de l'Institut de droit international, croit fermement à l'avenir de la Société des Nations et, ainsi qu'il l'a écrit lui-même, « au triomphe de sa grande tâche divine : la paix du monde ».

La Rédaction.

× ×

Aujourd'hui que plusieurs semaines se sont écoulées depuis que mes amendements ont été unanimement approuvés par la dernière Assemblée de Genève, tous mes collègues de la Société des Nations se montrent stupéfaits des grandes difficultés qu'on y avait rencontrées avant de se rallier à mon point de vue, qui apparaît à présent si naturel et si simple à leurs yeux. Ces difficultés ont été, à vrai dire, suscitées par une certaine insuffisance de l'étude préalable des diverses stipulations du Pacte chez quelques-uns des hommes d'État réunis dernièrement à Genève, et par une trop grande hâte à clore la session.

Cette vérité, on ne saurait trop la mettre en évidence, car je constate encore un malentendu dans certains milieux peu familiarisés avec les travaux de la Société des Nations.

Dès le début de sa session, la 5e Assemblée, enthousiasmée par les magnifiques manifestations oratoires des premiers ministres des deux grandes puissances occidentales, décida de *tuer* la guerre par l'établissement du système de l'arbitrage obligatoire intégral. Brûlant les étapes considérées jusqu'alors comme nécessaires dans l'évolution de la pauvre humanité, nous résolûmes de créer sans délai l'âge d'or. C'est dans cette généreuse atmosphère d'espérance que mes collègues de la sous-commission spéciale des quatorze membres, chargée de l'élaboration du système de l'arbitrage intégral, me chargèrent de l'insigne, mais périlleux honneur, de diriger leurs importants travaux désormais historiques.

Pendant trois semaines, nous travaillâmes jour et nuit. Le plus difficile et le plus délicat fut de *définir l'agresseur,* et de savoir comment on lui appliquerait les sanctions adéquates pour rendre efficaces les sentences arbitrales. Le problème nous parut insoluble pendant de longs jours, et ce n'est que vers la fin de la session qu'un membre de la Commission, doué de la plus haute intelligence, imagina de tourner l'obstacle en créant le système de *présomption* d'agresseur. Ce fut pour nous une aubaine inespérée.

Joyeux, comme tous mes collègues, j'examinai aussitôt l'ébauche des textes relatifs à cette présomption de l'agresseur et au rappel de la question laissée à la compétence exclusive d'un État. J'ai eu l'impression que l'ensemble du plan était en principe acceptable, mais qu'il fallait, afin d'éviter tout malentendu et de n'être pas incohérent, rappeler en même temps la grande règle de Pacte, inscrite dans son article 11, et en faire une application logique au système que nous avions la noble ambition d'établir pour le maintien de la paix du monde.

L'article 11 du Pacte dit : « Il est expressément déclaré que toute guerre ou menace de guerre, qu'elle affecte directement ou non l'un des membres de la Société, intéresse la Société toute entière et que *celle-ci doit prendre les mesures propres à sauvegarder efficacement la paix des Nations. En pareil cas, le Secrétaire Général convoque immédiatement le Conseil à la demande de tout membre de la Société* ».

Pouvons-nous concevoir pareille absurdité : sous le seul prétexte technique que le Conseil aurait reconnu le différend en litige comme demeurant dans le cadre de la compétence exclusive d'un État, la Société des Nations demeurerait sourde comme un pot devant les fracas de la guerre, ou à toute plainte relative à une menace de guerre, et fermerait l'oreille aux cris angoissés qu'un *désespoir* suprême arracherait à ses membres ? La meilleure preuve que la Société des Nations n'est pas aussi méchante, c'est l'existence même de l'article 11 de son Pacte.

Hélas ! Mon point de vue, d'une si lumineuse simplicité, n'a toutefois pu, au sein de la Commission spéciale, rallier l'unanimité des voix, de sorte que j'ai dû, à mon immense regret, prier la première Commission constitutionnelle *plénière* de se prononcer sur ma proposition. De là, tant de bruits répandus dans le monde entier, pour une petite solution qui s'imposait d'elle-même !

Au bout de peu de jours, pourtant, le bon sens a prévalu. La première Commission d'abord, et l'Assemblée ensuite, ajoutèrent à l'unanimité, à la fin de l'article 5 du Protocole, un paragraphe ainsi conçu : « Si la question est reconnue par la Cour permanente ou par le Conseil comme étant de la compétence exclusive d'un État, *la décision intervenue n'empêchera pas que la situation soit examinée par le Conseil ou par l'Assemblée, conformément à l'article 11 du Pacte* ».

Comme conséquence logique et naturelle de la conception mentionnée ci-dessus, nous avons considéré qu'il fallait donner à l'État évincé par la question préalable de la compétence exclusive de son adversaire, une dernière chance d'arriver à un arrangement amiable, en lui montrant le chemin de suprême conciliation indiqué par l'article 11 du Pacte. Ce n'est que dans le cas où, ayant méprisé cette dernière ressource, le dit État aurait recours à la guerre, qu'il serait présumé agresseur.

C'est ainsi que nous lisons dans l'article 10 du Protocole qui définit l'agresseur :

« Est agresseur tout État qui recourt à la guerre en violation des engagements prévus au Pacte ou au présent Protocole. Est assimilée au recours à la guerre la violation du statut d'une zone démilitarisée. Dans le cas d'hostilités engagées, est présumé agresseur, sauf décision contraire du Conseil prise à l'unanimité :

« 1° Tout État qui aura refusé de soumettre le différend à la procédure pour règlement pacifique prévue aux articles 13 et 15 du Pacte, complétés par le présent Protocole — ou qui aura refusé de se conformer, soit à une décision judiciaire ou arbitrale, soit à une recommandation unanime du Conseil — *ou qui aura passé outre à un rapport unanime du Conseil, à une décision judiciaire ou arbitrale reconnaissant que le différend qui s'est élevé entre lui et l'autre État belligérant porte sur une question que le Droit International laisse à la compétence exclusive de cet État ;* »

Après ces deux derniers mots : « cet État », la 1ère Commission et l'Assemblée ont ajouté de commun accord, et s'inspirant de mes suggestions :

« *Toutefois, dans ce dernier cas, cet État ne sera présumé agresseur que s'il n'a pas soumis auparavant la question au Conseil ou à l'Assemblée, conformément à l'article 11 du Pacte* ».

Il est donc entendu que, même lorsqu'il aura été reconnu que le différend est de la compétence exclusive de l'une des parties, celle-ci ou son adversaire aura pleinement le droit de réclamer l'action du Conseil ou de l'Assemblée, et que celui qui aura ainsi réclamé loyalement l'action de la Société comme moyen de suprême conciliation ne sera pas d'emblée présumé agresseur. N'est-ce pas là, en réalité, la simple expression du bon sens le plus élémentaire ? Cette expression est, d'ailleurs, parfaitement conforme aux stipulations actuelles du Pacte, puisque aussi bien elle ne confère ni pouvoirs, ni fonctions nouvelles soit au Conseil, soit à l'Assemblée. Celle-ci et celui-là conservent purement et simplement la compétence que donne à l'un et à l'autre le Pacte en pleine vigueur depuis 5 ans. Tout le système du Pacte demeure intact. Rien n'y est modifié ; rien n'y est ajouté. Seulement, le plan du Protocole est devenu cohérent !

On voit clairement par là que l'adoption des amendements dit japonais n'avait pour but, afin d'éviter tout malentendu, que de constater purement et simplement l'état actuel du système du Pacte, document aussi important que le Protocole de Genève.

C'est pourquoi toutes les Délégations, à quelque pays et à quelque continent qu'elles appartinssent, dès qu'elles comprirent la véritable portée de nos suggestions, n'ont pas hésité un seul instant à les faire leurs, et je ne doute pas que tous les véritables amis de la paix ne nourrissent de sincères sentiments de reconnaissance pour notre intervention à Genève.

Dr ADATCI.

[43] "Les « amendements japonais » au Protocole de Genève" 1924

LES « AMENDEMENTS JAPONAIS »
AU PROTOCOLE DE GENÈVE
PAR LE
Dr ADATCI
Ambassadeur du Japon à Bruxelles
Délégué du Japon à la Société des Nations.

Aujourd'hui que plusieurs semaines se sont écoulées depuis que mes amendements ont été unanimement approuvés par la dernière Assemblée de Genève, tous mes collègues de la Société des Nations doivent être stupéfaits des grandes difficultés qu'on y avait rencontrées avant de se rallier à mon point de vue, qui apparaît à présent si naturel et si simple aux yeux de tout le monde. Ces difficultés ont dû être suscitées uniquement par une trop grande hâte de la séparation et par une certaine insuffisance de l'étude préalable des diverses stipulations du Pacte chez quelques-uns des hommes d'État réunis dernièrement à Genève.

Ce que j'ai demandé à mes collègues de la Commission d'arbitrage obligatoire, que j'avais l'honneur de présider, dès que fut placé sous mes yeux un brouillon de textes relatifs à la définition de l'agresseur et au rappel de la question laissée à la compétence exclusive d'un État, c'est tout simplement, afin d'éviter tout malentendu, de rappeler en même temps la grande règle du Pacte, inscrite dans son article 11, et d'en faire une application logique au système destiné à établir la présomption d'agression.

Ce que j'ai demandé à mes collègues de la Commission spéciale d'arbitrage obligatoire que j'avais l'honneur de présider, dès que fut placé sous mes yeux un brouillon de textes relatifs à la définition de l'agresseur et au rappel de la question laissée à la compétence exclusive d'un État, c'est tout simplement, afin d'éviter tout malentendu, de rappeler en même temps la grande règle du Pacte, inscrite dans son article 11, et d'en faire une application logique au système destiné à établir la présomption d'agression. [*sic*]

L'article 11 du Pacte dit : « Il est expressément déclaré que toute guerre ou menace de guerre, qu'elle affecte directement ou non l'un des membres de la Société, intéresse la Société tout entière et que *celle-ci doit prendre les mesures propres à sauvegarder efficacement la paix des Nations. En pareil cas, le Secrétaire Général convoque immédiatement le Conseil à la demande de tout membre de la Société.* »

N'est-il pas, en effet, souverainement absurde que, sous le seul prétexte technique que le Conseil a reconnu que le différend en litige demeure dans le cadre de la compétence exclusive d'un État, la Société des Nations se montre absolument sourde comme un pot à tous les fracas de la guerre ou à toute plainte relative à une

menace de guerre, et ferme brusquement la porte aux cris déchirants qu'un désespoir suprême arrache à ses Membres ? La meilleure preuve que la Société des Nations n'est pas aussi méchante, c'est l'existence même de l'article 11 de son Pacte.

Voilà pourquoi l'Assemblée unanime a ajouté à la fin de l'article 5 du Protocole un paragraphe ainsi conçu : « Si la question est reconnue par la Cour permanente ou par le Conseil comme étant de la compétence exclusive d'un État, *la décision intervenue n'empêchera pas que la situation soit examinée par le Conseil ou par l'Assemblée, conformément à l'article 11 du Pacte.* »

Comme conséquence logique et naturelle de la conception mentionnée ci-dessus, nous avons considéré qu'il fallait donner à l'État évincé par l'exception préalable de la compétence exclusive de son adversaire, une dernière chance d'arriver à un arrangement amiable, en lui montrant le chemin de suprême conciliation indiqué par l'article 11 du Pacte. Ce n'est que dans le cas où, ayant méprisé cette dernière ressource, ledit État aurait recours à la guerre, qu'il serait présumé agresseur.

C'est ainsi que, dans l'article 10 du Protocole qui définit l'agresseur :

« Est agresseur tout État qui recourt à la guerre en violation des engagements prévus au Pacte ou au présent Protocole. Est assimilée au recours à la guerre la violation du statut d'une zone démilitarisée. Dans le cas d'hostilités engagées, est présumé agresseur, sauf décision contraire du Conseil prise à l'unanimité :

« 1° Tout État qui aurait refusé de soumettre le différend à la procédure pour règlement pacifique prévue aux articles 13 et 15 du Pacte, complétés par le présent Protocole — ou qui aura refusé de se conformer, soit à une décision judiciaire ou arbitrale, soit à une recommandation unanime du Conseil — *ou qui aura passé outre à un rapport unanime du Conseil, à une décision judiciaire ou arbitrale reconnaissant que le différend qui s'est élevé entre lui et l'autre État belligérant porte sur une question que le Droit International laisse à la compétence exclusive de cet État* », l'Assemblée unanime a ajouté après les deux mots : « cet État » cette phrase : « *Toutefois, dans ce dernier cas, cet État ne sera présumé agresseur que s'il n'a pas soumis auparavant la question au Conseil ou à l'Assemblée, conformément à l'article 11 du Pacte.* »

Il est donc entendu que, même après la reconnaissance que le différend rentre dans la compétence exclusive de l'une des parties, celle-ci ou son adversaire aura pleinement le droit de réclamer l'action du Conseil ou de l'Assemblée, et que celle qui aura ainsi réclamé loyalement l'action de la Société comme moyen de suprême conciliation ne sera pas d'emblée présumée agresseur. N'est-ce pas là, en réalité, la simple expression du bon sens le plus élémentaire ? Cette expression est d'ailleurs parfaitement conforme aux stipulations actuelles du Pacte, puisque aussi bien elle ne confère ni pouvoirs, ni fonctions nouvelles soit au Conseil, soit à l'Assemblée, qui conservent purement et simplement la compétence que donne à l'un ou à l'autre le Pacte en pleine vigueur depuis cinq ans. Tout le système du Pacte à ce sujet demeure intégralement intact. Rien n'y est modifié ; rien n'y est innové.

On voit clairement par là que l'adoption des amendements dits japonais n'avait pour but, afin d'éviter tout malentendu, que de constater purement et simplement l'état actuel du système du Pacte, d'un document aussi important que le Protocole de Genève.

C'est pourquoi toutes les Délégations, à quelque pays et à quelque continent qu'elles appartinssent, dès qu'elles comprirent la véritable portée de nos suggestions, n'ont pas hésité un seul instant à les faire leurs, et tous les amis de la paix se montrent aujourd'hui unanimement reconnaissants pour notre intervention à Genève.

[44] Lettre adressée à J. B. Scott, le 12 novembre 1924

BRUXELLES, LE 12 Novembre 1924.
1, BOULEVARD MILITAIRE
TÉLÉPHONE : 311.25

Mon Cher Confrère,

J'avais espéré de vous revoir à Paris, après l'Assemblée de Genève, mais obligé de regagner mon poste directement, je n'ai pu réaliser mon intention. Si j'avais eu la chance de vous voir à Paris, j'aurais été très heureux de vous demander quelle suite on avait donnée à la question de ma nomination comme correspondant étranger de l'Union Panaméricaine dont vous m'aviez entretenu à

Vienne.

J'ai reçu dernièrement un grand nombre de coupures de journaux américains sur mon intervention à Genève. Comme j'y constate à mon grand regret, un certain nombre de malentendus sur la portée de ma proposition, je profite de cette occasion pour vous remettre un exemplaire d'une petite notice faite à la demande de mes amis anglais, pensant que vous pourriez être en mesure de donner le cas échéant, des éclaircissements à vos amis, entre autres à notre grand et éminent Maître Monsieur Elihu Root.

Avec nos meilleurs souvenirs et mes plus respectueux hommages pour Madame James Brown Scott, agréez, Mon Cher Confrère, l'assurance de mon très cordial et inaltérable dévouement.

M. Adatci

Sir James Brown Scott
Washington.

[47] "Examen de l'organisation et des Statuts de la Société des Nations : Rapport de MM. Adatci et Ch. De Visscher" 1923

EXAMEN
DE
L'ORGANISATION ET DES STATUTS
DE LA
SOCIÉTÉ DES NATIONS

RAPPORT
DE
MM. Adatci et Ch. De Visscher.

Le présent rapport a été communiqué aux membres de la XXVIIe Commission par MM. Adatci et Ch. De Visscher, désignés comme co-rapporteurs par le Secrétaire général, le baron Albéric Rolin, en remplacement de MM. Alvarez et Gidel, qui, malheureusement, ont dû renoncer à remplir le mandat que leur avait confié l'Institut.

MM. De Boeck, de Louter, Dupuis, Blociszewski et Wehberg ont bien voulu nous faire parvenir leurs observations. On trouvera ci-après le texte de leurs réponses. M. Gidel a déclaré se rallier aux vues exposées par M. Dupuis.

*
**

L'organisation et les statuts de la Société des Nations soulèvent de vastes problèmes dont l'étude figurera sans doute longtemps encore à l'ordre du jour de l'Institut. Dans ces conditions, il a paru aux co-rapporteurs que la méthode la mieux appropriée consisterait à choisir, pour les soumettre aux délibérations de l'Institut, ceux de ces problèmes dont l'expérience révélerait graduellement la portée juridique et l'importance pratique pour l'avenir de la Société. Ils ont porté leur choix, cette année, sur les articles 10 et 18 du Pacte, l'un et l'autre présentent une importance considérable dans l'organisation constitutionnelle de la Société ; l'un et l'autre ont fait l'objet des controverses les plus vives et de diverses propositions d'amendements.

Projet de rapport sur l'article 10.

Ce n'est pas sans hésitations que les rapporteurs de la XXVIIe Commission ont soumis aux délibérations de l'Institut la disposition de l'article 10 du Pacte de la Société des Nations, objet, depuis plusieurs années, de discussions très vives d'où la passion politique n'est pas toujours absente. S'ils se sont décidés à le faire, c'est parce que cette question, plusieurs fois ajournée, par l'Assemblée, figure encore à l'ordre du jour de sa prochaine session et qu'il leur a paru que l'Institut de Droit International se devait à lui-même, en présence de la diversité des interprétations, d'émettre une opinion sur la portée juridique d'un texte qui a été considéré par ses rédacteurs comme l'une des dispositions fondamentales du Pacte.

L'article 10 est ainsi conçu :

« Les membres de la Société s'engagent à respecter et à maintenir contre toute agression extérieure l'intégrité territoriale et l'indépendance politique présente de tous les membres de la Société. En cas d'agression, de menace ou de danger d'agression, le Conseil avise aux moyens d'assurer l'exécution de cette obligation. »

On sait que la délégation canadienne à la première Assemblée avait proposé d'éliminer purement et simplement l'article 10. Lors de la troisième Assemblée

(1922), elle a modifié son attitude : se bornant à demander un amendement interprétatif, elle a formellement reconnu la valeur des arguments invoqués en faveur du maintien de l'article ; elle a admis que « l'on ne pouvait pas raisonnablement demander à l'Assemblée de l'éliminer » et affirmé que telle était l'opinion du Parlement canadien.

Ce revirement d'attitude, fruit de la réflexion est significatif ; il nous paraît la meilleure réponse aux arguments d'ordre *politique* des adversaires de l'obligation de garantie, arguments que développe M. Ch. Dupuis dans les très remarquables observations qu'il nous a adressées (1).

(1) Voyez *infra*.

L'article 10 édicte deux obligations distinctes :

1° Obligation de « respecter » : Les États, membres de la Société, s'engagent à ne pas recourir à la violence pour modifier le statut territorial et l'indépendance politique présente de tous les membres de la Société.

2° À côté de cette obligation négative ou d'abstention, l'article 10 formule une obligation positive, l'obligation de *garantie*.

C'est sur cette obligation de garantie que se concentrent depuis quatre ans, toutes les critiques ; c'est autour d'elle que les interprétations s'accumulent, si nombreuses et si divergentes qu'on en est venu à douter de la possibilité d'en définir la portée précise dans l'économie générale du Pacte.

L'article 10 s'est borné à formuler en termes généraux le principe de la garantie ; il n'en a pas défini la portée précise ; il n'a surtout pas organisé ses modalités d'exécution. Or, pour être effective, l'obligation de garantie doit être précisée quant à son contenu et organisée dans son exercice : c'est sur ces deux points essentiels, qu'il convient de fixer notre attention.

On constate, en effet, que les incertitudes actuelles concernant l'obligation de garantie peuvent se ramener aux questions suivantes :

1° Quel est l'objet spécifique de l'obligation de garantie consignée dans l'article 10 ?

2° Quelles prestations comporte l'exécution de l'obligation de garantie ?

3° À qui appartient-il de décider s'il y a lieu de garantie ?

4° À qui appartient-il de régler l'exercice de la garantie ?

I.

Quel est l'objet de la garantie de l'article 10.

Pour répondre à cette question, il faut, au préalable, s'entendre nettement sur le sens des termes « intégrité territoriale » et « agression extérieure ».

Intégrité territoriale n'est pas le synonyme d' « inviolabilité » du territoire. Garantir *l'intégrité* d'un territoire, c'est, en un sens, plus que garantir son inviolabilité. En effet, le garant de l'intégrité ne s'oblige pas uniquement, ni même principalement à protéger le territoire contre une agression en cours d'exécution. Son obligation spécifique comporte l'engagement de mettre tout en œuvre pour empêcher tout changement territorial de s'accomplir par le seul effet d'une agression même pleinement consommée. Cette obligation survit donc à l'impuissance momentanée des garants à s'opposer à une agression en cours ; elle leur fait un devoir de ne jamais reconnaître un statut territorial qui est le fruit de la violence, et d'en poursuivre la révision soit par la force, soit par la mesure d'exclusion prévue à l'article 16 *in fine,* soit enfin par le recours aux diverses procédures pacifiques indiquées par le Pacte et notamment par l'application de l'article 19. Que tel est bien le sens qu'il faut attribuer à la garantie de l'intégrité c'est ce que démontre clairement la première rédaction qui fut donnée à ce texte par le président Wilson. Cette première version, en même temps qu'elle garantissait les États contractants contre des modifications de statut territorial qui seraient déterminées par la violence, prévoyait une procédure pacifique permettant les révisions territoriales devenues nécessaires (1).

(1) Texte de la proposition originaire :

« *The Contracting Powers unite in guaranteeing to each other political independence and territorial integrity; but it is understood between them that such territorial readjustments, if any, as may in the future become necessary by reason of changes in present racial conditions and aspirations or present social and political relationships, pursuant to the principle of self-determination, and also such territorial readjustments as may in the judgment of three-fourths of the delegates be demanded by the welfare and manifest interest of the peoples concerned, may be effected if agreeable to those peoples; and that territorial changes may in equity involve material compensation. The Contracting Powers accept without reservation the principle that the peace of the world is superior in importance to every*

question of political jurisdiction or boundary».

Dans une rédaction ultérieure, la proposition fut formulée comme suit :

Art I. They undertake to respect the territorial integrity of all States members of the League, and to protect them from foreign aggression, and they agree to prevent any attempts by other States forcibly to alter the territorial settlement existing at the date of, or established by, the present treaties of peace.

Art. II. If at any time it should appear that the boundaries of any State guaranteed by Article I, do not conform to the requirements of the situation, the League shall take the matter under consideration and may recommend to the Parties affected any modification which it may think necessary. If such recommendation is refected by the Parties affected, the States members of the League shall, so far as the territory in question is concerned, cease to be under the obligation to protect the territory in question from forcible aggression by other States, imposed upon them by the above provision.

Agression extérieure : La garantie est inapplicable aux guerres civiles ou sécessions qui, en se produisant au sein d'un État, entraîneraient un changement dans son statut territorial.

Ces précisions ne sont cependant pas encore suffisantes pour nous fixer pleinement sur la portée de l'obligation de garantie. Pour mesurer exactement celle-ci, il faut souligner nettement les rapports qui existent entre l'article 10 et l'article 16 (17) du Pacte : indiquer comment, dans certaines hypothèses, leur action vient à se combiner ; comment, dans d'autres, l'obligation de garantie inscrite à l'article 10 s'isole, au contraire, de l'article 16 (17) et apparaît ainsi avec sa valeur propre et indépendante.

Dans une première série d'hypothèses l'agression extérieure ayant pour objet un changement territorial implique un recours à la guerre contraire aux engagements pris aux articles 12, 13 ou 15 du Pacte. Tel sera le cas quand un membre de la Société recourt à la guerre :

1° Sans avoir soumis soit à une procédure arbitrale ou judiciaire, soit à l'examen du Conseil, le différend d'ordre territorial qui a déterminé l'ouverture des hostilités (art. 12, alinéa 1er) ;

2° Sans avoir laissé expirer un délai de trois mois après la sentence arbitrale

ou judiciaire ou après le rapport du Conseil (art. 12, alinéa 1er) ;

3° Contre un État membre de la Société qui, se trouvant en possession du territoire litigieux, s'est vu adjuger le territoire par un arrêt de la Cour de Justice ou par une sentence arbitrale (art. 13, alinéa 4) ;

4° Contre un État membre de la Société dont la possession territoriale aurait été reconnue fondée soit par un rapport du Conseil rendu à l'unanimité, soit par une résolution de l'Assemblée adoptée dans les conditions de majorité visées par l'article 15 *in fine*.

Est-ce à dire que, même dans ces quatre hypothèses, où le recours à l'agression extérieure implique rupture de Pacte et entrave le déclanchement des sanctions collectives prévues par l'article 16, l'article 10 soit sans valeur propre et qu'il fasse double emploi ? En aucune façon : les sanctions collectives prévues par l'article 16 se réfèrent à une agression en cours d'exécution ; l'article 16 ne couvre pas l'hypothèse d'une agression déjà pleinement consommée qui a laissé l'agresseur triomphant en possession des territoires convoités. C'est ici que, pour rétablir le statut territorial dans son « intégrité », intervient le principe de l'article 10 : il fait aux membres de la Société l'obligation de maintenir leur protestation contre la violence commise et d'en poursuivre par tous moyens le redressement. (Voyez en ce sens le rapport de la première Commission à la deuxième Assemblée.)

Mais c'est surtout quand on se trouve en dehors des hypothèses visées par l'article 16 que le principe inscrit à l'article 10 prend toute sa valeur (1).

Le Pacte n'a pas interdit toutes les guerres :

1° Voici, par exemple, une guerre déclarée après le délai de trois mois prescrit par l'article 12 ; elle n'a pas pour origine une revendication territoriale : c'est seulement au cours des hostilités ou à la conclusion de la paix que se manifestent les vues annexionnistes de l'un des belligérants. — L'article 16 n'est pas applicable : l'intervention de garantie n'a pour base que l'article 10 ;

2° Ou bien encore une revendication territoriale ayant fait l'objet d'un examen du Conseil, celui-ci n'a pas réussi à faire adopter son rapport par tous ses membres, et l'État réclamant, après avoir attendu trois mois, déclare la guerre pour se mettre en possession du territoire litigieux. — Ici encore la garantie de l'article 10 est seule applicable ;

3° Ou enfin, en présence d'une recommandation même unanime du Conseil,

aucune des deux parties ne s'y étant conformée, lune [l'une] d'elles déclare la guerre à l'autre après observation du délai de trois mois (2).

Dans tous ces cas, l'obligation de garantie est l'unique protection de l'État victime d'une agression dirigée contre son statut territorial. On est donc amené à reconnaître que l'article 10 a sa valeur propre, son champ d'action particulier. Il ne faut donc pas, pour le défendre contre des propositions de suppression, dire qu'il fait double emploi avec l'article 16. (3)

Mais alors ne tombons-nous pas sous le coup d'une objection nouvelle ? Ainsi comprise, la garantie n'aboutit-elle pas en fait à perpétuer le statut territorial existant ? On l'a dit (4), mais il y a ici un malentendu certain. L'objection confond deux choses absolument distinctes : la légitimité au fond d'une revendication territoriale et l'agression violente qui pourrait lui servir d'instrument. L'article 10 se borne à déclarer qu'aucune modification de frontière déterminée uniquement par la force des armes ne sera tolérée par les membres de la Société ; il réserve pleinement la possibilité de certaines révisions territoriales par le recours aux procédures pacifiques organisées par le Pacte (art. 13, 15, 19) soutenues éventuellement par le recours aux armes, comme ce serait le cas quand un État auquel le Conseil aurait adjugé un territoire litigieux par une recommandation unanime se verrait contraint, trois mois après cette recommandation, à faire la guerre pour entrer en possession de ce territoire (5).

(1) Henri H. -A. Rolin, *La révision du Pacte, dans R. D. I.,* 1922, pages 343 et suivantes ; Schücking et Wehberg, *Die Satzung des Völkerbundes,* pp. 295-6.

(2) Schücking et Wehberg, *op. cit.,* p. 296.

(3) M. de Louter se prononce contre notre interprétation et n'admet pas que l'article 10 ait un champ d'action distinct. Voyez ses observations *infra.*

(4) Voir le mémoire de M. Ch. Doherty à l'appui de la proposition de suppression de l'article 10.

(5) Il est à noter que, dans ce cas, les sanctions de l'article 16 ne sont pas applicables à celles des parties qui se borne à refuser d'exécuter la recommandation.

II.

Quelles prestations comporte l'exécution de l'obligation de garantie.

On a dit — et il est d'ailleurs exact — que la disposition de l'article 10 a une valeur surtout préventive. Il n'en est pas moins vrai qu'ici comme ailleurs la valeur de l'action préventive dépend de la certitude et de l'efficacité de la répression. La rédaction de l'article 10 est extrêmement vague quant à la nature des moyens à mettre en œuvre pour assurer l'exécution de l'obligation de garantie : « En cas d'agression, de menace ou de danger d'agression, le Conseil avise aux moyens d'assurer l'exécution de cette obligation. »

Ici surtout il est essentiel de distinguer les hypothèses où l'action de la garantie coïncide et se combine avec l'application des sanctions collectives établies par l'article 16 de celles où l'obligation de garantie s'applique à une situation non prévue par cet article.

1° Il est certain que, dans la première série d'hypothèses, les deux sanctions collectives nettement définies à l'article 16 s'appliquent *obligatoirement : a*) interdiction de maintenir des relations économiques avec l'État en rupture de Pacte ; *b*) obligation pour tout État membre de faciliter le passage à travers son territoire des forces de tout membre de la Société qui participe à une action commune pour faire respecter les engagements de la Société. Il est certain encore que, dans ces cas, les membres n'ont aucune obligation *militaire positive :* nous entendons par là, aucune obligation *actuellement organisée* par le Pacte qui puisse, dans un cas déterminé, placer les membres devant l'obligation *sociale* de mettre leurs forces à la disposition de la Société. Qu'il y ait là une lacune assurément très grave dans l'organisation actuelle du Pacte, cela n'est pas douteux. Mais l'existence de cette lacune est certaine et l'on en trouve la preuve évidente dans les projets dus à l'initiative de lord Robert Cecil qui visent à la constitution d'un Pacte général de garantie (1).

Cecil résulte clairement du texte de l'article 16, qui spécifie nettement les deux seules obligations proprement dites qui incombent aux membres : cette énumération n'aurait pas de sens si elle n'était limitative, les prestations militaires, navales ou aériennes ne font l'objet, de la part du Conseil, que de simples recommandations sans caractère obligatoire (art. 16, alinéa 2) ;

2° Mais supposons que l'obligation de garantie formulée à l'article 10 vienne à s'appliquer dans un cas qui ne tombe pas sous l'application de l'article 16. La deuxième Assemblée a émis l'opinion que dans ce cas l'application des sanctions

économiques visées à l'article 16 ne saurait être considérée comme obligatoire ; elle a, en conséquence, adopté la résolution suivante : « Les mesures économiques mentionnées à l'article 16 ne sont applicables, sous réserve des dispositions spéciales de l'article 17 (2), qu'au cas spécifique visé dans le dit article. » Dans le silence du texte cette solution paraît exacte : on peut admettre que le Pacte ait considéré l'application de ces sanctions comme obligatoire à l'égard d'une agression *en cours impliquant une violation des engagements précis* des articles 12, 13 ou 15 et qu'il n'ait considéré cette application que comme facultative à l'égard d'une agression qui : 1) ou bien n'existe qu'à l'état de menace, 2) qui n'implique pas l'omission des règles de procédure pacifique ou qui 3) est déjà pleinement consommée.

(1) Ces précisions répondent aux intéressantes observations de M. Blociszewski, sub 2° ; voyez *infra*.

(2) Il s'agit ici des dispositions des alinéas 1er et 3 de l'article 71.

Quant aux sanctions *militaires*, on ne saurait admettre que le Pacte, qui les considère comme simplement facultatives dans les hypothèses visées par l'article 16, ait voulu leur assigner dans celle de l'article 10 un caractère obligatoire.

En un mot, les sanctions à prendre contre une agression territoriale qui ne rentre pas dans les cas de rupture de Pacte visés à l'article 16 sont, dans l'ordre militaire comme dans l'ordre économique, simplement facultatives pour les membres de la Société. L'intervention du Conseil ne se manifeste ici que sous la forme de recommandations.

III.

À qui appartient-il de décider s'il y a lieu à garantie ?

L'article 10 ne s'est pas expliqué sur ce point, mais la réponse ne saurait être douteuse. Il appartient à chacun des membres de la Société d'apprécier les circonstances de fait et de décider si elles réalisent ou non les conditions d'application de la garantie sociale.

Cette solution résulte tout d'abord du fait que le Pacte ne reconnaît à aucun organe de la Société le pouvoir d'émettre, à cet égard, une décision obligatoire pour les membres. Elle apparaît dans l'organisation actuelle de la Société comme

seule compatible avec le respect de la souveraineté des États. Ajoutons que la deuxième Assemblée, visant l'application des sanctions collectives de l'article 16 contre un État en rupture de Pacte, a voté la résolution suivante qu'elle a considérée comme simplement interprétative: « Il appartient aux différents membres de déterminer s'il y a eu rupture du Pacte. » Cette règle est donc directement applicable à toutes les hypothèses d'agression extérieure où le jeu de la garantie de l'article 10 se combine avec celui de l'article 16 du Pacte ; en d'autres termes, quand il s'agit d'une agression en cours d'exécution impliquant un recours à la guerre, contraire aux prescriptions des articles 12, 13 ou 15. Il ne saurait en être autrement des cas, évidemment moins nettement caractérisés, où la garantie vient à jouer indépendamment de l'article 16. On ne saurait, en bonne logique, reconnaître ici au Conseil un pouvoir de décision qui ne lui appartient pas dans l'hypothèse d'une agression en cours. Nous verrons toutefois qu'à défaut de décision, le Conseil peut émettre un avis sur le point de savoir s'il y a lieu à garantie.

IV.

À qui appartient-il de régler l'exercice de garantie ?

Il est incontestable que, dans la mise en œuvre des moyens propres à assurer l'exercice de la garantie, l'article 10 assigne au Conseil un rôle important: « ... le Conseil avise aux moyens d'assurer l'exécution de cette obligation. » Mais, sur ce point comme sur d'autres, le texte, fort laconique, s'est borné à poser le principe. La portée de la disposition ne paraît cependant pas douteuse. La mission du Conseil est essentiellement une mission de *coordination* qui a pour objet: *a*) de réaliser autant que possible l'accord entre les membres sur l'appréciation des circonstances susceptibles de donner ouverture à garantie, étant entendu que chacun d'eux garde à cet égard le droit de décision finale (voyez *supra*) ; *b*) de coordonner les prestations des États membres sur la base d'un plan d'action commun.

A. Quant au premier point, il faut reconnaître que si, par respect pour la souveraineté des États, il importe de laisser à chacun d'eux l'appréciation du *casus fœderis,* il est cependant pratiquement fort désirable qu'à cet égard s'établisse entre eux cette bonne entente, qui est la condition essentielle d'une action

collective efficace.

La deuxième Assemblée, qui a examiné cette question d'une façon approfondie sur le terrain des sanctions économiques de l'article 16 (1), a reconnu la nécessité d'organiser cette entente par l'intermédiaire de l'organe qui paraît tout désigné à cet effet, le Conseil de la Société. Après avoir affirmé le principe qu'il appartient aux membres de la Société de déterminer s'il y a rupture de Pacte (voyez *supra*), elle a adopté le texte suivant, présenté sous la forme d'un amendement à l'article 16 :

« Il appartient au Conseil d'émettre un avis sur le point de savoir s'il y a ou non rupture du Pacte. Au cours des délibérations du Conseil sur cette question, il ne sera pas tenu compte du vote des membres accusés d'avoir eu recours à la guerre et des membres contre qui cette guerre est entreprise » (2). Le Conseil n'étant appelé qu'à émettre un *avis,* sa délibération n'exige pas l'unanimité, la règle de l'article 5 ne s'appliquant qu'aux « décisions » proprement dites ; comme, néanmoins, cette unanimité est désirable, il est spécifié qu'on ne tiendra pas compte de la voix des États directement intéressés. Il s'agit donc là d'une procédure qui tend à introduire un minimum de coordination et de discipline dans cette « action commune » dont parle l'article 16 (alinéa 3) sans en préciser autrement les conditions de mise en exercice.

(1) Voir surtout le rapport de M. Schanzer au nom de la 3e Commission.

(2) Le détail de la procédure est précisé dans deux « résolutions » adoptées par l'Assemblée :

« Le Conseil sera saisi d'urgence de tous cas de rupture de Pacte prévus par l'article 16, à la demande de tout État membre de la Société. — Le Secrétaire général, en cas de rupture de Pacte ou de danger d'une telle rupture en avertira d'urgence tous les membres du Conseil. Au reçu de la demande d'un État ou de l'avertissement du Secrétaire général, le Conseil se réunira dans le plus bref délai possible. Il convoquera les États en conflits et ceux qui sont voisins de l'État fautif, ou ceux qui entretiennent ordinairement avec lui d'étroites relations économiques, ou ceux dont la coopération serait particulièrement utile pour l'application de l'article 16.

« Si le Conseil est d'avis qu'un État est en rupture de Pacte, le procès-verbal de la réunion dans laquelle cet avis aura été émis sera transmis d'urgence à tous

les membres de la Société avec l'exposé des motifs et l'invitation de s'y conformer. À cet acte sera donné la plus large publicité. »

Cette procédure pourrait-elle être appliquée à l'exécution de l'obligation de garantie dans les cas où celle-ci n'implique pas le recours illicite à la guerre prévu à l'article 16 ? Oui, croyons-nous ; les avantages pratiques d'une telle coordination se retrouveraient évidemment ici. Pour la réaliser sur le terrain de l'article 10, un amendement à cet article serait-il indispensable ? S'agissant d'un simple *avis,* le Conseil nous paraît autorisé à l'émettre sur la base du texte actuel, qui le charge expressément d'aviser aux moyens d'assurer l'exécution « de l'obligation de garantie ». Pour la même raison, il nous paraît assez inutile d'introduire un amendement spécifiant que les voix des États intéressés ne compteront pas dans le calcul de l'unanimité ; une recommandation échappe par sa nature à l'exigence de l'unanimité.

Ici, se pose une question très délicate, d'une importance pratique considérable : Les États membres doivent-ils surseoir à l'exécution individuelle de l'obligation de garantie jusqu'à ce que le Conseil ait émis son avis sur le point de savoir s'il y a ouverture à garantie ?

Il faut distinguer entre les mesures de pression économique, envisagées à l'article 16, et les mesures militaires :

1° La deuxième Assemblée, qui n'a examiné la question qu'à propos des sanctions économiques, n'a pas accepté une proposition qui tendait à suspendre leur mise en action jusqu'à l'avis du Conseil. Il lui a semblé que ce sursis obligatoire serait en contradiction avec le droit individuel des États de décider s'il y a ou non rupture de Pacte. Il est à noter cependant que la thèse favorable au sursis n'a été écartée que par 27 voix contre 11 et 13 absents ou abstentions. L'opinion contraire, qui comptait au sein de l'Assemblée des partisans résolus, nous paraît devoir être préférée pour les motifs suivants :

a) Tout d'abord, il est à noter que l'avis du Conseil n'est, en toute hypothèse, qu'une simple recommandation sans force obligatoire. Il s'agit, en réalité, seulement d'un très bref sursis qui n'a, selon nous, rien d'incompatible avec le respect des droits souverains des États ;

b) On ne peut objecter à ce sursis la rédaction de l'article 16 qui dit que : « les

États s'engagent à rompre *immédiatement* »... L'Assemblée elle-même a reconnu que ce texte ne doit pas s'interpréter au pied de la lettre : la rupture de Pacte fait naître une obligation immédiate, mais il ne s'ensuit pas que cette obligation comporte toujours une exécution intégrale immédiate. L'assemblée a admis, comme le commande le bon sens, que l'exécution de cette obligation peut comporter des mesures diverses qui doivent, dans certains cas, pouvoir s'échelonner chronologiquement. À plus forte raison, le sursis se justifie-t-il lorsqu'il s'agit d'une mesure qui a pour but de réaliser l'entente initiale entre les membres de la Société sur l'attitude à observer ;

c) Les dangers et inconvénients de toute action isolée sont évidents. Des divergences de vues peuvent s'élever facilement entre les États membres dans l'application des circonstances qui peuvent donner ouverture à garantie.

La réunion du Conseil qui a pour but de réaliser l'accord perdrait la plus grande part de son utilité si elle pouvait être précédée par l'application isolée des sanctions économiques de la part d'un ou de plusieurs États ; cette application anticipée pèsera sur les délibérations du Conseil, elle lui enlèvera toujours un peu de sa liberté d'appréciation ; souvent même ces interventions hâtives éveilleront des suspicions qui rendront l'entente impossible au sein du Conseil. Nous touchons ici au danger le plus grave : ces interventions précipitées peuvent être inspirées par des visées politiques intéressées. Or, il faut éviter à tout prix que l'obligation sociale de garantie ne serve de prétexte à des actes de mauvais gré qui, au lieu de limiter le conflit, en amèneraient fatalement l'extension ; rien ne compromettrait davantage l'autorité de la Société ;

d) Enfin on n'aperçoit pas, tant qu'il ne s'agit que de sanctions économiques, la nécessité de passer sans le moindre délai à leur exécution. Ces mesures ne peuvent, généralement du moins, agir qu'assez lentement ; le très court sursis nécessaire pour la réunion du Conseil ne peut en compromettre le succès ;

2° À la différence des sanctions économiques, les sanctions de caractère militaire ne sont pas obligatoires (voyez *supra*).

Dans les cas où elles sont provoquées par la Société, le Conseil doit se borner à de simples recommandations.

L'article 16, alinéa 2, ne vise que ces seuls cas d'intervention militaire provoquée par la Société ; il est évident qu'ici une entente s'établira toujours au

préalable entre le Conseil et les États auxquels il s'adresse.

Mais l'intervention militaire à titre de garantie peut se produire *spontanément.* Dans ce cas, l'avis du Conseil sur le point de savoir s'il y a ou non ouverture à garantie doit-il la précéder ? Le sursis est-il obligatoire ici comme il s'impose, selon nous, pour l'application des sanctions économiques ? Il est évident qu'on peut invoquer en faveur de l'affirmative quelques-unes des considérations développées ci-dessus et qui semblent même s'imposer ici *a fortiori.* Plus encore qu'une pression économique, une intervention militaire isolée ou mal fondée est de nature à entraîner de fâcheuses conséquences. Mais un autre élément d'une importance capitale entre ici en ligne de compte. L'agression se présentera en fait très souvent sous la forme d'une attaque brusquée, à laquelle on ne peut parer efficacement que par une intervention militaire *immédiate.* Pratiquement, il ne sera souvent pas possible aux États membres de la Société de suspendre leur intervention jusqu'au moment où le Conseil aura émis son avis. D'un autre côté, il est évident que la prestation de la garantie sociale peut, dans un cas donné, n'être pour l'intervenant qu'un prétexte à une déclaration de guerre inspirée par un mobile d'agression et contraire à l'esprit du Pacte. Elle peut cacher la mise à exécution d'un plan militaire offensif, préalablement concerté entre deux États. Comment parer à ce danger ? *Quis custodiet* 〔*ipsos*〕 *custodes ?*

La solution de cette très grave difficulté, qui n'a pas été examinée, semble-t-il, jusqu'à présent d'une manière approfondie, se trouve dans une application de diverses dispositions du Pacte. Il faut partir du principe suivant : Si le Conseil n'a pas qualité pour décider par voie de disposition générale et de façon à lier les États membres qu'il y a lieu à garantie, en revanche les articles 4 et 11 du Pacte lui font un devoir, en présence d'une action militaire engagée par un État tiers qui se réclame de l'article 10, *de se prononcer sans délai sur le véritable caractère de cette intervention.*

Cette délibération du Conseil est indispensable ; la possibilité laissée à un État de détourner dans un but d'agression les procédures organisées par le Pacte serait fatale au prestige de la Société et à la bonne entente entre ses membres.

Ceci dit, deux cas doivent être distingués :

1° Le différend d'ordre territorial qui s'est élevé entre un État A et un État B a déjà fait l'objet d'un recours aux procédures pacifiques organisées par le Pacte,

et l'État A, auquel a donné gain de cause un arrêt de la Cour, une sentence arbitrale ou une recommandation unanime du Conseil, se voit brusquement troublé dans sa possession par son adversaire. Ici l'État C, qui vient à son secours doit *a priori* être considéré comme justifié dans son action ; aucun devoir spécial ne lui incombe ; pas plus que l'État A, dont la cause lui devient commune, il n'est lié par les prescriptions de l'article 12. Les procédures pacifiques imposées par cet article ont été pleinement utilisées ; il s'agit ici de repousser une agression qui *a priori* tombe sous le coup de l'article 16 aussi bien que de l'article 10 du Pacte. Toutefois, même dans ce cas, l'application de l'article 11 restant pleinement réservée, il appartiendrait à tout État membre de la Société de déférer au Conseil toute intervention abusive ;

2° Supposons, au contraire, que l'agression qui a motivé l'intervention de l'État C n'ait été précédée d'aucun recours aux procédures pacifiques prescrites par l'article 12. En pareil cas, les deux parties principales s'accuseront souvent mutuellement d'avoir commis le premier acte d'agression, et l'intervention ne bénéficie pas des présomptions favorables dont elle peut se réclamer dans l'hypothèse précédente. Seul un examen par le Conseil permettra de décider si l'intervention se justifie ou non sur la base de la garantie de l'article 10. Dans ces conditions, l'intervenant assume les obligations que l'article 12 impose aux parties principales ; il saisira le Conseil du différend, ce qui mettra ce dernier à même d'exercer à la fois les fonctions qu'il tient de l'article 11 et celles que lui confère l'article 15. Réuni d'urgence, le Conseil, en même temps qu'il s'efforcera d'amener une suspension des hostilités (art. 11), s'attachera à préciser le véritable caractère de l'intervention ; *a*) si, eu égard aux circonstances, il estime que celle-ci répond effectivement à la prestation de garantie, sa délibération, émise sous la forme d'un avis, aura pour unique effet de faire considérer l'intervenant comme un agent d'exécution de la garantie sociale ; *b*) s'il estime, au contraire, que l'action militaire engagée par l'intervenant ne peut pas s'autoriser de l'article 10, son avis s'accompagnera d'une *défense* (décision proprement dite prise à l'unanimité, déduction faite des votes des États directement intéressés) faite à l'intervenant de poursuivre son action ; *c*) dans l'un et l'autre cas le Conseil, se considérant comme saisi du différend, évoquera l'affaire pour règlement au fond (1).

Ainsi le devoir assigné à l'intervenant de saisir le Conseil permettra à ce

dernier d'exercer un contrôle indispensable sur le caractère de l'intervention et d'imposer aux partis son action médiatrice (2).

(1) D'autres éventualités pourraient être envisagées ; elles seront discutées avec beaucoup de précision par M. Wehberg ; voyez ses observations *infra.*

(2) MM. Dupuis, Blociszeswki et Gidel se sont prononcés contre toute obligation de l'intervenant de saisir le Conseil. Voyez *infra,* des observations de MM. Dupuis et Blociszewshi.

B. *La coordination des prestations de garantie.*

Le texte de l'article 10, qui assigne au Conseil la mission générale d'aviser aux moyens de nature à assurer l'exécution de l'obligation de garantie, lui impose le devoir de coordonner les prestations des États membres sur la base d'un plan d'action commun. Cette fonction, le Conseil l'exerce sous la forme de recommandations. Il en est ainsi pour les prestations militaires prévues à l'article 16, alinéa 2 ; il ne saurait en être autrement de prestations du même ordre exigées pour l'exécution de l'obligation de garantie. Quant aux pressions économiques, la deuxième Assemblée, se plaçant sur le terrain de l'article 16, a voté sous forme d'amendement à cet article une rédaction qui charge le Conseil « de notifier aux membres de la Société la date à laquelle il recommande d'appliquer les pressions économiques visées à cet article », disposition évidemment utile, qui peut être appliquée au cas de garantie de l'article 10.

L'Assemblée a également admis que l'application des sanctions économiques prévues par l'article 16 peut être graduée selon l'attitude de l'État en rupture de Pacte ; elles peuvent aller de la simple rupture des relations diplomatiques jusqu'à la suppression du ravitaillement de la population civile. Cette gradation, qui proportionne la rigueur des sanctions à la gravité des infractions, semble pouvoir être admise également dans le cas de l'article 10 ; à ce point de vue encore, le Conseil peut intervenir utilement pour recommander un plan d'action commun.

Si nous avons discuté avec quelque détail l'éventualité d'une intervention militaire anticipant sur l'action collective des organes de la Société, c'est parce qu'elle fixe l'attention sur un aspect de la procédure de garantie qui a fait l'objet récemment de suggestions intéressantes. Très souvent l'assistance militaire prêtée par un État à un État voisin victime d'une agression aura fait l'objet d'un

accord militaire défensif *préalable*. L'absence dans le Pacte de toute obligation militaire définie peut obliger des États exposés à des risques d'agression communs à conclure des accords partiels destinés à protéger l'intégrité de leurs territoires respectifs contre toute agression non provoquée du dehors. L'article 21 du Pacte autorise de telles ententes en déclarant que « les engagements internationaux... et les ententes régionales... qui assurent le maintien de la paix ne sont considérés comme incompatibles avec aucune des dispositions du présent Pacte ».

On a sans doute signalé souvent les dangers d'accords militaires restreints et l'on ne peut nier que, pour légitimes qu'ils soient souvent dans leur principe, ils peuvent dégénérer dans la pratique et amener la reconstitution graduelle d'un système d'alliance contraire à l'esprit du Pacte et dangereux pour le maintien de la paix. D'un autre côté, les tentatives faites pour mettre sur pied un pacte *universel* de garantie mutuelle impliquant à charge des membres de la Société des obligations militaires nettement définies n'ont abouti jusqu'à ce jour, à aucun résultat. On ne peut pratiquement demander à un État qui n'a aucun intérêt propre dans un continent étranger ou dans une région lointaine où une agression s'est produite, de mettre ses forces militaires à la disposition de la Société pour en assurer la répression. Quoi qu'on fasse, la garantie ne jouera efficacement qu'entre États qui sont unis par une solidarité d'intérêts suffisamment intime pour se traduire à l'heure du danger par une assistance vraiment effective. La constitution, au sein de la Société, d'ententes continentales ou régionales visant à organiser pratiquement le jeu de la garantie dans une zone géographique déterminée répond à cette préoccupation. Elle se rattache à ce courant d'idées très générales qui tend à orienter l'acton de la Société dans sa voie des réalisations positives et définies par la conclusion entre les membres d'accords continentaux ou régionaux ayant pour objet de préciser dès leur application géographique et par là même de renforcer dans leur valeur politique les engagements de caractère universel indiqués dans le Pacte.

À la suite du dépôt par le Gouvernement tchéco-slovaque d'une proposition d'amendement à l'article 21 favorable à l'extension des accords restreints ou partiels, la Commission des Amendements et la 1re Commission de la deuxième Assemblée ont examiné de très près ce problème, qui présente pour l'avenir de la Société des Nations un intérêt capital. Une résolution de la deuxième Assemblée

met en relief l'utilité que peut présenter la conclusion de ces accords particuliers en tant qu'ils visent à « préciser ou à compléter les engagements en vue du maintien de la paix ou de la collaboration internationale tels qu'ils sont stipulés dans le Pacte ». Le danger que peuvent recéler de tels accords a cependant été clairement aperçu. Pour se maintenir et se développer dans un esprit conforme au Pacte, les ententes régionales doivent garder le contact avec les organes de la Société et s'adapter aux méthodes et aux procédures établies par le Pacte. C'est de cette préoccupation que s'inspire l'alinéa final de la résolution votée par la deuxième Assemblée : « De tels accords pourront être négociés sous les auspices de la Société, par exemple dans des conférences spéciales avec son concours. » Il faut reconnaître cependant que, dans l'état actuel des relations internationales, cette idée de collaboration des organes de la Société n'est guère applicable à la conclusion d'accords militaires défensifs dont la véritable portée ne ressort, le plus souvent, que de conventions techniques annexes qui restent nécessairement secrètes. En tous cas, c'est là un problème qui mérite le plus sérieux examen de tous les hommes de science et d'État.

Projet de résolutions concernant l'article 10 du Pacte de la Société des Nations.

I.

La garantie formulée par l'article 10 n'a pas pour objet de perpétuer le statut politique ou territorial existant. Elle tend à assurer les États membres de la société victimes d'une agression extérieure de l'assistance de tous les autres membres en vue du maintien ou du rétablissement de l'état de choses menacé ou détruit par la violence, sans préjuger en rien de la légitimité des revendications qui ont pu motiver l'agression et en réservant pleinement le recours aux procédures pacifiques propres à leur donner éventuellement satisfaction.

L'article 10 a sa portée et sa valeur propres, la prestation de la garantie ne se limitant pas aux éventualités prévues par les articles 16 et 17 du Pacte.

II.

L'exécution de l'obligation de garantie comporte l'application obligatoire des sanctions économiques et l'application facultative des sanctions militaires prévues par les articles 16 et 17 dans tous les cas où la garantie s'exerce contre une agression en cours d'exécution, entreprise en violation des articles 12, 13, 15 ou 17

du Pacte. Dans les autres cas, l'application de ces sanctions est toujours simplement facultative.

III.

Il appartient aux États membres de la Société de décider dans quels cas s'ouvre l'obligation de garantie.

IV.

Toutefois, par application de la disposition de l'article 10 *in fine* du Pacte et en vue de réaliser entre les membres de la Société l'accord indispensable à une action collective efficace, le Conseil réuni d'urgence à la demande de tout État membre de la Société (art. 11) pourra émettre un avis sur le point de savoir s'il y a lieu à garantie.

En règle générale, la mise en vigueur des sanctions économiques prévues par l'article 16 ne devra pas précéder cet avis.

Dans le cas où une intervention militaire de garantie serait engagée par un ou plusieurs membres préalablement à cet avis, les intervenants qui ne pourraient se prévaloir d'une sentence arbitrale ou judiciaire ou d'une recommandation unanime du Conseil seront tenus, par application de l'article 12 du Pacte, de soumettre le différend à l'examen du Conseil.

Projet de rapport relatif à l'article 18 du Pacte.

L'article 18 procède directement du principe énoncé dans le premier des 14 points du Président Wilson. Comme plusieurs dispositions analogues, contenues dans les divers projets de constitution de la Société des Nations, il tend à remplacer, autant que possible, les tractations diplomatiques secrètes par un régime de large publicité. Dans la pensée des rédacteurs du Pacte, cette publicité des engagements internationaux constituait une double garantie de paix : garantie directe, elle rendrait impossible à l'avenir la conclusion de conventions qui ne s'entourent de mystère que parce qu'elles, s'inspirent de la malveillance ; garantie indirecte, elle assurerait le contrôle démocratique des relations diplomatiques et empêcherait les Gouvernements d'engager les peuples à leur insu et contrairement à leur volonté.

Toutefois, il faut l'observer immédiatement, le Pacte n'a pas frappé de nullité les conventions secrètes. Non seulement cette nullité n'est édictée par aucun texte,

mais, comme nous allons le voir, la sanction établie par l'article 18 pour le défaut d'enregistrement implique, au contraire, la validité du traité non enregistré, compatible bien entendu, avec le Pacte (art. 20), par là même qu'elle se borne à paralyser sa force exécutoire. On ne peut donc pas dire qu'un traité secret est nul à raison de son seul défaut d'enregistrement. On ne peut pas dire davantage qu'il est nul parce que l'absence d'enregistrement doit faire présumer que sa teneur est contraire au Pacte : cette présomption serait loin d'être toujours conforme à la réalité ; logiquement elle impliquerait, du reste, la nullité radicale du traité, laquelle est, au contraire, exclue par le Pacte.

Analyse de l'article 18.

L'article 18 impose à tout État membre de la Société l'obligation de présenter, aux fins d'enregistrement et de publication par les soins du secrétariat de la Société des Nations, tout acte qui présente les caractères d'un engagement international ; la sanction de cette obligation est formulée dans la deuxième phrase de l'article : « Aucun de ces traités ou engagements internationaux ne sera obligatoire avant d'avoir été enregistré. »

L'étude de l'article 18 soulève les questions suivantes :

1. À qui incombe l'obligation de présenter les traités à l'enregistrement ?
2. Quels sont les actes dont l'enregistrement est obligatoire ?
3. Quel est le rôle du secrétariat chargé de procéder à l'enregistrement et à la publication des traités ?
4. Quelle est la portée précise de la sanction de l'obligation d'enregistrement ?

I.

Le Pacte n'impose, en principe du moins (voy. *infra*), d'obligations qu'aux seuls États membres de la Société. Aux termes de l'article 18, l'obligation de présenter les traités à l'enregistrement n'incombe qu'à ces derniers. Un traité intervenu entre deux États non membres de la Société ne tombe donc pas sous l'application de notre article. En revanche, un État membre qui conclut un traité avec un État non membre est tenu de le présenter à l'enregistrement : le texte de l'article 18 est explicite en ce qui concerne cette question d'obligation ; nous examinerons plus

loin la question de savoir si dans ce dernier cas la sanction prévue pour le défaut d'enregistrement est applicable.

II.

Quels sont les actes dont l'enregistrement est obligatoire ?

Le texte, dans sa teneur actuelle, n'autorise guère de distinctions. Sa rédaction, absolument générale, semble devoir s'appliquer à toutes conventions productives d'obligations internationales.

Il semble pourtant certain que cette interprétation littérale va au-delà de la véritable pensée des auteurs du Pacte : les traités dont ils ont voulu assurer la publicité sont ceux qui, par leur portée politique, sont susceptibles de porter atteinte aux bonnes relations internationales. En fait, de nombreuses conventions d'ordre purement technique, d'importance très secondaire ou de très courte durée, ne présentent pas ce caractère. La véritable difficulté est d'établir à cet égard une ligne de démarcation pratiquement satisfaisante entre les traités : des conventions d'ordre économique, par exemple, peuvent avoir et, en fait, ont de plus en plus fréquemment des répercussions politiques très graves. Cette difficulté suffit à expliquer l'absence, dans l'énoncé du principe, de la publicité de certaines exceptions dont la pratique a révélé la nécessité.

Sans doute, le seul caractère technique d'un arrangement, ou son importance relativement minime ne constituent pas par eux-mêmes des motifs suffisants pour dispenser les Gouvernements de le présenter à l'enregistrement. Ce serait laisser à ceux-ci une latitude dangereuse qui pourrait conduire à l'abandon graduel du principe même de la publicité. Mais l'objection à la publication devient beaucoup plus pressante lorsque le secret d'une tractation est indispensable pour conserver au traité son efficacité et sa raison d'être ou pour éviter un préjudice certain aux Parties contractantes. On a pu citer à titre d'exemple certains accords financiers qui ont été conclus pour liquider les conséquences de la guerre, ainsi que les conventions militaires intervenues pour régler les conditions techniques d'exécution d'un accord défensif préalablement enregistré. Il semble bien que l'interprétation littérale du texte conduit ici à des conséquences inadmissibles, contraires aux véritables intentions du Pacte. Des propositions d'amendement ont été formulées qui visent à dispenser de l'enregistrement certaines catégories

d'engagements : nous y reviendrons plus loin.

III.

Du rôle du Secrétariat.

Le secrétariat n'est investi par l'article 18 que d'une fonction purement administrative : son seul devoir est d'enregistrer et de publier tout traité qui lui est présenté à cette fin par l'une des Parties contractantes. Il n'exerce donc aucun contrôle sur le contenu du traité ; il n'a pas qualité notamment pour refuser d'enregistrer un traité qu'il estimerait contraire aux obligations du Pacte. Ce système se défend très bien du moment où l'on se rend compte que l'enregistrement ne constitue qu'une mesure de publicité : il ne faut le considérer à aucun degré comme un « acte confirmatoire » qui aurait pour effet de valider, éventuellement avec effet rétroactif, une convention nulle dans son principe comme contraire au Pacte. L'enregistrement ne confère au traité aucune valeur qu'il ne possède par lui-même. C'est à l'article 20 que nous trouvons la sanction de la prohibition des engagements contraires au Pacte : ces engagements doivent être considérés comme nuls.

Le secrétariat ne peut enregistrer que des traités devenus définitifs entre Parties, ce qui impliquera, en règle très générale, leur ratification.

Ainsi que nous allons le voir, la sanction attachée au défaut d'enregistrement est grave : le traité, tant qu'il n'a pas été enregistré, est dénué de force exécutoire. Il semble donc nécessaire de fournir aux États l'assurance complète que les traités qu'ils ont envoyés à l'enregistrement ont bien effectivement été enregistrés par le secrétariat. La Commission de juristes qui a été chargée en 1921, par le Conseil de la Société, de l'étude de l'article 18 a proposé un projet de règlement de l'enregistrement qui contient les dispositions suivantes :

Art. 7.-Le Secrétaire général procède à l'enregistrement des actes... le jour même de leur réception.

Art. 8.-Le Secrétaire général communique mensuellement aux membres de la Société la liste des actes enregistrés pendant le mois précédent, avec la date et le numéro de l'enregistrement.

IV.

La portée de la sanction édictée par l'article 18.

C'est sur ce point surtout que des discussions se sont élevées. La sanction de l'obligation d'enregistrement soulève, en effet, des questions très délicates qui peuvent être ramenées aux points suivants :

A.-Le défaut d'enregistrement des traités affecte-t-il l'existence des obligations conventionnelles ou seulement leur force exécutoire ? En admettant cette seconde interprétation, quelles sont les conséquences qui en résultent : entre Parties membres toutes deux de la Société des Nations ; entre Parties dont une seulement est membre de la Société ; à l'égard de la Société des Nations elle-même ?

B.-L'enregistrement différé opère-t-il avec effet rétroactif.

A.-Il résulte de l'article 18 que la conclusion définitive d'un traité, qui généralement s'opère par la ratification, n'est plus suffisante par elle-même pour le rendre positivement obligatoire : l'exigibilité des engagements conventionnels est tenue en suspens aussi longtemps que le traité n'est pas enregistré. Il ne faudrait donc pas croire qu'en présence d'un traité dûment ratifié, mais non enregistré, les Parties contractantes conservent à tous égards leur liberté d'action. Dès le moment où le traité est diplomatiquement parfait par l'échange ou le dépôt des ratifications, les Parties sont liées en ce sens qu'elles ne peuvent plus s'en affranchir par une dénonciation unilatérale ; mais, tant que le traité n'a pas été enregistré, aucune des Parties ne peut être contrainte de remplir ses engagements. Il ne faudrait donc pas assimiler la période qui peut s'écouler entre la ratification et l'enregistrement à celle qui sépare la signature de la ratification. Une distinction s'impose ici entre l'existence des obligations conventionnelles et leur exigibilité : ratifié, le traité existe ; non enregistré, il reste dénué de force exécutoire. Cette interprétation, qui a été adoptée par la première Commission de la deuxième Assemblée, est rigoureusement conforme au texte de l'article 18 ; elle évite de lui donner une portée exagérée et que les auteurs du Pacte n'ont pu avoir en vue.

Telle est également l'opinion à laquelle se rallie, dans la réponse qu'il a adressée aux rapporteurs M. Charles Dupuis qui ajoute :

« Par suite le défaut d'enregistrement ne permet pas d'annuler les mesures

d'exécution prises avant cet enregistrement (1) ».

M. de Boeck, qui s'exprime dans le même sens, fait observer très justement que les mots « force obligatoire » seraient remplacées par les mots « force *exécutoire* ». (2)

(1) Voyez, *infra,* les observations de M. Dupuis.

(2) Voyez, *infra,* les observations de M. de Boeck.

Envers qui la sanction de l'article 18 agit-elle ?

La question doit être examinée d'abord du point de vue des rapports réciproques des Parties elles-mêmes, ensuite du point de vue de leurs relations avec la Société des Nations.

1. Entre États contractants membres tous deux de la Société, le traité non enregistré est certainement dépourvu de force exécutoire. Le sens naturel du texte de l'article 18 ne permet pas une autre interprétation et l'esprit de l'article commande la même solution : voulant réagir contre les abus de la diplomatie secrète, qui engage les peuples à leur insu, les auteurs du Pacte ont déclaré que les traités sur la formation desquels l'opinion publique n'a pu exercer aucun contrôle resteront dénués de toute force obligatoire positive. On peut donc dire que c'est surtout dans l'intérêt des Parties elles-mêmes que la sanction a été édictée.

L'application de la sanction est beaucoup plus délicate quand un seulement des États contractants est membre de la Société : nous avons vu (voyez *supra*) que, même dans ce cas, ce dernier a l'obligation de faire enregistrer le traité. Il est évident toutefois que faire dépendre ici la force exécutoire du traité de son enregistrement, c'est-à-dire de l'accomplissement d'une formalité qui implique la participation d'un des organes de la Société (le Secrétariat) revient, en dernière analyse, à imposer à des États étrangers à la Société sinon l'exécution, du moins les conséquences d'une obligation sociale. Aussi la sanction doit-elle être considérée comme inapplicable dans les rapports entre un État membre et un État qui n'est ni membre de la Société, ni signataire des traités de paix : ce dernier ne peut être affecté d'aucune manière par le jeu des prescriptions du Pacte. Le traité aura donc sa pleine force obligatoire dès le moment de sa ratification.

La sanction nous paraît, au contraire, devoir trouver son application à un traité conclu avec un État non membre de la Société, mais qui est lié par un des

traités de paix et, par conséquent, par les dispositions du Pacte qui y est incorporé (1). Cependant, il serait évidemment inadmissible que, dans ce cas, l'une des Parties seulement disposât de la faculté de rendre le traité exécutoire en le présentant à l'enregistrement ; il faut logiquement reconnaître cette même faculté à son co-contractant non membre de la Société. L'article 18 n'exige pas, du reste, que la présentation à l'enregistrement émane d'un membre de la Société.

(1) Voyez, en sens contraire, les observations de M. de Louter, *infra*.

2. Le traité non enregistré ne peut pas être invoqué devant la Société des Nations : Conseil, Assemblée, Cour permanente de justice internationale ou tout autre organisme placé sous l'autorité de la Société. Le traité non enregistré est, nous l'avons vu, dénué de force exécutoire même entre Parties ; il doit évidemment en être de même envers la Société. Le refus de la Société de sanctionner un traité non enregistré nous apparaît donc comme l'effet unique du défaut d'enregistrement, mais comme le complément logique et nécessaire de l'absence de force obligatoire entre Parties. La position de la Société au regard de ces traités non enregistrés demande cependant à être clairement définie : d'un côté, les organes de la Société refuseront de mettre à la disposition des Parties les procédures pacifiques instituées par le Pacte en vue de ramener à exécution les engagements internationaux ; en revanche, la Société ne manquerait pas d'intervenir pour empêcher le recours à la guerre si l'un des États contractants s'avisait de recourir à la force des armes pour contraindre son adversaire à exécuter le traité non enregistré. Dans ce cas, le Conseil, convoqué « à la demande de tout État membre de la Société, prendra les mesures propres à sauvegarder efficacement la paix » (art. 11). Les Parties restent bien entendu, liées par les prescriptions de l'article 12. Sans doute, le différend soulevé par l'inexécution du traité ne pourra être utilement déféré à l'examen du Conseil ou au jugement de la Cour tant que le traité n'a pas été enregistré. Mais il en résulte simplement que les Parties sont liées ici par deux obligations qui doivent s'exécuter en ordre successif. On peut donc conclure que le recours à la guerre, contrairement aux prescriptions de l'article 12, donnerait ouverture aux sanctions collectives de l'article 16.

B) L'enregistrement différé opère-t-il avec effet rétroactif ?

Cette question a été très longuement discutée à Genève. La 1re Commission

de la deuxième Assemblée s'est ralliée finalement à une proposition transactionnelle qui reporte les effets du traité enregistré au jour de sa conclusion définitive, quand l'enregistrement intervient dans les trois mois à compter de cette conclusion et qui rejette, au contraire, tout effet rétroactif dans le cas contraire.

La discussion a été, semble-t-il, quelque peu obscurcie par l'introduction au débat d'une notion qui doit en être résolument écartée. Du fait que le défaut d'enregistrement tient en suspens la force exécutoire des engagements conventionnels, on a cru pouvoir conclure que l'enregistrement doit être traité comme une condition suspensive et que, comme toute condition réalisée, il opère avec effet rétroactif. La présentation à l'enregistrement est une obligation sociale imposée par le Pacte : on ne peut assimiler l'exécution de cette obligation à la réalisation d'une condition par laquelle les Parties à un contrat subordonnent délibérément leurs obligations réciproques à un événement futur et incertain. On a, semble-t-il, rapproché involontairement ici l'enregistrement de la ratification, acte entièrement libre celui-là, qui pourrait, à la rigueur, être assimilé à une condition, bien qu'en l'absence d'une disposition expresse, l'effet rétroactif ne lui soit généralement pas reconnu.

La question de la rétroactivité de l'enregistrement doit être résolue sur son terrain propre en tenant compte, avant tout, de la lettre et de l'esprit de l'article 18.

Les termes de l'article 18 sont ambigus : ils se bornent à dire que le traité ne sera pas obligatoire « avant d'avoir été enregistré » (*until so registered*). Ces termes n'excluent pas la rétroactivité, bien que l'on puisse s'autoriser en faveur de l'opinion contraire de leur combinaison avec le mot « immédiatement » qui figure dans la phrase précédente.

Mais la rétroactivité se concilie-t-elle avec l'esprit de l'article 18 et spécialement avec l'efficacité de sa sanction ?

Il semble *a priori* souhaitable que l'obligation faite aux Parties de se soumettre à une formalité en définitive purement extrinsèque, n'ait pas pour conséquence de modifier la date de la mise en vigueur du traité. Certains délégués à la deuxième Assemblée ont fait observer qu'en refusant tout effet rétroactif à l'enregistrement, on se mettrait en opposition directe avec les dispositions constitutionnelles de certains États qui font remonter, sauf stipulation contraire, les effets du traité ratifié au jour de sa signature. Enfin, il est à noter que la

Commission des juristes nommée par le Conseil pour l'étude de l'article 18, sans pouvoir se mettre d'accord sur le point de savoir si la rédaction actuelle de l'article autorise ou non l'effet rétroactif, a émis l'avis qu'il serait bon de tempérer la rigueur de la sanction en consacrant l'effet rétroactif par un texte formel.

En définitive, la seule objection formulée contre la rétroactivité, est la suivante ; en faisant remonter les effets d'un enregistrement différé à la date fixée par les Parties pour la mise en vigueur du traité (date qui peut être distincte de celle de la ratification), n'enlève-t-on pas à la sanction toute sa valeur pratique ?

La rétroactivité aboutit évidemment à conférer une valeur obligatoire positive à des engagements que les États contractants ont obtenus peut-être depuis longtemps secrets et que l'un d'eux ne se décide à faire enregistrer que parce qu'ils font l'objet d'un différend. Mais, à bien voir les choses, il ne semble pas que cette conséquence soit de nature à faire rejeter la rétroactivité.

Le Pacte, nous l'avons vu, ne considère pas les traités secrets comme illicites en eux-mêmes et, d'autre part, nous savons que l'enregistrement ne peut valider des engagements intrinsèquement contraires aux prescriptions du Pacte. Pourquoi, dès lors, refuser à un État la possibilité de ramener à exécution par les voies du droit tous les engagements nés d'un traité depuis la date de sa mise en vigueur ? Tant qu'il s'agit d'accords licites quant à leur contenu, il ne faut pas permettre à l'une des Parties de se soustraire à l'exécution de ses obligations. Il ne faut pas, sous prétexte de sanctionner la règle de la publicité, sacrifier la bonne foi et le respect de la parole donnée. Les Gouvernements qui s'abstiennent actuellement de présenter leurs traités à l'enregistrement le font, le plus souvent, non pas parce que ces traités contiennent quoi que ce soit de contraire au Pacte, mais parce qu'ils estiment, à tort ou à raison, que la publication en serait inopportune ou tout simplement par inertie. Il ne semble pas que l'assurance qu'ils auraient de pouvoir rendre leurs obligations rétroactivement exécutoires par l'enregistrement les encouragerait à différer la présentation à l'enregistrement ; on peut tout aussi bien soutenir que la perspective pour chaque contractant de se voir éventuellement contraint à l'exécution de prestations accumulées peut agir comme un stimulant pour l'inciter à l'enregistrement.

Quant aux traités secrets vraiment contraires au Pacte, outre que l'enregistrement ne les relèverait en aucune façon de leur nullité initiale, ils

tombent non sous l'article 18, mais sous l'article 20 du Pacte. De ces traités on peut dire qu'ils s'exécutent toujours *spontanément* tant que subsiste la complicité d'intérêts qui les inspire, ou qu'ils ne s'exécutent pas du tout. Jamais ils ne s'offrent à la sanction essentiellement juridique de l'article 18 ; celle-ci n'est opposable qu'à des contractants qui poursuivent l'exécution forcée d'engagements licites par des voies de droit.

Il y aurait donc, semble-t-il, tout avantage à voir consacrer par un texte formel l'effet rétroactif de l'enregistrement.

* * *

Valeur morale du principe de la publicité des traités. L'enregistrement dans la pratique des États. Propositions d'amendements.

On est très généralement d'accord sur la haute portée morale du principe de la publicité des traités comme sur l'importance capitale qu'y ont attachée les rédacteurs du Pacte. Il est incontestable que la pratique des tractations diplomatiques secrètes est dangereuse pour le maintien de la paix et en opposition absolue avec l'esprit de confiance et de loyauté qui devrait présider aux relations internationales. Il ne semble donc pas qu'il puisse être question, en présence d'une expérience d'ailleurs encore insuffisante, de remettre en cause le principe même de la procédure de l'enregistrement et de la publication des traités. Ce principe a vis-à-vis de l'opinion une valeur morale et éducatrice qui ne doit pas être sous-évaluée.

Cependant, dès 1921, le Secrétariat de la Société des Nations avait signalé au Conseil que beaucoup de Gouvernements s'abstenaient de présenter leurs traités à l'enregistrement. Le Gouvernement britannique, posant nettement la question, avait notifié aux autres membres de la Société que dans sa pensée l'obligation de l'enregistrement ne pouvait s'appliquer à certains arrangements financiers sans intérêt politique général et qui ne pouvaient être livrés à la publicité sans un préjudice grave pour le crédit de certains États.

Deux propositions principales, tendant l'une et l'autre à atténuer la rigueur actuelle du texte, ont été introduites devant la deuxième Assemblée.

La première visait à dispenser certains actes de l'enregistrement :

1° Arrangements d'ordre purement technique ou administratif sans portée politique ;

2° Les engagements qui, tout en intéressant les relations politiques internationales, présentent le caractère de règlements techniques destinés à préciser la portée ou à fixer les détails d'exécution d'une convention déjà enregistrée.

On faisait rentrer sous la première catégorie certains arrangements financiers de caractère transitoire, sous la seconde les conventions techniques entre États-Majors destinées simplement à régler les détails d'exécution d'un accord militaire défensif antérieurement publié (1).

(1) La 1re Commission avait proposé d'adopter sous forme d'amendement à l'article 18 le texte suivant : « Les actes d'ordre purement technique ou administratif n'intéressant pas les relations politiques internationales, et ceux qui ne sont que des règlements techniques précisant, sans rien modifier, un acte déjà enregistré, ou qui sont destinés à assurer l'exécution d'un tel acte, pourront ne pas être présentés aux fins d'enregistrement. »

Les limitations apportées à l'article 18 ont provoqué certaines appréhensions au sein de l'Assemblée. Tout en admettant en principe la légitimité de certaines exceptions, des orateurs ont exprimé le désir de les voir soumises à l'appréciation d'un juge impartial. Ne se considérant pas comme suffisamment éclairée, l'Assemblée a décidé l'ajournement, tout en marquant d'ailleurs nettement sa sympathie pour la proposition ajournée, comme le prouve la résolution suivante adoptée par elle le 5 octobre 1921 :

« L'Assemblée, prenant acte de la proposition d'amendemen [d'amendement] à l'article 18 qui figure dans le rapport de la Ire Commission, décide de renvoyer la suite de la discussion de cet amendement à la troisième Assemblée, étant entendu que, dans l'intervalle, les membres de la Société gardent la faculté d'interpréter leurs obligations aux termes de l'article 18 conformément à l'amendement proposé. »

D'autre part, la sanction actuelle de l'article 18 a fait l'objet d'une proposition de suppression radicale de la part de la Commission des juristes désignée par le Conseil pour l'étude de l'article 18 : la deuxième phrase de l'article aurait disparu,

le traité non enregistré aurait gardé entre Parties sa force obligatoire, mais il n'aurait pu être invoqué devant le Conseil, l'Assemblée, la Cour Permanente de Justice internationale ou tout autre organisme institué sous l'autorité de la Société des Nations. Cette proposition a été écartée à l'unanimité par la Ire Commission de la deuxième Assemblée. Il serait évidemment illogique de refuser la sanction de la Société à un traité qui, par ailleurs, est déclaré obligatoire entre les Parties et susceptible d'être ramené à exécution par d'autres voies de droit, par exemple par un recours à un tribunal arbitral ordinaire. On n'aboutirait ainsi qu'à favoriser le développement d'un droit international conventionnel en dehors de la Société des Nations.

La troisième Assemblée a pris acte du fait que le nombre des traités présentés par les Gouvernements à l'enregistrement a sensiblement augmenté et décidé qu'il y avait lieu dans ces conditions de renvoyer à plus tard la discussion d'un amendement éventuel à l'article 18.

En définitive, parmi les propositions d'amendement introduites deux méritent, semble-t-il, d'être retenues. La première dispenserait de l'enregistrement les conventions dont la publication offrirait de graves inconvénients et qu'il faut considérer soit comme étrangères par leur objet aux relations politiques internationales, soit comme n'ayant pour but que de régler les conditions techniques d'exécution d'un acte déjà enregistré. Il faut faire crédit ici à la bonne foi des États intéressés. D'une part, en effet, ils sont mieux que personne à même d'apprécier le caractère de leurs engagements et de mesurer éventuellement les conséquences préjudiciables de leur publication. D'autre part, il ne faut jamais perdre de vue que, dans la mesure où le défaut d'enregistrement procède de mobiles contraires aux prescriptions du Pacte ou du droit international, l'article 18 ne fournit aucune sanction ; le manquement qu'implique la convention relève exclusivement de l'article 20.

On ne saurait assez insister sur ce dernier point. Nous reconnaissons avec M. Charles Dupuis que les États qui se proposent de conclure un traité secret avec l'intention positive d'y violer une prescription du Pacte n'en seront pas détournés par la sanction de l'article 18. Mais le secret n'est pas toujours commandé par des considérations pareilles : dans bien des cas, nous l'avons vu, les Parties peuvent avoir un intérêt très légitime à garder *secrète* une convention parfaitement *licite*.

Dans quel cas ? C'est précisément ce qu'il importerait de préciser et tel est l'unique but des amendements envisagés.

Projet de résolutions.

I.

L'obligation imposée par l'article 18 aux États membres de la Société de présenter à l'enregistrement les traités ou engagements internationaux conclus avec tout autre État, ne s'applique pas aux accords dont la publication serait, de l'avis des Parties, inopportune ou dangereuse, et qui sont étrangers par leur objet aux relations politiques internationales ou n'ont pour but que de régler les conditions techniques d'exécution d'un acte déjà enregistré.

II.

Le défaut d'enregistrement n'affecte pas l'existence d'un traité devenu définitif entre Parties par l'accomplissement des formalités diplomatiques requises pour sa perfection ; il tient simplement en suspens, tant entre les Parties membres toutes deux de la Société des Nations ou liées par les traités de paix, que vis-à-vis de la Société des Nations, la force exécutoire des engagements conventionnels.

L'enregistrement opère avec effet rétroactif : il rend exigibles toutes les obligations nées du traité depuis le jour de sa conclusion définitive ou depuis la date fixée par les Parties pour sa mise en vigueur.

[50] "Discours à l'Organisation Internationale du Travail" 1926

Dans son dernier et remarquable rapport, notre éminent Directeur, M. Albert Thomas, a dit :

"Il ne peut y avoir opposition entre les intérêts de la classe ouvrière dans un pays donné et les intérêts généraux de ce pays."

Quant à moi, je dirai plutôt :

"Il existe une parfaite harmonie entre les intérêts généraux d'un pays et ceux de la classe ouvrière de ce même pays et, sans la paix intérieure basée sur la justice sociale régnant dans chaque pays, il ne peut y avoir de paix internationale qui, à son tour, doit être basée sur la justice dans les relations entre les nations."

—Dr. Adatci—

[51] Lettre adressée à R. Avramovitch, le 5 juillet 1929

5 juillet 1929

Cher Ami,

Je suis très confus de vos félicitations. Celui qui a été nommé il y a 3 jours est bien mon bon ami, quant à moi n'étant jamais mêlé dans les affaires intérieures de mon pays, j'aurais décliné ce poste de combat même si l'offre avait été faite de façon insistante par mon Souverain.

Soyez assuré que je vais poursuivre les œuvres que j'ai commencées dès la fin de la Grande Guerre et je serai toujours prêt à collaborer avec vous pour la consolidation de la paix de l'Europe, partant du monde entier.

Je ne vois pas encore la possibilité de réaliser votre désir d'aller au Japon, d'un autre côté, la date de l'ouverture du Congrès des Ingénieurs approche, je crains bien que votre rêve ne se réalise en temps voulu.

Ma femme a été très sensible à votre bon souvenir et je vous prie de vouloir bien trouver ici les sincères expressions de ma fidèle amitié.

Monsieur AVRAMOVITCH
c/o M. Ministre des Affaires Étrangères
BELGRADE

[62] Lettre adressée à E. Root, le 25 janvier 1921

Bruxelles, le 25-1-21

Mon Cher Maître,

Quioqu'un peu tardivement, ma femme et moi, nous vous présentons, ainsi qu'à Madame Root, nos souhaits les plus sincères pour l'année qui commence. Nous formons des vœux très ardents pour que l'année nouvelle soit pour vous une année de bonheur parfait, qu'elle illustre encore davantage votre réputation

mondiale et qu'elle consacre l'établissement de la justice internationale que vous avez si puissamment ébauchée à notre réunion de La Haye.

Après vous avoir quitté, je suis rentré à mon poste à Bruxelles et ai suivi très attentivement les débats du Conseil de la Société des Nations, réuni ici du 21 au 28 octobre dernier. J'ai éprouvé un immense plaisir de voir triompher la thèse de la compétence facultative que j'ai soutenue à La Haye de toute la force de ma personne, mais toujours en vain. Au point de vue théorique, vous n'ignorez pas que j'étais en parfait accord avec vous, mais en vue des circonstances réelles du monde, je me voyais obligé de me séparer de vous sur ce terrain. À la première Assemblée de la Société des Nations réunie à Genève, on a eu plus de sagesse qu'à Bruxelles, et on a su satisfaire tous les désirs légitimes en insérant une clause facultative de la juridiction obligatoire dans le chapitre de la compétence de la Cour (Art. 34 et suivants).

Je pense que quelqu'un vous en a déjà envoyé le texte définitif, mais dans le cas contraire, je m'empresserai de vous le soumettre immédiatement. Je suis absolument convaincu que ce statut approuvé à une unanimité par tous les membres de la Société des Nations, vous donnera complète satisfaction, ainsi qu'à moi-même. Nous n'avons ainsi qu'à se laisser développer la Cour, et si les juges sont bien choisis, il n'y a aucun doute qu'après un certain nombre de jugements pleins de bon sens et de justice, tous les États du monde ne se soumettent de bon cœur à sa juridiction obligatoire et que l'Histoire ne se montre éternellement reconnaissante au Père de cette grande œuvre qui est vous-même, Mon Cher Maître, comme je l'ai déclaré si souvent à La Haye.

L'élection des juges doit avoir lieu au début de septembre prochain et déjà notre Gouvernement a chargé le groupe national japonais des membres de la Cour d'arbitrage de La Haye d'examiner la question capitale de la désignation des candidats nationaux et étrangers. J'ai l'impression que même dans le cas où la Grande République de l'Amérique du Nord ne ferait pas encore partie de la Société des Nations au moment de l'élection, la plus grande majorité des voix se portera sur quelques juristes ou hommes d'État Américains, qui seront désignés par d'autres pays à titre de candidats étrangers. Mais le plus vif désir et le plus pressant besoin du monde est de voir votre grand pays entrer avant cette date dans la Société des Nations sous certaines conditions qui puissent vous satisfaire

ainsi que les membres de la Société.

Comme votre grand parti républicain a triomphé d'une façon écrasante dans la dernière élection présidentielle, il est sûr que votre nouveau Président Harding pourra, dès son investiture, exercer son immense pouvoir à coudes francs et que son premier soin sera d'examiner la position de l'Amérique vis-à-vis de la Société des Nations ; et si vous me permettez d'être prophète je vous dirai que vers le mois de mai les véritables dirigeants de la Société s'aboucheront avec vos dirigeants en vue de jeter un pont entre eux, de sorte qu'au mois de septembre la cimentation des deux éléments sera assez parfaite pour que la Deuxième Assemblée de la Société puisse résoudre officiellement la question de l'entrée de l'Amérique dans la Société.

D'ailleurs vous savez que la Première Assemblée a constitué une Commission spéciale chargée d'examiner la question des amendements au Pacte. Elle sera, à mon avis, assez bien indiquée pour chercher un terrain d'entente entre votre pays et les autres qui font déjà partie de la Société.

Je serais très heureux d'entendre votre opinion sur cette question capitale, et si vous avez l'occasion de venir prochainement en Europe je m'empresserai d'aller à vous.

Vous savez probablement que la Société des Nations organise une 1ère Conférence Générale des Communications et du Transit à Barcelone pour le mois de Mars. L'Amérique ayant reçu une invitation de la Société nous espérons tous qu'elle voudra bien envoyer quelques-uns, soit à titre de représentants soit comme observateurs, cela facilitera grandement notre tâche.

Comme la Société des Nations vient de me désigner Vice-Président de cette Conférence je devrai passer quelques semaines en Espagne, mais je me mettrai en contact avec mon poste de Bruxelles. Je vous prierai par conséquent de m'écrire le cas échéant à mon adresse ici.

Quant à la question Américo-Japonaise, je suis absolument convaincu que l'immense majorité des citoyens de nos deux pays étant pour un règlement conciliateur, je n'ai aucun doute que d'ici peu une heureuse solution n'intervienne pour le plus grand bien du monde entier.

Veillez je vous prie, Mon Cher Maître, me rappeler au gracieux souvenir de Madame Root à qui je présente mes très respectueux hommages et les meilleurs

compliments de ma femme. Vous voudrez en même temps dire toutes nos amitiés à Monsieur votre fils et à sa Dame et me croire toujours,

Votre très reconnaissant et
très dévoué admirateur,

M. Adatci

P. S._ Je suis heureux d'ajouter que, sous peu, notre Légation d'ici sera érigée en Ambassade, comme celle de votre Pays.

[63] Lettre adressée à T. Yamakawa, le 2 août 1929

2 août 1929

Mon Cher Ami,

Je viens de recevoir votre si précieuse lettre dont je vous suis profondément reconnaissant.

Les observations que vous voulez bien présenter au sujet du projet de l'organisation de l'arbitrage de la conciliation ont suscité mon plus haut intérêt ; je pense en effet comme vous qu'il y a certains points qu'on devrait modifier avant de les mettre en exécution. À l'occasion de la prochaine Assemblée de la Société des Nations je prendrai soin d'en parler avec certains de mes amis qui sont le plus versés en cette matière. Je me réserve donc le plaisir de vous écrire de nouveau de Genève dès que j'aurai obtenu leur appréciation.

Je viens de recevoir un mot du Vicomte Ishii qui m'écrit de ma province natale même, j'en ai été profondément touché. J'ai vu d'un autre côté les comptes-rendus de votre voyage à travers le Japon du Nord ainsi qu'un certain nombre de photographies qui décrivent quelques épisodes de votre voyage de propagande pour la Société des Nations. Tous mes compatriotes qui s'intéressent aux œuvres de la Société des Nations se montrent particulièrement reconnaissants pour les efforts que vous voulez bien faire pour notre cause commune.

Sur le point de partir pour La Haye afin de participer aux travaux difficiles de la Conférence politique des Réparations, je m'arrête ici pour vous dire que je demeure toujours votre très sincèrement dévoué.

Monsieur YAMAKAWA
N° 5 Oyama, Shibuya
TOKIO (Japon)

[65] Lettre adressée à J. Kurosawa, le 28 janvier 1930

Paris, le 28 janvier 1930

Très Cher Collègue et Bien-Aimé Ami,

Je vous remercie bien cordialement de la lettre que vous avez bien voulu m'écrire au sujet de tant de choses qui m'intéressent au plus haut point. J'ai été très fortement ému lorsque j'ai reçu le numéro de la Revue qui est exclusivement consacrée aux questions japonaises en Indochine. Les paroles que l'auteur a écrites à mon adresse m'ont confondu littéralement. Je suis honteux que les circonstances ne m'aient pas permis encore de conclure un accord définitif entre le Japon et l'Indochine. Vous savez que cette question est mon cauchemar depuis bientôt 20 ans, lorsque j'ai eu la bonne chance de travailler à la conclusion du traité franco-japonais de 1911, c'est avec désolation que j'ai dû laisser de côté la question indochinoise en me disant bien que dans les années futures il me serait probablement donné l'occasion d'apposer ma signature au bas d'un tel accord. Or, les obstacles me paraissent jusqu'ici insurmontables, il faut laisser travailler le temps.

Monsieur Matsuoka qui a passé auprès de vous plusieurs semaines m'a raconté tout ce que vous faites de bien et d'encourageant pour le développement des relations de toutes sortes entre notre Patrie et la belle colonie française. J'aurais été très heureux de travailler encore de concert avec vous à la conclusion prochaine de l'accord japono-indochinois, mais le destin veut que je fasse quelque chose de différent dans un prochain avenir. Vous savez qu'au mois de septembre prochain, 55 pays composant la Société des Nations doivent renouveler entièrement les juges de la Cour Suprême Internationale. La Grande République Américaine va faire partie officiellement dans peu de mois de ladite Cour. 47 pays ont déclaré l'automne dernier qu'ils acceptaient la juridiction obligatoire de la Cour. D'un autre côté, puisque tous les pays du monde ont renoncé à la guerre en

vertu du Pacte de Paris, cette transformation radicale de la situation mondiale fait que tous les importants différends internationaux doivent désormais être soumis à l'examen de la Cour. Comme le nombre des juges est très restreint, les compétitions s'annoncent déjà comme devant être extrêmement vives. Depuis longtemps, les milieux compétents de mon pays insistent auprès de moi pour que j'accepte éventuellement de poser ma candidature aux élections générales. J'ai longtemps hésité en présence du très grand risque et du désir de continuer comme auparavant dans ma tâche extrêmement facile de simple représentant de mon pays en France et à la Société des Nations. Ayant été toutefois poussé à prendre la dernière décision, j'ai cru de mon devoir d'accepter ce grand sacrifice.

Pour examiner avec mes amis toutes les circonstances de détail, je vais bientôt partir pour le Japon et mon acceptation deviendra très probablement définitive dans peu de mois. Vous comprendrez dans quelle angoisse je me trouve en ce moment, deux sentiments combattent dans mon cœur ; celui de continuer mes œuvres faciles auxquelles je suis habitué depuis 40 ans, et le désir de servir non pas seulement mon pays, mais aussi la justice internationale en siégeant personnellement dans la Cour. Tous les grands pays ont déjà, comme je vous l'ai dit, accepté la juridiction obligatoire de celle-ci, à l'exception de notre propre pays, c'est la cause principale du plus grand danger que je dois courir en laissant poser ma candidature l'automne prochain. Ayant pris toutefois la détermination définitive, je ne reculerai devant rien. Lorsque l'automne prochain, aux environs du 20 septembre, vous apprendrez le succès de ma candidature, je vous prie dès maintenant de vouloir bien vous réjouir car le résultat est presque impossible à obtenir sans affronter les plus rudes batailles.

Veuillez nous rappeler à l'aimable souvenir de Madame Kurosawa et croyez-moi, mon très Cher Ami, votre toujours très cordialement dévoué.

Monsieur KUROSAWA
Consul Général du Japon
HANOI

[66] Lettre adressée à P. Hymans, le 11 février 1930

Paris, le 11 février 1930

Personnelle

Excellence et Grand Ami,

Lorsque j'ai passé l'autre jour 12 heures à Bruxelles, je me suis empressé d'aller frapper à votre porte, vu l'heure matinale toutefois je n'ai pas cru opportun de vous demander de me recevoir aussi précipitamment. À plusieurs reprises à La Haye j'ai voulu causer avec Votre Excellence un peu tranquillement au sujet de la question qui est agitée depuis de longs mois déjà par mes compatriotes. Un jour prochain, mon aimable successeur, Monsieur Nagai, aura l'occasion de vous en parler mais puisque je dois quitter Paris pour rentrer au Japon je me permets de vous écrire quelques mots afin de vous rendre compte de la situation nouvelle dans laquelle je me trouve depuis quelque temps.

Depuis l'entrée de M. Charles Hugjes [Hughes] à la Cour Suprême Internationale, depuis surtout que la presque totalité des pays civilisés ont accepté, l'automne dernier, la juridiction obligatoire de cette Cour après avoir adhéré au Pacte de Paris, mes compatriotes, à quelque catégorie qu'ils appartiennent, ont clairement compris la très grande importance de cette institution judiciaire internationale. Depuis 16 mois déjà, la Magistrature, les Facultés de droit, l'Académie nationale, les institutions de toutes sortes insistent auprès de moi pour que je laisse poser ma candidature aux élections générales qui auront lieu le 20 septembre prochain à Genève. Toute la nation japonaise sent un très grand besoin de faire siéger un Japonais dans cette Cour et tous les regards se sont tournés vers moi en pensant que je serai probablement le Japonais ayant le moins de malchance pour ces luttes électorales vu le côté scientifique et juridique de ma carrière. Ayant beaucoup de projets que je crois pouvoir mener à bien dans la voie du rapprochement entre la France et le Japon, j'ai longtemps hésité à accepter l'offre pressante de mes compatriotes. À la fin, je me suis décidé à me sacrifier pour le désir unanime et légitime de mes compatriotes. D'ici quelques jours, le Gouvernement japonais sur la demande des corps constitués proclamera, je le crois, mon nom comme celui qu'il est décidé de présenter à l'Assemblée

prochaine de la Société des Nations.

Bien que nous soyions [soyons] de retour à Paris dès le mois de juillet prochain, ce ne sera donc pas comme un représentant d'un pays asiatique, mais comme un simple citoyen libre de tous les liens gouvernementaux, candidat qui sollicite les suffrages unanimes des 56 pays, y compris l'Amérique du Nord et le Brésil qui enverront à cette occasion un délégué ad hoc.

Dans ces conditions, je serais infiniment reconnaissant à Votre Excellence de vouloir bien appuyer fortement ma candidature en septembre prochain et si possible persuader les éminents quatre Membres de votre Groupe National de vouloir bien présenter mon nom comme un de leurs candidats. Je viens d'écrire un petit mot là-dessus à mon très Cher Confrère, Charles de Visscher.

Veillez nous rappeler au très gracieux souvenir de Madame Paul Hymans et croyez-moi, Excellence et Cher Ami, votre toujours très respectueusement et très sincèrement dévoué.

M. Adatci

Son Excellence
Monsieur Paul Hymans
15, rue Ducale
BRUXELLES

[68] "Discours devant la séance d'ouverture de CPJI" le 20 janvier 1931

« Le 10 janvier 1920, le Pacte de la Société des Nations est entré en vigueur ; il envisageait la création d'une Cour permanente de Justice internationale, dont la mission serait de connaître de tous différends d'un caractère international que les Parties lui soumettraient. Elle donnerait aussi des avis consultatifs sur tout différend ou tout point dont la saisirait le Conseil ou l'Assemblée.

Deux ans plus tard, le 15 février 1922, cette Cour a inauguré ses fonctions par une séance mémorable, tenue dans la salle même où nous siégeons en ce moment. Une nouvelle institution internationale était ainsi née, institution appelée à mener désormais une vie indépendante, expression vivante de l'idée de la paix par le droit.

L'idée est éternelle, l'institution demeure ; mais les hommes changent.

Gardiens de l'idée pour un laps de temps qui ne sera certes, dans la vie de l'institution, qu'un instant bref, les juges qui ont, à un moment donné, le redoutable honneur de composer la Cour, se souviendront surtout de leur devoir de transmettre un jour à leurs successeurs, au moins intact et si possible accru, le capital de confiance et d'autorité qu'il sera le mérite ineffaçable de leurs prédécesseurs d'avoir su gagner à la Cour auprès de l'opinion publique.

Nous nous trouvons aujourd'hui à un de ces moments où la garde est relevée. De par la volonté des créateurs de la Cour, le mandat des hommes qui étaient les premiers appelés à la constituer a pris fin avec l'expiration de l'année écoulée. Nous avons été désignés pour continuer l'œuvre qu'ils ont entreprise, afin que la vie de l'institution se poursuive, maintenant et le jour où nous aurons laissé la place à d'autres.

Devoir sacré, mission difficile entre toutes. Aussi les créateurs de la Cour ont-ils, dans leur sagesse, voulu donner aux juges appelés à dire le droit entre les nations l'armure qu'est le souvenir d'un engagement solennel — pris publiquement et comme condition préalable à l'exercice de leurs fonctions — de rester fidèles à leur tâche.

Montant en ce jour pour la première fois sur le siège, nous devons, en ce moment, procéder à l'acte dont l'accomplissement nous permettra de prendre possession définitivement de notre charge. »

[70] (2) "Introduction par le Président de la Cour Permanente de Justice Internationale" le 15 janvier 1932

INTRODUCTION

par

le Président de la Cour Permanente de Justice Internationale

Le 15 février 1922, dans la Grande Salle de Justice du Palais de la Paix, eut lieu l'installation solennelle de la Cour Permanente de Justice Internationale.

Dans quelques jours, dix ans auront passé depuis cette cérémonie mémorable, à laquelle j'avais l'honneur d'assister en ma qualité de membre du Comité de Juristes qui avait, dix-huit mois plus tôt, élaboré le Statut de la Cour.

Les intentions de la Cour ne sont nullement de commémorer d'une manière quelconque, ce dixième anniversaire : d'une part, dix ans sont une période bien courte dans l'existence d'une institution internationale ; d'autre part, le rôle de la Cour n'est pas de s'arrêter pour se complaire en l'œuvre accomplie, mais de poursuivre sa route le regard fixé sur l'avenir. Et d'ailleurs, l'élément essentiel de la Cour, sa continuité, s'oppose à tout fractionnement artificiel de ses activités dans le temps.

Mais il se peut que, parmi les personnes qui suivent avec intérêt les faits de la vie internationale, il y en ait qui se souviendront de cette date et qui alors désireront se documenter rapidement et brièvement sur ce que la Cour a fait pendant les dix années qui viennent de s'écouler. La Cour a estimé qu'il ne serait pas inutile de faire établir à leur usage un exposé autorisé donnant objectivement les faits essentiels mais évitent [évitant] d'entrer dans les détails techniques.

Telle est l'origine, tel est l'objet de la présente brochure.

La Haye, le 15 janvier 1932.

sé : M. ADATCI

[71] Letter addressed to F. B. Kellogg, 9 July 1932

July 9th, 1932.

My dear friend and Colleague,

At the first meeting held by the Court after we parted at the station here just a fortnight ago, the Vice-President informed the Court that you were "unable, for reasons of health, to take part in the work of the Court for the remainder of the present session"; he at the same time conveyed to his colleagues your regrets at having been unable to remain until your work in the case still in progress was completed. Needless to say, the judges were extremely sorry at losing your collaboration, which had proved so extremely valuable, particularly in the Zones case, and they sincerely hoped that you would soon recover your full vigour and be able once more to devote yourself to the work of the Court.

It is, perhaps, only natural that, in view of the foregoing, the news in the papers concerning the somewhat strenuous public engagements which you

undertook in Paris-and also in Geneva-pending the departure of your ship, should have arrested our attention; for whilst affording a welcome indication of an improvement in your health, we fear that it may prove a source of comment. In this connection, I am bound to say that certain of our colleagues have expressed to me surprise, particularly in view of your visit to Geneva and your attendance at public functions there. And I must admit that I cannot help sharing to some extent their concern, as "regular" members of the Court have always been most careful not to go to the headquarters of the League of Nations except on official mission for the Court - a case which has occurred, I think, only twice since 1922.

Believing that today is the day on which you leave Europe, I take this opportunity to wish you and Mrs. Kellogg a good voyage and a safe return to your home.

I am, my dear friend and Colleague,

Yours sincerely,

M. Adatci

The Honourable
Frank B. Kellogg,
Judge of the Permanent Court
of International Justice,
Hotel Ritz,
Paris.

[72] "Note pour Monsieur Hammarskjöld" le 3 août 1932

Privé.
Note pour Monsieur HAMMARSKJÖLD.

1) Sur rendez-vous spécial, M. VOGT est venu me voir à 3h. 40 pour prendre congé de moi. Le but véritable était de présenter "ses plus sincères excuses" au sujet de la plaisanterie qu'il s'était permis par inadvertance à propos de mon intervention, étant donné que son ouïe est devenue très faible depuis quelque temps et qu'il a contracté une mauvaise habitude des Anglais, qui continuent à plaisanter du matin jusqu'au soir.

Je lui ai répondu qu'il était trop aimable d'y penser. J'ai ajouté qu'il était de mon devoir d'attirer l'attention sur ce que les fonctions des juges, même ad hoc, nous imposent l'obligation stricte d'être absolument indépendants vis-à-vis de qui que ce soit et que, dans ces conditions, le Gouvernement du pays de notre origine ne doit pas être considéré comme notre propre "femme".

2) Sir Cecil HURST m'a demandé s'il pouvait bien présider une petite conférence juridique qui aurait lieu à La Haye entre les 4 et 8 octobre. Je lui ai répondu que oui.

3) La Cour vient d'accomplir un acte magnifique : avoir décidé si rapidement presque à l'unanimité (le vote négatif de M. de BUSTAMANTE n'est compris de personne) d'adopter le projet d'ordonnance qui émane de votre puissant cerveau, doit marquer dans l'histoire intérieure de la Cour. MM. ZAHLE et VOGT m'ont exprimé séparément leur satisfaction. C'est la meilleure récompense pour vous et pour moi, ne pensez-vous pas ? En tout cas, je désire vivement vous présenter mes sincères félicitations.

(par) AD.

Le 3 août 1932.

[73] "Observations de M. Adatci : Affaire concernant le réforme agraire polonaise et la minorité allemande. Ordonnance du 29 juillet 1933"

Affaire concernant la réforme agraire
polonaise et la minorité allemande
Ordonnance du 29 juillet 1933.
(Décision sur une demande en indication de mesures conservatoires)

Annexe à P. V. 14
du 27 juillet 1933.

Observations de M. Adatci.

Afin d'éviter tout malentendu possible, je désire ajouter à l'ordonnance ci-dessus les observations suivantes :

Dans son ordonnance du 3 août 1932 (Affaire relative au statut juridique du territoire du sud-est du Groënland) la Cour, saisie par le Gouvernement norvégien

d'une demande en indication de mesures conservatoires, a déclaré "qu'il est constant que la Cour peut procéder à l'indication de mesures conservatoires tant à la demande des Parties (ou de l'une d'elles) que d'office ; mais qu'il convient d'examiner tout d'abord la demande norvégienne...pour voir ensuite s'il y a lieu de procéder... à une indication d'office" ; elle a ajouté, après avoir examiné la demande norvégienne, "qu'il convient pour la Cour d'examiner s'il y a lieu ou non de procéder d'office à l'indication de mesures conservatoires à l'occasion" des requêtes introductives d'instance "indépendamment de la demande norvégienne à cet effet".

L'Agent du Gouvernement allemand près la Cour dans la présente affaire a expliqué, à l'audience du 20 juillet, qu'à son avis, "selon le Statut, le rôle des parties n'est que d'attirer l'attention de la Cour sur les circonstances particulières qui, à leur avis, exigent l'indication de mesures conservatoires. D'autre part, le pouvoir de la Cour n'est pas limité dans ce sens qu'elle devrait se borner à rejeter les conclusions des parties ou y faire droit ; elle est tout à fait libre d'indiquer des mesures conservatoires autres que celles demandées par les parties, si elle les juge plus propres à sauvegarder les droits en cause".

Dans son Ordonnance de ce jour, la Cour, pour rejeter la demande du Gouvernement allemand, se fonde néanmoins notamment sur le libellé de cette demande "telle que l'Agent du Gouvernement allemand l'a précisée verbalement à l'audience du 19 juillet 1933" ; et elle n'examine pas la question de savoir si, indépendamment de la demande allemande, il y avait éventuellement lieu de procéder d'office à l'indication de mesures conservatoires à l'occasion de la requête introductive d'instance du 1er juillet 1933.

En me ralliant à l'ordonnance de ce jour - dont la conclusion s'impose à moi à cause de l'absence des renseignements détaillés qui m'eussent permis d'indiquer des mesures conservatoires -, je suis parti du point de vue que l'attitude ainsi adoptée par la Cour eu égard aux circonstances spéciales de la présente affaire ne saurait être comprise comme apportant une modification quelconque de la jurisprudence antérieure de la Cour telle qu'elle a été exprimée notamment dans l'Ordonnance précitée du 3 août 1932.

[75] Lettre adressée à Å. Hammarskjöld', le 14 juillet 1934

Le 14 Juillet 1934.

Bien Cher Ami,

Merci de tout mon cœur pour votre lettre d'hier. Je suis très heureux du résultat obtenu que j'apprécie au plus haut point. Je félicite cordialement le Président en fonctions qui a su ainsi redresser la situation.

Je me permets de vous montrer les lettres de M. M. Rolin et Fromageot, que je vous prie de bien vouloir garder jusqu'à mon retour.

Votre ami profondément dévoué,

M. Adatci

[76] "Opinion dissidente de MM. Adatci, Rostworowski, Altamira, Anzilotti et Wang. Régime douanier entre l'Allemagne et l'Autriche (Protocole du 19 mars 1931), Ordonnance, le 20 juillet 1931"

OPINION DISSIDENTE

Les soussignés,

Considérant que la question soumise à la Cour pour avis, d'après ses termes mêmes, n'a trait qu'aux obligations internationales de l'Autriche envers les États signataires du Traité de Saint-Germain et du Protocole n° I de Genève du 4 octobre 1922 ; que, dans ces conditions, l'Autriche est Partie au différend à l'occasion duquel l'avis de la Cour, est demandé, tandis que l'Allemagne ne l'est pas ;

Considérant que l'intervention de l'Allemagne dans la présente procédure, sur la base de l'article 73 du Règlement, ne saurait lui attribuer la qualité de Partie au différend dont il s'agit ; que, dès lors, la question de savoir si, l'Allemagne et l'Autriche faisant cause commune, il y a lieu d'appliquer l'article 31, alinéa 4, du Statut, ne se pose pas,

Sont d'avis :

Que l'Autriche avait le droit de désigner un juge conformément à l'alinéa 2 dudit article 31.

(*Signé*) M. Adatci.

(〃) ROSTWOROWSKI.
(〃) RAFAEL ALTAMIRA.
(〃) ANZILOTTI.
(〃) WANG CHUNG-HUI.

[77] "Opinion dissidente de MM. Adatci, Kellogg, le baron Rolin-Jaequemyns, Sir Cecil Hurst, Schücking, du jonkheer van Eysinga et de M. Wang. Régime douanier entre l'Allemagne et l'Autriche (Protocole du 19 mars 1931), Avis consultatif du 5 septembre 1931"

OPINION DISSIDENTE
DE MM. ADATCI, KELLOGG, LE BARON ROLIN-JAEQUEMYNS, SIR CECIL HURST, MM. SCHÜCKING, LE JONKHEER VAN EYSINGA ET WANG

La question posée à la Cour par le Conseil est de savoir si le régime à établir conformément au Protocole de Vienne serait compatible tant avec l'article 88 du Traité de Saint-Germain qu'avec le Protocole n° I de Genève de 1922.

Sur le premier point, l'avis de la Cour contient, dans son exposé des motifs, le passage suivant :

> « On peut même soutenir, si l'on se réfère au texte de l'article 88 du traité de paix, que, l'indépendance de l'Autriche ne se trouvant pas, à proprement parler, mise en péril au sens dudit article, il n'y aurait pas, au point de vue juridique, opposition avec ledit article. »

Sur le deuxième point, l'avis de la Cour dit, dans son dispositif, qu'un régime établi entre l'Allemagne et l'Autriche, sur la base et dans les limites des principes énoncés par le Protocole du 19 mars 1931, ne serait pas compatible avec le Protocole n° I signé à Genève le 4 octobre 1922.

Les soussignés ne peuvent se rallier à cette conclusion. Selon leur manière de voir et pour des motifs qui seront énoncés ci-après, le régime que l'on propose d'établir conformément au Protocole de Vienne est compatible à la fois avec l'article 88 et avec le Protocole n° I de Genève de 1922.

L'opinion que se sont formé les soussignés quant au sens et à l'objet des divers documents dont il a été fait mention, savoir l'article 88 du Traité de Saint-Germain, le Protocole n° I de Genève de 1922 et le Protocole de Vienne de 1931, ne diffère pas profondément de celle des autres membres de la Cour. Les soussignés sont d'accord que le régime à établir conformément au Protocole de Vienne ne ferait pas perdre à l'Autriche son indépendance, c'est-à-dire que ce régime ne constituerait pas une aliénation de cette indépendance. Ils partagent, dans ses grandes lignes, l'opinion exprimée dans l'avis de la Cour quant à la nature et à l'étendue de l'obligation, acceptée par l'Autriche, de s'abstenir d'actes qui pourraient compromettre ou menacer son indépendance. Dans la description que cet avis fait du régime à instituer en vertu du Protocole de Vienne, il n'y a rien, non plus, que les soussignés désirent contredire. Mais ce qu'ils ne trouvent pas dans l'avis de la Cour, c'est une explication montrant comment et pourquoi ce régime menacerait ou mettrait en danger l'indépendance de l'Autriche.

Les soussignés considèrent comme nécessaire d'indiquer tout d'abord ce qu'ils croient être la mission assignée à la Cour dans la présente affaire. La Cour n'a pas à se préoccuper de considérations politiques ni de conséquences politiques. Celles-ci échappent à sa compétence.

Le Conseil a demandé l'avis de la Cour sur une question juridique. Il s'agit, en effet, de savoir si les propositions contenues dans le Protocole de Vienne sont ou non compatibles avec les obligations assumées par l'Autriche en vertu des deux autres actes internationaux mentionnés dans la demande d'avis du Conseil. Et cette question est, en effet, purement juridique, en ce sens qu'elle a trait à l'interprétation de traités.

La situation a été exactement résumée dans les paroles prononcées par M. Briand, devant le Conseil de la Société des Nations, le 19 mai 1931 :

« En réalité, rien n'est plus simple que la situation devant laquelle nous nous trouvons. Par la proposition de M. Henderson, à laquelle nous avons tous adhéré, nous avons pris position en ce qui concerne le point de droit qui constituait en quelque sorte la question préalable. Il s'agissait de savoir qui avait raison de ceux qui disaient : « Vous ne pouvez pas conclure ce protocole, parce que vos obligations internationales vous l'interdisent », ou des intéressés qui répondaient : « Non, nous

avons fait ce protocole dans l'exercice de notre droit de souveraineté nationale et sans négliger le respect que nous devons aux traités. »

« Voilà comment se posait le problème, et, tout naturellement, nous nous sommes tournés vers l'institution qui donne au Conseil, dans les cas difficiles, les avis juridiques dont il a besoin pour se guider : la Cour permanente de Justice internationale, ayant en mains les textes, nous dira le droit. »

La décision de la Cour doit nécessairement être fondée sur les éléments soumis à son examen. Si les conclusions auxquelles arrive la Cour n'étaient pas justifiées par les éléments soumis à son appréciation et examinés par elle, lesdites conclusions n'auraient qu'une valeur spéculative.

Pour apprécier le sens véritable du principe énoncé dans l'article 88 du Traité de Saint-Germain, il est nécessaire d'exposer un peu plus en détail que ne le fait l'avis de la Cour quelles étaient les circonstances à l'époque où fut rédigé cet article du traité. C'est seulement en procédant ainsi que l'on peut comprendre les termes de cette disposition.

L'article 80 du Traité de Versailles avait déjà proclamé le principe que l'indépendance de l'Autriche était inaliénable si ce n'est du consentement du Conseil de la Société des Nations. L'incident qui se produisit à propos de l'article 61, deuxième alinéa, de la Constitution de Weimar, l'échange de notes qui s'ensuivit entre les Puissances alliées et la délégation allemande à Paris, les termes de la lettre des Alliés à la délégation autrichienne à Paris, datée du 2 septembre 1919, et le projet d'article (actuellement article 88) dont les Alliés réclamèrent avec insistance l'insertion dans le Traité de Saint-Germain, tout cela montre le but que se proposaient les Puissances alliées en rédigeant cette disposition. Celle-ci était destinée à assurer que l'Autriche continuât à exister comme un État séparé.

On atteignit ce but en obtenant, de toutes les Parties au traité, et de l'Autriche elle-même, leur adhésion au principe que l'indépendance de l'Autriche ne doit être ni aliénée ni compromise, si ce n'est du consentement du Conseil.

Le mot « indépendance » est un terme fort clair pour tous les écrivains en droit international, bien qu'ils en donnent des définitions variées. Un État ne serait pas indépendant au sens juridique s'il était placé dans une situation de dépendance à l'égard d'une autre Puissance, s'il cessait d'exercer lui-même sur son propre

territoire la *summa potestas* ou souveraineté, c'est-à-dire s'il perdait le droit de s'en rapporter à ses propres appréciations pour prendre les décisions que comporte le gouvernement de son territoire.

Les restrictions de sa liberté d'action auxquelles peut consentir un État n'affectent pas son indépendance, pourvu que l'État ne se dépouille pas, de ce fait, de ses pouvoirs organiques. Encore moins, les restrictions imposées par le droit international le privent-elles de son indépendance.

La différence entre l'aliénation de l'indépendance d'un État et une restriction qu'un État peut accepter quant à l'exercice de son pouvoir souverain, c'est-à-dire de son indépendance, est claire. Cette dernière situation est, notamment, celle des États qui deviennent Membres de la Société des Nations. Il est certain que la qualité de Membre leur impose d'importantes restrictions en ce qui concerne l'exercice de leur indépendance, sans qu'il soit possible de prétendre qu'elles impliquent une aliénation de celle-ci.

Dans la pratique, tout traité conclu entre deux ou plusieurs États indépendants restreint dans une certaine mesure l'exercice du pouvoir inhérent à la souveraineté. Une souveraineté absolue et complète qui n'est restreinte par aucune obligation que lui imposent des traités est impossible et pratiquement inconnue.

L' « aliénation » de l'indépendance d'un État implique que le droit d'exercer ses pouvoirs souverains passe à un autre État ou à un autre groupe d'États.

Le terme « compromettre », dans la seconde phrase de l'article 88, implique « entraîner un danger pour », « mettre en danger », « mettre en péril » (« *involve danger to* », « *endanger* », « *imperil* »). Pour qu'un acte puisse « compromettre » l'indépendance de l'Autriche, il faudrait qu'il mît en péril l'existence continue de l'Autriche en tant qu'État capable d'exercer sur son territoire tous les pouvoirs d'un État indépendant, au sens du mot indépendance qui a été donné ci-dessus.

Lorsqu'on étudie l'interprétation du Protocole n° I de Genève du 4 octobre 1922, il faut se rappeler la situation précaire de l'Autriche, telle qu'elle ressort des documents soumis à la Cour, à l'époque de la conclusion du protocole. Le danger était grand alors de voir l'Autriche succomber à un état de faiblesse interne, notamment en matière financière et économique. Si l'Autriche avait succombé, les affaires de l'Europe eussent à nouveau été dans la confusion. L'intention et le désir

des Puissances disposées à venir en aide à l'Autriche était évidemment de la maintenir en tant qu'État. Elles avaient à se garder de deux risques : d'une part, toute mesure à laquelle l'Autriche, dans sa faiblesse, eût pu être acculée et qui eût été incompatible avec son existence en tant qu'État, et, d'autre part, toute tentative, de la part d'une autre Puissance, en vue de s'assurer pour elle-même des avantages incompatibles avec la situation indépendante de l'Autriche.

Le Protocole n° I de 1922 répondit à ce double objet. Les Puissances s'engagèrent à respecter l'indépendance de l'Autriche et à ne point rechercher d'avantages spéciaux ou exclusifs qui pourraient mettre en péril cette indépendance. L'Autriche renouvela les engagements qu'elle avait déjà pris en 1919 ; mais les termes dans lesquels elle les renouvela furent légèrement modifiés, afin de les mieux adapter au caractère principalement économique et financier de l'arrangement qui était en voie de conclusion.

L'engagement de l'Autriche est énoncé dans deux alinéas. Le premier n'est en substance rien d'autre qu'une répétition de ce qu'elle avait accepté par le Traité de Saint-Germain. Le second est destiné à établir clairement que, dans les limites de la liberté que lui laisse ce traité, l'Autriche n'a point perdu le droit de conclure des arrangements dans l'intérêt de son commerce.

L'insertion de cette dernière disposition s'explique par les circonstances mêmes où l'on se trouvait. Le commerce était stagnant. L'Autriche devait considérer la nécessité d'un emprunt dont l'intérêt aurait à être servi. À moins que son commerce ne pût être stimulé, la charge de l'intérêt de cet emprunt retomberait sur les Puissances garantes. En conséquence, il était de l'intérêt de toutes les Parties qu'aucun doute ne régnât quant au droit pour l'Autriche de conclure tous arrangements utiles à son commerce, mais toujours sous réserve du principe dominant de ne rien faire qui pût mettre en danger son existence future. C'est pourquoi l'alinéa qui affirme le droit pour l'Autriche de conclure des accords commerciaux se termine par la phrase suivante : « étant entendu, toutefois, qu'elle ne pourra porter atteinte à son indépendance économique par l'octroi à un État quelconque d'un régime spécial ou d'avantages exclusifs, de nature à menacer cette indépendance ».

Cette dernière phrase du second alinéa ne comporte, de l'avis des soussignés, aucune extension de l'obligation déjà acceptée par l'Autriche dans le Traité de

Saint-Germain.

Les considérations qui suivent aboutissent toutes à cette conclusion.

Le sens, clair par lui-même, des termes employés, ne suggère aucune extension de ce genre, pas plus que la structure de cet alinéa lui-même. Celui-ci est une clause de sauvegarde ou une exception au principe général énoncé dans l'alinéa précédent. Cette exception se termine par l'indication de la limite au-delà de laquelle elle cesse d'agir. Si la limite imposée à l'exception était destinée à aller au-delà d'un simple retour à la règle primitive, on devrait trouver cette intention clairement exprimée dans les termes employés.

Étant donné ce qui a été dit plus haut au sujet de l'état des affaires en 1922 et du service des intérêts d'un emprunt, toute extension des restrictions d'ordre économique imposées à l'Autriche eût été, vu l'état des affaires en 1922, contraire à l'intérêt général. De même, on ne trouve rien dans les procès-verbaux des séances tenues à Genève à cette époque qui indique un désir de procéder à une extension de ce genre.

Les discours prononcés à l'époque de la conclusion du Protocole de Genève déclarent solennellement qu'il n'était procédé à aucun empiétement sur le pouvoir souverain de l'Autriche. La déclaration du rapporteur devant le Conseil (lord Balfour) mérite d'être citée :

« Quelles sont donc, à notre avis, les conditions nécessaires pour exécuter ce projet de réformes ? Tout d'abord, nous estimons — puisqu'il est indispensable qu'une influence extérieure agisse en coopération avec le Gouvernement autrichien — qu'il doit être clairement indiqué, d'abord au peuple autrichien, puis au monde entier, qu'aucun motif intéressé ne fait agir les Puissances garantes, et que nous sommes tous engagés non seulement les uns envers les autres, mais aussi envers la Société des Nations et envers le monde entier, à n'autoriser et à ne tolérer, dans ce nouveau système, aucune diminution de la souveraineté de l'Autriche, aucune diminution de son indépendance éconmique et financière.

……………………………………………………………………………………………

« Je crois que tout citoyen autrichien peut être sûr que, s'il est nécessaire qu'un contrôle placé sous les auspices de la Société et agissant par l'organisme qui va être créé soit exercé sur la politique financière de l'Autriche, cela ne peut être,

en définitive, que pour le plus grand bien de ce pays, et quand, au bout de deux ans, l'Autriche sera redevenue solvable, elle n'aura pas perdu la moindre parcelle de cette souveraineté ou de cette indépendance que nous désirons tous pour elle, et qu'il est de notre devoir, en tant que Membres de la Société, de sauvegarder. »

Le fait que le Protocole n° I était ouvert à l'adhésion d'autres Puissances qui n'étaient point parties au Traité de Saint-Germain et que l'une de ces Puissances adhéra effectivement au protocole n'est pas un motif qui permette de conclure que les obligations de l'Autriche, telles qu'elles sont énoncées dans le protocole, fussent autre chose qu'une confirmation des obligations contenues dans l'article 88.

Toutes les obligations d'ordre économique et financier, que le projet de restauration de 1922 obligea l'Autriche à accepter temporairement, furent énoncées dans les Protocoles nos II et III, signés en même temps que le Protocole n° I. Aucune raison n'apparaît qui permette d'expliquer pourquoi une restriction d'ordre économique qui ne constituait pas une partie essentielle du projet de restauration (sans quoi elle eût été insérée dans les Protocoles nos II et III) eût été imposée à l'Autriche, dans un protocole qui ne contient aucune clause relative à sa durée.

Enfin, aucune extension de cette nature des obligations de l'Autriche n'était nécessaire. Le maintien de son existence en tant qu'État séparé était assuré, pour autant qu'il pouvait l'être par des stipulations contractuelles, par l'article 88.

Si la présente analyse du Protocole n° I de Genève de 1922 est bien fondée, il s'ensuit que tout acte qui constitue une violation des obligations de l'Autriche énoncées dans ce protocole doit également constituer une violation de l'article 88. Aucun des deux alinéas du protocole ne contient en effet quoique ce soit qui ne soit déjà dans cet article. Et, si le régime à établir conformément au Protocole de Vienne est compatible avec l'article 88, il ne peut, de l'avis des soussignés, être incompatible avec le Protocole n° I de Genève de 1922.

L'avis de la Cour conclut, pour ce qui est du Protocole de 1922, qu'il est difficile de soutenir que le régime à établir, conformément au Protocole de Vienne, ne soit pas de nature à menacer l'indépendance économique de l'Autriche et soit, par conséquent, en harmonie avec les engagements spécifiquement pris par l'Autriche dans ce protocole en ce qui concerne son indépendance économique.

Cette déclaration fait l'objet d'un alinéa qui précède immédiatement la conclusion de l'avis. Les soussignés déduisent de la rédaction de cet alinéa et, notamment, de l'emploi des mots « indépendance économique », que c'est avec la phrase finale du deuxième alinéa de l'engagement de l'Autriche dans le protocole que les autres membres de la Cour trouvent le régime projeté du Protocole de Vienne incompatible.

S'il en est ainsi, ceci doit vouloir dire que l'arrangement projeté porterait atteinte à l'indépendance économique de l'Autriche, parce qu'il accorderait à l'Allemagne un régime spécial ou des avantages exclusifs *de nature à menacer cette indépendance.*

II ne suffit pas, en effet, que l'arrangement accorde un régime spécial ou des avantages exclusifs ; l'octroi de ceux-ci doit être de nature à menacer l'indépendance de l'Autriche.

Si l'on peut dire du régime projeté qu'il est « de nature à menacer » l'indépendance de l'Autriche, ce n'est pas le simple fait de l'établissement du régime envisagé dans le Protocole de Vienne qui rendrait ce dernier incompatible avec les obligations de l'Autriche, mais ce seraient les conséquences à résulter de l'établissement dudit régime.

Ce que l'Autriche est convenue de ne pas faire est quelque chose qui soit « de nature à menacer son indépendance ». II est admis que ceci ne vise que la responsabilité encourue pour des conséquences raisonnablement prévisibles au moment de l'acte. (Voir l'avis de la Cour, pp. 13-14.)

Rien au cours de la présente procédure n'a été soumis à la Cour en vue de démontrer que les États qui ont conclu des unions douanières aient, de ce fait, mis en péril leur existence ultérieure en tant qu'États. En l'absence de toute preuve dans ce sens, il n'appartient pas à la Cour de présumer que la conclusion d'une union douanière sur la base d'une égalité complète entre les deux États soit de nature à mettre en danger ou à menacer l'existence de l'un d'entre eux dans l'avenir. Encore moins la Cour peut-elle présumer que la perte de l'indépendance soit un résultat que l'un ou l'autre des deux États pourrait prévoir comme la conséquence de ses actes.

La conclusion à laquelle arrive la Cour est que c'est le régime envisagé par le Protocole de Vienne, pris dans son ensemble, qu'il serait difficile de considérer

comme étant en harmonie avec les engagements de l'Autriche. C'est-à-dire que ce régime, considéré dans son ensemble, pourrait constituer une menace à l'indépendance de l'Autriche, abstraction faite de l'effet de certaines dispositions de cet instrument, et que, ces résultats ayant pu raisonnablement être prévus par l'Autriche à l'époque de la conclusion du Protocole de Vienne, le régime est incompatible avec les engagements de l'Autriche.

Si cela veut dire que la conclusion d'une union douanière entre deux États, abstraction faite des détails de l'accord, comporte un danger pour l'indépendance des États intéressés, c'est là une opinion à laquelle les soussignés ne peuvent se rallier.

En premier lieu, ainsi qu'il a été dit plus haut, la Cour n'a devant elle aucune preuve sur laquelle une conclusion de cette nature puisse se fonder. Il est vrai qu'au cours de la procédure la Cour a entendu certaines affirmations fondées sur le fait qu'une union douanière existait entre la plupart des États allemands durant une grande partie du XIXme siècle, et que cette union douanière, dans son stade plus récent et final, a été remplacée en 1871 par l'Empire allemand. Toutefois, aucune conclusion satisfaisante ne saurait être tirée de l'histoire du *Zollverein* allemand, car il n'y a aucun moyen de déterminer dans quelle mesure la fusion de 1871 fut la conséquence soit de la guerre de 1870, soit du *Zollverein.*

En second lieu, il est impossible d'évaluer les conséquences de la conclusion d'une union douanière sans tenir compte des dispositions spécifiques de l'arrangement que l'on se propose d'établir. Il n'y a point de type déterminé d'union douanière, et chaque cas d'union de l'espèce doit être apprécié en lui-même.

En outre, les soussignés ne sont pas disposés à admettre que le Protocole de Vienne, pris dans son ensemble, puisse être considéré comme incompatible avec les obligations contractuelles de l'Autriche si l'on ne peut présenter aucune disposition du protocole, prise en elle-même, qui soit incompatible avec ces obligations.

L'examen, auquel ils ont procédé, des articles du protocole n'a fait ressortir aucune disposition dont les conséquences, pour autant qu'une prévision raisonnable soit possible, menacent l'indépendance de l'Autriche, et d'ailleurs l'avis de la Cour n'allègue point l'existence d'une disposition de cette nature.

Les soussignés sont d'accord sur l'opinion énoncée à la page 18 de l'avis, selon

laquelle le régime à établir en conformité avec le Protocole de Vienne remplirait bien les conditions requises pour une union douanière ; mais ils considèrent qu'il s'agit d'une union à instituer sur la base d'une association douanière et non sur celle d'une fusion douanière, c'est-à-dire que chacun des États intéressés conserve le droit d'édicter sa propre législation douanière sur son propre territoire et de la faire appliquer par ses propres autorités douanières. Il n'y a point de fusion des deux territoires douaniers, ni fusion des administrations douanières, et aucune constitution d'un fonds commun.

Ce qui est prévu, c'est une *assimilation* du régime de la politique douanière et commerciale des deux pays (préambule) : chacun des deux pays aura donc sa propre politique, mais ces politiques seront en concordance entre elles.

Les deux pays doivent *convenir* d'une loi douanière et d'un tarif douanier qui seront mis en vigueur dans les deux territoires douaniers, et des modifications ne pourront être apportées à ladite loi douanière et à ce tarif douanier qu'en vertu d'une entente entre les deux Parties (art. II). L'effet de cette disposition est que la loi ou les amendements, une fois convenus, seront mis en vigueur en Autriche selon la législation autrichienne et en Allemagne selon la législation allemande.

Il ne doit être prélevé dans le trafic des marchandises entre les deux pays d'autres droits d'entrée ou de sortie que ceux sur lesquels les deux gouvernements pourraient s'entendre dans le traité à conclure (art. III).

En Autriche, les droits de douane doivent être perçus par l'administration douanière autrichienne, tout comme en Allemagne ils seront perçus par l'administration douanière allemande. Après déduction des frais, le montant net des perceptions doit être réparti entre les deux pays selon un barème déterminé d'un commun accord (art. VI).

Il n'est pas facile de se rendre compte comment il pourrait être allégué que l'un quelconque de ces premiers articles du Protocole de Vienne serait de nature à menacer l'indépendance de l'Autriche, étant donné qu'aucun de ces articles ne pourrait être appliqué que si l'Autriche continue à exister en tant qu'État séparé avec son propre territoire, son propre parlement, sa propre législation douanière et ses propres autorités douanières veillant à l'application de sa loi douanière et de son tarif douanier. Les gouvernements d'aucun des deux États ne sont en aucune manière subordonnés l'un à l'autre.

Les articles IX et X visent les traités de commerce. Aux termes de l'article IX, chacun des deux gouvernements conserve en principe le droit de conclure pour son compte des traités de commerce avec des États tiers (art. IX, n° I). Ces traités peuvent toutefois être négociés en commun, si cela est jugé utile ; mais, dans ce cas également, ils doivent être conclus sous forme de traités séparés entrant en vigueur simultanément (art. IX, n° 3). L'article X impose à chacune des deux Parties l'obligation de prendre les mesures nécessaires afin de mettre en harmonie avec le nouveau régime ses traités de commerce actuellement en vigueur.

Très certainement, aucune de ces dispositions n'apparaît comme subordonnant l'Autriche, en tant que l'un des États contractants, au contrôle de son associé, d'une manière qui puisse être représentée comme mettant en péril son indépendance.

On trouve, il est vrai, au n° 2 de l'article IX, une disposition qui oblige chacun des deux États, dans le cas où les traités de commerce sont négociés séparément, à prendre soin « que les intérêts de l'autre Partie ne soient pas lésés en contradiction avec le texte et le but de l'accord envisagé ». On a fait valoir, au cours des débats oraux, que cette clause réduirait dans une telle mesure la liberté, pour l'Autriche, de conclure les traités qui pourraient être les plus conformes à son propre avantage, qu'elle pourrait être incompatible avec le maintien de l'indépendance économique de l'Autriche.

Les soussignés ne sont pas disposés à admettre qu'une clause invitant un État à tenir compte des intérêts d'un autre État, dans la mesure prescrite par l'article IX (2), puisse être représentée comme mettant en danger l'existence de cet État ou comme étant de nature à menacer son indépendance. Toute idée de ce genre serait en opposition directe avec le mouvement moderne en faveur d'une reconnaissance toujours croissante de l'interdépendance des États en matière économique. Il est peut-être bon de mentionner à cet égard que l'un des objets du projet de convention commerciale signé à Genève le 24 mars 1930, et dont l'Autriche était elle-même signataire, se conformait au même principe en s'efforçant d'éviter que tout préjudice grave fût causé par l'une des Hautes Parties contractantes à l'intérêt économique de l'autre. Cette clause a été ainsi comprise par quelques-uns des États intéressés, par exemple dans l'Accord régional signé à

Oslo le 22 décembre 1930.

L'article XI prévoit l'institution d'une commission d'arbitrage, constituée d'après le principe de la parité. Cette commission doit régler les divergences de vues entre les deux Parties au sujet de l'interprétation et de l'application de l'accord projeté ; elle doit également amener à un compromis dans les cas où un accord s'impose entre les deux Parties. Les soussignés n'estiment pas qu'un arrangement prévoyant le règlement amiable des différends qui peuvent se produire entre deux États, — que ces différends soient ou non d'ordre judiciaire, — puisse, à l'heure actuelle, être représenté comme étant de nature à menacer l'indépendance de l'un ou l'autre des États intéressés.

L'article XII donne à chaque État le droit de dénoncer l'accord projeté. Si l'on pouvait soutenir que le simple établissement du régime, proposé par le Protocole de Vienne, implique pour l'Autriche la perte de son indépendance, la faculté de dénoncer le traité serait sans importance, car l'Autriche aurait déjà perdu ce qu'elle s'est engagée à préserver. Tel n'est pas, cependant, le cas. L'opinion de la Cour est que l'établissement du régime est de nature à menacer l'indépendance de l'Autriche, c'est-à-dire que l'on se fonde sur les seules conséquences du régime projeté pour dire qu'il est incompatible avec les obligations de l'Autriche. Dans ce cas, le droit de dénoncer le traité présente de l'importance, car il permet à l'Autriche de parer à ces conséquences. Si elle constate que son indépendance est mise en péril par son entrée dans l'union douanière, elle peut toujours éviter ce danger en dénonçant le traité.

Cet examen des diverses dispositions du Protocole de Vienne amène les soussignés à conclure qu'aucune disposition de ce protocole, examinée en elle-même, n'est incompatible avec le maintien de la situation de l'Autriche en tant qu'État séparé et indépendant.

Les nombreuses restrictions imposées à la liberté d'action de l'Autriche, qui résultent du Traité de Saint-Germain, sont bien connues : de même, celles qui lui ont été imposées en 1922 par les Protocoles n°s II et III, à l'époque du plan de restauration financière de l'Autriche. Ces restrictions ont affecté l'Autriche dans les domaines militaire, financier ou économique, qui touchent de très près à la souveraineté nationale. Aucune de ces restrictions n'avait le caractère de réciprocité, et cependant elles ont toutes été considérées comme compatibles avec

la souveraineté et l'indépendance de l'Autriche. Il semble *a fortiori* qu'un régime douanier, tel que le propose le Protocole de Vienne, établi sur la base de l'égalité et de la réciprocité, ne porterait point préjudice à l'indépendance de l'Autriche.

Pour ces motifs, les soussignés sont d'avis qu'un régime établi entre l'Allemagne et l'Autriche, sur la base et dans les limites des principes prévus dans le Protocole du 19 mars 1931, serait compatible tant avec l'article 88 du Traité de Saint-Germain qu'avec le Protocole n° I signé à Genève le 4 octobre 1922.

(*Signé*) M. ADATCI.
(〃) F. B. KELLOGG.
(〃) ROLIN-JAEQUEMYNS.
(〃) CECIL J. B. HURST.
(〃) W. SCHÜCKING.
(〃) v. EYSINGA.
(〃) WANG CHUNG-HUI.

[80] Lettre adressée à Å. Hammarskjöld, le 1 octobre 1932

Samedi 1er oct. 32.
6 soir.

Bien Cher Ami,

Votre bonne lettre du 28 dernier, (contenant le projet Pilotti) renvoyée ici par La Haye, et celle du 29 (lettre à Bieler et note Logoz) sont arrivées ce matin[2]. Je vous en remercie de cœur.

Pour le cas Rolin-J.-[3], je pense comme vous qu'une solution n'est pas introuvable. Je pourra[pourrai] certes assister aux audiences publics de Vendredi et de Samedi. Après un espace de repos, il pourra prendre part au vote définitif de l'avis et assister à la lecture de l'avis en audience publique. — Cela encouragera la paresse des juges et créera un mauvais précédent. Mais je ne vois pas d'autre moyen, pour le moment. — Dès que vous aurez lu le rapport Lytton, vous serez

2) この２つの書簡はいずれも、「安達文書（書簡）」の中にも、「ハマーショルド文書」の中にも見当たらない。

3) Edouard Rolin-Jaequemyns.

bien aimable de me faire savoir vos impressions là-dessus, ainsi que celles de vos amis.

À vous très cordialement dévoué,

M. Adatci

[82] Lettre adressée à Å. Hammarskjöld, le 15 avril 1933

15/4/33

Samedi 11^{h} matin.

Mon Cher Ami,

Merci de cœur des belles roses que Madame Hammarskjöld a bien voulu nous donner hier.

Le "Telegraaf" m'annonce p. t. le retrait du Japon de la C. P. J. I. — La ratification jap. du Statut pourra-t-elle être annulée à tout moment ?

Je vous serais infiniment reconnaissant de vouloir bien examiner cette question sous tous ses aspects.

Votre bien cordialement dévoué,

M. Adatci

[84] Lettre adressée à F. B. Kellogg, le 20 décembre 1933

Le 20 décembre 1933.

Privé.

Mon cher Collègue et grand Ami,

Depuis votre départ, trois semaines vont bientôt s'écouler. Immédiatement après, la Cour est entrée en délibérations très minutieuses de tous les points que j'ai relevés dans mon schéma. Elle a nommé son Comité de rédaction. Cette fois-ci, nous avons partagé la tâche entre nous quatre : MM. Anzilotti, Wang, Hammarskjöld et moi-même. Nous avons rédigé chacun une partie de l'arrêt. Le projet d'arrêt a été accueilli favorablement par la Cour. Peu d'amendements ont été proposés, et, comme vous avez déjà dû le constater, le texte de l'arrêt se présente bien ; il est cohérent et répond à tous les points qui ont été soulevés par

les Parties devant la Cour. J'ai l'impression que cet arrêt est un des meilleurs que la Cour ait prononcés depuis sa création. Déjà le monde scientifique se montre très favorable à l'endroit de cet arrêt. Lorsque je l'ai prononcé à l'audience du 15 courant, j'ai fait retenir vide le fauteuil que vous occupiez toujours pendant deux mois, comme symbole de votre collaboration. Ce n'est pas sans émotion que j'ai lu l'observation que vous avez bien voulu ajouter à la fin de l'arrêt. J'aurais si vivement désiré que vous fussiez en mesure de participer à ce prononcé, mais j'ai bien compris les raisons inéluctables qui vous ont forcé de partir dès le 2 de ce mois pour New York et Minnesota.

La dernière session a été bien mouvementée, mais j'ai eu très souvent l'occasion de constater la grandeur de votre âme, l'élévation de votre caractère et la perspicasité de vos jugements.

Je ne sais pas si vous serez en mesure de revenir à la Cour l'année prochaine. En tout cas, votre dernière collaboration à nos travaux sera pour moi un des plus beaux souvenirs de ma carrière.

Maintenant la Cour est toute calme. M. Hammarskjöld est allé passer quelques jours dans son pays. Je l'attends impatiemment ici.

L'affaire des Zones, qui a retenu toujours ma plus vive attention, vient d'être heureusement réglée par la voie indiquée par la Cour dans l'été de l'an dernier. Je suis très heureux de ce beau résultat, car cette question fut pour moi, comme pour vous, un cauchemar depuis trois ans. Partout dans les divers continents, les conditions de la vie politique et économique sont bien troublées ; La Société des Nations traverse elle-même une crise plus aiguë que je ne me l'imaginais. J'espère tout de même que la Cour internationale, expression vivante de l'esprit du Pacte Kellogg, pourra résister à toutes ces tempêtes.

Puisque nous sommes à l'approche de Noël et du renouvellement de l'an, ma femme et moi, nous profitons de cette occasion pour présenter à Madame Kellogg et à vous-même nos meilleurs vœux pour les fêtes, ainsi que pour votre santé et celle de Madame Kellogg.

Peut-être l'année prochaine pourrai-je organiser un grand voyage à travers le monde, jouissant de mon droit à un grand congé, et aller vous retrouver chez vous-même à St. Paul ? Ce serait une belle occasion de renouer nos relations et de connaître votre beau pays de Minnesota.

Veuillez bien, je vous prie, mon cher et grand Ami, nous rappeler au très amical souvenir de Madame Kellogg, et me croire toujours

Votre très fidèlement dévoué,

M. Adatci

Son Excellence
L'honorable F. B. KELLOGG.
Merchants National Bank,
ST. Paul,
Minnesota,
É. U. d'Amérique.

[86] Lettre adressée à Å. Hammarskjöld, le 8 juin 1934

Le 8 Juin
Soir.
〔1934〕

Bien Cher Ami,

Le Conseil a donc clos sa session sans rien envoyer à la Cour. Tout au contraire, il a délibérément méconnu, pour la question de la Sarre, la situation de la Cour, devenue classique depuis bien des années.

—

Donc, vacances jusque [jusqu'en] Octobre ?
Je me permettrais de causer avec vous demain matin vers 10^h au Palais.

—

Avez-vous entendu parler de la question du Protocole, depuis la séparation des Juges ?

Votre bien cordialement dévoué,

Adatci

[87] Lettre de Kaneko Adatci adressée aux M. et Mme Hammarskjöld, le 1 janvier 1937

Bruxelles, Av. Louise 346
le 1 Janvier 1937

J'éspère que vous
puissiez comprendre
favorablement ce
que je viens 〔de〕 vous
écrire.

Excellence et Chère Madame,

Je vous remercie de cœur de très aimable carte qui me dit tant de vœux si gracieux si hauts. Je vous les présente également tout hardiment ainsi qu'à vos chers enfants que je crois qu'ils sont magnifiques toujours comme l'autrefois à la famille, à l'école où ils appartiennent.

Grâce à vous, Excellence, j'ai pu exécuter tranquillement de ce que je vous ai demandé.

Je vous en [*sic*] remercie beaucoup d'avoir bien voulu m'écrire aimablement au milieu de tout d'affaires à Genève.

Au moment opportant [opportun], je n'ai pas pu vous écrire, de suite, concernant la Cour qui peut être fière, être félicitée, hautement comme tout le monde en penserait tout naturellement, d'y vous venait d'avoir [de vous y avoir ?] heureusement.

Cela ne me faisait pas [*sic*] d'alors [alors] aucun doute, mais je voulais d'en éclaircir, car elle était une chose humaine. J'y faisait l'attention spéciale. Je ne pouvais pas trop ouvertement en demander. J'en attendais la publicité, mais il n'y en avait pas vraiment. J'en ai bien compris plus tard. D'autant que je n'avais pas [*sic*] eu, près de moi, aucun journal qui arrivait de là. Fût-ce ainsi en retard, je serais si heureuse à cette occasion, d'oser former bien sincèrement toutes mes félicitations les plus hauts degrés, tout d'abord à la Cour dans [*sic*] ma pensée et en suite à vous à Votre Excellence et à vous, à chère Madame.

Je me crois que je peux le faire en ce sens, sans trop me gêner, car, je me souviens toujours les [des] mots profonds de quelqu'un, même de sa fin et aussi quoi que ce soit une femme comme moi, tout insignifiante même, peut avoir la pure pensée, toute grandement de la justice et de la paix qui doit sortir de là, surtout quand le monde devient mouvementer de plus en plus.

Je vous prie d'agréer, Votre Excellence et chère Madame, mes sincères expressions de tous mes sentiments hautement distingués bien respectueux.

K. Adatci

P.S.

Je vous remercie infiniment de ce que vous vouliez m'avoir tant de sympathie concernant l'absence de mes enfants en Europe. Permettez-moi à vous dire de suite que Mr Taketomi vient de nommer [d'être nommé] comme l'Ambassadeur en Turquie. Il profittera [profitera de] son congé au pays, quelques mois, encore avec sa famille.

[104] "Voorrede", M. de Praetere, *Japansche Legenden: Vrij naar Fukujiro Wakatsuki* (Gent: Van Rysselberghe & Rombaut, 1925)

AMBASSADE IMPÉRIALE
DU
JAPON

BRUXELLES, LE 30 Janvier 1925.
1. BOULEVARD MILITAIRE
TÉLÉPHONE : 311.25

Monsieur le Professeur,

C'est avec une satisfaction très grande que j'ai appris par la Croix-Rouge de Belgique, dans quel but hautement louable vous avez traduit en langue flamande les LÉGENDES JAPONAISES de Mr. Fukujiro Wakatsuki.

Le mot "légende" rappelle les longues soirées d'hiver, où au coin de l'âtre, nos bons vieux parents nous racontaient des histoires les unes gentilles et aimables, les autres tragiques et terribles laissant nos jeunes cœurs partagés entre la joie et la peur. Ces histoires évoquent aussi les bons moments du tout premier âge quand nous commencions à distinguer le bien du mal, le beau du laid. Ces histoires ou légendes, qui forment un des côtés charmants de la tradition, ont existé de tout temps et parmi toutes les races ou nations. Parfois même on retrouve sur les différents points de la Terre les mêmes histoires [ou] légendes, surtout parmi

celles qui frôlent le domaine de la Mythologie ou la préhistoire, mais différemment habillées. La plupart cependant ne sont que l'expression la plus simple et en même temps la plus belle de l'âme du peuple.

Dans ces temps où tout aspire à la paix, à une paix durable, tout ce qui peut y contribuer est des plus méritoires. Or, il me semble, qu'à la base de la meilleure compréhension des peuples est la formation des jeunes générations, espoir de l'avenir. Un des côtés de cette formation est ce que j'appellerais l'Expansion Intellectuelle, le meilleur facteur de la fraternisation des peuples. Si nous ne sommes pas encore arrivés à l'échange constant et intensif d'étudiants entre les Universités et autres écoles, qui est la meilleure voie de pénétration pacifique et mutuelle, du moins, sans toucher naturellement de quelque façon que ce soit au patrimoine national, dont chaque peuple a le juste droit d'être jaloux et fier à la fois et qui est constitué par tout ce qui, à ses yeux, lui est le plus cher et le plus beau, du moins, dis-je, une diffusion très large et appropriée des légendes, des histoires, voire même des us et coutumes d'autres pays, parmi la jeunesse scolaire, aidera-t-elle puissamment à cette fraternisation.――Si dès la sortie du premier âge l'esprit des jeunes écoliers peut franchir l'horizon de leur pays et savoir, par ce que leurs maîtres leur racontent sous une forme aussi agréable que possible, ce que font leurs petits semblables dans leur pays respectif, un grand pas sera fait pour cette fraternisation.

C'est pourquoi, Monsieur le Professeur, je suis très heureux de vous féliciter le plus chaleureusement de l'initiative que vous avez prise de traduire Les Légendes Japonaises en langue flamande. Je souhaite de tout cœur que votre travail recueille le plus grand succès dans les pays flamands dont l'histoire est si riche en légendes. J'espère que cette traduction, tout en éveillant la curiosité enfantine et estudiantine contribuera à l'idéal auquel tout être humain, ami de la paix, doit aspirer, le rapprochement toujours plus intime, toujours plus fraternel, entre toutes les nations qui forment l'Humanité.

Veuillez agréer, Monsieur le professeur, l'assurance de ma considération très distinguée et de mes sentiments très sincèrement dévoués.

M. Adatci

Monsieur le Professeur DE PRAETERE,
Bruxelles.

Keizerlijk Gezantschap
van
JAPAN.

Brussel, 30 Januari, 1925.

HEER LEERAAR,

Met groote vreugde heb ik door het Rood-Kruis van België vernomen, met welke loffelijke inzichten gij in't Vlaamsch de Japansche legenden van Fukujiro Wakatsuki hebt vertaald.

Het woord legenden herinnert ons aan de lange winteravonden bij het knappend haardvuur, terwijl onze ouders ons sprookjes verhaalden, soms aangenaam en vroolijk, andere tragisch en verschrikkelijk, zoodat onze jonge harten poppelden van vreugde of inkrompen van schrik. Die legenden herinneren ons tevens aan de eerste kinderjaren, toen we het onderscheid tusschen goed en kwaad, tusschen schoon en leelijk begonnen te vatten. Die vertelsels, die de traditie van hare schoonste zijde belichten, hebben te allen tijde en onder alle rassen en volken bestaan. Soms zelfs vindt men in verschillende streken dezelfde legenden terug, vooral degene, die de godenleer en de voorhistorie tot grondslag hebben ; alleen dragen zij een ander kleedje. Gewoonlijk zijn die verhalen de eenvoudigste en trouwste weergave van de menschelijke ziel.

In deze tijden, waarin alles naar duurzamen vrede tracht, is alles wat er toe kan medehelpen uiterst verdienstelijk. Mij schijnt het, dat de opvoeding van de jeugd, de hoop van de toekomst, tot grondslag moet dienen aan het bewerken van eene betere verstandhouding tusschen de volkeren. Een deel en een der belangrijkste factoren van het vraagstuk der verbroedering is, wat ik noemen zal, de verstandelijke uitbreiding. Wij zijn er nog niet toe gekomen een gedurige en voorname uitwisseling tusschen Universiteiten en andere scholen te bewerken, wat wel het beste middel zou zijn voor vreedzame en wederkeerige kennismaking ; maar, zonder in het minst aan het nationale bezit of den eigen geest van een volk te raken, kan eene groote en aangepaste verspreiding van de legenden, vertelsels, bijzonderheden over gewoonten en gebruiken krachtig tot verbroedering en onderlinge verstandhouding medewerken.

Zoo van op de schoolbanken de jonge geesten, behendig geleid, buiten het

horizont van eigen land kunnen blikken en weten, omdat het hun op aangename en leerzame wijze wordt verteld, wat hunne kleine makkertjes in andere landen doen, dan zal een groote stap voorwaarts zijn gedaan voor wereldvrede.

Daarom, Heer Leeraar, ben ik zeer verheugd U hartelijk geluk te mogen wenschen met uwe vertaling in het Vlaamsch van de Japansche Legenden. Van ganscher harte wensch ik veel bijval aan uw werk in dat Vlaamsch land, dat zoo rijk aan legenden is. Ik hoop tevens, dat die vertaling, terwijl ze de kinderlijke nieuwsgierigheid en de belangstelling der studeerende ieugd zal opwekken, nader brengen zal tot het ideaal door ieder mensch, die vrede bemint, betracht ; een steeds inniger en broederlijker toenadering tusschen al de naties, die de menschheid vormen.

Gelief, Heer Leeraar, de verzekering mijner hoogachting en mijner verkleefde gevoelens te aanvaarden.

M. ADATCI.

[105] "Japon : IV.-Le Japon et les traités internationaux," *Dictionnaire diplomatique,* publié sous la direction de A.-F. Frangulis ; avec la collaboration des membres du bureau, M. Adatci et al. (Paris : Académie diplomatique internationale, [1933]), tome 1

IV. — LE JAPON ET LES TRAITÉS INTERNATIONAUX. — D'après la Constitution japonaise, le pouvoir de conclure des traités est attribué uniquement à l'empereur (art. 13 de la Constitution). Ainsi, contrairement à l'usage de la plupart des autres pays, le Parlement japonais n'est aucunement compétent à ce sujet. Aussi, le Gouvernement n'est pas obligé de consulter d'avance le Parlement pour conclure, ni de demander son assentiment après la conclusion de celui-ci. Mais rien n'empêche naturellement, comme c'est presque toujours le cas, qu'il en fasse, en temps opportun, un rapport au Parlement pour que ces traités ou conventions puissent être mieux compris et mieux observés par le peuple.

Si la conclusion du traité ne demande légalement aucun assentiment de la part du Parlement, les traités et les arrangements internationaux doivent être soumis au préalable au Conseil privé de l'empereur.

Cette réglementation est établie en vertu du décret impérial instituant ce

Conseil. Celui-ci est un organe spécial dont le but est d'émettre son opinion sur différentes questions au sujet desquelles l'empereur le consulte. C'est donc un organe purement consultatif, n'ayant aucun droit exécutif ; il lui est, d'ailleurs, d'après ledit décret, strictement défendu d'intervenir dans la politique.

Ce Conseil se compose d'un Président, d'un Vice-Président et de vingt-quatre Conseillers privés, tous d'éminents et savants hommes d'État, nommés spécialement par l'empereur. Les ministres à portefeuille aussi font partie de cet organisme.

FORMALITÉS REQUISES POUR LA PUBLICATION DU TRAITÉ. — Addition d'un préambule impérial ordonnant la publication et notifiant, entre autres, que le traité a été dûment soumis à la consultation du Conseil privé de l'empereur ;

Signature du souverain ;

Apposition du sceau impérial ;

Date et contresignature par le premier ministre compétent et promulgation.

PRINCIPAUX TRAITÉS INTERNATIONAUX AUXQUELS LE JAPON A DONNÉ SON ADHÉSION OU PARTICIPÉ À LEUR ÉLABORATION. — Déclaration signée à Paris pour régler divers points de droit maritime (signée le 16 avril 1856, accession du Japon, le 30 octobre 1886).

Convention du Mètre (Paris le 20 mars 1883, accession du Japon le 18 avril 1889).

Convention d'Union pour la protection de la propriété industrielle, protocole de clôture (Paris, le 20 mars 1883, accession du Japon le 18 avril 1899).

Convention de Genève (signée à Genève le 22 août 1864, accession du Japon le 5 juin 1886).

Convention concernant la création d'une Union internationale pour la protection des œuvres littéraires et artistiques (Berlin, le 9 septembre 1886, accession du Japon le 18 août 1899).

Convention internationale pour la protection des câbles sous-marins (Paris, le 14 mars 1884, accession du Japon le 12 avril 1884).

Convention télégraphique internationale (Saint-Pétersbourg, 〔le〕 22 juillet 1875, accession du Japon le 29 janvier 1879).

Convention et Déclarations à la Première Conférence de la Paix (signée à La Haye le 29 juillet 1899).

Acte additionnel modifiant la Convention d'Union pour la protection de la propriété industrielle et le Protocole de clôture (Bruxelles, le 14 décembre 1900).

Convention sur les bâtiments hospitaliers, acte final (signée à La Haye, le 21 décembre 1904).

Convention concernant l'Institut international d'Agriculture (signée à Rome le 7 juin 1905).

Convention postale universelle et protocole final (Rome, le 26 mai 1906).

Convention concernant l'échange des colis postaux. Protocole final (Rome, le 26 mai 1906).

Arrangement concernant le service des mandats de poste. Protocole final (Rome, 〔le〕 26 mai 1906).

Arrangement concernant l'échange des lettres et des boîtes avec la valeur déclarée. Protocole final (Rome, 〔le〕 26 mai 1906).

Convention pour l'amélioration du sort des blessés et malades dans les armées en campagne. Protocole final (Genève, le 6 juillet 1906).

Déclaration du Gouvernement du Japon concernant la Convention de Genève (Berne, le 15 octobre 1906).

Convention radio-télégraphique internationale. Protocole final (Berlin, le 3 novembre 1906).

Convention pour le règlement pacifique des conflits internationaux et autres conventions à la IIe Conférence de la Paix. Acte final (La Haye, le 18 octobre 1907).

Convention de Berne révisée pour la protection des œuvres littéraires et artistiques (Berne, le 13 novembre 1908).

Resolutions of international Opium Commission (Shangaï, le 26 février 1909).

Convention internationale de l'Opium. Protocole de clôture de la Conférence internationale de l'Opium (La Haye, le 23 janvier 1912).

Protocole de clôture de la IIe Conférence internationale de l'Opium (La Haye, le 9 juillet 1913).

Protocole de clôture de la IIIe Conférence internationale de l'Opium (La Haye, le 25 juin 1914).

Traité de Paix entre les Puissances alliées et associées et l'Allemagne et Protocole (Versailles, le 28 février 1919).

Traité de Paris entre les Puissances alliées et associées et l'Autriche.

Protocole et déclarations (Saint-Germain-en-Laye, le 10 septembre 1919).

Arrangement entre les Puissances alliées et associées relatif au compte des réparations en ce qui concerne l'Italie (Saint-Germain-en-Laye, le 10 septembre 1919).

Arrangement entre les Puissances alliées et associées concernant la contribution aux dépenses de libération des territoires de l'ancienne monarchie austro-hongroise (Saint-Germain-en-Laye, le 10 septembre 1919).

Convention relative au contrôle du commerce des armes et des munitions et Protocole (Saint-Germain-en-Laye, le 10 septembre 1919).

Convention portant révision de l'Acte général de Berlin du 26 février 1885 et de l'Acte général et de la Déclaration de Bruxelles du 2 juillet 1890 (Saint-Germain-en-Laye, le 10 septembre 1919).

Convention sur le régime des spiritueux en Afrique et Protocole (Saint-Germain-en-Laye, le 10 septembre 1919).

Traité entre les principales Puissances alliées et associées et l'État Serbe-croate-slovène (〔le〕 10 septembre 1919).

Traité entre les principales Puissances alliées et associées et la Tchéco-Slovaquie (〔le〕 10 septembre 1919).

Convention portant réglementation de la Navigation aérienne (Paris, le 13 octobre 1919).

Traité de Paix entre les Puissances alliées et associées et la Bulgarie (Neuilly-sur-Seine, le 27 novembre 1919).

Traité entre les principales Puissances alliées et associées et la Roumanie (Paris, le 9 décembre 1919).

Draft Conventions and Recommendations adopted by the Washington Labour Conference of 1919 (Washington, le 29 septembre 1919).

Déclaration portant modification de l'arrangement conclu le 10 septembre 1919 entre les Puissances alliées et associées relatif au compte des réparations en ce qui concerne l'Italie (Paris, le 8 décembre 1919).

Déclaration portant modification de l'arrangement conclu le 10 septembre 1919 entre les Puissances alliées et associées concernant la contribution aux dépenses de libération des territoires de l'ancienne Monarchie austro-hongroise (Paris, le 8 décembre 1919).

Traité relatif à l'archipel du Spitzberg (Paris, le 9 février 1920).

Protocole additionnel à la Convention du 13 octobre 1919 portant réglementation à la Navigation aérienne (Paris, le 1er mai 1920).

Traité de paix entre les Puissances alliées et associées et la Hongrie. Protocole et déclaration (Trianon, le 4 juin 1920).

Arrangement propriété industrielle (le 30 juin 1920, adhésion du Japon, le 17 novembre 1920).

Traité relatif au Slesvig (Paris, le 5 juillet 1920).

Traité relatif à Orava (Paris, le 5 août 1920).

Draft Conventions and Recommendations adopted by the Genève Labour Conference of 1920.

Traité de paix entre les Puissances alliées et associées et la Turquie (Sèvres, le 10 août 1920).

Traité relatif à la Thrace (Sèvres, le 10 août 1920).

Traité concernant la protection des minorités en Grèce (Sèvres, le 10 août 1920).

Convention postale universelle. Protocole final et annexes du règlement d'exécution (Madrid, le 30 novembre 1920).

Arrangement de Madrid concernant l'échange des lettres et des boîtes avec la valeur déclarée. Protocole final et annexes du Règlement d'exécution (Madrid, le 30 novembre 1920).

Convention de Madrid concernant l'échange des colis postaux. Protocole final et annexes du Règlement d'exécution (Madrid, le 30 novembre 1920).

Arrangement concernant les services des mandats-poste. Annexes du Règlement d'exécution (Madrid, le 30 novembre 1920).

Arrangement concernant les services des virements postaux. Annexes du Règlement d'exécution (Madrid, le 30 novembre 1920).

Statut de la Cour permanente de Justice internationale (Genève, le 16 décembre 1920).

Déclaration portant reconnaissance du droit au pavillon d'États dépourvus de littoral maritime (Barcelone, le 20 avril 1921).

Convention et Statut sur la liberté du transit (Barcelone, le 20 avril 1921).

Protocole modifiant l'Annexe II de la partie VIII du Traité de paix de

Versailles du 28 février 1919 (Londres, le 5 mai 1921).

Convention internationale pour la création à Paris d'un Institut international de Droit (Paris, le 21 juin 1921).

Déclaration au sujet de l'Albanie (Paris, le 9 novembre 1921).

Draft Conventions and Recommendations adopted by the Genève Conference of 1921 (Genève, le 19 novembre 1921).

Protocoles relatifs aux amendements aux articles 6, 12, 13 et 15 du Pacte de la Société des Nations (Genève, le 5 octobre 1921).

Traité entre cinq Puissances, concernant la limitation de leur armement naval.

Traité entre cinq Puissances, concernant l'emploi des sous-marins et des gaz nuisibles en temps de guerre.

Traité entre neuf Puissances, concernant la Chine.

Traité entre neuf Puissances, concernant le tarif douanier chinois (Washington, le 6 février 1922).

Resolutions adopted by the Conference on the limitation of naval armement at Washington (1921-1922).

Traité entre cinq Puissances, concernant leurs possessions insulaires et leurs dominations insulaires dans la zone de l'Océan Pacifique avec accord complémentaire (Washington, le 6 février 1922).

Convention internationale pour la répression de la traité des femmes et des enfants (Genève, le 30 septembre [1921] -31 mars 1922).

Recommendation adopted by the Genève Conference of 1922 (Genève, le 3 novembre 1922).

Décision prise par la Conférence des Ambassadeurs au sujet des frontières orientales de la Pologne (Paris, le 15 mars 1923).

Traité de paix (Lausanne, le 24 juillet 1923).

Convention relative à l'établissement et à la compétence judiciaire (Lausanne, le 24 juillet 1923).

Convention commerciale (Lausanne, le 24 juillet 1923).

Protocole relatif à l'association de la Belgique et du Portugal à certaines dispositions d'actes signés à Lausanne (Lausanne, le 24 juillet 1923).

Protocole relatif au territoire de Karakatchi ainsi qu'aux îles de Imbros et

Ténédos (Lausanne, le 24 juillet 1923).

Protocole relatif à la signature de l'État serbe-croate-slovène (Lausanne, le 24 juillet 1923).

Convention concernant le Régime des Détroits (Lausanne, le 24 juillet 1923).

Protocole relatif au traité conclu à Sèvres entre les principales Puissances alliées et la Grèce, le 10 août 1920, concernant la protection des minorités en Grèce, et au traité conclu à la même date entre les mêmes Puissances, relativement à la Thrace (Lausanne, le 24 juillet 1923).

Convention internationale pour la simplification des formalités douanières (Genève, le 3 novembre 1923).

Convention relative à l'évaluation et à la réparation des dommages subis en Turquie par les ressortissants des Puissances contractantes et Protocole (Paris, le 23 novembre 1923).

Convention relative au territoire de Memel (Paris, le 8 mai 1924).

Convention postale universelle et arrangements conclus à Stockholm le 28 août 1924.

Arrangement entre les Gouvernements alliés et le Gouvernement allemand pour l'exécution du Plan des Experts du 9 avril 1924 (Londres, le 30 août 1924).

Accord entre les Gouvernements alliés et le Gouvernement allemand concernant l'arrangement du 9 août 1924 entre le Gouvernement allemand et la Commission des Réparations (Londres, le 30 août 1924).

Arrangement entre les Gouvernements alliés pour l'exécution du Plan des Experts du 9 avril à Londres (Londres, 〔le〕 30 août 1924).

Arrangement entre les Gouvernements représentés à la Commission des Réparations en vue de modifier l'annexe II à la partie VIII du Traité de Versailles (Londres, le 30 août 1914). (Voir la suite dans les Annexes du Dictionnaire.)

M. ADATCI,
Président
de la Cour Permanente de Justice Internationale,
Ambassadeur du Japon,
Vice-Président de l'Académie.

［106］ “Préface,” André Beaujard, *Notes de chevet de Séi Shōnagon', dame d'honneur au palais de Kyōto*（*traduction in extenso de l'ancien texte japonais*）（Paris : Maisonneuve, 1934）

PRÉFACE

Au milieu de graves travaux de la Cour de Justice Internationale, il m'a été donné ces jours-ci de lire les « Notes de chevet de Madame Séi », dues à la plume d'un jeune auteur français, M. Beaujard. Cette lecture fut un réel régal pour mon esprit ; elle évoqua en moi le lointain souvenir de ma prime jeunesse où je m'étais donné éperdument à l'étude de la littérature classique de mon pays, et où je formais l'ambitieux projet de traduire moi-même en une grande langue européenne et de faire connaître aux pays étrangers au moins l'essence de notre ancienne littérature nationale, telles que, par exemple, les œuvres admirables de Madame Séi. Comme mon maître et ami, M. Michel Revon, professeur à la Sorbonne, l'a si bien dit dans sa préface à l'autre ouvrage de M. Beaujard, les œuvres littéraires de cette femme d'élite peuvent en effet être considérées à juste titre comme possédant le caractère éminemment représentatif de la pensée de l'époque où la civilisation japonaise s'était déjà épanouie avec tant d'éclat que son influence s'exerce encore aujourd'hui d'une si puissante façon.

Cependant, bien des décades se sont écoulées sans que, hélas ! ma carrière non littéraire m'ait permis de traduire ma première ambition par des actes. Je le regrettais toujours d'autant plus amèrement que je constatais que presque tous les étrangers ignoraient le caractère du peuple japonais et le considéraient bien à tort comme hermétique et impénétrable. Ce n'est donc pas sans un frisson de joie que j'ai examiné la dernière étude de M. Beaujard, absolument conforme à la méthode rigoureuse de la science et exécutée avec la plus grande loyauté. Il suffira simplement de parcourir cet ouvrage pour comprendre que l'âme millénaire du peuple japonais est une âme d'une sensibilité infinie, s'éprenant de tout ce qui est beau, juste et noble, et que cette âme cherche toujours la paix et le rapprochement des peuples, partout où il est en son pouvoir de le faire.

M. Beaujard vient donc d'accomplir, sans le savoir peut-être, un très bel acte pour lequel j'ai la stricte obligation de lui témoigner ma profonde reconnaissance. D'ailleurs, cette obligation-là, tous les hommes de bonne volonté ne l'ont-ils pas

envers ce jeune et savant écrivain français, car de nos jours, qui pourrait nier la nécessité de connaître l'âme de la nation japonaise ?

M. ADATCI.

La Haye, mai 1934.